Jessnitzer/Blumberg   Bundesrechtsanwaltsordnung
7. Auflage

Bundesrechtsanwaltsordnung

Kommentar

begründet von
Dr. Kurt Jessnitzer
Vizepräsident des Oberlandesgerichts a.D.

fortgeführt von
Hanno Blumberg
Präsident des Landgerichts a.D.

7., neubearbeitete und erweiterte Auflage

Carl Heymanns Verlag KG · Köln · Berlin · Bonn · München

Die Deutsche Bibliothek – CIP-Einheitsaufnahme

Jessnitzer, Kurt: Bundesrechtsanwaltsordnung: Kommentar / begr. von Kurt Jessnitzer. Fortgef. von Hanno Blumberg. – 7., neubearb. und erw. Aufl. – Köln; Berlin; Bonn; München: Heymann, 1995

3-452-22764-2

NE: Blumberg, Hanno [Bearb.]

© Carl Heymanns Verlag KG · Köln · Berlin · Bonn · München 1995

ISBN 3-452-22764-2

Gesamtherstellung: Gallus Druckerei KG Berlin

Gedruckt auf säurefreiem Papier

Vorwort

Die Neugestaltung der Bundesrechtsanwaltsordnung ist nun Wirklichkeit geworden. Das Rechtsanwaltsgesetz der ehemaligen DDR ist außer Kraft getreten. Von jetzt an gilt für die Rechtsanwälte in Deutschland nur noch ein Berufsgesetz. Das ist ein wichtiger Schritt auf dem Wege zur Rechtseinheit.

Ein wesentliches Anliegen des Gesetzes zur Neuordnung des Berufsrechts der Rechtsanwälte und der Patentanwälte vom 2. September 1994 – ÄndG – (BGBl. I, S. 2278) ist es, im Vollzug der grundlegenden Entscheidungen des Bundesverfassungsgerichts vom 14. Juli 1987 (BRAK-Mitt. 1988, 54 und 58) eine verfassungskonforme Regelung der Berufspflichten zu erreichen. Demzufolge sind die Bestimmungen mit statusbildendem Charakter (§§ 43 a ff.) in die Bundesrechtsanwaltsordnung unmittelbar aufgenommen worden, während die nähere Ausgestaltung der in § 59 b festgelegten Berufspflichten der bei der Bundesrechtsanwaltskammer eingerichteten Satzungsversammlung übertragen wird (§§ 191 a ff.), die kraft ihrer Satzungskompetenz eine Berufsordnung zu erlassen hat.

Um dem seit dem Inkrafttreten der Bundesrechtsanwaltsordnung am 1. Oktober 1959 eingetretenen Wandel im Berufsbild des Rechtsanwalts Rechnung zu tragen, das zunehmend durch internationale Verbindungen, vor allem in den Wirtschaftsbeziehungen, und damit auch durch die Regeln des grenzüberschreitenden Wettbewerbs geprägt wird, ist das Recht der Sozietäten durch Festlegung der sozietätsfähigen Berufe und der jetzt vielfältig zulässigen Sozietätsformen in § 59 a umfassend gestaltet worden. Mit dem Partnerschaftsgesellschaftsgesetz vom 25. Juli 1994 (BGBl. I, S. 1744) wird den Sozietäten neben der bisher üblichen Gesellschaft des Bürgerlichen Rechts eine weitere Form der beruflichen Zusammenarbeit angeboten. In diesen Zusammenhang fällt auch die Neuregelung der §§ 7 Nr. 8 und 14 Abs. 2 Nr. 9, die nach der grundlegenden Entscheidung des Bundesverfassungsgerichts zum Zweitberuf vom 4. November 1992 (BRAK-Mitt. 1993, 50) freizügig gefaßt sind.

Die Beschränkung der Postulationsbefugnis auf das Landgericht und den Landgerichtsbezirk der Zulassung ist grundsätzlich beseitigt worden, jedoch mit zeitlicher Verzögerung bis zum Beginn der Jahre 2000 (in den alten Bundesländern) und 2005 (in den neuen Bundesländern). Damit berücksichtigt der Gesetzgeber offensichtlich die vor Wirksamwerden dieser Neuerung bei vielen Rechtsanwälten bestehende Gewöhnungsbedürftigkeit. Zur Singular- und Simultanzulassung bleibt der bisher bestehende differenzierte Rechtszustand erhalten, wobei anzumerken ist, daß auch drei von den neuen Bundesländern sich für die Simultanzulassung entschieden haben.

Die kommenden Jahre werden zeigen, ob das neue Berufsrecht den Anforderungen gerecht wird, welche die schnell fortschreitende Entwicklung an die rechtsberatenden Berufe in Deutschland stellt (vgl. durchgehend kritisch hierzu *Kleine-Cosack*, NJW 1994, 2249). Ziel der neuen Auflage ist es, allen Interessenten eine handliche Kommentierung und eine verläßliche Orientierung zum Berufsrecht der Rechtsanwälte zu bieten. Gesetzgebung, Literatur und Rechtsprechung sind bis zum 9. September 1994 berücksichtigt.

Dank sage ich allen, die mich mit Rat und Tat unterstützt haben. Über Anregungen, Berichtigungen und kritische Hinweise würde ich mich freuen.

Cappenberg, im September 1994 Hanno Blumberg

Inhalt

Vorwort   V

Literatur und Abkürzungen   XI

Bundesrechtsanwaltsordnung

Erster Teil   Der Rechtsanwalt §§ 1–3   1

Zweiter Teil   Die Zulassung des Rechtsanwalts   13
Erster Abschnitt   Die Zulassung zur Rechtsanwaltschaft   14
1. Allgemeine Voraussetzung §§ 4, 5   14
2. Erteilung, Erlöschen, Rücknahme und Widerruf der Zulassung zur Rechts-
anwaltschaft §§ 6–17   20
Zweiter Abschnitt   Die Zulassung bei einem Gericht §§ 18–36   64
Dritter Abschnitt   Allgemeine Vorschriften für das Verwaltungsverfahren § 36 a   91
Vierter Abschnitt   Das Verfahren bei Anträgen auf gerichtliche Entscheidung in
Zulassungssachen §§ 37–42   93

Dritter Teil   Die Rechte und Pflichten des Rechtsanwalts und die berufliche
Zusammenarbeit der Rechtsanwälte §§ 43–59 b   109

Vierter Teil   Die Rechtsanwaltskammern   185
Erster Abschnitt   Allgemeines §§ 60–62   187
Zweiter Abschnitt   Die Organe der Rechtsanwaltskammer   189
1. Der Vorstand §§ 63–77   189
2. Das Präsidium §§ 78–84   206
3. Die Versammlung der Kammer §§ 85–89   208
Dritter Abschnitt   Die Nichtigkeit von Wahlen und Beschlüssen §§ 90, 91   213

Fünfter Teil   Das Anwaltsgericht, der Anwaltsgerichtshof und der Bundesgerichtshof in Anwaltssachen   217

Erster Abschnitt   Das Anwaltsgericht §§ 92–99   219
Zweiter Abschnitt   Der Anwaltsgerichtshof §§ 100–105   225
Dritter Abschnitt   Der Bundesgerichtshof in Anwaltssachen §§ 106–112   229

Inhalt

Sechster Teil Die anwaltsgerichtliche Ahndung von Pflichtverletzungen
§§ 113–115 b 235

Siebenter Teil Das anwaltsgerichtliche Verfahren 245

Erster Abschnitt Allgemeines §§ 116–118 b 245

Zweiter Abschnitt Das Verfahren im ersten Rechtszug 255
1. Allgemeine Vorschriften §§ 119–120 a 255
2. Die Einleitung des Verfahrens §§ 121–133 256
3. Die Hauptverhandlung vor dem Anwaltsgericht §§ 134–141 260

Dritter Abschnitt Die Rechtsmittel 265
1. Die Rechtsmittel gegen Entscheidungen des Anwaltsgerichts §§ 142–144 265
2. Das Rechtsmittel gegen Entscheidungen des Anwaltsgerichtshofes §§ 145–147 268

Vierter Abschnitt Die Sicherung von Beweisen §§ 148, 149 272

Fünfter Abschnitt Das Berufs- und Vertretungsverbot als vorläufige Maßnahme §§ 150–161 a 273

Achter Teil Die Rechtsanwaltschaft bei dem Bundesgerichtshof 285

Erster Abschnitt Allgemeines §§ 162, 163 285

Zweiter Abschnitt Die Zulassung als Rechtsanwalt bei dem Bundesgerichtshof
§§ 164–171 286

Dritter Abschnitt Die besonderen Rechte und Pflichten der Rechtsanwälte bei
dem Bundesgerichtshof §§ 172, 173 290

Vierter Abschnitt Die Rechtsanwaltskammer bei dem Bundesgerichtshof § 174 292

Neunter Teil Die Bundesrechtsanwaltskammer 293

Erster Abschnitt Allgemeines §§ 175–178 293

Zweiter Abschnitt Die Organe der Bundesrechtsanwaltskammer 295
1. Das Präsidium §§ 179–186 295
2. Die Hauptversammlung §§ 187–190 299
3. Die Nichtigkeit von Wahlen und Beschlüssen § 191 302
4. Die Satzungsversammlung §§ 191 a–191 e 302

Zehnter Teil Die Kosten in Anwaltssachen 307

Erster Abschnitt Die Gebühren der Justizverwaltung §§ 192–194 307

Zweiter Abschnitt Die Kosten in dem anwaltsgerichtlichen Verfahren und in
dem Verfahren bei Anträgen auf anwaltsgerichtliche Entscheidung gegen die Androhung oder die Festsetzung des
Zwangsgeldes oder über die Rüge §§ 195–199 308

Dritter Abschnitt Die Kosten des Verfahrens bei Anträgen auf gerichtliche Entscheidungen in Zulassungssachen und über Wahlen und
Beschlüsse §§ 200–203 313

Elfter Teil Die Vollstreckung der anwaltsgerichtlichen Maßnahmen und der
Kosten. Die Tilgung §§ 204–205 a 319

Zwölfter Teil Anwälte aus anderen Staaten §§ 206, 207 323

Dreizehnter Teil Übergangs- und Schlußvorschriften 327
Erster Abschnitt Übergangsvorschriften §§ 208–221 327
Zweiter Abschnitt Schlußvorschriften §§ 223–237 335

Anhang I: Grundsätze des anwaltlichen Standesrechts – RichtlRA 349
Vermerk 349

Anhang II: Standesregeln der Rechtsanwälte der Europäischen Gemeinschaft
(CCBE) 351
1. Vorspruch 351
1.1. Der Rechtsanwalt in der Gesellschaft 351
1.2. Gegenstand des Standesrechts 351
1.3. Ziel und Zweck der Europäischen Standesregeln 352
1.4. Persönlicher Anwendungsbereich 353
1.5. Sachlicher Anwendungsbereich 353
1.6. Definition 353
2. Allgemeine Grundsätze 353
2.1. Unabhängigkeit 353
2.2. Vertrauen und Würde 354
2.3. Berufsgeheimnis 354
2.4. Achtung des Standesrechts anderer Anwaltschaften 354
2.5. Unvereinbare Tätigkeiten 355
2.6. Persönliche Werbung 355
2.7. Interesse der Mandanten 355
3. Das Verhalten gegenüber den Mandanten 356
3.1. Beginn und Ende des Mandats 356
3.2. Interessenkonflikt 356
3.3. Quota-litis-Vereinbarung 357
3.4. Honorarabrechnung 357
3.5. Vorschuß auf Honorar und Kosten 357
3.6. Honorarteilung mit anderen Personen als Anwälten 358
3.7. Prozeß- und Beratungskostenhilfe 358
3.8. Mandantengelder 358
3.9. Berufshaftpflichtversicherung 359
4. Das Verhalten gegenüber den Gerichten 360
4.1. Auf die Prozeßtätigkeit anwendbares Standesrecht 360
4.2. Wahrung der Chancengleichheit im Prozeß 360
4.3. Achtung des Gerichtes 361
4.4. Mitteilung falscher oder irreführender Tatsachen 361
4.5. Anwendung auf Schiedsrichter und Personen mit ähnlichen Aufgaben 361

Inhalt

5. Das Verhalten gegenüber den Kollegen 361
5.1. Kollegialität 361
5.2. Zusammenarbeit von Anwälten aus verschiedenen Mitgliedstaaten 361
5.3. Korrespondenz unter Rechtsanwälten 362
5.4. Vermittlungshonorar 362
5.5. Umgehung des Gegenanwalts 362
5.6. Anwaltswechsel 363
5.7. Haftung für Honorarforderungen unter Kollegen 363
5.8. Ausbildung junger Anwälte 363
5.9. Streitschlichtung zwischen Kollegen aus verschiedenen Mitgliedsstaaten ... 364

Anhang III: Rechtsanwaltsdienstleistungsgesetz – RADG – und § 24 a Bundes-
             rechtsanwaltsgebührenordnung 365

Erster Abschnitt Vorschriften für das Erbringen anwaltlicher Dienstleistungen 365

Zweiter Abschnitt Anwendungen von Bundesgesetzen 371

Dritter Abschnitt Schlußvorschriften 371

§ 24 a Bundesrechtsanwaltsgebührenordnung 372

Anhang IV: Gesetz über die Eignungsprüfung für die Zulassung zur Rechtsan-
             waltschaft 373

Anhang V: Verordnung über die Eignungsprüfung für die Zulassung zur
             Rechtsanwaltschaft 379

Anhang VI: Gesetz über Fachanwaltsbezeichnungen nach der Bundesrechtsan-
             waltsordnung 385

Anhang VII: Gesetz zur Prüfung von Rechtsanwaltszulassungen, Notarbestellun-
             gen und Berufungen ehrenamtlicher Richter 391

Sachregister 395

Literatur und Abkürzungen

a. a.	anderer Ansicht
a.a.O.	am angegebenen Ort
Abs.	Absatz
a. F.	alte Fassung
AG	Amtsgericht
Altenhoff/Busch/ Chemnitz	*Altenhoff/Busch/Chemnitz*, Rechtsberatungsgesetz, 10. Aufl. 1993
Amtl. Begr.	Amtliche Begründung zum Regierungsentwurf zur Bundesrechtsanwaltsordnung, wiedergegeben in der Paragraphenordnung der Beck'schen Textausgabe der BRAO mit amtl. Begr., 2. Aufl. 1973 (vgl. dort die Vorbemerkung des Verlags)
ÄndG	Gesetz zur Neuordnung des Berufsrechts der Rechtsanwälte und der Patentanwälte vom 2. September 1994 (BGBl. I S. 2278)
Anh.	Anhang
Anm.	Anmerkung
AnwBl.	Anwaltsblatt, herausgegeben vom Deutschen Anwaltverein
AnwG	Anwaltsgericht
AnwGH	Anwaltsgerichtshof
ArbGG	Arbeitsgerichtsgesetz
Art.	Artikel
AV	Allgemeine Verfügung
BAG	Bundesarbeitsgericht
Baumbach/ Lauterbach/Albers/ Hartmann	*Baumbach/Lauterbach/Albers/Hartmann*, Zivilprozeßordnung 52. Aufl. 1994
BayObLG	Bayerisches Oberstes Landesgericht
BBG	Bundesbeamtengesetz
BDO	Bundesdisziplinarordnung
BGB	Bürgerliches Gesetzbuch
BGBl.	Bundesgesetzblatt
BGH	Bundesgerichtshof

BGHSt	Entscheidungen des Bundesgerichtshofs in Strafsachen
BGHZ	Entscheidungen des Bundesgerichtshofs in Zivilsachen
BMinJ	Bundesministerium der Justiz
BNotO	Bundesnotarordnung
Borgmann/Haug	*Borgmann/Haug*, Anwaltshaftung, 2. Aufl. 1986
BRAGO	Bundesgebührenordnung für Rechtsanwälte
BRAK	Bundesrechtsanwaltskammer
BRAK 25 J	25 Jahre Bundesrechtsanwaltskammer, Schriftenreihe der BRAK, Band 6, 1984
BRAK-Mitt.	BRAK-Mitteilungen, herausgegeben von der Bundesrechtsanwaltskammer
BRAO	Bundesrechtsanwaltsordnung
BT-Drucks.	Drucksache des Deutschen Bundestages
Bülow	*Bülow*, Bundesrechtsanwaltsordnung, 1959
BVerfG	Bundesverfassungsgericht
BVerfGE	Entscheidungen des Bundesverfassungsgerichts
BZRG	Bundeszentralregistergesetz
Claussen/Janzen	*Claussen/Janzen*, Bundesdisziplinarordnung, 5. Aufl. 1985
DAV	Deutscher Anwaltverein
DAV-Ratgeber	Praktische Hinweise für junge Anwälte, 5. Aufl., 1992, herausgegeben vom DAV
DNotZ	Deutsche Notarzeitschrift
DRiG	Deutsches Richtergesetz
DtZ	Deutsch-Deutsche Rechts-Zeitschrift
EG	Ehrengericht
EG	Europäische Gemeinschaft(en)
EG-Anwälte	Anwälte aus Mitgliedstaaten der Europäischen Gemeinschaften
EGE	Ehrengerichtliche Entscheidungen, herausgegeben vom Präsidium der Bundesrechtsanwaltskammer
EGH	Ehrengerichtshof für Rechtsanwälte
EGZPO	Einführungsgesetz für Zivilprozeßordnung
EinigungsV	Einigungsvertrag vom 31. 8. 1990 (BGBl. II S. 889)
Erl.	Erläuterung(en)
EWGV	Vertrag zur Gründung der Europäischen Wirtschaftsgemeinschaft
EU	Europäische Union (Maastricht-Vertrag)
EWR	Europäischer Wirtschaftsraum

Eyermann/Fröhler	*Eyermann/Fröhler,* Verwaltungsgerichtsordnung, 9. Aufl. 1988
f.	folgender
Feuerich	*Feuerich,* BRAO, 2. Aufl. 1992
ff.	folgende
FGG	Gesetz über Angelegenheiten der freiwilligen Gerichtsbarkeit
FGO	Finanzgerichtsordnung
Finkelnburg	*Finkelnburg,* Über den Rechtsschutz bei anwaltlichen Zulassungsstreitigkeiten, 1964
Friedländer	*Friedländer,* Rechtsanwaltsordnung, 3. Aufl. 1930
GG	Grundgesetz für die Bundesrepublik Deutschland
GKG	Gerichtskostengesetz
GVBl.	Gesetz- und Verordnungsblatt
GVG	Gerichtsverfassungsgesetz
Halbs.	Halbsatz
Hartmann	*Hartmann,* Kostengesetze, 25. Aufl. 1993
Hartstang RA	*Hartstang,* Der deutsche Rechtsanwalt, 1986
Hartstang AnwR	*Hartstang,* Anwaltsrecht 1991
h. M.	herrschende Meinung
Isele	*Isele,* Bundesrechtsanwaltsordnung, 1976
i. V.	in Verbindung
JBl.	Justizblatt
JMBl.	Justizministerialblatt
JuS	Juristische Schulung
Kalsbach	*Kalsbach,* Bundesrechtsanwaltsordnung, 1960
Kleine-Cosack	*Kleine-Cosack,* BRAO 1993
Kleinknecht/Meyer	*Kleinknecht/Meyer,* Strafprozeßordnung, 41. Aufl. 1993
Knack	*Knack,* Verwaltungsverfahrensgesetz, 4. Aufl. 1994
Kopp VwVfG	*Kopp,* Verwaltungsverfahrensgesetz, 5. Aufl. 1991
Kopp VwGO	*Kopp,* Verwaltungsgerichtsordnung, 9. Aufl. 1992
KostO	Kostenordnung
Kötz/Paul/Pédamon/Zander	*Kötz/Paul/Pédamon/Zander,* Anwaltsberuf im Wandel, 1982

LAG	Landesarbeitsgericht
LG	Landgericht
Lingenberg/Hummel/ Zuck/Eich	*Lingenberg/Hummel/Zuck/Eich,* Kommentar zu den Grundsätzen des anwaltlichen Standesrechts, 2. Aufl. 1988
Lit.	Literatur
LJV	Landesjustizverwaltung
MDR	Monatsschrift für Deutsches Recht
MRK	Konvention zum Schutze der Menschenrechte und Grundfreiheiten
m. w. N.	mit weiteren Nachweisen
Nds.Rpfl.	Niedersächsische Rechtspflege
n. F.	neue Fassung
NJW	Neue Juristische Wochenschrift
NJW-RR	Rechtsprechungs-Report Zivilrecht
NStZ	Neue Zeitschrift für Strafrecht
Odersky	*Odersky,* Anwaltliches Berufsrecht und höchstrichterliche Rechtsprechung 1991 = AnwBl. 1991, 238 ff.
OLG	Oberlandesgericht
Ostler	*Ostler,* Die deutschen Rechtsanwälte, 2. Aufl. 1982
Palandt	*Palandt,* Bürgerliches Gesetzbuch, 53. Aufl. 1994
Pestke	*Pestke,* Der Rechtsanwalt als Mitwirkender verwaltungsrechtlicher Verfahren einschließlich solcher des Sozial- und Steuerrechts, Berliner Dissertation, 1986
RA	Rechtsanwalt
RADG	Gesetz zur Durchführung der Richtlinie des Rates der Europäischen Gemeinschaften vom 22. 3. 1977 zur Erleichterung der tatsächlichen Ausübung des freien Dienstleistungsverkehrs der Rechtsanwälte (Rechtsanwaltsdienstleistungsgesetz – RADG)
RAFachBezG	Gesetz über Fachanwaltsbezeichnungen nach der BRAO
RAG	Rechtsanwaltsgesetz der DDR vom 13. 9. 1990 (GBl. I S. 1504)
RAK	Rechtsanwaltskammer
RAZPrG	Gesetz zur Prüfung von Rechtsanwälten . . . vom 24. 7. 1992 (BGBl. I S. 1386)
Rbeistand	Der Rechtsbeistand
RBerG	Rechtsberatungsgesetz

Redeker/ von Oertzen	*Redeker/von Oertzen*, Verwaltungsgerichtsordnung, 9. Aufl. 1988
Rennen/Caliebe	*Rennen/Caliebe*, Rechtsberatungsgesetz, 2. Aufl. 1992
RichtlRA	Grundsätze des anwaltlichen Standesrechts, Richtlinien der Bundesrechtsanwaltskammer, Ausgabe 1989
Rinsche	*Rinsche*, Die Haftung des Rechtsanwalts und des Notars, 4. Aufl. 1992
RPflAnpG	Rechtspflegeanpassungsgesetz vom 26. 5. 1992 (BGBl. I S. 1147)
Rspr.	Rechtsprechung
Rz.	Randziffer
S.	Seite
SchlHA	Schleswig-Holsteinische Anzeigen
SGG	Sozialgerichtsgesetz
StA	Staatsanwaltschaft
Stelkens/Bonk/ Leonhardt	*Stelkens/Bonk/Leonhardt*, Verwaltungsverfahrensgesetz, 2. Aufl. 1983
StGB	Strafgesetzbuch
StPO	Strafprozeßordnung
st. Rspr.	ständige Rechtsprechung
Taupitz	*Taupitz*, Die Standesordnungen der freien Berufe, 1991
Tettinger	*Tettinger*, Zum Tätigkeitsfeld der Bundesrechtsanwaltskammer, 1985
Tschira/Schmitt Glaeser	*Tschira/Schmitt Glaeser*, Verwaltungsprozeßrecht, 7. Aufl. 1985
Ule	*Ule*, Verwaltungsprozeßrecht, 9. Aufl. 1987
UWG	Gesetz über den unlauteren Wettbewerb
VersR	Versicherungsrecht
VG	Verwaltungsgericht
VO	Verordnung
Vollkommer	*Vollkommer*, Anwaltshaftungsrecht, 1989
Vorbem.	Vorbemerkung
VwGO	Verwaltungsgerichtsordnung
VwVfG	Verwaltungsverfahrensgesetz des Bundes (dessen einzelnen Vorschriften in der Regel die der Verwaltungsverfahrensgesetze der Länder entsprechen)
Weberling	*Weberling*, Stasi-Unterlagen-Gesetz 1993
Weingärtner	*Weingärtner*, Dienstordnung für Notare, 6. Aufl. 1993

XV

ZAP	Zeitschrift für die Anwaltspraxis
ZPO	Zivilprozeßordnung
ZRP	Zeitschrift für Rechtspolitik

Nur vereinzelt zitierte Bücher und Zeitschriften sind in den Erläuterungen ohne Abkürzung angeführt.

Bundesrechtsanwaltsordnung

vom 1. 8. 1959, zuletzt geändert durch Gesetz vom 2. 9. 1994 (BGBl. I
S. 2278)

Erster Teil   Der Rechtsanwalt

§ 1   Stellung des Rechtsanwalts in der Rechtspflege

Der Rechtsanwalt ist ein unabhängiges Organ der Rechtspflege.

Aus der dem RA gesetzlich zuerkannten Rolle als **Organ der Rechtspflege**   1
ergibt sich, daß er nicht nur die Rechte seines Mandanten sorgfältig zu wahren hat, daß vielmehr seine Tätigkeit darüber hinaus auch im Rahmen der
Allgemeinheit gesehen werden muß; mit seiner Aufgabe, das Recht zu pfle-
gen, tritt er an die Seite der Gerichte und der Staatsanwaltschaften, und
zwar als eigenständiges gleichgeordnetes Organ der Rechtspflege. In den
letzten Jahren ist der Begriff »Organ der Rechtspflege«, vor allem beeinflußt
durch die Entwicklung des Europäischen Marktes und des Gemeinschaftsrechts, ins Kreuzfeuer der Kritik geraten. Die Einbindung des Rechtsanwalts in die staatliche Rechtspflege wird als suspekt angesehen (*Hartstang,*
RA, S. 66; *ders.,* in AnwR S. 276 ff. m. w. N.; *Everling,* Gutachten C für den
58. Deutschen Juristentag 1990, S. C 60 ff.; *Kleine-Cosack,* § 1 Rz. 13; vgl.
zum Grundsätzlichen auch *Krämer,* BRAK-Mitt. 1988, 67 ff.). Im Vordergrund soll der Rechtsanwalt als berufener Berater und Vertreter des Klien-
ten in allen Rechtsangelegenheiten stehen (so z. B. *Redecker,* AnwBl. 1988,
16; *Senninger,* AnwBl. 1990, 238 ff.). Richtig wird es sein, dem Begriff
»Organ der Rechtspflege« wie dem der »Unabhängigkeit« (vgl. Rz. 2) wie
auch dem der Beraterstellung des RA gleichen Rang beizumessen (vgl. *Haas,*
BRAK-Mitt. 1992, 1 und 65); denn das Berufsbild des RA hat sich seit dem
Inkrafttreten der BRAO deutlich verändert, weil vielseitige außerforensische
Tätigkeiten hinzugetreten sind (vgl. BT-Drucks. 12/4993 S. 22, 23, sowie
auch BVerfG, BRAK-Mitt. 1993, 50/51). Der RA vertritt die Sache des Bür-
gers gegenüber der Staatsgewalt auf der Basis souveräner Gleichheit (*Hama-*

cher, DRiZ 1988, 354, 355). Mit dieser Organstellung des RA sind nicht nur besondere in §§ 43 ff. geregelte Rechte und Pflichten verbunden, sondern auch einige Privilegien in den Prozeßordnungen, wie z. B. das Recht auf Akteneinsicht, die Postulationsfähigkeit und der Anwaltszwang (*Schiefer,* AnwBl. 1987, 360, 365). Wenn Ordnungsmittel wegen Ungehorsams und Ungebühr in der Gerichtsverhandlung gemäß §§ 177, 178 GVG gegen RAe in der Rolle des Prozeßbevollmächtigten oder Verteidigers unzulässig sind (*Kissel,* Gerichtsverfassungsgesetz, 1981, § 176 Rz. 40–43, § 177 Rz. 14, § 178 Rz. 4, m. w. N.; *Kleinknecht/Meyer,* § 177 GVG Rz. 3), so beruht dies ebenfalls auf der Stellung des RA als Organ der Rechtspflege (BGH, NJW 1977, 437).

2   Die gesetzlich garantierte **Unabhändigkeit** des RA ist insbesondere eine solche vom Staat und von den von ihm vertretenen Parteien oder sonstigen Auftraggebern (vgl. *Hartstang,* RA, S. 75 ff.; *ders.,* AnwR S. 306 ff.). Mit dieser Unabhängigkeit vereinbar ist die Unterstellung des RA unter ein besonderes **Disziplinarrecht,** die durch seine Aufgabe als Organ der Rechtspflege gerechtfertig erscheint (BVerfGE 26, 186, 205 f.). Gefährdet ist die Unabhängigkeit mancher, insbesondere junger Anwälte durch die bereits bedrohliche **Überfüllung des Anwaltsberufs,** deren weitere Zunahme zu befürchten ist (»Anwaltsschwemme«). In zahlreichen Veröffentlichungen, insbesondere in AnwBl. und BRAK-Mitt., ist auf die durch die Anwaltsschwemme drohenden Gefahren, aber auch auf die Möglichkeit hingewiesen worden, das anwaltliche Tätigkeitsbild durch Öffnung zum Dienstleistungsmarkt sowie verstärkte Hinwendung zur außergerichtlichen Konfliktlösung und zur rechtlichen und wirtschaftlichen Beratung zu erweitern (vgl. *Hommerich,* AnwBl. 1994, 322). Zur rechtswirtschaftlichen Beratung vgl. *Strobel,* NJW 1993, 2909. Hinzu kommt seit dem 3. 10. 1990 die Möglichkeit, sich in den neuen Ländern niederzulassen, von der offensichtlich reger Gebrauch gemacht wird.

§ 2   Beruf des Rechtsanwalts

(1) Der Rechtsanwalt übt einen freien Beruf aus.
(2) Seine Tätigkeit ist kein Gewerbe.

1   Die Angehörigen der **freien Berufe** sind nach heutigem Verständnis Anbieter ideeller, persönlich verantworteter, in wirtschaftlicher Unabhängigkeit erbrachter Leistungen (*Wasilewski,* BRAK-Mitt. 1983, 106, im Anschluß an *Deneke;* vgl. auch *Taupitz,* S. 11 ff.). Es sind ihnen Dienste höherer Art aufgetragen, bei denen das Streben nach Gewinn, wie es der gewerblichen Wirtschaft eignet, zurücktritt (BVerfGE 17, 232, 239). Nach

einer engeren Begriffsbestimmung ist ein entscheidendes Kriterium für den freien Beruf die spezifische Verantwortung für den Mandanten, der von der Beratung, Vertretung oder Behandlung durch den Freiberufler mangels eigener Beurteilungsfähigkeit abhängig ist (*Redeker*, NJW 1987, 2610, 2611).

Zur Frage, ob die Tätigkeit des RA als **Treuhänder** über die typische   2
Berufstätigkeit des Freiberuflers hinausgeht und deswegen der Gewerbe-steuer unterliegt, vgl. *Jakobs*, BRAK-Mitt. 1986, 6 (verneinend), dem sich der Richtlinienausschuß der BRAK angeschlossen hat (BRAK-Mitt. 1986, 18); vgl. zur Treuhändertätigkeit des Anwaltsnotars auch *Weigel*, BRAK-Mitt. 1985, 188.

Abs. 2 steht dem **Verkauf einer Anwaltspraxis** nicht entgegen, er ist viel-   3
mehr rechtlich (BGHZ 43, 46) und berufsrechtlich zulässig. Praktische Hin-weise hierzu bei *Eich*, DAV-Ratgeber, S. 121. Zur Bewertung von Anwalts-praxen vgl. BGH, BRAK-Mitt. 1986, 109 und BRAK-Bericht, BRAK-Mitt. 1986, 119, fortgeschrieben durch BRAK-Bericht BRAK-Mitt. 1992, 24; zur einkommensteuerlichen Behandlung des Erwerbs einer Praxis vgl. *Dorn-busch*, AnwBl. 1986, 496; Bundesfinanzhof, BRAK-Mitt. 1986, 217; *Stahl-Sura*, BRAK-Mitt. 1989, 99; zu den steuerrechtlichen Folgen des Abs. 2 vgl. auch *Feuerich*, § 2 Rz. 10 ff.

§ 3   Recht zur Beratung und Vertretung

(1) Der Rechtsanwalt ist der berufene unabhängige Berater und Vertreter in allen Rechtsangelegenheiten.
(2) Sein Recht, in Rechtsangelegenheiten aller Art vor Gerichten, Schieds-gerichten oder Behörden aufzutreten, kann nur durch ein Bundesgesetz beschränkt werden.
(3) Jedermann hat im Rahmen der gesetzlichen Vorschriften das Recht, sich in Rechtsangelegenheiten aller Art durch einen Rechtsanwalt seiner Wahl beraten und vor Gerichten, Schiedsgerichten oder Behörden vertreten zu las-sen.

Der RA hat nach **Abs. 1** ein unbeschränkendes **Beratungsrecht**, nach   1
Abs. 2 vor Gerichten, Schiedsgerichten oder Behörden ein nur durch Bun-desgesetz beschränkbares allgemeines **Vertretungsrecht**. Gegenstand seiner beruflichen Aufgaben ist dabei nicht nur die Beratung und Vertretung vor Behörden, Gerichten und Schiedsgerichten, sondern auch die außergericht-liche Beratung und insbesondere die Vertretung gegenüber anderen natürli-chen und juristischen Personen; anwaltliche Berufstätigkeit ist keinesfalls allein einzelfallbezogen, wie das eine Vielzahl von Einzelfällen umschlie-

ßende Wirtschaftsmandat zeigt; sie kann auch die **Vertretung rein wirtschaftlicher Interessen** zum Gegenstand haben, wenn die dem RA eigentümliche Aufgabe, rechtlichen Beistand zu leisten, nicht völlig in den Hintergrund tritt (so *Weigel,* Der Anwaltsnotar als Treuhänder, BRAK-Mitt. 1985, 188, 189, m. w. N.). Im **Schiedsgerichtsverfahren** dürfen RAe als Prozeßbevollmächtigte nicht zurückgewiesen werden; entgegenstehende Vereinbarungen sind unwirksam (§ 1034 Abs. 1 Satz 2 ZPO). Auch im Verfahren vor einer Einigungsstelle nach § 76 des Betriebsverfassungsgesetzes sind RAe zur Vertretung der Betriebspartner zuzulassen (*Bauer,* AnwBl. 1985, 225, 227). Zur Vertretung vor kirchlichen Verwaltungsbehörden vgl. BVerwG, NJW 1981, 1972; BVerfG, NJW 1983, 2570.

2   Nach dem EinigungsV, Anlage I, Kapitel III, Sachgebiet A, Abschnitt II, Nr. 2, waren DDR-Anwälte und nach der BRAO zugelassene Anwälte in dem jeweils anderen Gebiet einem dort zugelassenen Anwalt gleichgestellt (**Gleichstellungsregelung**). Diese Regelung hat mit der Aufhebung des RAG durch Art. 21 Abs. 1 ÄndG ihr Ende gefunden, weil jetzt alle nach den RAG zugelassenen RAe der BRAO unterstellt sind.

3   Zur Frage der Zulassung von »DDR-Anwälten« vgl. § 4 Rz. 4–7. Zur Rechtsbesorgung durch EG-Anwälte vgl. § 4 Rz. 2, 3, § 5 Rz. 3, § 206 Rz. 1; zur Rechtsbesorgung durch andere ausländische Anwälte § 206 Rz. 3.

4   In den meisten Bundesländern gibt es sog. **Kommunalrechtliche Vertretungsverbote** für RAe als Ratsmitglieder mit unterschiedlichem Inhalt (vgl. *Haufs-Brusberg,* AnwBl. 1985, 177; *Stein/Jonas,* ZPO, 20. Aufl 1984, § 157 Rz. 115, Fußn. 63). So dürfen z. B. nach § 24 Abs. 1 Satz 2 der Gemeindeordnung für das Land Nordrhein-Westfalen (GONW) Inhaber eines Ehrenamtes der Gemeinde Ansprüche anderer gegen die Gemeinde nicht geltend machen. Diese Vertretungsverbote kollidieren nicht mit § 3 Abs. 2 (so für § 24 Abs. 1 Satz 2 GONW BVerfG, NJW 1976, 954, 955; 1980, 33, 34; OLG Hamm, NJW 1978, 2253). Vgl. krit. hierzu *Hartstang,* AnwR, S. 204 ff. Umstritten ist aber, ob das Gericht einem RA, der gegen ein kommunalrechtliches Vertretungsverbot verstößt, als Prozeßbevollmächtigten zurückweisen kann. Die Frage wird für den **Zivilprozeß** von *Stein/Jonas,* a.a.O., und von OLG Hamm, NJW 1978, 2253 verneint, jedoch für den **Verwaltungsprozeß** von einer weitverbreiteten Meinung bejaht (vgl. *Stein/Jonas,* a.a.O.; Rz. 117 m. w. N. in Fußn. 65; *Kopp,* VwGO, § 67 Rz. 18 m. w. N.; OVG Münster, NJW 1982, 67; vgl. auch BVerfG, NJW 1980, 33). Zu beachten ist dabei, daß ein kommunalrechtliches Vertretungsverbot nach § 24 Abs. 1 Satz 2 GONW nur besteht, wenn ein unmittelbar gegen die Gemeinde selbst gerichteter Anspruch geltend gemacht wird (OVG Münster, NJW 1982, 67). Das kommunalrechtliche Vertretungsverbot gilt nicht für jeden RA, der mit einem Ratsmitglied durch **Bürogemeinschaft** (BVerfG, NJW 1981, 1599)

oder **Sozietät** (OVG Münster, NJW 1981, 2210; BVerfGE 61, 68, 73) verbunden ist. Das Verbot nach § 24 Abs. 1 GONW hindert den RA nicht daran, Dritte im **Bußgeldverfahren** vor der Kreisordnungsbehörde zu vertreten (BVerfG, NJW 1976, 954, 955). Die Geltung des kommunalrechtlichen Vertretungsverbots in Schleswig-Holstein für Kreisausschußmitglieder verstößt auch im Bereich der Aufgaben, die dem Kreis zur Erfüllung nach Weisung übertragen sind oder in denen der Landrat als untere Landesbehörde handelt, nicht gegen das GG (BVerwG, NJW 1984, 377; BVerfG, NJW 1988, 694). Auch für das **Verwaltungsverfahren** wird das Recht zur Zurückweisung von Bevollmächtigten und Beiständen, die gegen ein kommunalrechtliches Vertretungsverbot verstoßen, von einer weit vertretenen Meinung bejaht (vgl. *Stelkens/Bonk/Leonhardt*, § 14 Rz. 31 a m. w. N.; *Kopp*, VwVfG, § 14 Rz. 31).

Der universelle Anspruch des RA nach Abs. 1 schließt nicht aus, daß auch   5
sonstige Personen oder Stellen fremde Rechtsangelegenheiten geschäftsmäßig besorgen dürfen. Die Grenzen des Erlaubten werden durch das **Rechtsberatungsgesetz und § 157 Abs. 3 ZPO** gezogen. Nach § 1 RBerG darf die Besorgung fremder Rechtsangelegenheiten, einschließlich der Rechtsberatung und der Einziehung fremder oder zu Einziehungszwecken abgetretener Forderungen, geschäftsmäßig von **Rechtsbeiständen** nach altem Recht und Erlaubnisträgern nach neuem Recht (vgl. § 209 Rz. 1) betrieben werden. **Prozeßagenten** haben ein Vertretungsrecht nach § 157 Abs. 3 ZPO (zum Vertretungsrecht der Kammerrechtsbeistände vgl. § 209 Rz. 7). Zulässig sind auch die in Art. I § 3 RBerG aufgeführten Tätigkeiten, z. B. die Rechtsberatung und Rechtsbetreuung durch **Behörden** und Körperschaften des öffentlichen Rechts im Rahmen ihrer Zuständigkeit sowie die Berufstätigkeit der **Notare, RAe** und **Patentanwälte**. Weitere erlaubte Tätigkeiten sind in Art. I §§ 5–7 RBerG aufgeführt. Art. I § 5 RBerG regelt u. a. in Nr. 2 die Zulässigkeit der rechtlichen Bearbeitung von Angelegenheiten durch **Wirtschaftsprüfer,** soweit diese mit den Aufgaben des Wirtschaftsprüfers in unmitelbarem Zusammenhang stehen (betr. Steuerberater vgl. *Hoechstetter*, Rbeistand 1986, 59, 79). Nach Art. I § 6 Abs. 1 Nr. 1 RBerG dürfen Angestellte Rechtsangelegenheiten ihres Dienstherrn erledigen; hierunter fällt der **Syndikusanwalt,** soweit er als Angestellter seines Dienstherrn handelt (vgl. Näheres bei *Altenhoff/Busch/Chemnitz*, Rz. 271). Nach Art. I § 6 Abs. 1 Nr. 2 RBerG dürfen **Angestellte, die bei** einem **Rechtsanwalt,** einem **Rechtsbeistand** oder sonstigen Personen oder Stellen der in Art. I §§ 1, 3 und 5 RBerG bezeichneten Art beschäftigt sind, im Rahmen dieses Angestelltenverhältnisses Rechtsangelegenheiten erledigen. Ein Angestelltenverhältnis in diesem Sinne setzt voraus, daß der Dienstleistende an die Anordnungen und Weisungen seines Dienstherrn gebunden ist (vgl. BayOBLG, AnwBl. 1983, 457, m. w. N.; OLG Hamm, Urteil vom 12. 7. 1983 – 4U90/83 –). Die

Rechtsform des Angestelltenverhältnisses darf nach Art. I § 6 Abs. 2 RBerG nicht zu einer Umgehung des Erlaubniszwangs mißbraucht werden. An die Angestellten dürfen nur solche Aufgaben delegiert werden, bei denen nicht der Kernbereich der Aufgaben des RA oder des Rechtsbeistands berührt wird; dieser beginnt dort, wo die rechtliche Sachkunde, die persönliche Verantwortlichkeit und die persönliche Sorgfaltspflicht des Berufsträgers zum Tragen kommt; soweit in diesem Kernbereich im Ausnahmefall Angestellte eingesetzt werden, ist eine umfassende Nachprüfung und Überwachung erforderlich; soweit der Angstellte im Kernbereich nicht nur im internen Kanzleibetrieb tätig wird, sondern eine Tätigkeit im Außenverkehr beabsichtigt, muß der RA oder Rechtsbeistand persönlich Schriftstücke und Anträge nach eingehender Prüfung unterzeichnen (*Hoechstetter*, Rbeistand 1985, 171, 172).

6 **Rechtslehrer** an deutschen Hochschulen (nicht auch Fachhochschullehrer, vgl. BVerwG, NJW 1975, 1899) werden in einigen prozessualen Bestimmungen ausdrücklich neben den RAen als Prozeßvertreter zugelassen, z. B. in § 138 Abs. 1 StPO, § 67 Abs. 1 VwGO, § 40 Abs. 2 Bundesdisziplinarordnung, § 22 Abs. 1 Satz 1 BVerfGG. In diesen Fällen gelten die sich aus dem RBerG ergebenden Verbote nicht; das gilt auch für die Vertretung des Antragstellers im gerichtlichen Antragsverfahren nach der Wehrbeschwerdeordnung vor dem BVerwG; soweit jedoch solche Sondervorschriften nicht eingreifen, gilt das RBerG auch für Rechtslehrer, so daß diese insoweit – abgesehen von der nach Art. 1 § 2 RBerG erlaubnisfreien Gutachtertätigkeit – gemäß Art. 1 § 1 RBerG fremde Rechtsangelegenheiten nicht geschäftsmäßig besorgen dürfen (BVerwG, NJW 1988, 220; VGH München, AnwBl. 1988, 304; BVerfG, AnwBl. 1988, 490; jeweils m. w. N. zu der umstrittenen Rechtsfrage).

7 Wer fremde Rechtsangelegenheiten geschäftsmäßig besorgt, ohne die nach dem RBerG erforderliche Erlaubnis zu besitzen, handelt **ordnungswidrig nach Art. I § 8 RBerG**. Ein zugelassener RA kann Tatbeteiligter einer solchen Ordnungswidrigkeit sein, wenn er einen anderen anstiftet, unerlaubte Rechtsberatung zu betreiben oder ihm dabei hilft (BayObLG, AnwBl. 1983, 475; *Erbs/Kohlhaas*, Strafrechtliche Nebengesetze, 86. Ergänzungslieferung, R55, RBerG, Art. I § 8 Anm. 6; *Rennen/Caliebe*, § 8 Rz. 8; a. A. *Altenhoff/Busch/Chemnitz*, Rz. 563 ff.; *Chemnitz*, AnwBl. 1969, 458). Die Ausübung einer rechtsbesorgenden Tätigkeit ohne die nach dem RBerG erforderliche Erlaubnis verstößt auch gegen § 1 UWG (OLG Köln, AnwBl. 1986, 364).

8 Durch die den **Patentanwälten** in § 3 Abs. 1–4 der Patentanwaltsordnung eingeräumten Rechte zur Beratung und Vertretung in den dort aufgeführten

Angelegenheiten wird das Beratungs- und Vertretungsrecht der RAe nicht berührt (§ 3 Abs. 5 der Patentanwaltsordnung).

Zu den beruflichen Aufgaben eines RA gehört es auch, Rechtsuchende bei **9** der Auswahl eines Prozeßbevollmächtigten, insbesondere eines Spezialanwalts für bestimmte Rechtsgebiete, zu beraten; ein **gewerblicher** Vermittler von Anwälten (**Anwaltsmakler**) steht daher in einem Wettbewerbsverhältnis zur Anwaltschaft; sein Angebot zur gewerblichen Anwaltsvermittlung verstößt unabhängig von dem Vorliegen einer unerlaubten Rechstberatung gegen § 1 UWG (OLG Stuttgart, AnwBl. 1975, 406; OLG Hamm, AnwBl. 1980, 67).

Abs. 2 wird hinsichtlich **landesrechtlicher Regelungen** ergänzt durch § 225. **10**

Abs. 3 begründet **für den Bürger** kein allgemeines Recht auf Hinzuziehung eines RA, sondern setzt einen solchen Anspruch aufgrund des jeweils geltenden Rechts (»im Rahmen der gesetzlichen Vorschriften«) voraus (BVerwG, NJW 1974, 715). Einen solchen Anspruch geben z. B. § 79 ZPO, Art. 6 Abs. 3 c MRK, §§ 137, 406 f., 406 g StPO, § 14 VwVfG. Die Einbindung in ein förmliches Verfahren, bei dem die Beteiligten einer mit autoritativem Anspruch auftretenden öffentlichen Stelle gegenübertreten, ist eine Konstellation, die die generelle Zulassung rechtskundigen Beistandes im Interesse des Betroffenen notwendig macht (OVG Münster, BRAK-Mitt. 1991, 230).

Für das **Strafverfahren** wird der »Rahmen der gesetzlichen Vorschriften« **12** im Sinne des Abs. 3 durch § 137 Abs. 1 StPO gezogen, wonach der Beschuldigte sich in jeder Lage des Verfahrens des Beistandes eines Verteidigers bedienen kann, die Zahl der gewählten Verteidiger jedoch drei nicht überschreiten darf. Unzulässig ist auch die Verteidigung mehrerer Beschuldigter durch einen Verteidiger (§ 146 StPO). Art. 6 Abs. 3 c MRK gewährleistet jedem Angeklagten das Recht, den Beistand eines Verteidigers seiner Wahl zu erhalten und, falls er nicht über die Mittel zur Bezahlung eines Verteidigers verfügt, den Beistand eines Pflichtverteidigers unentgeltlich zu erhalten, wenn dies im Interesse der Rechtspflege erforderlich ist. Das letztere Recht wird in §§ 140 ff. StPO konkretisiert (vgl. *Gusy*, AnwBl. 1984, 225, 228). In § 148 StPO ist der Verkehr des Beschuldigten, auch wenn er sich nicht auf freiem Fuß befindet, mit dem Verteidiger geregelt. Einschränkungen des Rechts zum Verkehr mit dem Verteidiger sind nach §§ 31–38 des Einführungsgesetzes zum GVG (**Kontaktsperregesetz**) für bestimmte Gruppen von Straf- und Untersuchungsgefangenen möglich. Vgl. hierzu § 49 Rz. 3 (RA als Kontaktperson). Zur **Ausschließung des Verteidigers**, z. B. wegen Verdachts der Tatbeteiligung vgl. § 138 a ff. StPO, zur Mitwirkung des Vorstandes der RAK bei solchen Verfahren § 138 c Abs. 2 Satz 3 und 4 StPO, § 138 d Abs. 6 Satz 2 StPO).

13 § 14 VwVfG regelt das Recht des Beteiligten eines **Verwaltungsverfahrens,** sich durch einen Bevollmächtigten vertreten zu lassen. Er gilt jedoch nach § 2 Abs. 3 Nr. 2 VwVfG nicht für die Tätigkeit der Behörden bei Leistungs-, Eignungs- und ähnlichen Prüfungen. Daher besteht kein Rechtsanspruch auf Hinzuziehung eines RA bei dem **Einstellungsgepräch** einer Behörde mit einem Beamtenbewerber (BVerwG, NJW 1981, 2136, m. w. N.; a. A. *Schoch,* NJW 1982, 545, mit Hinweis auf die Sonderregelung im bayerischen und schleswig-holsteinischen VwVfG; ältere einschlägige Gerichtsentscheidungen sind durch das VwVfG vom 25. 5. 1976 überholt). Falls es im Rahmen des Einstellungsverfahrens zu einem »**Anhörungsgespräch**« zur Überprüfung der Verfassungstreue kommt, wird auf Antrag des Bewerbers die Mitwirkung eines Rechtsbeistandes zu gestatten sein, die jedoch auf die Beratung des Bewerbers und auf Verfahrensfragen zu beschränken ist. Dient ein **Dienstgespräch** der Erörterung und Aufklärung des für etwaige dienstrechtliche Maßnahmen gegen einen Beamten erforderlichen Sachverhalts, so hat der Beamte einen Rechtsanspruch auf Zuziehung eines RA als Rechtsbeistand nach § 14 VwVfG (OVG Bremen 1976, 772; *Knack,* § 2 Rz. 14). Ist für ein Verwaltungsverfahren ein RA als Bevollmächtigter bestellt, so soll die Verwaltungsbehörde sich an ihn wenden; sie kann sich an den Beteiligten selbst wenden, soweit dieser zur Mitwirkung verpflichtet ist; dann soll sie jedoch den Bevollmächtigten verständigen (§ 114 Abs. 3 VwVfG). Von atypischen Ausnahmefällen abgesehen muß die Behörde den Bevollmächtigten über Art und Ergebnis ihrer unmittelbar mit dem Beteiligten geführten Verhandlungen unterrichten (VGH Kassel, AnwBl. 1984, 557).

14 Der Ausschluß anwaltlicher Mitwirkung in einem **Schlichtungsverfahren** widerspricht der im Grundrecht aus Art. 2 Abs. 1 GG enthaltenen grundsätzlichen Befugnis, rechtlichen Beistand in Anspruch zu nehmen (OVG Münster, BRAK-Mitt. 1991, 230).

15 Auch der **Zeuge** ist grundsätzlich berechtigt, während seiner gerichtlichen Vernehmung – auch bei Ausschluß der Öffentlichkeit – einen RA als Rechtsbeistand zuzuziehen (vgl. BVerfG, NJW 975, 103; *Wagner,* DRiZ 1983, 21; *Kleinknecht/Meyer,* vor § 48 Rz. 11), allerdings nicht auf Staatskosten (BVerfG, AnwBl. 1983, 456). Entsprechendes muß für den gerichtlichen Sachverständigen gelten (*Jessnitzer,* Der gerichtliche Sachverständige, 9. Aufl. 1988, S. 117). Zu den Anwaltsgebühren in Fällen dieser Art vgl. OLG Düsseldorf, JMBL. NRW 1980, 35; *Mümmelmann,* Juristisches Büro 1985, 1627.

16 Zum Recht des **Arbeitnehmers** einer Behörde auf Zulassung eines Rechtsbeistandes bei dienstlichen Gesprächen über seinen Gesundheitszustand vgl. ArbG Münster, AnwBl. 1989, 349.

In **vereinsinternen Konfliktfällen** hat das betroffene Vereinsmitglied in   17
dem Verfahren vor der Mitgliederversammlung einen Anspruch auf rechtliches Gehör, jedoch im allgemeinen nicht auf anwaltliche Vertretung, es sei denn, daß der Verein in dieser Verhandlung sich selbst der Hilfe eines RA bedient (BGHZ 55, 381, 391; vgl. auch BGH, NJW 1975, 160).

Die Verwirklichung des Rechts des Bürgers, sich durch einen RA beraten   18
oder vertreten zu lassen, wird für **Minderbemittelte** durch verschiedene sozialstaatliche Vorschriften erleichtert, insbesondere durch § 3 Abs. 1 des **Beratungshilfegesetzes,** durch § 121 ZPO und § 11 a des Arbeitsgerichtsgesetzes **(Prozeßkostenhilfe)** sowie durch § 141 StPO **(Bestellung eines Pflichtverteidigers).** Allerdings ist nur bei Beratungs- und Prozeßkostenhilfe die freie Auswahl des RA durch den Rechtsuchenden gewährleistet, während der Pflichtverteidiger im Strafverfahren vom Vorsitzenden des Gerichts und im Verfahren vor der Verwaltungsbehörde nach dem OWiG durch die Verwaltungsbehörde ausgewählt wird. Ordnungsgemäße Beiordnung des RA nach § 121 Abs. 1–3 ZPO setzt dessen vorherige Bereiterklärung zur Vertretung voraus, anders bei § 121 Abs. 4 ZPO. Vgl. auch die Stellungnahme des Richtlinienausschusses der BRAK, wonach der RA verpflichtet ist, bei Vorliegen konkreter Anhaltspunkte sowohl zu prüfen, ob für einen Mandanten die Inanspruchnahme von Beratungshilfe in Betracht kommt, als auch den Mandanten über die Möglichkeit der Inanspruchnahme von Beratungshilfe aufzuklären (BRAK-Mitt. 1983, 71); so auch – zugleich zur Schadensersatzpflicht des RA bei Unterlassen solcher Aufklärung – OLG Düsseldorf, AnwBl. 1984, 444. Zur Übernahmepflicht des RA vgl. *Brangsch,* AnwBl. 1982, 99; *Becker,* AnwBl. 1982, 290. **Lit. zur Prozeßkosten- und Beratungshilfe:** *Schoreit/Dehn,* Beratungshilfegesetz, Prozeßkostenhilfegesetz, 3. Aufl. 1987; *Baumbach/Lauterbach/Albers/Hartmann,* §§ 114–127, Anh. nach § 127; *Klinge/Greißinger,* DAV-Ratgeber, S. 321, 324; *Greißinger,* AnwBl. 1986, 417; 1989, 573; 1992, 49; für Aus-, Über- und Umsiedler AnwBl. 1989, 593.

Zur Prozeßkostenhilfe im Strafverfahren nach dem **Opferschutzgesetz**   19
vgl. §§ 397, 406 g Abs. 3 StPO (Beiordnung eines RA für den Nebenkläger und den zum Anschluß an den Nebenkläger Befugten) und § 404 Abs. 5 StPO (im Adhäsionsverfahren Beiordnung eines RA für den Antragsteller, eines Verteidigers für den Angeschuldigten).

Zum Recht des Gefangenen, im Falle der Kontaktsperre die Beiordnung   20
eines RA als **Kontaktperson** zur rechtlichen Betreuung zu beantragen, vgl. § 49 Rz. 3.

Zur Wirksamkeit von **Mandantenschutzvereinbarungen** vgl. § 59 a Rz. 19.   21

Für das Verfahren vor dem **Bundesverfassungsgericht** wird Abs. 3 ergänzt   22
durch § 22 BVerfGG.

23 Zu Abs. 1 und 3: Der Ansicht von *Kalsbach* (§ 3 Rz. 7), daß das Recht des RA nach Abs. 1 und das Recht des Staatsbürgers nach Abs. 3 durch **privatrechtliche Vereinbarungen** nicht rechtswirksam ausgeschlossen werden könne, dürfte zuzustimmen sein. Zumindest können solche Vereinbarungen nach den Vorschriften des Gesetzes zur Regelung der Allgemeinen Geschäftsbedingungen (AGB-Gesetz), insbesondere nach dessen § 2 (»Kleingedrucktes«) unwirksam sein. Anwaltsauswahl ausschließlich durch einen Mieterverein verletzt bei Wohnungsrechtsschutzversicherung das Recht auf freie Anwaltswahl nach Abs. 3 in unzumutbarer Weise (§ 242 BGB) und ist mit § 1 UWG nicht vereinbar (BGH, NJW 1990, 578).

24 Dem Recht des RA auf Beratung steht eine Pflicht zu umfassender Beratung des Mandanten gegenüber, insbesondere beim Auftreten von Bedenken gegen Weisungen des Mandanten (vgl. BGH, NJW 1985, 42, und zur Frage der Haftung, *Rinsche*, Rz. I 26 ff., sowie *Borgmann*, AnwBl. 1984, 256).

25 Für die **Selbstvertretung des RA in eigener Sache** gilt folgendes: Im Zivilprozeß kann ein RA, der nach § 78 Abs. 1 und 2 ZPO zur Vertretung berechtigt ist, sich gem. § 78 Abs. 4 ZPO selbst vertreten; er ist dann auch sitzungspolizeilich als RA zu behandeln; das gilt auch vor dem Bundesfinanzhof (vgl. *Baumbach/Lauterbach/Albers/Hartmann*, § 78 Anm. 3). Im Strafverfahren und im anwaltsgerichtlichen Verfahren kann der beschuldigte RA sich selbst verteidigen, soweit nicht der Fall einer notwendigen Verteidigung vorliegt (BGH, NJW 1954, 1415); er erlangt aber dadurch nicht die Stellung eines Verteidigers mit ihren besonderen Rechten und Pflichten (vgl. BVerfG, NJW 1980, 1677; EGH Stuttgart, AnwBl. 1983, 331). Zur Revisionsbegründung in eigener Sache im anwaltsgerichtlichen und im Strafverfahren vgl. § 146 Rz. 3, § 155 Rz. 3. Zur Frage der Selbstvertretung eines RA im Strafverfahren, der Verletzter der Straftat ist, vgl. *Hilger*, NStZ 1988, 441. Zu den Auswirkungen eines Berufs- oder Vertretungsverbots auf das Recht zur Selbstvertretung vgl. § 155 Abs. 4 und dort Rz. 3. Zur Gebührenfrage bei Selbstverteidigung vgl. § 117 a Rz. 3.

Vorbemerkung zum Zweiten bis Siebenten Teil

Begriff der »Landesjustizverwaltung« = LJV

Zahlreiche Aufgaben der BRAO sind der LJV zugewiesen (z. B. nach § 8 Abs. 1). LJV in diesem Sinne ist jeweils die **oberste Landesjustizbehörde** eines Landes. Das sind

1. **Ministerium für Justiz, Bundes- und Europaangelegenheiten Baden-Württemberg**, Schillerplatz 4, 70173 Stuttgart
2. **Bayerisches Staatsministerium der Justiz**, Prielmeyerstraße 7, 80335 München
3. **Der Senator für Justiz und Bundesangelegenheiten**, Salzburger Straße 21–25, 10825 Berlin
4. **Ministerium der Justiz des Landes Brandenburg**, Heinrich-Mann-Allee 107, 14473 Potsdam, Tel.: (03 31) 36 60, Fax: (03 31) 3 66 30 80
5. **Der Senator für Justiz und Verfassung**, Richtweg 16/22, 28195 Bremen
6. **Die Justizbehörde**, Rathaus, 20095 Hamburg
7. **Der Hessische Minister der Justiz**, Luisenstraße 13, 65185 Wiesbaden
8. **Ministerium für Justiz, Bundes- und Europaangelegenheiten des Landes Mecklenburg-Vorpommern**, Demmlerplatz 14, 19053 Schwerin, Tel: (03 85) 5 88-0, Fax: (03 85) 5 88 35 51
9. **Der Niedersächsische Minister der Justiz**, Am Waterlooplatz 1, 30169 Hannover
10. **Der Justizminister des Landes Nordrhein-Westfalen**, Martin-Luther-Platz 40, 40212 Düsseldorf
11. **Ministerium der Justiz (Rheinland-Pfalz)**, Ernst-Ludwig-Straße 3, 55116 Mainz
12. **Der Minister für Rechtspflege (Saarland)**, Zähringerstraße 12, 66119 Saarbrücken
13. **Sächsisches Staatsministerium der Justiz**, Archivstraße 1, 01097 Dresden, Tel.: (03 51) 56 40, Fax: (03 51) 5 64 15 99
14. **Ministerium der Justiz des Landes Sachsen-Anhalt**, Wilhelm-Höpfner-Ring 6, 39116 Magdeburg, Tel.: (03 91) 5 67 01, Fax: (03 91) 5 56 42 26
15. **Der Justizminister des Landes Schleswig-Holstein**, Lorentzentrumdamm 35, 24103 Kiel
16. **Thüringer Justizministerium**, Alfred-Hess-Straße 8, 99094 Erfurt, Tel.: (03 61) 6 66 20, Fax: (03 61) 6 66 21 55

Die vorbezeichneten LJVen haben von der ihnen in § 224 eingeräumten **Ermächtigung,** die ihnen nach der BRAO zustehenden Befugnisse **auf nach-geordnete Behörden zu übertragen,** weitgehend Gebrauch gemacht (vgl. § 224 Rz. 3). Aus diesem Grunde ist, wenn in den nachfolgenden Erläute-rungen den jeweiligen Gesetzestexten entsprechend von der »LJV« die Rede ist, nicht in jedem Falle die oberste Landesjustizbehörde selbst gemeint, son-dern entweder diese oder die Stelle, auf die sie ihre Befugnisse delegiert hat, z. B. der örtlich zuständige Präsident des OLG oder des LG.

Zweiter Teil   Die Zulassung des Rechtsanwalts

Vorbemerkung zum Zweiten Teil

Der Zweite Teil regelt im 1. Abschnitt (§§ 4–17) die (allgemeine) Zulassung zur Rechtsanwaltschaft, die grundsätzlich, sofern sie nicht zurückgenommen oder widerrufen wird, erhalten bleibt und durch Wegfall oder Wechsel des Gerichts nicht berührt wird. Sie bewirkt das Recht zur Führung der Berufsbezeichnung »Rechtsanwalt« (§ 12 Abs. 3). **1**

Der 2. Abschnitt (§§ 18–36) betrifft die (lokale) Zulassung bei einem bestimmten Gericht oder mehreren Gerichten, die wechseln kann (§ 33). Mit der Eintragung in die Liste der bei einem Gericht zugelassenen RAe beginnt die Befugnis, die Anwaltstätigkeit auszuüben (§ 32). Die Zulassung zur Rechtsanwaltschaft kann nicht für sich allein erteilt werden, sie muß zeitlich mit der ersten Zulassung bei einem Gericht verbunden sein (§ 18 Abs. 2). Diese gleichzeitige Zulassung des RA zur Rechtsanwaltschaft und bei einem bestimmten Gericht, deren Verständnis manchen Schwierigkeiten bereitet, ist nichts Außergewöhnliches. Sie entspricht einer ähnlichen Regelung beim Richterberuf: Gleichzeitig mit der Begründung des Richterverhältnisses durch die Ernennung nach § 17 DRiG ist dem Richter auf Lebenszeit oder auf Zeit nach § 27 DRiG ein Richteramt bei einem bestimmten Gericht oder bei mehreren Gerichten zu übertragen. Auch hier ist das Richterverhältnis das Bleibende, während das Gericht bei Versetzung oder Beförderung wechseln kann. Die LJV entscheidet über den Antrag auf Zulassung zur Rechtsanwaltschaft nach Einholung eines Gutachtens des Vorstandes der RAK (§ 8 Abs. 1, 2), über die Zulassung bei einem Gericht nach Anhörung des Vorstandes der RAK (§ 19 Abs. 2). Über den Antrag auf Zulassung beim BGH entscheidet der BMJ nach der Benennung durch den Wahlausschuß (§§ 164, 170). Außerhalb des Zweiten Teils finden sich verschiedene Vorschriften über die gleichzeitige Zulassung bei mehreren Gerichten (§§ 171, 226, 227, 227 a, 227 b). Zum aufschiebend befristeten Wegfall der beiden letztgenannten Vorschriften vgl. Anmerkung zu §§ 227 a und b sowie zu § 22. **2**

Der 3. Abschnitt (§ 36 a) enthält u. a. allgemeine Vorschriften für das Verwaltungsverfahren bei der allgemeinen und der lokalen Zulassung sowie bei ihrer Rücknahme und ihrem Widerruf nach §§ 4–36. Soweit § 36 a und sonstige spezialgesetzliche Regelungen der BRAO noch Lücken aufweisen, sind **3** im VwVfG zum Ausdruck gekommene Verfahrensgrundsätze anzuwenden (vgl. BGH BRAK-Mitt. 1989, 156, zum Recht vor Einfügung des § 36 a).

4   Der 4. **Abschnitt (§§ 37–42)** regelt das Verfahren bei Anträgen auf gerichtliche Entscheidungen in Zulassungssachen, für die in erster Instanz der AnwGH und in der Beschwerdeinstanz der BGH zuständig ist (§§ 37 ff., 42). Wenn es um die Zulassung beim BGH geht, entscheidet anstelle des AnwGH der BGH (§ 163 Satz 2).

5   Aus der sinngemäß-analogen oder unmittelbaren Anwendung des VwVfG in den in der BRAO geregelten Verwaltungsverfahren ergibt sich insbesondere die Geltung des **Untersuchungsgrundsatzes** (§ 24 VwVfG), der im übrigen auch das gerichtliche Verfahren vor dem AnwGH und dem BGH in Zulassungs- und anderen Verwaltungssachen beherrscht (§§ 40 Abs. 4, 42 Abs. 6 Satz 2, 223 Abs. 3 Satz 2, jeweils i. V. mit § 12 FGG, vgl. § 40 Rz. 2). Zufolge des Untersuchungsgrundsatzes gibt es keine Behauptungslast und Beweisführungspflicht des am Verwaltungsverfahren beteiligten Anwaltsbewerbers oder RAs, wohl aber eine Beweislast für die rechtsbegründenden Tatsachen; daher geht die Unerweislichkeit einer Tatsache grundsätzlich zu Lasten des Anwaltsbewerbers oder des RAs, der aus ihr eine ihm günstige Rechtsfolge herleitet (*Kopp*, VwVfG, § 24 Rz. 25, 27). Vgl. hierzu § 6 Rz. 2, § 36 a Abs. 2. Zur Regelung der **Akteneinsicht** des betroffenen Anwaltsbewerbers oder RAs im Verwaltungsverfahren kann die sinngemäß-analoge oder unmittelbare Anwendung des § 29 VwVfG dienen.

Erster Abschnitt   Die Zulassung zur Rechtsanwaltschaft

1. Allgemeine Voraussetzung

§ 4   Zugang zum Beruf des Rechtsanwalts

Zur Rechtsanwaltschaft kann nur zugelassen werden, wer die Befähigung zum Richteramt nach dem Deutschen Richtergesetz erlangt oder die Eignungsprüfung nach dem Gesetz über die Eignungsprüfung für die Zulassung zur Rechtsanwaltschaft vom 6. Juli 1990 (BGBl. I S. 1349) bestanden hat.

1   Nach § 5 DRiG erwirbt die Befähigung zum Richteramt, wer ein rechtswissenschaftliches Studium an einer Universität mit der ersten Staatsprüfung und einem anschließenden Vorbereitungsdienst mit der zweiten Staatsprüfung abschließt. Zur **einstufigen Ausbildung** vgl. § 5b DRiG in der bis

zum 15. 9. 1984 geltenden Fassung i. V. mit Art. 3 des Dritten Gesetzes zur Änderung des DRiG vom 25. 7. 1984 (BGBl. I S. 995). Wegen der Anerkennung der Prüfungen von Flüchtlingen sowie landesrechtlicher Übergangsvorschriften für Ausbildungen und Prüfungen vor Inkrafttreten des DRiG vgl. §§ 112, 113 DRiG; *Isele,* § 4 Anm. VII C, VIII. Zum Richteramt befähigt sind gemäß § 7 DRiG auch ordentliche Professoren der Rechte an einer Universität in der Bundesrepublik Deutschland (alte Länder). Sie behalten die Befähigung zum Richteramt, auch wenn sie kein Universitätsamt mehr bekleiden (vgl. BT-Drucks. III/516, S. 35); solange sie nicht entpflichtet sind, ist § 7 Nr. 11 zu beachten (vgl. § 7 Rz. 33). Eine ausländische Professur, auch im EG-Bereich, erfüllt nicht die Voraussetzungen für die Zulassung zur Rechtsanwaltschaft (BGH, BRAK-Mitt. 1985, 226). Die deutsche Staatsangehörigkeit ist für die Zulassung zur Rechtsanwaltschaft nicht erforderlich.

Durch das am 1. 1. 1991 in Kraft getretene **Gesetz** zur Umsetzung der 2 Richtlinie des Rates der Europäischen Gemeinschaften vom 21. 12. 1988 über eine allgemeine Regelung zur **Anerkennung der Hochschuldiplome vom 6. 7. 1990** für die Berufe des Rechtsanwalts und des Patentanwalts (BGBl. I S. 1349) – abgedruckt als **Anlage IV** – ist § 4 dahin ergänzt worden, daß die Zulassung zur Rechtsanwaltschaft nach der BRAO auch von Staatsangehörigen der EG-Mitgliedstaaten, die befähigt sind, Anwalt zu werden, auch auf Grund einer **Eignungsprüfung** erreicht werden kann. Das Gesetz wird für den Beruf des Rechtsanwalts ergänzt durch die **Verordnung des BMJ vom 18. 2. 1990** (BGBl. I S. 2881) – abgedruckt als **Anlage V** –, in der die Einzelheiten des Prüfungsverfahrens geregelt sind. Seit dem 1. 1. 1993 gelten für Angehörige der Vertragsstaaten über den **Europäischen Wirtschaftsraum** die vorstehend genannten Prüfungsbestimmungen sowie das RADG teilweise entsprechend. Näheres zum Prüfungsverfahren enthalten die Ausführungen von *Weil,* BRAK-Mitt. 1991, 15 ff., und *Feuerich,* NJW 1991, 1144 ff. Krit. hierzu *Hackl,* in: AnwBl. 1993, 312, der in der Ausgestaltung der Eignungsprüfung einen Verstoß gegen EG-Recht sieht. Zu den Voraussetzungen für die **Zulassung von EG-Anwälten in Frankreich** vgl. *Boltz,* BRAK-Mitt. 1993, 130. Nach Bestehen der Prüfung regelt sich das Zulassungsverfahren wie bei dem Bewerber mit Befähigung zum Richteramt (§ 5 DRiG) nach den §§ 6 ff. Mit der Zulassung erlangt der ausländische RA alle Rechte und Pflichten eines deutschen RA mit Ausnahme der Möglichkeit, den Vorsitz im AnwG und AnwGH übernehmen zu können. Die beruflichen Perspektiven der auf diesem Wege zugelassenen RAe haben sich mit Vollendung des Europäischen Binnenmarktes zum 1. 1. 1993 deutlich verbessert. Sie liegen vor allem im Bereich der Unternehmensberatung in Deutschland und im Heimatland, in der Kooperation mit deutschen Anwälten sowie der Gründung von Niederlassungen in Deutschland und schließlich auch in der Ausübung von Berufen in Industrie, Handel, Banken, Versicherungen und Verbänden (*Bode*, AnwBl. 1993, 272). Zur weiteren Literatur und zur »Dienstleistungsfreiheit« von EG-Anwälten vgl. § 5 Rz. 3. Zur Frage der Anerkennung von in Drittländern erworbenen Diplomen in der EG vgl. BRAK-Mitt. 1991, 155; BT- Drucks. 11/6721 S. 14 zu II.

3   Zur Frage der Zulassung von **EG-Anwälten,** die bereits **Rechtsbeistand** in der Zeit vor Inkrafttreten des Gesetzes vom 6. 7. 1990 waren, vgl. BGH, BRAK-Mitt. 1990, 49 und die hierauf ergangene Entscheidung des EuGH, BRAK-Mitt. 1991, 170.

4   Vor der Vereinigung (3. 10. 1990) war die **Zulassung** für einen in der **DDR zugelassenen Rechtsanwalt** im **Geltungsbereich der BRAO,** der die Zulassungsvoraussetzungen des § 4 a. F. nicht erfüllte, nicht möglich (BGH BRAK-Mitt. 1990, 107). Auch nach dem 3. 10. 1990 war eine Zulassung von DDR-Anwälten nach §§ 6 ff. – zu der Sonderregelung für das ehemalige Ost-Berlin vgl. Rz. 7 – ausgeschlossen. In den 5 neuen Ländern galt die BRAO nicht. Hier galt das RAG der DDR vom 13. 9. 1990 (GBl. I S. 1504) vorerst auch weiterhin (EinigungsV, Anlage II, Kapitel III, Sachgebiet A, Abschnitt III, Nr. 1), das in § 4 RAG für die Zulassung zur Anwaltschaft eine näher definierte juristische Ausbildung in der DDR – jetzt 5 Ländern – erfordert. Ein im Geltungsbereich des RAG zugelassener Anwalt konnte seine Zulassung im Geltungsbereich der BRAO jedoch über einen **Wechsel der Zulassung nach § 33** erreichen (BGH BRAK-Mitt. 1992, 171).

Durch das RPflAnpG sind die unterschiedlichen berufsrechtlichen Grundlagen für RAe in den alten Bundesländern und denen in den neuen Bundesländern – ausgenommen die RAe in (Ost-)Berlin (vgl. Rz. 7) – bereits näher zusammengeführt worden, und zwar durch Änderung der Bestimmungen des RAG, vor allem im Bereich der Zulassungsregelung, durch weitgehend wörtliche Übereinstimmung mit den Vorschriften der BRAO. So ist vor allem die frühere Regelung entsprechend der BRAO durch die Zulassung bei einem bestimmten Gericht, und somit durch die **berufsrechtliche Lokalisation** ersetzt worden, wobei es nach der Übergangsregel des § 26 Abs. 1 RPflAnpG bei der Bildung der Amts-, Land-, und Oberlandesgerichte für anhängige Verfahren bis zur Beendigung des Rechtszuges bei den bisherigen Vorschriften verblieb. Für die vom Kreisgericht auf das LG übergegangenen Sachen bestand also noch kein **Anwaltszwang.**

Zur **Postulationsbefugnis** (verfahrensrechtliche Lokalisation) ist in § 22 RPflAnpG eine weitergehende, bis zum 31. 12. 1994 befristete Regelung getroffen worden, nach der vor dem LG und – in Familiensachen – auch vor dem AG jeder nach dem RAG zugelassene oder bei einem Bezirksgericht registrierte RA auftreten kann, mithin also jeder, der in den neuen Ländern eine Kanzlei unterhält, soweit er nicht ausschließlich beim OLG zugelassen ist (vgl. *Rieß,* DtZ 1992, 226). (Zu dem RA, der in den neuen Ländern eine Zweigstelle hat, vgl. § 59 a Rz. 16). Nach § 26 Abs. 2 Satz 1 RPflAnpG bleibt die Vertretungsberechtigung für den ersten Rechtszug erhalten, wenn der Auftrag vor der Errichtung des AG und des LG erteilt war, was durch anwaltliche Versicherung glaubhaft zu machen ist (§ 26 Abs. 2 Satz 2 RPflAnpG). Nach der Überleitungsvorschrift des § 26 Abs. 3 RPflAnpG gilt dies über den Fristablauf (31. 12. 1994) hinaus. Für **Berufungssachen** enthält Art. 21 Abs. 13 ÄndG die ergänzende und erweiternde Regelung, daß für vor dem 1. 1. 1995 vor der Zivilkammer eines LG in den neuen Ländern anhängig gewordene Verfahren die Vertretungsbefugnis weiter besteht.

Das **RAG** ist nunmehr **aufgehoben** (vgl. § 3 Rz. 2), die Maßgabe der vorgenannten Vereinbarung im EinigungsV nicht mehr anzuwenden. Ausnahmen sind in Art. 21 ÄndG geregelt. Vgl. auch Rz. 5. Nach dem RAG zugelassene RAe sind jetzt ohne weiteres nach der BRAO zugelassen (Art. 21 Abs. 2 ÄndG).

In den **neuen Ländern** kann die **Befähigung zur anwaltlichen Tätigkeit** 5 gem. Art. 21 Abs. 8 ÄndG bis spätestens innerhalb von 2 Jahren nach Inkrafttreten des ÄndG, also bis zum 8. 9. 1996 dadurch erworben werden, daß der Bewerber die fachlichen Voraussetzungen für die Zulassung zur Rechtsanwaltschaft nach § 4 RAG erfüllt. Diese Bestimmung lautet:

(1) Zur Rechtsanwaltschaft kann nur zugelassen werden, wer
1. ein umfassendes juristisches Hochschulstudium in der Deutschen Demokratischen Republik absolviert und mit dem akademischen Grad eines Diplom-Juristen abgeschlossen hat und
2. auf mindestens 2 Jahre juristische Praxis in der Rechtspflege oder in einem rechtsberatenden Beruf verweisen kann.
(2) Als Rechtsanwalt kann auch zugelassen werden, wem die Lehrbefähigung für Recht an einer Hochschule oder Universität der Deutschen Demokratischen Republik verliehen wurde.

Diplomjuristen im Sinne dieser Bestimmung, die bei Inkrafttreten des ÄndG noch nicht über die notwendige zweijährige Praxis verfügen, können diese also nur noch innerhalb von 2 Jahren nach Inkrafttreten des ÄndG erwerben, den Grundsätzen des Vertrauensschutzes ist damit Rechnung getragen. Diplomjuristen, die erst nach Inkrafttreten des ÄndG mit der notwendigen zweijährigen juristischen Praxis beginnen wollen, können hingegen keinen Vertrauenschutz beanspruchen. Im übrigen gehen die Ausbildungsvoraussetzungen für die Zulassung zur Rechtsanwaltschaft für Personen, die sie besitzen, nicht verloren, weil ihre Zulassung nach dem RAZPrG widerrufen oder zurückgenommen wurde (vgl. BT-Drucks. 12/4993 S. 47). **§ 4 Abs. 1 RAG** kann **nicht erweiternd** dahin **ausgelegt** werden, daß auch ein in den alten Ländern absolviertes, mit dem Ersten Staatsexamen abgeschlossenes Hochschulstudium, die Zulassungsvoraussetzung erfüllt (BGH, Beschl. vom 21. 2. 1994 – AnwZ [B] 54/93). Ebensowenig ersetzt die Tätigkeit als freier Mitarbeiter in einer RA-Kanzlei in den neuen Bundesländern bei einem **Bürger der alten Bundesländer** das fehlende zweite juristische Staatsexamen (BGH BRAK-Mitt. 1994, 179).

Zur **zweijährigen Dauer** der juristischen Praxis gem. § 4 Abs. 1 RAG ist zu beachten, daß die Frist nicht durch EinigungsV i. V. mit § 12 des Musterstatuts der Kollegien der Rechtsanwälte der DDR vom 17. 12. 1980 (GBl. 1981, S. 4) verkürzt worden ist (BGH, BRAK-Mitt. 1993, 47). Die Zulassungsvoraussetzungen nach § 4 Abs. 1 Nr. 2 RAG sind auch dann nicht erfüllt, wenn ein Bewerber weder eine anwaltsspezifische Ausbildung bei einem in der DDR zugelassenen RA absolviert noch die entsprechenden Kenntnisse auf andere Weise erworben hat (BGH, BRAK-Mitt. 1993, 173; BGH, Beschl. vom 13. 9. 1993 – AnwZ (B) 18/93 – juristischer Mitarbeiter in einem Kombinat für Fernmeldebau –; Untersuchungsführer im Untersuchungsorgan des Ministers für Staatssicherheit – keine juristische Praxis in der Rechtspflege – EGH Berlin DtZ 1994, 253).

Eine Lehrbefähigung an der **Juristischen Hochschule Potsdam-Eiche** kann nicht als Voraussetzung für eine Zulassung nach § 4 Abs. 2 RAG anerkannt werden, weil die dort Lehrenden nicht die Aufgabe hatten, ein umfassendes juristisches Wissen zu vermitteln – einseitige Schulung für die Aufgaben des Staatssicherheitsdienstes! –. Das läßt den Schluß zu, daß auch die Lehrenden selbst das notwendige Wissen nicht besitzen mußten (BGH BRAK-Mitt. 1994, 47). Zur Bedeutung und zum Wirken der Hochschule Potsdam-Eiche vgl. FAZ vom 16. 7. 1994 S. 2.

6   Eine seinerzeit ohne Vorliegen der Voraussetzungen des § 4 RAG in der ehemaligen DDR erfolgte **Zulassung zur Anwaltschaft**, die mit dem Prinzip der Gesetzmäßigkeit der Verwaltung unvereinbar ist, kann nach Art. 19 EinigungsV überprüft und gegebenenfalls **aufgehoben** werden (BGH, BRAK-Mitt. 1993, 169 mit zustimmender Anm. *Hoechstetter, Rbeistand* 1993, 49). Hingegen kann einem Rechtsbeistand, der gem. § 209 im Jahre 1982 in die RAK aufgenommen war, die vom DDR-Justizministerium 1990 nach seiner Aufnahme in ein Kollegium der RAe der DDR erteilte Zulassung zur Anwaltschaft (EinigungsV Anl. I Kap. III Sachgebiet A Abschnitt IV Nr. 1 a aa; Gesetz über die Kollegien der RAe der DDR §§ 6, 10 Satz 2, 12; DDR-Verordnung über die Tätigkeit und die Zulassung von RAen mit eigener Praxis § 8) nicht widerrufen werden, da u. a. nicht ein juristisches Hochschulstudium, sondern nur (im gegebenen Fall nachgewiesene) Erfahrungen aus praktischer juristischer Tätigkeit als Zulassungsvoraussetzung gefordert waren (BGH BRAK-Mitt. 1994, 102).

7   In dem beigetretenen Teil von **Berlin** galt seit dem 3. 10. 1990 die BRAO mit der Maßgabe, daß die Rechtsanwälte, die dort bei der Vereinigung eine

Kanzlei unterhielten, als nach der BRAO zugelassen gelten und Mitglied der RAK Berlin sind. Nach dem EinigungsV konnten sie vor allen Gerichten in den neuen Bundesländern auftreten (BGH MDR 1993, 803). Eine Neuzulassung war auch vorgesehen für DDR-Juristen, die am 3. 10. 1990 ihren Wohnsitz im ehemaligen Ost-Berlin hatten und die Befähigung zur anwaltlichen Tätigkeit nach den in den 5 Ländern geltenden Vorschriften besitzen (EinigungsV, Anlage I, Kapitel III, Sachgebiet A, Abschnitt IV, Nr. 1 a aa bb). Die für die Neuzulassung in Berlin erforderlichen Voraussetzungen des § 4 Abs. 1 RAG (»Diplomjurist« und zwei Jahre juristische Praxis) sind auch dann erfüllt, wenn sich die rechtsberatende Tätigkeit schwerpunktmäßig auf einen bestimmten Rechtsbereich – hier gewerblicher Rechtsschutz – und nicht auf andere, für die Rechtswissenschaft grundlegende Gebiete erstreckt (BGH BRAK-Mitt. 1994, 105), nicht jedoch das Erfordernis der zweijährigen juristischen Praxis in der Rechtspflege bei einem Untersuchungsführer im Untersuchungsorgan des Ministers für Staatssicherheit (EGH Berlin DtZ 1994, 253). Jetzt gilt die BRAO für alle nach dem RAG zugelassenen RAe (vgl. Rz. 4).

Zur Niederlassung von »DDR-Anwälten« im Geltungsbereich der BRAO   8
nach § 206 Abs. 2 Satz 1 vgl. dort Rz. 3

§ 5   Freizügigkeit

Wer in einem deutschen Land die Befähigung zum Richteramt erlangt hat (§ 4), kann auch in jedem anderen deutschen Land die Zulassung zur Rechtsanwaltschaft beantragen.

Die Vorschrift betrifft die Freizügigkeit innerhalb des Geltungsbereichs   1
der BRAO. Sie erhält ihren vollen Sinn erst im Zusammenhang mit § 6, wonach der gestellte Antrag nur aus den in der BRAO bezeichneten Gründen abgelehnt werden darf.

Wegen der RAe in der ehemaligen DDR vgl. § 4 Rz. 4 und 5, zu den EG-   2
Anwälten § 4 Rz. 2 und 3 und zur Niederlassung mit begrenzter Befugnis § 206 Rz. 3.

Die Freiheit zur anwaltlichen **Dienstleistung von EG- und EWR-Anwälten**   3
ist im Gesetz zur Durchführung der Richtlinie des Rates der Europäischen Gemeinschaften vom 22. März 1977 zur Erleichterung der tatsächlichen Ausübung des freien Dienstleistungverkehrs der Rechtsanwälte (Rechtsanwaltsdienstleistungegesetz – RDAG) geregelt (abgedruckt als **Anhang III**). Dieses Gesetz enthält Vorschriften über die vorübergehende grenzüberschreitende anwaltliche Tätigkeit von EG/EWR-Anwälten ohne Niederlas-

sung im Geltungsbereich der BRAO. Zur Lit. vgl. *Gornig,* NJW 1989, 1120 ff.; *Claussnitzer,* ZAP, Fach 23, S. 9; *Hartstang,* AnwR, S. 395 ff.; *Everling,* Gutachten C zum 58. Deutschen Juristentag 1990, S. C 18 ff.; *Odersky,* S. 30 ff.; *Rinsche/Schlüter,* ZAP, Fach 23, S. 115; *Rabe,* AnwBl. 1992, 146.

Zur **Dienstleistungsfreiheit** in der EG vgl. EuGH JZ 1993, 250 mit Anm. von *Schweitzer/Fixon.* Der CCBE-Entwurf zum **Niederlassungsrecht für RAe in der EG** (abgedruckt in BRAK-Mitt. 1993, 3), der zum Ziel hat, das Recht auf Niederlassung nicht nur durch den Erwerb des Anwaltsstatus im Aufnahmestaat, sondern auch als »Anwalt des Herkunftslandes« zu erwerben, und der dadurch zu einer weiteren Liberalisierung des europäischen Beratungsmarktes führen soll, ist offenbar bislang noch nicht zu einem offiziellen Kommissionsvorschlag gediehen (BRAK-Mitt. 1993, 199). Demgegenüber liegt zu der Richtlinie über die **Haftung bei Dienstleistungen** seit 1990 ein Entwurf der EG-Kommission vor (vgl. *Schalast,* AnwBl. 1992, 463). Fortschritte bei der Verwirklichung sind hingegen nicht zu erkennen (vgl. BRAK-Mitt. 1993, 198, 1994, 140 und *Henssler,* JZ 1994, 188). Zu den **Werbemöglichkeiten** von RAen in den EG-Staaten vgl. *Mälzer,* AnwBl. 1993, 481 und *Beckmann,* Wettbewerb in Recht und Praxis 1993, 651. Vgl. auch § 43 Rz. 3.

4   Das **RADG** galt auch im Bereich des RAG mit der Maßgabe, daß die entsprechenden Bestimmungen des RAG galten, soweit das RADG auf Bestimmungen der BRAO verweist (EinigungsV, Anlage I, Kapitel III, Sachgebiet A, Abschnitt III, Nr. 9).

2. Erteilung, Erlöschen, Rücknahme und Widerruf der Zulassung zur Rechtsanwaltschaft

§ 6   Antrag auf Zulassung zur Rechtsanwaltschaft

(1) Die Zulassung zur Rechtsanwaltschaft wird auf Antrag erteilt.

(2) Ein Antrag darf nur aus den in diesem Gesetz bezeichneten Gründen abgelehnt werden.

1   Der Antrag muß im Hinblick auf § 18 Abs. 2 auf die Zulassung zur Rechtsanwaltschaft und die Zulassung bei einem oder mehreren Gerichten gerichtet sein. Die Entscheidung über den Antrag trifft nach § 8 Abs. 1 die LJV, nachdem gem. §§ 8 Abs. 2–4, 9 bei der zuständigen RAK ein Gutachten eingeholt worden ist. Der **Inhalt des Antrags** im einzelnen und die Stelle, bei der er einzureichen ist, richten sich nach den Vorschriften der LJVen, die ihre diesbezüglichen Befugnisse nach der BRAO in sehr unterschiedlichem Umfang auf nachgeordnete Behörden übertragen haben (vgl. § 224). Bewer-

ber um eine Zulassung zur Rechtsanwaltschaft holen daher die erforderlichen Auskünfte über die zu beachtenden Formalitäten am zweckmäßigsten bei der hierfür zuständigen Stelle der Justizverwaltung oder der zuständigen Rechtsanwaltskammer ein, die in der Regel auch entsprechende Merkblätter oder Antragsvordrucke zur Verfügung stellen.

Die sachlichen Gründe für die **Ablehnung des Antrags** (Abs. 2) sind in § 7 **2** abschließend aufgezählt (vgl. dort Rz. 1). Der Antrag kann aber auch ohne Sachentscheidung nach § 36 a Abs. 2 Satz 2 als unzulässig zurückgewiesen werden, wenn der Bewerber seine Mitwirkungspflicht nach § 36 a Abs. 2 Satz 1 nicht erfüllt. Gegen eine unberechtigte Zurückweisung seines Gesuchs als unzulässig kann der Bewerber sich mit dem Antrag auf gerichtliche Entscheidung und notfalls mit der sofortigen Beschwerde wehren (§ 42 Abs. 1 Nr. 2 und 4); unterliegt er im Verfahren, so hindert ihn eine solche Ablehnung aus förmlichen Gründen nicht, jederzeit ein neues Zulassungsgesuch einzureichen und darin die Mängel des früheren zu beheben (vgl. zum früheren Recht vor Einfügung des § 36 a BGH, NJW 1985, 1842).

Stellt ein Bewerber nach rechtskräftigem Widerruf seiner Zulassung nach **3** § 14 einen Antrag auf Wiederzulassung, so ist ein solches Begehren nur statthaft mit der Behauptung, daß sich die aus der materiellen Rechtskraft ergebende Bindung erledigt habe (BGH, NJW 1988, 1792).

§ 7 Versagung der Zulassung zur Rechtsanwaltschaft

Die Zulassung zur Rechtsanwaltschaft ist zu versagen,
1. Wenn der Bewerber nach der Entscheidung des Bundesverfassungsgerichts ein Grundrecht verwirkt hat;
2. Wenn der Bewerber infolge strafgerichtlicher Verurteilung die Fähigkeit zur Bekleidung öffentlicher Ämter nicht besitzt;
3. wenn der Bewerber durch rechtskräftiges Urteil aus der Rechtsanwaltschaft ausgeschlossen ist und seit Rechtskraft des Urteils noch nicht acht Jahre verstrichen sind, Nr. 5 bleibt unberührt;
4. wenn gegen den Bewerber im Verfahren über die Richteranklage auf Entlassung oder im Disziplinarverfahren auf Entfernung aus dem Dienst in der Rechtspflege rechtskräftig erkannt worden ist;
5. wenn der Bewerber sich eines Verhaltens schuldig gemacht hat, das ihn unwürdig erscheinen läßt, den Beruf des Rechtsanwalts auszuüben;
6. wenn der Bewerber die freiheitliche demokratische Grundordnung in strafbarer Weise bekämpft;
7. wenn der Bewerber infolge eines körperlichen Gebrechens, wegen Schwäche seiner geistigen Kräfte oder wegen einer Sucht nicht nur vorüberge-

hend unfähig ist, den Beruf eines Rechtsanwalts ordnungsmäßig auszuüben;

8. wenn der Bewerber eine Tätigkeit ausübt, die mit dem Beruf des Rechtsanwalts, insbesondere seiner Stellung als unabhängiges Organ der Rechtspflege nicht vereinbar ist oder das Vertrauen in seine Unabhängigkeit gefährden kann;

9. wenn der Bewerber sich im Vermögensverfall befindet; ein Vermögensverfall wird vermutet, wenn der Bewerber in das vom Konkursgericht oder vom Vollstreckungsgericht zu führende Verzeichnis (§ 107 Abs. 2 der Konkursordnung, § 915 der Zivilprozeßordnung) eingetragen ist;

10. wenn der Bewerber infolge gerichtlicher Anordnung in der Verfügung über sein Vermögen beschränkt ist;

11. wenn der Bewerber Richter, Beamter, Berufssoldat oder Soldat auf Zeit ist, es sei denn, daß er die ihm übertragenen Aufgaben ehrenamtlich wahrnimmt oder daß seine Rechte und Pflichten aufgrund der §§ 5, 6, 8 und 36 des Abgeordnetengesetzes vom 18. Februar 1977 (BGBl. I S. 297) oder entsprechender Rechtsvorschriften ruhen.

1   Die in § 7 aufgezählten **Gründe für die Versagung** der (allgemeinen) Zulassung zur Rechtsanwaltschaft sind **zwingend** (»ist zu versagen«), während es sich bei den in § 20 aufgeführten Gründen für die Versagung der (lokalen) Zulassung bei einem bestimmten Gericht um Soll-Versagungsgründe handelt. Ihre Aufzählung ist aber abschließend und nicht erweiterungsfähig (BGH, NJW 1985, 1842, 1843). Deswegen wäre eine Ablehnung der Zulassung zur Rechtsanwaltschaft wegen eines auf Überfüllung des Berufs beruhenden Mangels an Bedürfnis fehlsam (Amtl. Begr. zu § 6, vgl. auch § 20 Abs. 2), ebenso eine Ablehnung wegen schlechter Examensergebnisse des Antragstellers. Zur Zurückweisung des Zulassungsgesuchs als unzulässig vgl. § 6 Rz. 2.

Zu Nr. 1: Verwirkung eines Grundrechts

2   Wer die in Art. 18 GG aufgeführten Grundrechte (Freiheit der Meinungsäußerung, insbesondere Pressefreiheit, Lehrfreiheit, Versammlungsfreiheit, Vereinigungsfreiheit, Brief-, Post- und Fernmeldegeheimnis, Eigentum, Asylrecht) zum Kampf gegen die freiheitliche demokratische Grundordnung mißbraucht, verwirkt diese Grundrechte (Art. 18 Satz 1 GG). Er ist auch eine Gefahr für die Rechtspflege, so daß ihm die Zulassung zur Rechtsanwaltschaft versagt werden muß. Voraussetzung der Ablehnung aus diesem Grund ist jedoch, daß das Bundesverfassungsgericht die Verwirkung und ihr Ausmaß gemäß Art. 18 Satz 2 GG ausgesprochen hat. Die am Zulassungsverfahren beteiligten Behörden und Gerichte können den Ausspruch des Bundesverfassungsgerichts nicht durch eigene Feststellung und Beurteilungen ersetzen. Sie sind an den Ausspruch gebunden.

Zu Nr. 2: Verlust der Fähigkeit zur Bekleidung öffentlicher Ämter

Wer wegen eines Verbrechens, also wegen einer Straftat, die mit mindestens einem Jahr Freiheitsstrafe bedroht ist (§ 12 Abs. 1 StGB), zu Freiheitsstrafe von mindestens einem Jahr verurteilt wird, verliert nach § 45 Abs. 1 StGB die Fähigkeit zur Bekleidung öffentlicher Ämter. Nach § 45 Abs. 2 StGB kann das Gericht diese Fähigkeit dem Verurteilten auch in anderen Fällen absprechen, wenn das Gesetz es besonders vorsieht (z. B. § 102 Abs. 2 StGB). Der Verlust wird mit Rechtskraft des Strafurteils rechtswirksam (§ 45 a Abs. 1 StGB). Die am Zulassungsverfahren beteiligten Behörden und Gerichte sind an das rechtskräftige Strafurteil gebunden. Unbeachtlich sind Verurteilungen aus der Zeit vom 30. 1. 1933 bis zum 8. 5. 1945 aus ausschließlich oder überwiegend rassischen, politischen oder religiösen Gründen (§ 211). **3**

Zu Nr. 3: Vorherige Ausschließung aus der Rechtsanwaltschaft

Vorausgesetzt wird ein anwaltsgerichtliches Urteil auf Ausschließung aus der Rechtsanwaltschaft nach § 114 Abs. 1 Nr. 5. Nach Ablauf der Sperrfrist von 8 Jahren ist der Antrag auf Wiederzulassung nach den übrigen Gesichtspunkten des § 7, insbesondere nach § 7 Nr. 5 zu prüfen; im Einzelfall werden dann Schwere und Auswirkung der Pflichtverletzung, die Anlaß zu der Ausschließung gaben, gegen eine etwaige Bewährung und Wahrscheinlichkeit künftiger einwandfreier Berufsausübung abzuwägen sein (BT-Drucks. 11/3253), S. 19); vgl. BGH, BRAK-Mitt. 1988, 146 und 147; NJW 1988, 1793; *Cornelius*, BRAK-Mitt. 1988, 104; *Zuck*, BRAK-Mitt. 1988, 163, 165. Die Vorschrift ist im Hinblick auf die durch Gesetz vom 13. 12. 1989 eingeführte Mindestsperrfrist von 8 Jahren jetzt verfassungsgemäß (BGH, BRAK-Mitt. 1991, 100). Vgl. auch *Hartstang*, AnwR, S. 771 ff. **4**

Zu Nr. 4: Entlassung oder Entfernung aus dem Dienst in der Rechtspflege

Dieser Versagungsgrund kommt in Betracht für frühere **5**
1. Richter,
2. Staatsanwälte (*Kalsbach*, § 7 Anm. 6 V),
3. Rechtspfleger (vgl. § 1 des Rechtspflegergesetzes),
4. Notare (vgl. § 1 BNotO und BGH, BRAK-Mitt. 1983, 188),
wenn gegen sie in den in Nr. 4 genannten förmlichen Verfahren auf Entfernung aus dem Dienst in der Rechtspflege rechtskräftig erkannt worden ist, und zwar auch dann, wenn außerberufliche Verfehlungen zu ihrer Entfernung geführt haben (*Kalsbach*, § 7 Anm. 6 V).

Unbeachtlich sind Verurteilungen aus der Zeit vom 30. 1. 1933 bis zum 8. 5. 1945 aus ausschließlich oder überwiegend rassischen, politischen oder religiösen Gründen (§ 211). Wenn der Bewerber ohne Verfahren über die

Richteranklage oder förmliches Disziplinarverfahren aus dem Dienst der Rechtspflege entfernt worden und § 7 Nr. 4 daher nicht anzuwenden ist, kommt eine Versagung der Zulassung nach den übrigen Gründen des § 7, insbesondere nach § 7 Nr. 5 in Betracht. Fraglich kann sein, ob es nicht gegen Art. 12 GG verstößt, daß § 7 Nr. 4 die Zulassung in den in Betracht kommenden Fällen ein für allemal verbietet (vgl. BVerfG, NJW 1984, 2341; 1986, 1802; *Hartsang*, RA, S. 111).

Zu Nr. 5: Unwürdiges Verhalten

6 Die Regelung der Nr. 5 ist verfassungsgemäß (*Feuerich*, AnwBl. 1989, 133, mit eingehender Würdigung der gesamten Vorschrift, vgl. auch – zusammenfassend zur Rechtsprechung des Anwaltssenats beim BGH –, *Laufhütte*, DRiZ 1990, 431, 432). Es kommt darauf an, ob der Bewerber nach seinem **Verhalten unter Berücksichtigung seiner Gesamtpersönlichkeit** unwürdig ist, in den Anwaltstand aufgenommen zu werden (BGH, BRAK-Mitt. 1993, 170 – st. Rspr. –). Das dringende allgemeine Interesse, den Stand reinzuhalten, muß dazu führen, einem Bewerber den Zutritt zur Anwaltschaft zu versagen, von dem nicht zu erwarten ist, daß er den ethischen Anforderungen des Anwaltsstandes entsprechen und ein würdiges Mitglied der Gemeinschaft werden wird. Diese Bewertung des Verhaltens wird durch die **Generalklausel** des § 7 Nr. 5 ermöglicht (vgl. insoweit Amtl. Begr.). Für die Frage der Unwürdigkeit kommt es darauf an, ob der Anwaltsbewerber bei Abwägung des vorgeworfenen schuldhaften Verhaltens und aller bedeutsamen Umstände (Zeitablauf, zwischenzeitliche Führung) nach seiner Gesamtpersönlichkeit für den Anwaltsberuf tragbar ist (BGH, BRAK-Mitt. 1985, 108; vgl. auch *Zuck*, BRAK-Mitt. 1990, 190, 193 sowie 1992, 66, 70 mit Bezugnahme auf unveröffentlichte Entscheidungen des Anwaltssenats aus dem Jahr 1989). **Unwürdig** in diesem Sinne ist insbesondere ein **Verhalten,** das zu einer strafgerichtlichen Verurteilung, z. B. wegen eines Aussagedelikts (EGH Celle, BRAK-Mitt. 1982, 34), Untreue (BGH, BRAK-Mitt. 1982, 25) Steuerunehrlichkeit oder Betruges geführt hat, letzteres vor allem, wenn der Täter RA und der Geschädigte sein Mandant war. Auch derjenige, dem die Bekleidung öffentlicher Ämter nicht mehr generell verboten ist (§ 45 b StGB), kann wegen strafbaren Verhaltens noch unwürdig sein, den verantwortungsvollen Beruf des RA auszuüben (BGH, BRAK-Mitt. 1993, 102). Unwürdigkeit ist auch dann anzunehmen, wenn der Bewerber durch sein Verhalten gezeigt hat, daß durch seine Zulassung andere wichtige Belange der Rechtspflege gefährdet würden; das kann etwa der Fall sein, wenn er eine rechtsfeindliche Einstellung an den Tag gelegt hat, sei es, daß er das Recht mißachtet oder sich mit unzulässigen Mitteln am Kampf gegen die Bundesrepublik Deutschland oder ihre rechtliche und verfassungsmäßige

Ordnung beteiligt hat, auch wenn er sich in die Hände eines fremden Nachrichtendienstes begeben hat (BGH, BRAK-Mitt. 1985, 167 m. w. N.).

In diesem Zusammenhang ist das Problem der **Zulassung von »DDR-Juristen«** zur Anwaltschaft zu erörtern. Bisher richtete sich die Frage, ob ein Bewerber »unwürdig« ist, nach § 7 Nr. 2 RAG, der im Hinblick auf die zu erwartende Ausdehnung des Geltungsbereichs der BRAO auf die neuen Bundesländer wörtlich dem § 7 Nr. 5 nachgebildet worden ist. Die zu § 7 Nr. 5 aufgestellten Grundsätze gelten damit auch für die Zulassungsprüfung nach § 7 Nr. 2 RAG. Danach war auch hier – unter Berücksichtigung der Rechtsprechung des BVerfG zur Berufsfreiheit – der Versagungsgrund gegeben, wenn der Bewerber im Zeitpunkt der gerichtlichen Entscheidung über die Zulassung bei Abwägung seines schuldhaften Verhaltens und aller sonstigen erheblichen Umstände – wie Zeitablauf und zwischenzeitliche Führung – nach seiner Gesamtpersönlichkeit für den Anwaltsberuf nicht tragbar ist (BGH BRAK-Mitt. 1994, 40; 1994, 106; 1994, 107; 1994, 108; ferner BGH, Beschluß vom 21. 2. 1994 – AnwZ [B] 55/93 sowie BGH BRAK-Mitt. 1994, 179). Dabei ist die Entwicklung typisierender Versagungsgründe ebenso wie eine generalisierende Begründung für die »Unwürdigkeit« des Bewerbers mit Zurückhaltung zu behandeln. In jedem Fall hat eine **einzelfallbezogene Gewichtung** aller für und gegen den Bewerber sprechenden Umstände zu erfolgen; jede Form von Automatismus zwischen Fehlverhalten und Zulassungsversagung sollte vermieden werden (BGH BRAK-Mitt. 1994, 106; BGH BRAK-Mitt. 1994, 40; Berufsgerichtshof Rostock AnwBl. 1994, 190 sowie AnwBl. 1994, 191). **Unwürdig** ist, wer eine rechtsfeindliche Einstellung bewiesen hat, sei es, daß er geltende Gesetze mißachtet oder gegen höherrangiges, allgemein anerkanntes Recht – etwa gegen Grundsätze der Menschlichkeit oder der Rechtsstaatlichkeit – verstoßen oder solchen Verstößen bewußt Vorschub geleistet hat. So handelt, wer zur Stützung des repressiven Systems der DDR durch Eindringen in die Privatsphäre anderer Informationen sammelt und weitergibt und damit zum Nachteil der denunzierten Person, insbesondere zur Unterdrückung ihrer Menschen- und Freiheitsrechte beiträgt, z. B. als **inoffizieller Mitarbeiter** des Ministeriums für Staatssicherheit (BGH BRAK-Mitt. 1994, 108 und 1994, 179) oder als **Staatsanwalt** der in der früheren DDR wiederholt und über einen längeren Zeitraum in sogen. politischen Verfahren tätig war und hierbei elementare Freiheitsrechte, insbesondere das Recht auf Freizügigkeit unterdrückt hat (EGH Berlin DtZ 1993, 318). **Nicht als unwürdig,** sondern als tragbar ist bei Beachtung dieser Grundsätze anzusehen eine **Staatsanwältin** (SED-Mitglied), die auf Grund ihrer Überzeugung in ausgeprägter Weise um eine Verwirklichung der sogen. sozialistischen Gerechtigkeit bemüht gewesen ist, jedoch nicht in besonders auffälliger Weise in das Unrechtssystem verstrickt oder in Unterdrückungsmaßnahmen verwickelt war (BGH BRAK-Mitt. 1994, 106), ein **Berufsoffizier im Staatssicherheits-**

dienst, der ausschließlich im Bereich der Spionageabwehr eingesetzt war und nicht aktiv an Rechtsverletzungen der Organisation teilgenommen hat (Berufsgerichtshof Rostock AnwBl. 1994, 190; BGH, Beschl. vom 14. 3. 1994 – AnwZ [B] 78/93), ein **SED-Mitglied in leitender Stellung** (Sekretär der Kreisleitung und sodann Sekretär der Bezirksleitung), wenn ihm eine schuldhafte Verletzung von Rechten, insbesondere Menschenrechten nicht nachgewiesen ist (Berufsgerichtshof Rostock AnwBl. 1994, 191), ein **Richter,** der im Rahmen des Richterüberprüfungsverfahrens objektiv **falsche Angaben** auf die Frage nach seiner Tätigkeit für den Staatssicherheitsdienst gemacht hat, was bei bewußt falschen Angaben sehr wohl zur »Unwürdigkeit« führen kann, aber nicht unbedingt muß, wenn nicht ganz auszuschließen ist, daß eine Verwechslung (hier mit dem Ministerium für nationale Verteidigung) vorliegt und zudem die Bedeutung des Verstoßes durch den Zeitablauf seit der Einreichung des Fragebogens gemindert ist (BGH BRAK-Mitt. 1994, 107) oder wenn die falsche Angabe über eine Mitarbeit im Staatssicherheitsdienst unter den gegebenen Umständen eine wenig bedeutungsträchtige Angelegenheit ist (BGH, Beschl. vom 21. 2. 1994 – AnwZ [B] 55/93).

Vgl. ergänzend hierzu Rz. 7 (zur politischen Gesinnung) und § 14 Rz. 2.

Die Verurteilung wegen Straßenverkehrsdelikten (Trunkenheitsfahrt und versuchte Nötigung, die nicht unbedingt im Bezug zum Anwaltsberuf stehen müssen), läßt nicht zwingend den Schluß auf die Unwürdigkeit des Bewerbers zu, wohl aber das Verschweigen entsprechender Vorstrafen (EGH Frankfurt, BRAK-Mitt. 1989, 212). Schwierige wirtschaftliche Verhältnisse entschuldigen nicht; schlechte gesundheitliche Verfassung kann ein begangenes Vergehen in etwas milderem Licht erscheinen lassen, aber auch umgekehrt die Prognose einer künftigen einwandfreien Berufsausübung verschlechtern (BGH, BRAK-Mitt. 1985, 107). Bei der Beurteilung darf die frühere Tat gemäß § 52 Abs. 1 Nr. 4 BZRG trotz Tilgung der Eintragung der Verurteilung im Bundeszentralregister abweichend von § 51 Abs. 1 BZRG berücksichtigt werden, falls die Zulassung des Bewerbers zur Rechtsanwaltschaft zu einer erheblichen Gefährdung der Allgemeinheit führen würde; insoweit ist die Feststellung einer konkreten Gefährdung nicht erforderlich; ausreichend ist vielmehr, daß eine erhebliche Gefährdung der Allgemeinheit nicht ausgeschlossen werden kann; doch müssen für die Bejahung der Gefährdung gewisse Anhaltspunkte bestehen; bei der Beurteilung können der spätere Zeitablauf und das dabei gezeigte **Wohlverhalten** des Bewerbers eine wesentliche Rolle spielen (BGH, BRAK-Mitt. 1983, 188 m. w. N. und 1988, 49; vgl. auch *Zuck,* BRAK-Mitt. 1990, 190, 193). Die Prüfung, ob das Wohlverhalten es möglich macht, frühere Verfehlungen zu vernachlässigen, muß schon vor Ablauf der – im Regelfall absoluten – Fristen des BZRG vorgenommen werden (BGH, BRAK-Mitt. 1984, 35). Nach dem Ablauf der Tilgungsfrist des § 46 BZRG vermag die Art des begangenen Delikts für

sich allein nicht, die gemäß § 52 Abs. 1 Nr. 4 BZRG erforderliche Gefahren-
prognose zu begründen (BGH, BRAK-Mitt. 1988, 271). Ebenso wie die Tilgung des Strafregistervermerks steht ein Gnadenerweis (vgl. § 116 Rz. 33)
der Berücksichtigung der strafgerichtlich abgeurteilten Tat nicht entgegen
(BGH, NJW 1967, 881). Auch frühere Vorfälle, die zu strafgerichtlicher
Verurteilung, zu anwaltsgerichtlichen Maßnahmen, zur Rüge oder »Mißbilligung« durch den Vorstand der RAK geführt haben, können bei der Prüfung der Frage der Unwürdigkeit berücksichtigt werden, selbst wenn die
Eintragungen über die Maßnahmen nach § 205 a getilgt sind (BGH, NJW
1971, 1041). Abzustellen ist immer auf die Verhältnisse im Zeitpunkt der
Entscheidung (BGH, BRAK-Mitt. 1986, 47). Selbst ein besonders schwer-
wiegendes standesunwürdiges Verhalten führt nicht ohne weiteres zu einem
lebenslangen Zulassungsverbot (BGH, BRAK-Mitt. 1992, 106 – st. Rspr. –).
Vielmehr kann dieses Fehlverhalten nach einer Reihe von Jahren durch
Wohlverhalten des Bewerbers und andere Umstände so viel an Bedeutung
verlieren, daß es der Zulassung zur Rechtsanwaltschaft nicht mehr im Wege
steht; bei der Prüfung, ob dies der Fall ist, muß stets das berechtigte Interesse des Bewerbers nach beruflicher oder sozialer Wiedereingliederung
abgewogen werden gegen das Interesse der Öffentlichkeit, insbesondere der
Rechtsuchenden, an der Reinhaltung des Anwaltsstandes (BGH, BRAK-
Mitt. 1993, 42 – st. Rspr. –); die Frage, wie viele Jahre zwischen einer
Unwürdigkeit begründenden Straftat und dem Zeitpunkt liegen müssen, in
dem eine Wiederzulassung rechtlich möglich ist (**Wohlverhaltensfrist**), läßt
sich nicht allgemein beantworten; der Zeitraum beträgt nach der Rechtsprechung von vier bis fünf Jahren in leichteren Fällen (z. B. bei geringfügigem
betrügerischem und steuerunehrlichen Verhalten, durch Alkoholsucht
bedingten Verfehlungen oder gefährlicher Körperverletzung) bis zu 15 oder
20 Jahren (etwa bei Abgabe unzutreffender dienstlicher Äußerungen und
einer falschen eidesstattlichen Versicherung oder im Falle einer Denunzia-
tion eines Mandanten bei der Gestapo in der NS-Zeit, was jetzt entsprechend für Stasi-Mitarbeiter gelten muß), ausnahmsweise sogar noch mehr
(z. B. bei schwereren Fällen von Untreue oder Betrug); insoweit haben die
zuständigen Stellen einen erheblichen Beurteilungsspielraum für die Berücksichtigung aller maßgeblichen Umstände (BGH, BRAK-Mitt. 1985, 108,
m. w. N.; 1986, 165; 1988, 146; EGH Frankfurt, BRAK-Mitt. 1988, 52; vgl.
auch *Laufhütte*, DRiZ 1990, 431, 432; *Zuck*, BRAK-Mitt. 1990, 190, 193).
Die **Achtjahresfrist** des § 7 Nr. 3 ist von besonderer Bedeutung, wenn der
RA wegen einer strafgerichtlichen Verurteilung gem. § 14 Abs. 2 Nr. 2 ausgeschlossen wurde (BGH, BRAK-Mitt. 1993, 170).

Die Unwürdigkeit kann sich auch in einem nicht strafgerichtlich verfolg-   7
ten Verhalten zeigen, insbesondere in einem **unehrenhaften und unsittlichen
Lebenswandel**. Dabei wird man allerdings die veränderten Sittenanschauun-

gen der neueren Zeit, die z. B. in der Liberalisierung des Sexualstrafrechts zum Ausdruck gekommen sind, berücksichtigen müssen, so daß die ältere Rspr. der Ehrengerichtsbarkeit insoweit nicht mehr als in jedem Fall gültiges Leitbild dienen kann. Die **politische Gesinnung** ist für sich allein kein ausreichender Grund, einem Bewerber die Zulassung zum Anwaltsberuf zu versagen (BGHZ 77, 331, 337; BGH, BRAK-Mitt. 1986, 47). Auch ein aktives Eintreten eines Bewrbers für eine als verfassungsfeindlich angesehene Partei kann nicht nachteilig berücksichtigt werden, wenn der Bewerber nicht die freiheitliche Grundordnung in strafbarer Weise bekämpft und damit die Voraussetzungen des § 7 Nr. 6 erfüllt (BVerfG, NJW 1983, 1535, mit Sondervotum von *Simon* und mit Anm. von *Tettinger* in Juristenzeitung 1983, 605; EGH Stuttgart, AnwBl. 1971, 120; *Reifner,* NJW 1984, 1151; *Laufhütte,* DRiZ 1990, 431, 432; vgl. auch *Kalsbach,* § 7 Anm. 8 II; a. A. noch BGH, NJW 1980, 2711). Äußerungen, die ein angeklagter RA zu seiner Verteidigung gemacht hat, können in einem neuen Zulassungsverfahren nicht einen Unwürdigkeitsvorwurf nach Nr. 5 begründen, es sei denn, daß es sich um schwere verbale Entgleisungen handelt, die nicht mehr durch die Meinungsfreiheit gedeckt werden (BGH, BRAK-Mitt. 1986, 165).

8   **Verfahrensrechtlich** sind die Anwaltsgerichte im Zulassungsverfahren nicht an die tatsächlichen Feststellungen eines strafgerichtlichen Urteils gebunden; doch können sie sich diese aufgrund eigener Prüfung zu eigen machen (BGHZ 39, 110, 113; BGH, BRAK-Mitt. 1988, 49; vgl. auch *Zuck,* BRAK-Mitt. 1990, 190, 193).

Zu Nr. 6: Bekämpfung der freiheitlichen demokratischen Grundordnung in strafbarer Weise

9   Vom Zulassungsbewerber wird nicht etwas Positives verlangt wie beim Bewerber um Einstellung als Beamter (Gewähr des jederzeitigen Eintretens für die freiheitliche demokratische Grundordnung nach § 7 Abs. 1 Nr. 2 des Bundesbeamtengesetzes und den entsprechenden Vorschriften der Landesbeamtengesetze), sondern lediglich das Unterlassen des Bekämpfens dieser Ordnung in strafbarer Weise (BVerfGE 63, 266). Strafbarkeit kommt in erster Linie in Betracht nach §§ 80 ff. StGB, aber auch nach anderen Vorschriften, wenn die Tat sich gegen die freiheitliche demokratische Ordnung richtet (*Isele,* § 7 Anm. IV F 4 c). Das Bekämpfen darf noch nicht eingestellt sein, doch genügt, daß die natürliche Handlungseinheit noch nicht abgeschlossen ist, wenn auch Einzelakte vorher vorgenommen wurden (*Bülow,* § 7 Anm. 8). Strafrechtliche Verurteilung wird nicht vorausgesetzt; notwendige Feststellungen können im Zulassungsverfahren selbst getroffen werden; aber dessen Aussetzung ist unter den Voraussetzungen des § 10 Abs. 1 möglich, unter den Voraussetzungen des § 10 Abs. 2 notwendig.

Zu Nr. 7: Körperliche Gebrechen, Schwäche der geistigen Kräfte oder Sucht

Ob dieser Versagungsgrund vorliegt, kann nur nach den Umständen des 10
jeweiligen Falles entschieden werden. Zu seinen Voraussetzungen im einzelnen bietet ein Überblick über die bisherige reichhaltige Rspr. (vgl. *Isele*, § 7 Anm. IV G) und die vorhandene Lit. im wesentlichen folgendes Ergebnis:

Körperliches Gebrechen: Absolute **Gehörlosigkeit** ist wegen der damit ver- 11
bundenen Unfähigkeit, typische Anwaltstätigkeiten wie Plädieren, Teilnahme an Verhandlungen und Beweisaufnahmen wahrzunehmen, ein Versagungsgrund. Bei **Schwerhörigkeit** kommt es auf deren Grad an, wobei die Möglichkeit, den Mangel durch technische Vorrichtungen auszugleichen, zu berücksichtigen ist. **Blindheit** ist kein Versagungsgrund, zumal Blinde sich auch im Richterberuf bewährt haben, der an die Fähigkeit zu Sinneswahrnehmungen keine geringeren Anforderungen stellt als der Anwaltsberuf. Eine **allgemeine körperliche Schwäche** ist dann kein Versagungsgrund, wenn zu erwarten ist, daß der Bewerber, der ja als Anwalt im Gegensatz zum Beamten und Richter den Umfang seiner Berufstätigkeit selbst bestimmen kann, durch entsprechendes Haushalten mit den noch vorhandenen Kräften den Anwaltsberuf ohne Gefährdung der Allgemeinheit und seiner Mandanten ausüben wird. Daher hat BGH EGE XIV 66 den Verweigerungsgrund des § 7 Nr. 7 verneint bei einem wegen Dienstunfähigkeit in den Ruhestand versetzten Richter, der glaubhaft versichert hatte, als RA nur halbtags tätig sein zu wollen, und dem eine Besserung seines Gesundheitszustandes bescheinigt worden war. Diese Entscheidung, die in der Anwaltschaft erhebliche Kritik gefunden hat (vgl. *Hartstang*, RA, S. 112, 116 m. w. N.; *Zuck*, NJW 1987, 166 Fn. 35), erscheint verständlicher, wenn man aus ihrer Begründung die näheren Umstände des konkreten Falles zur Kenntnis nimmt (vgl. auch BGH, BRAK-Mitt. 1981, 29). Grundsätzliche Bedenken (»ein Rest von Unbehagen«) bleiben aber bestehen.

Schwäche der geistigen Kräfte: Hierzu gehören insbesondere **Geistes-** 12
krankheiten und **Geistesschwäche** i. S. von § 1896 Abs. 1 BGB. Doch wird nicht vorausgesetzt, daß der RA geisteskrank oder geistesschwach in diesem Sinne oder schuldunfähig i. S. des § 20 StGB ist; entscheidend ist vielmehr, ob die geistigen Mängel solcher Art und so erheblich sind, daß der RA deswegen dauernd unfähig ist, den Beruf des RA ordnungsgemäß auszuüben (BGH, AnwBl. 1971, 185; BRAK-Mitt. 1985, 228, 229). So kann dieser Versagungsgrund je nach dem Grad der zu befürchtenden negativen Auswirkungen auf die Fähigkeit zur ordnungsgemäßen Ausübung des Anwaltsberufs gegeben sein bei hochgradiger **nervöser Reizbarkeit**, schwerer **Neurasthenie** und **Psychopatie**, krankhafter Sucht zum **Querulieren**, ungewöhnlich starken Ausfällen bei der **Konzentrationsfähigkeit** sowie ähnlichen Ausfallerscheinungen. Keine Ablehnungsgründe sind mangelnde Rechtskenntnisse

und bloßes Alter, soweit es nicht zur geistigen Schwäche im oben erläuterten Sinne geführt hat.

13 **Sucht:** Im Interesse der Rechtsuchenden braucht nicht abgewartet zu werden, bis die Sucht ein fortgeschrittenes Stadium erreicht hat (vgl. BT-Drucks. 11/3253, S. 19).

14 **Nicht nur vorübergehende Unfähigkeit zur ordnungsgemäßen Ausübung des Anwaltsberufs:** Sie liegt vor, wenn der körperliche und geistige Zustand des Bewerbers nach menschlicher Berechnung nicht lediglich vorübergehender Natur ist und wenn dieser Zustand die Gefahr begründet, die Rechtsuchenden würden bei einer anwaltlichen Beratung oder Vertretung durch ihn nicht mit einer sachgemäßen und sorgfältigen **Wahrnehmung ihrer Interessen** rechnen können (vgl. BGH EGE XIV 66).

15 Zur Vorlage eines **ärztlichen Gutachtens in den Fällen** der Nr. 7 vgl. § 8 a.

Der Beweiswert eines Gutachtens wird nicht dadurch beeinträchtigt, daß der Sachverständige den Antragsteller nicht persönlich untersuchen konnte, wenn dieser das Gutachten nach Aktenlage erstatten konnte, und der Antragsteller trotz mehrmaliger Aufforderung nicht zur Untersuchung erschienen ist (BGH, Beschl. vom 14. 5. 1990 – AnwZ [B] 32/89 –).

Zu Nr. 8: Mit dem Anwaltsberuf, insbesondere der Stellung des Rechtsanwalts als unabhängigem Organ der Rechtspflege nicht vereinbare Tätigkeit oder Gefährdung des Vertrauens in seine Unabhängigkeit durch diese Tätigkeit

16 § 7 Nr. 8 setzt (ebenso wie der damit korrespondierende § 14 Abs. 2 Nr. 9) voraus, daß der Bewerber (oder RA) neben dem angestrebten (oder ausgeübten) Beruf als RA in Wahrnehmung des Grundrechts der Berufsfreiheit eine andere Tätigkeit ausübt, und verlangt deren Bewertung unter dem Gesichtspunkt berufsrechtlicher Vereinbarkeit. Das BVerfG hat in seiner grundlegenden Entscheidung zur Vereinbarkeit eines Zweitberufs mit dem Beruf des RA (BRAK-Mitt. 1993, 50) die bisherige Praxis, nach der regelmäßig von der Unvereinbarkeit mit dem Anwaltsberuf auszugehen sei, wenn der Zweitberuf keine »gehobene Position« darstelle, wenn er die geschäftsmäßige Rechtsbesorgung für Dritte im Auftrag eines dem anwaltlichen Berufsrecht nicht verpflichteten Arbeitgebers zum Gegenstand habe oder wenn er kaufmännisch erwerbswirtschaftlich ausgerichtet sei, nicht gebilligt. Die Vorschrift des § 7 Nr. 8 ist danach durch die Berufsrechtsnovelle 1994 neu gefaßt worden. Es wird jetzt **ausschließlich** die **Vereinbarkeit mit dem Beruf des RA** verlangt, während die Vereinbarkeit mit dem »Ansehen der Rechtsanwaltschaft« als Zulassungsvoraussetzung entfallen ist.

Ein Versagungsgrund liegt daher jetzt vor, wenn der Zweitberuf mit der Stellung des RA als **unabhängigem Organ der Rechtspflege** nicht vereinbar ist oder das **Vertrauen in seine Unabhängigkeit gefährden** kann. Anhand dieser Kriterien muß im Einzelfall geprüft werden, ob eine weitere berufliche Tätigkeit und ihre rechtliche Ausgestaltung mit dem Beruf des RA vereinbar sind. Der Anwaltsberuf ist ein freier und unabhängiger Beruf. Unvereinbar ist eine Tätigkeit dann, wenn die Unabhängigkeit des RA in seiner Berufsausübung als RA beeinträchtigt wird. Unerläßlich ist hierzu, daß die Eigenverantwortlichkeit des RA im Rahmen seiner anwaltlichen Berufsausübung gewährleistet ist. Die Rechtsuchenden müssen Vertrauen in eine unabhängige freie Anwaltschaft haben. Unvereinbar hiermit ist eine Tätigkeit, die bei objektiv vernünftiger Betrachtungsweise der Mandanten die Wahrscheinlichkeit von **Interessen** und **Pflichtenkollisionen** nahelegt (BT-Drucks. 12/4993 S. 24). Um solche Kollisionen möglichst auszuschließen, wird dem RA in den neugefaßten §§ **45, 46** eine Reihe von **Tätigkeitsverboten auferlegt** (vgl. § 45 Rz. 1, 46 Rz. 4, 5).

Der Praxis bleibt es überlassen, die Grundsätze herauszuarbeiten, nach denen künftig ein Zweitberuf mit der Zugehörigkeit zur Rechtsanwaltschaft unvereinbar ist. Vergl. zur gesamten Problematik *Engels,* AnwBl. 1992, 202; *Fischer,* AnwBl. 1994, 201; *Kleine-Cosack,* ZIP 1991, 1349).

Die Prüfung dieses Versagungsgrundes hat praktische Bedeutung vor allem für folgende Fälle: **17**
1. Der Anwaltsbewerber steht in einem ständigen Dienst- oder Angestelltenverhältnis zu einem privatrechtlich organisierten Unternehmen oder Verband **(Syndikusanwalt).**
2. Der Anwaltsbewerber ist **Angestellter im öffentlichen Dienst.**
3. Der Anwaltsbewerber übt bereits einen **selbständigen Beruf** aus.

In allen Fällen zu 1–3 ist die anderweitige Tätigkeit des Bewerbers nur **18**
dann **mit dem Anwaltsberuf vereinbar,** wenn er **rechtlich** und **tatsächlich** in der Lage ist, den Anwaltsberuf in einem, wenn auch beschränkten, so doch nennenswerten Umfang und jedenfalls mehr als gelegentlich auszuüben; eine nur geringfügige Möglichkeit, sich als RA zu betätigen, reicht nicht aus (BGHZ 71, 138, 140, m. w. N.; BGH BRAK-Mitt. 1982, 72, BRAK-Mitt. 1987, 150; BGH BRAK-Mitt. 1993, 43; BGH BRAK-Mitt. 1993, 219 – unbefristete Anstellung eines RA bei der Treuhandanstalt –). **Rechtlich** nicht in der Lage zur Ausübung des Anwaltsberufs ist z. B. ein Angestellter des öffentlichen Dienstes, dem eine entsprechende Nebentätigkeitsgenehmigung verweigert wird (BGH EGE X 14, 16 f.) oder nur zeitlich eingegrenzt erteilt worden ist (BGH NJW 1987, 3011). Die **tatsächliche** Möglichkeit zur Ausübung des Anwaltsberufs hat auch ein Angestellter mit Vollzeitbeschäftigung je nach den näheren Umständen des Einzelfalles, wenn er über seine Zeit hinreichend verfügen kann, während seiner Dienststunden nicht nur in

Ausnahmefällen erreichbar ist und die Entfernung zwischen seiner Anwaltspraxis (Kanzlei) und der Stelle seiner sonstigen Tätigkeit nicht allzu groß ist
(BGH BRAK-Mitt. 1983, 189; BGH Beschl. v. 27. 5. 1991 – AnwZ (B)
12/91; EGH Koblenz BRAK-Mitt. 1990, 113; so z. B. bei einer Entfernung
von ca. 50 km – BGH, Beschl. vom 29. 11. 1993 – AnwZ (B) 34/93 und vom
14. 3. 1994 – AnwZ (B) 77/93; bei einer Entfernung von 390 km, oder auch
280 km kann der Beruf in jedem Fall nicht in nenneswertem Umfang ausgeübt werden – BGH BRAK-Mitt. 1993, 43 –, BGH AnwBl. 1993, 536 –). Vgl.
hierzu auch *Pfeiffer* in Festschrift für *Oppenhoff*, 1985, S. 254 ff. mit zahlreichen Zitaten aus der BGH-Rspr. Nach der h. M. muß der Bewerber auch
den ernstlichen Willen haben, den Anwaltsberuf in nicht geringem Umfang
und nicht nur gelegentlich auszuüben (*Isele*, § 7 Anm. IV H 5 a–c m. w. N.;
vom BGH bisher offengelassen – vgl. NJW 1961, 218; AnwBl. 1978, 79 –).
Die hiergegen von *Pfeiffer*, a.a.O., S. 259, geäußerten Bedenken erscheinen
begründet, zumal der Bestand der einmal erfolgten Anwaltszulassung nicht
davon berührt wird, ob der RA Aufträge von Rechtsuchenden annimmt
oder daran von vornherein uninteressiert ist; eine Übernahmepflicht besteht
nur, soweit sie gesetzlich vorgeschrieben ist, z. B. in §§ 48, 49 (vgl. BGH
AnwBl. 1978, 79).

Die Frage der **Vereinbarkeit** einer anderweitigen Tätigkeit mit dem
Anwaltsberuf darf nicht abstrakt nach der Art dieser Tätigkeit, sondern muß
jeweils unter Berücksichtigung ihrer konkreten Ausgestaltung geprüft werden; dabei kann auch Bedeutung erlangen, welchen Umfang die andere
Tätigkeit hat und ob sie insgesamt oder nur in einzelnen Beziehungen
Bedenken erweckt (vgl. BGHZ 35, 385, 389 f. m. w. N.; BGH BRAK-Mitt.
1986, 48 m. w. N.). Gefordert wird, daß die anderweitige Tätigkeit nicht im
Widerspruch zur geltenden Rechts- und Sittenordnung steht (vgl. *Pfeiffer*,
a.a.O., S. 261 f., ferner BGH BRAK-Mitt. 1986, 222; 1988, 51). Der Versagungsgrund des § 7 Nr. 8 ist dann nicht gegeben, wenn der Bewerber eine
mit dem Anwaltsberuf unvereinbare Tätigkeit mit der Zulassung nachweis-
bar aufgeben will und kann (vgl. BGH Beschluß vom 15. 5. 1961 – AnwZ
(B) 5/61, S. 12 –, zitiert und bestätigt in BGH AnwBl. 1983, 479 = (ausführlicher) Rbeistand 1983, 10).

19   Im einzelnen bedeutet das bisher Gesagte für die oben gebildeten drei
Fallgruppen:

20   Zu 1 (**Syndikusanwalt**): § 46 geht davon aus, daß es den RA gibt, der aufgrund eines Dienst- oder ähnlichen Beschäftigungsverhältnisses seinem Auftraggeber seine Arbeitszeit und -kraft überwiegend zur Verfügung stellen
muß (Syndikusanwalt).

21   Aus der umfangreichen **Rspr. des Anwaltssenats des BGH zum Syndikusanwalt** und der sogenannten **Doppelberufstheorie** ist besonders instruktiv

der folgende Ausschnitt aus den Gründen eines Beschlusses vom 25. 4. 1977 (EGE XIV, 48, 50):

Der Ehrengerichtshof verkennt, daß mit der Einführung des sogenannten Syndikusanwalts (§ 46 BRAO) sich das Bild des freiberuflichen Anwalts insofern geändert hat, als der Syndikusanwalt zwei Arbeitsbereiche hat: einen arbeitsvertraglich gebundenen und einen als freier Anwalt. Im Rahmen des Arbeitsverhältnisses besitzt er keine Unabhängigkeit, sondern unterliegt dem Prinzip der Über- und Unterordnung (vgl. BGHZ 33, 276, 279, 280 = EGE VI 11). Daraus ergeben sich zwangsläufig auch Beschränkungen hinsichtlich des Umfangs und der zeitlichen Gestaltung der Anwaltstätigkeit. Das war dem Gesetzgeber bekannt. Wenn er diese Möglichkeit dennoch geschaffen hat, so hat er damit erkannt, daß die Tätigkeit als Rechtsanwalt auch im Nebenberuf ausgeübt werden kann. Voraussetzung ist allerdings, daß, wie der Senat in ständiger Rechtsprechung (vgl. a.a.O.) ausgeführt hat, der Bewerber in der Lage sein muß, den Anwaltsberuf in irgendwie nennenswertem Umfang auszuüben. Als freier, unabhängiger Anwalt ist der zur Rechtsanwaltschaft Zugelassene berechtigt, nach eigenem Ermessen nicht nur darüber zu befinden, wieviele und welche Aufträge er annimmt, sondern darüber, wie und wann er die zur angemessenen Erledigung der Aufträge notwendigen Arbeiten leisten will (EGE VI 41, 43; VI 44, 46). Er kann Besprechungen in den Abendstunden abhalten, in seiner Freizeit die Akten studieren und Schriftsätze fertigstellen. Andererseits aber muß er in der Lage sein, diejenigen Geschäfte, die notwendig in den üblichen Dienststunden zu erledigen sind, innerhalb dieser Stunden auszuführen. Dazu gehören vor allem die Wahrnehmung von Terminen, die Erledigung eiliger Schriftsätze, die Führung von Telefongesprächen und andere eilige, nicht aufschiebbare Tätigkeiten. Nach der Freistellungsvereinbarung ist der Antragsteller zu solcher Tätigkeit auch während seiner dienstvertraglichen Arbeitszeit nach eigener Disposition berechtigt. Er kann »jeweils selbst entscheiden, ob, wann und wie lange« er dem Betrieb fernbleibt.

Das Fehlen einer **gehobenen Position** allein ist nicht geeignet, die Zulassung als Syndikusanwalt zu versagen, da hierin eine übermäßige Beschränkung der Freiheit der Berufswahl liegen würde (BVerfG BRAK-Mitt. 1993, 50). Vgl. auch *Zuck*, JZ 1993, 471. Des weiteren darf die Zulassung auch nicht allein deshalb verweigert werden, weil der Bewerber in seinem Zweitberuf als Angestellter verpflichtet ist, Dritte im Auftrage eines standesrechtlich ungebundenen Arbeitgebers rechtlich zu beraten (BVerfG a.a.O.). **22**

Zur **Anwesenheitspflicht** des Syndikusanwalts in seinem **Büro** vgl. BGH AnwBl. 1978, 79 und zur **erwerbswirtschaftlichen Betätigung** Rz. 26. **23**

Zu 2 (**Angestellter im öffentlichen Dienst**): Vgl. zunächst zur Definition des Angestellten im öffentlichen Dienst § 47 Rz. 3, ferner dort Rz. 1. Nicht jede Tätigkeit, die ein Anwaltsbewerber im öffentlichen Dienst leistet, ist **24** mit dem Anwaltsberuf unvereinbar. Das ist nur dann der Fall, wenn die Ausübung des Anwaltsberufs neben der Tätigkeit im öffentlichen Dienst die Interessen der Rechtspflege gefährden würde. Dies gilt für vorübergehend Beschäftigte ebenso wie für Dauerangestellte im öffentlichen Dienst. Eine Gefährdung der Interessen der Rechtspflege würde im Hinblick auf §§ 53, 54 Handwerksordnung auch gegeben sein, wenn der **Geschäftsführer einer Handwerkskammer** zur Rechtsanwaltschaft zugelassen würde (BGH BRAK-Mitt. 1994, 43). Das gilt in der Regel auch für den **Geschäftsführer einer Kreishandwerkerschaft** (BGH BRAK-Mitt. 1994, 42). Eine Tätigkeit im öffentlichen Dienst steht der Zulassung entgegen, wenn bei den Rechtsuchenden die Vorstellung entstehen kann, die dienstliche Stellung könne für die Förderung privater Interessen genützt werden (BGH NJW 1987, 3011).

25   Zu 3 (**Anderer selbständiger Beruf**): Auch die Zulassung eines bereits in einem **anderen selbständigen Beruf** tätigen Bewerbers ist nach § 7 Nr. 8 zu beurteilen (*Isele*, § 7 Anm. IV H 6). So ist z. B. schon in der Amtl. Begr. anerkannt worden, daß ein **Wirtschaftsprüfer** oder **Steuerberater** als RA zugelassen werden kann, wenn er willens und in der Lge ist, abgesehen von seiner anderen Tätigkeit, den Anwaltsberuf tatsächlich auszuüben. Das gilt auch für die Tätigkeit eines Steuerberaters als Gesellschafter und einzelvertretungsberechtigter Geschäftsführer einer Steuerberatungs-GmbH (BGH BRAK-Mitt. 1991, 162). Vereinbar mit dem Anwaltsberuf ist auch der des **vereidigten Buchprüfers** (BGH EGE VI 90). Als nicht mit dem Anwaltsberuf **vereinbar** ist **hingegen** nach ständiger Rspr. des BGH die Ausübung des Berufs eines **Steuerbevollmächtigten** angesehen worden (BGH NJW 1964, 2063; AnwBl. 1978, 373). Da die Voraussetzung »gehobene Position« entfallen ist und im Hinblick auf § 59 a Abs. 1 Satz 1, kann dies künftig nicht mehr gelten.

26   Bisher wurde eine **kaufmännische Tätigkeit,** mit der der Bewerber **erwerbswirtschaftlich mit dem Streben nach Gewinnerzielung** in Erscheinung tritt, grundsätzlich als unvereinbar mit dem Anwaltsberuf angesehen. Nach der Entscheidung des BVerfG vom 4. 11. 1992 (BRAK-Mitt. 1993, 50) können kaufmännisch-erwerbswirtschaftliche Tätigkeiten die Zulassung zur Rechtsanwaltschaft nur dann hindern und den Ausschluß aus der Rechtsanwaltschaft nur dann rechtfertigen, wenn sich die Gefahr einer Interessenkollision deutlich abzeichnet und zudem eine Trennung von Anwaltstätigkeit und Zweitberuf auch mit Hilfe der Tätigkeitsverbote der §§ 45, 46 nicht möglich erscheint oder wenn dem Bewerber/RA nicht genügend Zeit für die anwaltliche Tätigkeit zur Verfügung steht (vgl. Rz. 18). Das gilt natürlich erst recht, wenn dem Betreffenden die Ausübung der Anwaltspraxis vertraglich nicht gestattet ist (BGH BRAK-Mitt. 1993, 104). Aus der Rechtsprechung des BGH nach Erlaß der Entscheidung des BVerfG zum Zweitberuf ist hervorzuheben, daß die Tätigkeit als **Taxiunternehmer** nicht mit dem

Anwaltsberuf unvereinbar ist (BGH BRAK-Mitt. 1993, 171). Indessen hält der BGH an seiner Auffassung fest, daß der Beruf eines **Maklers,** insbesondere eines **Versicherungsmaklers,** mit dem Beruf des RA nicht vereinbar ist, weil diese Tätigkeiten in besonderer Weise die Möglichkeit bieten, Informationen zu nutzen, die aus der rechtsberatenden Tätigkeit herrühren, und somit die Interessen der Rechtspflege gefährdet und das Vertrauen der Rechtsuchenden in die Kompetenz und Unabhängigkeit der Rechtsanwaltschaft beeinträchtigt sind (BGH BRAK-Mitt. 1994, 43 sowie früher BGH BRAK-Mitt. 1992, 107).

Es gibt **Einzelfälle,** die sich nicht in eine der vorstehend behandelten drei **27** Fallgruppen einordnen lassen, in denen aber ebenfalls die Vereinbarkeit einer vom Anwaltsbewerber bereits ausgeübten Tätigkeit mit dem Anwaltsberuf geprüft worden ist. Das gilt z. B. für die Tätigkeit als **Abgeordneter,** für welche die Vereinbarkeit bejaht worden ist (BGH NJW 1978, 2098; vgl. auch *Zuck,* NJW 1979, 1121, 1122). Übt jedoch ein Abgeordneter neben der Wahrnehmung seines Mandats noch eine hauptberufliche Tätigkeit in abhängiger Stellung aus, so daß ihm nicht genügend Zeit verbleibt, den Anwaltsberuf in nennenswertem Umfang, jedenfalls mehr als gelegentlich auszuüben, so ist ihm die Zulassung zu versagen (BGH BRAK-Mitt. 1983, 39).

Nachfolgend werden **zur Frage der Vereinbarkeit** bestimmter Tätigkeiten mit dem Beruf des RA und dem Ansehen der Rechtsanwaltschaft einige **Ergebnisse der bisherigen Rspr.** aufgezeigt. Diese können aber nicht sämtlich schematisch auf zukünftige Zulassungssachen übertragen werden, weil bei der **erforderlichen Gesamtwürdigung** stets die in der Vielfalt des Lebens höchst unterschiedlichen besonderen **Umstände des Einzelfalles zu berücksichtigen** sind. Vgl. auch *Zuck,* BRAK-Mitt. 1990, 190, 193; *Laufhütte,* DRiZ 1990, 431, 432.

Vereinbar: Tätigkeit als Syndikus eines öffentlich-rechtlichen Bankinsti- **28** tuts, es sei denn, daß im gegebenen Einzelfall die Gefährdung der Interessen der Rechtspflege durch die gleichzeitige Ausübung beider Berufe nicht so fern liegt, daß sie ohne Bedenken außer Betracht gelassen werden kann (BGH EGE XIV 54; vgl. auch BGH AnwBl. 1975, 409; BGH NJW 1978, 1587); nach der Besoldungsgruppe I b BAT besoldete Referentin an einem international bedeutenden Institut (EGE XIV 151); Handlungsbevollmächtigter, der in einer AG verantwortliche Tätigkeit in der dem Vorstandsvorsitzenden direkt unterstellten Rechtsabteilung ausübt (BGH Beschl. v. 7. 10. 1991 – AnwZ (B) 20/91); innenpolitischer Redakteur einer Tageszeitung (EGH Stuttgart AnwBl. 1979, 164); Tätigkeit als Schriftleiter einer juristischen Zeitschrift mit Gesamtprokura (BGH BRAK-Mitt. 1991, 101); Angestellter einer Rechtsschutzversicherung (BGH NJW 1979, 431); Leiter einer Sachbearbeitergruppe in der Schadensabteilung einer großen Versicherung (BGH EGE VII 108); Angestellter eines auch rechtsberatend tätigen Vereins, wenn er ausschließlich seinen Dienstherrn berät (BGH BRAK-Mitt. 1983, 134); Tätigkeit in einem Verband, der nach seiner Satzung den Mitgliedern Rechtsrat erteilt, wenn der Betreffende persönlich nicht mit der Rechtsberatung, vielmehr mit organisatorischen und verbandspolitischen Aufgaben befaßt ist (BGH NJW 1991, 2289); geschäftsführender Gesellschafter in einer Wirtschaftsprüfungs- und Steuerberatungsgesellschaft in der Rechtsform einer OHG (BGH NJW 1985, 1844); alleinvertretungsberechtigter Geschäftsführer einer Steuerberatungs-GmbH (EGH Stuttgart BRAK-Mitt. 1987, 45; Im Ergebnis zustimmend *Weigel*, BRAK-Mitt 1987, 7, 9; vgl. auch BRAK-Mitt. 1987, 21); Geschäftsführer einer Kredit-Garantiegemeinschaft (BGH BRAK-Mitt. 1990, 50).

29   **Unvereinbare Tätigkeit** ist in der bisherigen Rechtsprechung vor allem in den Fällen angenommen worden, in denen es an der »gehobenen Position« fehlte. Da dieses Kriterium mit der Entscheidung des BVerfG zum Zweitberuf nicht mehr zählt, erscheint ein Auflisten früherer Entscheidungen überflüssig.

Zu Nr. 9: Vermögensverfall

30   Zur Kommentierung dieses Ablehnungsgrundes kann die bisherige Rspr. zu § 15 Nr. 1 a a. F. herangezogen werden (vgl. jetzt § 14 Abs. 2 Nr. 8 und dort Rz. 11). Vermögensverfall liegt danach vor, wenn der Bewerber in ungeordnete, schlechte finanzielle Verhältnisse geraten ist, er sie in absehbarer Zeit nicht ordnen kann und außerstande ist, seinen Verpflichtungen nachzukommen (st. Rspr. des BGH, vgl. BRAK-Mitt. 1984, 140; BGH, Beschl. vom 27. 5. 1991 – AnwZ (B) 9/91 und AnwZ (B) 13/91). Da Nr. 9 dem Schutz der Rechtsuchenden dient, kommt es nicht darauf an, worauf die Zerrüttung der wirtschaftlichen Verhältnisse des Bewerbers beruht, und es braucht keine Überschuldung vorzuliegen (vgl. BGH, BRAK-Mitt. 1987, 38). Die gesetzliche Vermutung des Vermögensfalls bei Eintragung in das Verzeichnis der Schuldner bei Abweisung des Antrags auf Konkurseröffnung mangels Masse nach § 107 Abs. 2 Konkursordnung oder in das Schuldnerverzeichnis nach § 915 ZPO ist widerleglich und entfällt, wenn der Bewerber in den genannten Verzeichnissen wieder gelöscht ist (vgl. BT-Drucks. 11/3253, S. 20).

Zu Nr. 10: Gerichtliche Beschränkung des Vermögensverfügungsrechts

31   Wichtigste Anwendungsfälle: Anordnung der Betreuung (§§ 1896, 1903, 1908 a BGB; 65 ff. FGG); Konkurseröffnung (§§ 6, 106 Abs. 1 Konkursordnung); allgemeines Veräußerungsverbot im Vergleichsverfahren (§§ 12, 59,

62, 103 Vergleichsordnung); Vermögensbeschlagnahme nach §§ 290 ff. StPO und § 443 StPO.

Zu Nr. 11: Richter, Beamter oder Soldat

Hiernach ist die Zulassung als RA zu versagen, wenn der Bewerber Beamter, Richter, Berufssoldat oder Soldat auf Zeit ist, es sei denn, daß er die ihm übertragenen Aufgaben ehrenamtlich wahrnimmt (vgl. § 5 Abs. 4 BBG und entsprechende landesgesetzliche Vorschriften (§§ 1, 44–45 a DRiG) oder daß seine Rechte und Pflichten aufgrund des Abgeordnetengesetzes vom 18. 2. 1977 (BGBl. I S. 297) oder entsprechender landesgesetzlicher Vorschriften beruhen. Das gilt auch für im aktiven Dienst stehende zu Beamten auf Lebenszeit ernannte Universitätsprofessoren (BGH, NJW 1984, 2877; BVerfG, JZ 1984, 1042 mit Anm. von *Tettinger*) und für wissenschaftliche Universitätsassistenten auf Widerruf (BGH, NJW 1978, 1004). Nach gefestigter Rspr. des BGH (vgl. NJW 1984, 2877) ist es unerheblich, ob der Beamte oder Richter beurlaubt ist (BGH, NJW 1971, 1180), ob seine Versetzung in den Ruhestand eingeleitet (BGH EGE XII 58) oder ob sie – unter Anordnung der sofortigen Vollziehung – schon ausgesprochen, aber noch nicht bestandskräftig ist (BGH EGE XIV 128); ferner kommt es nicht darauf an, ob eine lebenslängliche oder eine vorübergehende Beamten- oder Richterstellung vorliegt (BGH EGE VII 50, 53); etwas anderes gilt nur für Beamte und Richter im Ruhestand (BGHZ 49, 295, 297) und für entpflichtete Professoren (BGH, NJW 1973, 657): Für Beamte und Richter im Ruhestand besteht allerdings die Möglichkeit der Versagung der lokalen Zulassung nach § 20 Abs. 1 Nr. 1. Vgl. auch zur Problematik der Zulassung von Beamten und Richtern im Ruhestand *Warburg*, NJW 1980, 1830; *Ostler*, ZRP 1984, 257; 1985, 152; *Tettinger*, JZ 1984, 1042; *Kosmider*, ZRP 1985, 71; Bundesregierung, BRAK-Mitt. 1985, 93; 1986, 30; *Ludewitz*, BRAK-Mitt. 1985, 104; *Steinke*, AnwBl. 1986, 333. Gegen die Verfassungsmäßigkeit von Abs. 2 Nr. 11 bestehen keine Bedenken (BGH, BRAK-Mitt. 1991, 165).

Nr. 11 wird ergänzt durch § 14 Nr. 5. Vgl. auch § 47 Rz. 1.

Wegen der Gebühren für die Erteilung oder Versagung der Zulassung zur Rechtsanwaltschaft vgl. § 192 Abs. 1, 2, § 194.

§ 8 Entscheidung über den Antrag

(1) Über den Antrag auf Zulassung zur Rechtsanwaltschaft entscheidet die Landesjustizverwaltung.

(2) ¹Vor der Entscheidung holt die Landesjustizverwaltung von dem Vorstand der Rechtsanwaltskammer, in deren Bezirk der Bewerber zugelassen

werden will (§ 18), ein Gutachten ein. ²In dem Gutachten soll zu allen Versagungsgründen, die in der Person des Bewerbers vorliegen können, gleichzeitig Stellung genommen werden.

(3) ¹Der Vorstand der Rechtsanwaltskammer soll das Gutachten unverzüglich erstatten. ²Kann er das Gutachten nicht innerhalb von zwei Monaten vorlegen, so hat er der Landesjustizverwaltung die Hintergründe rechtzeitig mitzuteilen.

(4) Die Landesjustizverwaltung kann annehmen, daß der Vorstand der Rechtsanwaltskammer Versagungsgründe nicht vorzubringen habe, wenn er innerhalb von zwei Monaten weder das Gutachten erstattet noch Hinderungsgründe mitgeteilt hat.

1   Zum Antrag vgl. § 6. Die **Entscheidung über den Zulassungsantrag** nach Abs. 1 ist von den LJVen zum Teil auf nachgeordnete Behörden, insbesondere die Präsidenten der OLGe, übertragen worden (vgl. § 224 Rz. 3).

2   Die **Erstattung des Gutachtens** nach Abs. 2 obliegt dem **Vorstand der RAK** als solchem (§ 73 Abs. 2 Nr. 8) oder allenfalls einer vom Vorstand gem. § 77 gebildeten Abteilung; aus § 73 Abs. 3 ergibt sich, daß die Übertragung auf ein einzelnes Mitglied des Vorstandes, auch auf den Präsidenten der **RAK,** nicht zulässig ist (vgl. BGH, NJW 1961, 1579).

3   In der Regel wird das Gutachten **gegenüber der LJV** oder der zuständigen nachgeordneten Behörde erstattet (vgl. betr. Ausnahmen Rz. 6).

4   Das Gutachten soll nach Abs. 2 Satz 2 **zu allen Versagungsgründen,** die in der Person des Bewerbers vorliegen, gleichzeitig Stellung nehmen. Dadurch soll nach Möglichkeit vermieden werden, daß das Verfahren verzögernde Nachtragsgutachten (vgl. hierzu Rz. 6) erforderlich werden (Amtl. Begr.). Der Beschleunigung des Verfahrens dient auch Abs. 3 Satz 1 und 2, wonach der Vorstand der RAK das Gutachten unverzüglich zu erstatten und, falls er es nicht **innerhalb von zwei Monaten** vorlegen kann, der LJV die Hinderungsgründe schriftlich mitzuteilen hat. Ein solcher Zwischenbescheid wird unter Umständen zu wiederholen sein (*Kalsbach,* § 8 Anm. 4), und zwar in der Regel spätestens zwei Monate nach dem ersten Zwischenbescheid, falls nicht schon in diesem eine hiervon abweichende weitere Frist mitgeteilt worden ist.

5   Die **Unterlagen für das Gutachten** hat zunächst der **Bewerber** selbst dem Vorstand zur Verfügung zu stellen. Nachlässigkeiten insoweit wirken sich zu seinem Nachteil aus. Inwieweit die LJV berechtigt und verpflichtet ist, dem Kammervorstand das ihr zur Verfügung stehende Material zu überlassen, ist in der BRAO nicht geregelt. § 36 a findet keine unmittelbare Anwendung (vgl. dort Rz. 1, 2).

Ändern sich die Verhältnisse, nachdem der Bewerber seinen Antrag auf   6
Zulassung gestellt hat und nachdem die LJV gem. Abs. 2 Satz 1 den Vorstand der RAK um die Erstattung des Gutachtens ersucht hat, in einer
Weise, die für die Enscheidung erheblich sein kann, so muß der Vorstand
der RAK davon unterrichtet werden, damit er die neuerdings bestehende
und jetzt allein rechtserhebliche Lage zur Grundlage seines Gutachtens
machen und sein bereits vorher abgegebenes Gutachten ergänzen oder gegebenenfalls ändern kann (BGH, NJW 1961, 1579). Wird ein auf diese Weise
zustandekommendes **Nachtragsgutachten** erst im Laufe des gerichtlichen
Verfahrens erstattet, so kann es auch dem AnwGH oder dem Beschwerdegericht gegenüber abgegeben werden, jedenfalls dann, wenn die LJV zu dieser
Zeit am Verfahren beteiligt ist; dieses Ergänzungsgutachten ist von den
Gerichten mindestens dann zu berücksichtigen, wenn es nur das weitere,
zeitlich nach dem ersten Gutachten gezeigte Verhalten des Bewerbers zur
Unterstützung des bereits im ersten Gutachten geltend gemachten Versagungsgrundes (z. B. des § 7 Nr. 5) vorträgt (BGH, NJW 1977, 806). Darüber
hinaus kann es berücksichtigt werden, wenn die Beteiligten des gerichtlichen
Verfahrens damit einverstanden sind (so für das Beschwerdeverfahren vor
dem BGH, BGHZ 37, 255). Ein in Verkennung der Bindung an eine materiell rechtskräftige Vorentscheidung eingeholtes Gutachten ist im Rechts-
wege für gegenstandslos zu erklären (BGH, BRAK-Mitt. 1988, 207).

Während die Gutachten nach § 73 Abs. 2 Nr. 8 und § 177 Abs. 2 Nr. 6 nur   7
beratende Funktion haben (vgl. *Jessnitzer,* Der gerichtliche Sachverständige,
10. Aufl. 1992, Rz. 82), kommt dem Gutachten nach § 8 Abs. 2 im Falle des
§ 9 Abs. 1 Satz 1 eine unmittelbare Rechtswirkung (Sperrwirkung) zu (vgl.
Rz. 12).

Zur Frage der **Amtshaftung** des Vorstandes der RAK nach § 839 BGB in   8
Verb. mit Art. 34 GG wegen Verletzung der Sorgfaltspflicht bei der Erstattung eines ablehnenden Gutachtens nach Abs. 2 vgl. KG BRAK-Mitt. 1986,
111.

Im einzelnen gibt es für die **weitere Entwicklung nach der Anforderung des**   9
Gutachtens des Vorstandes der RAK durch die LJV folgende Möglichkeiten:

I. Der **Vorstand der RAK erstattet das Gutachten.** Dann gestaltet sich das
weitere Verfahren je nach dem Inhalt des Gutachtens in folgender Weise:

A. Lautet das **Gutachten** dahin, daß bei dem Bewerber ein Grund vor-   10
liege, aus dem die Zulassung nach § 7 Nr. 5–9 zu versagen sei, so ergeben
sich folgende Möglichkeiten:

1. Die LJV kann ohne Rücksicht auf das Gutachten über den Antrag ent-   11
scheiden, wenn er bereits aus einem andern als den in § 7 Nr. 5–9 aufgeführten Gründen abzulehnen ist (§ 9 Abs. 1 Satz 2). Sie hat also die Möglichkeit,

den Antrag aus einem oder mehreren dieser Gründe abzulehnen. Das kann die LJV natürlich auch dann, wenn solche Gründe im Gutachten ausdrücklich neben Gründen nach § 7 Nr. 5–9 geltend gemacht werden. Im letzteren Falle muß die LJV zwischen ihren Möglichkeiten nach § 9 Abs. 1 Satz 1 oder Satz 2 (Aussetzung des Verfahrens oder Ablehnung des Antrags) wählen; je nach dem Ergebnis dieser Wahl ist dann entweder der Rechtsweg nach §§ 38, 41 Abs. 2 oder der nach §§ 39, 41 Abs. 3 zum AnwGH eröffnet (vgl. *Isele*, § 38 Anm. II; *Feuerich*, § 38 Rz. 4; vgl. auch § 41 Rz. 2). Die LJV muß von der Möglichkeit, gem. § 9 Abs. 1 Satz 2 über den Antrag zu entscheiden, im Interesse der Beschleunigung des Verfahrens Gebrauch machen, wenn hinsichtlich des Vorliegens dieser Gründe keine gerechtfertigten Zweifel bestehen (*Isele*, § 9 Anm. II C 1; *Feuerich*, § 9 Rz. 4).

12   2. Kommt eine Entscheidung nach § 9 Abs. 1 Satz 2 nicht in Betracht, so setzt die LJV die Entscheidung über den Zulassungsantrag aus und stellt dem Bewerber eine beglaubigte Abschrift des Gutachtens zu (**§ 9 Abs. 1 Satz 1**). Zu empfehlen ist hier die Beifügung einer Rechtsmittelbelehrung gem. § 9 Abs. 2. Zum Zustellungsverfahren vgl. § 229. Für den weiteren Ablauf des Verfahrens in diesem Fall ist zu unterscheiden:

13   a) Stellt der Bewerber innerhalb eines Monats gem. § 9 Abs. 2 den **Antrag auf gerichtliche Entscheidung** nach näherer Maßgabe der §§ 37, 38, so entsteht zwischen dem Bewerber und der RAK ein Prozeßrechtsverhältnis (BGH, Beschl. vom 27. 5. 1991 – AnwZ (B) 12/91) und es wird das Verfahren nach §§ 40–42 in Gang gesetzt. Je nach dem Ausgang dieses Verfahrens gibt es nun wieder folgende Möglichkeiten:

14   aa) Stellt das **Gericht** rechtskräftig fest, daß der vom Vorstand der RAK angeführte, auf einen der Tatbestände des § 7 Nr. 5–9 gestützte **Versagungsgrund nicht vorliegt,** so hat die LJV über den Zulassungsantrag unter Beachtung der Rechtsauffassung des Gerichts zu entscheiden (**§ 9 Abs. 4 Satz 1**). Das bedeutet in aller Regel, daß die LJV nunmehr die Zulassung erteilen wird. Anders liegt es jedoch, wenn sich ausnahmsweise Versagungsgründe ergeben, die nicht Gegenstand des gerichtlichen Verfahrens waren und auf die sich daher auch die Rechtskraft der Entscheidung nicht erstreckt. Solche Versagungsgründe sind von der LJV zu berücksichtigen (Amt. Begr. zu § 9; *Bülow*, § 9 Anm. 8). In einem solchen Fall muß die LJV – zweckmäßig nach Einholung einer Stellungnahme des Anwaltsbewerbers – vom Vorstand der RAK ein erneutes Gutachten zu den nachträglich bekannt gewordenen Versagungsgründen einholen. Das weitere Verfahren richtet sich dann nach § 8 Abs. 3 und 4 sowie § 9. Es ist wohl nicht anzunehmen, daß *Isele* in seiner Kommentierung zu § 9, Anm. IV D 1 b, zum Ausdruck bringen wollte, in Fällen dieser Art könne die LJV ohne Anforderung eines erneuten Gutachtens des Vorstandes der RAK die Zulassung versagen.

bb) Stellt das **Gericht** fest, daß der vom Kammervorstand angeführte **15**
Versagungsgrund vorliegt, so gilt der Zulassungsantrag als abgelehnt, sobald
die Entscheidung Rechtskraft erlangt hat (**§ 9 Abs. 4 Satz 2**). Diese Rechtswirkung tritt kraft Gesetzes ein, so daß es eines besonderen Ausspruchs, daß
der Antrag als abgelehnt gilt, nicht bedarf (Amtl. Begr. zu § 9).

b) Stellt der Bewerber den **Antrag** nach § 9 Abs. 2 auf gerichtliche Ent- **16**
scheidung **nicht** innerhalb der vorgeschriebenen Frist von einem Monat, so
gilt sein Antrag als zurückgenommen (§ 9 Abs. 3). Auch in diesem Fall
bedarf es keines besonderen Ausspruches dieser gesetzlichen Folge.

B. Lautet das **Gutachten** nicht dahin, daß bei dem Bewerber ein Grund **17**
vorliege, aus dem die Zulassung nach § 7 Nr. 5–9 zu versagen sei, wird vielmehr in dem Gutachten **gar kein oder ein Versagungsgrund nach § 7 Nr. 1–4,
10, 11** geltend gemacht, so richtet sich das Verfahren nicht nach §§ 9, 38,
sondern nach §§ 11, 39 (BGH EGE X 20, 26; EGE XI 8). In Fällen dieser
Art entscheidet die LJV über den Zulassungsantrag ohne Bindung an das
Gutachen (*Isele,* § 8 Anm. III B 2 (S. 175), § 9 Anm. III B, C), so daß sie den
Zulassungsantrag entgegen dem Gutachten nicht nur nach § 7 Nr. 1–4, 10,
11, sondern auch nach § 7 Nr. 5–9 ablehnen kann (*Feuerich,* § 9 Rz. 7); vgl.
hierzu §§ 8 Abs. 1, 10, 11, 37, 39–42.

II. Der **Vorstand der RAK** erstattet **weder** innerhalb von zwei Monaten **18**
das von der LJV angeforderte **Gutachten, noch** teilt er binnen dieser Frist
Hinderungsgründe mit. Dann kann die LJV gemäß **Abs. 4,** ohne den Eingang
des Gutachtens abzuwarten, über den Zulassungsantrag entscheiden. Macht
sie von dieser Möglichkeit keinen Gebrauch, so muß sie mit einem Antrag
auf gerichtliche Entscheidung nach § 11 Abs. 3 rechnen.

Vor der Entscheidung über den Antrag auf Zulassung zur Rechtsanwalt- **19**
schaft sollte die LJV in allen Fällen, in denen mit der Möglichkeit gerechnet
werden muß, daß bereits anderweitig dem Bewerber nachteilige Entscheidungen ergangen sind, die seine Zulassung zur Rechtsanwaltschaft betreffen, eine entsprechende **Auskunft** aus dem Bundeszentralregister einholen
(vgl. § 11 Rz. 6). Das gilt vor allem für Bewerber aus fremden Bezirken, die
schon vor längerer Zeit die Befähigung zum Richteramt erlangt haben.

§ 8 a   Ärztliches Gutachten im Zulassungsverfahren

(1) ¹Wenn es zur Entscheidung über den Versagungsgrund des § 7 Nr. 7
erforderlich ist, gibt die Landesjustizverwaltung dem Bewerber auf, innerhalb
einer von ihr zu bestimmenden angemessenen Frist das Gutachten eines von
ihr bestimmten Arztes über seinen Gesundheitszustand vorzulegen. ²Das Gut-

achten muß auf einer Untersuchung und, wenn dies ein Amtsarzt für notwendig hält, auch auf einer klinischen Beobachtung des Bewerbers beruhen. [3]Die Kosten des Gutachtens hat der Bewerber zu tragen.

(2) [1]Verfügungen nach Absatz 1 sind mit Gründen zu versehen und dem Bewerber zuzustellen. Gegen sie kann der Bewerber innerhalb eines Monats nach der Zustellung bei dem Anwaltsgerichtshof Antrag auf gerichtliche Entscheidung stellen. [3]Zuständig ist der Anwaltsgerichtshof bei dem Oberlandesgericht, in dessen Bezirk der Bewerber zugelassen werden will.

(3) Kommt der Bewerber ohne zureichenden Grund der Anordnung der Landesjustizverwaltung nicht nach, gilt der Antrag auf Zulassung zur Rechtsanwaltschaft als zurückgenommen.

1   **Zu Abs. 1 Satz 1:** Diese Maßnahme setzt voraus, daß sie zur Entscheidung über den Versagunggrund des § 7 Nr. 7 »**erforderlich**« ist. Sie kommt deshalb nur in Betracht, wenn andere Beweismittel, die ein Gutachten der RAK nach § 9 Abs. 1 Satz 1 tragen können, nicht ausreichen oder nicht bereits aus anderen Gründen die Zulassung abzulehnen ist (vgl. BT-Drucks. 11/3253, S. 20). Die LJV wird daher, bevor sie eine Verfügung nach Abs. 1 Satz 1 trifft, zunächst von der RAK das Gutachten gemäß § 9 Abs. 2 Satz 1 anfordern, da ihr nicht bekannt sein kann, welche Versagungsgründe dem Vorstand der RAK bereits zur Verfügung stehen. Erst wenn die RAK festgestellt hat, daß eine Anordnung nach Abs. 1 Satz 1 unerläßlich ist, wird sie diese mit entsprechender Begründung bei der LJV anregen, bevor sie ihr Gutachten erstattet. Zu den Anforderungen, die an die Bestimmung des Arztes für ein **weiteres Gutachten** zu stellen sind, um einen Ausschluß der Vermutung des § 15 Satz 2 i. V. mit § 8 a Abs. 1 zu vermeiden, vgl. BGH, BRAK-Mitt. 1992, 217.

2   **Zu Abs. 1 Satz 2:** Nach § 36 a Abs. 2 soll der **Bewerber** um die Zulassung bei der Ermittlung des Sachverhalts **mitwirken**. Das bedeutet, daß er sich der Untersuchung durch den von der LJV bestimmten Arzt und, wenn ein Amtsarzt dies für notwendig hält, einer klinischen Beobachtung unterziehen und hierbei die Fragen der Ärzte beantworten soll. Kommt er ohne zureichenden Grund der Anordnung, das ärztliche Gutachten vorzulegen, in der von der LJV bestimmten Frist nicht nach, so gilt sein Antrag auf Zulassung zur Rechtsanwaltschaft kraft Gesetzes (Abs. 3) als zurückgenommen. Legt er ein Gutachten vor, das mangels genügender Mitwirkung seinerseits, z. B. bei der ärztlichen Exploration (Befragung), kein vollständiges Bild über seinen Gesundheitszustand gibt, so kann sein Antrag unter Umständen aus diesem Grunde durch einen Verwaltungsakt der LJV abgelehnt werden (vgl. § 36 a Abs. 2 Satz 2).

3   Reicht das gemäß Abs. 1 Satz 1 erstattete und vom Bewerber vorgelegte Gutachten der LJV nicht aus, um sich ein abschließendes Bild vom Gesund-

heitszustand des Bewerbers zu machen, so kann die LJV gemäß § 36 a Abs. 1 Satz 2 Gutachten von **weiteren Sachverständigen,** insbesondere Spezialärzten, einholen (vgl. hierzu § 36 a Abs. 2 Satz 1 sowie Rz. 1 am Ende). Der Bewerber hat jedoch nach **Abs. 1 Satz 3** nur die **Kosten** »des« (einen) nach Abs. 1 Satz 1 von ihm vorgelegten Gutachtens zu tragen. Im übrigen gilt der Grundsatz der Auslagenfreiheit im Zulassungsverfahren (vgl. § 192 Rz. 5).

Zu Abs. 2: Der **AnwGH** entscheidet **endgültig,** weil es sich um ein Verfahren nach §§ 37–42 handelt und keiner der in § 42 Abs. 1 genannten Fälle vorliegt (BGH, Beschl. vom 17. 12. 1990 – AnwZ [B] 69/90, Verfassungsbeschwerde verworfen durch Beschl. vom 25. 2. 1991 – 1 BvR 201/91; BGH, Beschl. vom 14. 6. 1993 – AnwZ [B] 3/93). 4

Abs. 3 entspricht dem allgemeinen Verwaltungsgrundsatz, daß trotz des Gebots der Amtsermittlung die Abweisung eines Antrags ohne vollständige Aufklärung möglich ist, wenn der Beteiligte eine ihm mögliche und zumutbare Aufklärung verweigert und alle der Behörde zustehenden Möglichkeiten erschöpft sind (vgl. *Knack,* § 24 Rz. 4.2). Im allgemeinen muß jedoch in solchen Fällen der Beteiligte vorher von der Behörde darauf hingewiesen werden, daß aus seiner Weigerung für ihn nachteilige Schlüsse gezogen werden können (vgl. *Knack,* a.a.O.; BVerwGE 8, 29; § 36 a Abs. 2 Satz 3). Ob ein solcher besonderer Hinweis im Falle des Abs. 3 notwendig ist, kann angesichts des bereits im Gesetz erfolgten Hinweises und der Tatsache, daß der Anwaltsbewerber Volljurist ist, zweifelhaft sein. Da jedoch in den hier in Betracht kommenden Fällen des § 7 Nr. 7 körperliche Gebrechen, Schwäche der geistigen Kräfte oder Sucht des Bewerbers in Frage stehen, die seine Urteilskraft beeinträchtigen könnten, empfiehlt sich ein ausdrücklicher Hinweis auf die in Abs. 3 angedrohten Folgen zumindest als nobile officium. 5

§ 9 Ablehnendes Gutachten der Rechtsanwaltskammer in bestimmten Fällen

(1) ¹Erstattet der Vorstand der Rechtsanwaltskammer das Gutachten dahin, daß bei dem Bewerber ein Grund vorliege, aus dem die Zulassung zur Rechtsanwaltschaft nach den Nummern 5 bis 9 des § 7 zu versagen sei, so setzt die Landesjustizverwaltung die Entscheidung über den Antrag auf Zulassung zur Rechtsanwaltschaft aus und stellt dem Bewerber eine beglaubigte Abschrift des Gutachtens zu. ²Die Landesjustizverwaltung kann jedoch über den Antrag entscheiden, wenn er bereits aus einem der in Satz 1 nicht angeführten Versagungsgrunde abzulehnen ist.

(2) ¹Der Bewerber kann innerhalb eines Monats nach der Zustellung des Gutachtens bei dem Anwaltsgerichtshof den Antrag auf gerichtliche Entscheidung stellen. ²Zuständig ist der Anwaltsgerichtshof bei dem Oberlandesgericht, in dessen Bezirk der Bewerber als Rechtsanwalt zugelassen werden will.

(3) Stellt der Bewerber den Antrag auf gerichtliche Entscheidung nicht, so gilt sein Antrag auf Zulassung zur Rechtsanwaltschaft als zurückgenommen.

(4) ¹Stellt das Gericht auf einen Antrag nach Abs. 2 rechtskräftig fest, daß der von dem Vorstand der Rechtsanwaltskammer angeführte Versagungsgrund nicht vorliegt, so hat die Landesjustizverwaltung über den Antrag auf Zulassung zur Rechtsanwaltschaft unter Beachtung der Rechtsauffassung des Gerichts zu entscheiden. ²Stellt das Gericht fest, daß der von dem Vorstand der Rechtsanwaltskammer angeführte Versagungsgrund vorliegt, so gilt der Antrag auf Zulassung zur Rechtsanwaltschaft als abgelehnt, sobald die Entscheidung die Rechtskraft erlangt hat.

1   Vgl. die Erl. zu dem mit § 9 eng zusammenhängenden § 8, insbesondere dort Rz. 11 ff.

2   Zu der in Abs. 1 Satz 1 vorgeschriebenen Zustellung vgl. § 229.

3   Der **Antrag auf gerichtliche Entscheidung** nach Abs. 2 kann von einem Bewerber für andere als in § 7 Nrn. 5 bis 9 aufgezählte Versagungsgründe nicht gestellt werden, weil eine solche Entscheidung für die Justizverwaltung nicht bindend wäre (BGH, BRAK-Mitt. 1993, 104). Der Antrag auf gerichtliche Entscheidung ist **in der Hauptsache erledigt,** wenn der Antrag auf Zulassung zur Rechtsanwaltschaft zurückgenommen wird (EGH Schleswig, AnwBl. 1967, 69) oder wenn die RAK ihr ablehnendes Gutachten für hinfällig erklärt (vgl. § 41 Rz. 1).

§ 10   Aussetzung des Zulassungsverfahrens

(1) Die Entscheidung über den Antrag auf Zulassung zur Rechtsanwaltschaft kann ausgesetzt werden, wenn gegen den Bewerber wegen des Verdachts einer Straftat ein Ermittlungsverfahren oder ein strafgerichtliches Verfahren schwebt.

(2) Die Entscheidung über den Antrag ist auszusetzen, wenn gegen den Bewerber die öffentliche Klage wegen einer Straftat, welche die Unfähigkeit zur Bekleidung öffentlicher Ämter zur Folge haben kann, erhoben ist.

(3) Über den Antrag auf Zulassung zur Rechtsanwaltschaft ist jedoch zu entscheiden, wenn er bereits unbeschadet des Ergebnisses des Ermittlungsverfahrens oder des Ausganges des strafgerichtlichen Verfahrens abzulehnen ist.

1   **Abs. 1** stellt einen **fakultativen Aussetzungsgrund** dar, der das Schweben eines Ermittlungsverfahrens wegen einer Straftat, also nicht nur wegen einer Ordnungswidrigkeit, oder eines strafgerichtlichen Verfahrens, nicht nur eines Bußgeldverfahrens, gegen den Bewerber voraussetzt. Nur ein Ermitt-

lungs- oder strafgerichtliches Verfahren, dessen Ausgang für die Zulassung von Bedeutung sein kann, berechtigt zur Aussetzung (*Feuerich*, § 10 Rz. 4).

Abs. 2 enthält einen **obligatorischen Aussetzungsgrund** für den Fall, daß **2** gegen den Bewerber die öffentliche Klage wegen einer Straftat, welche die Unfähigkeit zur Bekleidung öffentlicher Ämter zur Folge haben kann, erhoben ist. Die öffentliche Klage wird in der Regel dadurch erhoben, daß die Staatsanwaltschaft bei dem zuständigen Gericht eine Anklageschrift einreicht (vgl. auch § 118 Rz. 1). Zur Unfähigkeit zur Bekleidung öffentlicher Ämter vgl. § 7 Rz. 3.

Durch die Vorschrift des **Abs. 3** soll eine Verzögerung des Verfahrens **3** durch eine sachlich nicht gerechtfertigte Aussetzung vermieden werden.

Die **Aussetzungsverfügung** ist **anfechtbar** mit dem Antrag auf gerichtliche **4** Entscheidung nach § 223 in Verb. mit § 39, die in das Ermessen des LJV gestellte Aussetzung nach Abs. 1 jedoch nur im Rahmen des § 39 Abs. 3.

§ 11 Antrag gegen einen ablehnenden Bescheid der Landesjustizverwaltung

(1) ¹Der Bescheid, durch den die Landesjustizverwaltung die Zulassung zur Rechtsanwaltschaft versagt, ist mit Gründen zu versehen. ²Er ist dem Bewerber zuzustellen.

(2) ¹Gegen einen ablehnenden Bescheid kann der Bewerber innerhalb eines Monats nach der Zustellung bei dem Anwaltsgerichtshof den Antrag auf gerichtliche Entscheidung stellen. ²Zuständig ist der Anwaltsgerichtshof bei dem Oberlandesgericht, in dessen Bezirk der Bewerber erstmals als Rechtsanwalt zugelassen werden will.

(3) Hat die Landesjustizverwaltung einen Antrag auf Zulassung zur Rechtsanwaltschaft ohne zureichenden Grund innerhalb von drei Monaten nicht beschieden, so kann der Bewerber den Antrag auf gerichtliche Entscheidung stellen.

§ 11 eröffnet dem Bewerber **vor allem** in den Fällen den Rechtsweg, in **1** denen ihm die Zulassung durch die LJV nach **§ 7 Nr. 1–4, 10, 11** versagt wird. Er gilt aber auch für die praktisch seltenen, aber immerhin denkbaren Fälle, in denen die LJV ihre ablehnende Entscheidung auf einen der Gründe des § 7 Nr. 5–9 stützt (vgl. § 8 Rz. 17).

Die nach Abs. 1 erforderlichen **Gründe des ablehnenden Bescheids** umfas- **2** sen die Wiedergabe des Sachverhalts und der Beweiswürdigung sowie rechtliche Ausführungen zur Anwendung einer Nr. oder mehrerer Nummern des § 7.

3   Hinsichtlich der **Zustellung** des Bescheides vgl. § 229.

4   Zum **Verfahren** bei Anträgen auf gerichtliche Entscheidung nach Abs. 2 und 3 vgl. §§ 37, 39–42.

5   Verwaltungsinterne Verzögerungen rechtfertigen nicht ein Überschreiten der **Dreimonatsfrist des Abs. 3** (EGH Koblenz, BRAK-Mitt. 1982, 29), vgl. jedoch *Isele*, § 11 Anm. IX C 2.

6   Die nicht mehr anfechtbare Versagung der Zulassung zur Rechtsanwaltschaft und die nicht mehr anfechtbare oder vollziehbare Zurücknahme der Zulassung sind, soweit sie auf Unzulässigkeit, Ungeeignetheit oder Unwürdigkeit beruhen, nach § 10 Abs. 2 Nr. 1 und 2 BZRG in das **Bundeszentralregister** einzutragen. Zur Frage, wann diese Voraussetzungen in den einzelnen in Betracht kommenden Fällen erfüllt sind, vgl. *Jessnitzer*, AnwBl. 1985, 17, und hiermit im wesentlichen übereinstimmend *Rebmann/Uhlig*, BZRG, 1985, § 10 Rz. 13–16. Einzutragen nach § 10 Abs. 2 Nr. 2 BZRG sind auch nicht mehr anfechtbare ehrengerichtliche Maßnahmen nach § 114 Abs. 1 Nr. 4 und 5 sowie nach §§ 150, 161 a. Wird eine nach § 10 BZRG eingetragene Entscheidung aufgehoben oder durch eine neue Entscheidung gegenstandslos oder entfällt die Vollziebarkeit der Zurücknahme der Zulassung zur Rechtsanwaltschaft, so wird die entsprechende Eintragung aus dem Register entfernt (§ 19 Abs. 2 Nr. 1 und 2 BZRG). Zu den entsprechenden Mitteilungen an das Register sind nach § 20 BZRG die jeweils entscheidenden LJVen und Gerichte der Ehrengerichtsbarkeit verpflichtet. Die Anordnung eines Berufsverbots gegen einen RA nach § 70 StGB ist nach § 4 Nr. 2 BZRG einzutragen, hier ist das Strafgericht mitteilungspflichtig. Eine Zusammenfassung bringt *Feuerich*, in BRAK-Mitt. 1992, 10. Die vorstehenden Ausführungen betr. Eintragungen in das Bundeszentralregister gelten entsprechend für Kammerrechtsbeistände (vgl. *Feuerich*, Rbeistand 1988, 80).

§ 12   Urkunde über die Zulassung

(1) Der Bewerber erhält über die Zulassung zur Rechtsanwaltschaft eine von der Landesjustizverwaltung ausgefertigte Urkunde.

(2) ¹Die Zulassung zur Rechtsanwaltschaft wird wirksam mit der Aushändigung der Urkunde. ²Die Aushändigung der Urkunde darf erst erfolgen, wenn der Abschluß der Berufshaftpflichtversicherung (§ 51) nachgewiesen ist oder eine vorläufige Deckungszusage vorliegt.

(3) Nach der Zulassung ist der Bewerber berechtigt, die Berufsbezeichnung »Rechtsanwalt« zu führen.

1   § 12 betrifft die (allgemeine) Zulassung zur Rechtsanwaltschaft. Vgl. Vorbem. zum Zweiten Teil vor § 4 Rz. 1. Die **Urkunde** enthält in aller Regel

zugleich einen Hinweis auf die Zulassung zu einem bestimmten Gericht nach § 18. Unabhängig von der Vereidigung (§ 26), Kanzleieinrichtung (§ 27) und Eintragung in die Liste der Rechtsanwälte (§ 31) begründet die Aushändigung der Urkunde das Recht, die Berufsbezeichnung »Rechtsanwalt« zu führen (Abs. 3), sowie weitere Rechte und Pflichten (vgl. z. B. §§ 43 ff., 60, 73 Abs. 2 Nr. 1–5, 74, 89 Abs. 2). Die Befugnis, die Anwaltstätigkeit auszuüben, beginnt jedoch erst mit der Eintragung in die Liste der Rechtsanwälte (§ 32), die Postulationsfähigkeit jedoch bereits mit der Aushändigung der Zulassungsurkunde nach Abs. 2, da die rechtliche Wirksamkeit von Handlungen vor Eintragung in die Liste gem. § 32 Abs. 2 unberührt bleibt (BGH, NJW 1992, 2706).

Zur Auslegung des gesetzlich nicht definierten Begriffs **Aushändigung** der 2 Urkunde **Abs. 2 Satz 1** können Lit. und Rspr. zu § 6 Abs. 1 BBG und den entsprechenden Vorschriften der Landesbeamtengesetze (Begründung des Beamtenverhältnisses durch Aushändigung einer Ernennungsurkunde) herangezogen werden. Danach kann die Übergabe der Zulassungsurkunde von Hand zu Hand, an die nach dem Wortsinn des Begriffs Aushändigung in erster Linie gedacht ist, erforderlichenfalls auch durch geeignete andere Maßnahmen ersetzt werden (vgl. zu den verschiedenen Lösungsmöglichkeiten *Wemmer,* die öffentliche Verwaltung 1964, 769; *Schütz,* Beamtenrecht des Bundes und der Länder, Stand 10/1991, Teil C, § 8 Rz. 3a; *Isele,* § 12 Anm. III A).

Abs. 2 Satz 2 ist durch die Berufsrechtsnovelle 1994 angefügt worden. Er ist dem § 6a BNotO nachgebildet. Die Vorschrift ist notwendig, um zu gewährleisten, daß niemand zur Rechtsanwaltschaft zugelassen wird, ohne der Verpflichtung nachgekommen zu sein, eine Berufshaftpflichtversicherung abzuschließen (vgl. § 51), was vor allem wegen der Möglichkeit zur vertraglichen Begrenzung von Ersatzansprüchen nach § 51a von großer Bedeutung ist. Es reicht aus, daß eine vorläufige Deckungszusage vorgelegt wird, weil damit der Schutz der Mandanten gesichert erscheint (vgl. BT-Drucks. 12/4993 S. 24).

Zu Abs. 3: Über **zusätzliche Titel und Bezeichnungen des RA** vgl. grund- 3 sätzlich *Hummel,* ZAP Fach 23 S. 59. **Zum Führen ausländischer Berufsbezeichnungen** vgl. für **EG/EWR-Anwälte** die §§ 1 und 2 Abs. 1 RADG, § 206 Abs. 1; die nach §§ 4, 6 ff. – nach Bestehen der Eignungsprüfung – zugelassenen Anwälte müssen nicht auf ihre ausländische Ausbildung hinweisen, sind aber berechtigt, die in Anlage zu § 1 des Gesetzes vom 6. 7. 1990 (BGBl. I S. 1349) angeführten heimischen Berufsbezeichnungen zu führen (Art. 7 Abs. 2 Satz 1 der EG-Richtlinie über die gegenseitige Anerkennung der Hochschuldiplome vom 21. 12. 1988; BT-Drucks. 11/6154, S. 12; *Feuerich,* NJW 1991, 1144, 1146). Andere ausländische Anwälte, die nach § 206

Abs. 2 niedergelassen sind, haben ihre heimische Berufsbezeichnung zu führen.

4   Zum Führen von **Fachanwaltsbezeichnungen** vgl. § 43 c Rz. 4.

5   Vgl. hinsichtlich des Führens der Bezeichnung Dipl.-Ing. (Fachhochschule) BGH, BRAK-Mitt. 1986, 231; hinsichtlich der Verwendung der Berufsbezeichnung »Architekt« BVerfG, AnwBl. 1990, 517; zur Benutzung der Grade eines Master of Laws, eines Master of Arts und eines Master of Comparative Law vgl. BVerfGE 36, 212; EGH Stuttgart, BRAK-Mitt. 1986, 172; zur Führung eines Professorentitels einer ausländischen Universität OLG München, NJW–RR 1989, 1439. Die Möglichkeit, gleichzeitig die Berufsbezeichnung »Rechtsanwalt und Rentenberater« zu führen, wird auch nicht dadurch eröffnet, daß neben der Zulassung als RA eine Teilerlaubnis nach Art. 1 § 1 Abs. 1 Satz 2 Nr. 1 RBerG fortbesteht (BGH, BRAK-Mitt. 1990, 248).

6   Das **unbefugte Führen der Berufsbezeichnung** »Rechtsanwalt« oder einer zum Verwechseln ähnlichen Bezeichnung ist **strafbar** nach § 132 a Abs. 1 Nr. 2 Abs. 2 StGB, aber nicht bei einem einmaligen Handeln ohne Gefährdung der Interessen der Allgemeinheit (BGH, NJW 1982, 2009). Nach OLG Nürnberg (NJW 1994, 2301) stellt die Bezeichnung »Rechtsanwalt« durch einen (auch) ausgestellten RA im geschäftlichen Schriftverkehr seines Arbeitgebers gegenüber freiberuflich tätigen RAen keinen Verstoß gegen §§ 1, 3 UWG dar.

7   Zum **Erlöschen** der Befugnis zur Führung der **Berufsbezeichnung** vgl. § 17.

Vorbemerkung zu § 13 (Erlöschen, Rücknahme und Widerruf der Zulassung)

Die §§ 13–17 regeln das Erlöschen, die Rücknahme und den Widerruf der (allgemeinen) Zulassung zur Rechtsanwaltschaft und ihre Folgen, die §§ 34–36 das Erlöschen und den Widerruf der (lokalen) Zulassung bei einem bestimmten Gericht und deren Folgen (zum Unterschied vgl. Vorbem. zum Zweiten Teil vor § 4 Rz. 1, 2).

§ 13   Erlöschen der Zulassung

Die Zulassung zur Rechtsanwaltschaft erlischt, wenn durch ein rechtskräftiges Urteil auf Ausschließung aus der Rechtsanwaltschaft erkannt ist.

Die **Ausschließung aus der Rechtsanwaltschaft** ist eine anwaltsgerichtliche 1
Maßnahme nach § 114 Abs. 1 Nr. 5. Ist durch rechtskräftiges Urteil auf sie
erkannt worden, so erlischt nach § 13 die Zulassung des betroffenen RA zur
Rechtsanwaltschaft kraft Gesetzes.

Folgen des Erlöschens der Zulassung zur Rechtsanwaltschaft: Erlöschen 2
der Befugnis, die Berufsbezeichnung »Rechtsanwalt« zu führen (§ 17
Abs. 1); Erlöschen der Zulassung bei einem bestimmten Gericht (§ 34
Nr. 1); Löschung in der Liste der zugelassenen RAe (§ 36 Abs. 1 Nr. 1;
§ 204 Abs. 1); Möglichkeit der Bestellung eines Abwicklers der Kanzlei (§ 55
Abs. 1 und 5); Einstellung eines anwaltsgerichtlichen Verfahrens (§ 139
Abs. 3 Nr. 1); Erlöschen des Notaramts beim Anwaltsnotar (§ 47 Nr. 3
BNotO).

Nach Eintritt der Rechtskraft des auf Ausschließung aus der Rechtsan- 3
waltschaft lautenden Urteils von dem Betroffenen vorgenommene Prozeßhandlungen im Zivilprozeß sind unwirksam (BGH, NJW 1984, 1559). Ferner tritt in anhängigen Anwaltsprozessen durch den Ausschluß des Prozeßbevollmächtigten aus der Rechtswanwaltschaft gemäß § 244 Abs. 1 ZPO
eine Unterbrechung des Verfahrens ein (BGH, NJW 1987, 327 m. w. N.).
Wird jedoch einem RA gegen die Versäumung der Frist zur Berufung gegen
ein Urteil, durch das er aus der Rechtsanwaltschaft ausgeschlossen wird,
Wiedereinsetzung in den vorigen Stand gewährt, so wird der Verlust seiner
Zulassung als Rechtsanwalt rückwirkend beseitigt und die Unterbrechung
der von ihm geführten Zivilprozesse gilt als nicht eingetreten; Prozeßhandlungen, die der Rechtsanwalt zwischen der – zunächst eingetretenen –
Rechtskraft des Ausschließungsurteils und der Gewährung der Wiedereinsetzung vornimmt, sind wirksam (BGH, NJW 1985, 327).

Personen, die infolge anwaltsgerichtlicher Verurteilung aus der Rechtsan- 4
waltschaft ausgeschieden sind, wird nach § 7 der 1. VO zur Ausführung des
RBerG eine Erlaubnis zur geschäftsmäßigen Besorgung fremder Rechtsangelegenheiten in der Regel nicht erteilt.

§ 14 Rücknahme und Widerruf der Zulassung

(1) Die Zulassung zur Rechtsanwaltschaft ist mit Wirkung für die Zukunft
zurückzunehmen, wenn Tatsachen nachträglich bekannt werden, bei deren
Kenntnis die Zulassung hätte versagt werden müssen.
(2) Die Zulassung zur Rechtsanwaltschaft ist zu widerrufen,
  1. wenn der Rechtsanwalt nach der Entscheidung des Bundesverfassungsge-
     richts ein Grundrecht verwirkt hat;
  2. wenn der Rechtsanwalt infolge strafgerichtlicher Verurteilung die Fähig-
     keit zur Bekleidung öffentlicher Ämter verloren hat;

3. wenn der Rechtsanwalt infolge eines körperlichen Gebrechens, wegen Schwäche seiner geistigen Kräfte oder wegen einer Sucht nicht nur vorübergehend unfähig ist, den Beruf eines Rechtsanwalts ordnungsmäßig auszuüben, es sei denn, daß sein Verbleiben in der Rechtsanwaltschaft die Rechtspflege nicht gefährdet;

4. wenn der Rechtsanwalt auf die Rechte aus der Zulassung zur Rechtsanwaltschaft der Landesjustizverwaltung gegenüber schriftlich verzichtet hat;

5. wenn der Rechtsanwalt zum Richter oder Beamten auf Lebenszeit ernannt, in das Dienstverhältnis eines Berufssoldaten berufen oder nach § 6 des Abgeordnetengesetzes oder entsprechenden Rechtsvorschriften wieder in das frühere Dienstverhältnis als Richter oder Beamter auf Lebenszeit oder als Berufssoldat zurückgeführt wird und nicht auf die Rechte aus der Zulassung zur Rechtsanwaltschaft verzichtet;

6. wenn die Zulassung des Rechtsanwalts bei einem Gericht aufgrund des § 35 Abs. 1 widerrufen wird;

7. wenn der Rechtsanwalt infolge gerichtlicher Anordnung in der Verfügung über sein Vermögen beschränkt ist;

8. wenn der Rechtsanwalt in Vermögensverfall geraten ist, es sei denn, daß dadurch die Interessen der Rechtssuchenden nicht gefährdet sind; ein Vermögensverfall wird vermutet, wenn der Rechtsanwalt in das vom Konkursgericht oder vom Vollstreckungsgericht zu führende Verzeichnis (§ 107 Abs. 2 der Konkursordnung, § 915 der Zivilprozeßordnung) eingetragen ist;

9. wenn der Rechtsanwalt eine Tätigkeit ausübt, die mit seinem Beruf, insbesondere seiner Stellung als unabhängiges Organ der Rechtspflege nicht vereinbar ist oder das Vertrauen in seine Unabhängigkeit gefährden kann; dies gilt nicht, wenn der Widerruf für ihn eine unzumutbare Härte bedeuten würde;

10. wenn der Rechtsanwalt nicht die vorgeschriebene Berufshaftpflichtversicherung (§ 51) unterhält.

(3) Von der Rücknahme der Zulassung zur Rechtsanwaltschaft kann nach Anhörung des Vorstands der Rechtsanwaltskammer abgesehen werden, wenn die Gründe, aus denen die Zulassung hätte versagt werden müssen, nicht mehr bestehen.

1 Die Verwendung der Begriffe **Rücknahme** in Abs. 1 und **Widerruf** in Abs. 2 entspricht der Terminologie der §§ 48, 49 VwVfG, die die Rücknahme von rechtswidrigen und den Widerruf von rechtmäßigen Verwaltungsakten regeln. Während das Erlöschen der Zulassung zur Rechtsanwaltschaft nach § 13 automatisch erfolgt, bedürfen ihre Rücknahme nach Abs. 1 oder ihr Widerruf nach Abs. 2 Nr. 1–9 einer besonderen Verfügung der LJV (§ 16). Der Widerruf nach Abs. 2 Nr. 1–9 steht in einem systematischen

Zusammenhang mit der Versagung der Zulassung nach § 7 Nr. 1, 2, 5, 7, 8, 9, 10, 11. Deshalb finden die insoweit zu § 7 entwickelten Prüfungsmaßstäbe auch im Widerrufsverfahren Anwendung (vgl. zu § 7 Nr. 8 BGH, BRAK-Mitt. 1987, 89).

§ 14 Abs. 1 betrifft Fälle, in denen schon zur Zeit der Zulassung zur Rechtsanwaltschaft ein **Grund** für ihre Versagung **nach § 7 Nr.** 1–11 vorlag, die entsprechenden Tatsachen aber erst nach der Zulassung bekannt wurden. Dabei ist es nicht erforderlich, daß der Bewerber seinerzeit bewußt Falsches vorgetragen oder Wesentliches verschwiegen und damit die Zulassung erschlichen hat. Es genügt die Erfüllung des objektiven Tatbestandes von Abs. 1.

Abs. 1, der bisher schon für **Anwälte aus dem ehemaligen Ostberlin** (vgl. § 4 Rz. 6), die auf Grund des EinigungsV nach der BRAO zugelassen sind, von Bedeutung war, hat jetzt aber Bedeutung für alle vor dem 15. 9. 1990 im Gebiet der **ehemaligen DDR ausgesprochenen Zulassungen** (vgl. § 4 Rz. 4). Maßgebend ist das **Gesetz zur Prüfung von Rechtsanwaltszulassungen** ... vom 24. 7. 1992 – BGBl. I S. 1386 – RAZPrG – abgedruckt als **Anlage VII** –. Dieses Gesetz bleibt von der Neuregelung der BRAO gem. Art. 21 Abs. 2 Satz 2 ÄndG unberührt (vgl. kritisch dazu im Hinblick auf das Grundgesetz und den EinigungsV *Kleine-Cosack,* AnwBl. 1992, 410; *Quaas,* MDR 1992, 1092, 1099; *Schröer,* DtZ 1992, 78; vgl. ferner zum Problemkreis *Busse,* AnwBl. 1991, 550 sowie NJW 1993, 2009; *Krach,* BRAK-Mitt. 1992, 6, sowie die Stellungnahme der BRAK in BRAK-Mitt. 1992, 22; *Schaich,* DtZ 1992, 321, sowie den Bericht in DtZ 1992, 365). **§ 1 Abs. 1 RAZPrG** verstößt nicht gegen das verfassungsrechtliche Rückwirkungsverbot; er ist auch mit Art. 12 GG vereinbar (BGH BRAK-Mitt. 1994, 111). Nach dem Wortlaut der Bestimmung reicht die Tätigkeit als Mitarbeiter des Ministeriums für Staatssicherheit allein als Widerrufsgrund nicht aus. Hinzutreten muß ein durch die Tätigkeit begangener Verstoß gegen Grundsätze der Menschlichkeit und/oder der Rechtsstaatlichkeit. Diese ergeben sich aus dem Sittengesetz und dem jeder Rechtsordnung vorgegebenen Recht des Einzelnen, das auch unter der Herrschaft des SED-Regimes als verbrieftes Recht in Geltung geblieben war. Ein Verstoß gegen diese Grundsätze setzt ein persönliches schuldhaftes Verhalten von einer gewissen Erheblichkeit voraus (BGH a. a. O.). Ein Verstoß im Sinne von § 1 Abs. 1 RAZPrG führt indessen nicht automatisch zum Ausschluß aus der Anwaltschaft. Es bleibt vielmehr zu prüfen, ob nach den Bestimmungen der §§ 14 Abs. 1, 7 Nr. 5 »Unwürdigkeit«, also ein Fehlverhalten von besonderem Gewicht vorliegt. Es ist deshalb darauf abzustellen, ob der RA im Zeitpunkt der Entscheidung bei Abwägen seines schuldhaften Verhaltens und aller erheblichen Umstände nach seiner Gesamtpersönlichkeit für den Beruf nicht mehr tragbar ist. Sind Berichte, die der RA unter Verletzung seiner Verschwiegenheitspflicht erstattet hat, für den Staatssicherheitsdienst von völlig untergeordneter Bedeutung, so kann von einem Widerruf abgesehen werden (BGH a. a. O.; strenger ist wohl die Wertung des Berufsgerichtshofs Rostock AnwBl. 1994, 193). Hat jedoch ein RA als inoffizieller Mitarbeiter des Ministeriums für Staatssicherheit über viele Jahre eine Vielzahl von Personen belastet, die dem DDR-Regime gegenüber kritisch eingestellt waren, so sind die Voraussetzungen von § 1 Abs. 1 RAZPrG erfüllt, zumal gleichzeitig ein eklatanter Verstoß gegen das auch nach dem DDR-Strafgesetzbuch geschützte Gebot der Verschwiegenheit vorliegt. (BGH [Schnur-Urteil], mitgeteilt in FAZ vom 16. 7. 1994 S. 4). Ergänzende Bedeutung im Rahmen der Überprüfung hat das **Stasi-Unterlagen-Gesetz** vom 20. 12. 1991 (BGBl. I S. 2272). Die §§ 20 Abs. 1 Nr. 6 e, 21 Abs. 1 Nr. 6 e des Gesetzes befassen sich mit dem RA (vgl. hierzu auch *Weberling*, § 20 Rz. 5; § 21 Rz. 2). Das gilt vor allem im Hinblick auf die Tatbestände des § 7 Abs. 5 und 6 (z. B. Mitarbeit beim »Staatssicherheitsdienst«, Mitglied des ZK der SED, Richter, der an Unrechtsurteilen beteiligt war). Juristen, die in das DDR-Unrechtssystem verstrickt waren, müssen sorgfältig darauf überprüft werden, ob sie an gravierenden Verstößen gegen die Menschlichkeit und Rechtsstaatlichkeit beteiligt waren (vgl. dazu *Schmalz*, BRAK-Mitt. 1991, 113, 178; *Starke*, ZRP 1991, 366).

Zur Aufhebung der Anwaltszulassung nach Art. 19 EinigungsV für den Fall der Unvereinbarkeit mit rechtsstaatlichen Grundsätzen und zur Möglichkeit des **Widerrufs** der für einen Rechtsbeistand erfolgten Anwaltszulassung in der ehemaligen DDR vgl. § 4 Rz. 6. Vgl. auch § 7 Rz. 6. Nach Abs. 3 kann nach Anhörung des Vorstandes der RAK von der **Rücknahme der Zulassung** gemäß Abs. 1 **abgesehen** werden, wenn die Gründe des § 7 bei Bekanntwerden des Sachverhalts nicht mehr bestehen (Ermessensentscheidung nach § 39 Abs. 3, vgl. BGH, BRAK-Mitt. 1982, 25 – Fall der Rücknahme der Zulassung zur Rechtsanwaltschaft wegen nachträglich bekannt gewordener schwerwiegender Täuschungsmanöver im Zusammenhang mit der zweiten juristischen Staatsprüfung –).

3   Die Fälle des § 14 Abs. 2 Nr. 1–9 haben gemeinsam, daß hier der Widerruf der Zulassung zur Rechtsanwaltschaft als Folge von Umständen erfolgt, die erst nach der Zulassung eingetreten sind.

4   **§ 14 Abs. 2 Nr. 1 (Verwirkung eines Grundrechts** nach der Zulassung zur Rechtsanwaltschaft) entspricht § 7 Nr. 1 (vgl. § 7 Rz. 2).

5   **§ 14 Abs. 2 Nr. 2 (Verlust der Fähigkeit zur Bekleidung öffentlicher Ämter** nach der Zulassung zur Rechtsanwaltschaft) entspricht § 7 Nr. 2 (vgl. § 7 Rz. 3). Die Bindung der LJV an die Rechtskraft des Strafurteils läßt in diesen Fällen auch keine Aussetzung des Widerrufsverfahrens im Hinblick auf

eine beantragte Wideraufnahme des Strafverfahrens zu (BGH, BRAK-Mitt. 1988, 208).

§ 14 Abs. 2 Nr. 3 (Körperliche Gebrechen, Schwäche der geistigen Kräfte 6 **oder Sucht,** die sich erst nach erfolgter Zulassung einstellen) entspricht § 7 Nr. 7 (vgl. § 7 Rz. 10–15). Sind die hier aufgeführten Voraussetzungen erfüllt, so wird grundsätzlich die Zulassung zur Rechtsanwaltschaft widerrufen, sofern nicht – ausnahmsweise – das Verbleiben des RA in der Rechtsanwaltschaft die Belange der Rechtspflege nicht gefährdet. Diese Gefährdung kann der betroffene RA verhindern, indem er seine Berufstätigkeit dem Ausmaß der gesundheitlichen Störungen entsprechend einschränkt, insbesondere indem er diese Tätigkeit weitgehend einem gesunden und leistungsfähigen Sozius überläßt (vgl. *Isele,* § 14 IVD 2 d). Falls auf diese Weise eine Gefährdung der Rechtspflege vermieden wird, kann die oft schwierige Prüfung der Frage, ob der RA infolge der gesundheitlichen Störungen zur ordnungsgemäßen Ausübung des Anwaltsberufs unfähig ist, offen bleiben (vgl. BGH EGE XIV 6). Nach § 15 sind in **Verfahren** wegen Widerrufs der Zulassung nach § 14 Abs. 2 Nr. 3, § 8 a Abs. 1 und 2 sowie § 16 Abs. 6 entsprechend anzuwenden. Für das Verfahren der Rücknahme oder des Widerrufs wegen Schwäche der geistigen Kräfte ist der betroffene RA prozeßfähig (BGH, BRAK-Mitt. 1985, 228, 229, m. w. N.). Wegen der Bestellung eines Pflegers vgl. § 16 Abs. 3. Das Verfahren kann ausgesetzt werden, wenn angesichts der Kürze der seit der letzten stationären Behandlung verstrichenen Zeit noch nicht zuverlässig beurteilt werden kann, ob diese Erfolg gehabt hat (BGH, MDR 1972, 48).

§ 14 Abs. 1 Nr. 4 (Verzicht auf die Rechte aus der Zulassung zur Rechtsan- 7 **waltschaft).** Die Verzichtserklärung, die schriftlich gegenüber der LJV abgegeben werden muß, ist befristungs- und bedingungsfeindlich. Sie kann bis zur Zurücknahme der Zulassung durch die LJV frei **widerrufen,** jedoch nach dieser nur noch nach den entsprechend anwendbaren §§ 119 ff. BGB, z. B. wegen Irrtums oder Drohung, **angefochten** werden (BGH, AnwBl. 1971, 216; BRAK-Mitt. 1982, 73): Ein Irrtum im Beweggrund genügt nicht (EGH Hamm, BRAK-Mitt. 1987, 209). Doch kann ein Irrtum nach Treu und Glauben zu berücksichtigen sein, wenn er durch eine unrichtige Auskunft des Vorstandes der RAK hervorgerufen worden ist (BGH, BRAK-Mitt. 1987, 207). Unwirksam ist ein Verzicht, den ein RA in einem Strafverfahren mit unzulässiger behördlicher Einflußnahme erklärt hat (EGH München, BRAK-Mitt. 1986, 225, mit Anm. von *Ostler,* BRAK-Mitt. 1987, 155). Der RA kann den Verzicht auch erklären, wenn gegen ihn ein **anwaltsgerichtliches Verfahren** nach §§ 121 ff. eingeleitet worden ist. Sobald dann die Zulassung zur Rechtsanwaltschaft gemäß § 16 zurückgenommen oder widerrufen worden ist, muß das anwaltsgerichtliche Verfahren nach § 139 Abs. 3 Nr. 1 eingestellt werden.

8   § 14 Abs. 2 Nr. 5 (Ernennung zum Richter oder Beamten auf Lebenszeit usw. nach der Zulassung zur Rechtsanwaltschaft) ergänzt § 7 Nr. 11 (vgl. § 7 Rz. 33). Die Zulassung ist auch dann zwingend zu widerrufen, wenn durch die Stellung und Tätigkeit als Richter, Beamter oder Soldat ausnahmsweise die Aufgabe des RA keinen Schaden nimmt (BGH, BRAK-Mitt. 1983, 86). Wenn die Voraussetzungen von Nr. 5 vorliegen, wird der RA in aller Regel auf die Rechte aus der Zulassung zur Rechtsanwaltschaft verzichten, so daß der Widerruf der Zulassung nach Abs. 2 Nr. 4 erfolgen kann (vgl. Rz. 7). Nur wenn dies nicht geschieht, greift Abs. 2 Nr. 5 Platz. Zur Anzeigepflicht des RA, wenn die Voraussetzungen des Abs. 2 Nr. 5 eintreten, vgl. § 56 Abs. 2 Nr. 2. Für RAe, die als Richter oder Beamte verwendet werden, ohne auf Lebenszeit ernannt zu sein oder die in das Dienstverhältnis eines Soldaten auf Zeit berufen werden, gilt § 47 Abs. 1.

9   § 14 Abs. 2 Nr. 6 (Widerruf der Zulassung bei einem Gericht). Da nach dem Prinzip der BRAO eine (allgemeine) Zulassung zur Rechtsanwaltschaft ohne gleichzeitige (örtliche) Zulassung bei einem bestimmten Gericht nicht bestehen kann (vgl. § 18 Abs. 1 und Vorbem. zum Zweiten Teil vor § 4), muß der Widerruf der örtlichen Zulassung nach § 35 den Widerruf der Zulassung zur Rechtsanwaltschaft zur Folge haben. Aus diesem Zweck der Vorschrift ergibt sich aber auch, daß der Widerruf der Zulassung zur Rechtsanwaltschaft nicht in Betracht kommt, wenn bei einer Simultanzulassung nur die gleichzeitige Zulassung bei einem der mehreren in Betracht kommenden Gerichte nach § 35 Abs. 1 Nr. 6 widerrufen wird.

10   § 14 Abs. 2 Nr. 7 (gerichtliche Beschränkung des Vermögensverfügungsrechts) entspricht § 7 Nr. 10 (vgl. § 7 Rz. 32).

11   § 14 Abs. 2 Nr. 8 (Vermögensverfall) entspricht § 7 Nr. 9 (vgl. § 7 Rz. 31). Dieser Widerrufsgrund scheidet aus, wenn – ausnahmsweise – durch den Vermögensverfall die Interessen der Rechtsuchenden nicht gefährdet werden. Vorausgesetzt wird eine konkrete Gefährdung der Interessen der Rechtsuchenden, eine abstrakte Gefährdung reicht nicht aus (vgl. BGH, BRAK-Mitt. 1984, 140, m. w. N.). Eine konkrete Gefährdung ist z. B. zu bejahen bei **Drohen von Vollstreckungsmaßnahmen** aufgrund titulierter Forderungen (BGH, BRAK-Mitt. 1982, 173; ständige Rspr., zuletzt BGH, Beschluß vom 21. 2. 1994 – AnwZ [B] 60/93; vgl. auch *Laufhütte*, DRiZ 1990, 431, 433). Die bloße Einrichtung eines Anderkontos schließt die Gefährdung der Interessen der Rechtsuchenden nicht aus (BGH, BRAK-Mitt. 1988, 50). Die Möglichkeit neuer Vollstreckungsmaßnahmen ist grundsätzlich als Gefährdung im Sinne von § 14 Abs. 2 Nr. 8 anzusehen, und zwar auch dann, wenn der RA ihm übergebene Schecks an Mandanten weiterleitet (BGH, Beschl. vom 21. 2. 1994 – AnwZ [B] 60/93 – st. Rspr.). Bei der Möglichkeit neuer Vollstreckungsmaßnahmen ist diese Gefährdung nur auszuschließen, wenn ein Zugriff auf Mandantengelder fernliegt (BGH, BRAK-Mitt. 1987, 39). Die Aufgabe der selbständigen Praxis durch den betroffenen RA und sein Eintritt in ein Angestelltenverhältnis als Mitarbeiter bei einem anderen RA ist nach ständiger Rspr. des BGH grundsätzlich nicht geeignet, eine Gefährdung der Interessen der Rechtsuchenden auszuschließen; das kann nach den näheren Umständen des Falles auch dann gelten, wenn der betroffene RA nach dem Anstellungsvertrag nicht berechtigt ist, Gelder in Empfang zu nehmen (BGH, BRAK-Mitt. 1987, 208). Es kann im Verfahren über den Antrag auf gerichtliche Entscheidung, obwohl grundsätzlich die Sach- und Rechtslage im Zeitpunkt der Rücknahme- oder Widerrufsverfügung maßgebend ist, der Wegfall des Grundes für die Verfügung (Vermögensverfall) noch berücksichtigt werden, wenn dies zweifelsfrei ist (BGH, BRAK- Mitt. 1991, 166; BGH, Beschl. vom 7. 10. 1991 – AnwZ (B) 29/91 und Beschl. vom 21. 2. 1994 – AnwZ [B] 42/93 – st. Rspr. –). Nach Rechtskraft der Zulassungsrücknahme wegen Vermögensverfalls ist ein Antrag auf Wiederzulassung nur statthaft mit der Behauptung, daß sich die aus der materiellen Rechtskraft ergebende Bindung erledigt habe (BGH, NJW 1988, 1792).

§ 14 Abs. 2 Nr. 9 (mit Anwaltsberuf nicht vereinbare Tätigkeit) entspricht   12
§ 7 Nr. 8 (vgl. § 7 Rz. 16–29). Auch dieser Widerrufsgrund ist ein zwingender (BT-Drucks. 11/3253, S. 20; BGH BRAK-Mitt. 1990, 247). Die Härteklausel macht Abs. 2 Nr. 9 nicht zur Ermessensvorschrift (§ 39 Abs. 3), vielmehr ist »unzumutbare Härte« ein unbestimmter Rechtsbegriff, so daß deren Vorliegen gerichtlich voll nachprüfbar ist (vgl. BGH BRAK-Mitt. 1984, 86 zum Begriff der besonderen Härte in § 227 a). Die (in § 7 Nr. 8 fehlende) Härteklausel beruht auf der Erkenntnis, daß der Zwang zur Aufgabe eines gewählten und bereits ausgeübten Berufs den Betroffenen ungleich stärker belastet als ein Hindernis zur Aufnahme einer beruflichen Tätigkeit (vgl. BVerfGE 21, 173, 183). Aus der Formulierung »es sei denn« geht allerdings hervor, daß eine unzumutbare Härte nur in Ausnahmefällen angenommen werden kann. Nach dem Grundsatz der Verhältnismäßigkeit der Mittel wird zunächst durch Belehrungen nach § 73 Abs. 2 Nr. 1 und Hinweise seitens des Vorstandes der RAK darauf hinzuwirken sein, daß der RA den beanstandeten Zustand beseitigt (BT-Drucks. 11/3253, S. 20). Zur Pflicht des RA, die Eingehung oder die wesentliche Änderung eines bestehenden Beschäftigungsverhältnisses anzuzeigen und auf Verlangen die Unterlagen hierüber vorzulegen, vgl. § 56 Abs. 2 Satz 1 Nr. 1 und Satz 2. Kommt der RA dieser Pflicht nach, so darf er darauf vertrauen, daß die LJV alsbald die Frage des Widerrufs der Zulassung zur Rechtsanwaltschaft prüfen und entscheiden werde; ein Widerruf nach Ablauf einer unverhältnismäßig langen Zeit würde eine unzumutbare Härte i. S. von Nr. 9 Halbsatz 2 bedeuten (vgl. EGH Celle, Beschluß vom 2. 12. 1985 – EGH 10/85 [II 5] –).

Hat der BGH in bezug auf die Unvereinbarkeit der gesetzlichen Gesamtvertretung einer AG mit dem Anwaltsberuf noch keine Entscheidung getroffen, ist es eine unzumutbare Härte zu verlangen, daß der Widerrufsgrund vor der abschließenden Entscheidung beseitigt wird. Der RA muß die Vorstandstätigkeit aber sofort aufgeben (BGH Beschl. v. 25. 3. 1991 – AnwZ (B) 83/90). Zur Frage, wann beim Vorstandsmitglied einer AG durch Kenntnis der zulassenden Behörde ein Vertrauenstatbestand geschaffen wird, der den Widerruf als unzumutbare Härte erscheinen läßt vgl. EGH Celle BRAK-Mitt. 1990, 249. Der Begriff »unzumutbare Härte« stellt nicht nur auf die wirtschaftlichen Folgen des Widerrufs, sondern auf alle Umstände ab, die damit im Zusammenhang stehen (EGH Celle, a.a.O.).

13   Bei offenem Ausgang der gegen den Widerruf der Zulassung nach Abs. 2 Nr. 9 eingelegten Verfassungsbeschwerde kann eine **einstweilige Anordnung** erlassen werden, wenn die Folgen des Widerrufs für den RA im Falle der Begründetheit seiner Verfassungsbeschwerde wesentlich schwerwiegender wären, als die nachteiligen Auswirkungen auf die Belange Dritter oder der Allgemeinheit (BVerfG AnwBl. 1990, 461).

14   Wird ein RA befristet und mithin nur vorübergehend im Sinne des § 47 Abs. 1 Nr. 1 im öffentlichen Dienst tätig, so ist dies kein Widerrufsgrund nach Abs. 2 Nr. 9 (BGH BRAK-Mitt. 1986, 49). Zum Dauerangestellten im öffentlichen Dienst vgl. § 47 Rz. 1, 3.

§ 14 Abs. 2 Nr. 10 (Nichtunterhalten der Berufshaftpflichtversicherung)

15   Die Anfügung der neuen Nr. 10 folgt aus der **Berufspflicht,** eine Haftpflichtversicherung abzuschließen (§ 51). Zum Schutz der Rechtsuchenden wird der Bestand der Zulassung zur Rechtsanwaltschaft von der Erfüllung dieser Pflicht abhängig gemacht. Die Rechtsfolge des Ausschlusses ist nicht unangemessen. Der Mandant muß angesichts der gesetzlichen Pflicht zum Abschluß einer solchen Versicherung darauf vertrauen können, daß etwaige Schadensersatzansprüche gegen den RA – jedenfalls im Umfang des vorgeschriebenen Versicherungsschutzes – durchsetzbar sind. Die Vorschrift entspricht § 50 Abs. 1 Nr. 8 BNotO (BT-Drucks. 12/4993 S. 25).

16   **Zu § 14 Abs. 3 vgl. Rz. 2.**

§ 15   Ärztliches Gutachten im Widerrufsverfahren

[1]In Verfahren wegen des Widerrufs der Zulassung zur Rechtsanwaltschaft nach § 14 Abs. 2 Nr. 3 sind § 8 a Abs. 1 und 2 sowie § 16 Abs. 6 entsprechend anzuwenden. [2]Wird das Gutachten ohne zureichenden Grund nicht innerhalb

der von der Landesjustizverwaltung gesetzten Frist vorgelegt, so wird vermutet, daß der Rechtsanwalt aus einem Grund des § 14 Abs. 2 Nr. 3, der durch das Gutachten geklärt werden soll, nicht nur vorübergehend unfähig ist, seinen Beruf ordnungsgemäß auszuüben.

Nach dem entsprechend anzuwendenden § 8 a Abs. 1 und 2 hat die LJV auch im Widerrufsverfahren die Möglichkeit, dem RA aufzugeben, binnen einer angemessenen Frist das Gutachten eines von ihr bestimmten Arztes über seinen Gesundheitszustand vorzulegen. Bei einer Suchtkrankheit (z. B. Alkoholismus) reichen hierzu konkrete Anhaltspunkte aus, die hinreichenden Anlaß zu der Befürchtung geben, der RA sei nicht mehr in der Lage, seinen Beruf ordnungsgemäß auszuüben (Bay EGH BRAK-Mitt. 1992, 221). Zur entsprechenden Anwendung des § 16 Abs. 6 vgl. § 16 Rz. 6 ff.

§ 16 Verfahren bei Rücknahme oder Widerruf

(1) Die Rücknahme oder der Widerruf der Zulassung zur Rechtsanwaltschaft wird von der Justizverwaltung des Landes verfügt, in dem der Rechtsanwalt zugelassen ist.

(2) Vor der Rücknahme oder dem Widerruf sind der Rechtsanwalt und der Vorstand der Rechtsanwaltskammer zu hören.

(3) [1]Ist der Rechtsanwalt wegen einer psychischen Krankheit oder einer körperlichen, geistigen oder seelischen Behinderung zur Wahrnehmung seiner Rechte in dem Verfahren nicht in der Lage, bestellt das Amtsgericht auf Antrag der Landesjustizverwaltung einen Betreuer als gesetzlichen Vertreter in dem Verfahren; die Vorschriften des Gesetzes über die Angelegenheiten der freiwilligen Gerichtsbarkeit für das Verfahren bei Anordnung einer Betreuung nach §§ 1896 – 1908 i des Bürgerlichen Gesetzbuchs sind entsprechend anzuwenden. [2]Zum Betreuer soll ein Rechtsanwalt bestellt werden.

(4) [1]Die Rücknahme- oder Widerrufsverfügung ist mit Gründen zu versehen. [2]Sie ist dem Rechtsanwalt zuzustellen und dem Vorstand der Rechtsanwaltskammer mitzuteilen.

(5) [1]Gegen die Rücknahme oder den Widerruf der Zulassung zur Rechtsanwaltschaft kann der Rechtsanwalt innerhalb eines Monats nach der Zustellung der Verfügung bei dem Anwaltsgerichtshof den Antrag auf gerichtliche Entscheidung stellen. [2]Zuständig ist der Anwaltsgerichtshof bei dem Oberlandesgericht, in dessen Bezirk der Rechtsanwalt zugelassen ist.

(6) [1]Der Antrag auf gerichtliche Entscheidung hat aufschiebende Wirkung. [2]Sie entfällt, wenn die Landesjustizverwaltung im überwiegenden öffentlichen Interesse die sofortige Vollziehung ihrer Verfügung besonders anordnet. [3]Im

Falle des § 14 Abs. 2 Nr. 10 ist die Anordnung in der Regel zu treffen. [4]Das besondere Interesse an der sofortigen Vollziehung der Verfügung ist schriftlich zu begründen. [5]Auf Antrag des Rechtsanwalts kann der Anwaltsgerichtshof, in dringenden Fällen ohne mündliche Verhandlung, die aufschiebende Wirkung wiederherstellen. [6]Die Entscheidung ist nicht anfechtbar; sie kann vom Anwaltsgerichtshof jederzeit aufgehoben werden.

(7) Ist die sofortige Vollziehung angeordnet, sind § 155 Abs. 2, 4 und 5, § 156 Abs. 2, § 160 Abs. 2 und § 161 entsprechend anzuwenden.

1   Die **Rücknahme** und der Widerruf der Zulassung zur Rechtsanwaltschaft sind ebenso wie die Zulassung zur Rechtsanwaltschaft **rechtsgestaltende Verwaltungsakte.**

2   Nach **Abs. 1** ist **zuständig** für die Rücknahme oder den Widerruf der Zulassung zur Rechtsanwaltschaft die LJV, in deren Bereich der RA im gegebenen Zeitpunkt zugelassen ist, also bei Wechsel der örtlichen Zulassung in ein anderes Land dessen LJV (Amtl. Begr.).

3   **Abs. 3** hat vor allem praktische Bedeutung für Fälle des Widerrufs zur Rechtsanwaltschaft nach § 14 Abs. 2 Nr. 3. Seine Anwendung ist aber nicht auf diese Fälle beschränkt. Die Bestimmung ist durch die Berufsrechtsnovelle 1994 neu gefaßt. Das war erforderlich wegen der Aufhebung des § 1910 BGB a. F. und der Neuregelung der **Betreuung** in den §§ 1896 ff. BGB durch das Betreuungsgesetz vom 12. 9. 1990.

4   Die nach **Abs. 4** Satz 1 mit Gründen zu versehende **Rücknahme- oder Widerrufsverfügung** braucht keine Rechtsbehelfsbelehrung zu enthalten (BGH BRAK-Mitt. 1989, 156). Zum Verfahren bei der nach Abs. 4 Satz 2 vorgeschriebenen Zustellung vgl. § 229.

5   Für das **Verfahren bei Anträgen auf gerichtliche Entscheidung** nach Abs. 5 gelten die §§ 37, 39–42, ergänzt durch § 16 Abs. 6 Satz 5 und 6. Eine Aussetzung dieses Verfahrens ist unter bestimmten Voraussetzungen zulässig, z. B. bei Fällen des § 14 Abs. 2 Nr. 3,wenn ein Sachverhalt, der die Zulassungsrücknahme rechtfertigt, noch nicht mit Sicherheit festgestellt oder ausgeschlossen werden kann (vgl. BGH EGE XI 65), jedoch nicht bei eindeutigen Fällen wie dem des § 14 Abs. 1 Nr. 2 (vgl. BGH BRAK-Mitt. 1984, 35). Zur Wahrnehmung der Monatsfrist des Abs. 5 Satz 1 bei **Ersatzzustellung** vgl. § 229 Rz. 3.

6   Die Fassung des **Abs. 6 beruht auf dem Beispiel des § 80 Abs. 1, Abs. 2 Nr. 4, Abs. 5 VwGO.** Deshalb kann die reichhaltige Lit. und Rspr. zu § 80 VwGO zum Verständnis und zur Auslegung des Abs. 6 dienen. Hierzu nachstehend nur das Wichtigste, wobei nähere Einzelheiten aus den zitierten Literaturstellen ersichtlich sind.

Zu Abs. 6 Satz 1: Zweifelhaft ist, ob die **aufschiebende Wirkung** des 7
Antrags auf gerichtliche Entscheidung die Zulässigkeit dieses Antrags voraussetzt. In der Lit. zu § 80 VwGO wird die Frage von der h. M. für die
Zulässigkeit des Widerspruchs oder der Anfechtungsklage verneint, teilweise allerdings nur für den Fall, daß die Unzulässigkeit nicht offensichtlich
ist (vgl. *Tschira/Schmitt/Glaser,* S. 135; *Ule,* § 66 I 1a; *Kopp,* VwGO, 80
Rz. 29; differenzierend *Redeker/von Oertzen,* § 80 Rz. 16; a. A. *Eyermann/
Fröhler,* § 80 Rz. 14, 14b). Mindestvoraussetzung für den Eintritt der aufschiebenden Wirkung des Antrags § 16 Abs. 5 dürfte es sein, daß dieser
innerhalb der vorgeschriebenen Monatsfrist gestellt ist. Die rechtliche
Bedeutung der aufschiebenden Wirkung ist in Lit. und Rspr. sehr umstritten. Insbesondere sind die Ansichten darüber verschieden, ob durch sie das
Wirksamwerden des Verwaltungsakts selbst hinausgeschoben oder nur sein
Vollzug gehemmt wird. Für rechtsgestaltende Verwaltungsakte wie Rücknahme und Widerruf der Zulassung zur Rechtsanwaltschaft hat dieser Streit
insofern keine besondere praktische Bedeutung, als ein solcher Verwaltungsakt keiner besonderen Vollziehung bedarf, weil er seine Vollziehung
gleichsam in sich trägt; allerdings werden beim Verwaltungsakt Ausführungsmaßnahmen (Nebenfolgen), die den Eintritt der in Verwaltungsakten
verfügten Rechtsänderung voraussetzen, von der aufschiebenden Wirkung
erfaßt (vgl. BVerwGE 13, 1, 8). Daher dürfen z. B. Maßnahmen nach § 156
Abs. 2, § 160 Abs. 2 und § 161 zufolge der aufschiebenden Wirkung des
Antrags nach Abs. 5 nicht ergriffen werden, solange nicht entweder die
sofortige Vollziehung nach Abs. 6 Satz 2 angeordnet worden ist (vgl. Abs. 7)
oder die Rücknahme- oder Widerrufsverfügung anfechtbar geworden ist.
Der aufschiebenden Wirkung kommt rückwirkende Kraft auf den Zeitpunkt
des Erlasses des beschwerenden Verwaltungsaktes, der Rücknahme oder des
Widerrufs der Zulassung zur Rechtsanwaltschaft zu, so daß der betreffende
Verwaltungsakt von Anfang an als vorläufig noch nicht wirksam zu behandeln ist (vgl. *Eyermann/Fröhler,* § 80 Rz. 6; *Kopp,* VwGO, § 80 Rz. 33). Mit
dem rechtskräftigen Abschluß des Hauptverfahrens endet die aufschiebende
Wirkung (vgl. *Ule,* § 66 I 1b; *Redeker/von Oertzen,* § 80 Rz. 3; *Eyermann/
Fröhler,* § 80 Rz. 7a; *Kopp,* VwGO, § 80 Rz. 34).

Zu Abs. 6 Satz 2: Die *Anordnung der sofortigen Vollziehung* der Verfügung 8
der Rücknahme oder des Widerrufs der Zulassung zur Rechtsanwaltschaft
durch die LJV setzt ein überwiegendes öffentliches Interesse an dieser Maßnahme voraus. Das öffentliche Interesse (der Rechtsuchenden) muß also
gegenüber anderen Interessen abgewogen werden. Das sind zunächst die
Interessen des betroffenen RA, unter Umständen, z. B. bei Existenzbedrohung für eine Familie, auch die seiner Angehörigen (vgl. BVerfG Deutsches
Verwaltungsblatt 1974, 79, Leitsatz Nr. 6: Interesse der Ehefrau bei Ausweisungsverfügung). Ein Grund für die Anordnung der sofortigen Vollziehung

des Widerrufs der Zulassung nach § 14 Abs. 2 Nr. 8 liegt vor, wenn der RA nach Eintritt des Vermögensverfalls keine Vorsorge zur Sicherung noch eingehender Zahlungen für Mandanten getroffen hat (EGH Celle, BRAK-Mitt. 1983, 89). Unterhält er keine Kanzlei (§ 27 Abs. 1) und ist deshalb nach § 35 Abs. 1 Nr. 5 i. V. mit § 14 die Zulassung widerrufen, ist die sofortige Vollziehung zum Schutz wichtiger Gemeinschaftsgüter zulässig (BGH, BRAK-Mitt. 1993, 171). Im Falle des § 14 Abs. 2 Nr. 2 (Verlust der Fähigkeit zur Bekleidung öffentlicher Ämter infolge strafgerichtlichen Urteils) hängt es u. a. von der Schwere der abgeurteilten Straftat ab, ob ein **Wohlverhalten** des RA zwischen Tatbegehung und rechtskräftiger Bestrafung die Anordnung der sofortigen Vollziehung der Zulassungsrücknahme hindert (EGH München AnwBl. 1983, 480). Ein überwiegendes öffentliches Interesse ist gegeben, wenn ein RA jahrelang den Inhalt vertraulicher **Mandantengespräche** dem **Staatssicherheitsdienst** mitteilt (BGH BRAK-Mitt. 1994, 176; Berufsgerichtshof Rostock AnwBl. 1994, 193).

Bei der Prüfung der Voraussetzungen der Anordnung der sofortigen Vollziehung sind auch die **Erfolgsaussichten** des Antrags auf gerichtliche Entscheidung zu berücksichtigen (vgl. *Ule*, § 66 II 2; *Kopp*, VwGO, § 80 Rz. 54; *Eyermann/Fröhler*, § 80 Rz. 47). Doch können fehlende Erfolgsaussichten das erforderliche überwiegende öffentliche Interesse nicht ersetzen (*Kopp*, VwGO, § 80 Rz. 54 m. w. N.). Da die Rücknahme- oder Widerrufsverfügung nach § 16 in den meisten Fällen ein schwerwiegender Eingriff in die Rechtssphäre des betroffenen RA darstellt, ist für die Anordnung zur sofortigen Vollziehung ein hohes Maß an Wahrscheinlichkeit erforderlich, daß die Verfügung Bestand haben wird (*Isele*, § 16 Anm. IX B 1 b, aa; EGH München, AnwBl. 1983, 480). Die LJV muß bei der Entscheidung über die Anordnung der sofortigen Vollziehung davon ausgehen, daß das Hauptverfahren mit der gebotenen Eile gefördert wird und dementsprechend prüfen, ob die sofortige Vollziehung in der sich dann ergebenden Zeitspanne notwendig ist (vgl. BVerfGE 35, 382, 405). Die Anordnung der sofortigen Vollziehung nach § 80 VerGO kann nach allgemeiner Auffassung entweder zugleich mit dem Verwaltungsakt oder auch nach seinem Erlaß erfolgen; das gilt auch für die entsprechende Anordnung nach Abs. 6 Satz 2. Die LJV kann ihre Entscheidung grundsätzlich jederzeit abändern oder aufheben (vgl. *Kopp*, VwGO, § 80 Rz. 71 b).

9   **Abs. 6 Satz 3** ist durch die Berufsrechtsnovelle 1994 neu gefaßt. Wenn der RA die vorgeschriebene Haftpflichtversicherung nicht unterhält, besteht eine akute Gefahr, für die Mandanten unersetzliche Vermögensschäden zu erleiden. Zur Abmilderung dieser Gefahr ist es geboten, daß die LJV regelmäßig die sofortige Vollziehung ihrer Widerrufsverfügung anordnet, damit der RA seine berufliche Tätigkeit einstellt. Nur auf diese Weise kann verhindert werden, daß in der Zeit der gerichtlichen Nachprüfung Mandanten zu

Schaden kommen. Die Möglichkeit, die Anordnung der sofortigen Vollziehung auch in diesem Fall gerichtlich nachprüfen zu lassen (Abs. 6 Satz 5) ist nicht eingeschränkt (BT-Drucks. 12/4993 S. 25).

Zu Abs. 6 Satz 4: Es empfiehlt sich, die vorgeschriebene **schriftliche** 10
Begründung der Anordnung der sofortigen Vollziehung mit der Anordnung zu verbinden. In der Lit. zu dem entsprechenden § 80 Abs. 3 Satz 1 VwGO wird nämlich die – allerdings nicht unbestrittene – Meinung vertreten, daß das Fehlen der schriftlichen Begründung die Nichtigkeit oder wenigstens die Anfechtbarkeit der Anordnung zur Folge habe und daß sie auch nicht rechtswirksam nachgeholt werden könne (vgl. *Tschira/Schmitt/Glaser*, S. 154; *Kopp*, VwGO, § 80 Rz. 64; *Eyermann/Fröhler*, § 80 Rz. 28). Die Begründung muß angeben, warum die LJV im konkreten Fall das überwiegende öffentliche Interesse an der sofortigen Vollziehung bejaht; allgemeine Wendungen oder die Wiederholung des Gesetzeswortlauts reichen nicht aus (vgl. *Redeker/von Oertzen*, § 80 Rz. 29).

Zu Abs. 6 Satz 5 und 6: Die **Wiederherstellung der aufschiebenden Wir** 11
kung nach Abs. 6 Satz 5 bedeutet, daß der AnwGH die von der LJV angeordnete sofortige Vollziehung aussetzt. Sie kommt in Betracht, wenn der AnwGH entgegen der LJV ein überwiegendes öffentliches Interesse als von vornherein nicht vorliegend oder nach den inzwischen veränderten Umständen als nicht mehr vorliegend ansieht; maßgebend sind die Verhältnisse im Zeitpunkt der Entscheidung des AnwGH (vgl. *Kopp*, VwGO, § 80 Rz. 78; *Redeker/von Oertzen*, § 80 Rz. 49). Die Entscheidung des AnwGH ist nicht anfechtbar, kann aber jederzeit vom AnwGH aufgehoben werden (Abs. 6 Satz 6), so daß auch Gegenvorstellungen gegen sie durch die LJV oder den Vorstand der RAK sinnvoll sein können. Die Aufhebung setzt aber eine Veränderung der Sach- und Rechtslage, einschließlich der Prozeßlage, voraus (so h. M. für § 80 Abs. 6 VwGO; vgl. *Kopp*, VwGO, § 80 Rz. 108 f.; *Redeker/von Oertzen*, § 80 Rz. 61). In der Beschwerdeinstanz (vgl. § 42 Abs. 1 Nr. 3) entscheidet über den Antrag auf Wiederherstellung der aufschiebenden Wirkung gemäß § 42 Abs. 5 Satz 2 der BGH.

Zu Abs. 7: Danach ist der Betroffene in vielerlei Hinsicht so zu behandeln 12
wie ein RA, gegen den ein Berufs- und Vertretungsverbot als vorläufige Maßnahme nach § 150 verhängt worden ist. Z. B. kann nach dem ausdrücklich für entsprechend anwendbar erklärten § 161 von der LJV ein Vertreter für ihn bestellt werden. Hingegen ist die Bestellung eines Abwicklers der Kanzlei nach § 55 Abs. 5 nicht möglich, da die Rücknahme oder der Widerruf der Zulassung noch nicht endgültig ist (*Isele*, § 16 Anm. IX D 2; a. A. *Bülow*, § 16 Anm. 9); sie wäre auch unzweckmäßig, da der Abwickler nach § 55 Abs. 2 Satz 1 Halbsatz 2 neue Aufträge nur innerhalb der ersten sechs Monate aufnehmen darf. Da die Rücknahme oder der Widerruf noch nicht

endgültig sind, kann die Anordnung zur sofortigen Vollziehung auch nicht die Grundlage für die Löschung des RA in der Anwaltsliste (§ 34 Nr. 2, § 36 Abs. 1 Nr. 2) bilden (so ausdrücklich Amtl. Begr. zu § 16, letzter Absatz).

13 **Folgen der Rücknahme oder des Widerrufs** der Zulassung zur Rechtsanwaltschaft: Erlöschen der Befugnis, die Berufsbezeichnung »Rechtsanwalt« zu führen (§ 17 Abs. 1); Erlöschen der Zulassung bei einem bestimmten Gericht (§ 34 Nr. 2); Löschung in der Liste der zugelassenen RAe (§ 36 Abs. 1 Nr. 2); Möglichkeit der Bestellung eines Abwicklers der Kanzlei (§ 55 Abs. 1 und 5); Einstellung eines anwaltsgerichtlichen Verfahrens (§ 139 Abs. 3 Nr. 1).

14 Personen, die durch Rücknahme der Zulassung aus der Rechtsanwaltschaft ausgeschieden sind, wird nach § 7 der 1. VO zur Ausführung des RBerG eine Erlaubnis zur geschäftsmäßigen Besorgung fremder Rechtsangelegenheiten (vgl. § 209 Rz. 1) in der Regel nicht erteilt. Das muß auch für den Widerruf der Zulassung gelten. Dieser Hinderungsgrund besteht aber nur, wenn das Ausscheiden des RA aus der Rechtsanwaltschaft aus unehrenhaften Gründen erfolgt ist (BVerwG, NJW 1959, 547; *Altenhoff/Busch/Chemnitz*, Rz. 736).

15 Zur Eintragung der Rücknahme und des Widerrufs der Zulassung in das **Bundeszentralregister** und Auskünften hierüber vgl. § 11 Rz. 6.

§ 17 Erlöschen der Befugnis zur Führung der Berufsbezeichnung

(1) [1]Mit dem Erlöschen, der Rücknahme oder dem Widerruf der Zulassung zur Rechtsanwaltschaft erlischt die Befugnis, die Berufsbezeichnung »Rechtsanwalt« zu führen. [2]Die Bezeichnung darf auch nicht mit einem Zusatz, der auf die frühere Berechtigung hinweist, geführt werden.
(2) [1]Die Landesjustizverwaltung kann einem Rechtsanwalt, der wegen hohen Alters oder wegen körperlicher Leiden auf die Rechte aus der Zulassung zur Rechtsanwaltschaft verzichtet, die Erlaubnis erteilen, sich weiterhin Rechtsanwalt zu nennen. [3]Sie hat vorher den Vorstand der Rechtsanwaltskammer zu hören.
(3) [1]Die Landesjustizverwaltung kann eine Erlaubnis, die sie nach Abs. 2 erteilt hat, widerrufen, wenn nachträgliche Umstände eintreten, die bei einem Rechtsanwalt das Erlöschen, die Rücknahme oder den Widerruf der Zulassung zur Rechtsanwaltschaft nach sich ziehen würden. [2]Vor dem Widerruf der Erlaubnis hat sie den früheren Rechtsanwalt und den Vorstand der Rechtsanwaltskammer zu hören.

1 Die Befugnis zur Führung der Berufsbezeichnung, die nach § 12 Abs. 3 kraft Gesetzes nach der Zulassung zur Rechtsanwaltschaft beginnt, erlischt

gemäß § 17 Abs. 1 Satz 1 mit dem Erlöschen der Zulassung zur Rechtsanwaltschaft zufolge rechtskräftigen Urteils auf Ausschließung aus der Rechtsanwaltschaft (§ 13) oder mit der Rücknahme oder dem Widerruf der Zulassung nach §§ 14–16.

§ 17 Abs. 1 Satz 2 bedeutet, daß die erloschene Berufsbezeichnung, soweit nicht eine Ausnahmeerlaubnis nach Abs. 2 vorliegt, auch mit einem Zusatz wie »Rechtsanwalt a. D.« oder »Rechtsanwalt i. R.« nicht geführt werden darf. Zuwiderhandlungen verstoßen gegen § 132a Abs. 1 Nr. 2 StGB.   **2**

Die **Ausnahmeerlaubnis nach Abs.** 1 setzt hohes Alter oder körperliche Leiden sowie freiwilligen Verzicht auf die Rechte aus der Zulassung zur Rechtsanwaltschaft voraus. Hohes Alter ist entsprechend der Regelgrenze für die Versetzung in den Ruhestand bei Beamten und Richtern etwa nach Vollendung des 65. Lebensjahres anzunehmen. Körperliches Leiden ist wohl mehr als körperliches Gebrechen im Sinne von § 7 Nr. 7, § 14 Abs. 2 Nr. 3 zu verstehen; doch wird hier eine scharfe Grenze in der Praxis kaum zu ziehen sein. Schwäche der geistigen Kräfte im Sinne der vorgenannten Bestimmungen ist in § 17 nicht mit aufgeführt, doch wird sich diese häufig als Folge eines körperlichen Leidens einordnen lassen. Von der Möglichkeit, die Erlaubnis nach Abs. 2 zu erteilen, wird die LJV im Rahmen ihres pflichtgemäßen Ermessens nur dann Gebrauch machen, wenn der betroffene RA eine ordnungsgemäße Berufsausübung und einen tadellosen Lebenswandel aufzuweisen hat.   **3**

Die Erlaubnis nach Abs. 2 ändert nichts daran, daß der RA nicht mehr der RAK angehört und auch nicht mehr der Anwaltsgerichtsbarkeit untersteht.   **4**

Die Versagung der Erlaubnis gemäß Abs. 2 und der Widerruf der Erlaubnis gemäß Abs. 3 können nach § 223 unter Beachtung des § 39 Abs. 3 **angefochten** werden.   **5**

Die Weiterführung des Namens eines in den Ruhestand getretenen RA auf Briefbogen und Kanzleischildern ist erlaubt, jedoch muß das Ausscheiden des RA. i. R. deutlich kenntlich gemacht werden, damit der Anschein berufswidriger Werbung vermieden wird.   **6**

Ein RA, dem die Erlaubnis nach Abs. 2 erteilt ist, kann ein Interesse daran haben, der Bezeichnung Rechtsanwalt einen Zusatz hinzuzufügen, aus dem hervorgeht, daß er nicht mehr praktiziert, erstens um einer weiteren Inanspruchnahme durch Rechtsuchende zu entgehen, die er gar nicht mehr beraten dürfte, zweitens um den Anschein einer Haftung bei Fortführung seiner Praxis durch Dritte zu vermeiden; welchen Zusatz er in einem solchen Falle wählt, ist nirgends vorgeschrieben. *Kümmelmann* (AnwBl. 1984, 536) empfiehlt, der Bezeichnung Rechtsanwalt den **Zusatz** »i. R.« hinzuzufügen, was sich stellenweise bereits eingebürgert zu haben scheint.   **7**

8   Ist das Notaramt eines **Anwaltsnotars** durch Entlassung (§ 48 BNotO) erloschen oder ist ihm nach Verzicht auf die Rechte aus der Zulassung zur Rechtsanwaltschaft die Erlaubnis erteilt worden, sich weiterhin Rechtsanwalt zu nennen, so kann die LJV ihm nach § 52 Abs. 2 BNotO die Erlaubnis erteilen, seine Amtsbezeichnung »Notar« mit dem Zusatz »außer Dienst (a. D.)« weiterzuführen. Ist ein früherer Notar zur Rechtsanwaltschaft zugelassen, so erlischt die ihm nach § 52 Abs. 2 BNotO erteilte Befugnis, sich »Notar außer Dienst« zu nennen, gemäß § 52 Abs. 3 Satz 3 BNotO, wenn er sich nach Wegfall seiner Zulassung nicht weiterhin Rechtsanwalt nennen darf.

9   **Anwaltsnotar** ist ein RA, der für die Dauer seiner Zulassung bei einem bestimmten Gericht als Notar zu gleichzeitiger Amtsausübung neben dem Beruf des RA bestellt worden ist (§ 3 Abs. 2 BNotO). Nicht mit dem Anwaltsnotar zu verwechseln ist der **Notaranwalt,** ein zur hauptberuflichen Amtsausübung auf Lebenszeit bestellter Notar, der nach § 3 Abs. 3 BNotO bei dem AG, in dessen Bezirk er seinen Amtssitz hat, als RA zugelassen ist. Das Institut des Notaranwalts hat kaum noch praktische Bedeutung (vgl. aber *Arndt,* Bundesnotarordnung, 2. Aufl. 1982, § 3 II 2.3).

Zweiter Abschnitt   Die Zulassung bei einem Gericht

§ 18   Lokalisierung

(1) Jeder Rechtsanwalt muß bei einem bestimmten Gericht der ordentlichen Gerichtsbarkeit zugelassen sein.
(2) Die erste Zulassung bei einem Gericht wird zugleich mit der Zulassung zur Rechtsanwaltschaft erteilt.
(3) Der Rechtsanwalt kann auf die Rechte aus der Zulassung bei einem Gericht nur verzichten, um bei einem anderen Gericht zugelassen zu werden.

1   Das Lokalisierungsprinzip der BRAO (prozessual in § 78 ZPO, berufsrechtlich in den §§ 18 Abs. 1, 22–25, 52, 226–227 normiert) ist verfassungskonform (BVerfG NJW 1993, 3192). Es besagt, daß der RA nicht nur ganz allgemein zur Anwaltschaft zugelassen wird, sondern darüberhinaus bei einem bestimmten Gericht der ordentlichen Gerichtsbarkeit zugelassen sein muß. Der Grundsatz der Lokalisierung hat zudem seinen besonderen Bezug zur Residenz- (§ 27 Abs. 1) und Kanzleipflicht (§ 28 Abs. 1) – vgl. *Hartstang,* AnwR., S. 357. Das Prinzip ist eine verfassungskonforme Berufsausübungs-

regelung, die durch vernünftige Erwägungen des Gemeinwohls gerechtfertigt ist (BVerfG, BRAK-Mitt. 1988, 214; 1990, 53; BGH BRAK-Mitt. 1989, 44). Die Entscheidungen des BVerfG vom 14. 7. 1987 und des EuGH vom 25. 2. 1988 rechtfertigen keine andere Beurteilung (BGH, BRAK-Mitt. 1989, 156 und 209; vgl. auch *Laufhütte,* DRiZ 1990, 431, 434). Im Rahmen der **Neuordnung des anwaltlichen Berufsrechts** ist der Lokalisierung als gesetzlicher Beschränkung der Prozeßvertretung, d. h. der eingeschränkten anwaltlichen Postulationsbefugnis in Zivil- und Familiensachen bei nur einem LG bzw. in einem LG-Bezirk nur noch eine Übergangszeit beschieden. Die bisherige gesetzliche Regelung gilt in den alten Ländern bis zum 1. 1. 2000 und in den neuen Ländern bis zum 1. 1. 2005 fort und wird sodann durch die unbeschränkte Postulationsbefugnis ersetzt (vgl. § 22 Anmerkung). Zur Übergangsregelung der **Postulationsbefugnis** von RAen, die nach dem **RAG** zugelassen sind, vgl. § 4 Rz. 4.

Zur Unterscheidung der Zulassung bei einem Gericht von der Zulassung zur Rechtsanwaltschaft vgl. Vorbem. zum Zweiten Teil vor § 4 Rz. 1, 2.　　**2**

Die lokale Zulassung kann nach **Abs. 1** nur bei einem Gericht der ordentlichen Gerichtsbarkeit erfolgen. Vgl. hierzu § 52 Rz. 3. Die nach **§§ 21 ff.** RAG in den neuen Ländern erfolgten **Zulassungen** gelten nach §§ 18 ff. BRAO fort (Art. 21 Abs. 1 und 2 ÄndG).　　**3**

Zur gleichzeitigen Zulassung bei mehreren Gerichten vgl. §§ 23, 24, 226–227 b, (wobei anzumerken ist, daß die §§ 22, 24, 227 a und 227 b mit Ablauf des Jahres 1999 [in den alten Ländern] und 2004 [in den neuen Ländern] außer Kraft treten), zum Wechsel § 33, zu Erlöschen, Rücknahme und Widerruf §§ 34, 35.　　**4**

Zu Abs. 3 vgl. § 33 Abs. 1. Durch diese Vorschrift soll verhindert werden, daß es RAe ohne lokale Zulassung gibt. Sie steht im Falle einer Simultanzulassung dem Verzicht auf die gleichzeitige Zulassung bei einem der mehreren in Betracht kommenden Gerichte nicht im Wege. Im letzteren Fall ist die Zulassung bei dem betreffenden Gericht von der LJV in analoger Anwendung des § 14 Abs. 2 Nr. 5 zu widerrufen, nachdem die schriftliche Verzichtserklärung bei ihr eingegangen ist (vgl. auch § 24 Abs. 2, § 33 Abs. 4, § 227 a Abs. 3 Satz 2).　　**5**

Die im Hinblick auf das Lokalisationsprinzip unterschiedliche Behandlung des vorübergehend in der Bundesrepublik tätigen ausländischen Dienstleistungserbringers und des auf Dauer niedergelassenen inländischen RA verstößt nicht gegen Art. 3 Abs. 1 GG (BGH, BRAK-Mitt. 1989, 208 und 209). Ein deutscher RA kann sich bei rein innerstaatlichen Vorgängen gegenüber der Bundesrepublik Deutschland nicht auf das Diskriminierungsverbot des Art. 52 EWG-Vertrag berufen (BGH, BRAK-Mitt. 1989, 208).　　**6**

§ 19   Antrag auf Zulassung bei einem Gericht

(1) Die Zulassung bei einem Gericht wird auf Antrag erteilt.

(2) ¹Über den Antrag entscheidet die Landesjustizverwaltung. ²Vor der Entscheidung ist der Vorstand der Rechtsanwaltskammer, in deren Bezirk der Bewerber als Rechtsanwalt zugelassen werden will, zu hören.

(3) Ein Antrag darf nur aus den in diesem Gesetz bezeichneten Gründen abgelehnt werden.

1   Bei der ersten lokalen Zulassung muß der Antrag auf Zulassung bei einem bestimmten Gericht zusammen mit dem Antrag auf Zulassung zur Rechtsanwaltschaft eingereicht werden, um die gleichzeitige Entscheidung über beide Anträge zu ermöglichen (Amtl. Begr.). Der **Inhalt des Antrags** sollte die Versagungsgründe des § 20 berücksichtigen. Zur Praxis im einzelnen vgl. § 6 Rz. 1.

2   Wegen der **Gebühren** für die erste und jede weitere Zulassung bei einem Gericht, für deren Versagung und bei Rücknahme des Antrags vgl. §§ 192, 194.

§ 20   Versagung der Zulassung

(1) Die Zulassung beim dem im Antrag bezeichneten Gericht soll in der Regel versagt werden,

1. wenn der Bewerber innerhalb der letzten fünf Jahre in dem Bezirk des Landgerichts, in dem er zugelassen werden will, als Richter oder Beamter auf Lebenszeit angestellt war;

2. wenn der Ehegatte des Bewerbers an diesem Gericht tätig ist, auch wenn die Ehe nicht mehr besteht;

3. wenn der Bewerber mit einem Richter dieses Gerichts in gerader Linie verwandt oder verschwägert, in der Seitenlinie bis zum dritten Grad verwandt oder bis zum zweiten Grad verschwägert ist oder war;

4. wenn der Bewerber bei einem Oberlandesgericht zugelassen werden will, ohne daß er bereits fünf Jahre lang bei einem Land- oder Amtsgericht als Rechtsanwalt tätig gewesen ist.

(2) Die Zulassung darf nicht deshalb versagt werden, weil bei dem im Antrag bezeichneten Gericht ein Bedürfnis für die Zulassung weiterer Rechtsanwälte nicht besteht.

1   Während die in § 7 Nr. 1–11 aufgeführten Gründe für die Versagung der Zulassung zur Rechtsanwaltschaft zwingender Natur sind, handelt es sich bei § 20 Abs. 1 Nr. 1–4 um **fakultative Gründe** für die Versagung der Zulas-

sung zu einem Gericht. Sie sind bei jedem Antrag auf Zulassung bei einem Gericht, also auch beim Wechsel der Zulassung (§ 33) zu beachten (BGH AnwBl. 1980, 83). Da die Entscheidung der LJV über den Antrag nach deren Ermessen – eingeschränkt durch die Anordnung, »soll in der Regel« – erfolgt, ist ihre **Anfechtung** nur im Rahmen des § 39 Abs. 3 möglich. Dem Ermessen sind aber durch die Neufassung (»soll in der Regel«) Schranken gesetzt worden.

Zu Abs. 1 Nr. 1: In diesen Fällen bildet die Versagung der Zulassung die **2** Grundregel, von der nur beim Vorliegen besonderer Umstände eine Ausnahme gemacht werden kann (so schon BGH AnwBl. 1972, 139, für die Kann-Bestimmung nach der alten Fassung). Entscheidend für die Prüfung der Zulassung eines Beamten auf Lebenszeit in seinem ehemaligen Dienstgebiet innerhalb der Fünfjahrsfrist ist, ob sich aus der räumlichen Nähe persönliche Beziehungen und damit die abstrakten Gefahren ergeben können, denen durch § 20 Abs. 1 Nr. 1 entgegengewirkt werden soll (BGH BRAK-Mitt. 1993, 171, sowie BRAK-Mitt. 1992, 112). Zur Beantwortung der Frage, wann solche Ausnahmefälle bejaht werden können, kann auch noch die Rspr. zur alten Fassung der Vorschrift herangezogen werden (vgl. BGH AnwBl. 1970, 141; EGH Hamm BRAK-Mitt. 1984, 37), zumal diese Rspr. für die Neufassung der Vorschrift maßgebend war (vgl. BT-Drucks. 11/3253, S. 21). Ein Ausnahmefall liegt vor, wenn kein vernünftig denkender Rechtsuchender auf den Gedanken kommen kann, persönliche Beziehungen des Bewerbers zu Richtern oder Beamten der Gerichte, bei denen er die Zulassung erstrebt, könnten im Rahmen seiner demnächstigen Anwaltstätigkeit eine Rolle spielen; das gilt z. B. für den ehemaligen Vorsteher eines Finanzamts, der als Beamter keine persönlichen Beziehungen zu den Richtern des Gerichts, an dem er als RA zugelassen werden will, anknüpfen konnte und dessen Kanzleiort von dem Finanzamt weit entfernt ist, wenn auch beide im Bezirk desselben LG liegen (so für die alte Fassung der Vorschrift BGH AnwBl. 1970, 141, mit kritischer Anm. von *Heinrich;* ähnlich für einen ehemaligen Staatssekretär im Finanzministerium BGH NJW 1971, 1409). Nach einer Entscheidung des EGH Hamm (BRAK-Mitt. 1984, 37 – ebenfalls noch zur alten Fassung –) ist bei der Ermessensentscheidung über die Zulassung eines ehmaligen Beamten weniger auf die Person des Bewerbers als auf die Aufgabenstellung der Behörde abzustellen und ist es nicht Sinn des Abs. 1 Nr. 1 zu verhindern, daß der Bewerber sein bei der Behörde erworbenes Wissen als Anwalt gegen diese verwertet. Abs. 1 Nr. 1 gilt nicht etwa nur für die Zulassung bei dem LG, in dessen Bezirk der Bewerber als Richter oder Beamter auf Lebenszeit angestellt war, sondern auch für die Zulassung bei den Amtsgerichten in diesem Bezirk oder bei einem OLG, das in diesem Bezirk seinen Sitz hat, letzteres auch, wenn der Bewerber Richter an diesem OLG gewesen ist (BGH EGE XIV 68). Betroffen sind außer ehemaligen Beamten, zu denen auch ein pensionierter StA zählt (EGH Bremen BRAK-Mitt. 1991, 51), »politische« Beamte, die in den einstweiligen Ruhestand versetzt werden können (BGH BRAK-Mitt. 1993, 171), auch Richter der ordentlichen Gerichtsbarkeit sowie der Arbeits-, Verwaltungs-, Sozial- und Finanzgerichtsbarkeit. Auf einen ehemaligen StA der DDR war die dem § 20 Abs. 1 Nr. 1 entsprechende wortgleiche Vorschrift des § 23 Abs. 1 Nr. 1 RAG n. F. nicht anzuwenden, weil es in der DDR keine Beamte und erst recht keine Beamte auf Lebenszeit gab und Staatsanwälte auch keine den Lebenszeitbeamten vergleichbare Stellung hatten (BGH BRAK-Mitt. 1993, 221).

3   Für Beamte und Richter im Ruhestand können sich aus landesrechtlichen Vorschriften örtliche Beschränkungen für die Tätigkeit als RA nach erfolgter Zulassung für diesen Beruf ergeben. So ist z. B. nach § 78 Abs. 2 des Bayerischen Beamtengesetzes, der gemäß Art. 2 Abs. 1 des Bayerischen Richtergesetzes für Richter entsprechend gilt, einem Ruhestandsbeamten, der nach Beendigung des Beamtenverhältnisses außerhalb des öffentlichen Dienstes eine Beschäftigung oder Erwerbstätigkeit aufnimmt, die mit seiner dienstlichen Tätigkeit in den letzten fünf Jahren vor Beendigung des Beamtenverhältnisses im Zusammenhang steht, diese Beschäftigung oder Erwerbstätigkeit zu untersagen, wenn zu besorgen ist, daß durch sie dienstliche Interessen beeinträchtigt werden (vgl. hierzu VGH München NJW 1988, 1406). Vgl. auch § 7 Rz. 33.

4   Zu Abs. 1 Nr. 2: Diese Vorschrift gilt nicht nur, wenn der Ehegatte Richter, sondern auch wenn er Beamter oder Angestellter an dem betreffenden Gericht ist. Zweck der Vorschrift ist die Vermeidung auch nur des Anscheins fehlender Objektivität der Rechtspflege (EGH Hamm AnwBl. 1977, 270; vgl. auch *Zuck*, BRAK-Mitt. 1990, 190, 194). Beantragt ein RA nur die Zulassung bei einem LG, so steht dem nicht entgegen, daß sein Ehegatte bei einem AG in dem Bezirk dieses LG tätig ist (EGH Frankfurt BRAK-Mitt. 1981, 31 – zur alten Fassung als Kann-Bestimmung –). Der Ehegatte eines Richters am LG, dem die Zulassung gem. Abs. 1 Nr. 2 zu versagen ist, kann ohne Verstoß gegen den Grundsatz der Lokalisierung bei mehreren Familiengerichten desselben LG-Bezirks zugelassen werden (BGH BRAK-Mitt. 1989, 210).

5   Zu Abs. 1 Nr. 3 ist verfassungskonform und fordert eine Prüfung nach dem »Regel-Ausnahme-Verhältnis«, normiert durch die Worte »soll in der Regel«. Die Zulassung ist daher nur dann zu erteilen, wenn besondere Umstände vorliegen, die eine abstrakte Gefährdung des Vertrauens in die Integrität der Rechtspflege ausräumen oder die Versagung der Zulassung ausnahmsweise unzumutbar ist (BGH BRAK-Mitt. 1993, 220). Im übrigen kann noch auf die ehrengerichtliche Rechtsprechung zur alten Fassung des

§ 20 als Kann-Bestimmung zurückgegriffen werden: Es sind jeweils die individuellen Kriterien des Einzelfalles zu berücksichtigen, z. B. Größe des Gerichts, Arbeitsbereich und zeitliche Nähe der Pensionierung des Richters (BGH BRAK-Mitt. 1981, 29). Die Zulassung bei einem Gericht ist trotz Verschwägerung des Antragstellers mit einem Richter zu erteilen, wenn das Gericht groß und der Richter nur noch kurze Zeit im Amt ist (EGH Hamm, BRAK-Mitt. 1983, 193). Bei einem mittelgroßen Gericht läßt sich eine abstrakte Gefährdung des Ansehens der Rechtspflege durch die Anwaltszulassung des Bruders eines Richters nicht ausschließen (BGH BRAK-Mitt. 1984, 83, entgegen EGH Koblenz BRAK-Mitt. 1983, 193). Vgl. auch EGH Stuttgart BRAK-Mitt. 1986, 171). Die **fünfjährige Regelwartezeit** galt **auch in den neuen Bundesländern** nach § 23 Abs. 1 Nr. 4 RAG n. F., und zwar gleichermaßen für Bewerber aus den alten und den neuen Bundesländern (BRAK-Mitt. 1994, 45 und 48; BGH, Beschl. vom 11. 3. 1994 – AnwZ [B] 76/93). Weder eine Tätigkeit als freie Mitarbeiterin noch die langfristige Bestellung als Anwaltsvertreterin rechtfertigen eine andere Sichtweise (BGH BRAK-Mitt. 1994, 110).

Für den Fall, daß die Voraussetzungen von **Abs. 1 Nr. 2 oder Nr. 3** erst 6
nach der Zulassung oder infolge eines Wechsels der Zulassung (§ 33 a) eingetreten sind, vgl. § 35 Abs. 1 Nr. 6. Zu den divergierenden Voraussetzungen vgl. BGH BRAK-Mitt. 1992, 53 sowie § 35 Rz. 3.

Zu Abs. 1 Nr. 4: Da hier im Gegensatz zu § 226 Abs. 2 nicht eine fünfjäh- 7
rige Zulassung, sondern ein fünfjähriges Tätigsein vorausgesetzt wird, gilt dieser Versagungsgrund, wenn der Bewerber nicht während der fünf Jahre eine nennenswerte Tätigkeit bei einem Land- oder Amtsgericht ausgeübt hat (offen gelassen in BGH NJW 1985, 3082, 3083). Diese Auslegung entspricht der Erwägung des Gesetzgebers, daß der beim OLG zugelassene RA bereits über anwaltliche Erfahrungen verfügen muß, wenn er seinen Aufgaben gerecht werden will (Amtl. Begr. zu § 20 Abs. 1 Nr. 4; vgl. auch BT-Drucks. 11/3253, S. 21). Die Zulassung, während der die fünfjährige Tätigkeit ausgeübt wurde, braucht nicht ununterbrochen bestanden zu haben (*Isele*, § 20 Anm. IV C 3 b; vgl. auch BGH NJW 1985, 3082, zur Fünfjahresfrist des § 226 Abs. 2). Bewerber ohne fünfjährige Anwaltstätigkeit können zugelassen werden, wenn sie aus anderen Gründen geeignet sind oder dringende Gründe der Rechtspflege die Zulassung als zweckmäßig erscheinen lassen (so für die alte Fassung der Vorschrift als Kann-Bestimmung BGH EGE VII 30; vgl. auch *Kalsbach*, § 20 Anm. 5; *Feuerich*, § 20 Rz. 36); dabei können die Examensergebnisse des Bewerbers berücksichtigt werden (vgl. BGH BRAK-Mitt. 1988, 272). Eine frühere langjährige richterliche Tätigkeit ist einer anwaltlichen Vorrätigkeit nicht gleichzusetzen (EGH Frankfurt BRAK-Mitt. 1989, 51).

8   Nicht selten gehen Anwaltsbewerber bei der Stellung ihres Zulassungsantrags **Selbstbindungen** ein, um die Versagung ihrer lokalen Zulassung nach § 20 Abs. 1 Nr. 1–3 zu vermeiden. So versichert z. B. der frühere Beamte, um die Versagung nach Nr. 1 zu vermeiden, er werde keine Anwaltstätigkeit entfalten in Angelegenheiten, an denen seine frühere Behörde beteiligt ist. Der frühere Finanzamtsbeamte versichert aus dem gleichen Grunde, er werde als RA keine Steuerstrafsachen bearbeiten. Zur Vermeidung der Versagung der Zulassung nach Nr. 2 oder 3 versichert der Bewerber, daß er als RA nicht vor der Spruchkammer auftreten werde, der sein Ehegatte, Verwandter oder Verschwägerter als Richter angehört. Derartige Selbstbindungen sind rechtlich nicht verbindlich (vgl. BGH BRAK-Mitt. 1986, 48; 1989, 209). Sie haben keine gesetzliche Wirkung mit der Folge, daß eine ihnen widersprechende Tätigkeit (z. B. Auftreten des RA vor dem Spruchkörper, dem sein Ehegatte als Richter angehört) unzulässig wäre; gleichwohl sind sie nicht ohne Bedeutung, als ein Verstoß gegen sie den Grundsätzen berufsgerechten Verhaltens widersprechen dürfte (vgl. EGH Hamm BRAK-Mitt. 1983, 193).

§ 21 Antrag auf gerichtliche Entscheidung

(1) [1]Der Bescheid, durch den die Zulassung bei einem Gericht versagt wird, ist mit Gründen zu versehen. [2]Er ist dem Bewerber zuzustellen.

(2) [1]Gegen einen ablehnenden Bescheid kann der Bewerber innerhalb eines Monats nach der Zustellung bei dem Anwaltsgerichtshof den Antrag auf gerichtliche Entscheidung stellen. [2]Zuständig ist der Anwaltsgerichtshof bei dem Oberlandesgericht, in dessen Bezirk der Bewerber als Rechtsanwalt zugelassen werden will.

(3) § 11 Abs. 3 ist entsprechend anzuwenden.

Diese Vorschrift betrifft die Zulassung bei einem Gericht und entspricht inhaltlich der des § 11 betreffend die Zulassung zur Rechtsanwaltschaft. Die Ausführungen bei § 11 Rz. 2–5 gelten hier entsprechend.

§ 22 Erstreckung der Zulassung auf auswärtige Kammern für Handelssachen

Die Zulassung bei einem Landgericht erstreckt sich auch auf die Kammern für Handelssachen, die ihren Sitz an einem anderen Ort als dem ihres Landgerichts haben.

Anmerkung:

Die Vorschrift wird zusammen mit den §§ 24, 227 a, 227 b in den alten 1
Bundesländern mit Wirkung vom 1. 1. 2000 und in den neuen Bundesländern mit Wirkung vom 1. 1. 2005 außer Kraft treten, da zu diesen Zeitpunkten die Beschränkung der **Postulationsfähigkeit** in Zivilsachen auf
das LG der Zulassung und in Familiensachen auf den LG-Bezirk der Zulassung (§ 78 ZPO a. F.) wegfällt (Art. 1 Nr. 5, 38; Art. 3 und Art. 22 Abs. 2
ÄndG).

§ 78 ZPO n. F., der das Erfordernis der örtlichen Zulassung beim LG für 2
die Vertretung in Zivilsachen vor dem LG und in Familiensachen vor den
Amtsgerichten des LG-Bezirks aufhebt, der aber den Grundsatz der notwendigen anwaltlichen Prozeßvertretung **(Anwaltszwang)** unangetastet läßt,
tritt in den alten Bundesländern zum 1. 1. 2000 und in den neuen Bundesländern zum 1. 1. 2005 in Kraft (Art. 3 und 22 Abs. 2 ÄndG). Die Bestimmung lautet (in der neuen Fassung):

§ 78   Anwaltsprozeß

*(1) Vor den Landgerichten müssen sich die Parteien durch einen bei einem
Amts- oder Landgericht zugelassenen Rechtsanwalt und vor allen Gerichten des
höheren Rechtszuges durch einen bei dem Prozeßgericht zugelassenen Rechtsanwalt als Bevollmächtigten vertreten lassen (Anwaltsprozeß).*

*(2) In Familiensachen müssen sich die Parteien und Beteiligten vor den Fami-
liengerichten durch einen bei einem Amts- oder Landgericht zugelassenen Rechtsanwalt und vor allen Gerichten des höheren Rechtszuges durch einen bei dem
Prozeßgericht zugelassenen Rechtsanwalt nach Maßgabe der folgenden Vorschriften vertreten lassen:*

*1. die Ehegatten in Ehesachen und Folgesachen in allen Rechtszügen, am Ver-
fahren über Folgesachen beteiligte Dritte nur für die weitere Beschwerde nach
§ 621 e Abs. 2 vor dem Bundesgerichtshof,*

*2. die Parteien und am Verfahren beteiligte Dritte in selbständigen Familiensa-
chen des § 621 Abs. 1 Nr. 8 in allen Rechtszügen, in selbständigen Familiensachen des § 621 Abs. 1 Nr. 4 und 5 nur vor den Gerichten des höheren
Rechtszuges,*

*3. die Beteiligten in selbständigen Familiensachen des § 621 Abs. 1 Nr. 1 bis 3,
6 nur für die weitere Beschwerde nach § 621 e Abs. 2 vor dem Bundesgerichtshof.*

*Das Jugendamt, die Träger der gesetzlichen Rentenversicherungen sowie sonstige
Körperschaften, Anstalten oder Stiftungen des öffentlichen Rechts oder deren
Verbände einschließlich der Spitzenverbände und ihre Arbeitsgemeinschaften
brauchen sich in den Fällen des Satzes 1 Nr. 1 und 3 nicht durch einen Rechtsanwalt vertreten zu lassen.*

(3) Diese Vorschriften sind auf das Verfahren vor einem beauftragten oder ersuchten Richter sowie auf Prozeßhandlungen, die vor dem Urkundsbeamten der Geschäftsstelle vorgenommen werden können, nicht anzuwenden.

(4) Ein Rechtsanwalt, der nach Maßgabe der Absätze 1 und 2 zur Vertretung berechtigt, kann sich selbst vertreten.

§ 23   Gleichzeitige Zulassung bei dem Amts- und Landgericht

Der bei einem Antsgericht zugelassene Rechtsanwalt ist auf seinen Antrag zugleich bei dem Landgericht zuzulassen, in dessen Bezirk das Amtsgericht seinen Sitz hat.

1   § 23 stellt einen der gesetzlich geregelten Fälle der gleichzeitigen Zulassung bei mehreren Gerichten (Simultanzulassung) im Gegensatz zur Singularzulassung (bei nur einem Gericht) dar. Wegen weiterer Fälle vgl. §§ 24, 226, 227. Die in der Berufsrechtsdiskussion ebenso heftig wie das Lokalisierungsprinzip (vgl. § 18 Rz. 1) umstrittene Singular/Simultanzulassung ist trotz unterschiedlicher Regelungen in den deutschen Ländern verfassungskonform (BGH BRAK-Mitt. 1991, 102). Hier sind sich der DAV und die BRAK offenbar inzwischen weitgehend einig geworden (vgl. BRAK-Mitt. 1991, 132, 133). Zu den Argumenten und zum Stand der Meinungen vgl. *Tiebing*, AnwBl. 1990, 300 ff.; *Vorwerk*, AnwBl. 1990, 474 ff.; *Tilmann*, AnwBl. 1990, 480 ff. einerseits, und *Kottulla*, AnwBl. 1990, 126 ff.; *Koch*, Sitzungsbericht M zum 58. Deutschen Juristentag 1990, S. M 42 ff.; *Lechner*, AnwBl. 1991, 301 ff. andererseits.

2   Daß § 23 von dem bei einem AG zugelassenen RA ausgeht, erklärt sich aus der historischen Entwicklung dieser Vorschrift (vgl. Amtl. Begr.). Denkbar sind folgende Fälle:

1. Der zunächst nur bei einem AG zugelasssene RA beantragt seine gleichzeitige Zulassung bei dem LG, in dessen Bezirk das AG liegt.
2. Der zunächst nur bei einem LG zugelassene RA (vgl. den Fall EGH Hamm EGE X 139) beantragt seine gleichzeitige Zulassung bei einem zum Bezirk des LG gehörenden AG.
3. Ein Bewerber beantragt von vornherein seine gleichzeitige Zulassung bei einem AG und dem LG, in dessen Bezirk das AG seinen Sitz hat. Dieser Fall bildet die Regel.

In jedem der vorgenannten drei Fälle gilt für die Versagung der gleichzeitigen Zulassung für den Bescheid und seine Anfechtung § 21 Abs. 1 und 2; im Fall der Untätigkeit der LJV gilt § 11 Abs. 3 i. V. mit § 21 Abs. 3. Falls die LJV im Fall Nr. 3 beabsichtigt, nur dem Antrag auf Zulassung bei einem der beiden Gerichte (AG oder LG) stattzugeben und die Zulassung bei dem anderen Gericht zu versagen, sollte sie vorher klären, ob der Bewerber seinen Antrag auf Simultanzulassung hilfsweise als Antrag auf Singularzulassung bei dem in Betracht kommenden Gericht verstanden wissen will (vgl. *Isele*, § 23 Anm. III D).

§ 24 Gleichzeitige Zulassung bei einem anderen Landgericht

(1) **Ein bei einem Landgericht zugelassener Rechtsanwalt ist auf seinen Antrag zugleich bei einem anderen an demselben Ort befindlichen Landgericht oder bei einem benachbarten Landgericht zuzulassen, wenn die Landesjustizverwaltung nach gutachtlicher Anhörung des Vorstandes der Rechtsanwaltskammer allgemein festgestellt hat, daß die gleichzeitige Zulassung unter den besonderen örtlichen Verhältnissen der Rechtspflege dienlich ist.**

(2) **Die Zulassungen bei dem benachbarten Landgericht können allgemein widerrufen werden, wenn die in Abs. 1 genannte Voraussetzung weggefallen ist.**

Anmerkung:

Die Vorschrift wird zusammen mit den §§ 22, 227 a, 227 b in den alten Bundesländern mit Wirkung vom 1. 1. 2000 und in den neuen Bundesländern mit Wirkung vom 1. 1. 2005 außer Kraft treten, da zu diesen Zeitpunkten die Beschränkung der **Postulationsfähigkeit** in Zivilsachen auf das LG der Zulassung und in Familiensachen auf den LG-Bezirk der Zulassung (§ 78 ZPO a. F.) wegfällt (Art. 1 Nr. 5, 38; Art. 3 und Art. 22 Abs. 2 ÄndG; vgl. auch § 22 Anm. Rz. 2).

Ein Fall der **Simultanzulassung** (vgl. § 23 Rz. 1), hier jedoch im Gegensatz   1
zu § 23 mit Ausnahmecharakter. Ob die gleichzeitige Zulassung »unter den besonderen örtlichen Verhältnissen der Rechtspflege dienlich ist«, ist »allgemein« festzustellen, also einheitlich gegenüber allen in Betracht kommenden Bewerbern (Amtl. Begr.). Nach der ständigen Rspr. des Anwaltssenats des BGH ist die allgemeine Feststellung nur auszusprechen, sofern die Bevölkerung des betreffenden Gebiets ihr Recht nur unter unzumutbaren Schwierigkeiten suchen und finden kann, während es unerheblich ist, ob sie für die RAe von Vorteil wäre (BGH BRAK-Mitt. 1986, 168). Es ist nicht erforderlich, daß die Simultanzulassung für sämtliche Rechtsanwälte des einen Landgerichts »unter den besonderen örtlichen Verhältnissen der Rechtspflege dienlich ist«; es genügt vielmehr, wenn diese Voraussetzung für alle Rechtsanwälte eines räumlichen Teilbereichs des Landgerichtsbezirks gegeben ist (BGHZ 42, 207).

Die **allgemeine Feststellung** ist keine Ermessensentscheidung der Justizver-   2
waltung, sondern Anwendung eines unbestimmten Rechtsbegriffs, daher ist

eine gerichtliche Nachprüfung insoweit in vollem Umfang ohne eine Beschränkung durch § 39 Abs. 3 möglich (BGH AnwBl. 1971, 326; EGE XIV 130, 132). Die Versagungsgründe des § 20 Abs. 1 Nr. 1–3 gelten auch hier.

3 Zur sinngemäßen Anwendung des § 24 auf Fälle, in denen einem AG gemäß § 23 c GVG die Familiensachen für die Bezirke zweier AGe, die zu verschiedenen LG-Bezirken gehören, zugewiesen worden sind, vgl. BGH NJW 1979, 929.

4 Gegen die Ablehnung des Antrags auf die gleichzeitige Zulassung steht dem RA der Antrag auf gerichtliche Entscheidung nach § 21 Abs. 2 zu (*Isele*, § 24 Anm. IV b 5; *Feuerich*, § 24 Rz. 11).

5 Der (fakultative) Widerruf **der Zulassung** bei dem benachbarten LG nach Abs. 2 ist ebenfalls nur einheitlich gegenüber allen beteiligten RAen möglich (Amtl. Begr.). Doch muß er gegenüber jedem einzelnen der betroffenen RAe ausgesprochen werden, wobei für das Verfahren einschließlich der Rechtsmittelmöglichkeit § 35 Abs. 2 gilt (*Isele*, § 24 Anm. IV D 4 c m. w. N.; *Feuerich* § 24 Rz. 15).

6 § 24 verstößt weder gegen das GG noch gegen das Recht der EG (BGH BRAK-Mitt. 1986, 168; 1989, 208; *Zuck*, BRAK-Mitt. 1990, 190, 194; Lauf-hütte, DRiZ 1990, 431, 434).

§ 25 Ausschließlichkeit der Zulassung bei dem Oberlandesgericht

Der bei einem Oberlandesgericht zugelassene Rechtsanwalt darf nicht zugleich bei einem anderen Gericht zugelassen sein.

1 § 25 enthält eine mit dem EG-Recht vereinbare Regelung; er ist verfas-sungskonform, weil er eine Regelung der Berufsausübung i. S. des Art. 12 Abs. 1 Satz 2 GG enthält, die durch vernünftige Erwägungen des Gemein-wohls gerechtfertigt ist (st. Rspr. des BVerfG und des BGH; vgl. BVerfG BRAK-Mitt. 1993, 176; BGH BRAK-Mitt. 1992, 169 und 1994, 46). Die Verfassungsmäßigkeit der Singularzulassung wird auch im Hinblick auf die sogen. Mischsozietäten (vgl. Rz. 4) und auf die Veränderungen der Gerichtsorganisation in den neuen Bundesländern nicht in Frage gestellt (BGH a.a.O.).

2 **Ausnahmsweise** kann ein OLG-Anwalt nach den folgenden Vorschriften zugleich **bei einem anderen Gericht** zugelassen sein oder werden: § 226 Abs. 1 (Übergangsregelung für Simultanzulassung bei einem Landgericht vor Inkrafttreten der BRAO), § 226 Abs. 2 (Simultanzulassungen bei den

Landgerichten in bestimmten Bundesländern, wo sich diese in der historischen Entwicklung eingebürgert hat – drei der neuen Bundesländer haben sich ebenfalls für diese Regelung entschieden –), § 227 Abs. 1 (Simultanzulassung bei dem Bayerischen Obersten Landesgericht).

3 Die Zulassung bei einem OLG erstreckt sich auch auf dessen *auswärtige* 3 *Senate,* da sie Teile des einheitlichen Gerichtskörpers sind (Amtl. Begr.).

4 Ob Sozietäten und Bürogemeinschaften zwischen OLG- und LG-Anwälten im Gebiet der Singularzulassung (»**Misch-Sozietäten**«) zulässig sind, ist 4 im Zusammenhang mit der Berufsrechtsdiskussion erneut angesprochen worden (*Koch,* Sitzungsbericht M zum 58. Deutschen Juristentag 1990, S. M 44/45) und war auch Gegenstand eines Beschlusses des Juristentags, der mit Mehrheit auf eine Untersagung gemischter Sozietäten zielt (Beschluß 11 Abs. 3 der Abteilung »Berufsrecht«, BRAK-Mitt. 1990, 127). Die Argumente von *Feuerich,* § 45 Rz. 160 ff., die er gegen die Entscheidung des EGH Hamm vom 18. 12. 1986 – (2) 6 EVY 8/85 und 15/85 vorträgt, erscheinen, insbesondere angesichts der Forderung nach lupenreiner Durchsetzung der Singularzulassung – de lege lata –, recht schwergewichtig. Es bleibt abzuwarten, ob die hier praktizierte »Grauzone« (sic! *Koch,* a.a.O.) durch Einführung der Simultanzulassung »legalisiert« wird. Auch der BGH hält es für mißlich, daß die tatsächliche Arbeitsgestaltung in Mischsozietäten der Singularzulassung zuwiderläuft. Er zieht allerdings daraus nicht die Konsequenz, § 25 aus diesem Grunde für verfassungswidrig zu halten (BRAK-Mitt. 1992, 169 und 1994, 46). Ein Mandant, der eine solche Sozietät mit der Wahrnehmung seiner Interessen beauftragt, schließt nach OLG Düsseldorf (MDR 1994, 411) einen **Anwaltsvertrag** nur mit den Sozietätsmitgliedern, die bei dem für die Entscheidung des Rechtsstreits örtlich und sachlich zuständigen Gericht zugelassen sind. Nach EG Oldenburg (BRAK-Mitt. 1991, 106) ist die vertikale Gebührenteilung mit singular beim OLG zugelassenen RAen berufswidrig.

§ 26 Vereidigung des Rechtsanwalts

(1) Alsbald nach der ersten Zulassung hat der Rechtsanwalt in einer öffentlichen Sitzung des Gerichts, bei dem er zugelassen ist, folgenden Eid zu leisten:

»Ich schwöre bei Gott, dem Allmächtigen und Allwissenden, die verfassungsmäßige Ordnung zu wahren und die Pflichten eines Rechtsanwalts gewissenhaft zu erfüllen, so wahr mir Gott helfe.«

(2) Der Eid kann auch ohne religiöse Beteuerung geleistet werden.

(3) Bei der Eidesleistung soll der Schwörende die rechte Hand heben.

(4) Gestattet ein Gesetz den Mitgliedern einer Religionsgemeinschaft, an Stelle des Eides andere Beteuerungsformeln zu gebrauchen, so kann der Rechtsanwalt, der Mitglied einer solchen Religionsgemeinschaft ist, diese Beteuerungsformel sprechen.

(5) ¹Über die Vereidigung ist ein Protokoll aufzunehmen, das auch den Wortlaut des Eides zu enthalten hat. ²Das Protokoll ist von dem Rechtsanwalt und dem Vorsitzenden des Gerichts zu unterschreiben. ³Es ist zu den Personalakten des Rechtsanwalts zu nehmen.

1 Da der Eid nach der »ersten« Zulassung zu leisten ist, gibt es keine zweite Eidesleistung bei einer erneuten Zulassung nach vorherigem Ausscheiden aus dem Anwaltsberuf (*Isele,* § 26 Anm. II B; *Feuerich,* § 26 Rz. 1).

2 Vorgeschriebener Ort der Eidesleistung ist eine **öffentliche Sitzung des Zulassungsgerichts.** Bei Simultanzulassungen (vgl. § 23 Rz. 1) kann die Justizverwaltung eines der verschiedenen Zulassungsgerichte auswählen. Für den Fall der Simultanzulassung bei dem AG und LG schreiben die Justizverwaltungsvorschriften einiger Bundesländer die Vereidigung in einer öffentlichen Sitzung des LG vor. Eine Ausnahmevorschrift, wonach der Eid von Bewerbern, die sich aus rassischen, politischen oder religiösen Gründen in das Ausland begeben mußten, auch vor einem deutschen Konsul geleistet werden kann, enthält § 213 Abs. 2.

3 In zeitlicher Hinsicht wird der Begriff »alsbald« in **Abs. 1** konkretisiert durch § 35 Abs. 1 Nr. 1, wonach, wenn der Eid nicht **binnen drei Monaten** nach der ersten Zulassung bei einem Gericht geleistet wird, die Zulassung bei einem Gericht widerrufen werden kann, was gegebenenfalls den Widerruf der Zulassung zur Rechtsanwaltschaft nach § 14 Abs. 2 Nr. 6 zur Folge hat. Zur Möglichkeit der Verlängerung der Dreimonatsfrist vgl. § 35 Rz. 1.

4 Die Vereidigung ist eine der Voraussetzungen für die **Eintragung in die Liste** der RAe gemäß § 31 Abs. 2, mit der nach § 32 Abs. 1 die Befugnis zur **Ausübung der Anwaltstätigkeit** beginnt.

5 Zur Frage, wie **Abs. 4 verfassungskonform** auszulegen ist, wenn ein RA, der nicht einer Religionsgemeinschaft angehört, welcher durch spezielle Vorschriften die Ersetzung des Eides durch eine andere Beteuerungsformel gestattet ist, eine solche wählen möchte, vgl. den im Anschluß an BVerfG, NJW 1982, 1183, und Verwaltungsgericht Freiburg, Die öffentliche Verwaltung 1975, 434, ergangenen Beschluß der Vorprüfungsstelle des BVerfG in NJW 1978, 1150, mit ablehnender Anm. von *Friedrich,* vgl. auch *Zuck,* NJW 1979, 1124, *Feuerich,* § 26 Rz. 13–18.

§ 27 Wohnsitz und Kanzlei

(1) ¹Der Rechtsanwalt muß an dem Ort des Gerichts, bei dem er zugelassen ist, eine Kanzlei errichten. ²Ist er gleichzeitig bei mehreren Gerichten, die ihren Sitz an verschiedenen Orten haben, zugelassen, so hat er seine Kanzlei am Ort des Gerichts der ersten Zulassung einzurichten. ³Die Landesjustizverwaltung kann bestimmen, daß benachbarte Orte im Sinne dieser Vorschrift als ein Ort anzusehen sind.

(2) Der bei einem Amtsgericht zugelassene Rechtsanwalt kann seine Kanzlei statt an dem Ort dieses Gerichts an einem anderen Ort in dessen Bezirk einrichten.

Die Wohnsitzpflicht ist mit der Berufsrechtsnovelle 1994 als nicht mehr zeitgemäß entfallen, so daß § 27 Abs. 1 a. F. gestrichen worden ist. **1**

Zur **ordnungsgemäßen Einrichtung einer Kanzlei** gehören nach der bisher herrschenden Ansicht in der Rspr. der AnwGHe und des BGH mindestens ein Raum mit den erforderlichen büromäßigen Hilfsmitteln und einem Telefonanschluß sowie die Kenntlichmachung nach außen, z. B. durch ein Praxisschild, daß hier anwaltliche Dienste angeboten werden (vgl. EGH Koblenz, EGE VI 145; BGH, EGE IX 7; EGH Celle, BRAK-Mitt. 1983, 90; BGH, BRAK-Mitt. 1983, 190; 1984, 36; *Zuck*, BRAK-Mitt. 1990, 190, 194; BGH, Beschl. vom 29. 11. 1993 – AnwZ [B] 27/93 –); diesen Anforderungen ist nicht genüge getan, wenn der Kontakt zum Mandanten nur schriftlich oder telefonisch gepflegt werden kann und notwendige persönliche Gespräche in Gaststätten und anderen öffentlich zugänglichen Räumen geführt werden müssen (EGH Celle, BRAK-Mitt. 1991, 103); die bloße Einrichtung eines Zimmers einer Privatwohnung als Büroraum mit einer Schreibmaschine und einiger Fachliteratur ohne eine für das Publikum erkennbare Widmung als Kanzlei soll nicht genügen (BGHZ 38, 6). Das oben zitierte Urteil BGH, BRAK-Mitt. 1983, 1990, ist vom BVerfG wegen Verstoßes gegen Art. 12 Abs. 1 GG aufgehoben worden, im wesentlichen mit folgender Begründung: Die Regelung der Kanzleipflicht in § 27 sei eine verfassungsrechtlich statthafte Regelung der Berufsausübung; zu beanstanden seien auch nicht die Mindesterfordernisse, welche die Rspr. zur Erfüllung der Kanzleipflicht entwickelt habe; wegen der – aus der Urteilsbegründung ersichtlichen – Besonderheiten des Falles sei jedoch die schwerwiegende Maßnahme der Zulassungszurücknahme lediglich wegen Fehlens eines Praxisschildes unverhältnismäßig gewesen, weil es schonendere Maßnahmen gegeben habe, die Anbringung des Praxisschildes zu erzwingen (BVerfG, NJW 1986, 1801). Dementsprechend hat der Anwaltssenat des BGH in einem Beschluß vom 30. 6. 1986 (BRAK-Mitt. 1986, 224) entschieden, die Maßnahme der **Zulassungsrücknahme** sei in der Regel **unverhältnis-** **2**

mäßig, wenn der RA nur Einzelheiten der Kanzleiführungspflicht nicht erfüllt. Jedoch wird sich der RA, der sämtliche organisatorischen Maßnahmen, aus denen auf die Widmung von Räumen als Kanzlei geschlossen werden kann, rückgängig macht, so behandeln lassen müssen wie der RA, der seine Kanzlei aufgegeben hat (EGH Frankfurt, BRAK-Mitt. 1992, 222). Es ist im übrigen kein Geheimnis, daß viele zugelassenen RAe, z. B. ein Teil der Syndikusanwälte, kein Praxisschild führen und dies weitgehend stillschweigend geduldet wird. Realitätsbezogen ist daher die Auffassung des Vorstandes der RAK München, daß ein Praxisschild nicht notwendiger Bestandteil der Kanzleieinrichtung ist (vgl. Mitteilungen der RAK für den OLG-Bezirk, München, Heft 4/1978, S. 3; ebenso mit näherer Begründung *Wettlaufer,* AnwBl. 1989, 194, 201). Zur praktisch notwendigen Grundausstattung einer ordnungsgemäßen Kanzlei vgl. *Beder,* DAV-Ratgeber, S. 186.

3   Bei der Zulassung an nur einem Gericht (**Singularzulassung**) muß die Kanzlei gemäß Abs. 1 Satz 1 am **Ort** dieses Gerichts oder, wenn es sich um ein AG handelt, gemäß Abs. 2 an einem anderen Ort im Bezirk dieses Gerichts eingerichtet werden. § 27 Abs. 1 Satz 1 ist eine mit dem GG vereinbare Regelung, weil Betrieb einer Kanzlei am Ort des Gerichts im Zivilprozeß die Terminierung und zügige Durchführung des Prozesses erleichtert und eine Grundlage für unmittelbare Kontakte zwischen Anwalt und Gericht ist (BGH, BRAK-Mitt. 1991, 102). Beantragt ein **auswärtiger RA** seine **Zulassung** bei einem **OLG,** so muß geprüft werden, ob eine Befreiung von der Residenzpflicht gem. § 29 in Betracht kommt (BGH BRAK-Mitt. 1994, 177). Bei einer **Simultanzulassung** in den Fällen der §§ 23, 24 hat der RA seine Kanzlei am Ort der sog. Stammzulassung einzurichten (Abs. 1 Satz 2). Tritt die Simultanzulassung zu der Zulassung bei dem AG hinzu (§ 23), so muß die Kanzlei am Ort des AG oder gemäß Abs. 2 an einem anderen Ort im Bezirk des AG unterhalten werden. Hat der RA seine Stammzulassung bei dem LG (§ 24), so muß er im Falle der Zulassung bei einem anderen LG seine Kanzlei am Ort des Stamm-LG einrichten. Der Ort des Gerichts im Sinne des Abs. 1 Satz 1 umfaßt die ganze politische Gemeinde, in der das Gericht seinen Sitz hat. Doch kann die LJV nach Abs. 1 Satz 3 bestimmen, daß benachbarte Orte insoweit als ein Ort anzusehen sind. Vgl. zu alledem die Amtl. Begr. Gibt es in einem Ort mehrere AG- oder LG-Bezirke, so muß der RA seine Kanzlei in dem Bezirk seines Zulassungsgerichts einrichten (EGH Frankfurt EGE XIV 235).

4   Ein bei einem anderen RA gegen Gehalt **angestellter RA** kommt seiner Pflicht zur Kanzleieinrichtung nach, wenn er auf dem Praxisschild, den Briefbögen und Vollmachten des Anstellungsanwalts sowie in Presseanzeigen als Sozius erscheint (OLG Koblenz, AnwBl. 1981, 151). Scheidet er aus der Kanzlei seines Anstellungsanwalts aus, so soll dieser nach OLG Koblenz, AnwBl. 1981, 151 verpflichtet sein, für zwei Jahre zu dulden, daß

er am Hause der bisherigen Kanzlei einen Hinweis auf seine neue Kanzlei anbringt. Die Frage, ob der angestellte RA die Kanzleipflicht verletzt, wenn er weder ein eigenes Kanzleischild angebracht hat noch namentlich auf dem Kanzleischild des Anstellungsanwalts angeführt ist, wird in der Praxis der RAKn unterschiedlich beantwortet. Gegen die Verletzung der Kanzleipflicht in solchen Fällen könnte sprechen, daß immerhin durch das Kanzleischild des Anstellungsanwalts nach außen hin kundgetan wird, daß sich hier ein Büro befindet, in dem anwaltliche Dienste angeboten werden. Vgl. auch Rz. 4.

Wenn keine besonderen Umstände hinzutreten, bestehen keine Bedenken 5 dagegen, daß der **Syndikusanwalt** die Kanzlei in den Geschäftsräumen seines Arbeitgebers einrichtet (vgl. BGHZ 36, 36).

Durch die Vorschriften des **Europäischen Gemeinschaftsrechts** ist die Ver- 6 bindlichkeit der Pflicht aus § 27 für deutsche RAe nicht in Frage gestellt (EGH Stuttgart, BRAK-Mitt. 1981, 32; EGH München, AnwBl. 1981, 208, mit ablehnender Anm. von *Weil,* AnwBl. 1981, 296; vgl. auch *Vigano,* BRAK-Mitt. 1983, 102 unten und 103). Zur Übereinstimmung der Kanzleipflicht mit den Grundsätzen des Gemeinschaftsrechts vgl. auch EGH München, BRAK-Mitt. 1987, 41.

Die BRAO enthält zur **Kanzlei** weitere Vorschriften in § 59 a Abs. 2 7 (gemeinsame Kanzlei bei Sozietät – vgl. § 59 a Rz. 8, 10) und § 59 b Abs. 2 Nr. 1 h, wonach eine Regelung der Einzelheiten zur Kanzleipflicht durch die Berufsordnung erfolgen soll. Zur Zulässigkeit von Werbung mit Mitteln der Kanzlei (Briefbogen, Praxisschild) vgl. § 43 c Rz. 8, 9. Anwaltsnotare haben hinsichtlich des Amtsschildes und der Namensschilder auch § 3 der Dienstordnung für Notare zu beachten.

Nach *Raczinski/Rogalla/Tomsche,* AnwBl. 1989, 583, 591, soll die Kanzlei- 8 pflicht des Abs. 2 unvereinbar sein mit der Niederlassungsfreiheit gem. Art. 52 Abs. 1 EWGV. Vgl. jedoch Rz. 5.

§ 28   Zweigstelle und Sprechtage

(1) ¹Der Rechtsanwalt darf weder eine Zweigstelle einrichten noch auswärtige Sprechtage abhalten. ²Die Landesjustizverwaltung kann dies jedoch gestatten, wenn es nach den örtlichen Verhältnissen im Interesse einer geordneten Rechtspflege dringend geboten erscheint. ³Der Vorstand der Rechtsanwaltskammer ist vorher zu hören.
(2) ¹Die Erlaubnis kann widerrufen werden. ²Vor dem Widerruf sind der Rechtsanwalt und der Vorstand der Rechtsanwaltskammer zu hören.

(3) [1]Der Bescheid, durch den die Erlaubnis versagt oder widerrufen wird, ist mit Gründen zu versehen. [2]Er ist dem Rechtsanwalt zuzustellen. [3]Gegen einen solchen Bescheid kann der Rechtsanwalt innerhalb eines Monats nach der Zustellung bei dem Anwaltsgerichtshof den Antrag auf gerichtliche Entscheidung stellen. [4]Zuständig ist der Anwaltsgerichtshof bei dem Oberlandesgericht, in dessen Bezirk der Rechtsanwalt zugelassen ist.

1   Maßgebend für eine **Ausnahmegenehmigung** nach Abs. 1 Satz 2 zur Einrichtung einer **Zweigstelle** oder zur Abhaltung auswärtiger **Sprechtage** ist grundsätzlich das **Interesse einer geordneten Rechtspflege;** die Gesichtspunkte der »Chancengleichheit« und der »Vererbung« müssen außer Betracht bleiben (EGH Celle, BRAK-Mitt. 1981, 34 und 35). Vielmehr muß die Einrichtung der Zweigstelle im Interesse einer geordneten Rechtspflege dringend geboten sein. Das ist insbesondere dann der Fall, wenn die rechtsuchende Bevölkerung sich ohne die Zweigstelle nicht in zumutbarer Weise beraten lassen kann (Präsident des OLG Zweibrücken, BRAK-Mitt. 1992, 113 m. w. N.; EGH Frankfurt, BRAK-Mitt. 1992, 223). Doch können andere persönliche Umstände (»**Härten**«) eine Ausnahme nach § 29 zulassen. Eine Ausnahmegenehmigung nach Abs. 1 Satz 1 zur Errichtung einer **Zweigstelle** in einem **neuen Bundesland** konnte die LJV eines alten Bundeslandes schon deshalb nicht erteilen, weil sie in die Hoheit der LJV eines neuen Bundeslandes eingegriffen und überdies die Geltung der BRAO entgegen der Regelung des EinigungsV auf das Gebiet der neuen Länder ausgeweitet hätte (EGH Celle BRAK-Mitt. 1992, 55).

2   Bei der Entscheidung über den **Widerruf** nach Abs. 2 sind neben dem örtlichen Bedürfnis die wirtschaftlichen Auswirkungen für den Betroffenen angemessen zu berücksichtigen (EGH Celle, BRAK-Mitt. 1981, 35; EGH Schleswig, BRAK-Mitt. 1983, 140; EGH Koblenz, BRAK-Mitt. 1983, 194). Der Widerruf einer Sprechtagserlaubnis ist zulässig, wenn diese nicht mehr den Erfordernissen einer geordneten Rechtspflege entspricht, insbesondere ihre Voraussetzungen nachträglich weggefallen sind (EGH Celle, BRAK-Mitt. 1984, 88).

3   Zur Frage, ob bei einem **Anwaltsnotar** die Genehmigung oder der Widerruf von Sprechtagen als RA oder als Notar (§ 10 Abs. 4 Satz 2 BNotO) unterschiedlich behandelt werden können, vgl. EGH Celle, AnwBl. 1986, 142, und BRAK-Mittl. 1981, 35.

4   Für das Verfahren bei Anträgen auf **gerichtliche Entscheidung** nach Abs. 3 Satz 3 vgl. §§ 37, 39, 40, 41. Nachprüfbarkeit der Entscheidung der LJV nur im Rahmen des § 39 Abs. 3 (EGH Celle, AnwBl. 1976, 142; Bayer. EGH AnwBl. 1976, 270). Da die Entscheidung nach § 28 nicht zu den Fällen

gehört, für die ein **Rechtsmittel** nach § 42 statthaft ist, ist ein Rechtsmittel unzulässig. Auch eine analoge Anwendung scheidet aus, da die Regelung des § 42 abschließend ist (BRAK-Mitt. 1992, 170).

Zur **Zustellung** nach Abs. 3 Satz 2 vgl. § 229.   5

Zur überörtlichen Sozietät vgl. § 59 a Rz. 7.   6

Zur Frage, ob das innerdeutsche **Zweigstellenverbot** gegen **EG-Recht** ver-   7
stößt vgl. *Raczinski/Rogalla/Tomsche,* AnwBl. 1989, 583, 591; *Schroeder/Teich-
mann,* AnwBl. 1990, 22, 25 einerseits und *Papier,* JZ 1990, 253, 261 sowie
BRAK-Mitt. 1991, 2, 6; *Kewenig,* JZ 1990, 782, 784; *Everling,* Gutachten C
zum 58. Deutschen Juristentag 1990, S. C 43 ff. andererseits. Richtig ist es
wohl, die Frage mit der herrschenden Meinung zu verneinen, weil der ausländische Anwalt sich in den Geltungsbereich der inländischen Ordnung
begibt und die EG-Gesetzgebung insoweit für den inländischen Bereich
keine Regelung getroffen hat.

§ 29   Ausnahmen von der Kanzleipflicht

(1) [1]Im Interesse der Rechtspflege oder zur Vermeidung von Härten kann
die Landesjustizverwaltung einen Rechtsanwalt von der Pflicht des § 27
befreien. [2]Der Vorstand der Rechtsanwaltskammer ist vorher zu hören.
(2) [1]Die Befreiung kann widerrufen werden, wenn es im Interesse einer
geordneten Rechtspflege erforderlich ist. [2]Vor dem Widerruf sind der Rechtsanwalt und der Vorstand der Rechtsanwaltskammer zu hören.
(3) [1]Der Bescheid, durch den ein Antrag auf Befreiung abgelehnt oder eine
Befreiung nur unter Auflagen erteilt oder eine Befreiung widerrufen wird, ist
mit Gründen zu versehen. [2]Er ist dem Rechtsanwalt zuzustellen. [3]Gegen einen
solchen Bescheid kann der Rechtsanwalt innerhalb eines Monats nach der
Zustellung bei dem Anwaltsgerichtshof den Antrag auf gerichtliche Entscheidung stellen. [4]Zuständig ist der Anwaltsgerichtshof bei dem Oberlandesgericht, in dessen Bezirk der Rechtsanwalt zugelassen ist.
(4) § 11 Abs. 3 ist entsprechend anzuwenden.

Die **Befreiung** kann sich jetzt – nach der Neufassung des § 27 – nur noch   1
auf die Pflicht zur **Kanzleieinrichtung** beziehen.

Die Befreiung kann unter einer der in Abs. 3 Satz 1 vorgesehenen **Aufla-**   2
gen erfolgen. Diese Auflagen bestehen in der Praxis in aller Regel darin,
binnen einer bestimmten Frist die Kanzlei einzurichten. Das läuft praktisch
auf dasselbe hinaus wie die zulässige Verlängerung der Dreimonatsfrist des

§ 35 Abs. 1 Nr. 2 (vgl. § 35 Rz. 1). Mit dem Ablauf der von der LJV gesetzten Frist muß der RA der Pflicht des § 27 nachkommen. Erfüllt er nunmehr – was § 35 Abs. 1 Nr. 2 voraussetzt (vgl. BGH EGE X 75, 80) – diese Pflicht (weitere) drei Monate nicht, so kann seine lokale Zulassung widerrufen werden, worauf gemäß § 14 Abs. 1 Nr. 6 die Zulassung zur Rechtsanwaltschaft zu widerrufen ist und gemäß § 36 Abs. 1 Nr. 2 die Löschung in der Anwaltsliste erfolgt.

3   Eine **dauernde Befreiung** von der **Kanzleipflicht** kommt nur in seltenen Ausnahmefällen in Betracht (vgl. *Isele*, § 29 Anm. II 2 b; *Feuerich*, § 29 Rz. 12). Eine angespannte finanzielle Lage oder andere wirtschaftliche Interessen des RA sind kein hinreichender Grund hierfür (EGH Frankfurt, BRAK-Mitt. 1989, 51, m. w. N.).

4   Ist der RA von der Pflicht, eine Kanzlei zu unterhalten, befreit, so muß er nach näherer Maßgabe des § 30 Abs. 1 einen **Zustellungsbevollmächtigten** bestellen.

§ 29 a   Kanzleien in anderen Staaten

(1) **Den Vorschriften dieses Abschnitts steht nicht entgegen, daß der Rechtsanwalt auch in anderen Staaten Kanzleien einrichtet oder unterhält.**
(2) **Die Landesjustizverwaltung befreit einen Rechtsanwalt, der seine Kanzlei ausschließlich in einem anderen Staat einrichtet, von der Pflicht des § 27, sofern nicht überwiegende Interessen der Rechtspflege entgegenstehen.**
(3) **[1]Der Rechtsanwalt hat die Anschrift seiner Kanzlei und seines Wohnsitzes in einem anderen Staat sowie deren Änderung der Landesjustizverwaltung und der Rechtsanwaltskammer mitzuteilen. [2]§ 29 Abs. 1 Satz 2, Abs. 2 und 3 sowie § 11 Abs. 3 sind entsprechend anzuwenden.**

1   Mit dieser weitgehenden Befreiungsvorschrift von der Kanzleipflicht ist dem BRAO- Rechtsanwalt die Tür zur anwaltlichen Berufstätigkeit im gesamten Ausland – nicht nur auf die EG-Staaten beschränkt – geöffnet worden (*Hartstang*, AnwR, S. 387). Damit hat der Gesetzgeber dem Grundgedanken der Klopp-Entscheidung des EuGH (NJW 1985, 1275) Rechnung getragen und darüber hinaus die Niederlassungsfreiheit weltweit zugelassen. Aus der Begründung der Bundesregierung zu dem Entwurf dieser Vorschrift, der Stellungnahme des Bundesrats und der Beschlußempfehlung des Rechtsausschusses hierzu (BT-Drucks. 11/3253, S. 22, 32, 35; 11/5264, S. 8 f.) ergibt sich folgendes:

2   **Absatz 1** regelt den Fall, daß ein Rechtsanwalt neben seiner Kanzlei in der Bundesrepublik Deutschland weitere Kanzleien in anderen Staaten einrich-

tet. Diese Voraussetzungen können auch dann erfüllt sein, wenn der deutsche RA auf Grund eines rechtlichen Anspruchs gegen einen ausländischen RA bei Besprechungen mit Mandanten über die Räumlichkeiten und die Büroorganisation des ausländischen RA verfügen kann (OLG Hamm, AnwBl. 1993, 582). Zugleich wird in Abs. 1 der Fall erfaßt, daß ein Anwalt, der die Voraussetzungen für die Zulassung zur deutschen Rechtsanwaltschaft (§ 4 BRAO) erfüllt, unter Beibehaltung seiner Kanzlei in einem anderen Staat die Zulassung zur deutschen Anwaltschaft anstrebt. Einer solchen Konstellation sollen die Vorschriften des Zweiten Abschnitts des Zweiten Teils – insbesondere das Zweigstellenverbot – nicht entgegenstehen.

Absatz 2 behandelt den Fall des deutschen Rechtsanwalts, der unter Aufgabe seiner inländischen Kanzlei sich in einem anderen Staat niederläßt, gleichwohl aber – etwa zum Hinweis auf seine Qualifikation – weiterhin der deutschen Rechtsanwaltschaft angehören möchte. Mit dieser Möglichkeit soll insbesondere Rechtsanwälten geholfen werden, die eine Tätigkeit in Übersee anstreben, bei der eine Erreichbarkeit i. S. des Absatzes 1 nicht mehr gegeben ist. Die Landesjustizverwaltung befreit solche Rechtsanwälte von der Pflicht des § 27. Dazu genügt aber nicht die Erklärung der Absicht, die Kanzlei ausschließlich in einem fremden Staat zu errichten, vielmehr kann von dem Antragsteller der Nachweis konkreter Anstalten hierzu verlangt werden. Überwiegende Interessen der Rechtspflege, die nach Abs. 1 Halbs. 2 der Befreiung entgegenstehen, sind etwa dann anzunehmen, wenn durch die Aufgabe der Kanzlei im Inland die Verfolgung einer schwerwiegenden Pflichtverletzung oder die Durchsetzung von Ansprüchen gegen den Rechtsanwalt erheblich behindert würden. 3

Entsprechend § 30 kann der RA einen **Zustellungsbevollmächtigten** bestellen; er muß es aber nicht. Da es häufig sehr mühselig ist, Zustellungen aus dem Verwaltungsbereich des RAK und dem Gerichtsbereich – an denen er kraft seiner Zulassung teilnimmt – im Ausland zu bewirken, wäre es auf der anderen Seite eine wertvolle Erleichterung und andererseits für den RA auch zumutbar, wenn er zur Bestellung eines Zustellungsbevollmächtigten verpflichtet wäre. § 30 Abs. 1 sollte daher in § 29 a Abs. 3 Satz 2 aufgenommen werden. 4

Absatz 3 enthält für die Fälle des Absatzes 1 und des Absatzes 2 die für die Ausübung der Aufsicht notwendigen Regelungen. 5

Die Zahl der im Ausland niedergelassenen deutschen RAe steigt ständig. Sie haben sich zu einer Arbeitsgemeinschaft deutscher RAe im Ausland – ADRiA – zusammengeschlossen. Auch die Zahl von Auslandsbüros deutscher Sozietäten hat stark zugenommen. Vgl. DAV-Jahresbericht 1988/89, AnwBl. 1989, 372, 375. 6

§ 30 Zustellungsbevollmächtigter

(1) Ist der Rechtsanwalt von der Pflicht, eine Kanzlei zu unterhalten, befreit, so muß er an dem Ort des Gerichts, bei dem er zugelassen ist, einen dort wohnhaften ständigen Zustellungsbevollmächtigten bestellen; ist der Rechtsanwalt gleichzeitig bei mehreren Gerichten, die ihren Sitz an verschiedenen Orten haben, zugelassen, so muß er den Zustellungsbevollmächtigten am Ort des Gerichts, an dem die Kanzlei einzurichten wäre (§ 27 Abs. 1 Satz 2), bestellen.

(2) An den Zustellungsbevollmächtigten kann auch von Anwalt zu Anwalt (§§ 198, 212 a der Zivilprozeßordnung) wie an den Rechtsanwalt selbst zugestellt werden.

(3) ¹Ist ein Zustellungsbevollmächtigter entgegen Abs. 1 nicht bestellt, so kann die Zustellung durch Aufgabe zur Post bewirkt werden (§§ 175, 192, 213 der Zivilprozeßordnung). ²Das gleiche gilt, wenn eine Zustellung an den Zustellungsbevollmächtigten am Ort des Gerichts nicht ausführbar ist.

1   **Voraussetzung der Pflicht zur Bestellung eines ständigen Zustellungsbevollmächtigten** ist es, daß der betreffende RA von der Pflicht, eine Kanzlei zu unterhalten, entweder aufgrund eines Verwaltungsakts der LJV gemäß § 29 Abs. 1 oder kraft Gesetzes gemäß § 213 Abs. 1 befreit ist. Demzufolge kann ein »gemäß der Rechtsanwaltsordnung bestellter Zustellungsbevollmächtigter« i. S. des § 212 a ZPO nur von einem von der Pflicht zur Einrichtung einer Kanzlei befreiten RA ordnungsgemäß bestellt sein. Deshalb kann ein beim AG und LG zugelassener RA, der seine Kanzlei am Ort des AG unterhält, an dem davon verschiedenen Ort des LG einen dort tätigen **Justizwachtmeister nicht als ständigen Zustellungsbevollmächtigten** bestellen (BGH, NJW 1982, 1649 und 1650).

2   Der Zustellungsbevollmächtigte braucht **nicht RA** zu sein (BGH, NJW 1982, 1549 m. w. N.).

3   Der **Ort,** an dem der Zustellungsbevollmächtigte ständig wohnhaft sein muß und zu bestellen ist, bestimmt sich für den Singularanwalt nach § 30 Abs. 1 Halbsatz 1, für den Simultananwalt nach § 30 Abs. 1 Halbsatz 2 i. V. mit § 27 Abs. 1 Satz 2 (vgl. § 27 Rz. 2). § 27 Abs. 2 bleibt außer Betracht.

4   Eine **Frist** für die Bestellung des Zustellungsbevollmächtigten ergibt sich indirekt aus § 35 Abs. 1 Nr. 4. Danach kann die Zulassung bei einem Gericht widerrufen werden, wenn der RA nicht binnen drei Monaten, nachdem er gemäß § 29 Abs. 1 von der Pflicht zur Unterhaltung einer Kanzlei befreit worden oder der bisherige Zustellungsbevollmächtigte weggefallen ist, einen Zustellungsbevollmächtigten bestellt. Zur Möglichkeit der Verlängerung der Dreimonatsfrist vgl. § 35 Rz. 1.

Die Bestellung des Zustellungsbevollmächtigten ist **den Gerichten,** bei 5
denen der RA zugelassen ist, **anzuzeigen** (*Kalsbach,* § 30 Anm. 1 III; *Isele,*
§ 30 Anm. XI; *Feuerich,* § 30 Rz. 13).

Durch **Abs. 2** wird der Zustellungsbevollmächtigte bei der Zustellung von 6
Anwalt zu Anwalt (§ 198 ZPO) und bei der Zustellung, die an einen RA von
Amts wegen zu erfolgen hat (§ 212 a ZPO), dem RA, an den die Zustellung
zu erfolgen hat, gleichgestellt.

§ 31 Eintragung in die Liste der Rechtsanwälte

(1) Bei jedem Gericht der ordentlichen Gerichtsbarkeit wird eine Liste der
bei ihm zugelassenen Rechtsanwälte geführt.

(2) [1]Der Rechtsanwalt wird in die Liste eingetragen, nachdem er vereidigt
ist (§ 26), seinen Wohnsitz angezeigt und eine Kanzlei eingerichtet hat (§ 27).
[2]Ist der Rechtsanwalt von der Pflicht des § 27 befreit worden, so wird er eingetragen, sobald er vereidigt ist.

(3) [1]In der Liste sind der Zeitpunkt der Zulassung und der Vereidigung,
der Wohnsitz und die Kanzlei des Rechtsanwalts sowie die Erlaubnis, auswärtige Sprechtage abzuhalten oder eine Zweigstelle einzurichten, zu vermerken.
[2]In den Fällen des § 29 Abs. 1 oder des § 29 a Abs. 2 wird der Inhalt der
Befreiung vermerkt.

(4) Der Rechtsanwalt erhält über seine Eintragung in die Liste eine
Bescheinigung.

(5) Verlegt der Rechtsanwalt seinen Wohnsitz oder seine Kanzlei, so hat er
dies der Landesjustizverwaltung und dem Gericht, bei dem er zugelassen ist,
zur Eintragung in die Liste unverzüglich anzuzeigen.

Abs. 2 Satz 1 ist mit Rücksicht auf die Streichung von § 27 Abs. 1 a. F. 1
(Residenzpflicht) neu gefaßt worden. An die Stelle der Wohnsitznahme tritt
die Anzeige des Wohnsitzes durch den RA als eine der Voraussetzungen für
die Eintragung in die Liste.

Bei Simultanzulassung (§§ 23, 24) Eintragung in die Liste jedes Zulas- 2
sungsgerichts (Amtl. Begr.) mit Ausnahme des BayObLG (§ 227 Abs. 2),
Folge der Eintragung: § 32 Abs. 1. Rechtsbehelf bei Versagung der Eintragung: § 223.

§ 32 Aufnahme der Tätigkeit als Rechtsanwalt

(1) Mit der Eintragung in die Liste der Rechtsanwälte beginnt die Befugnis, die Anwaltstätigkeit auszuüben.

(2) Die rechtliche Wirksamkeit von Handlungen, die der Rechtsanwalt vorher vorgenommen hat, wird hierdurch nicht berührt.

1   Da schon die Aushändigung der Zulassungsurkunde die allgemeinen Berufspflichten – §§ 43 ff. – begründet (vgl. § 12 Rz. 1), kann die Ausübung der Anwaltstätigkeit vor der Eintragung (vgl. Abs. 2) gemäß § 74 oder § 113 geahndet werden.

2   Abs. 2 bestimmt im Interesse der Rechtssicherheit, daß die Wirksamkeit der Prozeßhandlungen, die der RA entgegen dem Verbot in Abs. 1 zwischen Aushändigung der Urkunde und Eintragung vorgenommen hat, unberührt bleibt.

§ 33   Wechsel der Zulassung

(1) ¹Der Rechtsanwalt kann auf seinen Antrag bei einem anderen Gericht der ordentlichen Gerichtsbarkeit zugelassen werden, wenn er auf die Rechte aus der bisherigen Zulassung verzichtet. ²Der Verzicht ist der Landesjustizverwaltung gegenüber, welche die Zulassung erteilt hat, schriftlich zu erklären.

(2) Die Entscheidung über den Antrag auf anderweitige Zulassung kann ausgesetzt werden, wenn gegen den Rechtsanwalt ein anwaltsgerichtliches Verfahren, ein Ermittlungsverfahren wegen des Verdachts einer Straftat oder ein strafgerichtliches Verfahren schwebt.

(3) Der Antrag kann nicht deshalb abgelehnt werden, weil der Rechtsanwalt die Zulassung zur Rechtsanwaltschaft in einem anderen deutschen Land erhalten hat.

(4) Die bisherige Zulassung (§ 18 Abs. 1) wird von der Landesjustizverwaltung, die sie erteilt hat, erst widerrufen, wenn der Rechtsanwalt bei dem anderen Gericht zugelassen ist.

1   § 33 betrifft den **Wechsel der (lokalen) Zulassung** bei einem oder mehreren Gerichten, die sog. **Umzulassung,** durch die die (allgemeine) Zulassung zur Rechtsanwaltschaft nicht berührt wird (vgl. hierzu Vorbem. zum Zweiten Teil vor § 4 Rz. 1). Die bisherige lokale Zulassung wird dadurch aufgehoben, daß der RA gegenüber der LJV, die sie erteilt hat, auf die Rechte aus ihr verzichtet (Abs. 1). Um jedoch keine Lücke in der lokalen Zulassung entstehen zu lassen, bestimmt Abs. 4, daß die bisherige lokale Zulassung erst widerrufen wird, wenn der RA bei dem anderen Gericht zugelassen ist. Auf diese Weise bleibt der RA so lange Mitglied der alten RAK (§ 60) und damit auch der Anwaltsgerichtsbarkeit des Anwaltsgerichts am Sitz dieser RAK (§ 119 Abs. 2) unterworfen, bis er Mitglied einer neuen RAK geworden ist (Amtl. Begr.).

Es ist **ermessensfehlerhaft,** wenn bei einem Zulassungswechsel entgegen 2
Abs. 4 Löschung und Neueintragung in der Weise gehandhabt werden, daß
der RA zeitweilig bei keinem Gericht in der Liste (§ 31) eingetragen ist
(OLG Schleswig-Holstein, AnwBl. 1993, 240). Die im Wege des Zulassungs-
wechsels erfolgte Zulassung eines RA im Geltungsbereich des RAG hatte,
da es eine anderweitige Zulassung ist, den Widerruf der bisherigen örtlichen
Zulassung im Geltungsbereich der BRAO zur Folge (BGH, BRAK-Mitt.
1993, 173).

Zur **Aussetzung der Entscheidung nach Abs. 2** genügt es nicht, daß gegen 3
den RA wegen des Verdachts bloßer berufsrechtlicher Verfehlungen ermittelt wird. Das anwaltsgerichtliche Verfahren »schwebt« erst i. S. dieser Vorschrift, wenn es durch Einreichung einer Anschuldigungsschrift eingeleitet
worden ist (§ 121).

Für das **Verfahren** gelten die **§§ 19 bis 21.** Insbesondere ist eine Versagung 4
der Zulassung bei einem anderen Gericht nur aus den Gründen des § 20
Abs. 1 möglich, jedoch nicht aus Gründen, die für die Erteilung der (allgemeinen) Zulassung zur Rechtsanwaltschaft nach § 7 oder deren Rücknahme
oder Widerruf nach § 14 maßgebend sind (vgl. die Rspr. des BGH zu §§ 14,
15 a. F. in EGE XIV 57; AnwBl. 1981, 163; BRAK-Mitt. 1981, 29). Dem
Ausdruck »kann« in Abs. 1 kommt ebenso wie dem Ausdruck »können« in
§ 226 nur die Bedeutung zu, auf die gesetzlich zulässigen Ablehnungsgründe
des § 20 Abs. 1 hinzuweisen (vgl. § 226 Rz. 3).

Verzichtet ein RA auf seine Rechte aus seiner bisherigen Zulassung bei 5
dem AG **A** und dem LG **B** und beantragt er zugleich, ihn bei dem AG **C** und
dem LG **D** anderweitig zuzulassen, so ist es möglich, daß er nur bei dem AG
C zugelassen wird, aber die Zulassung bei dem LG **D** versagt wird, z. B.
gemäß § 20 Abs. 1 Nr. 2, weil die Ehefrau des RA dort als Richterin tätig ist
(Fall von BGH, EGE XIV 57).

Nach der anderweitigen Zulassung sind die **§§ 27 bis 31** betr. Zustellungs- 6
bevollmächtigte und Eintragung in die Anwaltsliste zu beachten.

Im Falle einer Ablehnung der anderweitigen Zulassung oder der Nichtbe- 7
scheidung eines entsprechenden Antrags kann der **Antrag auf Entscheidung
durch den AnwGH** gemäß § 21 Abs. 2 oder 3 gestellt werden. In gleicher
Weise kann nach § 223 unter Beachtung des § 39 Abs. 3 eine Aussetzung der
Entscheidung über den Antrag auf anderweitige Zulassung nach Abs. 2
angefochten werden.

Wegen der **Gebühren** bei einem Zulassungswechsel vgl. § 197 Abs. 2 und 8
3, § 194.

§ 33 a Wechsel der Zulassung bei Änderung der Gerichtseinteilung

Wird die Gerichtseinteilung geändert, so ist der Rechtsanwalt bei dem Gericht der ordentlichen Gerichtsbarkeit zugelassen, das an Stelle des Gerichts, bei dem er vor der Änderung zugelassen war, für den Ort seiner Kanzlei zuständig geworden ist.

1 Zweck der Regelung ist es, der Änderung der Gerichtseinteilung automatisch den Wechsel der Zulassung folgen zu lassen, also **ohne Antrag** als RA auf Zulassung bei dem nunmehr für den Ort seiner Kanzlei zuständigen Gericht und ohne Rücknahme seiner Zulassung bei dem bisherigen Gericht durch die LJV (BGH, EGE XIV 42,43).

2 Die Zulassung bei dem bisherigen Zulassungsgericht erlischt kraft Gesetzes. Das Erlöschen hat gemäß § 36 Abs. 1 Nr. 1 zur Folge, daß der RA in der bei dem bisherigen Zulassungsgericht geführten Anwaltsliste gelöscht wird.

§ 34 Erlöschen der Zulassung

Die Zulassung bei einem Gericht erlischt,
1. **wenn die Zulassung zur Rechtsanwaltschaft erloschen ist (§ 13);**
2. **wenn die Zulassung zur Rechtsanwaltschaft zurückgenommen oder widerrufen ist (§§ 14 bis 16);**
3. **wenn wegen der Änderung der Gerichtseinteilung der Rechtsanwalt bei einem anderen Gericht zugelassen ist (§ 33 a);** *§§ 227 a, b bleiben unberührt.*

Vorbemerkung:
In Nr. 3 entfallen nach der Berufsrechtsnovelle 1994 die Worte »§§ 227 a, b bleiben unberührt«, jedoch in den alten Ländern erst mit Wirkung vom 1. 1. 2000 und in den neuen Ländern mit Wirkung vom 1. 1. 2005 (Art. 1 Nr. 11, Art. 3, Art. 22 Abs. 2. Vgl. zu den Gründen § 22 Anmerkung).

1 Die Rechtsfolge der Nr. 3 Halbs. 1 tritt gemäß Halbs. 2 nicht ein, wenn der RA zuvor einen Antrag nach § 227 a oder § 227 b gestellt und mit diesem Antrag Erfolg hat, bevor die Zulassung erloschen ist (*Isele*, § 34 Anm. II B 4 b) bb).

2 Das Erlöschen der Zulassung nach § 34 hat gemäß § 36 Abs. 1 Nr. 1 zur Folge, daß der RA in der bei dem bisherigen Zulassungsgericht geführten Anwaltsliste gelöscht wird.

§ 35   Widerruf der Zulassung bei einem Gericht

(1) Die Zulassung bei einem Gericht kann widerrufen werden,

1. wenn der Rechtsanwalt nicht binnen drei Monaten nach der ersten Zulassung bei einem Gericht den Eid nach § 26 leistet;

2. wenn der Rechtsanwalt nicht binnen drei Monaten seit seiner Zulassung bei einem Gericht seiner Pflicht nachkommt, an dem nach § 27 bestimmten Ort seine Kanzlei einzurichten;

3. wenn der Rechtsanwalt nicht binnen drei Monaten eine ihm bei der Befreiung nach § 29 Abs. 1 oder § 29 a Abs. 2 gemachte Auflage erfüllt;

4. wenn der Rechtsanwalt nicht binnen drei Monaten, nachdem er von der Pflicht, eine Kanzlei zu unterhalten, befreit worden (§ 29 Abs. 1) oder der bisherige Zustellungsbevollmächtigte weggefallen ist, einen Zustellungsbevollmächtigten bestellt;

5. wenn der Rechtsanwalt seine Kanzlei aufgibt, ohne daß er von der Pflicht des § 27 befreit worden ist;

6. wenn die Voraussetzungen, unter denen die Zulassung bei einem Gericht nach § 20 Abs. 1 Nr. 2 oder 3 versagt werden soll, erst nach der Zulassung oder infolge eines Wechsels der Zulassung (§ 33 a) eingetreten sind.

(2) ¹Die Zulassung wird von der Landesjustizverwaltung widerrufen. ²Vor dem Widerruf sind der Rechtsanwalt und der Vorstand der Rechtsanwaltskammer zu hören. ³Die Widerrufsverfügung ist mit Gründen zu versehen. ⁴Sie ist dem Rechtsanwalt zuzustellen und dem Vorstand der Rechtsanwaltskammer mitzuteilen. ⁵Gegen den Widerruf der Zulassung kann der Rechtsanwalt innerhalb eines Monats nach der Zustellung der Verfügung bei dem Anwaltsgerichtshof den Antrag auf gerichtliche Entscheidung stellen. ⁶Zuständig ist der Anwaltsgerichtshof bei dem Oberlandesgericht, in dessen Bezirk er als Rechtsanwalt zugelassen ist. ⁷§ 16 Abs. 6 ist entsprechend anzuwenden.

Die Gründe des Abs. 1 Nr. 1–6 für den Widerruf der Zulassung bei einem   1
Gericht sind **fakultative,** da die LJV aus diesen Gründen die Zulassung widerrufen »kann«. Das schließt für die LJV auch die Möglichkeit ein, die in Abs. 1 Nr. 1–4 einheitlich **auf drei Monate festgesetzten Fristen** bei Vorliegen sachgerechter Gründe angemessen zu **verlängern** (vgl. *Isele,* § 26 Anm. IV B 2; § 27 Anm. II B 3; § 29 Anm. II 3 c).

Zur entsprechenden Anwendung des § 16 Abs. 6 gemäß Abs. 2 Satz 7 vgl.   2
§ 16 Rz. 6 ff.

Da der Widerruf aus den Gründen des Abs. 1 Nr. 1–6 im pflichtgemäßen   3
Ermessen der LJV steht (»kann«) und daher eine gerichtliche Nachprüfung nur im Rahmen des § 39 Abs. 3 möglich ist, kommt es für die gerichtliche Beurteilung grundsätzlich auf den Zeitpunkt des Erlasses des Widerrufsbescheides an, soweit nicht unzweifelhaft feststeht, daß der Widerrufsgrund

weggefallen ist und der RA auf Antrag sogleich wieder zugelassen werden müßten (vgl. BGH EGE XIV 79 i. V. mit BGH, EGE XIV 147, 149; BRAK-Mitt. 1982, 26; 1987, 152). Im Falle der Versagungsgründe des § 20 Abs. 1 Nr. 2 und 3 ist zu beachten, daß die **Voraussetzungen** in § 20 **strenger** geregelt sind – »soll in der Regel« – als in § 35 Abs. 1 – »kann« –. Daraus folgt, daß der Widerrufstatbestand des § 35 nicht so streng zu behandeln ist wie der Versagungstatbestand des § 20 (BGH, BRAK-Mitt. 1992, 53).

4   Die **Dreimonatsfrist** in den Fällen des **Abs. 1 Nr. 1 und 2** beginnt mit dem Zeitpunkt der Zulassung bei Gericht. Die Voraussetzungen des **Abs. 1 Nr. 5** liegen z. B. vor, wenn der RA sich durch Flucht seine Berufsausübung unmöglich macht oder alle organisatorischen Maßnahmen, aus denen auf die Widmung von Räumen als Kanzlei geschlossen werden kann, rückgängig macht (EGH Frankfurt, BRAK-Mitt. 1992, 222). Vgl. auch § 27 Rz. 11.

5   Der Widerruf der Zulassung bei einem Gericht nach Abs. 1 Nr. 1–6 hat zur Folge, daß gemäß § 14 Abs. 2 Nr. 6 die Zulassung zur Rechtsanwaltschaft widerrufen werden muß und daß gemäß § 36 Abs. 1 Nr. 2 die Löschung in der bei dem bisherigen Zulassungsgericht geführten Anwaltsliste erfolgt.

6   Zu den **Prozeßgebühren im Zulassungsverfahren** nach §§ 35 Abs. 2, 39 hat der EGH Stuttgart – unter Aufgabe einer älteren Rechtsprechung – entschieden, daß dem Prozeßbevollmächtigten für das erstinstanzliche Verfahren vor dem Anwaltsgerichtshof nach § 114 BRAGO (analog) die 10/10 Gebühren und im Rechtsmittelverfahren die 13/10 Gebühren zustehen (BRAK- Mitt. 1993, 106).

§ 36   Löschung in der Anwaltsliste

(1) Der Rechtsanwalt wird in der Liste der zugelassenen Rechtsanwälte (§ 31) außer im Falle des Todes gelöscht,
1. wenn die Zulassung bei einem Gericht erloschen ist (§ 34);
2. wenn die Zulassung bei einem Gericht widerrufen ist (§ 33 Abs. 4, § 35).
(2) ¹Rechtshandlungen, die der Rechtsanwalt vor seiner Löschung noch vorgenommen hat, sind nicht deshalb unwirksam, weil er zur Zeit der Vornahme der Handlung die Anwalttätigkeit nicht mehr ausüben oder vor Gericht nicht mehr auftreten durfte. ²Das gleiche gilt für Rechtshandlungen, die vor der Löschung des Rechtsanwalts ihm gegenüber noch vorgenommen worden sind.

1   Der RA wird in der gemäß § 31 bei einem Gericht der ordentlichen Gerichtsbarkeit geführten Anwaltsliste gelöscht

1. nach § 36 Abs. 1 Halbsatz 1 im Falle des Todes,   **2**

2. nach § 36 Abs. 1 Nr. 1, wenn die Zulassung bei dem Gericht, bei dem die   **3**
   Liste geführt wird, erloschen ist.
   – Das kann nach § 34 der Fall sein,
   a) wenn die Zulassung zur Rechtsanwaltschaft gemäß § 13 zufolge eines
      rechtskräftigen auf Ausschluß aus der Rechtsanwaltschaft lautenden
      Urteils erloschen ist (§ 34 Nr. 1),
   b) wenn die Zulassung zur Rechtsanwaltschaft gemäß § 16 aus einem der
      in § 14 aufgeführten Gründe zurückgenommen oder widerrufen ist
      (§ 34 Nr. 2),
   c) wenn der RA wegen Änderung der Gerichtseinteilung gemäß § 33 a
      kraft Gesetzes bei einem anderen Gericht zugelassen ist (§ 34 Nr. 3). –

3. nach § 36 Abs. 1 Nr. 2, wenn die Zulassung bei dem Gericht, bei dem die   **4**
   Liste geführt wird, widerrufen ist.
   – Das kann der Fall sein
   a) bei Widerruf der bisherigen Zulassung nach § 33 Abs. 4 im Rahmen
      des Wechsels der Zulassung,
   b) bei Widerruf der örtlichen Zulassung nach § 35 Abs. 2 aus einem der
      Gründe des § 35 Abs. 1 Nr. 1–6. –

Abs. 2 gewährt im Interesse der Rechtssicherheit **Vertrauensschutz** gegen-   **5**
über Rechtshandlungen, die der RA vor seiner Löschung in der Anwalsliste
noch vorgenommen hat, aber nicht mehr vornehmen durfte, und für Rechtshandlungen, die vor der Löschung ihm gegenüber noch vorgenommen worden sind. Ein Umkehrschluß aus dieser Vorschrift ergibt, daß Rechtshandlungen, die nach der Löschung des RA von ihm oder ihm gegenüber vorgenommen worden sind, nicht mehr wirksam sind (BFH NJW 1975, 1856).

Die Anordnung der Löschung in der Anwaltsliste kann nach § 223 durch   **6**
den Antrag auf anwaltsgerichtliche Entscheidung **angefochten** werden.

Dritter Abschnitt   **Allgemeine Vorschriften für das Verwaltungsverfahren**

§ 36 a   **Untersuchungsgrundsatz, Mitwirkungspflicht, Übermittlung
personenbezogener Informationen**

(1) [1]Die Landesjustizverwaltung ermittelt den Sachverhalt von Amts
wegen. [2]Sie bedient sich der Beweismittel, die sie nach pflichtgemäßem Ermessen für erforderlich hält.

(2) ¹Der am Verfahren beteiligte Bewerber oder Rechtsanwalt soll bei der Ermittlung des Sachverhalts mitwirken und, soweit es dessen bedarf, sein Einverständnis mit der Verwendung von Beweismitteln erklären. ²Sein Antrag auf Gewährung von Rechtsvorteilen ist zurückzuweisen, wenn die Landesjustizverwaltung infolge seiner Verweigerung der Mitwirkung den Sachverhalt nicht hinreichend klären kann. ³Der Bewerber oder Rechtsanwalt ist auf diese Rechtsfolge hinzuweisen.

(3) ¹Gerichte und Behörden dürfen personenbezogene Informationen, die für die Rücknahme oder für den Widerruf einer Erlaubnis, Befreiung oder der Zulassung eines Rechtsanwalts oder zur Einleitung eines Rüge- oder anwaltsgerichtlichen Verfahrens von Bedeutung sein können, der für die Entscheidung zuständigen Stelle übermitteln, soweit hierdurch schutzwürdige Belange des Betroffenen nicht beeinträchtigt werden oder das öffentliche Interesse das Geheimhaltungsinteresse des Betroffenen überwiegt. ²Die Übermittlung unterbleibt, wenn besondere gesetzliche Verwendungsregelungen entgegenstehen.

1 **Abs. 1 und Abs. 2 Satz 1** sind nach dem Vorbild des § 24 Abs. 1 Satz 1, § 26 Abs. 1 Satz 1 VwVfG gestaltet, die ebenso wie die Verwaltungsverfahrensgesetze der Länder nach § 2 Abs. 3 Nr. 1 VwVfG nicht unmittelbar anwendbar sind. Sie gelten, wie sich aus dem Gesetzestext und der Gesetzesbegründung (BT-Drucks. 11/3253, S. 22 f.) ergibt, nur **für die LJV.** Trotz der Einreihung des neuen § 36 a in den Zweiten Teil der BRAO, der die Zulassung des RA regelt, gelten Abs. 1 und Abs. 2 Satz 1 nicht nur für Zulassungsangelegenheiten, sondern auch, wenn ein RA »sonst einen Rechtsvorteil« begehrt (vgl. Abs. 2 Satz 2 und die Gesetzesbegründung a.a.O.), z. B. nach § 28 Abs. 1 Satz 2.

2 **Abs. 2 Satz 2,** der nach dem Gesetzeswortlaut ebenfalls nur für die LJV gilt, entspricht einem bereits in der Rspr. zu § 24 VwVfG und zum Zulassungsverfahren der BRAO entwickelten Grundsatz (vgl. *Knack,* § 24 Rz. 4.2; BGH, NJW 1985, 1842). Im Anschluß an diese Rspr. ist zu fordern, daß die LJV vor der Zurückweisung eines Antrags nach Abs. 2 Satz 2 alle ihr zur Verfügung stehenden Möglichkeiten der Sachaufklärung erschöpft (vgl. *Knack,* a.a.O., insbesondere BGH, a.a.O., S. 1844). Auch **Abs. 2 Satz 3** entspricht der schon nach früherem Recht bestehenden Rspr. (vgl. BVerwGE 8, 29).

3 **Abs. 3** Satz 1 schafft im Hinblick auf das Recht auf informationelle Selbstbestimmung eine Rechtsgrundlage zur Übermittlung personenbezogener Informationen, und zwar im Vorgriff auf das geplante Justizmitteilungsgesetz (*Zuck,* NJW 1990, 1027); Satz 2 bringt zum Ausdruck, daß besondere Verwendungsregeln vorgehen, die der Gesetzgeber in konkreten Bereichen getroffen hat, in denen die personenbezogenen Informationen anfallen

(Berufs- und besondere Amtsgeheimnisse, abschließende Zweckbindungsregelungen, besondere Übermittlungsregelungen) – vgl. BT-Drucks. 11/5264, S. 33. Nach Abs. 3 dürfen Gerichte und Behörden personenbezogene Informationen den Stellen erteilen, die zuständig sind

a) für die Rücknahme oder den Widerruf einer Zulassung zur Rechtsanwaltschaft oder zu einem bestimmten Gericht nach §§ 14, 35 (LJV),
b) für den Widerruf einer Erlaubnis zur Einrichtung einer Zweigstelle oder zum Abhalten auswärtiger Sprechtage nach § 28 Abs. 2 (LJV),
c) für den Widerruf der Befreiung von der Pflicht nach § 29 Abs. 2, § 29 a Abs. 3 Satz 2(LJV),
d) für die Einleitung eines Rügeverfahrens nach § 74 (Vorstand der RAK),
e) für die Einleitung eines anwaltsgerichtlichen Verfahrens nach § 121 (StA).

Vgl. auch Vorbem. zum Zweiten Teil (vor § 4) Rz. 3. Kritisch zu Abs. 3 die Stellungnahme der BRAK (BRAK-Mitt. 1989, 90).

Zur Fortsetzung von **Verwaltungsverfahren** betr. die nach dem **RAG zuge-**   4
lassenen RAe vgl. Vorbem. zum Sechsten und Siebenten Teil Rz. 4.

Vierter Abschnitt   **Das Verfahren bei Anträgen auf gerichtliche Entscheidung in Zulassungssachen**

Vorbemerkung zum Vierten Abschnitt

Das in §§ 37–42 geordnete Verfahren vor dem AnwGH und dem BGH ist zunächst vorgesehen für die Fälle, in denen der Antragsteller in Zulassungssachen, also im Zusammenhang mit der (allgemeinen) Zulassung zur Rechtsanwaltschaft und der (lokalen) Zulassung bei einem bestimmten Gericht durch einen Verwaltungsakt oder durch Untätigkeit der LJV oder durch ein negatives Gutachten des Vorstandes der RAK nach § 9 Abs. 1 Satz 1 beschwert ist. In dem Verfahren nach §§ 37 bis 42 ist die sofortige Beschwerde gegen die Entscheidung des AnwGH nur in den in § 42 Abs. 1 Nr. 1 bis 5 genannten Fällen zulässig (BGH BRAK-Mitt. 1994, 176). Durch die Generalklausel des § 223 tritt eine Erweiterung der Anwendung der §§ 37, 39–42 auf Verwaltungsakte im allgemeinen ein. Für das Verfahren bei der Entscheidung über den Antrag auf Zulassung als RA bei dem BGH gilt § 170, vgl. die folgende schematische Darstellung:

Instanzenzüge im Zulassungsverfahren

I. Zulassung zur Rechtsanwaltschaft

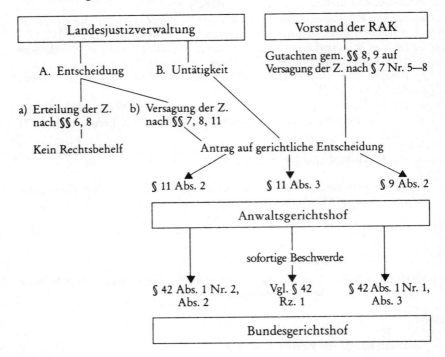

II. Zulassung zu einem bestimmten Gericht

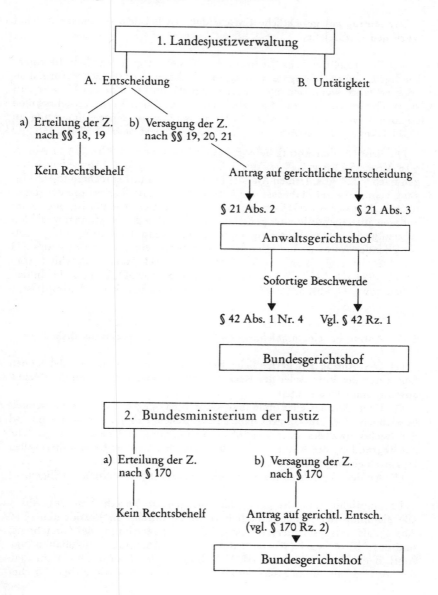

§ 37   Form der Anträge

Der Antrag auf gerichtliche Entscheidung ist bei dem Anwaltsgerichtshof schriftlich einzureichen.

1   Zur Wahrung der Schriftform nach § 37 gehört grundsätzlich die eigenhändige Unterzeichnung des Antrags. Fehlt diese, so ist die Schriftform dennoch gewahrt, wenn sich aus anderen Anhaltspunkten eine der Unterschrift vergleichbare Gewähr für die Urheberschaft und den Rechtsverkehrswillen ergeben (*Feuerich*, BRAK-Mitt. 1991, 52 m. w. N. in einer Anmerkung zu EGH Hamm, BRAK-Mitt. 1990, 249; a. A. *Kleine/Cosack*, § 37 Rz. 1).

2   Die **Frist** für den Antrag beträgt in den Fällen von § 9 Abs. 2, § 11 Abs. 2, § 16 Abs. 5, § 21 Abs. 2, § 28 Abs. 3, § 29 Abs. 3, § 35 Abs. 2 sowie bei Anträgen nach § 223 Abs. 1 **einen Monat;** Fristwahrung nur bei rechtzeitigem Eingang beim AnwGH, daher ist der Antrag stets unmittelbar bei diesem einzureichen. Hat der AnwGH mit dem OLG, bei dem er errichtet ist, oder einer anderen Justizbehörde eine gemeinsame Einlaufstelle (Briefannahmestelle), so genügt der rechtzeitige Eingang bei dieser, wenn der Antrag zufolge entsprechender Adressierung oder in anderer Weise eindeutig an den AnwGH gerichtet ist (vgl. BGH, NJW 1983, 123; EGH Hamm, Beschluß vom 22. 10. 1984 – 1 Z U 17/83 –). Vgl. hierzu *Kopp*, VwGO, § 74 Rz. 11. In den Fällen von § 11 Abs. 3, § 21 Abs. 3, § 29 Abs. 4 besteht keine Antragsfrist.

§ 38   Antrag bei einem ablehnenden Gutachten der Rechtsanwaltskammer

(1) Der Antrag auf gerichtliche Entscheidung ist bei einem ablehnenden Gutachten des Vorstandes der Rechtsanwaltskammer (§ 9) gegen die Rechtsanwaltskammer zu richten.

(2) ¹Der Antragsteller muß das Gutachten, gegen das er sich wendet, bezeichnen. ²Der Antrag geht dahin, festzustellen, daß der von dem Vorstand der Rechtsanwaltskammer angeführte Versagungsgrund nicht vorliegt. ³Die zur Begründung des Antrags dienenden Tatsachen und die Beweismittel sollen im einzelnen angeführt werden.

(3) An dem Verfahren kann sich die Landesjustizverwaltung beteiligen.

1   Es empfiehlt sich dringend, die **zwingenden Vorschriften** des Abs. 1 (Bezeichnung der RAK, gesetzlich vertreten durch den Präsidenten (§ 80 Abs. 1), als Antragsgegner), des Abs. 2 Satz 1 (Bezeichnung des Gutachtens) und des Abs. 2 Satz 2 (Wortlaut des Feststellungsantrags) einzuhalten (vgl. Amtl. Begr.; *Isele*, § 38 Anm. III, V A, B). Es besteht sonst die Gefahr, daß der Antrag als unzulässig verworfen wird, insbesondere bei falscher

Bezeichnung des Antragsgegners (vgl. *Feuerich*, § 38 Rz. 5, 12). Nach BGH, BRAK-Mitt. 1986, 165; BGH, Beschl. v. 27. 5. 1991 – AnwZ (B) 12/91, ist allerdings den Formerfordernissen des § 38 Abs. 2 genügt, wenn das Ziel des Begehrens aus der Antragsschrift klar erkennbar ist. Vgl. auch EGH Stuttgart, EGE XIV 237, wonach sinngemäße Stellung des Antrags genügt. Ein **Antrag auf gerichtliche Entscheidung** nach Abs. 1 Satz 1 kann für **andere** als in § 7 Nr. 5 bis 9 aufgezählte Versagungsgründe **nicht** gestellt werden (BGH BRAK-Mitt. 1993, 104).

Die **Nachbesserung eines formwidrigen Antrags** ist bis zum Ablauf der **2** Antragsfrist zulässig. Die EGH-Präsidentenkonferenz 1985 hat den Gerichten empfohlen, hierauf bei formwidrigen Anträgen hinzuweisen (vgl. auch § 139 Abs. 1 ZPO) und bei der Auslegung nicht mehr nachbesserungsfähiger Anträge im Interesse einer Entscheidung zur Sache nicht kleinlich zu sein (vgl. BRAK-Mitt. 1986, 19).

Nach Abs. 2 Satz 3 ist die Begründung des Antrags durch Anführung der **3** hierzu dienenden **Tatsachen und Beweismittel** nicht zwingend vorgeschrieben (Sollvorschrift). Daß jedoch eine eingehende und sorgsame Begründung die Erfolgsaussicht des Antrags erhöht, liegt auf der Hand. Nach Abs. 3 kann auch die LJV Anträge stellen und Tatsachen vorbringen (vgl. auch § 40 Abs. 1 Satz 2, § 41 Abs. 5, § 42 Abs. 2 Satz 2).

Die **Vertretung der Justizverwaltung in Zulassungssachen** (§§ 38, 39) ein-**4** schließlich des Beschwerdeverfahrens (§ 42) ist länderweise unterschiedlich geregelt.

§ 39 Antrag bei Bescheiden und Verfügungen der Landesjustizverwaltung

(1) ¹Der Antrag auf gerichtliche Entscheidung gegen einen Bescheid oder eine Verfügung der Landesjustizverwaltung ist gegen die Landesjustizverwaltung zu richten. ²Das gleiche gilt für Anträge auf gerichtliche Entscheidung, die darauf gestützt werden, daß die Landesjustizverwaltung innerhalb von drei Monaten einen Bescheid nicht erteilt hat.

(2) ¹Der Antrag muß den Bescheid oder die Verfügung, gegen die er sich wendet, bezeichnen. ²Er muß ferner angeben, inwieweit der angefochtene Bescheid oder die angefochtene Verfügung aufgehoben und zu welcher Amtshandlung die Landesjustizverwaltung verpflichtet werden soll. ³Wird der Antrag auf gerichtliche Entscheidung darauf gestützt, daß die Landesjustizverwaltung innerhalb von drei Monaten einen Bescheid nicht erteilt hat, so ist die beantragte Amtshandlung zu bezeichnen. ⁴Die zur Begründung des Antrags dienenden Tatsachen und die Beweismittel sollen im einzelnen angeführt werden.

(3) Soweit die Landesjustizverwaltung ermächtigt ist, nach ihrem Ermessen zu befinden, kann der Antrag nur darauf gestützt werden, daß die gesetzlichen Grenzen des Ermessens überschritten seien oder daß von dem Ermessen in einer dem Zweck der Ermächtigung nicht entsprechender Weise Gebrauch gemacht worden sei.

1   Es empfiehlt sich dringend, die **zwingenden Vorschriften** des Abs. 1 Satz 1 und 2 (Bezeichnung der LJV als Antragsgegner, und zwar stets der obersten Justizbehörde auch in Fällen, in denen diese ihre Befugnisse nach § 224 übertragen hat – *Isele,* § 39 Anm. III), Abs. 2 Satz 1 (Bezeichnung des Bescheides oder der Verfügung), Abs. 2 Satz 2 (genaue Formulierung des Antrags, für dessen Inhalt § 41 Abs. 3 und 4 Anhaltspunkte geben), Abs. 2 Satz 3 (Bezeichnung der beantragten Amtshandlung) einzuhalten. Andernfalls ist mit Verwerfung des Antrags als unzulässig zu rechnen (Amtl. Begr.). Die Rspr. ist allerdings insoweit uneinheitlich (vgl. *Isele,* § 39 Anm. V m. w. N. und mit Vorschlägen für Anträge in den in Betracht kommenden Fällen; ferner Bayer. EGH, EGE XIV 237 mit folgendem Leitsatz: »Bei einem Antrag auf gerichtliche Entscheidung muß die Antragsschrift selbst den Erfordernissen des § 39 BRAO genügen. Sie kann nicht durch Beiziehung von Akten ergänzt werden. Das gilt jedenfalls dann, wenn der Antrag außergewöhnlich lückenhaft ist und eine Klärung innerhalb der Rechtsmittelfrist nicht möglich ist.«). Nach BGH, EGE VI 55, bestätigt durch Beschl. vom 1. 7. 1985 – AnwZ (B) 12/85 – genügt allerdings der Antrag nach § 39 Abs. 2 Satz 3 »derartigen Formvorschriften«, wenn sein Ziel schon allein aus der Tatsache der Stellung des Antrags klar erkennbar ist.

2   **Abs. 3** entspricht dem § 114 VwGO, der die **Nachprüfung von Ermessensentscheidungen** im Verwaltungsgerichtsverfahren regelt. Die äußerst umfangreiche Lit. hierzu (vgl. *Kopp,* VwGO, § 114 vor Rz. 1) und die einschlägige Rspr. können hier weitgehend entsprechend verwertet werden.

3   Abs. 3 ist anzuwenden a) unmittelbar in den Fällen von § 14 Abs. 2, § 20, § 28 Abs. 1 Satz 2, Abs. 2 Satz 1, § 29 Abs. 2 Satz 1, § 33 Abs. 1, 2, § 35 Abs. 1; b) entsprechend gemäß § 223 Abs. 1 Satz 4 in den Fällen von § 10 Abs. 1, § 17 Abs. 2 Satz 1, Abs. 3 Satz 1, § 33 Abs. 2, § 47 Abs. 1 Satz 2, § 55 Abs. 1 Satz 1.

4   **Zur Vertretung der Justizverwaltung** im Verfahren nach § 39 vgl. § 38 Rz. 4.

§ 40 Verfahren vor dem Anwaltsgerichtshof

(1) ¹Der Anwaltsgerichtshof teilt den Antrag auf gerichtliche Entscheidung dem Antragsgegner mit und fordert ihn auf, sich innerhalb einer von dem

Vorsitzenden bestimmten Frist zu äußern. ²Auch wenn die Rechtsanwaltskammer nicht Antragsgegner ist, wird ihr der Antrag auf gerichtliche Entscheidung mitgeteilt und zugleich Gelegenheit zur Stellungnahme gegeben; der Termin der mündlichen Verhandlung ist ihr mitzuteilen. ³Einen Antrag auf gerichtliche Entscheidung bei einem ablehnenden Gutachten des Vorstandes der Rechtsanwaltskammer teilt der Anwaltsgerichtshof auch der Landesjustizverwaltung mit.

(2) ¹Der Anwaltsgerichtshof entscheidet über den Antrag aufgrund mündlicher Verhandlung. ²Einer solchen bedarf es jedoch nicht, wenn die Beteiligten ausdrücklich auf sie verzichten.

(3) ¹Die mündliche Verhandlung ist nicht öffentlich. ²Vertretern der Landesjustizverwaltung, dem Präsidenten des Oberlandesgerichts oder seinem Beauftragten, den Beamten der Staatsanwaltschaft bei dem Oberlandesgericht und Mitgliedern oder Vertretern des Vorstandes der Rechtsanwaltskammer ist der Zutritt zu den Verhandlungen gestattet. ³Der Anwaltsgerichtshof kann nach Anhörung der Beteiligten auch andere Personen als Zuhörer zulassen. ⁴Auf Verlangen des Antragstellers muß, auf Antrag eines anderen Beteiligten kann die Öffentlichkeit hergestellt werden; in diesem Fall sind die Vorschriften des Gerichtsverfassungsgesetzes über die Öffentlichkeit sinngemäß anzuwenden.

(4) Auf das Verfahren sind im übrigen ıdie Vorschriften des Gesetzes über die Angelegenheiten der freiwilligen Gerichtsbarkeit anzuwenden.

Antragsgegner i. S. des Abs. 1 Satz 1 ist im Falle des Antrags auf gerichtliche Entscheidung bei einem ablehnenden Gutachten des Vorstandes der RAK (§ 38) die RAK, in den Fällen des Antrags auf gerichtliche Entscheidung gegen einen Bescheid oder eine Verfügung der LJV (§ 39) die LJV. Zu Abs. 1 Satz 2, wonach ein Antrag nach § 38 der LJV mitzuteilen ist, vgl. § 38 Abs. 3. 1

Nach Abs. 4 sind auf das Verfahren vor dem AnwGH im Zulassungsverfahren die **Vorschriften des FGG** anzuwenden, soweit sich nichts anderes aus Abs. 1–3 und den Sondernormen der §§ 37–39, 41, 42 ergibt. Abweichend vom Verfahren der freiwilligen Gerichtsbarkeit ist insbesondere die grundsätzlich nichtöffentliche **mündliche Verhandlung** obligatorisch, falls nicht die Beteiligten ausdrücklich auf sie verzichten (Abs. 2, 3). Zufolge entsprechender Anwendung des § 12 FGG hat der AnwGH **von Amts wegen** die zur Feststellung der Tatsachen erforderlichen **Ermittlungen** durchzuführen und die geeignet erscheinenden Beweise zu erheben. Jedoch besteht im Antragsverfahren nach der BRAO eine gewisse Verpflichtung der Beteiligten, an der Aufklärung der Sachverhalts selbst mitzuwirken (Darlegungs- und Förderungslast, Beibringungsmaxime, Informationslast), aber grundsätzlich keine Beweisführungslast (vgl. *Keidel/Kuntze/Winkler*, Freiwillige 2

Gerichtsbarkeit, 12. Aufl. 1987, § 12 Rz. 3 m. w. N.; BGH, BRAK-Mitt. 1988, 51). Vgl. auch § 36 a Abs. 2. Im anwaltlichen Zulassungsverfahren nach der BRAO müssen **Zustellungen** an den für den Rechtszug bestellten Verfahrensbevollmächtigten erfolgen – §§ 16 Abs. 2 Satz 1 FGG, 176 ZPO – (BGH, BRAK-Mitt. 1991, 227).

3   Eine **Verbindung** mehrerer beim AnwGH anhängiger Anträge auf gerichtliche Entscheidung zu gemeinsamer Verhandlung und Entscheidung ist zulässig, wenn die dem § 147 ZPO entsprechenden Voraussetzungen vorliegen (BGH, EGE XIII 43).

4   In entsprechender Anwendung des § 41 Nr. 6 ZPO ist ein **Richter** des AnwGH kraft Gesetzes **ausgeschlossen,** wenn er im vorangegangenen Verwaltungsverfahren mitentscheidend tätig gewesen ist (BGH, EGE X 3, 5). Auf die **Ablehnung von Richtern** in den nach der BRAO geregelten Verfahren der freiwilligen Gerichtsbarkeit sind die Vorschriften der §§ 42 ff. ZPO entsprechend anzuwenden (BGHZ 46, 195). Danach ist ein Ablehnungsversuch nur dann gerechtfertigt, wenn bei verständiger Würdigung Grund zu der Annahme besteht, der Richter nehme dem Ablehnenden gegenüber eine innere Haltung ein, die seine Unvoreingenommenheit und Unparteilichkeit störend beeinflussen könne (BGH, Beschl. vom 22. 12. 1987 – AnwZ (B) 49/87 –). Im Ablehnungsverfahren gilt auch § 567 Abs. 3 ZPO. Eine Beschwerde gegen eine Entscheidung, mit der der AnwGH ein gegen einen Richter gerichtetes Ablehnungsgesuch für unbegründet erklärt oder als unzulässig verworfen hat, ist daher unzulässig (BGH, EGE XII 46, 50; BRAK- Mitt. 1984, 141; *Zuck,* BRAK-Mitt. 1990, 190, 192 m. w. N.). Bei der Selbstablehnung eines Richters gilt nicht § 6 Abs. 2 FGG sondern § 48 ZPO (BGH, NJW 1967, 155).

5   In entsprechender Anwendung des § 22 Abs. 2 FGG kann die **Wiedereinsetzung in den vorigen Stand** gegen die Versäumung der Frist für den Antrag auf gerichtliche Entscheidung beantragt werden (BGH, EGE VIII 15, 16; EGH Schleswig, BRAK-Mitt. 1986, 172); gegen die Versagung der Wiedereinsetzung steht dem Antragsteller der Beschwerdeweg (vgl. § 22 Abs. 2 Satz 3 FGG) jedenfalls dann offen, wenn das Rechtsmittel ihm in der Hauptsache nach § 42 Abs. 1 Nr. 1–5 eröffnet wäre (*Zuck,* BRAK-Mitt. 1990, 190, 192 sowie 1992, 66, 70 m. w. N.); ob die Entscheidung über die Wiedereinsetzung in einem gesonderten Beschluß oder zusammen mit dem über den Antrag auf gerichtliche Entscheidung ergeht, ist für die Frage ihrer Anfechtbarkeit nicht maßgebend (BGH, BRAK-Mitt. 1985, 51). Die eidesstattliche Versicherung des Antragstellers ist ein zulässiges Mittel der Glaubhaftmachung (BGH, BRAK-Mitt. 1984, 37). Es kommt hier für die Wiedereinsetzung – anders als bei § 233 ZPO – nicht auf die Wahrung der äußersten zumutbaren Sorgfaltspflicht an; vielmehr genügt die Wahrung

der verkehrsüblichen Sorgfalt; die Frist von zwei Wochen des § 22 Abs. 2 FGG gilt nach h. M. nicht für die Angabe der die Wiedereinsetzung begründenden Tatsachen sowie die Angabe und Beibringung der Mittel für die Glaubhaftmachung (BGH, NJW 1962, 202; vgl. auch BGH, EGE VIII 15). Selbst wenn man davon ausgeht, daß das Erfordernis eines Antrags für die Wiedereinsetzung durch die neuere Rechtsentwicklung überholt ist und § 236 Abs. 2 ZPO, der die Wiedereinsetzung von Amts wegen ermöglicht, einen allgemeinen Rechtsgedanken erhält, so ist doch zu beachten, daß der Antragsteller nach der ständigen Rspr. des BGH nach entsprechendem Hinweis auf die Fristüberschreitung seinem Willen, das Verfahren trotz Fristablaufs fortzusetzen, Ausdruck geben muß (BGH, BRAK-Mitt. 1987, 90; EGH Hamm, Beschluß vom 3. 7. 1987 – 1 ZU 11/87 –).

Das Recht auf **Einsicht in die Akten des AnwGH** und die Erteilung von   **6** Abschriften aus ihnen richtet sich gemäß Abs. 4 nach § 34 FGG, wonach das berechtigte Interesse des Antragstellers maßgebend ist. Vgl. hierzu auch *Isele*, S. 463 ff. Einen Antragsteller im Zulassungsbeschwerdeverfahren ist auch dann im gebotenen Umfang **rechtliches Gehör** gewährt worden, wenn ihm ermöglicht worden ist, die Akten in den Gerichtssälen durchzusehen und dabei Teile des Aktenmaterials auszuwerten, die für die sachgerechte Rechtsverfolgung von Bedeutung sein können. Es verstößt grundsätzlich nicht gegen das Prinzip des rechtlichen Gehörs, wenn dem Verfahrensbevollmächtigten die Akten nicht unmittelbar in die Kanzleiräume geschickt werden (BGH, BRAK-Mitt. 1991, 227).

Zur entsprechenden Anwendung weiterer FGG-Vorschriften vgl. *Feue-*   **7** *rich*, § 40 Rz. 11 ff.

Gegen die behauptete **Untätigkeit** des AnwGH, insbesondere die Nichtan-   **8** beraumung eines Termins, ist in der Regel weder die Beschwerde noch ein sonstiges Rechtsmittel zulässig (BGH, EE XIV 70; BRAK-Mitt. 1984, 140).

Zur Möglichkeit der **Zurückverweisung**, der **Heilung von Verfahrensmän-**   **9** **geln**, der **Wiederaufnahme** des Verfahrens, eines **Feststellungsbegehrens** und eines **Anerkenntnisses** vgl. § 42 Rz. 7.

§ 41   Entscheidung des Anwaltsgerichtshofes

(1) [1]Der Anwaltsgerichtshof entscheidet über den Antrag durch Beschluß, der mit Gründen zu versehen ist. [2]Zu einer dem Antragsteller nachteiligen Entscheidung ist eine Mehrheit von zwei Dritteln der Stimmen erforderlich.

(2) [1]Hält der Anwaltsgerichtshof den Antrag auf gerichtliche Entscheidung bei einem ablehnenden Gutachten des Vorstandes der Rechtsanwaltskammer (§ 38) für begründet, so stellt er fest, daß der von dem Vorstand der Rechtsan-

waltskammer angeführte Versagungsgrund nicht vorliegt. [2]Weist er den Antrag als unbegründet zurück, so stellt er zugleich fest, daß der von dem Vorstand der Rechtsanwaltskammer angeführte Versagungsgrund vorliegt.

(3) [1]Hält der Anwaltsgerichtshof den Antrag, durch den ein Bescheid oder eine Verfügung der Landesjustizverwaltung angefochten wird (§ 39), für begründet, so hebt er den Bescheid oder die Verfügung auf. [2]Richtet sich der Antrag gegen einen ablehnenden Bescheid und ist die Sache zur Entscheidung reif, so spricht der Anwaltsgerichtshof zugleich die Verpflichtung der Landesjustizverwaltung aus, die beantragte Amtshandlung vorzunehmen; ist die Sache noch nicht zur Entscheidung reif, so spricht er zugleich die Verpflichtung der Landesjustizverwaltung aus, den Antragsteller unter Beachtung der Rechtsauffassung des Gerichts zu bescheiden.

(4) Hält der Anwaltsgerichtshof den Antragsteller dadurch für beschwert, daß die Landesjustizverwaltung ihm ohne zureichenden Grund einen Bescheid nicht erteilt hat, so spricht er die Verpflichtung der Landesjustizverwaltung aus, ihn zu bescheiden.

(5) Der Anwaltsgerichtshof stellt einen Beschluß, der über einen Antrag nach § 38 ergangen ist, der Landesjustizverwaltung auch dann zu, wenn sie sich an demVerfahren nicht beteiligt hat.

1   Soweit der AnwGH nach **Abs. 2** über einen Antrag auf gerichtliche Entscheidung bei einem **ablehnenden Gutachten des Vorstandes der RAK** (§ 38) zu befinden hat, beschränkt sich die gerichtliche Nachprüfung durch den AnwGH ebenso wie die durch den BGH im Falle des § 42 Abs. 1 Nr. 1 auf den im Gutachten des Vorstandes der RAK angeführten Versagungsgrund; der AnwGH ist ebenso wie im Beschwerdeverfahren der BGH nicht gehindert, denselben Lebenstatbestand, der im Gutachten des Kammervorstandes als Versagungsgrund aufgeführt ist, im Hinblick auf dieselbe Gesetzesvorschrift (z. B. § 7 Nr. 8), jedoch unter anderen rechtlichen Gesichtspunkten zu würdigen, dabei können im Laufe des Verfahrens eingetretene oder bekannt gewordene Änderungen tatsächlicher Art in die gerichtliche Prüfung einbezogen werden, wenn sie den dem Gutachten zugrundeliegenden Sachverhalt in seinem wesentlichen Gehalt nicht verändern (BGHZ 35, 385, 387). Es ist verfahrensrechtlich nicht zu beanstanden, daß das Gericht von einem veränderten Sachverhalt ausgeht, wenn die eingetretenen Veränderungen nicht entscheidungserheblich sind (BGHZ 38, 241, 244; BGH, AnwBl. 1980, 380, 381). Ob auch entscheidungserhebliche Veränderungen berücksichtigt werden können, wurde in BGH, AnwBl. 1980, 380, 381 offen gelassen. Fällt der vom Kammervorstand geltend gemachte Versagungsgrund nachträglich zweifelsfrei weg, so kann das Gericht diesen Umstand noch berücksichtigen; der starren Kostenregelung des § 201 Abs. 2 kann die RAK in solchen Fällen dadurch entgehen, daß sie ihr ablehnendes Gutachten für hinfällig und die Hauptsache für erledigt erklärt; dann können die

Kosten des gerichtlichen Verfahrens in entsprechender Anwendung von § 91 a ZPO dem Antragsteller auferlegt werden (BGH, NJW 1982, 2782). Vgl. auch § 201 Rz. 1.

Hat der Vorstand der RAK in seinem ablehnenden Gutachten sowohl   2
Gründe nach § 7 Nr. 5 bis 9 als auch solche nach anderen Nummern des § 7 oder nach § 20 geltend gemacht, so gilt folgendes: Hat die LJV von der Möglichkeit Gebrauch gemacht, ihre Entscheidung nach § 9 Abs. 1 Satz 1 auszusetzen, so ist der AnwGH in dem nach § 38 Abs. 1 gegen die RAK gerichteten Gerichtsverfahren nach § 41 Abs. 2 nur hinsichtlich der im Gutachten geltend gemachten Ablehnungsgründe nach § 7 Nr. 5 bis 9 zur Prüfung und Entscheidung befugt (BGH, EGE X 20, 26). Hat die LJV jedoch, statt ihre Entscheidung nach § 9 Abs. 1 Satz 1 auszusetzen, den Zulassungsantrag gemäß § 9 Abs. 1 Satz 2 aus einem anderen als den im Gutachten geltend gemachten Gründen nach § 7 Nr. 5 bis 9 abgelehnt, so darf der AnwGH diese Ablehnung nicht aus einem der im Gutachten geltend gemachten Gründe des § 7 Nr. 5 bis 9 bestätigen (BVerfGE 72, 51, 54, 59–61).

Abs. 3 gilt u. a. für die Fälle, in denen der AnwGH nach § 15 Abs. 5, § 39   3
über einen Antrag auf gerichtliche Entscheidung gegen den Widerruf der Zulassung zu entscheiden hat. In solchen Fällen können Veränderungen hinsichtlich der tatsächlichen Voraussetzungen eines Rücknahmegrundes nach der ständigen Rspr. des BGH nur dann berücksichtigt werden, wenn zweifelsfrei feststeht, daß der Widerrufsgrund zwischenzeitlich weggefallen ist (BGH, EGE XIV 147, BRAK-Mitt. 1982, 26). Diese Rspr. begegnet keinen verfassungsrechtlichen Bedenken (BVerfG BRAK-Mitt. 1985, 234). Von solchen eng begrenzten Ausnahmefällen abgesehen kann aber die nach Erlaß der Widerrufsverfügung eingetretene Veränderung der Umstände nur in einem neuen Zulassungsverfahren berücksichtigt werden (EGH Stuttgart, BRAK-Mitt. 1982, 129). Abs. 3 Satz 2 Halbsatz 2 entspricht § 113 Abs. 4 VwGO. Deshalb können Lit. und Rspr. zu letzterer Vorschrift hier teilweise entsprechend berücksichtigt werden. Vgl. z. B. bei *Kopp*, VwGO zur Entscheidungsreife (= Spruchreife) § 113 Rz. 83 ff., zur Bindung der LJV an die Rechtsauffassung des AnwGH Rz. 92 ff.

Sog. **Präzedenzfälle** sind für die Entscheidung des AnwGH und in der   4
Beschwerdeinstanz für die des BGH ohne Bedeutung. Es liegt kein Verstoß gegen den allgemeinen Gleichheitsgrundsatz darin, daß einem Antragsteller die Zulassung zur Rechtsanwaltschaft versagt wird, während anderen in ähnlicher Lage die Zulassung erteilt worden ist; niemand hat einen Anspruch auf Gleichbehandlung, der darauf gerichtet wäre, daß in anderen Fällen gemachte Fehler wiederholt werden müßten (BGH, NJW 1977, 808; ständige Rspr.).

5   Zur Kostenentscheidung im Beschluß des AnwGH vgl. § 201 Abs. 2, 3.

6   Die **formelle Rechtskraft** der gerichtlichen Entscheidung beendet das anhängige Zulassungsverfahren. Ihre **materielle Rechtskraft** bindet die Beteiligten; sie können denselben Verfahrensgegenstand nicht erneut zur gerichtlichen Entscheidung stellen, solange nicht aufgrund neuer Umstände eine andere Sachlage entstanden ist (BGH, NJW 1988, 1792 m. w. N.). Die LJV kann jedoch einen durch unanfechtbaren Verwaltungsakt abgeschlossenen Fall durch eine neue Entscheidung neu regeln. Ein solcher **Zweitbescheid** ist außerhalb der Verwaltungsverfahrensgesetze zulässig und kann erneut angefochten werden (*Zuck*, BRAK-Mitt. 1990, 190, 192 m. w. N.).

7   Für das weitere Verfahren im Anschluß an die Entscheidung des AnwGH ist zu unterscheiden:

8   1. Bei Anträgen auf gerichtliche Entscheidung gegen ein ablehnendes Gutachten des Vorstandes der RAK (§ 38) richtet sich das weitere Verfahren nach der rechtskräftigen Entscheidung des AnwGH im Falle des § 41 Abs. 2 Satz 1 nach § 9 Abs. 4 Satz 1, im Falle des § 41 Abs. 2 Satz 2 nach § 9 Abs. 4 Satz 2.

9   2. In den Fällen von begründeten Anträgen auf gerichtliche Entscheidung gegen einen Beschluß oder eine Verfügung der LJV (§ 39) hängt das weitere Verfahren davon ab, welche Verpflichtung der AnwGH der LJV nach § 41 Abs. 3 Satz 2 Halbsatz 1 oder 2 auferlegt.

10   3. Hält der AnwGH den Antragsteller dadurch für beschwert, daß die LJV ihm ohne zureichenden Grund einen Bescheid nicht erteilt hat, so ergibt sich das weitere Verfahren aus § 41 Abs. 4.

§ 42   Sofortige Beschwerde

(1) **Dem Antragsteller steht gegen die Entscheidung des Anwaltsgerichtshofes die sofortige Beschwerde zu, wenn der Anwaltsgerichtshof sein Begehren auf**
1. **Feststellung, daß der in dem Gutachten des Vorstandes der Rechtsanwaltskammer angeführte Versagungsgrund nicht vorliegt,**
2. **Zulassung zur Rechtsanwaltschaft,**
3. **Aufhebung der Rücknahme oder des Widerrufs der Zulassung zur Rechtsanwaltschaft,**
4. **Zulassung bei einem Gericht oder**
5. **Aufhebung des Widerrufs der Zulassung bei einem Gericht**
zurückgewiesen hat.

(2) ¹Der Landesjustizverwaltung steht die sofortige Beschwerde zu, wenn der Anwaltsgerichtshof in den Fällen des Abs. 1 einen Bescheid oder eine Verfügung der Landesjustizverwaltung aufgehoben hat. ²Die Landesjustizverwaltung kann ferner die sofortige Beschwerde selbständig erheben, wenn der Anwaltsgerichtshof über einen Antrag nach § 38 entschieden hat, auch wenn sie sich an dem Verfahren des ersten Rechtszuges nicht beteiligt hat.

(3) Der Rechtsanwaltskammer steht die sofortige Beschwerde zu, wenn der Anwaltsgerichtshof auf einen Antrag nach § 38 festgestellt hat, daß der von dem Vorstand der Rechtsanwaltskammer angeführte Versagungsgrund nicht vorliegt.

(4) ¹Die sofortige Beschwerde ist binnen einer Frist von zwei Wochen bei dem Anwaltsgerichtshof schriftlich einzulegen. ²Sie hat aufschiebende Wirkung.

(5) ¹Über die sofortige Beschwerde entscheidet der Bundesgerichtshof. ²Er entscheidet auch über Anträge auf Wiederherstellung der aufschiebenden Wirkung (§ 16 Abs. 6, § 35 Abs. 2).

(6) ¹Auf das Verfahren vor dem Bundesgerichtshof ist § 40 Abs. 2 und 3 entsprechend anzuwenden. ²Im übrigen gelten die Vorschriften des Gesetzes über die Angelegenheiten der freiwilligen Gerichtsbarkeit sinngemäß.

§ 42 gilt unmittelbar nur für die in Abs. 1 Nr. 1–5, Abs. 2, 3 aufgeführten 1 Fälle des Zulassungsverfahrens. Zweifel an der Geschäftsfähigkeit eines Bewerbers können dessen **Prozeßfähigkeit** im Verfahren wegen Versagung der Zulassung zur Rechtsanwaltschaft (Abs. 1 Nr. 2) nicht in Frage stellen (BGH, BRAK-Mitt. 1992, 171). Ist einem RA die Zulassung zum OLG nach **§ 23 Abs. 1 Nr. 4 RAG** versagt worden, so steht ihm gegen die Entscheidung des Berufsgerichtshofs die Beschwerde in entsprechender Anwendung des § 38 RAG zu, da es im RPflAnpG bei der Übernahme des Lokalisationsgrundsatzes der BRAO in das RAG nur versehentlich unterlassen worden ist, die Beschwerdemöglichkeit – wie im gleichlautenden § 42 Abs. 1 Nr. 4 und 5 – auch auf § 38 Abs. 1 RAG auszudehnen (BGH BRAK-Mitt. 1994, 48 und 45). Zur entsprechenden Anwendung in Fällen von ähnlich weittragender Bedeutung wie die in § 41 Abs. 1 aufgeführten Fälle, die die berufliche Existenz des Beschwerdeführers in Frage stellen, vgl. *Zuck*, BRAK-Mitt. 1990, 190, 192 sowie § 223 Rz. 8. Die Abs. 4 bis 6 gelten gemäß § 223 Abs. 4 entsprechend für die sofortige Beschwerde nach § 223 Abs. 3. Eine im FGG-Verfahren nicht vorgesehene Verfahrensfolge, wie z. B. die Wirkung eines Anerkenntnisses (§ 307 ZPO), kann im Wege der Beschwerde nach § 42 nicht erreicht werden; dasselbe gilt für die Feststellung der Rechtswidrigkeit einer – zurückgenommenen – Widerrufsverfügung, weil die BRAO ein dem § 113 Abs. 1 Satz 4 VwGO entsprechendes Feststellungsbegehren nicht vorsieht. Eine Ausnahme gilt nur, wenn andernfalls ein effektiver Rechtsschutz (Art. 19 Abs. 4 GG) versagt bliebe (BGH, BRAK-Mitt. 1993, 105).

2   Zur Zulässigkeit der sofortigen Beschwerde gegen die Versagung der **Wiedereinsetzung in den vorigen Stand** gegen die Versäumung der Frist für den Antrag auf gerichtliche Entscheidung vgl. § 40 Rz. 5.

3   Für die **Zulässigkeit** der sofortigen Beschwerde macht es **keinen Unterschied,** ob es sich bei der angefochtenen Entscheidung des AnwGH um eine Ablehnung wegen **Unbegründetheit** oder wegen **Unzulässigkeit** handelt (BGH, EGE XIV 4; BRAK-Mitt. 1989, 156; BGH, Beschl. v. 27. 5. 1991 – AnwZ (B) 12/91). Unzulässig ist die sofortige Beschwerde gegen eine **Zwischenentscheidung,** d. h. eine Entscheidung, die keine endgültige Ablehnung eines Antrags enthält (BGH, Beschl. v. 7. 10. 1991 – AnwZ (B) 14/91). Entsprechendes galt für die gleichlautende Vorschrift des § 38 Abs. 1 Nr. 1 RAG (BGH BRAK-Mitt. 1993, 222). Gegen die Entscheidung in einem Verfahren nach dem Zweiten Teil der BRAO und damit nicht in einem Verfahren, in dem die Zulassung eines Rechtsmittels ausdrücklich vorgesehen ist (vgl. §§ 91 Abs. 6, 145 Abs. 1 Nr. 3, 223 Abs. 3) wird ein **Rechtsmittel** auch **nicht dadurch zulässig,** daß der AnwGH das Rechtsmittel ausdrücklich zugelassen hat (BGH BRAK-Mitt. 1992, 170).

4   Die **Beschwerdefrist** von zwei Wochen beginnt in der Regel gemäß § 16 Abs. 1, 2 FGG i. V. mit § 40 Abs. 4 mit der Zustellung der Entscheidung des AnwGH. Für die Berechnung der Beschwerdefrist ist bei Vertretung durch einen **Verfahrensbevollmächtigten** die Zustellung der angefochtenen Entscheidung an diesen maßgeblich (BGH NJW 1991, 2086). Bereits mit der Bekanntmachung an den anwesenden Betroffenen zu Protokoll gemäß § 16 Abs. 3 FGG beginnt die Frist nur dann zu laufen, wenn auch die in § 41 Abs. 1 vorgeschriebene Begründung der Entscheidung dem Anwesenden bekanntgemacht und in das Protokoll aufgenommen worden ist (BGHZ 38, 6). Zur Sicherstellung der Wahrung der Beschwerdefrist ist die sofortige Beschwerde entsprechend der ausdrücklichen Vorschrift des Abs. 4 bei dem AnwGH und nicht etwa bei dem BGH einzulegen.

5   Die in **Abs. 4** vorgeschriebene **Schriftform** erfordert an sich die Einreichung einer handschriftlich unterzeichneten Anfechtungserklärung bei Gericht. Doch können auch Telegramme, selbst fernmündlich aufgegebene Fernschreiben und Telebriefe formgültige Rechtsmittelschriften sein (vgl. BGH, BRAK-Mitt. 1983, 137).

6   Nur bei einer zulässigen Beschwerde ist der **BGH** nach **Abs. 6 Satz 1** i. V. mit § 40 Abs. 2 genötigt, eine **mündliche Verhandlung** anzuberaumen, eine unzulässige Beschwerde kann ohne mündliche Verhandlung verworfen werden (BGHZ 44, 25).

7   Nach **Abs. 6 Satz 2** gilt der Grundsatz der **Amtsprüfung** des FGG, so daß der BGH als Beschwerdegericht im FGG- Verfahren den Sachverhalt ohne

Bindung an die Feststellungen des AnwGH von Amts wegen zu prüfen hat (BGH, Beschl. v. 27. 5. 1991 – AnwZ (B) 9/91); vgl. ferner *Zuck,* BRAK-Mitt. 1988, 163, 164, m. w. N. Eine **Zurückverweisung** an die erste Instanz durch das Beschwerdegericht ist jedoch, obwohl dieses selbst Tatsachengericht ist, unter bestimmten sehr engen Voraussetzungen möglich (BGH BRAK-Mitt. 1994, 40). Ein **Verfahrensmangel** kann durch die Beschwerdeinstanz, die selbst Tatsacheninstanz ist, in den Angelegenheiten der Freiwilligen Gerichtsbarkeit, also auch im anwaltsgerichtlichen Verfahren, **geheilt** werden (BGH BRAK-Mitt. 1994, 47). Eine dem § 307 ZPO **(Anerkenntnis)** entsprechende verfahrensrechtliche Folge sehen die BRAO und das FGG ebensowenig vor, wie ein der Feststellungsklage des § 113 VwGO entsprechendes **Feststellungsbegehren** (BGH BRAK-Mitt. 1993, 105). Eine **Wiederaufnahme des** (Zulassungs-)**Verfahrens** ist in entsprechender Anwendung der Vorschriften der ZPO (§§ 578 ff.) zulässig (BGH BRAK-Mitt. 1994, 178; *Isele,* BRAO, Anhang zu § 40 – § 18 FGG VI). Zur **Gewährung rechtlichen Gehörs** und zur **Akteneinsicht** vgl. § 40 Rz. 6.

Wegen der Beschränkung der Nachprüfung auf den im Gutachten des **8** Vorstandes der RAK angeführten Versagungsgrund in den Fällen des § 38 vgl. § 41 Rz. 1.

Gegen die Versäumung der Beschwerdefrist des Abs. 4 kann nach **Abs. 6** **9** **Satz 2** i. V. mit § 22 Abs. 2 FGG **Wiedereinsetzung in den vorigen Stand** gewährt werden (vgl. hierzu § 40 Rz. 5).

Zur **Richterablehnung** vgl. § 40 Rz. 4. **10**

Zur Bedeutungslosigkeit von sog. **Präzedenzfällen** für die Entscheidung **11** des BGH vgl. § 41 Rz. 4.

Dritter Teil Die Rechte und Pflichten des Rechtsanwalts und die berufliche Zusammenarbeit der Rechtsanwälte

§ 43 Allgemeine Berufspflicht

[1]Der Rechtsanwalt hat seinen Beruf gewissenhaft auszuüben. [2]Er hat sich innerhalb und außerhalb des Berufes der Achtung und des Vertrauens, welche die Stellung des Rechtsanwalts erfordert, würdig zu erweisen.

§ 43 BRAO, der die Berufspflichten des RA generalklauselartig **1** umschreibt, ist durch Beschluß des BVerfG vom 11. 6. 1969 (NJW 1969, 2192) als ausreichend bestimmte Grundlage für eine ehrengerichtliche Ahndung anerkannt worden (ständige Rspr. – zuletzt BVerfG, AnwBl. 1991, 45). Er gilt nach den beiden grundlegenden Beschlüssen des BVerfG vom 14. 7. 1987 (NJW 1988, 191 ff. = BRAK-Mitt. 1988, 54, 58) zum anwaltlichen Standesrecht und nach der Neuregelung durch die Berufsrechtsnovelle 1994 fort. Maßgeblich für die Auslegung und Anwendung des § 43 sind die beruflichen Pflichten und Aufgaben des RA. Diese sind weitgehend in der BRAO selbst (z. B. in §§ 43 a–50, 53, 56, 59, 76) aber auch in anderen Gesetzen festgelegt (z. B. StGB § 203 – Geheimnisverletzung –, § 352 – Gebührenerhebung –, § 356 – Parteiverrat; vgl. hierzu auch *Taupitz*, S. 386 f., 1099 ff. sowie – zur historischen Entwicklung des Standesrechts der Anwaltschaft in Deutschland – S. 352 ff.). Kein Raum für eine Anwendung der Generalklausel des § 43 besteht im Fall des sogen. **standesrechtlichen Überhangs,** da es sich – wie z. B. bei der Entscheidung über die Vereinbarkeit einer kaufmännischen Tätigkeit mit dem Anwaltsberuf – nach §§ 7 Nr. 8, 14 Abs. 2 Nr. 9 um eine abschließende gesetzliche Regelung handelt (BGH, BRAK-Mitt. 1990, 250). Die Pflichten des RA können auch gewohnheitsrechtlich begründet sein, wie die Pflicht des RA vor Gerichten in Amtstracht zu erscheinen (BVerfG, AnwBl. 1970, 170). Nach § 59 b Abs. 2 Nr. 6 c wird das Nähere in der Berufsordnung geregelt. Die »Grundsätze des anwaltlichen Standesrechts«,· Richtlinien gemäß § 177 Abs. 2 Nr. 2 BRAO – **RichtlRa,** von deren Abdruck in dieser Auflage mit Rücksicht auf die zu erwartende Berufsordnung abgesehen wurde – dienten nach der früheren Rspr. des BVerfG als Hilfsmittel, wenn die Generalklausel des § 43 anzuwenden und durch Auslegung zu konkretisieren war (BVerfG, NJW 1981, 2239 m. w. N.). Unter Aufgabe dieser Rechtsauffassung ist das BVerfG in den o. a. Beschlüssen vom 14. 7. 1987 zu dem Ergebnis gelangt, daß den

Richtlinien im ehrengerichtlichen Verfahren eine rechtserhebliche Bedeutung nur noch für eine Übergangzeit bis zur Neuordnung des anwaltlichen Berufsrechts zukommt, soweit sie den materiellrechtlichen Anforderungen an Grundrechtsverletzungen genügen und ihre Heranziehung unerläßlich ist, um die Funktionsfähigkeit der Rechtspflege aufrechtzuerhalten. Wann diese Voraussetzungen für eine vorläufig fortgeltende rechtserhebliche Bedeutung vorliegen, war im Einzelfall von den Vorständen der RAKn im Aufsichts- und Rügeverfahren und von den Ehrengerichten im ehrengerichtlichen Verfahren zu entscheiden.

2   Nunmehr sind durch das ÄndG die beruflichen Pflichten des RA eingehender normiert worden. Dem Hinweis des BVerfG folgend, hat der Gesetzgeber dabei nicht sämtliche Normen selbst geregelt. Ergänzend zu der Generalklausel des § 43 hat er die den Beruf prägenden gesetzlichen Pflichten im Grundsatz geregelt, während die Einzelheiten, die keinen statusbildenden Charakter haben, durch die Berufsordnung bestimmt werden sollen (§§ 59 b, 191 a ff.).

Die die allgemeine Berufspflicht des § 43 ergänzenden, den Beruf prägenden Grundpflichten sind, soweit bisher in der BRAO noch nicht geregelt (vgl. zu den bereits getroffenen Regelungen die §§ 44, 45 a. F., 46, 48, 49, 49 a, 50 a. F.) in §§ 43 a ff. festgelegt. Es sind:

– Wahrung der beruflichen Unabhängigkeit (§ 43 a Abs. 1),
– Verschwiegenheitpflicht (§ 43 a Abs. 2),
– Sachlichkeitsgebot (§ 43 a Abs. 3),
– Verbot, widerstreitende Interessen zu vertreten (§ 43 a Abs. 4),
– Sorgfaltspflicht im Umgang mit fremden Vermögenswerten (§ 43 a Abs. 5),
– Fortbildungspflicht (§ 43 a Abs. 6),
– Wahrung von Grenzen bei der Werbung (§ 43 b),
– Beachtung der Regeln über die Fachanwaltsbezeichnungen (§ 43 c),
– Versagung der Berufstätigkeit in bestimmten Fällen (§ 45 n. F., § 46 n. F.),
– Pflichten im Zusammenhang mit der Vergütung (§ 49 b),
– Pflicht zur Führung von Handakten (§ 50 n. F.),
– Pflicht zum Abschluß einer Berufshaftpflichtversicherung (§ 51),
– Auskunftspflicht gegenüber dem Vorstand der RAK (§ 56) sowie Pflichten bei der beruflichen Zusammenarbeit mit Rechtsanwälten und Angehörigen anderer Berufe (§ 59 a).

3   Für die Tätigkeit deutscher **Anwälte im Ausland** und für die umgekehrte Konstellation gilt folgendes:

Bei grenzüberschreitender Tätigkeit gebietet Art. 4 Abs. 4 der Richtlinie des Rates der Europäischen Gemeinschaften vom 22. 3. 1977 zur Erleichterung der tatsächlichen Ausübung des freien Dienstleistungsverkehrs der Rechtsanwälte die Einhaltung der Standesregeln des Aufnahmestaates. Dies hat seinen Niederschlag in § 3 RADG gefunden. Konfliktfälle können entstehen, wenn im Tätigkeitsstaat vorgeschriebenes oder übliches Verhalten im Herkunftsland verboten ist und im umgekehrten Falle. In solchen Fällen hat grundsätzlich das Recht, das am Ort der Tätigkeit gilt, Vorrang (*Everling*, Gutachten C zum 58. Deutschen Juristentag 1990, S. C 29/30). Eine große Hilfe bieten hier die am 28. 10. 1988 einstimmig vom Rat der Anwaltschaften der Europäischen Gemeinschaft (CCBE) beschlossenen »**Standesregeln der Rechtsanwälte der Europäischen Gemeinschaft**« (abgedruckt als **Anhang II**). Nach Art. 1.5 gelten die Standesregeln nur im grenzüberschreitenden Rechtsverkehr. Sie entsprechen den elementaren Berufsregeln in den Staaten der Gemeinschaft und verleihen, obwohl in Deutschland (noch) nicht rechtsverbindlich (*Schmalz*, BRAK-Mitt. 1989, 165), den grenzüberschreitend tätigen Anwälten die Sicherheit, daß ihre Beachtung sie vor standeswidrigem Verhalten bewahren wird. Eine nähere Darstellung bietet *Hartstang* AnwR S. 741 ff. Zur Rechtsprechung in Frankreich zu den Standesregeln der EG vgl. *Gruber*, BRAK-Mitt. 1991, 195. Vgl. auch § 5 Rz. 3 und § 59 b Abs. 2 Nr. 9.

§ 43 a Grundpflichten des Rechtsanwalts

(1) Der Rechtsanwalt darf keine Bindungen eingehen, die seine berufliche Unabhängigkeit gefährden.

(2) [1]Der Rechtsanwalt ist zur Verschwiegenheit verpflichtet. [2]Diese Pflicht bezieht sich auf alles, was ihm in Ausübung seines Berufes bekanntgeworden ist. [3]Dies gilt nicht für Tatsachen, die offenkundig sind oder ihrer Bedeutung nach keiner Geheimhaltung bedürfen.

(3) [1]Der Rechtsanwalt darf sich bei seiner Berufsausübung nicht unsachlich verhalten. [2]Unsachlich ist inbesondere ein Verhalten, bei dem es sich um die bewußte Verbreitung von Unwahrheiten oder solche herabsetzenden Äußerungen handelt, zu denen andere Beteiligte oder der Verfahrensverlauf keinen Anlaß gegeben haben.

(4) Der Rechtsanwalt darf keine widerstreitenden Interessen vertreten.

(5) [1]Der Rechtsanwalt ist bei der Behandlung der ihm anvertrauten Vermögenswerte zu der erforderlichen Sorgfalt verpflichtet. [2]Fremde Gelder sind unverzüglich an den Empfangsberechtigten weiterzuleiten oder auf ein Anderkonto einzuzahlen.

(6) Der Rechtsanwalt ist verpflichtet, sich fortzubilden.

Zu Abs. 1: Die berufliche Unabhängigkeit gehört zum Kernbereich des Berufs des Rechtsanwalts (vgl. auch § 1 Rz. 2). Seiner Aufgabe im System der Rechtspflege kann der RA nur gerecht werden, wenn er frei von Ein-   1 flußnahmen Dritter beruflich tätig ist. Der besondere Stellenwert der beruflichen Unabhängigkeit spiegelt sich darin wieder, daß eine Tätigkeit, die das Vertrauen in seine Unabhängigkeit gefährden kann, zwingend dazu führt, daß ein Bewerber nicht zur Rechtsanwaltschaft zugelassen wird (§ 7 Nr. 8) und daß die bereits erfolgte Zulassung widerrufen wird (§ 14 Abs. 2 Nr. 9) – vgl. BT-Drucks. 12/4993 S. 27.

2   **Zu Abs. 2:** Die Pflicht zur Verschwiegenheit ist Grundlage für das Vertrauensverhältnis zwischen RA und Mandant. Diese Pflicht reicht weiter als die in § 203 StGB strafrechtlich sanktionierte Pflicht (BT-Drucks. 12/4993 S. 27). »Zum anwaltlichen Berufsgeheimnis« vgl. auch *Henssler,* NJW 1994, 1817, zum Datenschutzrecht im Anwaltsrecht *Rüpke,* NJW 1993, 3097 und zur Anwaltstätigkeit (Verschwiegenheitspflicht) und Geldwäschegesetz – GwG – *Johnigk,* BRAK-Mitt. 1994, 58. Bei der **Begründung von Ansprüchen** z. B. darf der RA im Rahmen des Anwaltsvertrages nicht diejenigen ihm anvertrauten Tatsachen offenbaren, die zur Begründung des Anspruchs nicht vorgetragen werden müssen (so das KG BRAK-Mitt. 1994, 114 für die Begründung eines Arrestantrags zur Sicherung der Honorarforderung. Der **Verkauf** eines **Mandantenstammes** (hier unter zwei Steuerberatungsgesellschaften) ist ohne Einwilligung der Auftraggeber ein Verstoß gegen die Verschwiegenheitspflicht wegen der darin eingeschlossenen Weitergabe personenbezogener Daten (LG Hannover BRAK-Mitt. 1994, 114). **Ausnahmen** von der Verschwiegenheitspflicht sind gegeben z. B. bei Honorarstreitigkeiten (BGH, NJW 1952, 151), bei der Beschuldigung, eine Pflichtverletzung begangen zu haben, wenn sich der RA nur dadurch wirksam verteidigen kann, daß er der Verschwiegenheitspflicht unterliegende Tatsachen offenbart (*Hartstang,* RA, S. 180, 181; BGH, MDR 1956, 625; vgl. auch § 56 Rz. 3). Vgl. auch § 49 b Rz. 7 und § 76.

3   **Zu Abs. 3:** Die Sachlichkeit gehört seit jeher zu den anwaltlichen Berufspflichten und ist deshalb als besondere Berufspflicht im Gesetz normiert. Für die Zeit vor Inkrafttreten der Neuregelung ist zu beachten, daß § 43 auch bei harscher Kritik an der Staatsanwaltschaft (hier: Kundgabe des Verdachts einer rassistisch gelenkten Fehlbeurteilung), die unterhalb strafbarer Beleidigung bleibt, eine anwaltsgerichtliche Maßnahme nicht rechtfertigt (BVerfG, BRAK-Mitt. 1993, 177; ein Verstoß liegt indessen vor, wenn ein RA – ohne vorherige gründliche Prüfung – eine OLG-Entscheidung als Rechtsbeugung bezeichnet [EGH NRW BRAK-Mitt. 1994, 52]). Sachlichkeit ist das Kennzeichen sachgemäßer, professioneller anwaltlicher Arbeit, die, soweit sie in Wort und Schrift ausgeübt wird, der auch in dieser Form durch Art. 5 Abs. 1 GG geschützten Selbstbestimmung unterliegt. Ein sachgerechtes Austragen von Rechtsstreitigkeiten vermeidet Beleidigungen und bewußte Verbreitung von Unwahrheiten. Eine Verletzung des Sachlichkeitsgebots ist auch in herabsetzenden persönlichen Angriffen zu sehen, die mit

dem Gegenstand des Verfahrens nichts zu tun haben (BT-Drucks. 12/4993 S. 27). In den Bereich des Sachlichkeitsgebots fällt auch eine weitgehende **Pflicht zur Wahrheit** (vgl. *Isele*, Anh. zu § 43 S. 781 ff.; vgl. auch EGH Frankfurt, AnwBl. 1984, 629). Der RA darf als Bevollmächtigter in einem Zivilprozeß oder als Verteidiger in einem Strafverfahren nicht bewußt dem Unrecht dienen oder die Rechtsfindung erschweren (Amtl. Begr. zu § 1). Zur Wahrheitspflicht des Strafverteidigers vgl. *Prütting*, AnwBl. 1994, 315, 319. Die Wahrheitspflicht besteht auch, soweit der RA selbst Beschuldigter eines Strafverfahrens oder ehrengerichtlichen Verfahrens ist und nicht von seinem Recht, nicht zur Sache auszusagen (§ 136 StPO), Gebrauch macht (*Isele*, S. 797 f. m. w. N. zur umfangreichen Rspr.; *Dahs*, Handbuch des Strafverteidigers, 5. Aufl. 1983, Rz. 83; *Lingenberg/Hummel/Zuck/Eich*, § 68 Rz. 2). Der EGH Stuttgart hat hingegen in einem rechtskräftig gewordenen Urteil vom 18. 10. 1980 (BRAK-Mitt. 1981, 45) die Ansicht vertreten, daß die Lüge eines angeklagten RA im Strafverfahren nicht standesrechtlich geahndet werden könne, und sich dabei auf Übereinstimmung mit der Rspr. der Wehrdienstsenate des BVerwG (NJW 1968, 857; 1969, 1188) berufen. Diese Rspr. beruhte aber auf den besonderen gesetzlichen Grundlagen der Pflichten eines Soldaten, weswegen schon ihre Übernahme auf Beamtenverhältnisse von BVerwGE 46, 116, 120 f. abgelehnt wurde. Für die Wahrheitspflicht eines RA kann sie erst recht nicht herangezogen werden, weil die Wahrheitspflicht der Soldaten und Beamten einerseits und die der RAe andererseits auf ganz verschiedenen Grundlagen beruhen (*Isele*, Anh. zu § 43, Stichwort »Wahrheit« C 1).

Abs. 3 Satz 2 soll dazu dienen, für den Erlaß der Berufsordnung und die Rechtsanwendung den Hinweis zu geben, daß die Anforderungen an die Sachlichkeit nicht zu eng gezogen werden. Diese Auffassung entspricht auch bereits der Tendenz in der neueren Rechtsprechung. Danach ist ein Verstoß gegen das Sachlichkeitsgebot zu sehen in herabsetzenden Äußerungen, die ein RA im Zusammenhang mit seiner Berufsausübung abgibt, wenn sie den Tatbestand einer Beleidigung erfüllen oder bewußt unwahr sind oder in neben der Sache liegenden Herabsetzungen bestehen, zu denen andere Beteiligte oder der Verfahrensablauf keinen Anlaß gegeben haben (*Odersky*, S. 16; *Laufhütte*, DRiZ 1990, 431, 435). Daß dabei ein großzügiger Maßstab angelegt werden soll, folgt aus den zum Sachlichkeitsgebot ergangenen weiteren Entscheidungen des BVerfG (AnwBl. 1989, 339; 1991, 45; BRAK-Mitt. 1989, 112; 1990, 176; 1991, 107). Der unbegründet gegen einen StA erhobene Vorwurf der Rechtsbeugung verstößt gegen das Sachlichkeitsgebot (EGH München, BRAK-Mitt. 1991, 104).

Zu Abs. 4: Die Grundlage der Regelung sind das Vertrauensverhältnis zum Mandaten, die Wahrung der Unabhängigkeit und die im Interesse der Rechtspflege gebotene Gradlinigkeit der anwaltlichen Berufsausübung.   4

Diese Pflicht geht über die Strafbestimmung des § 356 StGB (Parteiverrat) hinaus. Vgl. in diesem Zusammenhang auch §§ 45, 46.

5   **Zu Abs. 5:** Die Sorgfaltspflicht des RA beim Umgang mit fremden Vermögenswerten folgt aus dem vertraglichen Vertrauensverhältnis zu seinem Mandanten und der Erwartung, daß der RA als Organ der Rechtspflege uneingeschränkt integer ist. Die Pflichten des RA im einzelnen ergeben sich aus dem Mandatsvertrag (§§ 666, 667, 675). **Satz 2** enthält eine ausdrückliche Regelung zum berufsgerechten Umgang mit Fremdgeld (BT Drucks. 12/4993 S. 28).

6   **Zu Abs. 6:** Die hier geregelte Fortbildungspflicht war auch bisher als Standespflicht des RA anerkannt (BGH BRAK-Mitt. 1983, 197). Sie gehört als Qualitätssicherung anwaltlicher Leistung mit zu den Grundpflichten eines Berufsstandes, der als Berater und Vertreter in allen Rechtsangelegenheiten (§ 3 Abs. 1) zur Verfügung steht. Im Interesse der Rechtsuchenden ist es erforderlich, präventiv dafür zu sorgen, daß sich der RA selbst um die Qualität seiner Leistung und die Aktualisierung seiner Kenntnisse kümmert (BT-Drucks. 12/4993 S. 28). Vgl. zur Fortbildung der RAe durch BRAK und DAV § 177 Abs. 2 Nr. 7 und dort Rz. 2.

§ 43 b   Werbung

Werbung ist dem Rechtsanwalt nur erlaubt, soweit sie über die berufliche Tätigkeit in Form und Inhalt sachlich unterrichtet und nicht auf die Erteilung eines Auftrags im Einzelfall gerichtet ist.

1   Die Werbung ist seit jeher ein Konfliktpunkt in der anwaltlichen Berufsausübung. Früher waren der anwaltlichen Werbung durch das aus § 43 i. V. mit §§ 2, 69 ff. RichtlRA hergeleitete **Werbeverbot** deutliche Grenzen gesetzt. Nachdem das Bundesverfassungsgericht u. a. das auf die RichtlRA gestützte Werbeverbot als verfassungswidrig erachtet hat (BVerfG BRAK-Mitt. 1988, 58), ist mit § 43 b eine verfassungskonforme Regelung gefunden worden, die gem. § 59 b Abs. 2 Nr. 3 in der von der Satzungsversammlung zu erlassenden **Berufsordnung** noch konkretisiert werden soll (vgl. § 59 b Rz. 1, 6). Mit der Regelung in § 43 b soll klargestellt werden, daß der RA **keine Mandatswerbung,** vielmehr Werbung nur betreiben darf, soweit es sich um **Informationswerbung** handelt, die über sein Dienstleistungsangebot sachlich informiert.

2   Daß das Werbeverbot verfassungsrechtlich grundsätzlich zulässig ist, entspricht der ständigen Rechtsprechung des BVerfG (BRAK-Mitt. 1993, 110 und 1993, 227). Das Werbeverbot verstößt auch nicht gegen die Menschen-

rechtskonvention (Europäische Kommission NJW 1992, 963). Das zu lösende Problem ist die Abgrenzung der **erlaubten Werbung** von der **unerlaubten Werbung**. In diesem Zusammenhang hat der Gesetzgeber das aus Artikel 12 Abs. 1 GG hergeleitete Recht des Anwalts, sich mit sachbezogenen, dienstleistungsorientierten Informationen an die Öffentlichkeit zu wenden, aus folgenden Gründen als **regelungsbedürftig** angesehen: Mit der Stellung des Rechtsanwalts als Organ der Rechtspflege und einer funktionsfähigen Rechtspflege ist im Interesse des rechtsuchenden Bürgers eine Werbung nicht vereinbar, die ein unsachgemäßes, aufdringliches Anpreisen in den Vordergrund stellt und mit der eigentlichen Leistung des Anwalts und dem unabdingbaren Vertrauensverhältnis im Rahmen eines Mandats nichts mehr zu tun hat (vgl. BVerfG NJW 1992, 1614). Dasselbe gilt natürlich auch für eine **vergleichende Werbung**. **Gezielte Werbung** um einzelne Mandate oder gar **Irreführungen** sind mit dem Anwaltsberuf unvereinbar und daher nach wie vor unzulässig (BVerfG BRAK-Mitt. 1992, 111; BVerfG NJW 1992, 1613; zu eng jetzt wohl EG Freiburg BRAK-Mitt. 1992, 60). Auf dem Markt für anwaltliche Dienstleistungen nimmt der Wettbewerb stark zu. Wenn der Marktanteil der Rechtsanwälte, insbesondere im Vergleich zu anderen Beratungsberufen nicht noch weiter zurückgehen soll, müssen Rechtsanwälte die Möglichkeit haben, sich Mandanten und potentiellen Mandanten darstellen zu können (vgl. *Meyer*, AnwBl. 1992, 241). Zugleich besteht bei dem rechtsuchenden Publikum ein starkes Interesse an Informationen über das Angebot anwaltlicher Leistungen. Die hier immer noch vorhandenen Informationsbarrieren müssen abgebaut werden, wozu die Informationswerbung beitragen kann. Das Interesse potentieller Mandanten geht dahin, zu erfahren, wie sie für ihr Rechtsproblem einen Spezialisten finden und was dieser vermutlich kosten wird. Zur Informationswerbung gehört deshalb auch, daß Rechtsanwälte die Möglichkeit haben, unterhalb der Aussagekraft der durch die Rechtsanwaltskammer vergebenen Fachanwaltsbezeichnungen ihre fachlichen **Interessenschwerpunkte** anzugeben (BT-Drucks. 12/4993 S. 28).

Zunächst ist stets zu prüfen, **ob überhaupt Werbung** vorliegt. (BGH **3** BRAK-Mitt. 1990, 173 verneint dies, wenn der Vorsitzende eines Haus- und Grundbesitzervereins auf dem Briefkopf des Vereins mit »Rechtsanwalt und Notar« aufgeführt worden ist.) Sodann ist zu prüfen, ob es sich um eine berufswidrige Werbung handelt, weil nur diese untersagt ist (*Odersky*, S. 22; *Laufhütte*, DRiZ 1990, 431, 435). Die Abgrenzung zwischen zulässiger **Informationswerbung** und einer nach Form und/oder Inhalt unsachgemäßen Werbung ist nicht ganz einfach. Dem Werbeverbot liegen zwei Erwägungen zugrunde. Einmal können durch werbende, nicht überprüfbare Werbeaussagen falsche Erwartungen entstehen, die um so näher liegen, als die anwaltlichen Leistungen vom Rechtsuchenden in der Regel nur schwer einschätzbar sind; zum anderen dient das Werbeverbot auch der Abgrenzung zwischen anwaltlicher und gewerblicher Tätigkeit, was das Vertrauen der Rechtsuchenden darin bestärken soll, daß der RA seinen Beruf nicht nur am Gewinnstreben ausrichtet (*Odersky,* S. 23, 24 m. w. N.). Werbung mit der Angabe von **Tätigkeitsschwerpunkten** soll nach dem Willen des Gesetzgebers grundsätzlich unzulässig sein (vgl. auch *Feuerich,* NJW 1991, 1591; OLG Karlsruhe BRAK-Mitt. 1990, 182; BRAK-Verfassungsausschuß BRAK-Mitt. 1991, 205, 207). Die Angabe von Tätigkeitsschwerpunkten bringt nicht hinreichend zum Ausdruck, daß die Berechtigung zum werbenden Hinweis – anders als beim Fachanwalt – nicht in einem formellen Verfahren erworben wurde, sondern auf einer **Selbsteinschätzung** des Rechtsanwalts beruht. Ein solcher Eindruck darf, vor allem im Interesse des rechtsuchenden Publikums nicht entstehen. Der – in der Berufsordnung im einzelnen zu regelnde – Hinweis auf »Interessenschwerpunkte« birgt die Gefahr eines Mißverstehens durch das rechtsuchende Publikum dagegen nicht. Erkennbar wird, daß der Rechtsanwalt sein Interesse für ein bestimmtes Rechtsgebiet dokumentieren will, ein Vorgang, der beim Publikum nicht den Eindruck erwecken kann, dieses setze die Billigung von dritter Seite voraus (BT-Drucks. 12/4993 S. 28). Die lebhafte Auseinandersetzung, wie Tätigkeitsschwerpunkte von Interessenschwerpunkten und Fachanwaltsbezeichnungen zu unterscheiden sind, wird wohl noch fortgesetzt werden.

4   Das bedeutet jedoch nicht, daß **jede** öffentliche Bekanntgabe von Tätigkeitsbereichen unzulässige Werbung ist. Entscheidend ist, wie eine Werbemaßnahme nach der Verkehrsanschauung zu werten ist (BGH BRAK-Mitt. 1991, 228). Zur Lit. vgl. *Odersky,* S. 24 Anm. 49. Zur Meinung der BRAK vgl. BRAK-Mitt. 1991, 33 und 133 zu 2.6. Vgl. ferner *Kleine/Cosack,* AnwBl. 1992, 98, 100 und NJW 1992, 785.

5   So ist die Teilnahme an einem gewerblichen **Anwaltssuchservice,**der auf Anfrage RAe mit auf Selbsteinschätzung beruhenden Tätikeitsschwerpunkten keine berufswidrige gezielte Werbung um Praxis, weil in diesem Falle die Angabe von Tätigkeitsbereichen vorrangig dem Informationsbedürfnis der Rechtsuchenden entspricht und die Angabe von Tätigkeitsbereichen deshalb nicht irreführend ist, weil weitere Qualifikationshinweise nicht veröffentlicht werden und deshalb nicht der Eindruck entstehen kann, es handele sich um eine Fachanwaltsbezeichnung (BVerfG BRAK-Mitt. 1992, 61 mit Anm. von *Netzband,* in MDR 1992, 338; vgl. hierzu ferner Bericht der BRAK in BRAK-Mitt. 1992, 196; *Michalski,* AnwBl. 1992, 194 sowie § 43 c Rz. 4). Dasselbe gilt für **Spezialistenkarteien** und **Suchdienste,** die von Rechtsanwaltskammern und örtlichen Anwaltsvereinen eingerichtet sind.

Zum Stand der Überlegungen, eine **Bundesweite Tätigkeitsgebietsliste** zu schaffen, vgl. BRAK-Mitt. 1991, 143, 204. Kritisch hierzu *Kleine/Cosack,* § 43 Rz. 40.

Zu Wettbewerbsverstößen bei den Sozietäten vgl. § 59 a Rz. 9.   6

Einzelfälle aus der neueren Rechtsprechung: Es liegt keine unzulässige   7
gezielte Werbung um Praxis vor, wenn der RA im Geschäftsverkehr wahrheitsgemäße Angaben über ihn besonders interessierende **Tätigkeitsbereiche**
in zulässiger Form veröffentlicht, da dies in den Bereich der Werbung mit
Interessenschwerpunkten fällt.

Zulässig danach: Wahrheitsgemäße Angabe der Bereiche »Familienrecht«   8
und »Verkehrsrecht« für verschiedene RAe einer Sozietät im Branchen-
Telefonbuch (BGH AnwBl. 1993, 633); in einer Umzugsanzeige die Angabe
der Bereiche »Familienrecht, Zivilrecht, Strafrecht, Bußgeldsachen, Arbeits-
und Sozialrecht, Verbraucherrecht« für 3 RAe einer Sozietät (OLG Düsseldorf NJW 1992, 2833); die Angabe »Strafverteidigungen« in einem Briefkopf (OLG Karlsruhe AnwBl. 1992, 390; BGH MDR 1994, 944, nicht
jedoch »Strafverteidiger« im Anschluß an die Entscheidung in NJW 1991,
2091); Hinweis in einer Praxisverlegungsanzeige darauf, daß der RA für
den Abruf von Rechtsprechung usw. von der Juris-Datenbank zur Verfügung stehe, als zulässiges Informationsangebot (EGH Schleswig-Holstein
NJW 1993, 1340); Veröffentlichung von Artikeln über Fragen des Miet- Ehe
und Partnerschaftsrecht als »**Experte** für Partnerschaftsfragen und Miet-
recht« sowie Interview als »Mietrechtsspezialist« und »Rechtsanwalt«
(BVerfG BRAK-Mitt. 1993, 227); **Praxisbroschüre an Mandanten** mit zutref-
fenden Tätigkeitsbereichen und Interessenschwerpunkten bei seriöser
Gestaltung (EG Hamm BRAK-Mitt. 1993, 226; vgl. dazu OLG Karlsruhe,
BRAK-Mitt. 1992, 226 – **Versendung an Nichtmandanten**); Zusatz: »Trans-
port- und Versicherungsrecht« auf Praxisschild (EG Düsseldorf AnwBl.
1992, 445; a. A. OLG Düsseldorf, AnwBl. 1992, 135); Hinweis auf eine
Zusammenarbeit mit ausländischen Anwälten und Veröffentlichung von werbenden Broschüren einer Sozietät (OLG Karlsruhe BRAK-Mitt. 1990, 179;
OLG Oldenburg NJW 1991, 48; OLG Hamm AnwBl. 1991, 156); Hinweis
auf ein »**Pariser Büro**« der deutschen Sozietät, das diesen nach einer Koope-
rationsvereinbarung mit französischen Kollegen zur Verfügung stehe (OLG
Hamm NJW 1993, 1338); Angabe auf Briefbogen über ausländische
»Kooperationspartner«, die bei Fragen des ausländischen Rechts zu Rate
gezogen werden können (BGH BRAK-Mitt. 1993, 109); Angabe im Briefkopf, daß der RA der EWIV angehöre, entspricht dem Informationsbedürfnis der Rechtsuchenden (OLG Hamm NJW 1993, 1339); **Zeitungsanzeige**
mit der eine Steuerkanzlei eine Büroassistentin für ihre »stark expandie-
rende Steuerkanzlei« sucht (OLG Nürnberg BRAK-Mitt. 1993, 11 – wohl
ein Grenzfall –); Zeitungsanzeige: Rückmeldung aus dem Urlaub (OLG
Karlsruhe AnwBl. 1992, 492).

Unzulässige Werbung: Formularschreiben an sämtliche Unternehmensbe-   9
rater des Bezirks mit Hinweis auf Tätigkeitsschwerpunkte der einzelnen

Sozien und Anregung einer Zusammenarbeit (BVerwG BRAK-Mitt. 1992, 111); Mitteilung von Schwerpunktgebieten in der Niederlassungsanzeige (OLG Celle NJW 1993, 3273); Schwerpunktangaben auf Praxisschild, wenn die Grenze zur unzulässigen **Selbstanpreisung** überschritten wird (OLG Stuttgart NJW 1992, 2493); eigenmächtige Verwendung zusätzlicher **Berufs- und Tätigkeitsbeschreibungen** auf Praxisschild (OLG Stuttgart NJW 1992, 845); Anzeige »RAe K und L Kanzleizusammenschluß, zu den Spezialgebieten gehören . . .« (LG München I NJW-RR 1992, 490 – wohl kaum mit BVerfG BRAK-Mitt. 1992, 61 zu vereinbaren); Werbeaussage, Verzeichnis enthalte »objektiv belegbare« und »sachgerecht nachgewiesene Tätigkeitsschwerpunkte« ist irreführend, wenn sie auf Selbstangaben der Verzeichneten beruhen (OLG Hamm BRAK-Mitt. 1992, 112; vgl. auch Beschluß des Richtlinienausschusses der BRAK in BRAK-Mitt. 1991, 208, und LG Köln BRAK-Mitt. 1991, 231); Angaben auf Briefkopf, die irreführend den Eindruck erwecken, der RA sei noch in einem zweiten LG-Bezirk zugelassen (OLG Stuttgart NJW 1993, 1336); Entsprechendes gilt für RA und Steuerberater, der irreführend auf seine auswärtige Beratungsstelle als Steuerberater hinweist (OLG Stuttgart RBeistand 1993, 57 mit Anm. von *Hoechstetter*); Hinweis auf Briefkopf EWIV-Mitgliedschaft (die an sich zulässig ist – vgl. Rz. 8), die aber nicht erkennen läßt, in welcher Gemeinde der RA seinen Sitz hat und vor welchen Gerichten er auftreten darf (OLG Hamm NJW 1993, 1339); Verwendung des Zusatzes »u. coll.« in Vollmachtsformular, wenn nur die beiden namentlich genannten RAe die Sozietät bilden und ein angestellter RA namentlich nach außen nicht auftritt (OLG Hamm NJW-RR 1992, 301); Kanzleischild und Briefkopf irreführend, wenn nicht deutlich wird, welche der in verschiedenen Städten zugelassenen RAe in dieser Kanzlei persönlich anzutreffen sind (Bay. EGH BRAK-Mitt. 1992, 224); Hinweis in Briefbögen auf eine nicht wirksame Haftungsbeschränkung (BGH JZ 1993, 153 mit Anm. von *Hessler*); Zeitungsinserate, die nach Inhalt, Gestaltung und Plazierung nicht vorrangig der Information der Rechtsuchenden, sondern der **Akquisition von Mandanten** dienen (OLG Karlsruhe NJW-RR 1992, 300); Versand von **Praxisanzeigen an Nichtmandanten** als individuelles Anschreiben und gezielte Werbung (OLG Karlsruhe, BRAK-Mitt. 1992, 226), zur Zulässigkeit der Angabe »**Bürogemeinschaft mit Steuerberater**« vgl. BVerfG NJW 1993, 3129).

10   **Verstöße anderer Art: Einladung von Nichtmandanten** zum Essen mit werbendem Referat »Chefberatung für den Mittelstand« sowie Vorstellung eines praxisfremden RA als Sozius (BGH AnwBl. 1991, 529; a. A. *von Falkenhausen*, NJW 1992, 25; *Kleine/Cosack*, § 43 Rz. 43); **Verteilen von Werbegeschenken,** und zwar auch dann, wenn dies im Namen einer Anwaltskooperation geschieht, die nicht die Namen der RAe trägt (OLG Düsseldorf AnwBl. 1992, 542).

Zur Werbung mit **Fachanwalts- und weiteren Berufsbezeichnungen** vgl.   11
§ 43 c Rz. 4.

§ 43 c   Fachanwaltschaft

(1) [1]Dem Rechtsanwalt, der besondere Kenntnisse und Erfahrungen in einem Rechtsgebiet erworben hat, kann durch die Rechtsanwaltskammer, der er angehört, die Befugnis verliehen werden, eine Fachanwaltsbezeichnung zu führen. [2]Fachanwaltsbezeichnungen gibt es für das Verwaltungsrecht, das Steuerrecht, das Arbeitsrecht und das Sozialrecht. [3]Die Befugnis darf für höchstens zwei Rechtsgebiete erteilt werden.

(2) Über den Antrag des Rechtsanwalts auf Erteilung der Erlaubnis entscheidet der Vorstand der Rechtsanwaltskammer durch einen dem Rechtsanwalt zuzustellenden Bescheid, nachdem ein Ausschuß der Kammer die von dem Rechtsanwalt vorzulegenden Nachweise über den Erwerb der besonderen Kenntnisse und Erfahrungen geprüft hat.

(3) [1]Der Vorstand der Rechtsanwaltskammer bildet für jedes Fachgebiet einen Ausschuß und bestellt dessen Mitglieder. [2]Einem Ausschuß gehören mindestens drei Rechtsanwälte an; diese können Mitglieder mehrerer Ausschüsse sein. [3]§§ 75 und 76 sind entsprechend anzuwenden. [4]Mehrere Rechtsanwaltskammern können gemeinsame Ausschüsse bilden.

(4) [1]Die Erlaubnis zum Führen der Fachanwaltsbezeichnung kann mit Wirkung für die Zukunft von dem Vorstand der Rechtsanwaltskammer zurückgenommen werden, wenn Tatsachen nachträglich bekannt werden, bei deren Kenntnis die Erlaubnis hätte versagt werden müssen. [2]Sie kann widerrufen werden, wenn eine in der Berufsordnung vorgeschriebene Fortbildung unterlassen wird.

Mit dem in seinen wesentlichen Teilen am 1. 8. 1991 in Kraft getretenen   1
Gesetz zur Änderung des Berufsrechts der Notare und der Rechtsanwälte vom 29. 1. 1991 (BGBl. I S. 150) hatte der Gesetzgeber einen (vorläufigen) Schlußstrich unter die langjährigen Bemühungen der Regelung des Fachanwaltsproblems gezogen (zur historischen Entwicklung vgl. z. B. *Hartstang*, AnwR, S. 118 ff.; *Feuerich*, AnwBl. 1990, 184 ff.). Das **Fachanwaltsgesetz** vom 27. 2. 1992 (BGBl. I S. 369) bestimmte die Bereiche der Fachgebiete, in denen besondere Kenntnisse nachzuweisen sind und regelte ferner im einzelnen, wie der Nachweis der besonderen theoretischen Kenntnisse und praktischen Erfahrungen zu erbringen ist. In den letzten Jahren vor Erlaß des RAFachBezG haben die Rechtsanwaltskammern auf Grund der nach

§ 76 Satz 4 RichtlRA am 10. 10. 1986 von der BRAK beschlossenen Fachanwalts-Richtlinie (vgl. BRAK-Mitt. 1986, 198) die Erlaubnis zum Führen der Bezeichnung Fachanwalt für Verwaltungsrecht/Steuerrecht/Arbeitsrecht/Sozialrecht erteilt.

Mit seiner Entscheidung vom 14. 5. 1990 (BRAK-Mitt. 1990, 108) hatte der Anwaltssenat des BGH die Verleihung von Fachanwaltsbezeichnungen für unzulässig erklärt; vgl. dazu auch *Laufhütte,* DRiZ 1990, 431, 436. Diese heftig umstrittene Entscheidung (vgl. *Hartstang, AnwR, S. 146 ff.; Kornblum,* NJW 1990, 2118; *Ewer,* AnwBl. 1990, 532; *Prütting,* JZ 1990, 1022; *Kleine-Cosack,* ZIP 1990, 1534) dürfte von den Rechtsanwaltskammern allgemein befolgt worden sein. Alle Rechtsanwälte, denen bei Inkrafttreten des Gesetzes Fachanwaltsbezeichnungen durch ihre RAK verliehen waren, brauchten gem. § 210 keinen neuen Kenntnisnachweis zu erbringen.

Das in den fünf Ländern erlassene und zum 9. September 1994 außer Kraft getretene RAG der DDR enthält in § 15 ebenfalls eine Regelung über die Befugnis zum Führen von Fachanwaltsbezeichnungen. Das Nähere über die Verleihung war in der VO über Fachanwaltsbezeichnungen nach dem RAG vom 23. 2. 1992 (BGBl. I S. 379) geregelt.

2   Das Fachanwaltsgesetz, das RAG und die VO über Fachanwaltsbezeichnungen nach dem RAG sind aufgehoben worden, das Fachanwaltsgesetz jedoch mit der Maßgabe, daß bis zur Regelung durch Satzung in Gestalt einer Berufsordnung (§ 59 b Abs. 2 Nr. 2) die bisherigen Bestimmungen weiter anzuwenden sind (Art. 21 Abs. 11 ÄndG; das **RAFachBezG** ist abgedruckt als **Anhang VI**).

3   Die Befugnis des RA, eine Fachanwaltsbezeichnung zu führen, ist im Zusammenhang mit der anwaltlichen Werbung zu sehen. Dem Hinweis des BVerfG in seinen Entscheidungen vom 14. 7. 1987 folgend, werden in der neuen Bestimmung des § 43 c aus den bisher geltenden Vorschriften (§§ 42 a bis 42 d) die Normen mit statusbildendem Charakter und die Beschränkung auf die bisher zulässigen 4 Fachanwaltsbezeichnungen für Verwaltungsrecht/Steuerrecht/Arbeitsrecht/Sozialrecht ohne inhaltliche Änderung beibehalten. Die Voraussetzungen für die Verleihung der Fachanwaltsbezeichnung und das Verfahren der Erteilung, der Rücknahme und des Widerrufs der Erlaubnis sollen hingegen in der Berufsordnung bestimmt werden – § 59 b Abs. 2 Nr. 2 b –. Neu ist die Schaffung der Möglichkeit, in der Berufsordnung eine Regelung zu treffen, für welche weiteren Spezialmaterien eine Fachanwaltsbezeichnung erworben werden kann – § 59 Abs. 2 Nr. 2 a – (vgl. BT-Drucks. 12/4993 S. 29).

4   **Abs. 1** entspricht der bisher geltenden Regelung in § 42 a.

Das Merkmal der **besonderen Kenntnisse und Erfahrungen** ist erfüllt, wenn Kenntnisse und Erfahrungen das Maß dessen, was die berufliche Ausbildung und die Praxis im Beruf im Durchschnitt vermitteln, erheblich übersteigen. (§ 2 RAFachBezG). Wann das der Fall ist, muß von der RAK in dem Verfahren nach §§ 7 ff. RAFachBezG festgestellt werden. Vgl. zu den Anforderungen zur Fachanwaltsbezeichnung für **Arbeitsrecht** *Meier,* AnwBl. 1993, 370, für **Verwaltungsrecht** *Sellner,* AnwBl. 1994, 3; *Schlichter,* BRAK-Mitt. 1994, 2, und zum Nachweis der »praktischen Erfahrungen« *Pausenberger,* AnwBl. 1994, 13. Nach BayEGH, BRAK-Mitt. 1993, 223, kann eine Fachanwaltsbezeichnung unter Wahrung des Grundrechts aus Art. 12 GG erst nach **zweijähriger allgemeiner Berufserfahrung** (§ 7 Abs. 2 RAFachBezG) verliehen werden. Ausnahmen sollen nicht zulässig sein, da die Mandanten von einem Fachanwalt auch eine berufliche Erfahrung erwarten. Mit Recht wird man ausnahmsweise jedoch eine **Ausnahme** von der **Zweijahresfrist** z. B. dann zulassen können, wenn ein RA. der die Bezeichnung Fachanwalt für Arbeitsrecht führen möchte, zuvor eine Vielzahl von Jahren Richter am Arbeitsgericht und Vorsitzender Richter am LAG war (EGH Celle, BRAK-Mitt. 1993, 49). Der **Nachweis der praktischen Erfahrung** vor Verleihung einer Fachanwaltsbezeichnung (§ 9 Abs. 1 c RAFachBezG) erfordert eine Prüfung im Einzelfall, ob nach Zahl der bearbeiteten Fälle und dem Zeitraum, in dem diese Fälle bearbeitet worden sind, der Nachweis besonderer praktischer Erfahrung als erbracht anzusehen ist. Etwa 2 Fälle im Monat reichen nicht aus (EGH Celle, BRAK-Mitt. 1993, 108). Vgl. hierzu auch *Pausenberger,* AnwBl. 1994, 13. Die Anforderungen an den **Nachweis der theoretischen Kenntnisse** werden jedoch überspannt, wenn ohne weitere Sachprüfung (Fachgespräch nach § 10 RAFachBezG) allein aufgrund einer Mißerfolgsquote von 50 % der gefertigten 4 Klausuren die erforderlichen theoretischen Kenntnisse verneint werden (EGH Rheinland- Pfalz, Beschluß vom 15. 12. 1993 – 2 EGH 1/93 –).

Nach **Abs. 1 Satz 2** ist zur Zeit nur der Gebrauch der dort genannten 4 **Fachanwaltsbezeichnungen** zulässig (BGH, BRAK-Mitt. 1991, 228) sowie auch mit Art. 12, 3 GG vereinbar (BVerfG, AnwBl. 1992, 133). Die Erlaubnis gilt also nur für den Fall, daß die Spezialisierung ordnungsgemäß nachgewiesen ist; andernfalls liegt irreführende Werbung vor (vgl. BVerfG, BRAK-Mitt. 1992, 111; NJW 1992, 816; BRAK-Mitt. 1993, 230). Unzulässig ist eben stets der Gebrauch einer Fachanwaltsbezeichnung ohne ausdrückliche Verleihung und auf Grund eigener Einschätzung (BGH, BRAK-Mitt. 1990, 173; BGH, BRAK-Mitt. 1991, 228), da es sich hierbei nicht um den Hinweis auf Interessenschwerpunkte, sondern um unerlaubte Werbung mit Tätigkeitsschwerpunkten handelt (vgl. § 43 b Rz. 3). Das gilt insbesondere für die Verleihung einer Fachanwaltsbezeichnung vortäuschende Bezeichnungen wie »Wirtschaftsanwalt«, »Finanzanwalt« (EGH München, BRAK-Mitt. 1984, 142); »Fachanwalt für Europarecht« (OLG Hamm, BRAK-Mitt. 1991, 110); »Strafverteidiger« (BGH, BRAK-Mitt. 1991, 228; EGH Koblenz, Strafverteidiger 1991, 353; OLG Karlsruhe, BRAK-Mitt.

1991, 172; LG Freiburg, BRAK-Mitt. 1990, 185 und BGH, BRAK-Mitt. 1991, 228, 233; a. A. OLG Stuttgart, NJW 1989, 2898). Das Gleiche gilt für die Bezeichnung »Fachanwalt für Strafrecht«, der Gesetzgeber ist von Verfassung wegen auch nicht gehalten, ein Prüfungsverfahren einzuführen, durch das eine entsprechende Qualifikation ermöglicht wird (BVerfG, AnwBl. 1992, 133; vgl. kritisch hierzu *Kleine- Cosack,* AnwBl. 1992, 98). Nach neuem Recht ist über die Satzungskompetenz der Satzungsversammlung (vgl. § 59 b Abs. 2 Nr. 2 a) die Möglichkeit eröffnet, **Fachanwaltsbezeichnungen für weitere Rechtsgebiete** zu erlassen. **Zulässig** ist jedoch bei einem RA der Gebrauch der Bezeichnung »Fachanwalt für Steuerrecht« auch dann, wenn er zugleich Steuerberater ist (OLG Schleswig-Holstein, AnwBl. 1991, 214). Instruktive Informationen über die 4 Fachanwaltsbezeichnungen bringt *Hartstang,* AnwR, S. 152 ff.

Die Regelung in **Abs. 1 Satz 3,** daß die Befugnis zum Führen von Fachanwaltsbezeichnungen auf höchstens 2 Fachgebiete begrenzt ist, folgt aus der Überlegung, daß das zu verlangende hohe Niveau der Kenntnisse und Erfahrungen und die Glaubwürdigkeit der Fachanwaltsbezeichnungen dies erfordern (BT-Drucks. 11/8307 S. 19).

5   **Abs. 2** entspricht der Regelung des § 42 b Abs. 1.

Bis zum Inkrafttreten der Berufsordnung dürften die von den Rechtsanwaltskammern erlassenen Satzungen weiter gelten.

Die Vorschrift ist im Zusammenhang mit § 59 b Abs. 2 Satz 2 zu sehen, wonach die Einzelheiten durch Berufsordnung zu regeln sind. Zum Katalog der besonderen Kenntnisse und Erfahrungen vgl. § 3–6 RAFachBezG. Kenntnisse und Erfahrungen sind durch Zeugnisse, Bescheinigungen oder andere Unterlagen, durch Teilnahme an vorbereitenden Lehrgängen, durch den nachweis praktischer Tätigkeit und eventuell zusätzlich durch ein Fachgespräch nachzuweisen (§§ 7–10 RAFachBezG). **Besondere Kenntnisse** in einem Fachgebiet können schon dann verneint werden, wenn der Bewerber in einem wichtigen Teilbereich des Fachgebietes erhebliche Wissenslücken aufweist (BGH BRAK-Mitt. 1994, 104). Den Nachweis der besonderen theoretischen Kenntnisse hat auch derjenige nicht erbracht, der anstelle der Teilnahme an einem Lehrgang gem. § 8 Abs. 1 RAFachBezG ausnahmsweise den Nachweis der Kenntnisse auf andere Weise erbringen will (§ 8 Abs. 3 RAFachBezG), jedoch nicht den Nachweis erbringt, daß seine Kenntnisse mindestens das Wissen umfassen, das in dem entsprechenden Lehrgang vermittelt wird (EGH NRW AnwBl. 1994, 246). Unterzieht sich der Bewerber einem **Fachgespräch** gem. § 10 RAFachBezG, so ist das Ergebnis des Gesprächs bei der Beurteilung zu berücksichtigten, ohne Rücksicht darauf, ob die Ladung zu dem Fachgespräch berechtigt war (BGH BRAK-Mitt. 1994, 104). Die Entscheidung der RAK kann nach § 223 angefochten werden.

Abs. 3 entspricht § 42 b Abs. 2 und 3.   6
Die Mitglieder der vom Vorstand der RAK gebildeten Ausschüsse üben ihre Tätigkeit ehrenamtlich aus und sind zur Verschwiegenheit verpflichtet (§§ 75, 76).

Abs. 4 entspricht § 42 c Abs. 1.   7
Die Rücknahme- oder Widerrufsverfügung kann nach § 223 angefochten werden.

§ 44   Mitteilung der Ablehnung eines Auftrags

[1]Der Rechtsanwalt, der in seinem Beruf in Anspruch genommen wird und den Auftrag nicht annehmen will, muß die Ablehnung unverzüglich erklären. [2]Er hat den Schaden zu ersetzen, der aus einer schuldhaften Verzögerung dieser Erklärung entsteht.

Der RA ist in der Annahme eines Auftrags frei, es sei denn, das Gesetz   1
verbiete (§§ 45, 46) oder gebiete (vgl. §§ 48–49 a) die Annahme. Die **unverzügliche Mitteilung der Ablehnung eines Auftrags** ist aber nicht nur eine **Berufspflicht,** sondern auch eine **Rechtspflicht,** deren schuldhafte Verletzung nach § 44 Satz 2 zum Schadensersatz verpflichtet.

Bei der **Schadensersatzregelung** nach Satz 2 handelt es sich wie bei § 663   2
BGB um einen gesetzlich geregelten Fall der culpa in contrahendo (vgl. *Palandt,* § 663 Anm. 1). Zur Verjährung des Schadensersatzanspruchs vgl. § 51 b Rz. 10.

§ 45   Versagung der Berufstätigkeit

(1) Der Rechtsanwalt darf nicht tätig werden:
1. Wenn er in derselben Rechtssache als Richter, Schiedsrichter, Staatsanwalt, Angehöriger des öffentlichen Dienstes, Notar, Notarvertreter oder Notariatsverweser bereits tätig geworden ist;
2. wenn er als Notar, Notarvertreter oder Notariatsverweser eine Urkunde aufgenommen hat und deren Rechtsbestand oder Auslegung streitig ist oder die Vollstreckung aus ihr betrieben wird;
3. wenn er gegen den Träger des von ihm verwalteten Vermögens vorgehen soll in Angelegenheiten, mit denen er als Konkursverwalter, Vergleichsverwalter, Nachlaßverwalter, Testamentsvollstrecker, Betreuer oder in ähnlicher Funktion bereits befaßt war;

4. wenn er in derselben Angelegenheit außerhalb seiner Anwaltstätigkeit oder einer sonstigen Tätigkeit i. S. des § 59 a Abs. 1 Satz 1 bereits beruflich befaßt war; dies gilt nicht, wenn die berufliche Tätigkeit beendet ist.

(2) Dem Rechtsanwalt ist es untersagt

1. In Angelegenheiten, mit denen er bereits als Rechtsanwalt gegen den Träger des zu verwaltenden Vermögens befaßt war, als Konkursverwalter, Vergleichsverwalter, Nachlaßverwalter, Testamentsvollstrecker, Betreuer oder in ähnlicher Funktion tätig zu werden;

2. In Angelegenheiten, mit denen er bereits als Rechtsanwalt befaßt war, außerhalb seiner Anwaltstätigkeit oder einer sonstigen Tätigkeit i. S. des § 59 a Abs. 1 Satz 1 beruflich tätig zu werden.

(3) Die Verbote der Absätze 1 und 2 gelten auch für die mit dem Rechtsanwalt in Sozietät oder in sonstiger Weise zur gemeinschaftlichen Berufsausübung verbundenen oder verbunden gewesenen Rechtsanwälte und Angehörigen anderer Berufe und auch insoweit einer von diesen im Sinne der Absätze 1 und 2 befaßt war.

1 § 45 enthält Bestimmungen darüber, wann der Rechtsanwalt gehindert ist, das Mandat im Einzelfall zu übernehmen. Die Neufassung der Vorschrift knüpft an den bestehenden § 45 an und übernimmt diesen, soweit dies sinnvoll erscheint. Darüber hinaus trägt sie der Entscheidung des Bundesverfassungsgerichts vom 4. November 1992 zum anwaltlichen Zweitberuf Rechnung (§ 7 Nr. 8), indem sie auf eine klare Trennung zwischen der anwaltlichen Betätigung und dem Zweitberuf abzielt. Da angesichts der Entscheidung des Bundesverfassungsgerichts künftig in weit geringerem Maße als bisher zur Vermeidung der Gefahr von Interessenkollisionen die Versagung oder der Entzug der Zulassung zur Rechtsanwaltschaft in Betracht kommen, bedarf es insoweit weiterer Regelungen. Diese gehen dahin, daß der Rechtsanwalt sich nicht befassen darf mit einer Angelegenheit, mit der er früher in irgendeiner Form bereits beruflich befaßt war. Umgekehrt soll dem Rechtsanwalt untersagt sein, eine Angelegenheit, die er als Rechtsanwalt bearbeitet hat, später in anderer Funktion zu betreiben. Das Ziel ist es, mit dem gegenüber der Nichtzulassung verfassungsrechtlich verhältnismäßigeren Mittel von Berufsausübungsregelungen die Gefahr von Interessenkollissionen einzudämmen.

Nicht in allen Fällen werden diese Tätigkeitsverbote ausreichen, der Gefahr von Interessenkollisionen und der hieraus resultierenden Gefahr von Vertrauensverlusten wirksam zu begegnen. Dies wird insbesondere dann der Fall sein, wenn die beabsichtigte Trennung der verschiedenen beruflichen Bereiche nicht möglich ist oder nicht hinreichend deutlich wird. In solchen Fällen wird weiterhin von der Unvereinbarkeit des Zweitberufs mit dem Rechtsanwaltsberuf auszugehen sein (§ 7 Nr. 8). Daß es auch weiterhin

Konstellationen gibt, in denen der Zweitberuf grundsätzlich jeder anwaltlichen Betätigung entgegensteht, schließt das Bundesverfassungsgericht in seiner Entscheidung nicht aus (BT-Drucks. 12/4993 S. 29).

Zu Abs. 1 Nr. 1 (Widerstreitende Interessen):

Dieses Tätigkeitsverbot orientiert sich an Nr. 2 des bisherigen § 45. Es **2** entspricht dem strafrechtlichen **Parteiverrat (§ 356 StGB),** dessen sich ein Anwalt oder anderer Rechtsbeistand schuldig macht, der bei den ihm in dieser Eigenschaft anvertrauten Angelegenheiten in derselben Rechtssache beiden Parteien durch Rat oder Beistand pflichtwidrig dient. Diese Bestimmung wird dahin ergänzt, daß auch **frühere Befassung** als Notar, Notarvertreter oder Notariatsverweser der Mandatsübernahme entgegensteht. Geschützt werden soll das **Vertrauen in die Rechtspflege,** daß nicht dieselben Personen auf verschiedenen Seiten für unterschiedliche Interessen tätig werden. Das Verbot gilt ausnahmslos gegenüber jeder früheren Tätigkeit als Richter, Schiedsrichter, Staatsanwalt, als Angehöriger des öffentlichen Dienstes, Notar, Notarvertreter oder Notariatsverweser in derselben Rechtssache, nicht etwa nur gegenüber der Mitwirkung bei der Entscheidung (*Isele,* § 45 Anm. V C). Ein Verstoß liegt z. B. vor, wenn ein ehemaliger Finanzbeamter, der die Steuererklärung einer GmbH geprüft hatte, als RA den Geschäftsführer der GmbH in einem Strafverfahren wegen dieser Steuererklärung vertritt (EGH Koblenz BRAK-Mitt. 1983, 141). Zur Frage, unter welchen Voraussetzungen »dieselbe Rechtssache« i. S. des § 356 StGB vorliegt, wenn ein Strafverteidiger auf Veranlassung des von ihm verteidigten Angeklagten eine Strafanzeige gegen einen Dritten erstattet und dann auch den Dritten in dem auf seine Strafanzeige eingeleiteten Strafverfahren verteidigt, vgl. BGH NJW 1985, 1177. Es wird nicht vorausgesetzt, daß das Verhalten des RA für seinen Mandanten schädlich oder für die andere Partei nützlich ist (EGH Celle BRAK-Mitt. 1981, 44). Die Einwilligung des früheren Mandanten oder beider Beteiligter ist grundsätzlich unerheblich (*Isele,* S. 567, m. w. N.). Der BRAK-Strafrechtsausschuß hat die Auffassung vertreten, daß die Vertretung eines Ehegatten im **Scheidungsverfahren** nach vorheriger Beratung beider Eheleute standeswidrig sei und den Tatbestand des § 356 StGB erfüllen könne (BRAK-Mitt. 1985, 141). Zur einverständlichen Scheidung vgl. auch EGH München EGE XIV, 267; BayObLG NJW 1981, 832; BGH NStZ 1985, 74; *Herrmann,* BRAK-Mitt. 1985, 65; *Feuerich,* § 45 Rz. 17, 18). Vgl. auch *Dingfelder/Friedrich,* Parteiverrat und Standesrecht, 1987; *Pfeiffer,* Parteiverrat als straf- und standesrechtliches Problem, in Festschrift für Ludwig Koch, 1989.

Unter dem Begriff »**derselben Rechtssache**« ist nach der Rechtsprechung **3** die ganze in Betracht kommende Rechtsangelegenheit mit allen ihren straf- und zivilrechtlichen Beziehungen zu verstehen; findet sich das ursprünglich vor dem RA ausgebreitete Lebensverhältnis in seinem Tatsachen- und materiellen Rechtsgehalt auch nur teilweise in dem Dienst für die Gegenpartei wieder, so ist dieselbe Rechtssache betroffen, wobei es gleichgültig ist, ob das Verfahren, die Verfahrensart, die Rechtsgebiete oder der rechtliche Gesichtspunkt gewechselt haben (Bayer. EGH EGE XIV 244 m. w. N.).

4   Ein RA dient auch dann pflichtwidrig beiden Parteien, wenn er im Rahmen beider Mandate **denselben Rechtsstandpunkt** zu dem ihm anvertrauten Sachverhalt vertritt, dies aber nunmehr den Interessen des ersten Mandanten zuwiderläuft (BGH AnwBl. 1987, 93).

Zu Abs. 1 Nr. 2 (Frühere Urkundstätigkeit und Vollstreckung)

5   Die Vorschrift regelt einen besonderen Fall der allgemeinen Berufspflicht des RA, seine Unabhängigkeit nach allen Seiten zu wahren (BGH DNotZ 1968, 639). Hiernach darf ein RA nicht tätig werden, wenn es sich um den **Rechtsbestand** oder um die **Auslegung** einer Urkunde handelt, die er als Notar aufgenommen hat. Nach allgemeiner Ansicht ist dabei der Begriff Auslegung nicht eng zu fassen. Die Vorschrift gilt auch, wenn der Notar bei Errichtung eines Testaments nur die Übergabe einer offenen Schrift beurkundet hat, da er nach §§ 30, 17 des Beurkundungsgesetzes deren Inhalt zu prüfen und Bedenken mit den Beteiligten zu erörtern hat, aber wohl nicht bei Beurkundung der Übergabe einer verschlossenen Schrift (*Arndt*, BNotO, 2. Aufl. 1982, § 16 Anm. II 6). Zur Frage, ob Nr. 2 analog anwendbar ist, wenn der RA in seiner Eigenschaft als Notar nur einen Urkundenentwurf angefertigt hat, vgl. OLG Hamm AnwBl. 1977, 22. Wenn es in einem Zivilprozeß darum geht, welche Folgerungen aus einer in einer notariellen Urkunde niedergelegten Vertragsbestimmung zu ziehen sind, so ist auch das eine Auslegung des Vertrages i. S. der Nr. 2 (BGH NJW 1968, 2204). Handelt es sich bei dem Streit um die Erfüllung der in dem notariellen Vertrag eingegangenen Verpflichtung, so greift Nr. 2 dem Wortlaut nach nicht ein. Doch können sich hier wie auch in anderen Zusammenhängen aus der in § 14 Abs. 1 Satz 2 BNotO normierten Aufgabe des Notars, unparteiischer Betreuer der Beteiligten zu sein, Pflichten ergeben, die der Tätigkeit des Anwaltsnotars als RA entgegenstehen (vgl. Amtl. Begr.; *Kalsbach*, § 45 Anm. 4 IV; *Isele*, § 45 Anm. VI C; *Seybold/Hornig*, BNotO, 5. Aufl. 1979, § 16 Anm. 50; *Arndt*, a.a.O.; *Feuerich*, § 45 Rz. 48 ff.). Nach EGH Celle (EGE XII, 124) handelt es sich bei der Folgerung aus einer beurkundeten **tatsächlichen Erklärung** nicht um Auslegung i. S. von Abs. 1 Nr. 2, weil der Notar grundsätzlich keinen Einfluß auf den Inhalt der Erklärung hat und deshalb hierfür keine Verantwortung trägt. Eine hilfreiche Auflistung von Kollusionsfällen mit Rspr. bringt *Hartstang*, AnwR, S. 189 ff. Ein Verstoß gegen Nr. 2 macht den **Geschäftsbesorgungsvertrag** zwischen dem RA und seinem Mandanten **nichtig** nach § 134 BGB (OLG Köln, AnwBl. 1980, 70;

Hartstang, RA, S. 206). Doch wird hierdurch die Wirksamkeit der Prozeßvollmacht des Anwalts nicht berührt (OLG Hamm AnwBl. 1989, 397; vgl. *Stockebrand,* ZAP, Fach 23, S. 73). Das gilt darüber hinaus auch für die Wirksamkeit der von dem RA namens des Mandanten vorgenommenen Rechtshandlung, wie z. B. Rücktritt von dem durch ihn als Notar beurkundeten Vertrag (BGH MDR 1993, 690).

Zu Abs. 1 Nr. 3 (Vermögensverwaltung):

Diese Vorschrift regelt einen **Sonderfall** des **Verbotes widerstreitender** 7
Interessen. Der Rechtsanwalt, der eine der in der Vorschrift genannten Funktionen wahrgenommen hat, darf auch später nicht gegen den Träger des von ihm verwalteten Vermögens tätig werden. Damit soll bereits der Anschein vermieden werden, daß der Rechtsanwalt früher erworbenes »Insiderwissen« benutzt (BT-Drucks. 12/4993 S. 29).

Zu Abs. 1 Nr. 4 (Widerstreitende Interessen außerhalb der Anwaltstätigkeit).

Diese Vorschrift trifft eine Regelung für sonstige Bereiche, in denen ein 8
Rechtsanwalt zuvor mit einer Angelegenheit in einer solchen Weise befaßt war, daß er im Interesse des Vertrauens in seine Unabhängigkeit nicht mehr anwaltlich tätig sein kann. Die **Einschränkung »außerhalb seiner Anwaltstätigkeit«** soll zum Ausdruck bringen, daß der Rechtsanwalt in derselben Angelegenheit, in der er das Mandat übernommen hat, insoweit keinen Beschränkungen unterliegt. Er darf seinen Mandanten selbstverständlich beraten, für diesen klagen, Rechtsmittel durchführen. Etwas anderes gilt jedoch, wenn der Rechtsanwalt zuvor – ohne dem anwaltlichen Berufsrecht zu unterliegen – in irgendeiner Weise mit der Sache beruflich befaßt war (BT-Drucks. 12/4993 S. 30).

Die Regelung greift in die nach geltendem Recht unbestrittene Möglich 9
keit des Rechtsanwalts ein, in eigener außerberuflicher Sache gerichtlich oder außergerichtlich »als Rechtsanwalt« tätig zu werden. Zwangsläufig muß der Rechtsanwalt mit seiner Rechtsangelegenheit zuvor befaßt gewesen sein. Unberührt bleiben die mit seiner Berufstätigkeit zusammenhängenden Angelegenheiten, insofern war er nicht »außerhalb« des Berufs befaßt. Das gilt auch für die Rechtsanwälte, die zugleich einen weiteren sozietätsfähigen Beruf (§ 59 a Abs. 1) ausüben. Wenn etwa der Rechtsanwalt und Steuerberater zunächst ein Mandat als Steuerberater übernommen hat, darf er auch als Rechtsanwalt tätig werden. Er kann seine Gebühren ebenso als Rechtsanwalt durchsetzen, sich etwaiger Haftungsansprüche erwehren oder sonstige mit der Kanzlei oder dem Personal zusammenhängende Rechtssachen betreiben (BT-Drucks. 12/4993 S. 30).

10   Die im Entwurf der Bundesregierung (BT-Drucks. 12/4993 S. 6 zu Nr. 5)
vorgesehene Erstreckung außer auf berufliche auch auf **geschäftliche** oder in
sonstiger Weise erfolgte **Befassung** mit der Angelegenheit ist auf Grund der
Beschlußempfehlung des Rechtsausschusses entfallen (BT-Drucks. 12/7656
S. 9, 49).

Zu Abs. 2:

11   Die Vorschrift greift die in Absatz 1 normierten Pflichten, das Mandat
nicht zu übernehmen auf und schreibt dem **Rechtsanwalt** vor, die Angelegenheiten, mit denen er als Anwalt befaßt war, nicht in anderer Eigenschaft
zu betreiben. Adressat der Bestimmung ist der Rechtsanwalt, der gegen eine
anwaltliche Berufspflicht verstößt, wenn er dem Verbot zuwiderhandelt
(BT-Drucks. 12/4993 S. 30).

Zu Abs. 3:

12   Absatz 3 dient der **Ausweitung der Tätigkeitsverbote auf die in die berufliche Zusammenarbeit eingebundenen Personen.** Zum einen gelten die Verbote
für diese, aber auch deren Vorbefassung außerhalb ihres rechtsberatenden
Berufs führt zu dem Tätigkeitsverbot für alle. Eine solche Regelung
erscheint unverzichtbar, da die gemeinsame Berufsausübung zwangsläufig
zu einer Erstreckung im Einzelfall bestehender Verbote auf alle führt. Bei
Sozietäten ist im Zweifel davon auszugehen, daß die Mandatsübernahme
durch ein Mitglied der Sozietät auch seine Sozien verpflichtet. Diese Regel
schließt aber nicht aus, daß das Mandatsverhältnis auch in einer Sozietät
(hier Strafverteidigung) nur zu einem der Sozien begründet wird und daher
der **Tatbestand des Parteiverrats** auch dann nicht gegeben ist, wenn ein
anderer RA der Sozietät gegen den Beschuldigten Strafanzeige erstattet hat
(BGH MDR 1994, 946 m. w. N.).
Auch eine **Bürogemeinschaft,** die über die bloße gemeinsame Nutzung
sachlicher Arbeitsmittel hinausgeht, die sich mithin einer Sozietät oder einer
Verbindung in sonstiger Weise annähert, dürfte hierunter fallen.

13   Zur Beachtung der vorstehenden Vorschriften durch Anwälte aus Mitgliedstaaten der **Europäischen Gemeinschaften** und dem **EWR** bei Ausübung
der Anwaltstätigkeit in der Bundesrepublik Deutschland vgl. § 3 Abs. 2
RADG.

§ 46   Rechtsanwälte in ständigen Dienstverhältnissen

(1) Der Rechtsanwalt darf für einen Auftraggeber, dem er aufgrund eines
ständigen Dienst- oder ähnlichen Beschäftigungsverhältnisses seine Arbeitszeit
und -kraft zur Verfügung stellen muß, vor Gerichten oder Schiedsgerichten
nicht in seiner Eigenschaft als Rechtsanwalt tätig werden.

(2) Der Rechtsanwalt darf nicht tätig werden:

1. wenn er in derselben Angelegenheit als sonstiger Berater, der in einem ständigen Dienst- oder ähnlichen Beschäftigungsverhältnis Rechtsrat erteilt, bereits rechtsbesorgend tätig geworden ist;

2. als sonstiger Berater, der in einem ständigen Dienst- oder ähnlichen Beschäftigungsverhältnis Rechtsrat erteilt, wenn er mit derselben Angelegenheit bereits als Rechtsanwalt befaßt war.

(3) Die Verbote des Absatzes 2 gelten auch für die mit dem Rechtsanwalt in Sozietät oder in sonstiger Weise zur gemeinschaftlichen Berufsausübung verbundenen oder verbunden gewesenen Rechtsanwälte und Angehörigen anderer Berufe und auch insoweit einer von diesen im Sinne des Absatzes 2 befaßt war.

Zu Abs. 1: Die Vorschrift betrifft den **Syndikusanwalt** (vgl. § 7 Rz. 17–23). **1** Dieser hat besonders darauf zu achten, daß er keine Bindungen gegenüber seinem ständigen Dienstherrn eingeht, die seine berufliche Unabhängigkeit gefährden könnten. Er hat seinen arbeitsvertraglichen und seinen Arbeitsbereich als freier RA voneinander zu trennen. Das Verbot, für den ständigen Arbeitgeber vor Gerichten und Schiedsgerichten in der Eigenschaft als RA tätig zu werden, gilt für alle Verfahren mit Anwaltszwang (§ 78 ZPO); soweit kein Anwaltszwang besteht, kann der Syndikusanwalt für seinen ständigen Arbeitgeber vor Gerichten und Schiedsgerichten tätig werden, nur eben nicht in seiner Eigenschaft als RA. Nach *Kalsbach* (§ 46 Anm. III e, f) und *Isele* (§ 46 Anm. IV C 1, 2) soll auch jede **außergerichtliche Betätigung** in der Anwaltseigenschaft für den ständigen Auftraggeber erlaubt sein (z. B. Zahlungsaufforderungen, Mahnungen, Besprechungen, Verhandlungen – auch mit Behörden –); a. A. *Bülow*, § 46 Anm. 3 unter Berufung auf BT-Drucks. 3/778 S. 5. In der Praxis hat sich nach *Lingenberg/Hummel/Zuck/ Eich*, § 40 Rz. 29, die mildere Auffassung von *Kalsbach* und *Isele* durchgesetzt. Zu weiter einengenden Reformbestrebungen vgl. *Biermann*, AnwBl. 1990, 420 ff. und *Koch*, Sitzungsbericht M zum 58. Deutschen Juristentag 1990, S. M 49. Zu den Grenzen der Berufsausübung eines für einen Genossenschaftsverband tätigen Syndikusanwalts vgl. BGH NJW 1987, 1328.

Der Syndikusanwalt darf nicht unter Berufung auf seine Eigenschaft als **2** RA gemäß § 138 Abs. 1 StPO als **Verteidiger** seines ständigen Arbeitgebers, oder, falls es sich dabei um eine Gesellschaft handelt, ihres Repräsentanten, vor einem staatlichen Gericht tätig werden (Amtl. Begr. zu § 46; *Kalsbach*, § 46 Anm. 3 III d; *Isele*, § 46 Anm. IV B 1 b; vgl. auch *Hamacher*, DAV-Ratgeber, S. 155, und *Dahs*, Handbuch des Strafverteidigers, 5. Aufl. 1983 Rz. 106). Er darf dies jedoch, falls er Rechtslehrer an einer Hochschule ist, z. B. Honorarprofessor oder Privatdozent, unter Berufung auf diese Eigenschaft (§ 138 Abs. 1 StPO). Da Schiedsgerichte i. S. des § 46 nur solche

Gerichte sind, für die die §§ 1025 ff. ZPO gelten, darf der Syndikusanwalt seinen Arbeitgeber vor sog. **Verbandsschiedsgerichten,** die eine auf der Verbandssatzung beruhende Strafgewalt ausüben, auch in seiner Eigenschaft als RA verteidigen (*Kalsbach*, § 46 Anm. III c; *Isele*, § 46 Anm. IV B 2 b).

3   Zur Frage, ob der Syndikusanwalt sich auf ein **Zeugnisverweigerungsrecht** berufen darf, vgl. *Roxin*, NJW 1992, 1129.

4   **Zu Abs. 2 Nr. 1:** Mit dieser Vorschrift soll den **besonderen Verhältnissen** Rechnung getragen werden, die zu beachten sind, wenn ein Rechtsanwalt in seinem **Zweitberuf** für eine **Organisation** den Mitgliedern **geschäftsmäßig Rechtsrat** erteilt oder sogar für diese als Vertreter außergerichtlich oder gerichtlich tätig wird. Da der Rechtsanwalt bei seiner beruflichen Tätigkeit unabhängig ist und sich von Bindungen, die die Unabhängigkeit gefährden, freihalten muß (**§ 43 a Abs. 1**), der Angestellte jedoch grundsätzlich den Weisungen des Dienstherrn unterliegt, müssen beide Bereiche scharf voneinander getrennt werden. Nur so kann verhindert werden, daß in derselben Sache ein Rechtsberater tätig wird, der sowohl die beruflichen Pflichten als Rechtsanwalt als auch die Weisungsbefugnisse seines Dienstherrn beachten muß.

5   **Zu Abs. 2 Nr. 2:** Diese Vorschrift schreibt dem **Rechtsanwalt** vor, die Angelegenheiten, mit denen er als RA befaßt war, nicht in anderer Eigenschaft zu betreiben (vgl. hierzu § 45 Rz. 11).

6   **Zu Abs. 3:** Die Vorschrift entspricht § 45 Abs. 3. Vgl. dort Rz. 12.

7   Zur Rechtsstellung der Syndikusanwälte in der **EG** vgl. *Kolvenbach*, AnwBl. 1987, 211.

§ 47   Rechtsanwälte im öffentlichen Dienst

(1) [1]Rechtsanwälte, die als Richter oder Beamte verwendet werden, ohne auf Lebenszeit ernannt zu sein, die in das Dienstverhältnis eines Soldaten auf Zeit berufen werden oder die vorübergehend als Angestellte im öffentlichen Dienst tätig sind, dürfen ihren Beruf als Rechtsanwalt nicht ausüben, es sei denn, daß sie die ihnen übertragenen Aufgaben ehrenamtlich wahrnehmen. [2]Die Landesjustizverwaltung kann jedoch dem Rechtsanwalt auf seinen Antrag einen Vertreter bestellen oder ihm gestatten, seinen Beruf selbst auszuüben, wenn die Interessen der Rechtspflege dadurch nicht gefährdet werden.

(2) Bekleidet ein Rechtsanwalt ein öffentliches Amt, ohne in das Beamtenverhältnis berufen zu sein, und darf er nach den für das Amt maßgebenden

47

Vorschriften den Beruf als Rechtsanwalt nicht selbst ausüben, so kann die Landesjustizverwaltung ihm auf seinen Antrag einen Vertreter bestellen.

(3) Vor der Entscheidung über Anträge nach Abs. 1 Satz 2 und Abs. 2 ist der Vorstand der Rechtsanwaltskammer zu hören.

Vorrangiger Zweck des Abs. 1 ist es, den RA, der nur vorübergehend im 1 öffentlichen Dienst tätig ist, und dessen Tätigkeit unvereinbar mit dem RA-Beruf ist, vor einem Widerruf der Zulassung und der Notwendigkeit einer Neuzulassung und den damit verbundenen finanziellen und sonstigen Nachteilen zu bewahren (BGH, BRAK-Mitt. 1992, 217). **Abs.** 1 muß im **Zusammenhang mit §§ 7 und 14** gesehen werden: Dem Anwaltsbewerber, der eine nichtehrenamtliche Tätigkeit als Richter oder Beamter, sei es auf begrenzte Zeit oder auf Lebenszeit, oder als Berufssoldat oder Soldat auf Zeit ausübt, ist die Zulassung nach § 7 Nr. 11 zu versagen (vgl. § 7 Rz. 33). Die Zulassung von vorübergehend Angestellten oder Dauerangestellten im öffentlichen Dienst ist nach § 7 Nr. 8 zu beurteilen (Vgl. § 7 Rz. 24). Treten bei einem bereits zugelassenen RA die Voraussetzungen des § 14 Abs. 2 Nr. 5 ein, so ist seine Zulassung zur Rechtsanwaltschaft nach dieser Vorschrift zu widerrufen. Wird ein bereits zugelassener RA Dauerangestellter des öffentlichen Dienstes, so ist die Frage des Widerrufs der Zulassung zur Rechtsanwaltschaft nach § 14 Abs. 2 Nr. 9 zu beurteilen.

Abs. 1 gilt für die Fälle, in denen ein bereits zugelassener RA als Richter 2 oder Beamter verwendet wird, ohne auf Lebenszeit ernannt zu sein, in das Dienstverhältnis eines Soldaten auf Zeit berufen oder vorübergehend als Angestellter im öffentlichen Dienst tätig wird. In diesen Fällen darf der RA seinen Beruf als RA nicht ausüben, falls es sich nicht um eine ehrenamtliche Tätigkeit handelt. Doch kann die LJV ihm auf Antrag einen Vertreter bestellen oder ihm gestatten, den Anwaltsberuf selbst auszuüben. Ein Grund zum Widerruf der Zulassung nach § 14 Abs. 2 Nr. 9 ist in den Fällen des Abs. 1 Satz 1 nicht gegeben, auch wenn die LJV von den Befugnissen des Abs. 1 Satz 2 keinen Gebrauch macht (so für § 15 Nr. 2 a. F. bei vorübergehender Beschäftigung als Angestellter im öffentlichen Dienst BGH BRAK-Mitt. 1986, 49).

Angestellte im öffentlichen Dienst i. S. des Abs. 1 Satz 1 sind Personen, die 3 aufgrund eines privatrechtlichen Dienstvertrages eine Tätigkeit bei einer Behörde des Bundes, der Länder, Gemeinden und Gemeindeverbände sowie einer sonstigen Körperschaft oder Anstalt des öffentlichen Rechts ausüben. Das gilt auch, wenn diese Tätigkeit nicht öffentlich-rechtlicher Art ist; andererseits ist ein Angestellter, dessen Diensherr nicht zu den juristischen Personen des öffentlichen Rechts zählt, nicht im öffentlichen Dienst tätig, selbst wenn er Aufgaben wahrzunehmen hat, die aus der Staatsgewalt abgeleitet sind oder öffentlichen Zwecken dienen (BGH NJW 1968, 839).

4   Für **Lehraufträge** an einer Universität oder Fachhochschule gilt das jeweilige Landesrecht.

5   Das in Abs. 1 Satz 1 verwendete Merkmal »**vorübergehend**« knüpft nicht an die im Arbeitsrecht bedeutsamen Begriffe der Kündigung oder Unkündbarkeit an, es ist vielmehr nach dem Sinn und Zweck der BRAO unter Berücksichtung der allgemein üblichen Bedeutung des Wortes auszulegen; eine nur vorübergehende Tätigkeit im öffentlichen Dienst muß danach angenommen werden, wenn das Anstellungsverhältnis entweder von vornherein auf begrenzte Zeit oder unter Bedingungen abgeschlossen ist, die in absehbarer Zeit sein Ende zur Folge haben werden (BGHZ 49, 238, 239). **Nicht vorübergehend** im Sinne von Abs. 1 Satz 1 ist ein befristetes Angestelltenverhältnis, das mit der Absicht, es bei Freiwerden einer Planstelle in ein Dauerarbeitsverhältnis umzuwandeln, mehrfach verlängert worden ist (BGH BRAK-Mitt. 1983, 191).

6   Wird die Zulassung eines RA, der eine Tätigkeit als **Dauerangestellter des öffentlichen Dienstes** aufnimmt, nicht nach § 14 Abs. 2 Nr. 9 widerrufen, so gilt § 47 Abs. 1 und 2 sinngemäß, so daß der RA auch in einem solchen Falle den Anwaltsberuf nicht ohne weiteres ohne Erlaubnis der LJV ausüben darf (so BGH EGE X 27, 32; 14, 17 zu § 15 Nr. 2 a. F.).

7   Bei der Entscheidung nach **Abs. 1 Satz 2** darf die LJV nur die Gefährdung der Interessen der Rechtspflege – allerdings in einem weiteren Sinne –, nicht jedoch andere Gründe berücksichtigen (BGHZ 49, 295, 301). Zu den Voraussetzungen, unter denen eine Gefährdung der Interessen der Rechtspflege angenommen werden kann, vgl. BGH BRAK-Mitt. 1992, 217.

8   **Abs. 2** gilt z. B. für den Fall nach § 5 des Bundesministergesetzes.

9   Die **Ablehnung** von Anträgen nach Abs. 1 Satz 2 und Abs. 2 kann gemäß § 223 **angefochten** werden. Bei der Prüfung der für die Entscheidung nach Abs. 1 Satz 2 maßgebenden Frage, ob die Interessen der Rechtspflege gefährdet werden, übt die LJV kein Ermessen aus, es handelt sich vielmehr um die Anwendung eines allgemeinen Rechtsbegriffs, so daß die Entscheidung über die Grenzen des § 39 Abs. 3 hinaus voll nachprüfbar ist (vgl. BGHZ 49, 295, 301; 46, 380; a. A. EGH München EGE VII 198; IX 135; *Kalsbach,* § 47 Anm. IV; *Isele,* § 47 Anm. IV D 1 b).

10   Zur **Anzeigepflicht des RA,** wenn die Voraussetzungen des Abs. 1 Satz 2 oder des Abs. 2 eintreten, und zur Pflicht zur Vorlage der Unterlagen über ein Beschäftigungsverhältnis dürfte in der Berufsordnung eine Regelung gefunden werden.

11   Wird ein RA zum **Richter am BVerfG** ernannt, so ruhen seine Rechte aus der Zulassung für die Dauer seines Amtes (§ 104 Abs. 1 BVerfGG).

Zur Lit. vgl. die zusammenfassende Darstellung von *Feuerich* in MDR   12
1993, 1141.

Zur **Gebühr für die Vertreterbestellung** nach Abs. 1 Satz 2 oder Abs. 2 vgl.   13
§ 193 Abs. 1, § 194.

§ 48   Pflicht zur Übernahme der Prozeßvertretung

(1) Der Rechtsanwalt muß im gerichtlichen Verfahren die Vertretung einer
Partei oder die Beistandschaft übernehmen,
1. wenn er der Partei aufgrund des § 121 der Zivilprozeßordnung, des § 11 a
   des Arbeitsgerichtsgesetzes oder aufgrund anderer gesetzlicher Vorschriften zur vorläufig unentgeltlichen Wahrnehmung ihrer Rechte beigeordnet
   ist;
2. wenn er der Partei aufgrund der §§ 78 b, 78 c der Zivilprozeßordnung beigeordnet ist;
3. wenn er dem Antragsgegner aufgrund des § 625 der Zivilprozeßordnung
   als Beistand beigeordnet ist.

(2) Der Rechtsanwalt kann beantragen, die Beiordnung aufzuheben, wenn
hierfür wichtige Gründe vorliegen.

Zu **Abs. 1 Nr. 1** vgl. die Erl. zu § 3 Rz. 19 **(Prozeßkostenhilfe).** Zu den   1
Rechtsbehelfen gegen Entscheidungen über die Prozeßkostenhilfe vgl. § 127
Abs. 2 ZPO, § 11 a Abs. 3 ArbGG.»Andere gesetzliche Vorschriften« i. S.
des Abs. 1 Nr. 1 sind z. B. § 166 VwGO, § 73 a SGG, § 142 FGO. Zu den
berufsrechtlichen Pflichten des RA **bei Prozeßkostenhilfe-Sachen** vgl. BRAK-
Mitt. 1988, 16).

Im Fall des **Abs. 1 Nr. 2 (Notanwalt)** Milderung des Kontrahierungszwan-   2
ges durch das Recht des RA, die Übernahme der Vertretung von der Zahlung eines Vorschusses abhängig zu machen (§ 78 c Abs. 2 ZPO); Auswahl
des RA durch den Vorsitzenden des Gerichts (§ 78 c Abs. 1 ZPO); Rechtsbehelfe über den RA hier nach § 78 c Abs. 3 ZPO.

Im Falle des **Abs. 1 Nr. 3 (Beiordnung als Beistand in einer Scheidungssa-   3
che)** Auswahl des RA und dessen Rechtsbehelfe gemäß § 625 Abs. 1 Satz 1
Halbs. 2 ZPO wie bei Abs. 1 Nr. 2 (oben Rz. 2).

Wichtige **Gründe** für den Antrag **nach Abs. 2,** die **Beiordnung aufzuheben,**   4
sind Unmöglichkeit und Störung des Vertrauensverhältnisses (*Isele,* § 48
Anm. II E; *Feuerich,* § 48 Rz. 21; OLG Zweibrücken NJW 1988, 570; OLG
Frankfurt AnwBl. 1988, 643; die Gefahr einer Interessenkollision i. S. von
§ 45 (LG Siegen AnwBl. 1993, 401). Zum Beschwerderecht des RA gegen die

Verweigerung der Aufhebung der Beiordnung vgl. für Abs. 1 Nr. 1 OLG Zweibrücken NJW 1988, 570, für Abs. 1 Nr. 2 und 3 § 78 c Abs. 3 Satz 2, § 625 Abs. 1 Satz 1 ZPO.

5   Für den Fall, daß der RA von der Partei, der er beigeordnet worden ist, angegriffen, bedroht oder beleidigt wird und dadurch das Verhältnis zwischen RA und Mandant nachhaltig und tiefgreifend gestört ist, vgl. BGH, NJW-RR 1992, 189 sowie § 49 Rz. 2.

§ 49   Pflichtverteidigung, Beistandsleistung

(1) Der Rechtsanwalt muß eine Verteidigung oder Beistandsleistung übernehmen, wenn er nach den Vorschriften der Strafprozeßordnung oder des Gesetzes über Ordnungswidrigkeiten zum Verteidiger oder nach den Vorschriften des Gesetzes über die internationale Rechtshilfe in Strafsachen als Beistand bestellt ist.

(2) § 48 Abs. 2 ist entsprechend anzuwenden.

1   § 49 gilt unmittelbar für die Bestellung zum **Verteidiger** nach §§ 140 ff., § 117 Abs. 4, § 138 c Abs. 3 Satz 4, § 231 a Abs. 4, § 350 Abs. 3 StPO und § 60 OWiG sowie für die Bestellung als **Beistand** nach § 40 Abs. 2 des Gesetzes über die internationale Rechtshilfe in Strafsachen vom 23. 12. 1983 (BGBl. I, 2071) und analog, soweit in Disziplinargesetzen und Gesetzen über die Ehren- und Berufsgerichtsbarkeit die Vorschriften der StPO entsprechend anzuwenden sind (vgl. für die Anwaltsgerichtsbarkeit § 116 Satz 2 mit Einschränkung im § 117 a), darüber hinaus entgegen der einschränkenden Ansicht von *Isele* (§ 49 Anm. II A 2) aber auch in den Fällen der §§ 68, 104 Abs. 1 Nr. 10, 109 Abs. 1 Nr. 1 des Jugendgerichtsgesetzes und des § 34 Abs. 3 Nr. 1 des Einführungsgesetzes zum GVG (*Feuerich,* 49 Rz. 4; *Eisenberg,* Jugendgerichtsgesetz, 1988, § 68 Rz. 10). Nicht berufswidrig handelt, wer sich als Pflichtverteidiger beiordnen läßt, obwohl Vertrauensanwälte zur Verfügung stehen (EGH Berlin BRAK-Mitt. 1982, 81).

2   Nach **Abs. 2** i. V. mit § 48 Abs. 2 kann der zum Pflichtverteidiger bestellte RA beantragen, die Bestellung zurückzunehmen, wenn hierfür wichtige Gründe vorliegen. Die StPO regelt die **Rücknahme der Bestellung** nur für den Fall, daß ein anderer Verteidiger gewählt wird und dieser die Wahl annimmt (§ 143 StPO). Die Beiordnung des Pflichtverteidigers ist jedoch nach allgemeinen Rechtsgrundsätzen auch dann aufzuheben, wenn ein wichtiger Grund dafür vorliegt (BVerfGE, NJW 1975, 1015, 1016; *Kleinknecht/Meyer,* § 143 Rz. 3). Das kann der Fall sein bei Krankheit und sonstiger tatsächlicher Verhinderung und, wenn zwischen dem Verteidiger und

dem Angeklagten eine auf bestimmte Tatsachen gegründete, nicht mehr zu behebende Vertrauenskrise besteht (OLG Hamm NJW 1958, 641, und Beschluß vom 13. 9. 1982 – 1 Ws 302/82 – m. w. N.). Umstritten ist, ob ein Grund zur Zurücknahme der Pflichtverteidigerbestellung darin zu erblicken ist, daß der Pflichtverteidiger erklärt, er könne wegen ideologisch-politischer Meinungsverschiedenheiten mit dem Angeklagten diesem nicht das Gefühl vermitteln, er werde sich voll für ihn einsetzen (bejahend OLG Hamm NJW 1975, 1238; verneinend OLG Karlsruhe, AnwBl. 1978, 241; *Kleinknecht/Meyer,* § 143 Rz. 3). Tätliche Angriffe, Bedrohungen und Beleidigungen gegenüber dem Pflichtverteidiger durch den Angeklagten (KG AnwBl. 1978, 241) oder durch nicht beteiligte Dritte (OLG Schleswig SchlHA 1982, 122) sind grundsätzlich nicht als wichtiger Aufhebungsgrund – auch i. S. des § 49 Abs. 2 i. V. mit § 48 Abs. 2 – angesehen worden. Vgl. auch § 48 Rz. 5. Hier wird man aber bei ernstzunehmenden Drohungen gegen eine konkrete Person eine Ausnahme machen müssen (OLG Schleswig a.a.O.). Das Interesse an der Verfahrenssicherung hat kein solches Gewicht, daß demgegenüber alle elementaren Berufs- und Persönlichkeitsrechte des Verteidigers (einschließlich Art. 1 GG) zurücktreten müssen (*Dahs,* Handbuch des Strafverteidigers, 5. Aufl., S. 73). Vgl. zu diesem schwierigen Problem auch die Beratungen des BRAK-Strafrechtsausschusses vom 17./18. 2. 1984 (BRAK-Mitt. 1984, 62).

Wird einem Gefangenen im Falle der Kontaktsperre nach §§ 31 ff. EG GVG ein RA nach § 34 a Abs. 1 EG GVG als **Kontaktperson** beigeordnet, so muß dieser die aus § 34 a Abs. 1 und 2 EG GVG ersichtlichen Aufgaben übernehmen; er kann jedoch die Aufhebung der Beiordnung beantragen, wenn hierfür wichtige Gründe (vgl. Rz. 2) vorliegen (§ 34 a Abs. 3 Satz 5 und 6 EG GVG). 3

§ 49 a Pflicht zur Übernahme der Beratungshilfe

(1) ¹Der Rechtsanwalt ist verpflichtet, die in dem Beratungshilfegesetz vorgesehene Beratungshilfe zu übernehmen. ²Er kann die Beratungshilfe im Einzelfall aus wichtigem Grund ablehnen.

(2) ¹Der Rechtsanwalt ist verpflichtet, bei Einrichtungen der Rechtsanwaltschaft für die Beratung von Rechtsuchenden mit geringem Einkommen mitzuwirken. ²Er kann die Mitwirkung im Einzelfall aus wichtigem Grund ablehnen.

Zu Abs. 1: Da sich die Übernahmepflicht **auf »die in dem Beratungshilfegesetz vorgesehene Beratungshilfe«** beschränkt, kann sie nicht durch Verwal- 1 tungsvorschriften der LJV auf andere Fälle ausgedehnt werden (vgl. – auch wegen der Gebührenfrage – *Schoreit/Dehn*, Beratungshilfegesetz, Prozeßkostenhilfegesetz, 3. Aufl. 1987, § 2 BerHG Rz. 12; *Hartmann*, § 131 BRAGO Anm. 1). Zur Sorgfaltspflicht des RA und zur Rspr. in Beratungshilfesachen vgl. *Greißinger*, AnwBl. 1992, 49 ff.

2 Auch ein **Kammerrechtsbeistand** kann Beratungshilfe gewähren und ist zu ihrer Übernahme verpflichtet (AG Ulm Rbeistand 1984, 104; LG Münster Rbeistand 1989, 66; *Feuerich*, Rbeistand 1989, 59; a. A. LG Bielefeld Rbeistand 1989, 67). Hier besteht, wie sich aus § 3 Abs. 2 des Beratungshilfegesetzes ergibt, im Gegensatz zur Prozeßkostenhilfe (vgl. § 209 Rz. 7) kein Anwaltsprivileg.

3 Als wichtiger Grund zur **Ablehnung nach Satz 2** kommen in Betracht Krankheit, die Gründe des § 45, fehlendes Vertrauensverhältnis, im Einzelfall auch Gewissensnot des RA (*Feuerich*, § 49 a Rz. 4).

4 **Zu Abs. 2:** Die Neuregelung in Abs. 2 legt dem RA die gesetzliche Pflicht auf, über die Pflichten in Abs. 1 hinaus, auch im Rahmen anwaltlicher Beratungseinrichtungen mitzuwirken. Zum wichtigen Grund vgl. Rz. 3.

§ 49 b Vergütung

(1) ¹Es ist unzulässig, geringere Gebühren und Auslangen zu vereinbaren oder zu fordern, als die Bundesgebührenordnung für Rechtsanwälte vorsieht, soweit diese nichts anderes bestimmt. ²Im Einzelfall darf der Rechtsanwalt besonderen Umständen in der Person des Auftraggebers, insbesondere dessen Bedürftigkeit, Rechnung tragen durch Ermäßigung oder Erlaß von Gebühren oder Auslagen nach Erledigung des Auftrags.

(2) Vereinbarungen, durch die eine Vergütung oder ihre Höhe vom Ausgang der Sache oder vom Erfolg der anwaltlichen Tätigkeit abhängig gemacht wird (Erfolgshonorar) oder nach denen der Rechtsanwalt einen Teil des erstrittenen Betrags als Honorar erhält (quota litis), sind unzulässig.

(3) ¹Die Abgabe und Entgegennahme eines Teils der Gebühren oder sonstiger Vorteile für die Vermittlung von Aufträgen, gleichviel ob im Verhältnis zu einem Rechtsanwalt oder Dritten gleich welcher Art, ist unzulässig. ²Zulässig ist es jedoch, eine über den Rahmen des § 52 BRAGO hinausgehende Tätigkeit eines anderen Rechtsanwalts angemessen zu honorieren. ³Die Honorierung der Leistungen hat der Verantwortlichkeit sowie dem Haftungsrisiko der beteiligten Rechtsanwälte und den sonstigen Umständen Rechnung zu tragen. ⁴Die Vereinbarung einer solchen Honorierung darf nicht zur Voraussetzung einer Mandatserteilung gemacht werden. ⁵Mehrere beauftragte Rechts-

anwälte dürfen einen Auftrag gemeinsam bearbeiten und die Gebühren in einem den Leistungen, der Verantwortlichkeit und dem Haftungsrisiko entsprechenden angemessenen Verhältnis untereinander teilen. [6]Die Sätze 2 und 3 gelten nicht für beim Bundesgerichtshof und beim Oberlandesgericht ausschließlich zugelassene Prozeßbevollmächtigte.

(4) [1]Der Rechtsanwalt, der eine Gebührenforderung erwirbt, ist in gleicher Weise zur Verschwiegenheit verpflichtet wie der beauftragte Rechtsanwalt. [2]Die Abtretung von Gebührenforderungen oder die Übertragung ihrer Einziehung an einen nicht als Rechtsanwalt zugelassenen Dritten ist unzulässig, es sei denn, die Forderung ist rechtskräftig festgestellt, ein erster Vollstreckungsversuch fruchtlos ausgefallen und der Rechtsanwalt hat die ausdrückliche, schriftliche Einwilligung des Mandanten eingeholt.

Die Bestimmung lehnt sich an die Regelung in §§ 50 ff. RichtlRA an. **1** Abs. 1 Satz 1 weist indessen mit dem Zusatz »soweit diese (die BRAGO) nichts anderes bestimmt« auf Abs. 5 zu § 3 BRAGO in der Fassung des Art. 4 des Gesetzes zur Neuordnung des Berufsrechts der Rechtsanwälte pp. vom 2. 9. 1994 (BGBl. I S. 2278) hin, wonach Ausnahmen vorgesehen sind, die über den Rahmen der bisher zulässigen Ausnahmen hinausgehen. § 3 Abs. 5 lautet:

(5) *In außergerichtlichen Angelegenheiten kann der Rechtsanwalt Pauschalvergütungen und Zeitvergütungen vereinbaren, die niedriger sind als die gesetzlichen Gebühren. Handelt es sich bei dem Auftraggeber um einen Verband oder Verein, so gilt dies auch für die Beratung seiner Mitglieder im Rahmen des satzungsgemäßen Aufgabenbereichs des Verbandes oder Vereins. Der Rechtsanwalt kann sich für gerichtliche Mahnverfahren und Zwangsvollstreckungsverfahren nach den §§ 803 bis 863 und 899 bis 915 der Zivilprozeßordnung verpflichten, daß er, wenn der Anspruch des Auftraggebers auf Erstattung der gesetzlichen Vergütung nicht beigetrieben werden kann, einen Teil des Erstattungsanspruchs an Erfüllungs Statt annehmen werde. Der nicht durch Abtretung zu erfüllende Teil der gesetzlichen Vergütung und die sonst nach diesem Absatz vereinbarten Vergütungen müssen in angemessenem Verhältnis zu Leistung, Verantwortung und Haftungsrisiko des Anwalts stehen.*

Festzustellen ist aber, daß das **Verbot,** geringere als in der BRAGO vorgesehene **Gebühren und Auslagen** zu **vereinbaren** oder zu **fordern,** grundsätzlich weiterbesteht. Hiermit soll ein Preiswettbewerb um Mandate und die mittelbare Vereinbarung von Erfolgshonoraren in gerichtlichen Verfahren verhindert werden. So soll gewährleistet sein, daß der Rechtsuchende sich frei von finanziellen Erwägungen nicht für den »preiswerten« RA, sondern für den RA seines Vertrauens entscheidet. Der Gefahr der mittelbaren Vereinbarung eines Erfolgshonorars wird mit dem Verbot der Gebührenvereinbarung begegnet, weil somit ausgeschlossen wird, daß im Fall des Obsiegens im Prozeß der unterlegene Gegner die höheren gesetzlichen Gebühren erstatten muß, während der Obsiegende seinem RA lediglich das vereinbarte niedrigere Honorar schuldete (vgl. BT-Drucks. 12/4993, S. 31, 44).

2   **Abs. 1 Satz 2** öffnet ebenfalls der Lockerung des bisherigen standesrechtlichen Verbots die Tür, um Einzelfällen gerecht werden zu können. Der RA kann jetzt ohne weiteres bei besonderen Umständen in der Person des Mandanten unter den gesetzlichen Gebühren bleiben. Diese Befugnis betrifft die Vertretung von Verwandten und Freunden sowie von Bedürftigen.

3   **Abs. 2** entspricht inhaltlich § 52 Abs. 1 und 3 RichtlRA. Das Verbot der Vereinbarung eines **Erfolgshonorars** oder der *quota litis* ist zivilrechtlich bereits nach § 138 BGB geboten. Die Unabhängigkeit des RA wäre ohne dieses Verbot gefährdet, weil bei der Erledigung eines Auftrags wirtschaftliche Erwägungen den Ausschlag geben könnten (vgl. BT-Drucks. 12/4993 S. 31). Ein unzulässiges Erfolgshonorar liegt auch dann vor, wenn ein RA sein Honorar prozentual am Nettoumsatz eines Betriebes ausrichtet, da eine Beteiligung an einer Umsatzsteigerung die Gefahr in sich birgt, daß der RA bei seiner Tätigkeit für den Betrieb die erforderliche Freiheit gegenüber dem Auftraggeber verliert und in Versuchung gerät, seine Tätigkeit an seinem Entlohnungsinteresse auszurichten (EGH Celle BRAK-Mitt. 1993, 225).

Es soll keine Vereinbarung eines unerlaubten Erfolgshonorars vorliegen, wenn ein RA in einem Einzelfalle zugunsten einer mit ihm familiär verbundenen Person vereinbarungsgemäß unentgeltlich tätig wird und diese ihm gestattet, den Verkauf ihres Grundstücks zu vermitteln und dafür eine Maklerprovision zu vereinbaren (BGH AnwBl. 1992, 184).

4   **Abs. 3 Satz 1** enthält das Verbot, für die **Vermittlung von Aufträgen** sich Gebühren abgeben zu lassen. Der Anwalt ist kein Makler. Er betreibt auch kein Gewerbe, in dem Mandate »gekauft« oder »verkauft« werden (BT-Drucks. 12/4993 S. 31).

5   **Abs. 3 Satz 2** bringt für die Frage der **Gebührenteilung** eine Regelung, die über den Rahmen des § 52 BRAGO (Verkehrsanwaltsgebühren) hinausgeht. Ziel der Vorschrift ist es, eine klare Regelung zu bieten, in welchen Fällen eine Gebührenteilung zulässig ist. Die Sätze 4 und 5 knüpfen die zulässige Honorierung eines anderen RA für seine Mitarbeit bei der Erledigung eines Mandats an eine Reihe von Bedingungen, die streng zu beachten sind.

6   **Abs. 3 Satz 6** bestimmt, daß die vorstehende Regelung nicht für die beim BGH zugelassenen und die beim OLG singular zugelassenen RAe gilt.

Abs. 4 untersagt grundsätzlich die Abtretung von nichttitulierten Gebüh- 7
renansprüchen an Personen, die nicht einer Rechtsanwaltskammer angehören, um sicherzustellen, daß die beruflichen Verschwiegenheitspflichten
nach § 43 a Abs. 2 auch bei der Durchsetzung von Honorarforderungen
beachtet werden (BT-Drucks. 12/4993 S. 31; vgl. auch zum alten Recht die
Überlegungen von *Bork*, NJW 1992, 2449). Zu beachten ist allerdings, daß
auch die Abtretung einer anwaltlichen Honorarforderung unter Rechtsanwälten **ohne Zustimmung des Mandanten** in der Regel wegen der damit verbundenen Informationspflicht nach § 402 BGB gegen § 203 Abs. 1 Nr. 3
StGB verstößt und damit als **gesetzwidrig** gem. § 134 BGB nichtig ist (BGH
NJW 1993, 1638 = Rbeistand 1993, 50 mit Anm. Mankowski in JZ 1994,
48; BGH NJW 1993, 1912 = Rbeistand 1993, 52; BGH, NJW 1993, 2795;
KG NJW 1992, 2771; OLG Hamburg NJW 1993, 1335 = Rbeistand 1993,
54), es sei denn, die Informationspflicht ist nach § 402 BGB wirksam abbe-
dungen worden (BGH NJW 1993, 2795). Dasselbe gilt für Abtretungen von
nicht titulierten Honorarforderungen unter Kammerrechtsbeiständen (LG
München II Rbeistand 1994, 23). Der Gesetzgeber trägt dem Rechnung,
indem er fordert, daß Zessionar und Zedent der Honorarforderung entweder gleichermaßen zur Verschwiegenheit verpflichtet sein müssen **(Satz 1)**
oder die Zustimmung des Schuldners der Honorarforderung vorliegen muß
(Satz 2 letzter Halbsatz).

§ 50 Handakten des Rechtsanwalts

(1) Der Rechtsanwalt muß durch Anlegung von Handakten ein geordnetes
Bild über die von ihm entfaltete Tätigkeit geben können.

(2) [1]Der Rechtsanwalt hat die Handakten auf die Dauer von fünf Jahren
nach Beendigung des Auftrags aufzubewahren. [2]Diese Verpflichtung erlischt
jedoch schon vor Beendigung dieses Zeitraumes, wenn der Rechtsanwalt den
Auftraggeber aufgefordert hat, die Handakten in Empfang zu nehmen und
der Auftraggeber dieser Aufforderung binnen sechs Monaten, nachdem er sie
erhalten hat, nicht nachgekommen ist.

(3) [1]Der Rechtsanwalt kann seinem Auftraggeber die Herausgabe der
Handakten verweigern, bis er wegen seiner Gebühren und Auslagen befriedigt
ist. [2]Dies gilt nicht, soweit die Vorenthaltung der Handakten oder einzelner
Schriftstücke nach den Umständen unangemessen wäre.

(4) Handakten im Sinne der Absätze 2 und 3 dieser Bestimmung sind nur
die Schriftstücke, die der Rechtsanwalt aus Anlaß seiner beruflichen Tätigkeit
von dem Auftraggeber oder für ihn erhalten hat, nicht aber der Briefwechsel
zwischen dem Rechtsanwalt und seinem Auftraggeber und die Schriftstücke,
die dieser bereits in Urschrift oder Abschrift erhalten hat.

(5) Absatz 4 gilt entsprechend, soweit sich der Rechtsanwalt zum Führen von Handakten der elektronischen Datenverarbeitung bedient.

1 **Zu Abs. 1:** Die Vorschrift ist durch die Berufsrechtsnovelle 1994 neu angefügt und normiert die Pflicht zum Führen von Handakten durch Gesetz dahin, daß diese die Tätigkeit des RA in **nachprüfbarer Form** widerspiegeln muß.

2 **Zu Abs. 2:** Die Vorschrift entspricht dem bisherigen Abs. 2.

3 Die **Pflicht zur Aufbewahrung** der Handakten in dem hier in Betracht kommenden engeren Sinne (vgl. Rz. 12) besteht nach Abs. 1 für die Dauer von fünf Jahren nach **Beendigung des Auftrags.** Die Bestimmung des letzteren Zeitpunktes ist unproblematisch bei einmaligen Beratungen ohne Folgepflichten sowie bei eindeutig wirksamer Kündigung des Vertragsverhältnisses durch den RA oder den Mandanten; in anderen Fällen kann sie erhebliche Schwierigkeiten bereiten; in Zivilprozessen bildet häufig die Beendigung der Instanz einen Anhaltspunkt, wobei jedoch für die erste Instanz zu beachten ist, daß grundsätzlich auch die Zwangsvollstreckungsakte zur Erfüllung des anwaltlichen Auftrags gehört; der Auftrag des Verteidigers läuft in der Regel mangels anderweitiger Vereinbarung bis zum rechtskräftigen Abschluß des Verfahrens (vgl. insoweit *Friedländer*, § 32 Rz. 46–48; *Isele*, § 50 Anm. V C 3 a, § 51 Anm. III B). Die Beendigung des Auftrags durch Erreichen des Vertragszwecks ist in der Regel dann anzunehmen, wenn die übertragenen Aufgaben durch den RA erledigt sind und der RA zu erkennen gegeben hat, daß er seinen Auftrag als erfüllt ansieht, beispielsweise durch Übersenden einer Schlußrechnung (vgl. OLG Bamberg VersR 1978, 329; *Rinsche*, Rz. 17, 123, m. w. N.; *Borgmann/Haug*, S. 267 m. w. N.).

4 Die **Aufbewahrungsfrist** von fünf Jahren kann **abgekürzt** werden – Satz 2 –
a) durch eine entsprechende Vereinbarung des RA mit dem Mandanten (*Isele*, § 50 Anm. V C 3 b aa; *Feuerich*, § 50 Rz. 12).
b) oder durch die Aufforderung an den Mandanten gemäß Abs. 2 Satz 2, die Handakten in Empfang zu nehmen, die jedoch erst nach Beendigung des Auftrags rechtswirksam erfolgen kann (*Isele*, § 50 Anm. V C 3 b bb m. w. N.).

Zu a ist jedoch zu beachten, daß eine in Allgemeinen Geschäftsbedingungen für die Beauftragung als Anwälte enthaltene Bestimmung, daß die Verpflichtung des RA zur Aufbewahrung und Herausgabe von Handakten ein Jahr nach Beendigung des Auftrags erlischt, gegen § 9 Abs. 2 Nr. 1 des AGB-Gesetzes verstößt, weil eine solche Klausel sich mit § 50 Abs. 2 nicht vereinbaren läßt und eine Abkürzung der Frist auf weniger als drei Jahre unangemessen ist (LG Koblenz BRAK-Mitt. 1987, 215, m. w. N.).

Ist die Aufbewahrungspflicht erloschen, so können die **Handakten** ein- 5
schließlich etwa dazugehöriger wertvoller Urkunden **vernichtet** werden
(*Isele,* § 50 Anm. V E 2 m. w. N.). Für die Ansicht von *Isele* (§ 50
Anm. V D 2, E 1), daß selbst bei Abkürzung der zivilrechtlichen Aufbewahrungsfrist eine öffentlich-rechtliche Aufbewahrungspflicht für die Dauer
von fünf Jahren fortbestehe, fehlt eine überzeugende Begründung. Aus den
beiden letzten Absätzen der Amtl. Begr. zu § 50 ergibt sich, daß nach der
Vorstellung des Gesetzgebers die Handakten vernichtet werden können,
wenn die Voraussetzungen des Abs. 2 Satz 2 erfüllt sind. Nicht vernichtet
werden dürfen aber Urkunden, die nicht der Mandant, sondern ein Dritter
dem RA zur Verfügung gestellt hat, solange sie nach den allgemeinen zivilrechtlichen Vorschriften dem Dritten herauszugeben sind (*Friedländer,* § 32
Rz. 55).

Es ist die Auffassung vertreten worden, daß **nach dem Tode des RA** die 6
Aufbewahrungspflicht des Abs. 2 Satz 1 mit der Möglichkeit ihrer Abkürzung nach Satz 2 auf dessen Erben übergehe (*Friedländer,* § 32 Rz. 56), für
die dann nach § 203 Abs. 3 Satz 2 StGB die Schweigepflicht bezüglich des
Akteninhalts fortgelten würde. Eine ordnungsgemäße Verwaltung eines
Aktenbestandes von nennenswertem Umfang dürfte jedoch in solchen Fällen, wenn nicht die Sozien oder der Käufer einer Einzelpraxis die Akten und
damit die Aufbewahrungspflicht übernehmen, nur durch die Bestellung
eines Abwicklers der Kanzlei nach § 55 gewährleistet sein. Entsprechendes
gilt für den Fall des Widerrufs oder der Rücknahme der Zulassung zur
Rechtsanwaltschaft.

Die **Herausgabe der Handakten an einen anderen RA** als Mandatsnachfol- 7
ger erfordert die Prüfung, daß letzterer vom Mandanten beauftragt ist,
kann aber nicht von Vorlage einer Vollmacht abhängig gemacht werden
(*Chemnitz,* in Anm. zu entgegengesetzter Entscheidung des LG Verden
AnwBl. 1976, 130; *Feuerich,* § 50 Rz. 16). Zu der Frage, ob es geboten und
damit nachvertragliche Anwaltspflicht sei, die Handakten an einen neuen
Parteivertreter herauszugeben, vgl. auch *Hartstang,* AnwR, S. 508.

Zum Anspruch des **Konkursverwalters** auf Herausgabe der Handakten bei 8
Konkurs des Mandanten des RA vgl. *Friedländer,* § 32 Rz. 42 a; *Robrecht,*
AnwBl. 1967, 144; BGH NJW 1950, 510.

Zu Abs. 3: Die Vorschrift entspricht inhaltlich dem bisherigen Abs. 1. Die 9
neugefaßte Billigkeitsklausel hat keine inhaltliche Änderung zur Folge.

Durch Abs. 3 Satz 1 wird dem RA ein über § 273 BGB hinausgehendes 10
besonderes **Zurückbehaltungsrecht** gewährt, bis er wegen seiner Gebühren
und Auslagen befriedigt ist (Amtl. Begr.), deren Fälligkeit nicht vorausgesetzt wird.

11 Die Herausgabe eines **Vollstreckungstitels** an den früheren Mandanten kann der RA auch wegen eines verjährten Gebührenanspruchs verweigern, wenn die Verjährung noch nicht eingetreten war, als der Herausgabeanspruch des Mandanten entstand, es sei denn, daß die Voraussetzungen des Satz 2 vorliegen (EG Düsseldorf AnwBl. 1979, 123, im Anschluß an BGHZ 48, 116, entgegen *Isele*, § 50 Anm. VI C 2 d; vgl. auch LG Kassel AnwBl. 1976, 130). Die Geltendmachung eines **Zurückbehaltungsrechts an den Handakten** ohne Erteilung einer Kostenrechnung durch den RA ist nach EG Hamburg, EGE XIV 286 zivilrechtlich nicht gerechtfertigt und berufsrechtlich zu beanstanden.

12 **Zu Abs. 4:** Die **Handakten** bestehen aus den zu einer Angelegenheit gehörigen, anläßlich der anwaltschaftlichen Tätigkeit in den Besitz des RA gelangten oder von ihm hergestellten Urkunden und Belegen, sofern sie nicht – wie Geld, Wertpapiere, Schmuckstücke usw. – zur Einreihung in die Akten ungeeignet erscheinen (*Friedländer*, § 32 Rz. 2). § 50, bezieht sich nicht auf den gesamten Inhalt der Handakten nach dieser allgemeinen Begriffsbestimmung, sondern auf einen Teil dieses Inhalts, nämlich nur auf die Schriftstücke, die der RA aus Anlaß seiner beruflichen Tätigkeit von dem Auftraggeber oder für ihn erhalten hat (vgl. Abs. 4: »Handakten im Sinne dieser Vorschrift« mit den aus der Vorschrift ersichtlichen Ausnahmen).

13 **Zu Abs. 5:** Die Vorschrift ist durch die Berufsrechtsnovelle 1994 neu angefügt und stellt klar, daß zu den Handakten nicht nur Schriftstücke zu rechnen sind, sondern auch **elektronische Dateien,** deren sich der RA anstelle überkommener Akten bedient. Die Regelung der Einzelheiten ist der Berufsordnung zugewiesen worden (§ 59 Abs. 2 Nr. 5 d). Vgl. BT-Drucks. 12/4993 S. 31.

Im übrigen ist **folgendes** zu **beachten:**

14 Dem **Beschlagnahmeverbot** des § 97 Abs. 1 StPO unterliegen die Handakten des RA nur, wenn der Mandant selbst Beschuldigter ist (LG Koblenz MDR 1983, 778). Doch können einem RA anvertraute Schriftstücke seines Mandanten bei dem RA beschlagnahmt werden, wenn sich der Tatverdacht auch gegen den RA richtet; die Staatsanwaltschaft ist nicht befugt, Dritten für andere Zwecke als die Durchführung des Strafverfahrens Einsicht in solche beim RA beschlagnahmten Schriftstücke zu gewähren (OLG Koblenz AnwBl. 1985, 314 und 315). Die gesetzliche Einschränkung des Beschlagnahmeverbots durch § 97 Abs. 2 Satz 2 StPO gilt nicht im Verhältnis zwischen dem Verteidiger und dem Beschuldigten (LG Mainz NStZ 1986, 473, m. w. N.). Das grundsätzliche Verbot der Beschlagnahme von Verteidigungsunterlagen gilt unabhängig davon, ob sie sich bei dem Verteidiger oder dem Beschuldigten befinden (AG Hanau NJW 1989, 1493 m. w. N.).

Zur Beschlagnahme von Sachverständigengutachten vgl. BRAK-Mitt. 1989, 190. Zur Akteneinsicht durch Dritte in beschlagnahmte Rechtsanwalts- und Notarakten vgl. auch BRAK-Mitt. 1985, 145; 1986, 81, 133.

Zur Vorlage der Handakten zum Nachweis des Gebührentatbestandes nach § 132 Abs. 3 BRAGO in **Beratungshilfesachen** vgl. RAK Celle BRAK-Mitt. 1985, 91 f. und *Eberlein*, BRAK-Mitt. 1985, 165.

15

§ 51 Berufshaftpflichtversicherung

(1) [1]Der Rechtsanwalt ist verpflichtet, eine Berufshaftpflichtversicherung zur Deckung der sich aus seiner Berufstätigkeit ergebenden Haftpflichtgefahren für Vermögensschäden abzuschließen und die Versicherung während der Dauer seiner Zulassung aufrechtzuerhalten. [2]Die Versicherung muß bei einem im Inland zum Geschäftsbetrieb befugten Versicherungsunternehmen zu den nach Maßgabe des Versicherungsaufsichtsgesetzes eingereichten Allgemeinen Versicherungsbedingungen genommen werden und sich auch auf solche Vermögensschäden erstrecken, für die der Rechtsanwalt nach § 278 oder § 831 des Bürgerlichen Gesetzbuches einzustehen hat.

(2) Der Versicherungsvertrag hat Versicherungsschutz für jede einzelne Pflichtverletzung zu gewähren, die gesetzliche Haftpflichtansprüche privatrechtlichen Inhalts gegen den Rechtsanwalt zur Folge haben könnte; dabei kann vereinbart werden, daß sämtliche Pflichtverletzungen bei Erledigung eines einheitlichen Auftrags, mögen diese auf dem Verhalten des Rechtsanwalts oder einer von ihm herangezogenen Hilfsperson beruhen, als ein Versicherungsfall gelten.

(3) Von der Versicherung kann die Haftung ausgeschlossen werden:

1. für Ersatzansprüche wegen wissentlicher Pflichtverletzung,
2. für Ersatzansprüche aus Tätigkeiten über in anderen Staaten eingerichtete oder unterhaltene Kanzleien oder Büros,
3. für Ersatzansprüche aus Tätigkeiten im Zusammenhang mit der Beratung und Beschäftigung mit außereuropäischem Recht,
4. für Ersatzansprüche aus Tätigkeiten des Rechtsanwalts vor außereuropäischen Gerichten,
5. für Ersatzansprüche wegen Veruntreuung durch Personal, Angehörige oder Sozien des Rechtsanwalts.

(4) [1]Die Mindestversicherungssumme beträgt 500 000 Deutsche Mark für jeden Versicherungsfall. [2]Die Leistungen des Versicherers für alle innerhalb

eines Versicherungsjahres verursachten Schäden können auf den vierfachen Betrag der Mindestversicherungssumme begrenzt werden.

(5) Die Vereinbarung eines Selbstbehalts bis zu 1 vom Hundert der Mindestversicherungssumme ist zulässig.

(6) Im Versicherungsvertrag ist der Versicherer zu verpflichten, der zuständigen Landesjustizverwaltung und der zuständigen Rechtsanwaltskammer den Beginn und die Beendigung oder Kündigung des Versicherungsvertrages sowie jede Änderung des Versicherungsvertrages, die den vorgeschriebenen Versicherungsschutz beeinträchtigt, unverzüglich mitzuteilen.

(7) Zuständige Stelle im Sinne des § 158 c Abs. 2 des Gesetzes über den Versicherungsvertrag ist die Landesjustizverwaltung.

(8) Das Bundesministerium der Justiz wird ermächtigt, durch Rechtsverordnung mit Zustimmung des Bundesrates nach Anhörung der Bundesrechtsanwaltskammer die Mindestversicherungssumme anders festzusetzen, wenn dies erforderlich ist, um bei einer Änderung der wirtschaftlichen Verhältnisse einen hinreichenden Schutz des Geschädigten sicherzustellen.

1   Die gesetzliche Einführung der Berufshaftpflichtversicherung dient vorrangig dem Schutz der Rechtsuchenden. Die Beachtung der bisher auf Standesrichtlinie (§ 48 RichtlRA) beruhenden, bis jetzt fortgeltenden (BGH BRAK-Mitt. 1994, 49) berufsrechtlichen Pflicht zum Abschluß einer Versicherung lag bereits bisher im eigenen Interesse des RA. Um aber sicherzustellen, daß jeder RA im Haftungsfalle erfolgreich in Anspruch genommen werden kann, wird die **Pflicht** zum Abschluß und zur weiteren Aufrechterhaltung der **Berufshaftpflichtversicherung gesetzlich vorgeschrieben**. Jeder zugelassene RA hat **binnen drei Monaten** nach Inkrafttreten der Berufsrechtsnovelle 1994 der LJV und der RAK den Abschluß der Berufshaftpflichtversicherung nachzuweisen (Art. 21 Abs. 12 ÄndG). Verstöße haben zur Folge, daß die Zulassungsurkunde nicht ausgehändigt wird, wobei die Vorlage einer vorläufigen Deckungszusage allerdings genügt (§ 12 Abs. 2), und daß die erfolgte Zulassung widerrufen wird (§ 14 Abs. 2 Nr. 10). Die in den neuen Ländern bereits eingeführte Versicherungspflicht (§ 52 RAG) wird damit auf die alten Bundesländer ausgedehnt. Die Bestimmung orientiert sich an § 19 a BNotO und ist angepaßt an die versicherungsrechtlichen Richtlinien des Rates der Europäischen Gemeinschaften.

2   Die im Regierungsentwurf in Abs. 1 Satz 2 und 3 (BT-Drucks. 12/4993 S. 7 vorgesehene Pflichtmitversicherung zahlreicher anwaltsüblicher Nebentätigkeiten ist entfallen, um insbesondere jüngere RAe, die sich am Anfang

ihrer Berufstätigkeit nicht selten auf berufstypische Tätigkeiten beschränken, nicht unnötig mit durch die Mitversicherung der anwaltsüblichen Nebentätigkeiten verursachten höheren Versicherungsprämien zu belasten (vgl.
Bericht über die Arbeit der BRAK zur 74. Hauptversammlung BRAK-Mitt.
1993, 193, 194 und BT-Drucks. 12/7656 S. 50). Wer als Rechtsanwalt auch
tätig werden will als Zwangsverwalter, Sequester, Sachwalter, Gläubigeraus-
schußmitglied und Gläubigerbeiratsmitglied, Testamentsvollstrecker, Nachlaßpfleger, Nachlaßverwalter, Vormund, Betreuer und Beistand, Schiedsrichter, Abwickler einer Praxis gemäß § 55 BRAO, Zustellungsbevollmächtigter gemäß § 30 BRAO, Insolvenzverwalter oder gerichtlich bestellter
Liquidator, hat für dieses Risiko eine gesonderte Berufshaftpflichtversicherung in angemessener Höhe abzuschließen und aufrechtzuerhalten.

Die Mindestversicherungssumme beträgt 500 000 DM (Abs. 1 Satz 6).   3
Um insoweit – ohne ein aufwendiges Gesetzgebungsverfahren – geänderten
wirtschaftlichen Verhältnissen Rechnung tragen zu können, wird das BJM
ermächtigt, durch **Rechtsverordnung** – allerdings mit Zustimmung des Bundesrats – Anpassungen der Mindestversicherungssumme vorzunehmen
(Abs. 4). Vgl. BT-Drucks. 12/4993 S. 32.

§ 51 a   Vertragliche Begrenzung von Ersatzansprüchen

(1) Der Anspruch des Auftraggebers aus dem zwischen ihm und dem
Rechtsanwalt bestehenden Vertragsverhältnis auf Ersatz eines fahrlässig verursachten Schadens kann beschränkt werden:
1. durch schriftliche Vereinbarung im Einzelfall bis zur Höhe der Mindestversicherungssumme;
2. durch vorformulierte Vertragsbedingungen für Fälle einfacher Fahrlässigkeit auf den vierfachen Betrag der Mindestversicherungssumme, wenn
   insoweit Versicherungsschutz besteht.
(2) [1]Die Mitglieder einer Sozietät haften aus dem zwischen ihr und dem
Auftraggeber bestehenden Vertragsverhältnis als Gesamtschuldner. [2]Die persönliche Haftung auf Schadensersatz kann auch durch vorformulierte Vertragsbedingungen beschränkt werden auf einzelne Mitglieder einer Sozietät,
die das Mandat im Rahmen ihrer eigenen beruflichen Befugnisse bearbeiten
und namentlich bezeichnet sind. [3]Die Zustimmungserklärung zu einer solchen
Beschränkung darf keine anderen Erklärungen enthalten und muß vom Auftraggeber unterschrieben sein.

Mit der **Einführung einer vertraglichen Haftungsbeschränkung** soll dem   1
RA ermöglicht werden, ein hohes, möglicherweise existenzgefährdendes
Haftungsrisiko in vertretbaren Grenzen zu halten.

Die Rechtsprechung stellt sehr hohe Anforderungen an die Sorgfalts-pflichten des Rechtsanwalts. Er **haftet grundsätzlich für jede Fahrlässigkeit.** Das Schadensrisiko ist nicht durch den Gegenstandswert des Mandats begrenzt, sondern kann diesen um ein Vielfaches übersteigen. Die Anwälte sind einerseits an die Gebührenordnung gebunden, auch bei schwierigen, komplexen Beratungsangelegenheiten, hatten aber andererseits bisher kaum zureichende Möglichkeiten der Haftungsbeschränkung (vgl. § 49 RichtlRA). In der Sozietät als Gesellschaft bürgerlichen Rechts haften alle Mitglieder als Gesamtschuldner persönlich, auch wenn sie keinen Einfluß auf die Tätigkeit ihrer Sozien nehmen können. Eine gesetzlich klar gere-gelte Möglichkeit über die Vereinbarung von Haftungsbeschränkungen hat zudem den Vorteil, daß der Rechtsanwalt sein Haftungsrisiko besser kalku-lieren kann. Zugleich wird damit die Konkurrenzfähigkeit deutscher Anwälte gegenüber ausländischen Rechtsanwälten gestärkt, die bereits die Möglichkeit der Haftungsbeschränkung haben.

Die **berechtigten Interessen der Rechtsuchenden,** den RA für ein beruf-liches Fehlverhalten in Anspruch nehmen zu können, werden durch eine ver-einbarte Haftungsbeschränkung nicht beeinträchtigt. Der notwendige **Man-dantenschutz** wird gewährleistet durch die flankierende Einführung einer **Berufshaftpflichtversicherung (§ 51).** Der Ausgleich wirtschaftlicher Schä-den, die ein Mandant durch fehlerhafte Berufshandlungen eines RA erlei-det, wird durch eine leistungsfähige Haftpflichtversicherung zuverlässiger gewährleistet als durch die Anordnung einer unbeschränkten persönlichen Haftung des Anwalts. Aus den BT-Drucks. 12/4993 S. 32 und 12/7656 S. 50 ergibt sich folgendes:

2   Die Regelung in **Abs. 1** sieht eine vertragliche Haftungsmilderung für fahrlässig verursachte Schäden vor. Sie ist durch schriftliche Einzelvereinba-rung zu treffen. Im Verhältnis zur Höhe des vertragstypischen Schadensrisi-kos erscheint eine individuelle, schriftlich vereinbarte Begrenzung der Haf-tung auf die Mindestversicherungssumme wie in **Abs. 1 Nr. 1** geregelt, nicht unangemessen.

Dem RA steht es frei, mit seinem Mandanten die besonderen Risiken eines Auftrags zu erörtern und mit diesem – in einer individuellen Überein-kunft – zu vereinbaren, daß sich die anwaltliche Haftung gegebenenfalls auf die gesetzliche Mindestversicherungssumme beschränkt.

3   Die Gestattung der Verwendung von vorformulierten Vertragsbedingun-gen in **Abs. 1 Nr. 2** ist nach intensiver Beratung im Gesetzgebungsverfahren auf die Fälle **einfacher Fahrlässigkeit** mit der Begründung beschränkt wor-den, daß die Möglichkeit der Haftungsbegrenzung durch vorformulierte Vertragsbedingungen auch für die Fälle **grobfahrlässig** verursachter Schäden die Mandanten des RA unangemessen benachteiligten würde, und das vor

allem deshalb, weil hierdurch die spezialgesetzliche Möglichkeit die in § 11 Nr. 7 AGB-Gesetz zum Schutz der Verbraucher aufgestellte Grundregel außer Kraft gesetzt würde. Der Rechtsprechung bleibt es somit überlassen, die Abgrenzungsschwierigkeiten zwischen einfacher Fahrlässigkeit und den anderen Formen von Fahrlässigkeit zu klären, wobei die Rechtsprechung zu Vorschriften, in denen der Begriff der groben Fahrlässigkeit zum Tatbestand gehört (z. B. § 277 BGB), vor allem auch in den Fällen, in denen bei der Notierung und Beachtung von Verjährungs- und Rechtsmittelfristen Fehler unterlaufen, hilfreich sein wird. (BT-Drucks. 12/7868 S. 1).

Die Regelung berücksichtigt sowohl die Interessen des Rechtsanwalts wie auch des Mandanten. Um in den Genuß der Möglichkeit zu kommen, die Haftung durch vorformulierte Vertragsbedingungen auf den vierfachen Betrag der Mindestversicherungssumme zu beschränken, muß der Rechtsanwalt auch für entsprechenden Versicherungsschutz sorgen. Der Mandant erhält die Sicherheit, einen Schadensersatzanspruch in Höhe dieses Betrages dank der bestehenden Versicherung in dieser Höhe auch realisieren zu können. Damit ist der geschädigte Mandant in der Regel besser gestellt als bei einem unbeschränkten Anspruch, bei dem die Berufshaftpflichtversicherung des Rechtsanwalts aber nur in Höhe der gesetzlichen Mindestsumme eintritt.

Abs. 2 eröffnet die Möglichkeit, auch innerhalb einer **Sozietät,** sei es der 4 örtlichen, der überörtlichen oder der interprofessionellen bei grundsätzlich gesamtschuldnerischer Haftung aller Sozien, die Haftung auf diejenigen zu beschränken, die vertragsgemäß die Bearbeitung des Mandates übernommen haben. Bei Sozietäten ist es nicht unproblematisch, daß ein Sozius auch für das Verschulden eines anderen Sozius haften soll, obwohl er selbst das Mandat nicht übernommen hat. Dies gilt in besonderer Weise für überörtliche und interprofessionelle Sozietäten. Im übrigen ist davon auszugehen, daß die Festlegung der gesamtschuldnerischen Haftung des »Mitglieds einer Sozietät« in **Satz 1** für alle derzeit und künftig möglichen Formen einer beruflichen Zusammenarbeit – etwa die Partnerschaft – gilt. Eine Beschränkung auf Sozietäten, die als BGB-Gesellschaft gebildet sind, ist nicht beabsichtigt.

Satz 2 eröffnet daher eine Möglichkeit, die Haftung – unter Freistellung anderer Sozietätsmitglieder – auf einzelne Mitglieder zu beschränken. Eine wirksame Beschränkung setzt voraus, daß die Mitglieder, die haften sollen, das Mandat auch tatsächlich bearbeiten und dies im Rahmen ihrer beruflichen Befugnisse tun. Im Interesse der Klarheit und Rechtssicherheit bedarf es der namentlichen Bezeichnung der Haftenden, wenn eine solche Vereinbarung getroffen werden soll. Da der Grundsatz der der gesamtschuldnerischen Haftung aller Mitglieder der Sozietät ist, wird eine Haftungsbeschränkung auf solche Personen, die ausscheiden, gegenstandslos. Der Hinweis auf die »persönliche« Haftung will besagen, daß die etwaige Haftung des Gesellschaftsvermögens nicht ausgeschlossen ist.

Satz 3 ist auf Wunsch des Bundesrats angefügt worden, um den Mandanten durch das Erfordernis der Unterzeichnung einer gesonderten Urkunde hinreichend davor zu schützen, die ihm abverlangte Erklärung zu übersehen (BT-Drucks. 12/4993 S. 49, 52).

Die **Darlegungs- und Beweislast** würde im Streitfall das Mitglied der Sozietät treffen, weil es eine Abweichung vom Grundsatz beansprucht. Vgl. BT-Drucks. 12/4993 S. 32, 33.

§ 51 b   Verjährung von Ersatzansprüchen

Der Anspruch des Auftraggebers auf Schadensersatz aus dem zwischen ihm und dem Rechtsanwalt bestehenden Vertragsverhältnis verjährt in drei Jahren von dem Zeitpunkt an, in dem der Anspruch entstanden ist, spätestens jedoch in drei Jahren nach der Beendigung des Auftrags.

1 Die Berufstätigkeit des RA kann seine zivilrechtliche Haftung auf Schadensersatz gegenüber seinem Mandanten oder Dritten aus verschiedenen Rechtsgründen zur Folge haben (vgl. *Rinsche*, Rz. I 1–24). Die kurze Verjährungsfrist des § 51 b gilt nur für Schadensersatzansprüche des Mandanten »aus dem zwischen ihm und dem RA bestehenden Vertragsverhältnis«. Voraussetzung für die Anwendung des § 51 b ist, daß es sich um Schadensersatzansprüche aus spezifisch anwaltlicher Berufsausübung handelt; hierzu gehört z. B. nicht eine Tätigkeit, bei der der RA nicht seine anwaltlichen Rechtskenntnisse, sondern lediglich seine Fachkenntnisse auf dem Gebiet der Buchhaltung und Buchprüfung einzusetzen hatte (BGH, VersR 1972, 1052, 1054). Liegt jedoch der Schwerpunkt der Verpflichtungen aus dem »Vertragsverhältnis« im Rahmen einer **Anlageberatung** durch den RA bei der **Rechtsberatung** und empfiehlt der RA pflichtwidrig eine nachteilige Vermögensanlage, und entsteht hieraus ein Schadensersatzanspruch, so greift die Verjährung nach § 51 b ein (BGH AnwBl. 1994, 243). Vgl. auch *Borgmann/Haug*, S. 260 sowie *Borgmann*, AnwBl. 1992, 487 und 1994, 236).

2 Der sog. **Primäranspruch** des Mandanten aus dem zwischen ihm und dem RA bestehenden Vertragsverhältnis verjährt gemäß **§ 51 b, 1. Alternative,** in drei Jahren nach der Entstehung des Anspruchs. Der Anspruch ist entstanden, wenn infolge der Pflichtverletzung des RA eine Verschlechterung der Vermögenslage des Mandanten eingetreten ist, wobei sich der Schaden noch nicht konkret ausgewirkt zu haben und noch nicht festzustehen braucht, ob der Schaden sogleich in vollem Umfang eingetreten ist, und Kenntnis des

Geschädigten von dem Schaden und der Pflichtwidrigkeit seines RA nicht erforderlich ist (vgl. BGH, AnwBl. 1992, 493; BGH, NJW 1993, 1320; *Rinsche,* Rz. I 122 m. w. N.; *Borgmann/Haug,* S. 264 m. w. N.; *Vollkommer,* Rz. 457; *Hartstang,* AnwR, S. 670 ff.). Solange jedoch nicht auszuschließen ist, daß die dem Schadensersatzanspruch zugrundeliegende Entscheidung in einem weiteren Rechtszug korrigiert wird, soll der Eintritt eines Schadens als Voraussetzung des Verjährungsbeginns noch nicht festgestellt werden können (BGH, AnwBl. 1992, 493 mit Anm. von *Borgmann* in AnwBl. 1992, 487). Verletzt der RA den Mandatsvertrag durch Erheben einer nutzlosen Klage, so beginnt die Verjährungsfrist der Forderung auf Ersatz der Kosten des Rechtsstreits für jede Gebühr im Zeitpunkt ihrer Entstehung (LG Wuppertal, MDR 1991, 345). Unterläßt es der RA jedoch schuldhaft, eine Scheidungsklage einzureichen, und entsteht dadurch ein Anspruch gegen seinen Mandanten auf Übertragung höherer Rentenanwartschaften, so beginnt die Verjährung des hieraus entstandenen Schadensersatzanspruchs nach § 51 b Alt. 1 mit dem Monat, in dem die Klage hätte eingereicht werden müssen; sie betrifft den gesamten Anspruch und beginnt nicht jeden Monat neu für Teilbeträge (OLG Hamm, FamRZ 1991, 1049), da der Gesamtschaden bereits bei Eintritt des ersten Schadens voraussehbar feststand. Läßt der RA im Lauf eines Mandats einen Anspruch seines Mandanten verjähren, so »entsteht« der Schaden und damit der Regreßanspruch gegen den RA im Zeitpunkt der Verjährung; unmaßgeblich ist, wann etwa im Vorprozeß die Verjährungseinrede erhoben wurde und unerheblich ist auch, wann ein entsprechendes Urteil erging (*Borgmann,* AnwBl. 1989, 609 m. w. N.). Zum Beginn der Verjährungsfrist wegen fehlender Beratung im Zusammenhang mit der Teilkündigung eines Vertrages vgl. BGH, NJW 1993, 1320. Spätestens verjährt der Primäranspruch **nach § 51 b, 2. Alternative,** in drei Jahren nach Beendigung des Auftrags (Mandatsende). Zu der nicht immer einfachen Bestimmung dieses Zeitpunkts vgl. § 50 Rz. 4. Versäumt der RA die Frist des § 554 Abs. 2 BGB, entsteht der Schadensersatzanspruch mit Ablauf der Frist (KG Berlin, AnwBl. 1990, 209). Bloße Vergleichsverhandlungen zwischen RA und Geschädigten sind nicht geeignet, die **Verjährung** gem. § 51 b nach § 202 Abs. 1 BGB zu **unterbrechen** (OLG Hamm, AnwBl. 1990, 207). Vgl. zum Zeitpunkt der Schadensentstehung *Schulz* mit kritischen Anm. zur Rspr. des BGH in VersR 1994, 142.

Nach ständiger Rspr. des BGH kann ein sog. **Sekundäranspruch** des Mandanten entstehen, falls der RA es schuldhaft unterläßt, den Mandanten auf den gegen ihn bestehenden (Primär-)Anspruch und dessen drohende Verjährung hinzuweisen; der RA hat dann den Mandanten gemäß § 249 BGB so zu stellen, als wäre die Verjährung des (Primär-)Anspruchs nicht eingetreten (BGH, NJW 1985, 2250, 2252; kritisch hierzu *Eckert,* NJW 1989, 2081; vgl. auch *Graf von Westphalen* zum Haftungsrecht des RA zwischen

3

Hinweis- und Rettungspflicht (§ 51 und § 62 Versicherungsvertragsgesetz) in ZAP, Fach 23, S. 93. Eine Pflichtverletzung des RA, die den Primäranspruch auslöst, kann nicht gleichzeitig die Nichterfüllung einer Pflicht zur Aufdeckung des Primäranspruchs darstellen; vielmehr setzt der Sekundäranspruch eine neue, schuldhafte Pflichtverletzung voraus; er kann nur entstehen, wenn diese weitere Pflichtwidrigkeit zu einer Zeit begangen wird, zu der der Regreßanspruch noch durchgesetzt werden kann, also insbesondere noch nicht verjährt ist (BGH, NJW 1985, 2250, 2252). Der RA braucht seinen Mandanten nicht sofort nach Entstehung des Regreßanspruchs darüber zu belehren, daß mit diesem Zeitpunkt die dreijährige Verjährungsfrist zu laufen beginnt, sondern erst dann, wenn Anlaß zu der Annahme besteht, der Mandant werde den Regreßanspruch wegen Unkenntnis der Verjährungsfrist nicht rechtzeitig geltend machen (OLG Hamm, VersR 1981, 440, 441; 1982, 1080; vgl. auch BGH, NJW 1984, 431, 432: keine Pflicht zum Hinweis auf drohende Verjährung, wenn diese noch in weiter Ferne liegt, aber doch so rechtzeitig, daß der Geschädigte ohne Zeitdruck reagieren kann (BGH, MDR 1992, 193; vgl. auch Rz. 4). Wenn der RA nicht sicher weiß, daß der Mandant zutreffend über die drohende Verjährungsfrist unterrichtet ist, bleibt die aus begründetem Anlaß erwachsene Belehrungspflicht bestehen (BGH, NJW 1987, 326). Hat jedoch ein anderer RA mit Wissen und Wollen des Mandanten den Regreßanspruch rechtzeitig angemeldet, so entfällt die Hinweispflicht auch dann, wenn dem haftenden RA nicht bekannt ist, ob der Mandant auch über die Vorschrift des § 51 b zutreffend belehrt worden ist (BGH, MDR 1992, 193; vgl. auch OLG Hamm, FamRZ 1991, 1049, 1050). **Nach Beendigung des Anwaltsvertrages** ist der RA nicht mehr verpflichtet, den Mandanten auf einen Ersatzanspruch gegen sich selbst und die Gefahr der Verjährung dieses Anspruchs hinzuweisen (OLG Hamm, VersR 1981, 440, 442, m. w. N.). Doch kann auch ein **neues Mandat** bei begründetem Anlaß den Anwalt verpflichten, seinen Auftraggeber über einen aus dem alten Mandat gegen ihn herzuleitenden Schadensersatzanspruch und dessen Verjährung zu belehren (BGH, AnwBl. 1985, 641). Versäumt es der in einer Ehescheidungssache beauftragte Rechtsanwalt, seinen Mandanten über die Frist für die Anfechtung der Ehelichkeit eines Kindes zu belehren, so kommt ein sog. sekundärer Schadensersatzanspruch gegen den Rechtsanwalt nicht in Betracht, wenn er in der Folge nur noch mit dem Verfahren über den Versorgungsausgleich der Eheleute befaßt wird (OLG Hamm, MDR 1989, 814).

4   **Schuldhaft** ist die Unterlassung des Hinweises des RA auf den (Primär-) Anspruch des Mandanten und dessen drohende Verjährung im allgemeinen schon dann, wenn es sich einem sorgfältig arbeitenden RA aufdrängen mußte, einen zur Schadensentstehung führenden Fehler gemacht zu haben (BGH, NJW 1985, 1151, 1152). Der RA, der begründeten Anlaß hat, eine

durch einen Fehler eingetretene Schädigung des Mandanten zu erkennen, muß ihn hierauf sowie auf die kurze Verjährung des § 51 b so rechtzeitig hinweisen, daß er **ohne Zeitdruck anderweitigen Rechtsrat** einholen und gegebenenfalls die Verjährung durch gerichtliche Geltendmachung unterbrechen kann (BGH, MDR 1992, 193).

Der versäumte Hinweis auf den Regreßanspruch und dessen Verjäh- **5** rungsregelung versagt dem RA im Falle der Verjährung dieses Anspruchs über den sekundären Ersatzanspruch die Verjährungseinrede nur, soweit der Verjährungseintritt auf der Verletzung der Hinweispflicht beruht (BGH, VersR 1975, 907, 909; 1985, 860, 863; 1986, 186, 189; 1989, 286; BGH, MDR 1992, 193). Daher kann die Verjährungseinrede allenfalls aus anderem Grund mit dem **Arglisteinwand** bekämpft werden, wenn der Mandant während oder nach Mandatsende, aber noch rechtzeitig vor Ablauf der Verjährung des Primäranspruchs, anderweitig über die Regreßfrage anwaltlich beraten wurde (BGH, NJW 1985, 1151). Auch wenn der Mandant noch vor Ablauf der Verjährungsfrist von seinem Schadensersatzanspruch gegen den RA erfahren hat, kann der Eintritt der Verjährung auf der Nichterfüllung der Verpflichtung des RA zur Belehrung des Mandanten über die drohende Verjährung des Anspruchs beruhen, wenn davon auszugehen ist, daß der Mandant bei zutreffender Belehrung den Anspruch in einer die Verjährung unterbrechenden Weise rechtzeitig geltend gemacht hätte (BGH, Urteil vom 11. 7. 1985 – IX ZR 11/85 –; vgl. auch BGH, NJW 1984, 2204).

Zur **Verjährung des Sekundäranspruchs** hat der seinerzeit für Rechtsstrei- **6** tigkeiten nach § 51 zuständige VI. Zivilsenat des BGH in seinem Urteil vom 8. 5. 1984 (NJW 1984, 2204) ausgeführt, daß auch dann, wenn im Zeitpunkt der Verjährung des Primäranspruchs das Mandatsverhältnis noch andauere und der Mandant nicht zwischenzeitlich die erforderliche Kenntnis erhalte, der sekundäre Anspruch grundsätzlich erst drei Jahre nach Mandatsende verjähre. Der inzwischen zuständig gewordene IX. Zivilsenat hat hingegen seinem Urteil vom 23. 5. 1985 (NJW 1985, 2250, 2253) folgende Ansicht zugrunde gelegt: War das Mandat vor der Verjährung des Primäranspruchs beendet, beginnt die Frist für den Lauf der Verjährung eines Sekundäranspruchs gemäß der Hilfsregelung des § 51 b, 2. Alternative, mit dem Mandatsende (BGH, NJW 1979, 264); dauert aber das Mandat im Zeitpunkt der Verjährung des Regreßanspruchs noch an, so muß gemäß § 51 b, 1. Alternative, die Verjährung des Sekundäranspruchs mit seinem Entstehen beginnen. Zur Frage der Verjährung bei Erfüllung des sekundären Ersatzanspruchs gegen den RA dergestalt, daß der Geschädigte durch entsprechende Belehrung so gestellt wurde, wie er bei rechtzeitigem Hinweis auf den Primäranspruch gestanden hätte (§ 249 Satz 1 BGB) vgl. OLG Frankfurt, AnwBl. 1990, 208.

7   Ein Anspruch wegen Unterbleiben eines Hinweises auf den Sekundäranspruch und dessen Verjährung besteht nicht; es gibt also keinen »Tertiäran-
spruch« (BGH, NJW 1985, 2250, 2253).

8   Die **Beweislast** hinsichtlich der Frage, ob der RA seiner Pflicht entsprochen hat, den Mandanten vor Ablauf der Verjährung auf den gegen ihn
bestehenden Anspruch und die drohende Verjährung hinzuweisen, obliegt
dem Mandanten (vgl. BGH, AnwBl. 1985, 199, m. w. N.). Zur Beweislast
hinsichtlich der Frage, ob der Schaden auch bei pflichtgemäßem Verhalten
des RA eingetreten wäre, weil sich der Mandant über jeden Rat oder Hinweis hinweggesetzt hätte, vgl. BGHZ 61, 118. Zur Frage der Beweislast bei
Einwand des RA, ihn treffe kein Verschulden, vgl. BGH, NJW 1987, 326,
327.

9   § 51 b gilt auch für Ansprüche aus **positiver Vertragsverletzung.** Diese
Anspruchsgrundlage kommt nämlich in den weitaus meisten Fällen der
Anwaltshaftung gegenüber dem Mandanten zur Anwendung (*Rinsche,*
Rz. 31). Würde man diese Fälle von der Anwendung des § 51 b ausnehmen,
so würde dies zu einer Aushöhlung dieser Vorschrift führen (BGH, VersR
1977, 617; *Borgmann/Haug,* S. 262; vgl. auch den Fall OLG Hamm, VersR
1981, 440).

10   Im Falle des **Verschuldens bei Vertragsschluß** (culpa in contrahende =
c. i. c.) gründen sich die hieraus entstehenden Ansprüche nicht auf den her-
nach geschlossenen Vertrag, es entsteht vielmehr unabhängig davon, ob es
überhaupt zu einem Vertragsabschluß kommt, ein in Ergänzung des
geschriebenen Rechts geschaffenes gesetzliches Schuldverhältnis (BGHZ 6,
533; *Larenz,* Lehrbuch des Schuldrechts, 14. Aufl. 1987, Bd. I, S. 109). § 51 b
findet daher keine unmittelbare Anwendung. Er gilt aber bei c. i. c. analog,
weil nach h. M. die entsprechende Anwendung einer Bestimmung über die
Verjährungsfrist geboten ist, wenn diese nach ihrem Schutzzweck auch kon-
kurrierende oder ähnliche Ansprüche erfassen soll (*Borgmann/Haug,* S. 262;
Rinsche, Rz. I 135 m. w. N.); der Zweck des § 51, den RA vor den sich der
der regelmäßigen Verjährungsfrist von 30 Jahren (§ 195 BGB) ergebenden
Unbilligkeiten zu bewahren (vgl. Amtl. Begr.), gilt aber auch für die Fälle
von gegen ihn gerichteten Ansprüchen aus c. i. c. Damit gilt die dreijährige
Verjährungsfrist des § 51 b auch entsprechend für **Ansprüche aus § 44
Satz 2,** einem gesetzlich geregelten Fall der c. i. c. (*Borgmann/Haug,* S. 262;
Hartstang RA, S. 151 f.; *Feuerich,* § 44 Rz. 14; *Peters,* VersR 1979, 103, 105;
Vollkommer, Rz. 452; LG Essen, Urteil vom 26. 1. 1988 – 20 S 191/87 –;
a. A. *Isele,* § 51 Anm. II B 1 und § 44 Anm. VII B 4).

11   Das Vertragsverhältnis zwischen dem RA und seinem »Auftraggeber« ist
regelmäßig ein Dienstvertrag, der eine Geschäftsbesorgung zum Gegenstand hat; ausnahmsweise kann es ein **Werkvertrag** sein, wenn ein Erfolg

Gegenstand der Verpflichtung des RA ist, z. B. gewöhnlich dann, wenn er es übernimmt, Rechtsauskunft über eine konkrete Frage zu erteilen oder ein schriftliches Rechtsgutachten anzufertigen; wird in solchen Fällen, in denen ein Werkvertrag vorliegt, ein spezifischer Mangelschaden, nicht dagegen ein Mangelfolgeschaden wegen positiver Vertragsverletzung geltend gemacht, so soll nach BGH, NJW 1965, 106, anstelle der Verjährungsfrist von drei Jahren nach § 51 b die von sechs Monaten nach **§ 638 BGB** gelten, weil der mit dieser Vorschrift verfolgte Zweck sonst vereitelt oder wesentlich beeinträchtigt würde (vgl. BGHZ 66, 315, 319 f. m. w. N.; 68, 307, 311). Doch dürfte § 51 b als spezielle Berufhaftungsvorschrift vorgehen und auch für Werkverträge gelten, weil sie zwischen Dienst- und Werkverträgen nicht unterscheidet (so BGH, NJW 1982, 2256, für § 68 Steuerberatungsgesetz, der dem § 51 b entspricht; *Borgmann/Haug*, S. 263).

Die Verjährungsfrist für Ansprüche aus **unerlaubter Handlung** beträgt **12** nach § 852 Abs. 1 BGB ebenso wie die des § 51 b drei Jahre. Sie beginnt aber im Gegensatz zu der des § 51 b (vgl. Rz. 2) erst mit Kenntnis von Schädiger und Schaden zu laufen; auch tritt nach § 852 Abs. 2 BGB bei Verhandlungen Verjährungshemmung ein. Bei Konkurrenz von Ansprüchen des Mandanten aus dem Anwaltsvertrag mit solchen aus unerlaubter Handlung gilt jedoch für die Verjährung beider Ansprüche § 51 b, so daß es auch hier für ihren Beginn auf Kenntnis von Schädiger und Schaden nicht ankommt und Verhandlungen keine Verjährungshemmung bewirken (*Borgmann/Haug*, S. 263 f.; *Rinsche*, Rz. I 137; *Borgmann*, AnwBl. 1989, 609, 610, m. w. N.; *Vollkommer*, Rz. 475). Ferner ist die Arglisteinrede gegen den RA nur in allerseltensten Fällen gegeben (*Borgmann*, a.a.O.).

Zum Ersatzanspruch gegen einen RA wegen fehlender Belehrung seines **13** Mandanten über die Wirkung einer **Streitverkündung,** also auch über die Wirkung der Verjährung nach § 215 Abs. 1 und 2 BGB vgl. OLG Karlsruhe, NJW 1987, 331.

Zur Wirksamkeit einer vertraglichen **Abkürzung** der Verjährungsfrist des **14** § 51 b vgl. *Borgmann/Haug*, S. 236 f., 268 m. w. N.; *Vollkommer*, Rz. 476 ff.

Die Verjährung der Regreßansprüche gegen einen RA kann auch nach **15** Ablauf der Verjährung des Sekundäranspruchs nicht zu berücksichtigen sein, wenn es dem Verpflichteten gemäß § 242 BGB verwehrt ist, sich auf Verjährung zu berufen, wenn also eine unzulässige Rechtsausübung in der Erhebung der Verjährungseinrede liegt; jedoch macht das bloße Schweigen eines RA auf die rechtzeitige Ankündigung von Regreßansprüchen auch dann die spätere Erhebung der Verjährungseinrede nicht zu einer unzulässigen Rechtsausübung, wenn der RA vorher durch Täuschung den Mandanten von der Erhebung solcher Ansprüche abzuhalten versucht hat (BGH, AnwBl. 1988, 285).

§ 52 Vertretung des Prozeßbevollmächtigten

(1) Insoweit eine Vertretung durch Anwälte geboten ist, kann der zum Prozeßbevollmächtigten bestellte Rechtsanwalt die Vertretung nur auf einen Rechtsanwalt übertragen, der selbst in dem Verfahren zum Prozeßbevollmächtigten bestellt werden kann.

(2) Der bei dem Prozeßgericht zum Prozeßbevollmächtigten bestellte Rechtsanwalt darf in der mündlichen Verhandlung einem Rechtsanwalt, der nicht selbst zum Prozeßbevollmächtigten bestellt werden kann, die Ausführung der Parteirechte in seinem Beistand überlassen.

1   Bei bestimmten Gerichten müssen sich die Parteien durch einen Rechtsanwalt vertreten lassen (**Anwaltszwang;** vgl. hierzu *Bergerfurth,* Der Anwaltszwang und seine Ausnahmen, 2. Aufl., 1988 sowie § 18 Rz. 1). Dabei sind **zwei Arten von Fällen zu unterscheiden:**

2   **I. Der RA muß bei dem betreffenden Gericht zugelassen sein.** (Zur zeitlich begrenzten Gültigkeit dieser Regelung vgl. Anmerkung zu § 22).

3   Es sind dies die Fälle des Anwaltsprozesses (§ 78 ZPO), in denen der Grundsatz der Lokalisation gilt: Vor den **Landgerichten** und **Oberlandesgerichten,** dem **Bayerischen Obersten Landgericht** (hier mit den Ausnahmen nach § 8 Abs. 1 EGZPO) und dem **Bundesgerichtshof** müssen sich die Parteien durch einen bei dem Prozeßgericht zugelassenen RA als Bevollmächtigten vertreten lassen (§ 78 Abs. 1 Satz 1 ZPO). Bei den vorstehend aufgeführten Gerichten kann der zum Prozeßbevollmächtigten bestellte RA die Vertretung gemäß § 52 Abs. 1 nur auf einen RA übertragen, der wie er selbst ebenfalls bei dem betreffenden Gericht zugelassen ist. Entsprechendes gilt gemäß § 78 Abs. 2 ZPO für das Amtsgericht in den dort unter Nr. 1–3 aufgeführten **Familiensachen** mit der Erweiterung, daß die Parteien sich im ersten Rechtszug vor dem Amtsgericht auch durch einen beim übergeordneten Landgericht zugelassenen RA vertreten lassen können, so daß dieser insoweit auch zum Vertreter eines RA nach § 52 Abs. 1 bestellt werden kann. Zur zeitweiligen Fortgeltung der Bestimmungen über die **Postulationsbefugnis** von nach dem RAG zugelassenen RAen in den **neuen Ländern** vgl. § 4 Rz. 4. In modifizierter Form gilt der Grundsatz der Lokalisation auch in den Fällen des § 89 Abs. 3 GWB, § 27 Abs. 3 UWG, § 32 Abs. 3 WZG, § 27 Abs. 3 GebrMG und § 222 Abs. 3 Satz 2, Abs. 4 des Baugesetzbuchs.

4   Soweit ein RA zufolge des § 78 ZPO nicht zum Prozeßbevollmächtigten für ein bestimmtes Verfahren bestellt werden kann, darf ihm nach § 52 Abs. 2 der bei dem Prozeßgericht zum Prozeßbevollmächtigten bestellte RA die Ausführung der Parteirechte in seinem Beistand überlassen.

5   § 52 Abs. 1 und 2 gilt nach § 162 auch für die mündlichen Verhandlungen vor dem BGH in Zivilsachen.

II. **Die Vertretung kann durch jeden bei einem deutschen Gericht zugelas-** **6**
senen RA erfolgen (zum Teil neben anderen zur Vertretung Zugelassenen).
Das ist z. B. der Fall im Verfahren vor dem
1. Bundesverfassungsgericht (§ 22 BVerfGG),
2. Bundesverwaltungsgericht (§ 67 VwGO),
3. Bundessozialgericht (§ 166 Sozialgerichtsgesetz),
4. Bundesfinanzhof (Art. I des Gesetzes zur Entlastung des Bundesfinanz-
   hofs),
5. Oberlandesgericht als Schiffahrtsobergericht (§ 11 des Gesetzes über das
   gerichtliche Verfahren in Binnenschiffahrtssachen),
6. Oberlandesgericht und Bundesgerichtshof im Beschwerdeverfahren und
   Rechtsbeschwerdeverfahren nach dem Gesetz gegen Wettbewerbsbeschränkungen (vgl. § 67 Abs. 1 Satz 1 und § 75 Abs. 5 dieses Gesetzes),
7. Bundesarbeitsgericht und Landesarbeitsgericht (§ 11 Abs. 2 Satz 1 des
   Arbeitsgerichtsgesetzes).
In Fällen dieser Art kann der zum Prozeßbevollmächtigten bestellte RA
nach § 52 Abs. 1 jeden bei einem deutschen Gericht zugelassenen RA zum
Vertreter bestellen.

§ 52 Abs. 2 gilt für EG/EWR-Anwälte nach § 4 Abs. 4 RADG entspre- **7**
chend (vgl. *Brangsch,* NJW 1981, 1177, 1178). Vgl. aber auch *Hartstang,*
AnwR., S. 91.

Einem **Kammerrechtsbeistand** darf der Prozeßbevollmächtigte nicht den **8**
Vortrag der mündlichen Verhandlung überlassen, weil die Verweisung auf
§ 52 Abs. 2 in § 209 Satz 2 nicht eine Umgehung des Anwaltszwanges
ermöglichen kann (EGH München, AnwBl. 1982, 446; *Baumbach/Lauter-*
bach/Albers/Hartmann, § 157 Anm. 1 A).

§ 53   Bestellung eines allgemeinen Vertreters

(1) Der Rechtsanwalt muß für seine Vertretung sorgen,
1. wenn er länger als eine Woche daran gehindert ist, seinen Beruf auszuüben;
2. wenn er sich länger als eine Woche von seiner Kanzlei entfernen will.
(2) ¹Der Rechtsanwalt kann den Vertreter selbst bestellen, wenn die Vertretung die Dauer eines Monats nicht überschreitet und wenn sie von einem
bei demselben Gericht zugelassenen Rechtsanwalt übernommen wird. ²In
anderen Fällen wird der Vertreter auf Antrag des Rechtsanwalts von der Landesjustizverwaltung bestellt.
(3) ¹Die Landesjustizverwaltung kann dem Rechtsanwalt auf seinen Antrag
von vornherein für alle Behinderungsfälle, die während eines Kalenderjahres
eintreten können, einen Vertreter bestellen. ²Vor der Bestellung ist der Vorstand der Rechtsanwaltskammer zu hören.

(4) [1]Die Landesjustizverwaltung soll die Vertretung einem Rechtsanwalt übertragen. [2]Sie kann auch andere Personen, welche die Befähigung zum Richteramt erlangt haben, oder Referendare, die seit mindestens zwölf Monaten im Vorbereitungsdienst beschäftigt sind, zu Vertretern bestellen. [3]§§ 7 und 20 Abs. 1 Nr. 1 bis 3 gelten entsprechend.

(5) [1]In den Fällen des Abs. 1 kann die Landesjustizverwaltung den Vertreter von Amts wegen bestellen, wenn der Rechtsanwalt es unterlassen hat, eine Maßnahme nach Abs. 2 Satz 1 zu treffen oder die Bestellung eines Vertreters nach Abs. 2 Satz 2 zu beantragen. [2]Der Vertreter soll jedoch erst bestellt werden, wenn der Rechtsanwalt vorher aufgefordert worden ist, den Vertreter selbst zu bestellen oder einen Antrag nach Abs. 2 Satz 2 einzureichen, und die ihm hierfür gesetzte Frist fruchtlos verstrichen ist. [3]Der Rechtsanwalt, der von Amts wegen als Vertreter bestellt wird, kann die Vertretung nur aus einem wichtigen Grund ablehnen. [4]Über die Zulässigkeit der Ablehnung entscheidet die Landesjustizverwaltung nach Anhörung des Vorstandes der Rechtsanwaltskammer.

(6) [1]Der Rechtsanwalt hat die Bestellung des Vertreters in den Fällen des Abs. 2 und 3 dem Gericht anzuzeigen, bei dem er zugelassen ist. [2]In dem Fall des Abs. 5 ist auch der Vertreter verpflichtet, seine Bestellung beim Gericht anzuzeigen.

(7) Dem Vertreter stehen die anwaltlichen Befugnisse des Rechtsanwalts zu, den er vertritt.

(8) Die Bestellung kann widerrufen werden.

(9) [1]Der Vertreter wird in eigener Verantwortung, jedoch im Interesse, für Rechnung und auf Kosten des Vertretenen tätig. [2]Die §§ 666, 667 und 670 des Bürgerlichen Gesetzbuchs gelten entsprechend.

(10) [1]Der von Amts wegen bestellte Vertreter ist berechtigt, die Kanzleiräume zu betreten und die zur Kanzlei gehörenden Gegenstände einschließlich des der anwaltlichen Verwahrung unterliegenden Treugutes in Besitz zu nehmen, herauszuverlangen und hierüber zu verfügen. [2]An Weisungen des Vertretenen ist er nicht gebunden. [3]Der Vertretene darf die Tätigkeit des Vertreters nicht beeinträchtigen. [4]Er hat dem von Amts wegen bestellten Vertreter eine angemessene Vergütung zu zahlen, für die Sicherheit zu leisten ist, wenn die Umstände es erfordern. [5]Können sich die Beteiligten über die Höhe der Vergütung oder über die Sicherheit nicht einigen oder wird die geschuldete Sicherheit nicht geleistet, setzt der Vorstand der Rechtsanwaltskammer auf Antrag des Vertretenen oder des Vertreters die Vergütung fest. [6]Der Vertreter ist befugt, Vorschüsse auf die vereinbarte oder festgesetzte Vergütung zu entnehmen. [7]Für die festgesetzte Vergütung haftet die Rechtsanwaltskammer wie ein Bürge.

1   Während § 52 die Übertragung der Prozeßvollmacht im Einzelfall behandelt, regelt § 53 die verschiedenen Fälle der Bestellung eines allgemeinen

Vertreters, des **Generalsubstituten**. Abs. 1 Nr. 1 bietet die rechtliche Grundlage auch dafür, demjenigen RA einen Vertreter zu bestellen, der durch ein strafgerichtliches Verbot (§ 70 StGB) oder vorläufiges Berufsverbot (§ 132 a StPO) rechtlich gehindert ist, seinen Beruf auszuüben (vgl. BT-Drucks. 10/3854, S. 29); für die Bestellung eines Vertreters im Falle eines **Berufs- oder Vertretungsverbots** nach § 150 gilt hingegen die Spezialvorschrift des § 161 ; im Fall eines **gegenständlich beschränkten Berufsverbots** darf dem RA für die vom Vertretungsverbot erfaßten Rechtsgebiete kein amtlich bestellter Vertreter bestimmt werden, weil es hierfür an einer Rechtsgrundlage fehlt (BGH, BRAK-Mitt. 1992, 218).

Nützliche **Hinweise** für die Tätigkeit des amtlich bestellten Vertreters bietet die BRAK in BRAK-Mitt. 1994, 24).

Zu Abs. 1 und 2: Nicht ausdrücklich im Gesetz geregelt ist der Fall, in dem der RA nur **bis zu einer Woche** entweder gehindert ist, seinen Beruf auszuüben, oder sich von seiner Kanzlei entfernen will. Es scheint indessen Übereinstimmung dahin zu bestehen, daß der RA auch bis zur Dauer von einer Woche entweder unter den Voraussetzungen des Abs. 2 Satz 1 den Vertreter selbst bestellen oder seine Bestellung gemäß Abs. 2 Satz 2 durch die LJV beantragen kann (vgl. *Isele, § 53* Anm. V A 1–3, auch hinsichtlich der Praxis der LJVen, entsprechenden Anträgen stattzugeben; *Feuerich, § 53* Rz. 3). Dementsprechend bestellt der Präsident des BGH, soweit die Voraussetzungen des § 53 vorliegen, gemäß § 173 Abs. 1, 2 Vertreter für bei dem BGH zugelassenen RAe auch für die Dauer bis zu einer Woche.

Eine bestimmte **Form für die Selbstbestellung** eines Vertreters nach Abs. 2 Satz 1 ist nicht vorgesehen. Verständigen sich zwei RAe darüber, daß der eine im bevorstehenden Urlaub des anderen jeweils auf Bitten von dessen Kanzlei die anwaltlichen Geschäfte zu erledigen, insbesondere Schriftsätze unterzeichnen solle, so liegt darin die Bestellung eines allgemeinen Vertreters gemäß Abs. 2 Satz 1 (BGH, MDR 1967, 32). Ein **Verschulden** des nach Abs. 2 Satz 1 bestellten **Vertreters** muß sich die Partei nach § 85 Abs. 2 ZPO zurechnen lassen (OVG Hamburg, BRAK-Mitt. 1993, 114).

Die **Bestellung eines Vertreters durch die LJV** gemäß Abs. 2 Satz 2 ist wirksam erfolgt, wenn die LJV sich des Schriftstücks, das die Bestellung enthält, zwecks Bekanntmachung an den Antragsteller oder irgendeine andere Stelle entäußert hat; eine Absendung an den Vertreter ist dazu nicht erforderlich (OLG Frankfurt, AnwBl. 1980, 70 m. w. N.).

Die in Abs. 1 ausgesprochene Pflicht des RA, für seine Vertretung zu sorgen, umfaßt auch die Pflicht zur Vertretungsvorsorge für den Fall einer **plötzlichen Verhinderung.** Deshalb ist der RA verpflichtet, seine Kanzlei allgemein anzuweisen, für den Fall seiner plötzlichen Verhinderung um einen Vertreter bemüht zu sein, damit Fristen nicht versäumt werden, und ggfs.

für ihn, wenn er selbst nicht dazu in der Lage ist, die Bestellung eines Vertreters bei der LJV zu veranlassen. Ein RA, der solche allgemeine Anweisungen nicht erteilt, handelt in der Regel schuldhaft (BGH, MDR 1961, 305; *Feuerich*, § 53 Rz. 4). Ob hier, wie der BGH, a.a.O. meint, § 53 Abs. 2 anwendbar ist, kann mangels eines vom RA selbst gestellten Antrags zweifelhaft sein. Jedoch greift jedenfalls Abs. 5 Satz 1 mit der Maßgabe Platz, daß in solchen Fällen eine Pflicht zur Bestellung eines Vertreters durch die LJV besteht, solange dem nicht besondere Umstände entgegenstehen.

6   Abs. 3 hat praktische Bedeutung für RAe, die außer in ihrem Beruf ehrenamtlich oder auf sonstige Weise im öffentlichen Leben tätig und dadurch stark in Anspruch genommen sind. Die Wahrnehmung von Gerichtsterminen in erheblichem Umfang kann hingegen die Bestellung eines allgemeinen Vertreters nicht rechtfertigen, da diese Tätigkeit in den Rahmen der Berufsausübung fällt (EGH Hessen, BRAK-Mitt. 1993, 224). Die Vertretungsmacht des nach Abs. 3 bestellten Vertreters ist nicht von einer Anzeige des einzelnen Verhinderungsfalles abhängig, von einem Prozeßbeteiligten kann nicht in Zweifel gezogen werden, ob im Einzelfall solcher Verhinderungsfall vorliegt; das Gericht ist einer Prüfung dieser Frage enthoben (BGH, MDR 1975, 388). Aus Abs. 7 folgt nicht, daß der RA, dem, ohne daß er seine Stellung als Prozeßbevollmächtigter einbüßt, ein Vertreter nach Abs. 3 bestellt wird, während der ganzen Zeit der Bestellung seine Postulationsfähigkeit verliert (BGH, MDR 1971, 33). Doch kann das Tätigwerden des Vertretenen neben dem Vertreter unter dem Gesichtspunkt der unzulässigen Verdoppelung der Arbeitskraft, insbesondere in den Fällen der Vertreterbestellung nach Abs. 3 unter Umständen berufswidrig sein (vgl. *Isele*, § 53 Anm. IX B; *Feuerich*, § 53 Rz. 44). Bei der Bestellung eines allgemeinen Vertreters im Rahmen einer überörtlichen Sozietät kann das Zweigstellenverbot und das Lokalisierungsgebot umgangen und damit ein **wettbewerbswidriger Vorsprung** gegenüber anderen RAen herbeigeführt werden (BAY EGH BRAK-Mitt. 1992, 55). Darauf ist zu achten. Falls der nach Abs. 3 bestellte Vertreter die **Beendigung der Vertretungszeit** am Ende des Kalenderhalbjahres übersieht, können sich erhebliche **Haftungsrisiken** ergeben (vgl. hierzu, auch zur Wiedereinsetzung in den vorigen Stand bei Fristversäumnissen, *Lang*, Haftpflichtfragen, AnwBl. 1981, 496).

7   Zu Abs. 4 Satz 2: Ist ein **Referendar** zum allgemeinen Vertreter eines RA für alle Fälle der Verhinderung bestellt, so stehen ihm die anwaltlichen Befugnisse des RA auch insoweit zu, als der RA zum Pflichtverteidiger bestellt ist; erklärt sich der RA hinsichtlich der Ausübung der Pflichtverteidigung als verhindert, so ist dies vom Gericht nicht nachzuprüfen (BGH, NJW 1975, 2351); Zulässigkeit und Wirksamkeit der vom Referendar in der Hauptverhandlung vor der Großen Strafkammer vorgenommenen Pflichtverteidigerhandlungen hängen nicht von der Zustimmung des Vorsitzenden

ab; Anspruch auf **Vergütung** steht nur dem durch den Referendar vertretenen RA zu (OLG Düsseldorf NJW 1994, 296). Durch landesrechtliche Bestimmungen kann jedoch die Möglichkeit der Bestellung von Referendaren eingeschränkt sein.

Zu Abs. 5 Satz 3 und 4: Zum Vorliegen eines wichtigen Grundes vgl. § 55 Rz. 6.

Zu Abs. 6 Satz 1: Die Anzeige ist keine Bedingung für die Wirksamkeit 8 der Bestellung eines Vertreters nach Abs. 2 Satz 1 (BGH, MDR 1967, 32). Der Behinderungsfall im Fall des Abs. 3 braucht weder angezeigt noch nachgewiesen zu werden (BGH, MDR 1971, 33; BGH, NJW 1975, 542).

Nach **Abs. 7** kann der Vertreter auch solche Prozeßhandlungen für den 9 vertretenen RA vornehmen, die diesem als Vertreter eines anderen RA obliegen (BGH, NJW 1981, 1740). Deshalb kann ein zum allgemeinen Vertreter bestellter Referendar gegen ein Urteil Berufung einlegen, wenn der vertretene RA dies als Vertreter eines beim OLG zugelassenen RA könnte (OLG München, AnwBl. 1985, 589). Es genügt, daß der Vertreter eindeutig nach außen zum Ausdruck bringt, daß er für den Vertretenen handelt; es ist nicht erforderlich, aber zweckmäßig, daß der Verteter sich in den für den vertretenen RA angefertigten Schriftsätzen als »allgemeiner Vertreter« oder »amtlich bestellter Vertreter« bezeichnet (BGH, NJW 1975, 542). Unterzeichnet der nach § 53 Abs. 2 Satz 1 bestellte Vertreter eines Pflichtverteidigers die Revisionsschrift, so ist die Unterschrift wirksam (BGH, MDR 1990, 490). Das gleiche gilt, wenn der amtlich bestellte Vertreter einen bestimmenden Schriftsatz (z. B. Berufungsbegründung) mit seinem Namen und dem vorangestellten Zusatz: »i. V.« unterzeichnet (OLG Koblenz, MDR 1991, 1097; vgl. auch die Anmerkung von *Witopil,* BRAK-Mitt. 1991, 235). Ist in der Berufungsschrift deutlich zum Ausdruck gebracht, für den vertretenen RA zu handeln, so muß in den weiteren Schriftsätzen hierauf nicht nochmals hingewiesen werden (BGH, MDR 1991, 676). Die Vertretungsmacht des Vertreters kann weder durch einseitige Vorbehalte des vertretenen RA noch durch Vereinbarung beider RAe mit Wirkung nach außen beschränkt werden (BGH, MDR 1967, 32). Doch kann der Vertreter, wenn nicht besondere Umstände die Annahme von Rechtsmißbrauch nahelegen, mit einem Dritten wirksam vereinbaren, diesem gegenüber nicht als amtlich bestellter Vertreter, sondern als Bevollmächtigter des Vertretenen tätig zu werden (BGH, NJW 1972, 213). Der amtlich bestellte Vertreter ist kein gesetzlicher Vertreter (BGH, NJW 1972, 212).

Durch **Abs. 9** wird die **Stellung des allgemeinen Vertreters** nur im Grund 10 satz umschrieben; die Regelung im einzelnen bleibt der Verabredung zwischen dem RA und seinem Vertreter vorbehalten.

11   In **Abs.** 10 wird die **Stellung des von Amts wegen bestellten Vertreters** näher geregelt. Nur für diesen gilt die hier getroffene Regelung über die **Entschädigung;** von einer entsprechenden Regelung für den vom RA selbst bestellten Vertreter hat der Gesetzgeber bewußt abgesehen in der Erwägung, daß in einem solchen Fall die Beteiligten einen angemessenen Ausgleich für die – freiwillig übernommene – Vertretung vereinbaren werden (vgl. BT-Drucks. 11/3253, S. 23). In der Praxis kommt es gelegentlich vor, daß der vertretene RA entgegen dem Gebot des **Abs.** 10 **Satz** 3 den Vertreter an der Wahrnehmung seiner Pflichten und Rechte nach Abs. 10 Satz 1 zu hindern sucht; es empfiehlt sich, in diesen Fällen zur Durchsetzung des verweigerten Anspruchs eine **einstweilige Verfügung** zu erwirken.

Für die Festsetzung einer pauschalierten **Gesamtvergütung** nach **Abs.** 10 **Satz** 4 sind maßgebend der Zeitfaktor, die berufliche Erfahrung, die Schwierigkeit und die Dauer, das Gehalt, das für einen Angestellten oder sogen. freien Mitarbeiter gezahlt wird, sowie (beim Abwickler siehe § 55) die Tatsache, daß es sich um eine Berufspflicht handelt (BGH, BRAK-Mitt. 1993, 44). Die in **Abs.** 10 **Satz** 5 genannte Vergügung umfaßt nicht die Aufwendungen des allgemeinen Vertreters für das Personal im Büro des Vertretenen (BGH, BRAK-Mitt. 1993, 46). Zur Frage der Versicherung wegen der Bürgenhaftung der RAK nach **Abs.** 10 **Satz** 7 vgl. BRAK-Mitt. 1992, 129).

12   Die von der **LJV** nach § 53 getroffenen **Entscheidungen** können **nach § 223 angefochten** werden, wobei jedoch, soweit es sich nach den nachfolgenden Ausführungen um Ermessensentscheidungen handelt, § 39 Abs. 3 zu beachten ist. Die Bestellung eines allgemeinen Vertreters durch die LJV setzt zwei Prüfungen voraus: a) **ob** ein Anlaß zur Vertreterbestellung nach Abs. 2 Satz 2, Abs. 3 Satz 1, Abs. 5 Satz 1 besteht, b) bejahendenfalls, **wer** nach Abs. 4 Satz 1, 2 als Vertreter auszuwählen ist. Die Entscheidung der LJV zu a ist im Fall des Abs. 2 Satz 2 keine Ermessensentscheidung (*Isele,* § 53 Anm. V C 2 m. w. N.), im Fall des Abs. 3 Satz 1 eine Ermessensentscheidung (*Isele,* § 53 Anm. V D 4 m. w. N.), ebenso im Fall des Abs. 5 Satz 1. Die Entscheidung zu b ist wohl stets eine Ermessensentscheidung, da die LJV hierbei zwar die Sollvorschrift des Abs. 4 Satz 1 zu beachten hat, aber gemäß Abs. 4 Satz 2 nach pflichtgemäßem Ermessen hiervon abweichen kann. Obwohl die Entscheidungen der LJV zu a und b naturgemäß in einer Verfügung getroffen werden (sog. »Mischtatbestand«), kann hier die Frage, ob es sich um eine Ermessensvorschrift handelt und daher § 39 Abs. 3 nach § 223 Abs. 3 Satz 2 entsprechend anzuwenden ist, zu a und b getrennt beurteilt werden (vgl. zum Problem BVerwGE 39, 362; 45, 162; *Eyermann/Fröhler,* § 114 Rz. 7 b). Die Festsetzung der Entschädigung durch den Vorstand der **RAK** nach Abs. 10 Satz 5 kann ebenfalls **nach § 223 angefochten** werden.

Ist gegen den RA gemäß § 161 a Abs. 1 ein vorläufiges Verbot, auf **13** bestimmten Rechtsgebieten als Vertreter und Beistand tätig zu werden, verhängt worden, so darf er insofern auch nicht als amtlich bestellter Vertreter eines anderen RA handeln (BGH, BRAK-Mitt. 1983, 91).

Zur **Gebühr für die Vertreterbestellung** nach Abs. 2 Satz 2, Abs. 3 und 5 **14** vgl. § 193 Abs. 1, § 194.

Zur Frage der **Haftung** des RA gegenüber seinem Mandanten für ein Verschulden seines amtlich bestellten Vertreters und zu dessen Eigenhaftung **15** vgl. RGZ 163, 377; OLG Frankfurt, NJW 1986, 3091; *Borgmann/Haug*, S. 220 ff.; *Rinsche*, Rz. I 104. Vgl. auch Rz. 3.

§ 54 Rechtshandlungen des Vertreters nach dem Tode des Rechtsanwalts

[1]Ist ein Rechtsanwalt, für den ein Vertreter bestellt ist, gestorben, so sind Rechtshandlungen, die der Vertreter vor der Löschung des Rechtsanwalts noch vorgenommen hat, nicht deshalb unwirksam, weil der Rechtsanwalt zur Zeit der Bestellung des Vertreters oder zur Zeit der Vornahme der Handlung nicht mehr gelebt hat. [2]Das gleiche gilt für Rechtshandlungen, die vor der Löschung des Rechtsanwalts dem Vertreter gegenüber noch vorgenommen worden sind.

Ein Anwaltsprozeß wird durch den Tod des RA nicht gemäß § 244 ZPO unterbrochen, wenn für diesen ein Vertreter nach § 53 bestellt ist; in diesem Falle tritt eine Unterbrechung des Verfahrens erst mit der Löschung des verstorbenen RA in der Liste der RAe ein; der Vertreter ist nach dem Tod des RA nicht der Bevollmächtigte der Partei i. S. des § 85 Abs. 2 ZPO, so daß die Partei sich nicht nach dieser Vorschrift ein Verschulden des Vertreters anrechnen zu lassen braucht (BGH, NJW 1982, 2324).

§ 55 Bestellung eines Abwicklers der Kanzlei

(1) [1]Ist ein Rechtsanwalt gestorben, so kann die Landesjustizverwaltung einen Rechtsanwalt oder eine andere Person, welche die Befähigung zum Richteramt erlangt hat, zum Abwickler der Kanzlei bestellen. [2]§§ 7 und 20 Abs. 1 Nr. 1 bis 3 gelten entsprechend. [3]Vor der Bestellung ist der Vorstand der Rechtsanwaltskammer zu hören. [4]Der Abwickler ist in der Regel nicht länger als für die Dauer eines Jahres zu bestellen. [5]Auf Antrag des Abwicklers ist die Bestellung, höchstens jeweils um ein Jahr, zu verlängern, wenn er glaubhaft macht, daß schwebende Angelegenheiten noch nicht zu Ende geführt werden konnten.

(2) ¹Dem Abwickler obliegt es, die schwebenden Angelegenheiten abzuwikkeln. ²Er führt die laufenden Aufträge fort; innerhalb der ersten sechs Monate ist er auch berechtigt, neue Aufträge anzunehmen. ³Ihm stehen die anwaltlichen Befugnisse zu, die der verstorbene Rechtsanwalt hatte. ⁴Der Abwickler gilt für die schwebenden Angelegenheiten als von der Partei bevollmächtigt, sofern diese nicht für die Wahrnehmung ihrer Rechte in anderer Weise gesorgt hat. ⁵Er hat seine Bestellung dem Gericht anzuzeigen, bei dem der verstorbene Rechtsanwalt zugelassen war.

(3) § 53 Abs. 5 Satz 3 und 4, Abs. 9 und 10 gilt entsprechend. Der Abwickler ist berechtigt, jedoch außer im Rahmen eines Kostenfestsetzungsverfahrens nicht verpflichtet, Kostenforderungen des verstorbenen Rechtsanwalts im eigenen Namen für Rechnung der Erben geltend zu machen.

(4) Die Bestellung kann widerrufen werden.

(5) Ein Abwickler kann auch für die Kanzlei eines früheren Rechtsanwalts bestellt werden, dessen Zulassung zur Rechtsanwaltschaft erloschen, zurückgenommen oder widerrufen ist.

1   Die Bestellung eines Abwicklers der Kanzlei durch die LJV kommt in Betracht nach **Abs. 1 Satz 1** beim **Tod des RA**, ferner nach Abs. 5, wenn seine **Zulassung** zur Rechtsanwaltschaft gemäß § 13 **erloschen oder** nach §§ 14 bis 16 **zurückgenommen** oder widerrufen ist. Für den Fall des Wechsels der Zulassung nach § 33 (sog. Umzulassung) ist sie nicht vorgesehen.

2   Die **Anhörung des Vorstands der RAK** vor der Bestellung des Abwicklers ist in **Abs. 1 Satz 3** zwingend vorgeschrieben. Doch ist die Bestellung nicht unwirksam, wenn der Kammervorstand nicht gehört worden ist (*Isele*, § 16 Anm. II A 5; *Feuerich*, § 55 Rz. 6; EGH Frankfurt, BRAK-Mitt. 1987, 93).

3   Im allgemeinen ist es sinnvoll und angezeigt, vor der Bestellung des Abwicklers durch die LJV außer dem Vorstand der RAK (Abs. 1 Satz 3) auch den früheren RA oder die Erben des verstorbenen RA zu hören, in geeigneten Fällen auch andere Personen (vgl. *Isele*, § 55 Anm. II B 3 b); doch ist es nicht rechtsfehlerhaft, wenn die im Gesetz vorgesehene zusätzliche Anhörung des früheren RA unterbleibt; letzteres kann sogar unter Umständen angebracht sein, z. B. im Fall des Abs. 5, wenn die Zulassung des früheren RA nach § 14 Abs. 2 Nr. 8 wegen Vermögensverfalls widerrufen worden ist (EGH Frankfurt, EGE XIV 236).

4   Die allgemeinen **Pflichten** und **Rechte** des Abwicklers ergeben sich aus **Abs. 2.** Nützliche **Hinweise** für die Tätigkeit des Abwicklers bringt die BRAK in BRAK-Mitt. 1994, 22.

5   Die vom Abwickler genau zu beachtende **Frist von sechs Monaten,** innerhalb deren er berechtigt ist, **neue Aufträge** anzunehmen (Abs. 2 Satz 2 Halbsatz 2) beginnt mit der Bestellung zum Abwickler (BGH, NJW 1980, 1050).

Die beim OLG eingelegte **Berufung** eines nicht beim OLG zugelassenen
zum Abwickler der Praxis eines beim OLG zugelassenen Anwalts bestellten
RA ist nur zulässig, wenn der Abwickler nachweist, daß der Auftrag zur
Durchführung der Berufung noch innerhalb der Sechsmonatsfrist erteilt
und angenommen worden ist (OLG Nürnberg, AbwBl. 1971, 203 mit irre-
führendem Leitsatz Nr. 1 – auch nach Ablauf der ersten 6 Monate der
Abwicklertätigkeit ist die Berufung noch zulässig, wenn der Auftrag nachge-
wiesenermaßen vorher angenommen war –). Der Nachweis sollte zugleich
mit der Berufungseinlegung erfolgen, kann aber auch noch nachgeholt werden (OLG Saarbrücken, JBl. Saar, 1962, 146). Hingegen kann ein nicht beim
OLG zugelassener zum Abwickler eines simultan beim OLG zugelassenen
Anwalts bestellter RA auch noch nach Ablauf der Sechsmonatsfrist in einer
schwebenden Angelegenheit Berufung beim OLG einlegen, da der einem
simultan beim OLG zugelassenen RA erteilte Auftrag im Zweifel nicht auf
die Prozeßvertretung in der ersten Instanz beschränkt ist (OLG Hamburg,
AnwBl. 1972, 187; **vgl.** hingegen OLG Hamburg, MDR 1966, 684). Wird ein
RA zum wiederholten Mal, und zwar **erneut** von der LJV zum Abwickler der
Kanzlei eines verstorbenen RA **bestellt,** so ist er erneut zur Übernahme
neuer Mandate mit den Befugnissen des verstorbenen RA berechtigt (BGH
MDR 1991, 675 = NJW 1991, 1236 mit Anm. *Schlee,* AnwBl. 1991, 404). Bei
einer **Verlängerung der Bestellung** soll die Sechsmonatsfrist hingegen nicht
erneut beginnen (BGH, NJW 1992, 2158 mit kritischer Anm. *Schlee,* AnwBl.
1992, 442, 538). Der Abwickler braucht im Prozeß, z. B. bei der Unterzeichnung einer Berufungsschrift, nicht klarzustellen, daß er als Abwickler handelt; ist ein RA zum Abwickler einer Kanzlei bestellt, so bezieht sich die
Bestellung eines amtlichen Vertreters für ihn auch auf die Abwicklertätigkeit, falls die Bestellungsurkunde keine entsprechende Einschränkung enthält (BGH, NJW 1966, 1362). Einem RA, der zum Abwickler einer Kanzlei
eines anderen RA bestellt worden ist, stehen dessen Befugnisse aus der
Zulassung bei einem bestimmten Gericht insofern nicht zu, als er in Sachen
tätig wird, die er für seine eigene Praxis übernommen hat (BGH, VersR
1966, 878).

Ein RA, der eine Abwicklungstätigkeit bereits begonnen hat, kann in der   **6**
Regel nur dann nach **Abs. 3 Satz 1** i. V. mit § 53 Abs. 5 Satz 3 und 4 von dieser **Aufgabe entbunden** werden, wenn er durch eine weitere Abwicklungstätigkeit seine eigene Leistungsfähigkeit konkret gefährdet oder Gründe vorliegen, die eine Abwicklung selbst bedingen. Die Liquiditätsschwäche der
übernommenen Abwicklungsmasse ist im Hinblick auf § 53 Abs. 10 Satz 7,
der über Abs. 3 Satz 1 anzuwenden ist, **kein wichtiger Grund** für eine Ent-
bindung von der Pflicht (EGH Celle, BRAK-Mitt. 1992, 110). Nach LG
Hamburg (NJW 1994, 1883) gilt der Anwendungsbereich des § 224 KO
nicht nur für Nachlaßpfleger und Testamentsvollstrecker, sondern entspre-

chend auch für den amtlich bestellten Abwickler einer Kanzlei, der eine besondere Art Nachlaßpflegschaft wahrnehme, so daß Kostenforderungen des verstorbenen RA als **Masseschulden** vorrangig zu befriedigen sind (Abs. 3 Satz 1 i. V. mit § 53 Abs. 9). Zu den Kriterien für eine angemessene **Gesamtvergütung** des Abwicklers vgl. § 53 Rz. 11.

7   Die **Bestellung** des Abwicklers **endet** mit seinem **Tod,** mit dem **Ablauf der Bestellungszeit** und mit dem in Abs. 4 vorgesehenen **Widerruf.** Doch gilt der Abwickler in Anwaltsprozessen so lange als von der Partei bevollmächtigt, bis die Bestellung eines anderen RA angezeigt ist (BGH, MDR 1963, 397).

8   Jeder Abwickler sollte die folgenden von *Isele* in seinen Erläuterungen zu § 55 gegebenen **Empfehlungen** beachten:
   1. Wer als Abwickler gegen Ende der Sechsmonatsfrist des Abs. 2 Satz 2 Halbsatz 2 neue Aufträge annimmt, sollte aus den oben (Rz. 5) ersichtlichen Gründen sorgfältig die **Beweisbarkeit der Daten** der Erteilung und der Annahme des Auftrags **sichern** (*Isele,* V C 2).
   2. Bei Übernahme eines neuen Auftrags sollte der Abwickler zur Vermeidung einer Schadensersatzpflicht den Auftraggeber auf die Möglichkeit, unter Umständen auf die Wahrscheinlichkeit, **hinweisen,** daß er den **Auftrag nicht zu Ende** führen kann (*Isele,* VD c aa).
   3. Erforderlichenfalls sollte der Abwickler sich rechtzeitig um eine **Verlängerung seiner Bestellung** nach Abs. 1 Satz 5 bemühen (*Isele* IV B 3). Es wird nämlich die Ansicht vertreten, daß Anwaltskosten, die dadurch in einer Sache entstehen, daß der Abwickler seine Bestellung nicht bis zum Schluß der betreffenden Sache verlängern läßt, nicht erstattbar seien (so OLG Hamburg, AnwBl. 1973, 129, mit beachtlicher ablehnender Anm. von *Chemnitz*). Wird in einem solchen Fall der Verlängerungsantrag abgelehnt, so daß der zum Abwickler einer Kanzlei bestellte RA aus diesem Grund einen als Abwickler begonnenen Prozeß nicht über die Dauer seiner Bestellung hinaus weiterführen kann, so sind die Mehrkosten erstattbar, die dadurch anfallen, daß mit der Weiterführung des Prozesses ein anderer RA beauftragt werden muß (OLG Oldenburg, AnwBl. 1966, 194 mit Anm. von *Chemnitz*).

9   Die **Gebühren** eines während des Rechtsstreits verstorbenen Prozeßbevollmächtigten der Partei sind neben denjenigen des an seiner Stelle bestellten Prozeßbevollmächtigten auch dann erstattbar, wenn ein Abwickler für die Praxis des verstorbenen RA bestellt war (OLG Frankfurt, AnwBl. 1980, 517 m. w. N.). Wird ein RA **nach Beendigung** seiner Bestellung als Abwickler einer Kanzlei in einer nicht beendeten Angelegenheit auftragsgemäß **weiter anwaltlich tätig,** so erwachsen ihm ungeachtet des in der Person des verstorbenen RA entstandenen Vegütungsanspruchs in erstattbarer Weise diejenigen Gebühren, für die er durch seine weitere Tätigkeit den Gebührentatbe-

stand neu verwirklicht; dies gilt auch dann, wenn ein anderer RA die Abwicklung der Kanzlei fortführt (OLG Frankfurt, AnwBl. 1980, 71). Kann der zum Abwickler einer Kanzlei bestellte RA einen von ihm als Abwickler begonnenen Prozeß nicht über die Dauer seiner Bestellung hinaus weiterführen, dann sind die Mehrkosten erstattbar, die dadurch anfallen, daß mit der Weiterführung des Prozesses ein anderer Rechtsanwalt beauftragt werden muß; unerheblich ist, ob der Abwickler bei der Aufnahme des Mandats innerhalb der 6-Monats-Frist des Abs. 2 Satz 2 damit rechnen konnte, daß der Auftrag während der Abwicklungszeit erledigt werden könne (OLG Oldenburg, AnwBl. 1966, 194).

Die **Entscheidung der LJV** nach Abs. 1 Satz 1 und 5, Abs. 4 und 5 ist, 10 soweit die gesetzlichen Voraussetzungen in Betracht kommen, eine uneingeschränkt nach § 223 **anfechtbare** Rechtsentscheidung; im übrigen kann sie als Ermessensentscheidung nur im Rahmen des § 39 Abs. 3 nach § 223 angefochten werden (*Isele*, § 55 Anm. II C). Es handelt sich um einen sog. Mischtatbestand (vgl. hierzu § 53 Rz. 12).

Die **Bestellung des Abwicklers** einer Kanzlei ist **gebührenfrei** (§ 193 11 Abs. 2).

Zum Verhältnis des § 55 BRAO zu § 125 BRAGO vgl. *Schmidt*, AnwBl. 12 1984, 496.

Ein auf einen verstorbenen RA lautender **Kostentitel** ist auf Antrag auf 13 den Abwickler seiner Kanzlei umzuschreiben (LG Hamburg AnwBl. 1970, 77).

§ 56 Besondere Pflichten gegenüber dem Vorstand der Rechtsanwaltskammer

(1) [1]In Aufsichts- und Beschwerdesachen hat der Rechtsanwalt dem Vorstand der Rechtsanwaltskammer oder einem beauftragten Mitglied des Vorstandes Auskunft zu geben sowie auf Verlangen seine Handakten vorzulegen oder vor dem Vorstand oder dem beauftragten Mitglied zu erscheinen. [2]Das gilt nicht, wenn und soweit der Rechtsanwalt dadurch seine Verpflichtung zur Verschwiegenheit verletzen oder sich durch wahrheitsgemäße Beantwortung oder Vorlage seiner Handakten die Gefahr zuziehen würde, wegen einer Straftat, einer Ordnungswidrigkeit oder einer Berufspflichtverletzung verfolgt zu werden und er sich hierauf beruft. [3]Der Rechtsanwalt ist auf das Recht zur Auskunftverweigerung hinzuweisen.
(2) [1]Der Rechtsanwalt hat dem Vorstand der Rechtsanwaltskammer unverzüglich anzuzeigen,

1. daß er ein Beschäftigungsverhältnis eingeht oder daß eine wesentliche Änderung eines bestehenden Beschäftigungsverhältnisses eintritt,

2. daß er dauernd oder zeitweilig als Richter, Beamter, Berufssoldat oder Soldat auf Zeit verwendet wird,

3. daß er ein öffentliches Amt im Sinne des § 47 Abs. 2 bekleidet.

[2]Dem Vorstand der Rechtsanwaltskammer sind auf Verlangen die Unterlagen über ein Beschäftigungsverhältnis vorzulegen.

1 In der ergänzenden Neuregelung des **Abs.** 1 durch die Berufsrechtsnovelle 1994 ist die Pflicht der RAK, den RA auf sein Recht zur Auskunftsverweigerung hinzuweisen, ausdrücklich festgelegt worden. Hiermit soll erreicht werden, daß den Rechtsanwälten die bisher vielfach sträflich mißachtete Verpflichtung zur Auskunftserteilung deutlich vor Augen tritt. Zudem erwartet der Gesetzgeber hiervon eine Verminderung der Zahl von berufsgerichtlichen Verfahren und damit eine Entlastung der Anwaltsgerichtsbarkeit (BT-Drucks. 12/4993 S. 33). **Aufsichtssachen** und **Beschwerdesachen** i. S. dieser Vorschrift unterscheiden sich nach ihrem sachlichen Gehalt nicht. Beide sind Angelegenheiten, die in einem Zusammenhang stehen mit der Aufgabe des Vorstandes der RAK, die Erfüllung der den Mitgliedern der Kammer obliegenden Pflichten zu überwachen (§ 73 Abs. 1 Nr. 4). Beschwerdesache weisen lediglich die Besonderheit auf, daß sie ihren Ausgangspunkt in der Beschwerde einer Person oder einer Institution haben, die sich durch das Verhalten des RA benachteiligt fühlt (vgl. *Isele,* § 56 Anm. III). **Beschwerdeführer,** die sich mit einer Beschwerde gegen einen RA an die zuständige RAK wenden, können eine Mitteilung erwarten, daß ihre Beschwerde eingegangen ist und bearbeitet wird. Unbegründete Beschwerden sollten zurückgewiesen werden. Falls jedoch die Beschwerde Anlaß zu Maßnahmen des Vorstands der RAK gegen den betroffenen RA zur Folge hat (z. B. Belehrung oder Rüge), steht das nach dem Volkszählungsurteil des BVerfG vom Dezember 1983 jedem Staatsbürger und damit auch dem betroffenen RA zustehende Recht auf informationelle Selbstbestimmung einer Mitteilung von Art und Höhe der getroffenen Maßnahme an den Beschwerdeführer im Wege (vgl. Mitteilungen der RAK München, Nr. 1/1986, S. 6).

2 **Berechtigt zum Verlangen der Auskunftserteilung** und Vorlage der Handakten nach Abs. 1 Satz 1 ist nur der Vorstand oder eine Abteilung des Vorstandes (§ 77 Abs. 5) oder ein vom Vorstand oder einer Abteilung beauftragtes Mitglied des Vostandes. Der Präsident der RAK ist insoweit aus eigenem unmittelbar aus der BRAO hergeleitetem Recht nicht berechtigt (*Isele,* § 56 Anm. VI C 1; a. A. *Kalsbach,* § 56 Anm. 2 III b). Er kann jedoch wie jedes andere Vorstandsmitglied die Berechtigung durch entsprechenden Auftrag des Vorstandes oder einer Abteilung erlangen. Ein solcher Auftrag kann für

den Einzelfall, aber auch generell für alle vorkommenden Fälle erteilt werden (*Isele*, § 56 Anm. VI B 2). Nicht beauftragt werden kann der Geschäftsführer der RAK, da er als solcher nicht Mitglied des Kammervorstandes ist. Eine von ihm unterzeichnete Aufforderung verpflichtet den betroffenen RA zur Auskunft oder Aktenvorlage nur, wenn zunächst ein nach den vorstehenden Ausführungen Berechtigter nach vorheriger Prüfung eine entsprechende Entscheidung getroffen hat und die vom Geschäftsführer unterzeichnete Aufforderung dies erkennen läßt. Empfehlenswert ist die Unterzeichnung durch ein vom Vorstand beauftragtes Vorstandsmitglied selbst mit dem Zusatz »im Auftrag des Vorstandes«. Leistet ein RA der Aufforderung zur Auskunftserteilung oder Aktenvorlage keine Folge, so macht er sich nur dann einer Berufspflichtverletzung schuldig, wenn die Aufforderung auf einer Entscheidung des hierzu Berechtigten beruht (BGH, NJW 1985, 3032, zur Auslegung des § 80 des Steuerberatergesetzes, der dem § 56 Abs. 1 BRAO entspricht; nach dieser Entscheidung kann der Auffassung des EGH Koblenz (BRAK-Mitt. 1982, 134), daß auch die von einer Angestellten der RAK »im Auftrag« unterzeichneten Schreiben eine Verpflichtung des RA nach § 56 auslösen, falls der RA nicht geltend macht, daß die Angestellte eigenmächtig ohne besondere oder allgemeine Weisung des Vorstandes gehandelt habe, nicht mehr gefolgt werden). Erfolgt die Beauftragung eines Mitglieds des Kammervorstandes nicht, wie *Isele* (§ 56 Anm. VI B 2) es wohl für richtig hält, für einen bestimmten Zeitraum und wird sie auch nicht durch Widerruf oder durch Tod des Beauftragten beendet, so dürfte sie bis zum Ablauf seiner Wahlperiode gelten. Im Falle einer Wiederwahl empfiehlt sich gegebenenfalls eine erneute Beauftragung durch Vorstandsbeschluß.

Die Pflicht des RA nach Satz 1 bezieht sich auf die **Auskunftserteilung** 3 und die **Vorlage der Handakten,** die den Gegenstand der Aufsichts- oder Beschwerdesache betreffen. In Satz 1 ist ausdrücklich normiert, daß die Pflichten nach dieser Vorschrift nicht bestehen, wenn der RA bei ihrer Erfüllung seine **Verschwiegenheitspflicht** (§ 43 a Abs. 2) verletzen würde. Maßgebend hierfür ist § 203 Abs. 1 Nr. 3 StGB, wonach sich strafbar macht, wer unbefugt ein fremdes Geheimnis, namentlich ein zum persönlichen Lebensbereich gehörendes Geheimnis oder ein Betriebs- oder Geschäftsgeheimnis, offenbárt, das ihm als RA anvertraut oder sonst bekannt geworden ist. Gegebenenfalls hat der RA sorgfältig zu prüfen, ob die Pflicht zur Verschwiegenheit überhaupt besteht. Der RA hat auch ein Recht, die Auskunft auf Fragen zu verweigern, deren Beantwortung ihn der **Gefahr der Verfolgung** wegen einer Straftat, einer Ordnungswidrigkeit oder einer Berufspflichtverletzung aussetzen könnte; er darf aber Fragen des Vorstandes der RAK nicht einfach unbeantwortet lassen, sondern muß diese entweder wahrheitsgemäß beantworten oder die Aussage unter ausdrücklicher Berufung auf sein Aussageverweigerungsrecht verweigern. Diese in der bisherigen Rechtsprechung entwickelten Grundsätze – vgl. BGH, NJW 1979, 324; EG Kassel, EGE XIV 280; EGH Koblenz, BRAK-Mitt. 1982, 134) sind jetzt ausdrücklich in den Tatbestand des Abs. 1 Satz 2 aufgenommen worden. Vgl. zum Umfang der Auskunftspflicht des RA gegenüber der RAK auch *Feuerich*, AnwBl. 1992, 61 ff.

4   Zur Auskunftserteilung ist nicht nur der betroffene RA, sondern auch dessen nicht fallbearbeitender **Sozius** verpflichtet (EGH Hamm, BRAK-Mitt. 1982, 32).

5   Satz 1 verpflichtet den RA zusätzlich, **auf Vorladung** vor dem Vorstand der RAK oder einem beauftragten Mitglied des Vorstandes **zu erscheinen**.

6   Die **Anzeigepflichten des RA nach Abs. 2** ermöglichen der RAK im Bereich des § 14 Abs. 2 Nr. 5 und 9 sowie des § 47 Abs. 1 und 2 eine bessere Ausübung ihrer Aufgabe zur Beratung und Aufsicht (§ 73 Abs. 2 Nr. 1 und 4).

7   Die **Verletzung der** dem RA nach § 56 obliegenden **Pflichten** verstößt gegen seine Berufspflichten i. S. von §§ 43 ff. (EGH Stuttgart, BRAK-Mitt. 1987, 160; EGH München BRAK-Mitt. 1991, 54; EG Kassel BRAK-Mitt. 1991, 55). Eine nähere Regelung wird gem. § 59 b Abs. 2 Nr. 8 in der Berufsordnung erfolgen. Sie kann eine Belehrung oder Rüge durch den Vorstand der RAK (§ 73 Abs. 2 Nr. 1, § 74), eine anwaltsgerichtliche Maßnahme nach § 113 und die Festsetzung von Zwangsgeld nach § 57 zur Folge haben. Voraussetzung hierfür ist jedoch, daß die Aufforderung zur Auskunftserteilung oder Aktenvorlage von einem hierzu Berechtigten ausging (vgl. Rz. 2). Eine Pflichtverletzung durch Nichtbefolgen einer Aufforderung der RAK liegt jedoch nicht vor, wenn der Sachverhalt aufgeklärt und die getroffene Maßnahme daher nicht geeignet ist, zur weiteren Sachaufklärung beizutragen (EGH Hamm, Beschl. v. 19. 2. 1991 – (2) 6 EVY 20/90).

8   Die §§ 56, 57 gelten gemäß § 6 Abs. 3 RADG entsprechend für die Beaufsichtigung der nach diesem Gesetz zulässigen Tätigkeit der Anwälte aus Mitgliedstaaten der **Europäischen Gemeinschaften und des EWR** in der Bundesrepublik Deutschland (vgl. hierzu *Brangsch*, NJW 1981, 1177, 1179).

§ 57   Zwangsgeld bei Verletzung der besonderen Pflichten

(1) [1]**Um einen Rechtsanwalt zur Erfüllung seiner Pflichten nach § 56 anzuhalten, kann der Vorstand der Rechtsanwaltskammer gegen ihn, auch zu wiederholten Malen, Zwangsgeld festsetzen.** [2]**Das einzelne Zwangsgeld darf zweitausend Deutsche Mark nicht übersteigen.**

(2) ¹Das Zwangsgeld muß vorher durch den Vorstand oder den Präsidenten schriftlich angedroht werden. ²Die Androhung und die Festsetzung des Zwangsgeldes sind dem Rechtsanwalt zuzustellen.

(3) ¹Gegen die Androhung und gegen die Festsetzung des Zwangsgeldes kann der Rechtsanwalt innerhalb eines Monats nach Zustellung die Entscheidung des Anwaltsgerichtshofes beantragen. ²Der Antrag ist bei dem Vorstand der Rechtsanwaltskammer schriftlich einzureichen. ³Erachtet der Vorstand den Antrag für begründet, so hat er ihm abzuhelfen; andernfalls ist der Antrag unverzüglich dem Anwaltsgerichtshof vorzulegen. ⁴Zuständig ist der Anwaltsgerichtshof bei dem Oberlandesgericht, in dessen Bezirk die Rechtsanwaltskammer ihren Sitz hat. ⁵Im übrigen sind die Vorschriften der Strafprozeßordnung über die Beschwerde sinngemäß anzuwenden. ⁶Die Gegenerklärung (§ 30 Abs. 1 der Strafprozeßordnung) wird vom Vorstand der Rechtsanwaltskammer abgegeben. ⁷Die Staatsanwaltschaft ist an dem Verfahren nicht beteiligt. ⁸Der Beschluß des Anwaltsgerichtshofes kann nicht angefochten werden.

(4) ¹Das Zwangsgeld fließt der Rechtsanwaltskammer zu. ²Es wird aufgrund einer von dem Schatzmeister erteilten, mit der Bescheinigung der Vollstreckbarkeit versehenen beglaubigten Abschrift des Festsetzungsbescheides nach den Vorschriften beigetrieben, die für die Vollstreckung von Urteilen in bürgerlichen Rechtsstreitigkeiten gelten.

Maßnahmen nach § 57 sind nach dessen Abs. 1 **nur in Aufsichts- und**   **1** **Beschwerdesachen zulässig,** wie die Verweisung auf § 56 klarstellt. Eine analoge Anwendung auf Pflichtverletzungen im Rahmen der Festsetzung des Kammerbeitrags, z. B. die Verweigerung der Abgabe einer Selbsteinschätzung zur Berechnung des Zuschlags zum Kammergrundbeitrag, kommt nicht in Betracht (*Isele,* § 57 Anm. II B; *Feuerich,* § 57 Rz. 1; EGH Koblenz, BRAK-Mitt. 1982, 32). Vgl. jedoch zur Einziehung rückständiger Beiträge § 84.

Vor der **Festsetzung des Zwangsgeldes** nach Abs. 1 muß dem RA gemäß   **2** Abs. 2 dessen **Androhung** durch den Vorstand oder den Präsidenten schriftlich zugestellt werden. Nach *Isele,* § 57 Anm. V A 1, sollen im Falle der Androhung durch den Kammervorstand die Unterschriften aller Vorstandsmitglieder, die den Beschluß gefaßt haben, erforderlich sein. Man wird jedoch die Unterzeichnung der Androhung durch den Vorsitzenden der zuständigen Abteilung des Kammervorstandes genügen lassen müssen, wenn diese die Mitteilung enthält, daß ihr ein Abteilungsbeschluß (§ 77 Abs. 5) zugrunde liegt, zumal es sich ja bei der Androhung nicht um eine endgültige Maßnahme handelt (so jetzt auch *Feuerich,* § 57 Rz. 10). Vgl. hierzu für den Zwangsgeldfesetzungsbeschluß EGH Stuttgart BRAK-Mitt. 1983, 195. Ob der erforderliche Vorstandsbeschluß ordnungsgemäß zustande gekommen ist, kann jederzeit anhand des nach § 72 Abs. 3 vorgeschriebenen Protokolls überprüft werden. Die Androhung muß den gegen den RA festzusetzenden Betrag beziffern (EGH Hamm, EGE X 143).

3 Das Zwangsgeld kann zu wiederholten Malen festgesetzt werden. Das einzelne Zwangsgeld darf DM 2000,– nicht übersteigen (Abs. 1 Satz 2). Maßgebend für die Höhe im Einzelfall sind die Bedeutung des Falles und der Grad der Hartnäckigkeit der Weigerung (vgl. BT-Drucks. 11/3253, S. 24).

4 Da die Zwangsmittel des § 57 **reine Beugemittel** sind, darf die Androhung oder Festsetzung eines Zwangsgeldes nicht mehr erfolgen, wenn der Betroffene der ihm obliegenden Pflicht nachgekommen ist (EGH Hamm, BRAK-Mitt. 1983, 42).

5 Nach Abs. 3 Satz 1 kann der RA gegen die Androhung und gegen die Festsetzung des Zwangsgeldes innerhalb eines Monats nach der Zustellung die Entscheidung des AnwGH beantragen. Für das durch einen solchen Antrag ausgelöste Verfahren sind nach Abs. 3 Satz 5 die **Vorschriften der StPO über die Beschwerde** sinngemäß insoweit anzuwenden, als nicht die Spezialvorschriften des § 57 entgegenstehen. Zur Anwendbarkeit der § 304 ff. StPO im einzelnen vgl. *Isele,* § 57 Anm. VII D; *Feuerich,* § 57 Rz. 27.

6 Die Richtigkeit der Ansicht von *Isele* (§ 57 Anm. VI B 5 c bb), die Beschwerde werde unzulässig, wenn das Zwangsgeld nicht nur festgesetzt, sondern auch gezahlt oder beigetrieben sei, ist zweifelhaft. Im rechtsähnlichen Fall der Festsetzung eines Ordnungsgeldes gegen einen nicht erschienenen Zeugen im Strafverfahren nach § 51 Abs. 1 Satz 2 StPO kann der Zeuge nach der h. M. auch noch nach der Vollstreckung des Ordnungsgeldes rechtswirksam Beschwerde gegen die Festsetzung des Ordnungsgeldes einlegen (*Kleinknecht/Meyer,* § 51 Rz. 28; *Löwe/Rosenberg,* Strafprozeßordnung, 24. Auf. 1988, § 51 Rz. 26). Auf jeden Fall aber kann nach übermäßig langem Zeitablauf das Beschwerderecht verwirkt sein (vgl. für den Zivilprozeß *Baumbach/Lauterbach/Albers/Hartmann,* § 567 Anm. 2 B).

7 Für das Verfahren nach Abs. 3 werden keine Gebühren, sondern nur Auslagen erhoben (§ 195).

§ 58 Einsicht in die Personalakten

(1) **Der Rechtsanwalt hat das Recht, die über ihn geführten Personalakten einzusehen.**

(2) Der Rechtsanwalt kann das Recht auf Einsicht in seine Personalakten nur persönlich oder durch einen anderen bevollmächtigten Rechtsanwalt ausüben.

(3) Bei der Einsichtnahme darf der Rechtsanwalt oder der von ihm bevollmächtigte Vertreter sich eine Aufzeichnung über den Inhalt der Akten oder Abschriften einzelner Schriftstücke fertigen.

Die aus § 58 ebenso wie aus § 26 Abs. 5 Satz 3 incidenter zu entnehmende **1** Befugnis zur Führung von Personalakten geht nur soweit, wie dies zur Erfüllung der jeweiligen Aufgaben der aktenführenden Stelle erforderlich ist; hiernach bestimmt sich der jeweils zulässige **Inhalt und Umfang der Personalakte;** mit dem Grundsatz der freien Advokatur, der einer staatlichen Kontrolle und Bevormundung entgegensteht, wäre es nicht vereinbar, den Anwaltsberuf hinsichtlich der Art der Führung von Personalakten berufsrechtlich der Stellung von Beamten anzugleichen; die in § 58 vorausgesetzte Führung von Anwalts-Personalakten seitens der Justizverwaltung kann sich nur auf Vorgänge beziehen, die im Zusammenhang mit ihren beschränkten Aufgaben gegenüber RAen angefallen sind; deshalb darf ein OLG-Präsident nicht die von ihm geführten Referendar-Personalakten eines späteren RA dem Präsidenten des LG überlassen, bei dem der RA zugelassen ist (BVerwG, NJW 1987, 1657).

Das Akteneinsichtsrecht des RA nach dieser Vorschrift bezieht sich auf **2** **Personalakten,** die von der **Justizverwaltung** und der **RAK** über ihn geführt werden. Auf seiten der Justizverwaltung werden Personalakten über einen RA nach näherer Maßgabe der jeweils geltenden Verwaltungsvorschriften geführt. Bei den RAKn werden personalbezogene Akten über den RA geführt, die seine Zulassung oder anwaltsgerichtliche Verfahren gegen ihn oder die Aufsicht des Vorstandes der RAK über ihn betreffen.

Aus § 58 ergibt sich auch ein Recht auf Einsicht in die Vorgänge des **3** **Rügeverfahrens** nach § 74 (EGH Hamm, AnwBl. 1973, 53). Das gilt auch für die von der RAK beigezogenen Ermittlungs-/Strafakten der StA. Da die im Rügeverfahren zum Disziplinarheft genommenen Fotokopien aus diesen Akten zum (dauernden) Bestandteil der Personalakten werden und damit dem Recht auf Einsicht unterliegen, wäre es reine Förmelei, dies für die zeitweilig beigezogenen Original-Akten nicht gelten zu lassen.

Zur **Tilgung** von Eintragungen über ehrengerichtliche Maßnahmen in den **4** Personalakten der Justizverwaltung und der RAK sowie über Rügen des Vorstandes der RAK in deren Personalakten vgl. § 205 a.

Für das Recht des RA auf Einsicht in die **Gerichtsakten des anwaltsge- 5 richtlichen Verfahrens** gilt § 117 b.

§ 59 Ausbildung von Referendaren

(1) Der Rechtsanwalt hat den Referendar, der im Vorbereitungsdienst bei ihm beschäftigt ist, in den Aufgaben eines Rechtsanwalts zu unterweisen, ihn anzuleiten und ihm Gelegenheit zu praktischen Arbeiten zu geben.

(2) ¹Auf den Referendar, der unter Beistand des Rechtsanwalts die Ausführung der Parteirechte übernimmt, ist § 157 Abs. 1 und 2 der Zivilprozeßordnung nicht anzuwenden. ²Das gleiche gilt, wenn der Referendar den Rechtsanwalt in Fällen vertritt, in denen eine Vertretung durch einen Rechtsanwalt nicht geboten ist.

1 Nach § 5 b Abs. 1 Nr. 4, Abs. 3 Satz 1 DRiG hat der Referendar einen **Vorbereitungsdienst bei einem RA** von mindestens drei Monaten abzuleisten. Zusätzlich kann gemäß § 5 b Abs. 1 Nr. 5 a DRiG der Dienst in der Wahlstation bei einem RA abgeleistet werden. Nähere Einzelheiten regeln die Ausbildungsvorschriften der Länder (im einzelnen aufgeführt in *Schönfelder,* Deutsche Gesetze, bei § 5 DRiG).

2 Der RA hat keinen Rechtsanspruch auf Zuweisung eines Referendars zur Ausbildung; andererseits besteht eine durch Abs. 1 begründete **Pflicht des RA,** einen ihm von der Justizverwaltung zugewiesenen Referendar zu beschäftigen, soweit nicht dringende Gründe (z. B. Krankheit, ungeeignete Spezialpraxis) entgegenstehen (*Isele,* § 59 Anm. II). Die Verletzung dieser Pflicht kann zu Maßnahmen im Aufsichtswege oder im anwaltsgerichtlichen Verfahren führen (*Isele,* a.a.O.).

3 Wird der Referendar bei dem RA beschäftigt, so ist dieser nach Abs. 1 verpflichtet, den Referendar in den Aufgaben eines RA zu unterweisen, ihn anzuleiten und ihm Gelegenheit zu praktischen Arbeiten zu geben. Ferner hat der RA die Maßnahmen zu unterstützen, die der Vorstand der RAK zur Erfüllung seiner Aufgabe, bei der Ausbildung der Referendare mitzuwirken (§ 73 Abs. 2 Nr. 9), ergriffen hat.

4 Die Ausführung der Parteirechte i. S. des Abs. 2 Satz 1 umfaßt die Beschaffung der Grundlagen für die zu erlassende Entscheidung, nämlich den Vortrag des Sachverhalts und die Darlegung der Rechtssätze, nicht aber die Klagerücknahme, das Anerkenntnis oder den Verzicht auf den Anspruch oder auf die Berufung (BGH 2, 112; *Rosenberg/Schwab,* Lehrbuch des deutschen Zivilprozeßrechts, 14. Aufl. 1986, S. 157).

5 Zur Bestellung eines Referendars zum allgemeinen Vertreter eines RA vgl. § 53 Rz. 7.

6 **Lit.:** *Purrucker,* AnwBl. 1985, 125; *Greißinger,* AnwBl. 1985, 450. *Kilger,* DAV-Ratgeber, S. 39.

§ 59 a   Berufliche Zusammenarbeit

(1) [1]Rechtsanwälte dürfen sich mit Mitgliedern einer Rechtsanwaltskammer und der Patentanwaltskammer, mit Steuerberatern, Steuerbevollmächtigten, Wirtschaftsprüfern und vereidigten Buchprüfern in einer Sozietät zur gemeinschaftlichen Berufsausübung im Rahmen der eigenen beruflichen Befugnisse verbinden. [2]§ 137 Abs. 1 Satz 2 Strafprozeßordnung und die Bestimmungen die die Vertretung bei Gericht betreffen, stehen nicht entgegen. [3]Rechtsanwälte, die zugleich Notar sind, dürfen eine solche Sozietät nur bezogen auf ihre anwaltliche Berufsausübung eingehen. [4]Im Übrigen richtet sich die Verbindung mit Rechtsanwälten, die zugleich Notar sind, nach den Bestimmungen und Anforderungen des notariellen Berufsrechts.

(2) [1]Die Sozietät erfordert eine gemeinschaftliche Kanzlei oder mehrere Kanzleien, in denen verantwortlich zumindest ein Mitglied der Sozietät tätig ist, für das die Kanzlei den Mittelpunkt seiner beruflichen Tätigkeit bildet. [2]§ 29 a bleibt unberührt.

(3) Eine Sozietät dürfen Rechtsanwälte auch bilden:
1. mit Angehörigen von Rechtsanwaltsberufen aus Mitgliedstaaten der Europäischen Union oder anderen Staaten, die gemäß § 206 berechtigt sind, sich im Geltungsbereich dieses Gesetzes niederzulassen, und ihre Kanzlei im Ausland unterhalten;
2. mit Patentanwälten, Steuerberatern, Steuerbevollmächtigten, Wirtschaftsprüfern oder vereidigten Buchprüfern anderer Staaten, die einen in der Ausbildung und den Befugnissen den Berufen nach der Patentanwaltsordnung, dem Steuerberatungsgesetz oder der Wirtschaftsprüferordnung entsprechenden Beruf ausüben und mit Patentanwälten, Steuerberatern, Steuerbevollmächtigten oder Wirtschaftsprüfern im Geltungsbereich dieses Gesetzes eine Sozietät bilden dürfen.

(4) Für Bürogemeinschaften gelten die Absätze 1 und 3 entsprechend.

Das Institut der **Anwaltssozietät**, das ohne ausdrückliche Regelung durch Praxis, Lehre und Rechtsprechung gestaltet worden ist, wird durch § 59 a jetzt gesetzlich geregelt, und zwar durch Bestimmungen über die Zusammenarbeit von RAen untereinander und mit Angehörigen anderer Berufsgruppen auf örtlicher, überörtlicher und internationaler Ebene.   1

Das Rechtsverhältnis der Sozien, das bislang nach außen nur entsprechend den Vorschriften der BGB-Gesellschaft (§§ 705 ff.) zu bestimmen war, kann jetzt auch nach dem Partnerschaftsgesellschaftsgesetz (PartGG) vom 25. 7. 1994 (BGBl. I, S. 1744) gestaltet werden, das am 1. 7. 1995 in Kraft treten wird. Mit der Partnerschaft wird den freien Berufen die Möglichkeit eines Zusammenschlusses geboten, die dem Berufsbild freier Berufe   2 entspricht und eine vor allem im Hinblick auf den Europäischen Markt den heutigen Bedürfnissen gemäße Organisationsform bietet. Die Partnerschaft ist eine Personengesellschaft, die sich weitgehend an die OHG anlehnt, was darin zum Ausdruck kommt, daß in den §§ 6 ff. PartGG die Vorschriften über die OHG weitgehend für anwendbar erklärt worden sind. Zur Lit. vgl. *Henssler,* NJW 1994, 2137, 2142; *Lenz,* MDR 1994, 741; *Kempter,* BRAK-Mitt. 194, 122.

Der Gesetzgeber hat die Bestrebungen zur Schaffung einer **Rechtsanwalts-GmbH** (vgl. § 32 Rz. 5 der Vorauflage) nicht verwirklicht. Im übrigen ist es unzulässig, eine gleichwohl gegründete Rechtsanwalts-GmbH im Handelsregister einzutragen (LG München I NJW 1994, 1882).

Zu Abs. 1 Satz 1:

3   Die Vorschrift nennt die **sozietätsfähigen Berufe** und stellt die notwendigen Kriterien einer Sozietät fest, nämlich die gemeinsame Berufsausübung im Rahmen der eigenen beruflichen Befugnisse. Merkmale der Sozietät sind die gemeinsame Kanzlei (Abs. 2 Satz 1), die gemeinschaftliche Entgegennahme der Mandate, wobei das einer Sozietät erteilte Mandat sich im Zweifel auch auf später eintretende Sozietätsmitglieder erstreckt (BGH MDR 1994, 308), die gemeinschaftliche Vereinnahmung der Entgelte, die gemeinschaftlichen Drucksachen, Stempel, Praxisschilder und neben der gesamtschuldnerischen Haftung (§ 51 a Abs. 2 Satz 1) mit der Möglichkeit der Haftungsbeschränkung nach § 51 a Abs. 2 Satz 2 die gemeinsame Berufsausübung im Interesse und auf Rechnung aller Sozien (vgl. *Hartstang,* AnwR S. 57). Die Folge einer so vereinbarten Zusammenarbeit besteht darin, daß alle Sozietätsmitglieder grundsätzlich gemeinsam die Erfüllung der übernommenen Pflichten schulden. Zu dem Fall der Mandatsübernahme durch nur ein Mitglied der Sozietät und dem **Tatbestand des Parteiverrats** vgl. § 45 Rz. 12. Dem RA ist es verwehrt, mehreren Sozietäten anzugehören, was das Gesetz mit der Formulierung »in einer Sozietät« zum Ausdruck bringt.

4   Abs. 1 regelt die **interprofessionelle Zusammenarbeit** zwischen RAen und Angehörigen anderer Berufe in einer Sozietät. Die Sozietät zwischen RAen, Kammerrechtsbeiständen, Patentanwälten, Wirtschaftsprüfern, vereidigten Buchprüfern und Steuerberatern entspricht der bestehenden Praxis, die sich bewährt hat. Die Liste der sozietätsfähigen Berufe ist jetzt erweitert auf den Beruf des Steuerbevollmächtigten. Abs. 1 legt auch die Kriterien einer interprofessionellen Sozietät fest. Da jedes Mitglied nur im Rahmen seiner eigenen beruflichen Befugnis tätig sein darf, muß die »Bereitschaft« für den Mandanten »im Rahmen der eigenen beruflichen Befugnisse« zur Erfüllung des Auftrags beizutragen, ausdrücklich genannt werden (BT-Drucks. 12/4993 S. 33).

Zu Abs. 1 Satz 2:

Mit Satz 2 wird klargestellt, daß das Grundprinzip der gemeinschaftli- 5
chen Beauftragung nicht dadurch in Frage gestellt wird, daß in einer Straf-
sache eine Sozietät mit mehr als drei RAen beauftragt ist, die wegen § 137
Abs. 1 Satz 2 StPO nicht alle zu Wahlverteidigern bestellt sind, oder der
Mandant die tatsächliche Erfüllung des Vertrages nicht von allen Sozien
erwarten kann, weil nicht alle beim zuständigen Gericht postulationsfähig
sind (BT-Drucks. 12/4993 S. 33).

Zu Abs. 1 Satz 3 und 4:

Der **Nurnotar** (§ 3 Abs. 1 BNotO) darf gem. § 9 Abs. 1 Satz 1 BNotO eine 6
Sozietät mit einem RA nicht eingehen. Ebensowenig darf er mit einem RA
eine Bürogemeinschaft gründen. Dem **Anwaltsnotar** ist dies jedoch ausdrücklich gestattet, wie jetzt auch gesetzlich festgelegt ist. Gegenstand der
gemeinsamen Berufsausübung kann jedoch mit Rücksicht auf das übertra-
gene Amt des Notars nur die anwaltliche Berufstätigkeit sein. In Abs. 1
Satz 4 wird klargestellt, daß die Frage, welche Berufe für eine Sozietät mit
Anwaltsnotaren in Betracht kommen und in welcher Form die Zusammenarbeit möglich ist, im notariellen Berufsrecht geregelt wird.

In **Abs. 2** sind weitere Kriterien von Sozietäten geregelt, die auf überörtli- 7
cher Ebene (**überörtliche Sozietät**) bestehen können, sowie ferner die Bedingungen, unter denen sie zulässig sind.

Die überörtliche Sozietät, die als Möglichkeit zur Verbesserung des 8
Dienstleistungsangebots und Stärkung im Wettbewerb sowie als Möglichkeit für eine überregionale Tätigkeit eines Einzelanwalts Bedeutung erlangt
hat, ist der Zusammenschluß von zwei oder mehreren Einzelanwälten oder
Anwaltssozietäten, die an verschiedenen Orten tätig sind, wobei jedes
anwaltliche Mitglied nur an einen bestimmten Ort zugelassen ist, nur an diesem Ort, d. h. dem Ort des Zulassungsgerichts, seine Kanzlei betreibt. Überörtliche Sozietäten können innerhalb des gesamten Geltungsbereichs der
BRAO gegründet werden, wobei zu bemerken ist, daß BGH-Anwälte eine
Sozietät nur untereinander eingehen können (§ 172 a). Es gelten folgende
Voraussetzungen: Die Pflicht zur Lokalisierung (§ 18), die Residenzpflicht
(§ 27) und der aus den §§ 27, 28 resultierende Grundsatz, daß der RA nur
eine Kanzlei errichten darf, müssen gewahrt sein. Ferner müssen die oben
unter Rz. 3 vermerkten Voraussetzungen erfüllt sein (vgl. hierzu auch *Papier*,
BRAK-Mitt. 1991, 2; *Ahlers*, AnwBl. 1992, 54; *Theißen*, AnwBl. 1993, 1),
wobei noch darauf hinzuweisen ist, daß alle Mandate solche der überörtlichen Sozietät sind, und die eingehenden Honorare auf gemeinschaftlichen
Konten angelegt werden müssen. Ausdrücklch festgelegt ist, daß in mehreren Kanzleien zumindest je ein Mitglied der Sozietät verantwortlich

tätig ist, für das dort der Mittelpunkt seines beruflichen Wirkens liegt. Zur **Verantwortlichkeit** ist auch zu beachten, daß bei Vertretung einer Partei durch Mitglieder einer überörtlichen Sozietät **Rechtsmittelfristen** – jedenfalls auch und in erster Linie – durch den RA (und an dessen Niederlassungsort) festzustellen und zu kontrollieren sind, der die Partei im Prozeß vertritt, auch wenn innerhalb der Sozietät ein anderes Mitglied an einem anderen Niederlassungsort als der maßgebliche Vertreter der Partei angesehen wird (BGH MDR 1994, 720). Zur Pflicht der überörtlichen Sozietät einen **einheitlichen Gesellschaftsnamen** zu führen vgl. OLG Hamm BRAK-Mitt. 1994, 183.

9   **Berufsrechtlich** ist zu beachten, daß ein RA im geschäftlichen Verkehr auf die Mitarbeit in einer überörtlichen Sozietät nur hinweisen darf, wenn die getroffenen Absprachen den Vorstellungen entsprechen, die der Rechtsuchende mit der Kundgabe einer Sozietät berechtigter Weise verbindet. Insbesondere muß die Kundgabe der Wahrheit entsprechen (BGH BRAK-Mitt. 1989, 211; BGH MDR 1993, 179; BGH NJW 1994, 2288). Bei der Gestaltung von Briefköpfen, Kanzleischildern und Stempeln einer überörtlichen Sozietät muß darauf geachtet werden, daß alles der Wahrheit entspricht. Wird ein nicht zutreffender Eindruck erweckt, insbesondere der des Bestehens einer überörtlichen Sozietät, obwohl tatsächlich nur eine Scheinsozietät gegeben ist, liegt ein Verstoß gegen § 43 b vor (BGH a.a.O.; ferner OLG Düsseldorf AnwBl. 1991, 46 und OLG Karlsruhe NJW 1992, 1114, die in solchen Fällen die Grundsätze der Blickfangwerbung anwenden). Ein RA, der mit dem zu Vertretenden in einer überörtlichen Sozietät verbunden und bei einem anderen Gericht zugelassen ist, verstößt gegen das Wettbewerbsverbot des § 43 b, wenn er sich zum allgemeinen Vertreter nach § 53 Abs. 3 Satz 1 bestellen läßt, weil er auf diese Weise eigene Sachen vor einem Gericht vertritt, bei dem er nicht zugelassen ist (Bay. EGH BRAK-Mitt. 1992, 55).

10   **Abs. 2** läßt auch die bereits nach der bisherigen Rechtsprechung für zulässig gehaltene (BGH NJW 1994, 2288; OLG Karlsruhe NJW 1992, 1837) **interlokale Sozietät** zu, für welche die unter Rz. 8 und 9 angeführten Regelungen entsprechend gelten. Im Unterschied zur Zweigstelle (§ 28) muß hier jede Kanzlei von einem Berufsangehörigen verantwortlich geleitet werden.

11   **Abs. 2 Satz 2** besagt, daß überörtliche und interlokale Sozietäten nicht gehindert sind, auch in anderen Staaten Kanzleien einzurichten und zu unterhalten (vgl. § 29 a Rz. 1 und 2).

Zu Abs. 3 (Internationale oder Grenzüberschreitende überörtliche Sozietät):

12   Mit **Abs. 3 Nr. 1** wird die bisher schon für zulässig gehaltene Gründung einer internationalen Sozietät zwischen RAen gesetzlich geregelt. Das bedeuet, daß ein RA aus Mitgliedstaaten der Europäischen Union oder eines anderen Vertragsstaates das Abkommen über den Europäischen Wirtschaftsraum (EWR-Abkommen vom 2. 5. 1992 – BGBl. II S. 267, in der Fassung des Anpassungsprotokolls vom 17. 3. 1993 – BGBl. II S. 1294 i. V. mit Art. 35, 36 EWR-Ausführungsgesetz vom 27. 4. 1993 – BGBl. I, S. 512 –) mit deutschen Anwälten oder Anwaltssozietäten eine Sozietät eingehen können. Sozietätsfähig sind RAe, die sich über eine Niederlassung nach § 206 Abs. 1 (mit begrenzter Zulassung) und selbstverständlich auch nach Bestehen der Eignungsprüfung gem. § 4 über eine Zulassung zur Rechtsanwaltschaft nach §§ 6 ff. (mit voller Zulassung) – vgl. § 4 Rz. 2 – neben ihrer heimischen Kanzlei im Geltungsbereich der BRAO eine Kanzlei einrichten dürfen. Ein Gleiches gilt für internationale Sozietäten mit RAen aus anderen Staaten, wenn die Voraussetzungen des § 206 Abs. 2 erfüllt sind. Zu den Voraussetzungen und zur erforderlichen beruflichen Stellung des ausländischen RA vgl. § 206 Rz. 1 und § 207 Rz. 1 und 2.

Abs. 3 Nr. 2 normiert die Grundlagen für die **internationale interprofessionelle Sozietät,** für die angesichts der wachsenden internationalen Verflechtungen auf den Gebieten des Rechts und der Wirtschaft ein Bedürfnis besteht, dem durch die Zulassung berufsübergreifender Zusammenarbeit über die Grenzen hinaus Rechnung getragen werden soll. **Sozietätsfähig** sind solche Angehörige ausländischer steuer- und wirtschaftsberatender Berufe, die nach deutschem Recht mit ihren jeweiligen Berufskollegen eine Sozietät bilden können. Dabei soll gewährleistet sein, daß die Berufsangehörigen aus anderen Staaten über den notwendigen Qualitätsstandard der Ausbildung und die erforderliche persönliche Eignung verfügen, und daß der ausländische Sozius in seiner Stellung und seinen beruflichen Pflichten eine dem RA vergleichbare Position hat (BT-Drucks. 12/4993 S. 34). **13**

Absatz 4 regelt die Frage, mit welchem Angehörigen anderer Berufe Rechtsanwälte eine **Bürogemeinschaft** eingehen dürfen. Vgl. auch Rz. 18. **14**
Im Interesse der Rechtsuchenden kommen für eine Bürogemeinschaft mit Rechtsanwälten nur die genannten Angehörigen der anderen rechtsberatenden, steuerberatenden und wirtschaftsprüfenden Berufe in Betracht. Es ist sicherzustellen, daß die mit dem Rechtsanwalt in einem Büro tätigen Angehörigen anderer Berufe in gleicher Weise wie der Rechtsanwalt der Verschwiegenheitspflicht und den damit korrespondierenden Aussageverweigerungsrechten und Beschlagnahmeverboten unterliegen. Gewährleistet ist dies bei den genannten Berufen, die zudem der Aufsicht durch ihre eigenen Berufskammern, durch gleichfalls verpflichtete Kollegen also, unterliegen. Da dieses Gesetz die beruflichen Pflichten der Rechtsanwälte zum Gegenstand hat, kann es keine Aussage dazu treffen, ob und unter welchen Umständen gegebenenfalls auch den Angehörigen der genannten Berufe untereinander die Eingehung einer Bürogemeinschaft offensteht.

15   Zur Zusammenarbeit von Rechtsanwälten im EG-Bereich in Form der
»Europäischen wirtschaftlichen Interessenvereinigung EWIV«, deren Tätigkeit in Deutschland durch das EWIV-Ausführungsgesetz vom 14. 4. 1988
(BGBl. I S. 514) geregelt ist, vgl. *Hartstang;* AnwR, S. 412 ff.; *Kespohl-Wille-
mer,* JZ 1990, 28, 31; *Zuck,* NJW 1990, 954 ff.; *Schroeder/Teichmann,* AnwBl.
1990, 22, 26; *Grüninger,* AnwBl. 1990, 228 ff. Vgl. auch *Grüninger,* AnwBl.
1992, 111; *Kappus/Eckstein,* AnwBl. 1992, 298).

16   In der Zeit vor dem 3. 10. 1990 sind überörtliche Sozietäten zwischen
BRAO-Anwälten und in der ehemaligen DDR zugelassenen Anwälten
begründet worden. Rechtsgrundlagen waren die Anordnung über Büros
außerhalb der DDR zugelassener Rechtsanwälte vom 17. 4. 1990 (GBl. I
S. 241 = NJW 1990, 1590) – vgl. dazu *Treffkorn,* DtZ 1990, 72 – und die
Anordnung über die Tätigkeit in der Bundesrepublik Deutschland zugelassener Rechtsanwälte in der DDR vom 7. 6. 1990 (GBl. I S. 664 = NJW
1990, 1897) – mit einer Regelung der Dienstleistungs- und Niederlassungsfreiheit – vgl. dazu *Treffkorn,* NJW 1990, 2116 – einerseits sowie die Erste
Verordnung zur Durchführung des § 206 Abs. 2 der BRAO vom 6. 8. 1990
(BGBl. I S. 1512), die eine begrenzte Zulassung von DDR-Anwälten im Gel-
tungsbereich der BRAO ermöglicht hat, andererseits (vgl. *Döring,* NJW
1990, 2117 sowie § 206 Rz. 3). § 39 Abs. 4 RAG, durch den die überörtliche
Sozietät ausdrücklich für zulässig erklärt worden war, ist gem. EinigungsV,
Anlage II, Kapitel III, Sachgebiet A, Abschnitt III, Nr. 1 f. wieder entfallen.
Er kann auch auf vor dem Wirksamwerden des Beitritts eingegangene
Rechtsverhältnisse nicht angewandt werden. Diese Regelung sollte verhindern, daß zentrale Fragen der andauernden Reformdiskussion um das
anwaltliche Berufsrecht durch partiellrechtliche Regelungen vorzeitig präju-
diziert wurden (Erläuterungen zum EinigungsV, den Anlagen I bis III
Nomos Verlagsgesellschaft Baden-Baden, 1. Aufl. 1990, S. 106). Damit ist
aber weder eine Aussage über die Zulässigkeit der überörtlichen Sozietät
getroffen worden, noch sind die vor dem 3. 10. 1990 erteilten Genehmigun-
gen auf Eröffnung eines Zweitbüros oder einer Niederlassung in der ehemaligen DDR mit dem Außerkrafttreten der zugrundeliegenden Regelungen
vom 17. 4. und 7. 6. 1990 unwirksam geworden, da sie nach Art. 19 EinigungsV wirksam geblieben sind: vgl. dazu *Brauns,* AnwBl. 1992, 65 ff. Nach
Art. 21 Abs. 9 und 10 ÄndG erlöschen die nach den beiden Anordnungen
vom 17. 4. und 7. 6. 1990 erworbenen Rechte am letzten Tage des auf die
Verkündung folgenden Jahres, mithin also am 31. 12. 1995. Für die Aufrechterhaltung einer Niederlassung nach der Anordnung vom 7. 6. 1990 und
die Genehmigung zur Eröffnung eines Büros nach der Anordnung vom
17. 4. 1990 sind mit Wirksamwerden der deutschen Einheit die tatsächlichen
Grundlagen entfallen. Die erworbenen Befugnisse sind daher beseitigt worden. Da sich bei Inkrafttreten der Anordnungen die Vereinigung bereits

abzeichnete, trägt die gewählte Frist bis zum Erlöschen den Erfordernissen des Vertrauensschutzes Rechnung (BT-Drucks. 12/4993 S. 47). Bis zum 31. 12. 1995 ist zu beachten, daß RAe, die in den neuen Bundesländern lediglich ein Büro (Zweitbüro) unterhalten (VO vom 17. 4. 1990), **keine Postulationsfähigkeit** in Verfahren haben, in denen Anwaltszwang besteht (BGH MDR 1993, 177; BGH AnwBl. 1992, 269; Bezirksgericht Dresden DtZ 1992, 124). Dasselbe gilt für einen westdeutschen RA, der als Angestellter in der Kanzlei eines RA in den neuen Ländern tätig ist, ohne dies für das rechtsuchende Publikum erkennbar zu machen (BGH MDR 1993, 177). Etwas anderes gilt natürlich, wenn ein westdeutscher RA mit einem RA in den neuen Ländern in einer überörtlichen Sozietät verbunden ist (BGH AnwBl. 1993, 587).

Zu den sogen. **Mischsozietäten** vgl. § 25 Rz. 4.　　　　17

Eine **Bürogemeinschaft** ist gegeben, wenn mehrere RAe oder RAe mit　18 Angehörigen anderer Berufe lediglich gewisse Büroeinrichtungen (Büroräume, Hilfskräfte, technische Geräte, Telefon) gemeinsam benutzen. Vgl. hierzu *Hartstang*, AnwR, S. 74 ff., wobei es besonders wichtig ist, zur Begrenzung des Haftungsrisikos darauf zu achten, daß nach außen nicht der Anschein einer Sozietät erweckt wird (*Hartstang*, a.a.O., S. 76 m. w. N.).

Ein RA kann einen anderen RA oder sonstigen Juristen, jedoch nicht　19 einen Rechtsbeistand oder Prozeßagenten, der nicht Mitglied einer RAK ist, im **Angestelltenverhältnis** oder als **freien Mitarbeiter** beschäftigen und mit ihm eine Sozietät eingehen. Für die Abgrenzung zwischen einem Arbeits- (hier Angestellten-)Verhältnis oder arbeitnehmerähnlichen Verhältnis (§ 5 Abs. 1 ArbGG) und dem Rechtsverhältnis eines freien (selbständigen) Mitarbeiters kommt es nach der ständigen Rspr. des Bundesarbeitsgerichts auf den Grad der persönlichen Abhängigkeit an, in der sich der zur Dienstleistung Verpflichtete jeweils befindet (vgl. BAG NJW 1994, 1985; NJW 1993, 2458). Danach ist derjenige »Arbeitnehmer«, der seine Dienstleistung im Rahmen einer von Dritten bestimmten Arbeitsorganisation erbringt. Nach dem in § 84 Abs. 1 Satz 2 HGB normierten typischen Abgrenzungsmerkmal ist selbständig, wer im wesentlichen seine Tätigkeit frei gestalten und seine Arbeitszeit bestimmen kann. Unselbständig und damit persönlich abhängig ist der, dem dies nicht gestattet ist (BAG, NJW 1993, 2485). Maßgebend für die Qualifizierung der Stellung Arbeitnehmer, arbeitnehmerähnliche Person (§ 5 Abs. 1 Satz 2 ArbGG), freier Mitarbeiter ist der Inhalt des geschlossenen Vertrags (Dienstvertrag, Arbeitsvertrag oder Gesellschaftsvertrag – vgl. BAG a.a.O.; *Wettlaufer*, AnwBl. 1989, 194; *Feuerich*, § 2 Rz. 26, 27 und ab 1. 7. 1995 auch Partnergesellschaftsvertrag – vgl. Rz. 2). Ein Rechtsanwalt, der sich vertraglich einem anderen Rechtsanwalt gegenüber verpflichtet, diesem seine gesamte Arbeitskraft zur Verfügung zu stellen und andere Mandate nicht anzunehmen, dem weiter durch Vertrag ein bestimmtes Arbeitsgebiet zugewieen ist, dem aber der andere Rechtsanwalt unabhängig davon bestimmte Mandate zuweisen oder entziehen kann, von dem ferner vertraglich erwartet wird, daß er während der üblichen Bürostunden in der Kanzlei anwesend ist, und der schließlich weder am Gewinn noch am Verlust der Kanzlei beteiligt wird, ist Arbeitnehmer i. S. des ArbGG, auch wenn er die rechtliche Bewertung der ihm übertragenen Rechtsfälle in eigener Verantwortung vornimmt; abweichende vertragliche Vereinbarungen über seinen Status sind unerheblich (LAG Baden-Württemberg AnwBl. 1987, 142; LAG Hamm, MDR 1990, 186; LAG Frankfurt, BRAK-Mitt. 1991, 61). Für den Fall des Ausscheidens vereinbarte **Mandatenschutzklauseln** mit angestellten Rechtsanwälten, die Arbeitnehmer sind, sind nur wirksam, wenn dem angestellten RA eine Karenzentschädigung zugesagt ist; die Gegenseitigkeit des Mandantenschutzes ersetzt eine Karenzentschädigung jedenfalls dann nicht, wenn die Zahl der geschützten Mandate offensichtlich zuungunsten des angestellten RA ungleich ist; Mandantenschutzvereinbarungen unter RAen, in welchen sie sich verpflichten, Mandatsangebote der für den anderen RA geschützten Mandanten abzulehnen und darüber hinaus auf diesen einzuwirken, sich weiter von dem anderen RA vertreten zu lassen, verstoßen gegen § 3 Abs. 3 (LAG Baden-Württemberg AnwBl. 1987, 142; *Hartstang,* RA S. 194). Mandatsschutzklauseln mit örtlich und zeitlich begrenztem Wettbewerbsverbot unter angemessenen Bedingungen sind aus verfassungsrechtlicher Sicht mit dem Zweck des Anwaltsberufs vereinbar (BGH, AnwBl. 1986, 339; vgl. auch BAG, Rbeistand 1989, 100 und OLG Koblenz, Rbeistand 1989, 103 für Steuerberater). Vgl. zu alledem *Lingenberg/Hummel/Zuck/Eich* zu § 81. Vgl. auch *Bruckner,* Nachvertragliche Wettbewerbsverbote zwischen Rechtsanwälten, 1987.

20   **Lit.** zur Praxis bei Zusammenarbeit von RAen: *Commichau,* Der Anwalt und seine Praxis, 2. Aufl. 1985; *Oppenhoff,* DAV-Ratgeber, S. 66; *Knief,* AnwBl. 1985, 58; *Hartstang,* RA, S. 188; *Hartstang,* AnwR. S. 30 ff.; *Braun,* BRAK-Mitt. 1987, 4 (mit statistischen Übersichten zu den Sozietätsverhältnissen); zur Umsatzsteuerpflicht des gegen feste Vergütung in einer Anwaltsgemeinschaft tätigen »Fixum-Anwalts« vgl. *Hebig/Schwedhelm,* AnwBl. 1986, 235; zum ausscheidenden Sozius *Zuck,* AnwBl. 1987, 525; zum Einstieg in eine Anwaltskanzlei als Angestellter oder freier Mitarbeiter *Wettlaufer,* AnwBl. 1989, 194; *Zuck,* Vertragsgestaltung bei Anwaltskooperationen, 1994.

§ 59 b Satzungskompetenz

(1) **Das Nähere zu den beruflichen Rechten und Pflichten wird durch Satzung in einer Berufsordnung bestimmt.**

(2) Die Berufsordnung kann im Rahmen der Vorschriften dieses Gesetzes insbesondere näher regeln:

1. die allgemeinen Berufspflichten und Grundpflichten,
   a) Gewissenhaftigkeit,
   b) Wahrung der Unabhängigkeit,
   c) Verschwiegenheit,
   d) Sachlichkeit,
   e) Verbot der Vertretung widerstreitender Interessen,
   f) Umgang mit fremden Vermögenswerten,
   g) Kanzleipflicht;
2. die besonderen Berufspflichten im Zusammenhang mit dem Führen der Fachanwaltsbezeichnung,
   a) Bestimmung der Rechtsgebiete, in denen weitere Fachanwaltsbezeichnungen verliehen werden können,
   b) Regelungen der Voraussetzungen für die Verleihung der Fachanwaltsbezeichnung und des Verfahrens der Erteilung, der Rücknahme und des Widerrufs der Erlaubnis;
3. die besonderen Berufspflichten im Zusammenhang mit der Werbung und Angaben über selbst benannte Interessenschwerpunkte;
4. die besonderen Berufspflichten im Zusammenhang mit der Versagung der Berufstätigkeit;
5. die besonderen Berufspflichten,
   a) im Zusammenhang mit der Annahme, Wahrnehmung und Beendigung eines Auftrags,
   b) gegenüber Rechtsuchenden im Rahmen von Beratungs- und Prozeßkostenhilfe,
   c) bei der Beratung von Rechtsuchenden mit geringem Einkommen,
   d) bei der Führung der Handakten;
6. die besonderen Berufspflichten gegenüber Gerichten und Behörden,
   a) Pflichten bei der Verwendung von zur Einsicht überlassenen Akten sowie der hieraus erlangten Kenntnisse,
   b) Pflichten bei Zustellungen,
   c) Tragen der Berufstracht;
7. die besonderen Berufspflichten bei der Vereinbarung und Abrechnung der anwaltlichen Gebühren und bei deren Beitreibung;
8. die besonderen Berufspflichten gegenüber der Rechtsanwaltskammer in Fragen der Aufsicht, das berufliche Verhalten gegenüber anderen Mitgliedern der Rechtsanwaltskammer, die Pflichten bei beruflicher Zusammenarbeit, die Pflichten im Zusammenhang mit der Beschäftigung von Rechtsanwälten und der Ausbildung sowie Beschäftigung anderer Mitarbeiter;
9. die besonderen Berufspflichten im grenzüberschreitenden Rechtsverkehr.

Aus der BT-Drucks. 12/4993 S. 34, 35 und 12/7656 S. 50 geht folgendes hervor:

1   **Zu Abs. 1:** Die Vorschrift soll durch eine **Berufsordnung** den notwendigen Ersatz schaffen für die zur Konkretisierung der beruflichen Pflichten eines RA in Richtlinien festgestellte allgemeine Auffassung über Fragen der Ausübung des Anwaltsberufs (§ 177 Abs. 2 Nr. 2 a. f.). Der Begriff der »Berufsordnung« ist in der Rechtsanwaltschaft bereits verbreitet, wobei Übereinstimmung besteht, daß dieser Begriff auf die von den demokratisch legitimierten Vertretern der Anwaltschaft zu beschließende Berufssatzung abzielt. Das für deren Erlaß zuständige Gremium wird bei der Bundesrechtsanwaltskammer gebildet (vgl. §§ 191 a ff.).

2   Die §§ 43 und 59 b Abs. 2 Nr. 1 a schreiben dem Rechtsanwalt »gewissenhafte« Berufsausübung als allgemeine Berufspflicht vor, die durch die Berufsausübung näher zu regeln ist. In weiteren Bestimmungen (u. a. §§ 43 a ff.) dieses Gesetzes, aber auch in anderen Gesetzen (vgl. § 43 Rz. 1) sind berufliche Pflichten und Rechte der Rechtsanwälte geregelt. Der Inhalt der gesetzlichen Regelungen beschränkt sich grundsätzlich auf die mit dem Zugang zum Anwaltsberuf, vergleichbar einschneidende und für den Rechtsanwalt existentiell bedeutsame – also statusbildende – Bestimmungen. Ergänzende Reglementierungen, die sich auf die Art und Weise der praktischen Berufsausübung beziehen, sollen jedoch unter Ausnutzung der besonderen Sachkunde der Berufsangehörigen von diesen selbst erlassen werden. Dabei geht es vorrangig darum, dem einzelnen Rechtsanwalt einen Leitfaden an die Hand zu geben, der ihm in Zweifelsfällen die Entscheidung erleichtert, wie er sich ordnungsgemäß in seiner Stellung als Rechtsanwalt verhalten kann. Als Fälle nicht gewissenhafter Berufsausübung sind aus der letzten Zeit zu erwähnen: Anhaltende **Nichtrücksendung von Empfangsbekenntnissen** (EGH Berlin BRAK-Mitt. 1992, 225); **mangelhafte Mandatsbearbeitung** (EGH München BRAK-Mitt. 1991, 54; EG Kassel BRAK-Mitt. 1991, 55; Zustellung eines wahrheitswidrig erstellten vorläufigen Zahlungsverbots, ohne daß ein vollstreckbarer Titel vorliegt (EGH Hamburg BRAK-Mitt. 1991, 55); zu einer erlaubten EDV-mäßigen Erstattung von Strafanzeigen vgl. EGH München BRAK-Mitt. 1990, 52.

3   Die Wahrung der Unabhängigkeit und der Verschwiegenheit (§ 43 a Abs. 1 und 2) sind in der Rechtsordnung als den freien Anwaltsberuf prägende Elemente verankert, zu der die Berufsangehörigen ins Detail gehende Hinweise geben können (**Absatz 2 Nr. 1 b und c**).

4   Das strafrechtlich geschützte Verbot der Vertretung **widerstreitender Interessen** (§ 43 a Abs. 4) dürfte im Zusammenhang mit dem Entstehen immer größerer Kanzleien und überörtlicher Sozietäten mit zunehmender Spezialisierung an Bedeutung gewinnen. Leicht kann es geschehen, daß ein

Mitglied einer Sozietät das Mandat der einen Partei entgegennimmt, während ein anderer Sozius – ohne Kenntnis zu haben – von der anderen Partei beauftragt wird. Praxisorientierte Leitlinien der Berufsanhörigen dürften von erheblichem Nutzen sein (**Abs. 2 Nr. 1 e**).

Der zweite Komplex näherer Ausgestaltung (**Absatz 2 Nr. 2**) durch die   5
Berufsordnung hat das Recht zum Führen einer **Fachanwaltsbezeichnung**
zum Gegenstand.

Gesetzlich erhalten geblieben sind die eingeführten Fachanwaltsbezeichnungen für das Verwaltungsrecht, das Steuerrecht, das Arbeitsrecht und das Sozialrecht (§ 43 c Abs. 1). Im Interesse eines rascheren Reagierens auf neue Rechtsentwicklungen – etwa im Zusammenhang mit der deutschen Einigung und mit dem europäischen Binnenmarkt – soll in der Berufsordnung festgelegt werden können, welche **weiteren Fachanwaltsbezeichnungen** zulässig sind, damit die Rechtsuchenden möglichst frühzeitig unter nachgewiesenen Spezialisten auswählen können. Daneben sind die verfahrensmäßigen Einzelheiten, die derzeit das entsprechende Gesetz regelt, durch die Satzung festzulegen.

Die **anwaltliche Werbung** (§ 43 b) soll in ihren Einzelheiten gleichfalls in   6
der Berufsordnung geregelt werden (**Abs. 2 Nr. 3**). Der Satzungsgeber wird
ausdrücklich aufgefordert, auch die Berufspflichten hinsichtlich der selbsternannten **Interessenschwerpunkte** zu regeln. Die Regelung muß so ausgestaltet sein, daß Irreführungen des rechtsuchenden Bürgers vermieden werden, insbesondere müssen Fachanwaltsbezeichnungen und Interessenschwerpunkte auseinandergehalten werden. In diesem Zusammenhang wird von Bedeutung sein, welche Zahl von derartigen Angaben mit der anwaltlichen Werbung im Einklang stehen und ob der Begriff »Interessenschwerpunkt« als solcher zu verwenden ist.

Zum Schutz des Vertrauens in die Unabhängigkeit der Anwaltschaft sind   7
die **Pflichten, sich der anwaltlichen Tätigkeit zu enthalten,** ausgedehnt und
konkretisiert worden (§§ 45, 46). Auch hierzu kann die Berufsordnung die
Pflichten im einzelnen bestimmen.

Ein weiterer Bereich, in dem die Berufsordnung für eine Regelung von   8
Einzelheiten sorgen soll, ist das **Verhalten des Rechtsanwalts gegenüber dem
rechtsuchenden Publikum.** Dies betrifft sowohl den ratsuchenden Bürger,
der Kontakt zum Anwalt sucht, um diesen möglicherweise zu beauftragen,
wie auch den Auftraggeber und die gegnerische Partei (**Absatz 2 Nr. 5**).

Die sich aus dem Zivilrecht ergebenden Verpflichtungen zur **Aufklärung**   9
des möglichen Auftraggebers vor der Mandatsentgegennahme – auch über
das voraussichtliche Honorar und die Erfolgsaussichten – könnten ebenso
Gegenstand der Regelung sein wie eine Konkretisierung der **Sorgfaltspflicht**

gegenüber dem Mandanten und das Gebot, mit der Gegenpartei im Regelfall nur über deren Anwalt in Kontakt zu treten.

10   Das **Verhalten gegenüber Gerichten und Behörden,** insbesondere auch der Umgang mit Erkenntnissen aus der Akteneinsicht auch unter datenschutzrechtlichen Aspekten, soll in der Berufsordnung näher ausgestaltet werden (**Abs. 2 Nr. 6**).

11   Hinzu kommen die **Pflichten bei der Vereinbarung und Abrechnung von Gebühren,** deren Beitreibung und die Verwahrung fremder Vermögenswerte (**Abs. 2 Nr. 7**).

12   Die **kollegialen Pflichten der Rechtsanwälte untereinander** und gegenüber ihrem körperschaftlichen Zusammenschluß, der Rechtsanwaltskammer, die Pflichten bei beruflicher Zusammenarbeit, ferner die Beschäftigung von Mitarbeitern bilden einen weiteren Bestandteil für eine Berufsordnung (**Abs. 2 Nr. 8**). Zu den Pflichten gegenüber der RAK vgl. § 56 Rz. 7 und zur Mitwirkung der RAK bei Streitigkeiten unter Kollegen und Überwachung der Pflichten gegenüber der RAK § 73 Abs. 2 Nr. 2–4 sowie § 73 Rz. 7–9. Im Zusammenhang mit den kollegialen Pflichten wird sich die Satzungsversammlung wohl auch mit der Frage befassen, die im Anschluß an BGH BRAK-Mitt. 1991, 59 diskutiert worden ist, ob das Erwirken eines **Versäumnisurteils** gegen eine von einem Kollegen desselben LG-Bezirks vertretenen Partei dann ein Verstoß gegen die Berufspflichten sein soll, wenn das nicht zuvor angedroht war (so früher § 23 RichtlRA). Das BVerfG hat die Entscheidung des BGH abgesegnet mit der Begründung, daß eine dieserhalb erfolgte Rüge das Grundrecht nach Art. 12 verletze und für diesen Eingriff bereits die nach Art. 12 Abs. 2 GG erforderliche gesetzliche Grundlage fehle, da weder § 23 RichtlRA als für eine funktionsfähige Rechtspflege unerläßliche Regel fortgelte, noch diese Regelung als vorkonstitutionelles Gewohnheitsrecht zu beachten sei (BVerfG BRAK-Mitt. 1993, 56; vgl. ferner *Zuck,* BRAK-Mitt. 1991, 60, *Hettinger,* NJW 1991, 1161, *Mennicke,* MDR 1992, 221 sowie zur Meinung der BRAK BRAK-Mitt. 1991, 33, 79 und 133. Es würde sich vielleicht lohnen, zumindest für die Dauer der Fortgeltung der eingeschränkten Postulationsbefugnis (vgl. § 22 Anmerkung) eine entsprechende Regelung der Kollegialität zu finden. Nach dem gegenwärtigen Rechtszustand wird kein RA darauf vertrauen dürfen, daß der Gegenanwalt keinen Antrag auf Erlaß eines Versäumnisurteils stellen wird, und zwar auch dann nicht, wenn in dem betreffenden LG-Bezirk ein entsprechender Anwaltsbrauch besteht (OLG Stuttgart NJW 1994, 1884).

13   Das **berufsgerechte Verhalten eines Rechtsanwalts im grenzüberschreitenden Rechtsverkehr** soll auch in dieser Weise einer Regelung zugeführt werden (**Abs. 2 Nr. 9**); vgl. auch § 43 Rz. 3.

Vierter Teil   Die Rechtsanwaltskammern

Vorbemerkung zum Vierten Teil

1. Organisationsformen der Rechtsanwaltschaft

I. Die Rechtsanwaltskammern und die Bundesrechtsanwaltskammer

Aus der Stellung des RA als Organ der Rechtspflege (§ 1) ergibt sich für die Anwaltschaft eine Verbindung zum Staat als Träger der Justizhoheit. Die BRAO überläßt es aber der Rechtsanwaltschaft, ihrer Tradition entsprechend staatliche Aufgaben, insbesondere die Aufsicht über die Standesangehörigen, in eigener Selbstverwaltung innerhalb der rechtsstaatlich gebotenen Grenzen zu erfüllen. Dazu gewährt der Staat der Anwaltschaft hoheitliche Mittel, wie sie das Rügerecht (§ 74) darstellt. Als geeignete Organisationsform der Anwaltschaft zur Erfüllung ihrer öffentlich-rechtlichen Aufgaben erschien dem Gesetzgeber die Körperschaft des öffentlichen Rechts. Solche sind die in den Ländern bestehenden RAKn (§§ 60–91), die RAK beim BGH (§ 174) und die BRAK (§§ 175–191). Zu den Gesamtaufgaben dieser Kammern vgl. § 73 Rz. 1. Zum Deutschen Anwaltsinstitut e. V. vgl. § 177 Rz. 7. Zu den Rechtsanwaltskammern in der früheren DDR vgl. § 175 Rz. 1.

Anschrift der Bundesrechtsanwaltskammer: 53113 Bonn, Joachimstraße 1.

II. Der Deutsche Anwaltverein

Nicht in der BRAO erwähnt, aber wegen seiner großen Bedeutung für das Berufsleben der Anwaltschaft hier zu erwähnen ist der als eingetragener Verein des bürgerlichen Rechts organisierte Deutsche Anwaltverein e. V. (DAV). Der DAV ist der Dachverband von örtlichen Anwaltsvereinen, denen eine Vielzahl der in der Bundesrepublik Deutschland zugelassenen RAe als Mitglieder angehören. Zweck des DAV ist die Wahrung, Pflege und Förderung aller beruflichen und wirtschaftlichen Interessen der Rechtsanwaltschaft, insbesondere auch durch Förderung von Rechtspflege und Gesetzgebung sowie durch Pflege des Gemeinsinnes und des wissenschaftlichen Geistes der Rechtsanwaltschaft (vgl. hierzu *Schaich*, DAV-Ratgeber, S. 9). Der DAV hat die Deutsche Anwaltsakademie eingerichtet (vgl. hierzu *Rollmann*, DAV-Ratgeber, S. 47), Gesetzgebungs- und Fachausschüsse sowie Arbeitsgemeischaften für bestimmte Fachgebiete gebildet und veranstaltet alle zwei Jahre den Deutschen Anwaltstag. Der DAV-Ratgeber enthält praktische Hinweise für junge Anwälte.

Zur Frage, ob für einen örtlichen Anwaltverein zufolge der Rspr. des BGH zur Monopolstellung von Verbänden Aufnahmezwang besteht, vgl. BGH NJW 1980, 186.

Anschrift des Deutschen Anwaltvereins e. V.: 53113 Bonn, Adenauerallee 106.

2. Gliederung der Anwaltsorganisationen

I. Die Rechtsanwaltskammern und die Bundesrechtsanwaltskammer

A. Die Rechtsanwaltskammern

(Körperschaften des öffentlichen Rechts unter Staatsaufsicht mit Zwangsmitgliedschaft) §§ 60–91, 174

Organe: Der Vorstand	Das Präsidium	Die Versammlung der Kammer
§§ 63–77 Mindestens 7 Mitglieder (Ausnahme: § 174 Abs. 2). Evtl. mehrere Abteilungen mit mindestens 3 Mitgliedern	§§ 78–84 1. Präsident 2. Vizepräsident 3. Schriftführer 4. Schatzmeister (Mindestbesetzung)	§§ 85–89

B. Die Bundesrechtsanwaltskammer

(Körperschaft des öffentlichen Rechts unter Staatsaufsicht, zu der die RAKn zusammengeschlossen sind) §§ 175–191

Organe: Das Präsidium	Die Hauptversammlung
§§ 179–186 1. Präsident 2. Vizepräsidenten 3. Schatzmeister	§§ 187–190

II. Der Deutsche Anwaltverein e. V.
(Dachverband der örtlichen Anwaltvereine)

Organe: Der Vorstand   Die Mitgliederversammlung
Mitglieder
Präsidium:
1. Präsident
2. Mindestens 3 Vizepräsidenten
3. Schatzmeister
4. alle ehemaligen Präsidenten

Erster Abschnitt   Allgemeines

§ 60   Zusammensetzung und Sitz der Rechtsanwaltskammer

(1) **Die Rechtsanwälte, die in dem Bezirk eines Oberlandesgerichts zugelassen sind, bilden eine Rechtsanwaltskammer.**
(2) **Die Rechtsanwaltskammer hat ihren Sitz am Ort des Oberlandesgerichts.**

Mit seiner Zulassung zur Rechtsanwaltschaft wird **jeder RA kraft Geset-**   1
zes Mitglied der zuständigen RAK, ohne daß er seinen Beitritt besonders erklären müßte. Zuständig ist in der Regel die RAK, in deren Bezirk der RA seine lokale Zulassung erlangt hat. Besonderheiten gelten nach § 61 für den Fall der Bildung einer weiteren RAK, nach § 174 für die bei dem BGH zugelassenen RAe, nach § 212 Abs. 3 für Flüchtlinge und Vertriebene.

Die Zwangsmitgliedschaft aller RAe in der für sie zuständigen RAK ist   2
verfassungskonform (BGH, EGE X 108; vgl. auch BVerfGE 15, 235, 239). Aus ihr folgt, daß die RAKn in besonders hohem Maße verpflichtet sind, ihre Mitglieder gleichmäßig zu behandeln (BGH, NJW 1971, 1041). Jeder RA kann Überschreitungen des gesetzlichen Rahmens der Kammertätigkeit unter Berufung auf sein Grundrecht nach Art. 2 Abs. 1 GG rügen; die BRAO enthält insoweit in §§ 74 a, 90, 91, 223 eine umfassende Zuweisung einschlägiger Rechtsstreitigkeiten an die Anwaltsgerichtsbarkeit (*Tettinger,* S. 105).

Durch Art. 21 Abs. 3 ÄndG ist klargestellt, daß die auf der Grundlage des   3
RAG in den **neuen Ländern** gebildeten Rechtsanwaltskammern nach der BRAO bestehen bleiben und die gewählten Organe ihre Ämter behalten.

4   Zur Mitgliedschaft von **Rechtsbeiständen** in der RAK vgl. § 209 Rz. 2 ff., zur Mitgliedschaft von **ausländischen Anwälten** § 4 Rz. 2, 3; § 206 Abs. 1 und 2.

§ 61   Bildung einer weiteren Rechtsanwaltskammer

(1) [1]Die Landesjustizverwaltung kann in dem Bezirk eines Oberlandesgerichts eine weitere Rechtsanwaltskammer errichten, wenn in dem Bezirk mehr als fünfhundert Rechtsanwälte zugelassen sind. [2]Bevor die weitere Rechtsanwaltskammer errichtet wird, ist der Vorstand der Rechtsanwaltskammer zu hören. [3]Die Landesjustizverwaltung ordnet an, welcher Kammer die bei dem Oberlandesgericht zugelassenen Rechtanwälte angehören und wie sich die Landgerichtsbezirke auf die Kammern verteilen.
(2) Die Landesjustizverwaltung bestimmt den Sitz der weiteren Kammer.

Die LJVen haben von der Möglichkeit, nach dieser Vorschrift weitere Kammern zu errichten, bisher keinen Gebrauch gemacht. Soweit noch RAKn bestehen, deren Sitz sich nicht am Sitz eines Oberlandesgerichts befindet, nämlich in Freiburg, Kassel und Tübingen, beruht dies auf der Übergangsvorschrift des § 215.

§ 62   Stellung der Rechtsanwaltskammer

(1) Die Rechtsanwaltskammer ist eine Körperschaft des öffentlichen Rechts.
(2) [1]Die Landesjustizverwaltung führt die Staatsaufsicht über die Rechtsanwaltskammer. [2]Die Aufsicht beschränkt sich darauf, daß Gesetz und Satzung beachtet, insbesondere die der Rechtsanwaltskammer übertragenen Aufgaben erfüllt werden.

1   Zur Rechtsform der RAK als **Körperschaft des öffentlichen Rechts** vgl. Vorbem. zum Vierten Teil, Abschnitt 1 I (vor § 60).

2   Die von der LJV zu führende **Staatsaufsicht** über die RAK wird durch Abs. 2 Satz 2 begrenzt. Ihre Durchführung wird dadurch erleichtert, daß der Präsident der RAK der LJV jährlich einen schriftlichen Bericht über die Tätigkeit der Kammer und des Vorstandes zu erstatten und daß er ihr das Ergebnis der Wahlen zum Vorstand und zum Präsidium der Kammer anzuzeigen hat (§ 81 Abs. 1 und 2). Ein wichtiges Mittel der Staatsaufsicht stellt das Recht der LJV dar, bei dem AnwGH den Antrag zu stellen, Wahlen und

Beschlüsse des Vorstandes, des Präsidiums und der Versammlung der Kammer für ungültig oder nichtig zu erklären, wenn sie unter Verletzung des Gesetzes oder der Satzung zustande gekommen oder wenn sie ihrem Inhalt nach mit dem Gesetz oder der Satzung nicht vereinbar sind (§ 90 Abs. 1).

Zweiter Abschnitt   Die Organe der Rechtsanwaltskammer

1. Der Vorstand

§ 63   Zusammensetzung des Vorstandes

(1) **Die Rechtsanwaltskammer hat einen Vorstand.**
(2) **¹Der Vorstand besteht aus sieben Mitgliedern. ²Die Versammlung der Kammer kann eine höhere Zahl festsetzen.**
(3) **Der Vorstand gibt sich eine Geschäftsordnung.**

Der Vorstand der RAK ist **Behörde** eines Selbstverwaltungskörpers (*Isele,* § 63 Anm. IV A 1; *Feuerich,* § 63 Rz. 1).   1

Die **Mitglieder des Vorstandes** werden gemäß § 64 von der Versammlung der Kammer gewählt, die auch die Zahl der Mitglieder bestimmt. Diese Zahl muß mindestens sieben betragen, ist aber bei größeren Kammern erheblich höher. Die Mitglieder des Vorstandes der nach dem RAG in den **neuen Ländern** gebildeten Rechtsanwaltskammern bleiben nach Aufhebung des RAG für die Dauer ihrer Wahlperiode im Amt. § 69 bleibt unberührt (Art. 21 Abs. 3 ÄndG).   2

Bei größeren Kammern wird der Hauptteil der anfallenden Arbeiten von den nach § 77 gebildeten **Abteilungen** erledigt.   3

Die **Geschäftsordnung** des Vorstandes der RAK (Abs. 2) ist zu unterscheiden von der Geschäftsordnung der Kammer (§ 89 Abs. 3); vgl. § 80 Abs. 4, wo beide getrennt aufgeführt sind.   4

§ 64   Wahlen zum Vorstand

(1) **Die Mitglieder des Vorstandes werden von der Versammlung der Kammer gewählt.**
(2) **Das Nähere bestimmt die Geschäftsordnung der Kammer.**

189

1 Zu Abs. 1 (**Mitglieder des Vorstandes**) vgl. § 63 Rz. 2.

2 Zu Abs. 2 (**Geschäftsordnung der Kammer**) vgl. § 63 Rz. 4. Unabdingbare Grundregeln für die Vorstandswahl enthält § 88. Zur Zulässigkeit der »Blockwahl« aufgrund der Geschäftsordnung vgl. BGH, BRAK-Mitt. 1989, 105. In dem Urteil in BRAK-Mitt. 1992, 108 (= Unzulässigkeit einer **en-bloc-Wahl** bei nur einer Liste) hat der BGH festgestellt, daß ein von der Kammerversammlung festgelegter Wahlmodus dann nicht zu beanstanden ist, wenn er mit der Vorschrift des § 88 Abs. 3 vereinbar ist und auch sonst als eine angemessene und mit den Grundsätzen der Demokratie vereinbare Wahlregelung angesehen werden kann.

3 Zur Möglichkeit der **Anfechtung der Wahl** vgl. § 90.

§ 65 Voraussetzungen der Wählbarkeit

Zum Mitglied des Vorstandes kann nur gewählt werden, wer
1. **Mitglied der Kammer ist,**
2. **das fünfunddreißigste Lebensjahr vollendet hat und**
3. **den Beruf eines Rechtsanwalts seit mindestens fünf Jahren ohne Unterbrechung ausübt.**

1 Zu **Nr. 1**: Zur Kammermitgliedschaft vgl. § 60 Rz. 1 und § 209 Rz. 2. Inhaber einer Erlaubnis nach dem Rechtsberatungsgesetz, die nach § 209 Mitglied der RAK geworden sind, können in den Vorstand gewählt werden (BGH, AnwBl. 1990, 270). Ein Ausscheiden aus der Kammer hat nach § 69 Abs. 1 Nr. 1 auch ein Ausscheiden als Mitglied des Vorstandes zur Folge.

2 Zu **Nr. 2, 3**: RAe und Kammerrechtsbeistände (BGH, BRAK-Mitt. 1989, 158), die das 35. Lebensjahr vollendet haben und den Anwaltsberuf bzw. den Beruf des Rechtsbeistands seit ihrer Aufnahme in die RAK seit mindestens fünf Jahren ohne Unterbrechung ausgeübt haben, kommen in Betracht. Unterbrechungen der Berufsausübung durch Erholungsurlaub oder Teilnahme an Fortbildungsveranstaltungen von normaler Dauer sowie kürzere Unterbrechungen durch Krankheit können nach dem Zweck der Vorschrift, ein Mindestmaß an Berufserfahrung zu garantieren, unberücksichtigt bleiben. Unterbrechungen von ungewöhnlicher Dauer müssen jedoch zu einer entsprechenden Verlängerung der Fünfjahresfrist führen (vgl. *Isele*, § 65 Anm. III D). In den Ländern Brandenburg, Mecklenburg-Vorpommern, Sachsen, Sachsen-Anhalt und Thüringen ist **Nr. 3** bis zum 31. 12. 1996 **nicht anzuwenden** (Art. 21 Abs. 1 ÄndG). Hierdurch soll es den in den genannten Ländern in Kammervorstände und die bisherige Berufsgerichtsbarkeit gewählten RAen, die nicht über die vorgeschriebene fünfjäh-

rige Berufserfahrung verfügen, ermöglicht werden, in ihrem Amt weiterzu-arbeiten. Ferner soll damit erreicht werden, daß für etwaige Wahlen ein größerer Kreis von Kandidaten zur Verfügung steht (BT-Drucks. 12/4993 S. 46).

§ 66 Ausschluß von der Wählbarkeit

Zum Mitglied des Vorstandes kann nicht gewählt werden ein Rechtsanwalt,
1. **der infolge gerichtlicher Anordnung in der Verfügung über sein Vermögen beschränkt ist;**
2. **gegen den ein anwaltsgerichtliches Verfahren eingeleitet oder ein Berufs- oder Vertretungsverbot (§§ 150, 161 a) verhängt worden ist;**
3. **gegen den die öffentliche Klage wegen einer Straftat, welche die Unfähig- keit zur Bekleidung öffentlicher Ämter zur Folge haben kann, erhoben ist;**
4. **gegen den in den letzten fünf Jahren ein Verweis oder eine Geldbuße oder in den letzten zehn Jahren ein Vertretungsverbot (§ 114 Abs. 1 Nr. 4) ver- hängt oder in den letzten fünfzehn Jahren auf die Ausschließung aus der Rechtsanwaltschaft erkannt worden ist.**

Zu Nr. 1: Vgl. § 7 Rz. 32.   1

Zu Nr. 2: Das anwaltsgerichtliche Verfahren ist eingeleitet worden, wenn   2
die Staatsanwaltschaft bei dem Anwaltsgericht eine Anschuldigungsschrift eingereicht hat (§ 121).

Zu Nr. 3: Die Erhebung der öffentlichen Klage erfolgt durch Einreichung   3
einer Anklageschrift durch die Staatsanwaltschaft bei dem zuständigen Gericht (§ 170 Abs. 1 StPO; vgl. auch § 118 Rz. 1). Zur Unfähigkeit zur Bekleidung öffentlicher Ämter vgl. § 7 Rz. 3.

Zu Nr. 4: Die Fristen von fünf und zehn Jahren beginnen mit der Rechts-   4
kraft des auf die anwaltsgerichtliche Maßnahme lautenden Urteils zu laufen (*Isele*, § 66 Anm. III E 4).

Zu Nr. 1–4: Verliert ein Mitglied des Vorstandes der RAK seine Wählbar-   5
keit aus den in Nr. 1–4 angegebenen Gründen, so scheidet es nach § 69 Abs. 1 Nr. 1 als Vorstandsmitglied aus.

§ 67 Recht zur Ablehnung der Wahl

Die Wahl zum Mitglied des Vorstandes kann ablehnen,
1. **wer das fünfundsechzigste Lebensjahr vollendet hat;**
2. **wer in den letzten vier Jahren Mitglied des Vorstandes gewesen ist;**
3. **wer durch Krankheit oder Gebrechen behindert ist.**

Es ist die Ansicht vertreten worden, aus dieser Vorschrift ergebe sich die Pflicht jedes Mitglieds der RAK zur Annahme der Wahl zum Mitglied des Vorstandes, wenn keiner der in ihr abschließend aufgezählten Ablehnungsgründe vorliegt; eine Verletzung dieser Pflicht könne zu anwaltsgerichtlicher Ahndung führen (vgl. *Isele,* § 67 Anm. II, III); allerdings könne das Vorstandsmitglied schon nach kurzer Zeit der Amtsführung ohne Angabe von Gründen und, ohne daß ein Grund zur Ablehnung nach § 67 vorliegen müsse, sein Amt nach § 69 Abs. 1 Nr. 2 niederlegen (*Kalsbach,* § 69 Anm. 4 III; *Isele,* § 67 Anm. VII B 3, § 69 Anm. II D 2b; *Feuerich,* § 67 Rz. 1). Sinnvoller erscheint die Regelung in § 10 der Geschäftsordnung der RAK München, wonach die Ablehnung der Wahl aus anderen als in § 67 aufgeführten Gründen als Niederlegung i. S. des § 69 Abs. 1 Nr. 2 gilt.

§ 68   Wahlperiode

(1) ¹Die Mitglieder des Vorstandes werden auf vier Jahre gewählt. ²Die Wiederwahl ist zulässig.

(2) ¹Alle zwei Jahre scheidet die Hälfte der Mitglieder aus, bei ungerader Zahl zum ersten Mal die größere Zahl. ²Die zum ersten Mal ausscheidenden Mitglieder werden durch das Los bestimmt.

(3) Wird die Zahl der Mitglieder des Vorstandes erhöht, so ist für die neu einzutretenden Mitglieder, die mit dem Ablauf des zweiten Jahres ausscheiden, Abs. 2 Satz 2 entsprechend anzuwenden.

(4) Findet die Wahl, die aufgrund der Erhöhung der Zahl der Mitglieder des Vorstandes erforderlich wird, gleichzeitig mit einer Neuwahl statt, so sind beide Wahlen getrennt vorzunehmen.

Die in Abs. 3 und 4 erwähnte Erhöhung der Zahl der Mitglieder des Vorstandes kann nur durch einen Beschluß der Versammlung der Kammer nach § 63 Abs. 2 Satz 2 erfolgen.

§ 69   Vorzeitiges Ausscheiden eines Vorstandsmitglieds

(1) Ein Rechtsanwalt scheidet als Mitglied des Vorstandes aus,
1. wenn er nicht mehr Mitglied der Kammer ist oder seine Wählbarkeit aus den in § 66 Nr. 1 und 4 angegebenen Gründen verliert;
2. wenn er sein Amt niederlegt.

(2) ¹Der Rechtsanwalt hat die Erklärung, daß er das Amt niederlege, dem Vorstand gegenüber schriftlich abzugeben. ²Die Erklärung kann nicht widerrufen werden.

(3) ¹Scheidet ein Mitglied vorzeitig aus, so wird für den Rest seiner Amtszeit in der nächsten Versammlung der Kammer ein neues Mitglied gewählt. ²Die Versammlung der Kammer kann von der Ersatzwahl absehen, wenn die Zahl der Mitglieder des Vorstandes nicht unter sieben herabsinkt und wenn der Rest der Amtszeit des ausgeschiedenen Mitgliedes nicht mehr als ein Jahr betragen hätte.

(4) ¹Ist gegen ein Mitglied des Vorstandes eine öffentliche Klage im Sinne des § 66 Nr. 3 erhoben oder ein anwaltsgerichtliches Verfahren eingeleitet, so ruht seine Mitgliedschaft im Vorstand, bis das Verfahren erledigt ist. ²Ist ein Berufs- oder Vertretungsverbot (§§ 150, 161 a) verhängt worden, so ruht die Mitgliedschft für dessen Dauer. ³Besteht gegen ein Mitglied des Vorstandes der Verdacht einer schuldhaften Verletzung seiner beruflichen Pflichten, so ist es von einer Tätigkeit der Rechtsanwaltskammer in dieser Angelegenheit ausgeschlossen.

Zur Amtsniederlegung nach Abs. 1 Nr. 2, Abs. 2 vgl. Erl. zu § 67.

§ 70 Sitzungen des Vorstandes

(1) Der Vorstand wird durch den Präsidenten einberufen.

(2) Der Präsident muß eine Sitzung anberaumen, wenn drei Mitglieder des Vorstandes es schriftlich beantragen und hierbei den Gegenstand angeben, der behandelt werden soll.

(3) Das Nähere regelt die Geschäftsordnung des Vorstandes.

Die Einberufung des Vorstandes durch den Präsidenten ist notwendig,
1. soweit es zur Erfüllung der dem Vorstand nach § 73 obliegenden Aufgaben in angemessener Zeit erforderlich ist,
2. soweit die Geschäftsordnung des Vorstandes hierüber Bestimmungen enthält,
3. wenn mindestens drei Mitglieder des Vorstandes den Antrag nach Abs. 2 stellen.

§ 71 Beschlußfähigkeit des Vorstandes

Der Vorstand ist beschlußfähig, wenn mindestens die Hälfte seiner Mitglieder anwesend ist oder sich an einer schriftlichen Abstimmung beteiligt.

Die Vorschrift gilt für den Vorstand und für seine nach § 77 gebildeten Abteilungen (*Feuerich*, § 71 Rz. 2). Zur Zulässigkeit der schriftlichen Abstimmung vgl. § 72 Abs. 4.

§ 72   Beschlüsse des Vorstandes

(1) [1]Die Beschlüsse des Vorstandes werden mit einfacher Stimmenmehrheit gefaßt. [2]Das gleiche gilt für die von dem Vorstand vorzunehmenden Wahlen. [3]Bei Stimmengleichheit gibt die Stimme des Vorsitzenden den Ausschlag, bei Wahlen entscheidet das Los.

(2) [1]Ein Mitglied darf in eigenen Angelegenheiten nicht mitstimmen. [2]Dies gilt jedoch nicht für Wahlen.

(3) Über die Beschlüsse des Vorstandes und über die Ergebnisse von Wahlen ist ein Protokoll aufzunehmen, das von dem Vorsitzenden und dem Schriftführer zu unterzeichnen ist.

(4) Beschlüsse des Vorstandes können in schriftlicher Abstimmung gefaßt werden, wenn kein Mitglied des Vorstandes widerspricht.

1   Den **Vorsitz** in der Sitzung führt der Präsident der RAK (§ 80 Abs. 3).

2   **Beschlüsse** des Vorstandes im (weiteren) Sinne der §§ 71, 72 sind alle Meinungsäußerungen, die formell im Wege der Beschlußfassung zustande kommen; Beschlüsse im (engeren) Sinne der §§ 90, 91, die auf Antrag durch den AnwGH für nichtig erklärt werden können, sind nur solche Willenserklärungen, die materiell den Charakter eines Rechtsgeschäfts aufweisen (BGH, NJW 1962, 2006).

3   Das **Protokoll,** dessen Mindestinhalt in Abs. 3 vorgeschrieben ist, kann insbesondere bei der Anfechtung von Wahlen und Beschlüssen nach §§ 90, 91 Bedeutung erlangen. Zum Recht der Einsicht in das Protokoll vgl. *Feuerich,* § 72 Rz. 12.

4   Eine **Berichtigung des Protokolls** ist in sinngemäßer Anwendung des § 164 Abs. 3 ZPO auf dem Protokoll zu vermerken, wobei auf eine Anlage verwiesen werden kann, und vom Vorsitzenden sowie dem Schriftführer zu unterschreiben. Zu den zeitlichen Grenzen der Berichtigungsmöglichkeit vgl. *Isele,* § 72 Anm. V G 2.

5   Die nach Abs. 4 zulässige schriftliche Abstimmung im sog. Umlaufverfahren kann die Tätigkeit des Vorstandes in großen RAK-Bezirken wesentlich beschleunigen.

§ 73   Aufgaben des Vorstandes

(1) [1]Der Vorstand hat die ihm durch Gesetz zugewiesenen Aufgaben zu erfüllen. [2]Er hat die Belange der Kammer zu wahren und zu fördern.

(2) Dem Vorstand obliegt insbesondere,

1. die Mitglieder der Kammer in Fragen der Berufspflichten zu beraten und zu belehren;
2. auf Antrag bei Streitigkeiten unter den Mitgliedern der Kammer zu vermitteln;
3. auf Antrag bei Streitigkeiten zwischen Mitgliedern der Kammer und ihren Auftraggebern zu vermitteln;
4. die Erfüllung der den Mitgliedern der Kammer obliegenden Pflichten zu überwachen und das Recht der Rüge zu handhaben;
5. Rechtsanwälte für die Ernennung zu Mitgliedern des Anwaltsgerichts und des Anwaltsgerichtshofes vorzuschlagen;
6. Vorschläge gemäß §§ 107 und 166 der Bundesrechtsanwaltskammer vorzulegen;
7. der Versammlung der Kammer über die Verwaltung des Vermögens jährlich Rechnung zu legen;
8. Gutachten zu erstatten, die eine Landesjustizverwaltung, ein Gericht oder eine Verwaltungsbehörde des Landes anfordert;
9. bei der Ausbildung der Referendare mitzuwirken;
10. die anwaltlichen Mitglieder der juristischen Prüfungsausschüsse vorzuschlagen.

(3) Der Vorstand kann die in Abs. 2 Nr. 1 bis 3 bezeichneten Aufgaben einzelnen Mitgliedern des Vorstandes übertragen.

Vorbemerkung: § 73 regelt die Aufgaben des Vorstandes der RAK, § 89 1
die Aufgaben der Kammerversammlung. Aus diesen Vorschriften ergeben
sich die **Gesamtaufgaben der RAKn.** Nach der ständigen Rspr. des Anwaltssenats des BGH gehören hierzu nicht nur die den RAKn durch Gesetz oder
Satzung ausdrücklich zugewiesenen Aufgaben, vielmehr erstreckt sich ihr
Funktionsbereich darüber hinaus auf alle Angelegenheiten, die von allgemeiner – nicht rein wirtschaftlicher – Bedeutung für die Rechtsanwaltschaft
sind und die Gesamtheit der RAKn berühren; Aufgaben, die nicht gruppen-
spezifischen Zielen dienen, gehören nicht hierzu (BGH, NJW 1986, 992,
994). Der Kartellsenat des BGH hat die Ansicht vertreten, daß zu den Aufgaben der RAKn – mit Einschränkungen – auch die Wahrnehmung der wirtschaftlichen Belange der Anwaltschaft gehöre (BGH, NJW 1980, 186 mit
ablehnender Anm. von *Redeker*). Nach BVerwG, NJW 1987, 337, soll die
Mitgliedschaft einer Steuerberaterkammer in einem privatrechtlichen, den
Interessen aller freien Berufe verpflichteten Verband im Hinblick auf die
spezielle gesetzliche Aufgabenbeschreibung in § 76 Abs. 1 des Steuerberatungsgesetzes rechtswidrig sein. Die Mitgliedschaft einer RAK in einem
Landesverband der freien Berufe soll aber nach EGH Frankfurt (BRAK-
Mitt. 1985, 170) rechtskräftig nach Verwerfung der sofortigen Beschwerde
als unzulässig durch BGH, BRAK-Mitt. 1986, 104 in den Rahmen der Kam-

meraufgaben fallen. Die RAK hat sich als Körperschaft des öffentlichen Rechts auf die ihr zugewiesenen Aufgaben zu beschränken und bei deren Erfüllung den Grundsatz der Verhältnismäßigkeit zu wahren; Haushaltsmittel dürfen nicht für verbandsfremde Zwecke verwendet werden (vgl. BVerwG, AnwBl. 1982, 65). Nach der h. M. haben neben den insoweit ebenfalls legitimierten Anwaltsvereinen auch die RAKn nach § 13 UWG die Sachbefugnis als »Verbände zur Förderung gewerblicher Interessen« Ansprüche auf Unterlassung nach dem UWG geltend zu machen (BGH, JNW 1956, 591; 1990, 578; *Baumbach/Hefermehl*, Wettbewerbsrecht, 16. Aufl. 1990, § 13 Rz. 31; *Rosenthal*, UWG, 9. Aufl. 1969, § 13 Rz. 12; *von Gamm*, UWG, 2. Aufl. 1981, § 13 Rz. 13; *Rennen/Caliebe*, Rz. 115; a. A. *Altenhoff/Busch/Chemnitz*, Rz. 158). Zur Aktivlegitimation der RAKn für Klagen nach § 13 AGB und Art. 1 § 1 RBerG vgl. *Tettinger*, S. 86 ff. Zur historischen Entwicklung des Geschäftskreises der Anwaltsvertretung vgl. *Schaich* in Festschrift für Ostler, 1983, S. 148.

2   **Zu Abs. 1 Satz 1: Durch Gesetz zugewiesene Aufgaben des Kammervorstandes** sind zunächst die in zahlreichen **Einzelvorschriften der BRAO außerhalb des § 73 Abs. 2** aufgeführten Aufgaben (§ 8 Abs. 2, § 16 Abs. 2, § 17 Abs. 2, § 19 Abs. 2, § 24 Abs. 1, § 28 Abs. 1 und 2, § 29 Abs. 1 und 2, § 29a Abs. 3, § 35 Abs. 2, § 42a Abs. 3, § 42b Abs. 1, 2, § 42c Abs. 1, § 42d, § 47 Abs. 3, § 53 Abs. 3, Abs. 10 Satz 2, § 55 Abs. 1 und 3, § 57 Abs. 1, § 61 Abs. 1, § 74 Abs. 1 und 5, § 92 Abs. 2, § 93 Abs. 2, § 94 Abs. 2, § 95 Abs. 2, § 100 Abs. 2, § 101 Abs. 2 und 3, § 103 Abs. 2, § 122 Abs. 2, § 161 Abs. 1, § 209, § 227a Abs. 2, 5, 6 und 8, § 227b Abs. 1). Hinzu kommen durch **andere Gesetze** zugewiesene Aufgaben, z. B. die Mitwirkung bei Verfahren betr. die Ausschließung des Verteidigers nach § 138a, 138b StPO nach näherer Maßgabe der §§ 138c Abs. 2 Sätze 3 und 4, 138d Abs. 6 Satz 2 StPO. Hierhin gehört auch die Aufgabe des Kammervorstandes, gemäß § 6 Abs. 1 Satz 1 RADG die Ausübung der nach diesem Gesetz zulässigen Tätigkeiten der Anwälte aus Mitgliedstaaten der **Europäischen Gemeinschaften** und des **EWR** in der Bundesrepublik Deutschland zu beaufsichtigen (vgl. hierzu die im einzelnen in § 6 Abs. 1 Satz 2 Nrn. 1–5 RADG angeführten Aufgaben, z. B. die Ausübung des Rügerechts). Insoweit ist je nach dem Herkunftsland des betroffenen Anwalts in § 6 Abs. 4 RADG die Zuständigkeit einer bestimmten RAK festgelegt. Zu den nicht ausdrücklich gesetzlich zugewiesenen Aufgaben des Kammervorstandes gehört die Stellungnahme zu Gesuchen auf Erteilung der Erlaubnis zur Besorgung fremder Rechtsangelegenheiten nach dem RBerG (vgl. *Altenhoff/Busch/Chemnitz*, Rz. 773).

3   **Zu Abs. 2 Nr. 1 (Beratung und Belehrung** der Kammermitglieder):

Die Pflicht des Vorstandes der RAK zur Beratung und Belehrung der Kammermitglieder erstreckt sich auch auf die **Auskunft über berufs- und**

standesrechtliche Fragen auf Anfrage. Der RA, der von dieser Auskunftsmöglichkeit keinen Gebrauch macht, muß sich dies unter Umständen im anwaltsgerichtlichen Verfahren zu seinem Nachteil vorhalten lassen (vgl. EGH Stuttgart, BRAK-Mitt. 1983, 141, 142; BGHSt 18, 192, 197); insbesondere kann dadurch der Schuldausschließungsgrund des Verbotsirrtums nach § 17 StGB entfallen (EGH Frankfurt, AnwBl. 1984, 629, 631).

Zweifelhaft kann sein, ob der Vorstand der RAK nach Abs. 2 Nr. 1 das   4
Recht hat, von einem RA die **Vornahme oder Unterlassung einer bestimmten Handlung** zu fordern (verneinend *Isele,* § 73 Anm. II D 4a, cc, b, 1 im Anschluß an die frühere Rspr. des EGH beim Reichsgericht). Nach BGH, NJW 1984, 1042, 1044, war die mit einer entsprechenden Belehrung verbundene Aufforderung der RAK beim BGH an drei RAe, ihre Sozietät aufzulösen, rechtmäßig, da sie nur eine unselbständige Folgerung aus der erteilten Belehrung enthielt. Nach EGH Stuttgart, BRAK-Mitt. 1982, 129, war die Aufforderung des Vorstandes einer RAK, die Rechtsberatung der »Frauengruppe F. e. V.« einzustellen, ebenfalls rechtmäßig.

Die vom Vorstand der RAK erteilte präventive Rechtsauskunft ohne   5
Bewertung zurückliegender Vorgänge und ohne Schuldvorwurf ist keiner gerichtlichen Kontrolle auf ihre Richtigkeit unterworfen (BayEGH, BRAK-Mitt. 1993, 224; a. A. EGH Hamburg, BRAK-Mitt. 1984, 89; vgl. auch § 223 Rz. 5).

Das **Verhältnis zwischen Belehrung nach Abs. 2 Nr. 1 und Rüge nach § 74**   6
ist in Lit. und Rspr. noch nicht abschließend geklärt; insbesondere ist noch umstritten, ob eine **mißbilligende Belehrung** des Vorstandes der RAK, also eine Maßnahme, die mehr als eine bloße Belehrung aber weniger als eine Rüge ist, überhaupt zulässig ist (vgl. zum Stand der Meinungen BVerfG, NJW 1979, 1159 = (ausführlicher) EGE XIV 322). Nach EGH Stuttgart, BRAK-Mitt. 1982, 77, hat eine solche mißbilligende Belehrung als »verkappte Rüge« nicht in § 73 Abs. 2 Satz 1 die nach Art. 12 Abs. 1 GG erforderliche gesetzliche Grundlage und ist daher rechtswidrig und nach § 223 anfechtbar. Das BVerfG (a.a.O.) läßt die Frage der rechtlichen Zulässigkeit einer mißbilligenden Belehrung dahingestellt, hält sie aber ebenfalls für anfechtbar nach § 223. Nach EGH Stuttgart, BRAK-Mitt. 1982, 129, ist diese Anfechtbarkeit erst recht gegeben, wenn mit der Untersagung eines Verhaltens des RA ein bestimmtes, die Berufsausbildung betreffendes Verhalten für die Zukunft verlangt wird. Wenn ein gegen einen RA gerichteter Bescheid des Vorstandes der RAK zwar (unrichtig) als »Mißbilligung« bezeichnet worden ist, sich aber aus dem Gesamtinhalt des Bescheides ergibt, daß eine Rüge nach § 74 ausgesprochen werden sollte und ausgesprochen worden ist, insbesondere wenn der Bescheid mit einer auf § 74 Abs. 5 ausgerichteten Rechtsmittelbelehrung versehen ist, so sind allein die Rechts-

behelfe nach § 74 Abs. 5 und § 74 a gegeben und nicht der Antrag auf Entscheidung durch den AnwGH nach § 223 (EGH Hamm, BRAK-Mitt. 1983, 141).

7   **Zu Abs. 2 Nr. 2 (Vermittlung bei Streitigkeiten unter Kammermitgliedern):** Es kann sich hierbei um Streitigkeiten aus dem beruflichen und aus dem privaten Bereich handeln (*Isele*, § 73 Anm. II D 2e; *Feuerich*, § 73 Rz. 25). Die Vermittlungspflicht des Kammervorstands besteht schon dann, wenn nur ein Kammermitglied den erforderlichen Antrag stellt (*Feuerich*, § 73 Rz. 25; vgl. *Isele*, § 73 Anm. II D 2c, d, der vom »Antragsteller« und vom »Antragsgegner« spricht). Behandlung von Streitigkeiten unter Kollegen wird in der Berufsordnung näher geregelt werden gem. § 59 b Abs. 2 Nr. 8. Auch ist die Stellung des Antrags nach Abs. 2 Nr. 2 nicht Klagbarkeitsvoraussetzung für eine Klage unter Anwaltskollegen (so schon nach früherem Recht BGH, BRAK-Mitt. 1986, 234; *Zuck*, BRAK-Mitt. 1985, 236).

8   **Zu Abs. 2 Nr. 3:** Auch hier genügt der Antrag eines der Beteiligten, und der betroffene RA ist als »Antragsgegner« nicht zur Mitwirkung verpflichtet (*Feuerich*, § 73 Rz. 27).

9   **Zu Abs. 2 Nr. 4:** Die **Überwachung der Pflichterfüllung der Kammermitglieder** kann der Vorstand der RAK von sich aus durchführen; er kann dies aber auch auf eine Beschwerde hin tun und den Beschwerdeführer bescheiden (Amtl. Begr.). Für Klagen eines Mandanten auf Verpflichtung des Vorstandes der RAK, der Überwachungspflicht nach Abs. 2 Nr. 2 nachzukommen, ist nicht der Rechtsweg zum AnwGH nach § 223, sondern der Verwaltungsrechtsweg gegeben; doch haben solche Klagen keine Aussicht auf Erfolg, da der Mandant keinen Anspruch auf Tätigwerden des Vorstandes der RAK hat (VGH Mannheim, NJW 1982, 2011; vgl. auch VG Freiburg, NJW 1978, 967), und zwar deshalb nicht, weil die Aufsicht der RAK über ihre Mitglieder nicht der Wahrung individueller Belange, sondern dem öffentlichen Interesse dient, so daß Dritte keinen Anspruch gegen die RAK auf eine Aufsichtsmaßnahme oder auf eine fehlerfreie Ermessensentscheidung haben können (BVerwG NJW 1993, 2066). Die Durchführung der Überwachungstätigkeit des Vorstandes der RAK wird erleichtert durch die Auskunftspflicht des RA nach § 56. Der Kammervorstand ist im Rahmen seiner Überwachungstätigkeit nicht gehindert, zweckentsprechende Fragen an den betroffenen RA zu stellen, selbst wenn für diesen eine Auskunftspflicht nicht besteht, soweit die Auskunft ihn der Gefahr straf- oder anwaltsgerichtlicher Verfolgung aussetzen würde; die durch § 193 StGB gezogenen Grenzen müssen allerdings bei der Befragung gewahrt bleiben (BGH, NJW 1967, 893). Die Unterrichtung der RAKn über Maßnahmen in Strafsachen gegen RAe und Kammerrechtsbeistände ist geregelt in Nr. 23 i. V. mit Nr. 15 der bundeseinheitlichen Anord-

nung über Mitteilungen in Strafsachen (**MiStra**) in der Neufassung 1985 (vgl. JMBl. NW 1985, 69). Zu den Aufsichtssachen gehört auch die Gehilfenausbildung nach dem Berufsausbildungsgesetz (vgl. EGH Stuttgart, Rbeistand 1987, 112).

Zu Abs. 2 Nr. 8: Zu den **Gutachten des Kammervorstandes** nach Abs. 2 **10** Nr. 8 gehören außer den Zulassungsgutachten nach § 8 insbesondere die Gebührengutachten, die ein Gericht nach § 3 Abs. 3 Satz 2, § 12 Abs. 2 Satz 1, § 21 Satz 2 BRAGO anfordert (vgl. hierzu *Hartmann,* BRAGO § 12 Anm. 4; *Schmidt,* AnwBl. 1979, 133; *Rückert* in: Festschrift für Herbert Schmidt, Schriftenreihe der BRAK, Band 3, 1981, S. 205). Die Gebührengutachten können sich z. B. auf den Streitwert, die Frage der Gebührenüberhebung und des Anwaltsgebührenrechts des Auslands beziehen. Sie sind nach Ansicht der BRAK-Gebührenkonferenz auch in Strafsachen zu erstatten (BRAK-Mitt. 1985, 142). Aus Art. IX des Kostenänderungsgesetzes 1957 ergibt sich, daß der Kammervorstand auch im Gebührenrechtsstreit eines Rechtsbeistands, selbst wenn dieser nicht Mitglied einer RAK ist, zur Erstattung eines Gutachtens nach § 12 Abs. 2 Satz 1 BRAGO verpflichtet ist (*Mümmler,* Juristisches Büro 1986, 995), es sei denn, daß es sich um Frachtführer oder Inkassobüros handelt (Art. IX Abs. 2 des Kostenänderungsgesetzes 1957). Außer den Gebührengutachten haben die Kammervorstände nach Abs. 2 Nr. 8 auch sonstige Gutachten zu erstatten. Diese sind, wie sich eindeutig aus der Entstehungsgeschichte der BRAO ergibt, nicht auf Angelegenheiten der Rechtsanwaltschaft beschränkt (vgl. *Bülow,* § 73 Anm. 9; BT-Drucks. III/778, S. 6 zu § 86 i. V. mit S. 10 zu § 191; *Feuerich,* § 73 Rz. 44; a. A. *Isele,* § 73 Anm. II D 8 c bb 1). Die Rechtsnatur und die verfahrensrechtliche Einordnung der Gutachten sind umstritten. Nach der von den Gebührenreferenten der RAKn in Übereinstimmung mit der überwiegenden Ansicht in Rspr. und Lit. mehrheitlich vertretenen Auffassung handelt es sich um Äußerungen der RAKn als Körperschaften des öffentlichen Rechts, die nicht als Sachverständigengutachten im Sinne der §§ 402 ff. ZPO, §§ 72 ff., 256 StPO, §§ 25, 26 VwVfG und nicht als Mittel der Beweisaufnahme im Sinne des § 31 Abs. 1 Nr. 3 BRAGO anzusehen sind (vgl. *Erich/Strohm,* BRAK 25 J, S. 160 f.; Berichte in BRAK-Mitt. 1982, 13, 14; 1983, 19, 20; *Mümmler,* Juristisches Büro 1985, 9, 12; OLG Hamm, Juristisches Büro 1985, 1188; OLG München, Rpfleger 1989, 477). Da es für die RAK im Hinblick auf die Abfassung künftiger Gutachten von besonderem Wert ist zu erfahren, wie das Gericht in dem von ihr begutachteten Fall entschieden hat, sollte in allen in Betracht kommenden Fällen der RAK, die das Gutachten erstattet hat, eine nach § 4 Abs. 4 JVKostO schreibauslagenfreie Urteilsabschrift erteilt werden (so angeordnet in AV des JM Nordrhein-Westfalen, JMBl. NW. 1984, 265).

Zu Abs. 2 Nr. 9 vgl. § 59.   **11**

12   Die RAK hat sich als öffentlich-rechtlicher Zweckverband auf die ihr zugewiesenen Aufgaben zu beschränken und bei deren Erfüllung den Grundsatz der Verhältnismäßigkeit zu wahren; Haushaltsmittel dürfen nicht für verbandsfremde Zwecke verwendet werden (vgl. BVerwG, AnwBl. 1982, 65).

13   Die **Übertragungsbefugnis nach Abs. 3** ist ausdrücklich auf die Fälle des Abs. 2 Nr. 1–3 beschränkt (vgl. BGH, EGE VI 81, 85). Sie ist durch § 6 Abs. 2 RADG auf die in § 6 Abs. 2, Nr. 1, 3–5 RADG bezeichneten Aufgaben (vgl. hierzu Rz. 2) ausgedehnt worden.

§ 74   Rügerecht des Vorstandes

(1) ¹Der Vorstand kann das Verhalten eines Rechtsanwalts, durch das dieser ihm obliegende Pflichten verletzt hat, rügen, wenn die Schuld des Rechtsanwalts gering ist und ein Antrag auf Einleitung eines anwaltsgerichtlichen Vefahrens nicht erforderlich erscheint. ²§ 113 Abs. 2 und 3, § 115 b und § 118 Abs. 2 gelten entsprechend.

(2) ¹Der Vorstand darf eine Rüge nicht mehr erteilen, wenn das anwaltsgerichtliche Verfahren gegen den Rechtsanwalt eingeleitet ist oder wenn seit der Pflichtverletzung mehr als drei Jahre vergangen sind. ²Eine Rüge darf nicht erteilt werden, während das Verfahren auf den Antrag des Rechtsanwalts nach § 123 anhängig ist.

(3) Bevor die Rüge erteilt wird, ist der Rechtsanwalt zu hören.

(4) ¹Der Bescheid des Vorstandes, durch den das Verhalten des Rechtsanwalts gerügt wird, ist zu begründen. ²Er ist dem Rechtsanwalt zuzustellen. ³Eine Abschrift des Bescheides ist der Staatsanwaltschaft bei dem Oberlandesgericht mitzuteilen.

(5) ¹Gegen den Bescheid kann der Rechtsanwalt binnen eines Monats nach der Zustellung bei dem Vorstand Einspruch erheben. ²Über den Einspruch entscheidet der Vorstand; Abs. 4 ist entsprechend anzuwenden.

1   Zur Abgrenzung der »Rüge« von der »Belehrung« vgl. § 73 Rz. 6.

2   Zu **Abs. 2 Satz 1**: Das anwaltsgerichtliche Verfahren ist eingeleitet mit der Einreichung der Anschuldigungsschrift der Staatsanwaltschaft bei dem AnwG (§ 121). Die Dreijahresfrist ist eine Ausschluß- keine Verjährungsfrist. Ihr Sinn es es, binnen 3 Jahren für den Betroffenen Klarheit darüber zu schaffen, ob ein Verhalten gerügt wird oder nicht. Entscheidend ist daher, daß die Rüge vor Ablauf der Frist erteilt ist. Ein Fristablauf während des Einspruchsverfahrens nach § 74 Abs. 5 oder der Monatsfrist nach § 74 a Abs. 1 Satz 1 ist deshalb ohne Einfluß auf die Bestandskraft der Rüge.

Zu **Abs. 2 Satz 2**: Der Antrag nach § 123 wird anhängig mit der Einrei- 3
chung des Antrags des RA bei der Staatsanwaltschaft (EG Köln, AnwBl.
1982, 38).

Zu **Abs. 3**: Der hiernach anzuhörende RA hat nach § 58 ein Recht auf 4
Einsicht in die bei der RAK geführten **Vorgänge** des Rügeverfahrens (EGH
Hamm, AnwBl. 1973, 53), wozu auch die beigezogenen Ermittlungs-/Straf-
akten der StA gehören. (vgl. § 58 Rz. 3).

Zur Möglichkeit des Einspruchs nach Abs. 5 bei unrichtiger Bezeichnung 5
der Rüge als »Mißbilligung« vgl. § 73 Rz. 6 (letzter Satz).

Zum Rechtsbehelf des betroffenen RA gegen die Zurückweisung des Ein- 6
spruchs nach Abs. 5 Satz 2 vgl. § 74 a.

Die im Rügeverfahren vor der RAK entstandenen Auslagen sind aus- 7
nahmslos von den Beteiligten (der RAK und dem betroffenen RA) selbst zu
tragen, da die BRAO insoweit keine Regelung enthält (EGH Stuttgart,
BRAK-Mitt. 1983, 138 – Begründung –).

Zur Tilgung von Eintragungen in den über den RA geführten Personal- 8
akten über eine Rüge des Kammervorstandes vgl. § 205 a Abs. 5.

Die §§ 74, 74 a gelten gemäß § 6 Abs. 3 RADG und § 207 Abs. 2 entspre- 9
chend für die Beaufsichtigung der nach diesem Gesetz zulässigen Tätigkeit
der Anwälte aus Mitgliedstaaten der **Europäischen Gemeinschaften** und des
EWR sowie für die in der Bundesrepublik Deutschland nach § 206 Abs. 1
und 2 niedergelassenen Anwälte aus anderen Staaten.

Lit.: *Dittmar*, Zur Mißbilligungsbefugnis der RAK nach der BRAO, 10
AnwBl. 1980, 174.

§ 74 a   Antrag auf anwaltsgerichtliche Entscheidung

(1) [1]Wird der Einspruch gegen den Rügebescheid durch den Vorstand der
Rechtsanwaltskammer zurückgewiesen, so kann der Rechtsanwalt innerhalb
eines Monats nach der Zustellung der Entscheidung des Anwaltsgerichts beantragen. [2]Zuständig ist das Anwaltsgericht am Sitz der Rechtsanwaltskammer,
deren Vorstand die Rüge erteilt hat.
(2) [1]Der Antrag ist bei dem Anwaltsgericht schriftlich einzureichen. [2]Auf
das Verfahren sind die Vorschriften der Strafprozeßordnung über die
Beschwerde sinngemäß anzuwenden. [3]Die Gegenerklärung (§ 308 Abs. 1
der Strafprozeßordnung) wird von dem Vorstand der Rechtsanwaltskammer abgegeben. [4]Die Staatsanwaltschaft ist an dem Verfahren nicht beteiligt.
[5]Eine mündliche Verhandlung findet statt, wenn sie der Rechtsanwalt be-

antragt oder das Anwaltsgericht für erforderlich hält. [6]Von Zeit und Ort der mündlichen Verhandlung sind der Vorstand der Rechtsanwaltskammer, der Rechtsanwalt und sein Verteidiger zu benachrichtigen. [7]Art und Umfang der Beweisaufnahme bestimmt das Anwaltsgericht. [8]Es hat jedoch zur Erforschung der Wahrheit die Beweisaufnahme von Amts wegen auf alle Tatsachen und Beweismittel zu erstrecken, die für die Entscheidung von Bedeutung sind.

(3) [1]Der Rügebescheid kann nicht deshalb aufgehoben werden, weil der Vorstand der Rechtsanwaltskammer zu Unrecht angenommen hat, die Schuld des Rechtsanwalts sei gering und der Antrag auf Einleitung des anwaltsgerichtlichen Verfahrens nicht erforderlich. [2]Treten die Voraussetzungen, unter denen nach § 115b von einer anwaltsgerichtlichen Ahndung abzusehen ist oder nach § 118 Abs. 2 ein anwaltsgerichtliches Verfahren nicht eingeleitet oder fortgesetzt werden darf, erst ein, nachdem der Vorstand die Rüge erteilt hat, so hebt das Anwaltsgericht den Rügebescheid auf. [3]Der Beschluß ist mit Gründen zu versehen. [4]Er kann nicht angefochten werden.

(4) [1]Das Anwaltsgericht, bei dem ein Antrag auf anwaltsgerichtliche Entscheidung eingelegt wird, teilt unverzüglich der Staatsanwaltschaft bei dem Oberlandesgericht eine Abschrift des Antrags mit. [2]Der Staatsanwaltschaft ist auch eine Abschrift des Beschlusses mitzuteilen, mit dem über den Antrag entschieden wird.

(5) [1]Leitet die Staatsanwaltschaft wegen desselben Verfahrens, das der Vorstand der Rechtsanwaltskammer gerügt hat, ein anwaltsgerichtliches Verfahren gegen den Rechtsanwalt ein, bevor die Entscheidung über den Antrag auf anwaltsgerichtliche Entscheidung gegen den Rügebescheid ergangen ist, so wird das Verfahren über den Antrag bis zum rechtskräftigen Abschluß des anwaltsgerichtlichen Verfahrens ausgesetzt. [2]In den Fällen des § 115a Abs. 2 stellt das Anwaltsgericht nach Beendigung der Aussetzung fest, daß die Rüge unwirksam ist.

1   Auf das Verfahren beim Antrag auf anwaltsgerichtliche Entscheidung sind nach Abs. 2 Satz 2 die **Vorschriften** des Dritten Buchs, 2. Abschnitt, **der StPO** sinngemäß anzuwenden, soweit nicht die speziellen Bestimmungen von Abs. 2 Satz 3–8 Platz greifen.

2   Nach Abs. 2 Satz 3 i.V. mit § 308 Abs. 1 StPO darf das Anwaltsgericht den Rügebescheid nicht zum Nachteil des Vorstandes der RAK ändern, ohne daß diesem der Antrag nebst Begründung zur **Gegenerklärung** mitgeteilt worden ist.

3   Aus Abs. 2 Satz 7 und 8 ergibt sich, daß das Anwaltsgericht weder an die Formvorschriften der StPO zur **Beweisaufnahme** noch an Beweisanträge der Beteiligten gebunden ist, aber von Amts wegen nach dem **Untersuchungsgrundsatz alle Beweismittel** zur Aufklärung des Falles auszuschöpfen hat.

Die in Abs. 4 vorgeschriebenen **Mitteilungen an die** gemäß Abs. 2 Satz 4   **4**
am Verfahren nicht beteiligte **Staatsanwaltschaft** sollen es dieser ermöglichen, erforderlichenfalls ein anwaltsgerichtliches Verfahren gegen den RA
nach § 121 einzuleiten (vgl. Abs. 5 Satz 1, § 115 a Abs. 1).

Für das Verfahren nach § 74 a werden **keine Gebühren,** sondern nur Aus   **5**
lagen erhoben (§ 195). Zur **Kostenentscheidung** in den Fällen des Abs. 5
Satz 2 und des Abs. 3 Satz 2 vgl. § 197 a.

Dem betroffenen RA stehen, wenn er sich im Rüge- oder Einspruchsver   **6**
fahren vor der RAK oder im Verfahren vor dem AnwG nach § 74 a **selbst
verteidigt, keine Gebühren** nach der BRAGO als notwendige Auslagen zu
(EGH Stuttgart, AnwBl. 1983, 331; vgl. hierzu § 117 a Rz. 3).

§ 75   Ehrenamtliche Tätigkeit des Vorstandes

**¹Die Mitglieder des Vorstandes üben ihre Tätigkeit unentgeltlich aus. ²Sie
erhalten jedoch eine angemessene Entschädigung für den mit ihrer Tätigkeit
verbundenen Aufwand sowie eine Reisekostenvergütung.**

Aus Satz 1 folgt, daß für die Wahrnehmung von Gerichtsterminen im   **1**
Zulassungsverfahren durch Vorstandsmitglieder keine Rechtsanwaltsgebühren entstehen (EGH Stuttgart, EGE VII 203; *Feuerich,* § 75 Rz. 2).

Zur Festsetzung der Entschädigung nach Satz 2 vgl. § 89 Rz. 6.   **2**

§ 76   Pflicht der Vorstandsmitglieder zur Verschwiegenheit

**(1) ¹Die Mitglieder des Vorstandes haben – auch nach dem Ausscheiden
aus dem Vorstand – über die Angelegenheiten, die ihnen bei ihrer Tätigkeit im
Vorstand über Rechtsanwälte, Bewerber und andere Personen bekannt werden, Verschwiegenheit gegen jedermann zu bewahren. ²Das gleiche gilt für
Rechtsanwälte, die zur Mitarbeit herangezogen werden, und für Angestellte
der Rechtsanwaltskammer.**
**(2) In gerichtlichen Verfahren dürfen die in Abs. 1 bezeichneten Personen
über solche Angelegenheiten, die ihnen bei ihrer Tätigkeit im Vorstand über
Rechtsanwälte, Bewerber und andere Personen bekannt geworden sind, ohne
Genehmigung nicht aussagen.**

(3) ¹Die Genehmigung zur Aussage erteilt der Vorstand der Rechtsanwaltskammer nach pflichtmäßigem Ermessen. ²Die Genehmigung soll nur versagt werden, wenn Rücksichten auf die Stellung oder die Aufgaben der Rechtsanwaltskammer oder berechtigte Belange der Personen, über welche die Tatsachen bekannt geworden sind, es unabweisbar erfordern. ³§ 28 Abs. 2 des Gesetzes über das Bundesverfassungsgericht bleibt unberührt.

1 Die Pflicht zur Verschwiegenheit nach § 56 Abs. 1, 43 a Abs. 2 besteht grundsätzlich uneingeschränkt gegenüber jedermann (vgl. *Eich,* MDR 1991, 385 m. w. N.).

Die **Verschwiegenheitspflicht** der Mitglieder des Vorstandes, der zur Mitarbeit im Vorstand herangezogenen RAe und der Angestellten der RAK gilt **auch noch nach dem Ausscheiden** aus dem Vorstand, der Beendigung der Mitarbeit der hierzu herangezogenen RAe und dem Ausscheiden der Angestellten aus dem Dienst der RAK (*Isele,* § 76 Anm. IV A; *Feuerich,* § 76 Rz. 4). Verletzt der Vorstand der RAK die Verschwiegenheitspflicht durch Erteilen einer unzulässigen Auskunft, so ist dieser Verstoß auf Antrag des RA gerichtlich festzustellen, die RAK ist verpflichtet, die fehlerhafte Auskunft zu widerrufen (EGH Berlin, MDR 1991, 448).

2 Im gerichtlichen Verfahren besteht für die vorgenannten Personen eine Aussagepflicht, wenn der Vorstand der RAK die **Aussagegenehmigung** nach Abs. 3 erteilt hat, es sei denn, daß unabhängig von § 76 ein anderer gesetzlicher Grund zur Aussageverweigerung besteht, z.B. bei naher Verwandtschaft mit einem Prozeßbeteiligten.

3 Gegen die **Versagung der Aussagegenehmigung** sind die Gegenvorstellung, die Dienstaufsichtsbeschwerde bei der LJV (§ 62 Abs. 2) sowie der Antrag auf Entscheidung durch den AnwGH nach § 223 mit der Einschränkung des § 39 Abs. 3 gegeben (*Isele,* § 76 Anm. V C 3b). Der Rechtsweg nach § 223 kommt jedoch nur für die LJV und für einen Betroffenen, der RA oder Anwaltsbewerber ist, in Betracht, anderen Betroffenen steht der Verwaltungsweg offen (vgl. § 223 Rz. 4; *Kalsbach,* § 76 Anm. 3 V b 1; *Kleinknecht/ Meyer,* § 54 Rz. 28). Vom Prozeßgericht selbst kann gegen die Versagung der Aussagegenehmigung nur die Dienstaufsichtsbeschwerde erhoben werden (*Bülow,* § 76 Anm. 5 m. w. N.; *Kleinknecht/Meyer,* § 54 Rz. 28).

4 Der in Abs. 3 Satz 3 zitierte **§ 28 Abs. 2 BVerfGG** lautet:
Soweit ein Zeuge oder Sachverständiger nur mit Genehmigung einer vorgesetzten Stelle vernommen werden darf, kann diese Genehmigung nur verweigert werden, wenn es das Wohl des Bundes oder eines Landes erfordert. Der Zeuge oder Sachverständige kann sich nicht auf seine Schweigepflicht berufen, wenn das Bundesverfassungsgericht mit einer Mehrheit von zwei Dritteln der Stimmen die Verweigerung der Aussagegenehmigung für unbegründet erklärt.

§ 77   Abteilungen des Vorstandes

(1) [1]Der Vorstand kann mehrere Abteilungen bilden, wenn die Geschäftsordnung der Kammer es zuläßt. [2]Er überträgt den Abteilungen die Geschäfte, die sie selbständig führen.

(2) [1]Jede Abteilung muß aus mindestens drei Mitgliedern des Vorstandes bestehen. [2]Die Mitglieder der Abteilung wählen aus ihren Reihen einen Abteilungsvorsitzenden, einen Abteilungsschriftführer und deren Stellvertreter.

(3) [1]Vor Beginn des Kalenderjahres setzt der Vorstand die Zahl der Abteilungen und ihrer Mitglieder fest, überträgt den Abteilungen die Geschäfte und bestimmt die Mitglieder der einzelnen Abteilungen. [2]Jedes Mitglied des Vorstandes kann mehreren Abteilungen angehören. [3]Die Anordnungen können im Laufe des Jahres nur geändert werden, wenn dies wegen Überlastung der Abteilung oder infolge Wechsels oder dauernder Verhinderung einzelner Mitglieder der Abteilung erforderlich wird.

(4) Der Vorstand kann die Abteilungen ermächtigen, ihre Sitzungen außerhalb des Sitzes der Kammer abzuhalten.

(5) Die Abteilungen besitzen innerhalb ihrer Zuständigkeit die Rechte und Pflichten des Vorstandes.

(6) An Stelle der Abteilung entscheidet der Vorstand, wenn er es für angemessen hält oder wenn die Abteilung oder ihr Vorsitzender es beantragt.

Falls die gemäß § 89 Abs. 3 von der Kammerversammlung zu beschließende Geschäftsordnung der Kammer es zuläßt, kann der Vorstand nach Abs. 1 Satz 1 mehrere Abteilungen bilden. Diese führen die vom Vorstand übertragenen Geschäfte selbständig (Abs. 1 Satz 2) und besitzen innerhalb ihrer Zuständigkeit die Rechte und Pflichten des Vorstandes (Abs. 5). Die Vorschriften der §§ 70, 71, 72, 73 Abs. 3, 80 Abs. 2 und 3, 82 Satz 1 gelten für sie entsprechend.   1

Zu Abs. 2: Die Mitglieder der Abteilungen in den nach dem RAG gebildeten Rechtsanwaltskammern bleiben nach Aufhebung des RAG für die Dauer ihrer Wahlperiode im Amt. § 69 bleibt unberührt (Art. 21 Abs. 3 ÄndG).   2

Die Vorschriften in Abs. 3 Satz 1 und 3, wonach die »Geschäftsverteilung« unter den Abteilungen vom Vorstand vor Beginn des Kalenderjahres aufgestellt werden muß und im Laufe des Jahres nur aus gesetzlich festgelegten Gründen geändert werden kann, entsprechen weitgehend der Regelung des § 21 e GVG für die gerichtliche Geschäftsverteilung. Durch sie soll verhindert werden, daß einzelne Sachen ad hoc einer bestimmten Abteilung zur Entscheidung zugewiesen werden.   3

2. Das Präsidium

§ 78 Zusammensetzung und Wahl

(1) Der Vorstand wählt aus seiner Mitte ein Präsidium.
(2) Das Präsidium besteht aus
1. dem Präsidenten,
2. dem Vizepräsidenten,
3. dem Schriftführer,
4. dem Schatzmeister.
(3) Der Vorstand kann die Zahl der Mitglieder des Präsidiums erhöhen.
(4) ¹Die Wahl des Präsidiums findet alsbald nach jeder ordentlichen Wahl des Vorstandes statt. ²Scheidet ein Mitglied des Präsidiums vorzeitig aus, so wird für den Rest seiner Amtszeit innerhalb von drei Monaten ein neues Mitglied gewählt.

1   Die Mitglieder des Präsidiums der nach dem RAG in den neuen Ländern gebildeten Rechtsanwaltskammern bleiben nach Aufhebung des RAG für die Dauer ihrer Wahlperiode im Amt. § 69 bleibt unberührt (Art. 21 Abs. 3 ÄndG).

2   Für die Wahl nach Abs. 1 gilt § 72 Abs. 1 Satz 2 und 3.

3   Ein dem § 67 entsprechendes Ablehnungsrecht des in das Präsidium gewählen Vorstandmitglieds besteht nicht (*Isele,* § 78 Anm. IV A; *Feuerich,* § 78 Rz. 7).

§ 79 Aufgaben des Präsidiums

(1) Das Präsidium erledigt die Geschäfte des Vorstandes, die ihm durch dieses Gesetz oder durch Beschluß des Vorstandes übertragen werden.
(2) ¹Das Präsidium beschließt über die Verwaltung des Kammervermögens. ²Es berichtet hierüber dem Vorstand jedes Vierteljahr.

1   Gesetzliche Aufgaben des Präsidiums sind die Beschlußfassung über die Verwaltung des Kammervermögens und der vierteljährliche Bericht an den Vorstand hierüber (Abs. 2) sowie die Weisungen an den Schatzmeister zur Verwaltung des Kammervermögens nach § 83 Abs. 1 Satz 1.

2   Die Ermächtigung des Vorstandes, dem Präsidium bestimmte Geschäfte durch Beschluß zu übertragen (Abs. 1) soll vor allem den RAKn die Arbeit erleichtern, die auf die Bildung von Abteilungen verzichtet haben (Amtl. Begr.).

§ 80 Aufgaben des Präsidenten

(1) Der Präsident vertritt die Kammer gerichtlich und außergerichtlich.

(2) ¹Der Präsident vermittelt den geschäftlichen Verkehr der Kammer und des Vorstandes. ²Er führt die Beschlüsse des Vorstandes und der Kammer aus.

(3) Der Präsident führt in den Sitzungen des Vorstandes und in der Versammlung der Kammer den Vorsitz.

(4) Durch die Geschäftsordnungen des Vorstandes und der Kammer können ihm weitere Aufgaben übertragen werden.

Zu den in Abs. 1–3 aufgeführten Aufgaben des Präsidenten treten hinzu die nach § 57 Abs. 1, § 81 Abs. 1 und 2, § 82 Satz 2, § 85 Abs. 1 und 2, § 86 Abs. 1 sowie gemäß § 80 Abs. 4 die ihm durch die Geschäftsordnungen des Vorstandes und der Kammer (vgl. § 63 Abs. 3, § 89 Abs. 3) übertragenen Aufgaben.

§ 81 Berichte über die Tätigkeit der Kammer und über Wahlergebnisse

(1) Der Präsident erstattet der Landesjustizverwaltung jährlich einen schriftlichen Bericht über die Tätigkeit der Kammer und des Vorstandes.

(2) Der Präsident zeigt das Ergebnis der Wahlen zum Vorstand und zum Präsidium alsbald der Landesjustizverwaltung und der Bundesrechtsanwaltskammer an.

§ 82 Aufgaben des Schriftführers

¹Der Schriftführer führt das Protokoll über die Sitzungen des Vorstandes und über die Versammlungen der Kammer. ²Er führt den Schriftwechsel des Vorstandes, soweit es sich nicht der Präsident vorbehält.

Zum Protokollzwang vgl. § 72 Abs. 3, § 88 Abs. 5.

§ 83 Aufgaben des Schatzmeisters

(1) ¹Der Schatzmeister verwaltet das Vermögen der Kammer nach den Weisungen des Präsidiums. ²Er ist berechtigt, Geld in Empfang zu nehmen.

(2) Der Schatzmeister überwacht den Eingang der Beiträge.

1   Weitere Aufgaben des Schatzmeisters ergeben sich aus § 57 Abs. 4 Satz 2 und § 84 Abs. 1.

2   Zur Anfechtung der Bescheide des Schatzmeisters vgl. § 84 Rz. 2.

§ 84   Einziehung rückständiger Beiträge

(1) Rückständige Beiträge werden aufgrund der von dem Schatzmeister ausgestellten, mit der Bescheinigung der Vollstreckbarkeit versehenen Zahlungsaufforderungen nach den Vorschriften beigetrieben, die für die Vollstreckung von Urteilen in bürgerlichen Rechtsstreitigkeiten gelten.

(2) Die Zwangsvollstreckung darf jedoch erst zwei Wochen nach Zustellung der vollstreckbaren Zahlungsaufforderung beginnen.

(3) [1]Auf Einwendungen, die den Anspruch selbst betreffen, ist die beschränkende Vorschrift des § 767 Abs. 2 der Zivilprozeßordnung nicht anzuwenden. [2]Für Klagen, durch die Einwendungen gegen den Anspruch selbst geltend gemacht werden, ist entsprechend dem Wert des Streitgegenstandes das Amtsgericht oder Landgericht zuständig, bei dem der Schuldner im Inland seinen allgemeinen Gerichtsstand hat.

1   Zur Höhe und Fälligkeit der Beiträge vgl. § 89 Abs. 2 Nr. 2.

2   **Bescheide des Schatzmeisters** der RAK an einen RA, durch die die Höhe des von ihm zu zahlenden Beitrags festgesetzt wird oder ein Ermäßigungsantrag abgelehnt wird, oder vollstreckbare Zahlungsaufforderungen nach Abs. 1 können nach § 223, jedoch nicht im Verwaltungsrechtsweg angefochten werden (OVG Berlin, AnwBl. 1983, 288; BGH, NJW 1971, 705; Bayer. EGH, AnwBl. 1977, 271). Die Anfechtung nach § 223 kann auch mit der Begründung erfolgen, daß der der Zahlungsaufforderung zugrundeliegende Kammerbeschluß gesetzwidrig sei, ohne daß dieser Kammerbeschluß in einem Verfahren nach §§ 90, 91 für nichtig erklärt worden sein müßte (BGHZ 55, 255, 257 f.).

3   Zu den Einwendungen gegen die Art und Weise der Zwangsvollstreckung nach § 766 ZPO vgl. *Feuerich*, § 84 Rz. 7 ff.

3. Die Versammlung der Kammer

§ 85   Einberufung der Versammlung

(1) Die Versammlung der Kammer wird durch den Präsidenten einberufen.

(2) Der Präsident muß die Versammlung der Kammer einberufen, wenn ein Zehntel der Mitglieder es schriftlich beantragt und hierbei den Gegenstand angibt, der in der Versammlung behandelt werden soll.

(3) Wenn die Geschäftsordnung der Kammer nichts anderes bestimmt, soll die Versammlung am Sitz der Rechtsanwaltskammer stattfinden.

Außer dem Fall des Abs. 2 muß der Präsident die Versammlung der Kammer einberufen,

1. wenn es nach seinem pflichtgemäßen Ermessen zur Durchführung der der Kammerversammlung nach § 89 obliegenden Aufgaben erforderlich ist,
2. wenn die jährliche Rechnungslegung des Vorstandes gegenüber und in der Kammerversammlung fällig ist (vgl. *Isele*, § 73 Anm. II D 7 d bb),
3. wenn der Vorstand es beschlossen hat (§ 80 Abs. 2 Satz 2),
4. wenn die Kammerversammlung es beschlossen hat (*Isele*, § 85 Anm. III D),
5. wenn die Geschäftsordnung der Kammer es verlangt (*Kalsbach*, § 85 Anm. 2 II; *Isele*, § 85 Anm. III B; *Feuerich*, § 85 Rz. 1).

§ 86 Einladung und Einberufungsfrist

(1) Der Präsident beruft die Versammlung der Kammer schriftlich oder durch öffentliche Einladung in den Blättern ein, die durch die Geschäftsordnung der Kammer bestimmt sind.

(2) ¹Die Versammlung ist mindestens zwei Wochen vor dem Tage, an dem sie stattfinden soll, einzuberufen. ²Der Tag, an dem die Einberufung abgesandt oder veröffentlicht ist, und der Tag der Versammlung sind hierbei nicht mitzurechnen.

(3) In dringenden Fällen kann der Präsident die Versammlung mit kürzerer Frist einberufen.

Dringend i. S. des **Abs. 3** sind Fälle, in denen die Belange der Kammer ein schnelles Handeln erfordern (Amtl. Begr.).

§ 87 Ankündigung der Tagesordnung

(1) Bei der Einberufung der Kammer ist der Gegenstand, über den in der Versammlung Beschluß gefaßt werden soll, anzugeben.

(2) Über Gegenstände, deren Verhandlung nicht ordnungsgemäß angekündigt ist, dürfen keine Beschlüsse gefaßt werden.

1 Der **Inhalt der Tagesordnung** richtet sich nach ihrem Zweck, die Mitglieder vor Überraschungen zu schützen und ihnen ausreichend Gelegenheit zur Vorbereitung zu geben; es genügt, die Mitglieder im allgemeinen zu unterrichten, worüber verhandelt werden soll (BGHZ 64, 301, 304).

2 **Zuständig** für die Aufstellung der Tagesordnung ist jedenfalls im Regelfall des § 85 Abs. 1 der **Präsident** der RAK; dieser hat die Aufgabe, die angemeldeten Anträge darauf zu überprüfen, ob sie einen Gegenstand betreffen, der vom Funktionsbereich der Kammer abgedeckt ist und insbesondere in den Zuständigkeitsbereich der Kammer fällt; verneinendenfalls hat er die Aufnahme des Antrags in die Tagesordnung abzulehnen und dem Antragsteller den Weg nach § 223 zu überlassen (EGH Hamburg, BRAK-Mitt. 1985, 51, 52).

3 Die Versammlung kann in Fällen, in denen ein Verstoß gegen Abs. 1 nicht durch einstimmigen Beschluß aller Kammermitglieder geheilt werden kann, über den nicht ordnungsgemäß in der Tagesordnung angekündigten Gegenstand nur beraten und die Vertagung sowie die Einberufung einer neuen Versammlung beschließen, jedoch keine Beschlüsse in der Sache selbst fassen (Amtl. Begr.).

4 Ein Beschluß, der gegen Abs. 2 verstößt, kann nach § 90 angefochten werden.

§ 88   Wahlen und Beschlüsse der Kammer

(1) Die Voraussetzungen, unter denen die Versammlung beschlußfähig ist, werden durch die Geschäftsordnung der Kammer geregelt.

(2) Die Mitglieder können ihr Wahl- oder Stimmrecht nur persönlich ausüben.

(3) [1]Die Beschlüsse der Versammlung werden mit einfacher Stimmenmehrheit gefaßt. [2]Das gleiche gilt für die von der Kammer vorzunehmenden Wahlen. [3]Bei Stimmengleichheit gibt die Stimme des Vorsitzenden den Ausschlag. Bei Wahlen entscheidet das Los.

(4) [1]Ein Mitglied darf in eigenen Angelegenheiten nicht mitstimmen. [2]Dies gilt jedoch nicht für Wahlen.

(5) Über die Beschlüsse der Kammer und über die Ergebnisse von Wahlen ist ein Protokoll aufzunehmen, das von dem Vorsitzenden und dem Schriftführer zu unterzeichnen ist.

1 Zu Abs. 3 Satz 1: Mangels einer besonderen Bestimmung in der Geschäftsordnung ist die Mehrheit nicht von der Zahl der in der Kammerversammlung anwesenden, sondern von der Zahl der sich an der Abstim-

mung beteiligenden Kammermitglieder zu berechnen (BGH, EGE X 91). Vgl. auch § 64 Rz. 2.

Das Ergebnis der Wahlen zum Vorstand und zum Präsidium der RAK 2 hat deren Präsident gemäß § 81 Abs. 2 alsbald der LJV und der BRAK mitzuteilen.

Die Ausführung der Beschlüsse der Kammer obliegt dem Präsidenten 3 (§ 80 Abs. 2 Satz 2).

Zur Bedeutung des nach Abs. 5 zu führenden Protokolls und zur Mög- 4 lichkeit seiner Berichtigung vgl. § 72 Rz. 3, 4.

§ 89 Aufgaben der Kammerversammlung

(1) ¹Die Versammlung der Kammer hat die ihr durch Gesetz zugewiesenen Aufgaben zu erfüllen. ²Sie hat Angelegenheiten, die von allgemeiner Bedeutung für die Rechtsanwaltschaft sind, zu erörtern.
(2) Der Versammlung obliegt insbesondere,
1. den Vorstand zu wählen;
2. die Höhe und die Fälligkeit des Beitrags, der Umlagen und Verwaltungsgebühren zu bestimmen;
3. Fürsorgeeinrichtungen für Rechtsanwälte und deren Hinterbliebene zu schaffen;
4. die Mittel zu bewilligen, die erforderlich sind, um den Aufwand für die gemeinschaftlichen Angelegenheiten zu bestreiten;
5. Richtlinien für die Aufwandsentschädigung und die Reisekostenvergütung der Mitglieder des Vorstandes und des Anwaltsgerichts sowie der Protokollführer in der Hauptverhandlung des Anwaltsgerichts aufzustellen;
6. die Abrechnung des Vorstandes über die Einnahmen und Ausgaben der Kammer sowie über die Verwaltung des Vermögens zu prüfen und über die Entlastung zu beschließen.
(3) Die Kammer gibt sich eine Geschäftsordnung.

Zu Abs. 1 Satz 1: Aus §§ 73, 89 ergeben sich die Gesamtaufgaben der 1 RAKn (vgl. § 73 Rz. 1). § 89 regelt speziell die Aufgaben der Kammerversammlung.

Zu Abs. 1 Satz 2: Das hier verankerte Recht der Kammerversammlung, 2 Angelegenheiten von allgemeiner Bedeutung für die Rechtsanwaltschaft zu »erörtern«, schließt nicht ohne weiteres das Recht ein, Stellungnahmen unmittelbar an Staatsorgane wie die Bundesregierung oder an einzelne Bundesministerien heranzutragen; derartige Initiativen können von einer einzelnen RAK, ggf. im Zusammenwirken mit anderen RAKn (vgl. § 189 Abs. 1 Satz 2), nur in Richtung auf die BRAK unternommen werden, die das Recht hat, an der Gesetzgebung des Bundes gutachtlich mitzuwirken (BGH, NJW 1986, 992; vgl. auch BVerfG, BRAK-Mitt. 1989, 53).

3   **Zu Abs. 2 Nr. 1:** Die Wahl zum Vorstand braucht nicht notwendig geheim zu erfolgen; die Geschäftsordnung einer RAK darf für die Abstimmung darüber, ob bei einer Wahl offen abgestimmt werden soll, eine qualifizierte Mehrheit und außerdem vorschreiben, daß über diese Frage offen abzustimmen ist (BGH, EGE X 91).

4   **Zu Abs. 2 Nr. 2:** Die Aufnahme der Umlagen und Verwaltungsgebühren in diese Vorschrift durch die Berufsrechtsnovelle 1994 trägt einem Bedürfnis der Praxis Rechnung. Die RAK darf jetzt auch z. B. Umlagen für einen Sozialfonds und Verwaltungsgebühren im Zulassungsverfahren erheben (BT-Drucks. 12/4993 S. 35). Die Bemessung eines Teils des Kammerbeitrages nach der Höhe des Umsatzes des RA und die Schätzung bei Auskunftsverweigerung sind zulässig (BGH, NJW 1971, 1041; EGH Koblenz, BRAK-Mitt. 1982, 131). Es verstößt nicht gegen das Gleichheitsgebot, wenn eine RAK als Kammerbeitrag den vollen Jahresbetrag verlangt, wenn ein Mitglied im Laufe des Jahres Mitglied wird oder ausscheidet (EGH Koblenz, BRAK-Mitt. 1991, 52). Zur Frage der Ablehnung des Antrags auf **Ermäßigung** bzw. **Erlaß** des Kammerbeitrags bei einem RA, der zugleich Steuerberater ist, vgl. EGH Hamburg, BRAK-Mitt. 1992, 219.

5   **Zu Abs. 2 Nr. 3:** Eigene Fürsorgeeinrichtungen der RAKn haben insbesondere an Bedeutung verloren seit der Entstehung der **Versorgungswerke der RAe** durch Landesgesetze in den meisten Ländern. Diese Versorgungswerke sind die gesetzlichen Träger der Alters-, Invaliden- und Hinterbliebenenversorgung der RAe mit gesetzlicher Pflichtmitgliedschaft ab Zulassung, soweit das 45. Lebensjahr noch nicht vollendet ist und der Möglichkeit der Befreiung hiervon unter bestimmten Voraussetzungen (vgl. *Heinemann,* DAV-Ratgeber, S. 259). Zur Verfassungsmäßigkeit der Satzungen der Versorgungswerke vgl. für Baden-Württemberg VGH Mannheim, NJW 1987, 1350; BVerfG, NJW 1990, 1653; (vgl. auch BVerwG, NJW 1990, 589); für Hessen VGH Kassel NJW 1994, 145; das gilt auch dann, wenn das Pflichtmitglied ausschließlich nichtanwaltliche Einnahmen erzielt (VGH Mannheim, NJW 1991, 1193), jedenfalls soweit eine ausreichende gesetzliche Ermächtigung für eine entsprechende Satzungsregelung vorliegt (so für Bayern VGH München, NJW 1992, 1524). Vgl. für Bayern BayVerfGH, BRAK-Mitt. 1988, 60; für Rheinland-Pfalz BVerfG, BRAK-Mitt. 1990, 54; BVerwG, NJW 1991, 1842; BVerfG, NJW 1992, 1496. Zur Befreiung von der Pflichtmitgliedschaft im Versorgungswerke Baden-Württemberg vgl. VGH Mannheim, NJW 1990, 2148; Nordrhein-Westfalen, OVG Münster,

NJW 1990, 592; BVerwG NJW 1994, 1888. Vgl. auch *Jung,* BRAK-Mitt. 1990, 11; *Kilger,* AnwBl. 1991, 515. Als Beispiele anderweitiger Fürsorgeeinrichtungen seien genannt die praktisch seit 1885 bestehende Hülfskasse Deutscher Rechtsanwälte, deren Mitglieder die RAKn Braunschweig, Celle, Hamburg, Köln, Oldenburg, Schleswig-Holstein und die RAK beim BGH sind, sowie die Pensionskasse der RAe und Notare der OLG-Bezirke Hamm, Düsseldorf und Köln (vgl. AnwBl. 1989, 151). Auskünfte über die örtlich in Betracht kommenden Versorgungsmöglichkeiten erteilen die zuständigen RAKn.

Zu Abs. 2 Nr. 4: Zu den förderungswürdigen gemeinschaftlichen Angelegenheiten gehört z. B. auch eine finanzielle Unterstützung der Solidaraktion »50 Rechtsanwälte« zugunsten der Förderung der Rechtsberatung in den neuen Ländern (BayEGH, BRAK-Mitt. 1993, 48).   **6**

Zu Abs. 2 Nr. 5: Nach den hiernach aufzustellenden Richtlinien setzt der Schatzmeister nach § 83 Abs. 1 Satz 1 im Einzelfall die Entschädigung fest (*Kalsbach,* § 89 Anm. 6 III; *Isele,* § 75 Anm. IV B; *Feuerich,* § 89 Rz. 27).   **7**

Zu Abs. 2 Nr. 7 a. F.: Die Bestimmung ist durch die Berufsrechtsnovelle 1994 aufgehoben worden, da der Zweck dieser Vorschrift, dem Büropersonal eine einheitliche und abgeschlossene Ausbildung zu sichern, durch die aufgrund des § 25 des Berufsbildungsgesetzes erlassene Verordnung über die Berufsausbildung zum Rechtsanwaltsgehilfen pp (ReNotPat AusbV) vom 23. 11. 1987 (BGBl. I 1987, S. 2392) voll erreicht wird. Vgl. hierzu BRAK-Mitt. 1989, 12.   **8**

Zu Abs. 3: Unklarheiten in der Formulierung der Geschäftsordnung einer RAK gehen zu Lasten der RAK (EGH Koblenz, BRAK-Mitt. 1982, 30).   **9**

Dritter Abschnitt   Die Nichtigkeit von Wahlen und Beschlüssen

§ 90   Voraussetzungen der Nichtigkeit

(1) **Wahlen oder Beschlüsse des Vorstandes, des Präsidiums oder der Versammlung der Kammer kann der Anwaltsgerichtshof auf Antrag der Landesjustizverwaltung für ungültig oder nichtig erklären, wenn sie unter Verletzung des Gesetzes oder der Satzung zustandegekommen oder wenn sie ihrem Inhalt nach mit dem Gesetz oder der Satzung nicht vereinbar sind.**

(2) **Den Antrag kann auch ein Mitglied der Kammer stellen, hinsichtlich eines Beschlusses jedoch nur dann, wenn es durch den Beschluß in seinen Rechten verletzt ist.**

1   Nicht alle in Beschlußform erlassenen Erklärungen eines Organs einer RAK können als »Beschluß« i. S. der §§ 90, 91 angesehen werden; es muß sich um Willenserklärungen handeln, die materiell einen rechtsgeschäftlichen Inhalt aufweisen, der seinem Wesen nach überhaupt einer Nichtigkeitserklärung zugänglich ist; es muß um Entscheidungen gehen, die auf die unmittelbare Herbeiführung eines Rechtserfolges abzielen und damit materiell den Charakter eines Rechtsgeschäfts aufweisen; daraus folgt, daß etwa bloße Mitteilungen, Meinungsäußerungen oder Rechtsbelehrungen keine Beschlußqualität i. S. der §§ 90, 91 aufweisen, mögen sie auch in die äußere Form eines Beschlusses gekleidet sein (BGH, BRAK-Mitt. 1987, 512 m. w. N.). Bloße Meinungsäußerungen des Vorstandes in Beschlußform sind nur nach Maßgabe des § 223 anfechtbar (BGH, NJW 1986, 992; vgl. hierzu BVerfG, NJW 1989, 2613).

2   Den Vorschriften der §§ 90, 91 unterliegen auch nur solche Beschlüsse, die eine allgemeine Wirkung gegenüber den Mitgliedern der betreffenden RAK haben; ein Verwaltungsakt, der nur in die Rechte eines einzelnen RA eingreift, stellt, selbst wenn er in die äußere Form eines Beschlusses gekleidet ist, keinen Beschluß i. S. der §§ 90, 91 dar und kann nur von dem betroffenen RA selbst nach § 223 einer gerichtlichen Prüfung unterworfen werden; Abs. 2 stellt keine Erweiterung der Fälle dar, in denen nach Abs. 1 das Gericht angerufen werden kann, und gewährt dem betroffenen Kammermitglied nur neben der LJV »auch« das Recht auf Anrufung des Gerichts, (BGH, NJW 1977, 1778). Daher kann ein RA den Antrag gemäß Abs. 2 hinsichtlich eines Beschlusses nur stellen, wenn dieser eine allgemeine Wirkung gegenüber den Mitgliedern der RAK hat und außerdem den betreffenden RA in seinen Rechten verletzt, z. B. ein Beschluß auf Erhöhung der Kammerbeiträge. Der Antrag nach Abs. 1 kann nicht auf die Behauptung gestützt werden, der Willensbildungsprozeß einzelner Wähler sei durch eine – nicht auf dem Verhalten des Vorstands beruhende – Fehlinformation beeinflußt worden (BGHZ 77, 327).

3   Zur Frage, unter welchen Umständen die anwaltlichen Mitglieder des AnwGH von der Ausübung des Richteramts ausgeschlossen sein können, wenn der AnwGH nach Abs. 1 darüber zu befinden hat, ob ein Beschluß der RAK ungültig oder nichtig ist, vgl. BGH, NJW 1968, 157.

4   Das Verfahren, in dem ein Beschluß der Kammerversammlung nach Abs. 2 auf Antrag eines Kammermitglieds für nichtig erklärt werden soll, wird durch den Tod des Antragstellers in der Hauptsache erledigt (vgl. – auch wegen der Kostenentscheidung in diesem Falle – BGH, NJW 1976, 1541).

5   Zur Frist für den Antrag eines Kammermitglieds nach Abs. 2 vgl. § 91 Abs. 3.

§ 91   Verfahren vor dem Anwaltsgerichtshof

(1) ¹Der Antrag, eine Wahl für ungültig oder einen Beschluß für nichtig zu erklären, ist schriftlich zu stellen und gegen die Rechtsanwaltskammer zu richten. ²Ist der Präsident oder ein anderes Mitglied des Vorstandes der Antragsteller, so wird die Kammer durch ein Mitglied vertreten, das der Präsident des Anwaltsgerichtshofes aus den Mitgliedern der Kammer besonders bestellt.

(2) ¹In dem Antrag sind die Gründe anzugeben, aus denen die Wahl für ungültig oder der Beschluß für nichtig zu erklären sei. ²Die Beweismittel sollen im einzelnen angeführt werden.

(3) Ein Mitglied der Kammer kann den Antrag nur innerhalb eines Monats nach der Wahl oder der Beschlußfassung stellen.

(4) Der Anwaltsgerichtshof teilt den Antrag der Rechtsanwaltskammer mit und fordert sie auf, sich innerhalb einer von dem Vorsitzenden bestimmten Frist unter Beifügung der Vorgänge zu äußern.

(5) Der Anwaltsgerichtshof entscheidet über den Antrag durch Beschluß, der mit Gründen zu versehen ist.

(6) ¹Gegen die Entscheidung des Anwaltsgerichtshofes findet die sofortige Beschwerde nur statt, wenn er sie in seinem Beschluß zugelassen hat. ²Der Anwaltsgerichtshof darf die sofortige Beschwerde nur zulassen, wenn die Sache grundsätzliche Bedeutung hat. ³Über die sofortige Beschwerde entscheidet der Bundesgerichtshof.

(7) Auf das Verfahren ist § 40 Abs. 2 und 4 anzuwenden.

Zu Abs. 3: Die Befristung gilt nur für den Antrag eines Kammermitgliedes, nicht für den Antrag der LJV nach Abs. 1 (*Kalsbach,* § 91 Anm. 1 III; *Isele,* § 91 Anm. II B 1; *Feuerich,* § 91 Rz. 5). Für den Beginn der Frist von einem Monat ist nicht der Zeitpunkt der internen Beschlußfassung im Vorstand maßgebend, sondern der Zeitpunkt der Bekanntmachung an den nicht dem Vorstand angehörenden Antragsteller (BGHZ 37, 396; *Feuerich,* § 91 Rz. 6). Hat der RA bei Wahlen und Beschlüssen in einer Kammerversammlung rechtzeitig eine Einladung mit Tagesordnung zu dieser erhalten, dann läuft die Frist von der Beendigung der Wahl oder der Beschlußfassung an, auch wenn er an der Kammerversammlung nicht teilgenommen hat (EGH Hamm, EGE XI 148; *Feuerich,* § 91 Rz. 7). Bei Versäumung der Frist ist der Antrag als unzulässig zu verwerfen (EGH Hamm, EGE XI 148); doch kann nach § 91 Abs. 7 i. V. mit § 40 Abs. 4 in entsprechender Anwendung des § 22 Abs. 2 FGG **Wiedereinsetzung** in den vorigen Stand gewährt werden (BGH, EGE VIII 15, XII 46; *Feuerich,* § 91 Rz. 8; a. A. EGH Hamm, EGE XI 148); gegen die Ablehnung der Wiedereinsetzung ist die sofortige Beschwerde nicht statthaft (BGH, EGE XII 46; *Feuerich,* § 91 Rz. 8). Falls ein RA nach § 223 einen in seine Rechte eingreifenden Verwaltungsakt des Vorstandes der RAK anficht, der auf einem Beschluß des Vorstandes, des Präsidiums oder der Versammlung der Kammer beruht, dann kann in dem Verfahren nach § 223 die Wirksamkeit dieses Beschlusses auch dann noch überprüft werden, wenn der Antragsteller die in Abs. 3 bestimmte Frist von einem Monat hinsichtlich des Beschlusses nicht gewahrt hat (BGH, NJW 1971, 705; Bayer. EGH, AnwBl. 1977, 272).

2   Zu **Abs. 6 Satz 1**: In einem Verfahren, in dem die Zulassung eines Rechtsmittels nicht ausdrücklich vorgesehen ist, wird ein Rechtsmittel auch nicht dadurch zulässig, daß der AnwGH es zugelassen hat (BGH, BRAK-Mitt. 1992, 170).

3   Zu **Abs. 6 Satz 2**: Zur Zulassungsvoraussetzung der **grundsätzlichen Bedeutung** der Sache vgl. § 145 Rz. 3. Der AnwGH kann die sofortige Beschwerde nur dann zulassen, wenn das Verfahren in der oben bei § 90 erläuterten Weise nach den Vorschriften der §§ 90, 91 ablief; in anderen Fällen ist sofortige Beschwerde trotz der »Zulassung« durch den AnwGH unzulässig (BGH, NJW 1977, 1778). Die Nichtzulassung der sofortigen Beschwerde durch den AnwGH kann anders als in den Fällen des § 145 Abs. 3 nicht angefochten werden (BGH, BRAK-Mitt. 1986, 104).

4   Zu **Abs. 6 Satz 3**: Hat der AnwGH eine wesentliche Verfahrensvorschrift unbeachtet gelassen, so ist nur ausnahmsweise die Zurückverweisung der Sache an den AnwGH durch den BGH geboten (BGH, EGE VI, 57, VII 7; BGHZ 77, 327).

5   Hinsichtlich der Kosten des Verfahrens vgl. §§ 200–203.

Fünfter Teil Das Anwaltsgericht, der Anwaltsgerichtshof und der Bundesgerichtshof in Anwaltssachen

Vorbemerkung zum Fünften Teil

Das AnwG und der AnwGH sind besondere staatliche Gerichte auf Landesebene, die den Anforderungen des GG an solche Gerichte gerecht werden (BVerfG, NJW 1978, 1795 m. w. N.). Reformgedanken äußert *Redeker* in AnwBl. 1992, 505. Das AnwG ist der ordentlichen Gerichtsbarkeit weder an- noch eingegliedert. Der AnwGH ist dem OLG, bei dem er errichtet ist, nicht ein-, sondern nur angegliedert (*Isele,* § 100 Anm. III). Er bleibt daher als Sonderverwaltungsgericht gegenüber dem Stammgericht der ordentlichen Gerichtsbarkeit selbständig, so daß die Zulässigkeit der **Verweisung** eines Rechtsstreits von einem Verwaltungsgericht an den AnwGH nach § 41 VwGO nicht unumstritten ist (vgl. § 223 Rz. 9). Der Senat für Anwaltssachen beim **BGH** ist kein besonderes Gericht, sondern dem BGH eingegliedert. Die Vorschriften über die Berufung der anwaltlichen Mitglieder dieses Senats verstoßen ebenfalls nicht gegen das GG (BVerfG, NJW 1969, 2192). 1

Die Gerichte der Anwaltsgerichtsbarkeit sind zuständig für zwei völlig verschiedene Verfahrensarten: erstens im zweistufigen Aufbau (AnwGH – BGH) für Verwaltungsstreitverfahren in Zulassungs- und sonstigen Verwaltungssachen (Verfahren geregelt in §§ 37–42, 223, vgl. Vorbem. vor § 37), zweitens im dreistufigen Aufbau (AnwG – AnwGH – BGH) für anwaltsgerichtliche (Disziplinar-)Verfahren (geregelt in §§ 116–161 a). Die Besetzung der Spruchkörper und ihre Zuständigkeit im einzelnen sind aus der Zusammenstellung auf der folgenden Seite ersichtlich. 2

Die nach dem **RAG** in den neuen Ländern gebildeten **Berufsgerichte** und **Berufsgerichtshöfe** bestehen nach Aufhebung des RAG als Anwaltsgerichte und Anwaltsgerichtshöfe fort; ihre anwaltlichen und richterlichen Mitglieder bleiben für die Dauer ihrer Ernennung im Amt (Art. 23 Abs. 4 ÄndG). 3

Die **Aufhebung des RAG** hat auch keinen Einfluß auf die **Wirksamkeit von Entscheidungen** in berufsrechtlichen Angelegenheiten, die von der Berufsgerichtsbarkeit, den Landesjustizverwaltungen und den Rechtsanwaltskammern erlassen worden sind (Art. 21 Abs. 5 ÄndG).

Berufsrechtliche Verfahren, d. h. gerichtliche, staatsanwaltliche, Rüge- und Verwaltungsverfahren, werden nach dem jetzt geltenden Recht **fortgesetzt** (Art. 21 Abs. 7 ÄndG). **Fristen,** die nach altem Recht in Gang gesetzt wurden, laufen weiter, da die Fristen des RAG mit denen der BRAO übereinstimmen.

Gliederung und Zuständigkeiten der Anwaltsgerichtsbarkeit

Das Anwaltsgericht
(Kammer) am Ort der Rechtsanwaltskammer

Zuständig vorwiegend für die Durchführung des anwaltsgerichtlichen Verfahrens im ersten Rechtszug (§ 119–141); vgl. auch § 74 a, § 150 Abs. 3, § 199.

Der Anwaltsgerichtshof für Rechtsanwälte
(Senat) bei dem Oberlandesgericht

Zuständig insbesondere als Gericht erster Instanz im Verwaltungsstreitverfahren nach § 9 Abs. 2, § 11 Abs. 2 und 3, § 16 Abs. 5, § 21 Abs. 2 und 3, § 28 Abs. 3, § 29 Abs. 3 und 4, § 29 a Abs. 3 Satz 2, § 35 Abs. 2, § 90 Abs. 1, § 223 Abs. 1 sowie Beschwerde- und Berufsinstanz im anwaltsgerichtlichen Verfahren nach § 142, § 143 Abs. 1, § 157 Abs. 3; vgl. ferner § 57 Abs. 3, § 95 Abs. 2, § 122 Abs. 2, § 123 Abs.2, § 150 Abs. 3, § 203.

Der Bundesgerichtshof in Anwaltssachen
(Anwaltssenat unter Vorsitz des Präsidenten des Bundesgerichtshofs)

Zuständig insbesondere als Beschwerdeinstanz im Verwaltungsstreitverfahren nach § 42 Abs. 5, § 91 Abs. 6 sowie als Revisions- und Beschwerdeinstanz im anwaltsgerichtlichen Verfahren nach § 145, § 157 Abs. 3; vgl. ferner § 150 Abs. 3, § 163, § 191 Abs. 1, § 223 Abs. 3.

Zeichenerklärung:

 = RA als Vorsitzender   = Berufsrichter als Vorsitzender

 = RA als Beisitzer   = Berufsrichter als Beisitzer

Erster Abschnitt   Das Anwaltsgericht

§ 92   Bildung des Anwaltsgerichts

(1) ¹Für den Bezirk der Rechtsanwaltskammer wird ein Anwaltsgericht errichtet. ²Es hat seinen Sitz an demselben Ort wie die Rechtsanwaltskammer.

(2) ¹Bei dem Anwaltsgericht werden nach Bedarf mehrere Kammern gebildet. ²Die Zahl der Kammern bestimmt die Landesjustizverwaltung. ³Der Vorstand der Rechtsanwaltskammer ist vorher zu hören.

(3) Die Aufsicht über das Anwaltsgericht führt die Landesjustizverwaltung.

Vgl. Vorbem. vor § 92.

§ 93   Besetzung des Anwaltsgerichts

(1) ¹Das Anwaltsgericht wird mit der erforderlichen Anzahl von Vorsitzenden und weiteren Mitgliedern besetzt. ²Sind mehrere Vorsitzende ernannt, so wird einer von ihnen zum geschäftsleitenden Vorsitzenden bestellt. ³Der Vorsitzende und ein weiteres Mitglied der Kammer müssen die Befähigung zum Richteramt haben.

(2) Die Landesjustizverwaltung hat den Vorstand der Rechtsanwaltskammer vor der Ernennung der Vorsitzenden und der Bestellung des geschäftsleitenden Vorsitzenden zu hören.

Zur **Besetzung der Kammern** des AnwG vgl. § 96.   1

Abs. 1 Satz 3 ist eingefügt durch Gesetz vom 6. 6. 1990 (BGBl. I S. 1349).   2
Er besagt, daß EG/EWR-Anwälte, die über die Eignungsprüfung nach §§ 4 ff. zugelassen und Mitglied der RAK sind (§§ 18, 60), zwar aus gerichtsverfassungsrechtlichen Gründen nicht Vorsitzender des AnwG (und des AnwGH) werden (vgl. § 94 Rz. 1), ansonsten aber alle Aufgaben in der

Anwaltsgerichtsbarkeit (§§ 94 ff.) wahrnehmen können (vgl. *Feuerich*, NJW 1991, 1144, 1151). **Abs. 1 Satz 3** gilt hingegen gem. Art. 21 Abs. 6 ÄndG nicht für die als Anwaltsgerichte fortbestehenden Berufsgerichte in den neuen Ländern (vgl. Vorbemerkung zum Fünften Teil Rz. 3). Hier können auch Rechtsanwälte, welche die Befähigung zum Richteramt nicht erworben haben, in die Richterämter berufen werden (BT-Drucks. 12/4993 S. 47).

3   Der **Vorsitzende** des nur mit einer Kammer ausgestatteten AnwG oder der nach Abs. 1 Satz 2 zu bestellende geschäftsleitende Vorsitzende eines AnwG mit mehreren Kammern ist Behördenleiter des AnwG; ihm obliegen die Aufgaben der gerichtlichen Selbstverwaltung und der Justizverwaltung, insbesondere nach § 98 Abs. 3 die Dienstaufsicht über die Geschäftsstelle des AnwG (vgl. *Isele*, § 93 Anm. II D 1, 3).

§ 94   Ernennung der Mitglieder des Anwaltsgerichts

(1) ¹Zu Mitgliedern des Anwaltsgerichts können nur Rechtsanwälte ernannt werden. ²Sie müssen der Rechtsanwaltskammer angehören, für deren Bezirk das Anwaltsgericht gebildet ist.

(2) ¹Die Mitglieder des Anwaltsgerichts werden von der Landesjustizverwaltung ernannt. ²Sie werden der Vorschlagsliste entnommen, die der Vorstand der Rechtsanwaltskammer der Landesjustizverwaltung einreicht. ³Die Landesjustizverwaltung bestimmt, welche Zahl von Mitgliedern erforderlich ist; sie hat vorher den Vorstand der Rechtsanwaltskammer zu hören. ⁴Die Vorschlagsliste des Vorstandes der Rechtsanwaltskammer muß mindestens die Hälfte mehr als die erforderliche Zahl von Rechtsanwälten enthalten.

(3) ¹Zum Mitglied des Anwaltsgerichts kann nur ein Rechtsanwalt ernannt werden, der in den Vorstand der Rechtsanwaltskammer gewählt werden kann (§§ 65, 66). ²Die Mitglieder des Anwaltsgerichts dürfen nicht gleichzeitig dem Vorstand der Rechtsanwaltskammer oder der Satzungsversammlung angehören oder bei der Rechtsanwaltskammer im Haupt- oder Nebenberuf tätig sein.

(4) Die Mitglieder des Anwaltsgerichts werden für die Dauer von vier Jahren ernannt; sie können nach Ablauf ihrer Amtszeit wieder berufen werden.

1   Daß nach Abs. 1 Satz 1 auch **Vorsitzender des AnwG** nur ein RA sein kann, stellt eine nach § 122 DRiG zulässige Ausnahme von dem Grundsatz des § 28 Abs. 2 Satz 1 DRiG dar, wonach Vorsitzender eines Gerichts nur ein Berufsrichter sein kann (vgl. § 123 Satz 1 DRiG).

2   Zu **Mitgliedern des AnwG** können nur RAe, also nicht auch Rechtsbeistände, ernannt werden, die Mitglieder der betreffenden Kammer sind und

in deren Vorstand gewählt werden können (Abs. 1, Abs. 3 Satz 1). Voraussetzung ist hiernach Vollendung des 35. Lebensjahres und mindestens fünfjährige ununterbrochene Ausübung des Anwaltsberufs (vgl. § 65 und zur »Unterbrechung« dort Rz. 2). Weitere Voraussetzung ist, daß kein Hinderungsgrund nach § 66, § 94 Abs. 3 Satz 2, § 103 Abs. 2 Satz 2 oder § 108 Abs. 2 vorliegt. Bei **Abs. 3 Satz 2** ist seit Inkrafttreten der Berufsrechtsnovelle 1994 zu beachten, daß auch Mitgliedschaft in der Anwaltsgerichtsbarkeit und in der **Satzungsversammlung** (§§ 191 a ff.) einander ausschließen.

Zum Mitglied des AnwG, insbesondere zum Vorsitzenden, kann ein   3
anwaltliches Mitglied eines AnwGH ernannt werden, dessen Amt bei dem letzteren dann nach § 103 Abs. 2 Satz 3 endet.

Ein Recht zur **Ablehnung der Ernennung** zum Anwaltsrichter entspre-   4
chend dem Recht zur Ablehnung der Wahl zum Vorstandsmitglied nach § 67 ist in der BRAO nicht vorgesehen.

§ 95   Rechtsstellung der Mitglieder des Anwaltsgerichts

(1) [1]Die Mitglieder des Anwaltsgerichts sind ehrenamtliche Richter. [2]Sie haben in ihrer Eigenschaft als ehrenamtliche Richter des Anwaltsgerichts während der Dauer ihres Amtes die Stellung eines Berufsrichters. [3]Sie erhalten von der Rechtsanwaltskammer eine Entschädigung für den mit ihrer Tätigkeit verbundenen Aufwand sowie eine Reisekostenvergütung.

(2) [1]Ein Mitglied des Anwaltsgerichts ist auf Antrag der Landesjustizverwaltung seines Amtes zu entheben,

1. wenn nachträglich bekannt wird, daß es nicht hätte ernannt werden dürfen;
2. wenn nachträglich ein Umstand eintritt, welcher der Ernennung entgegensteht;
3. wenn es eine Amtspflicht grob verletzt.

[2]Über den Antrag entscheidet der Anwaltsgerichtshof. [3]Vor der Entscheidung sind der Rechtsanwalt und der Vorstand der Rechtsanwaltskammer zu hören. [4]Die Entscheidung ist endgültig.

(3) Die Landesjustizverwaltung kann ein Mitglied des Anwaltsgerichts auf seinen Antrag aus dem Amt entlassen, wenn es durch Krankheit oder Gebrechen auf nicht absehbare Zeit gehindert ist, sein Amt ordnungsgemäß auszuüben.

(4) Das Amt eines Mitglieds des Anwaltsgerichts, das zum ehrenamtlichen Richter bei einem Gericht des höheren Rechtszugs berufen wird, endet mit seiner Ernennung.

1   Da die Mitglieder des AnwG nach Abs. 1 Satz 1 ehrenamtliche Richter sind, gelten für sie die §§ 44–45 a **DRiG**. Insbesondere haben sie das Beratungsgeheimnis zu wahren (§§ 43, 45 Abs. 1 Satz 2 DRiG) und den Eid nach den Vorschriften des § 45 Abs. 3–5, 7, 8 DRiG zu leisten (vgl. auch § 123 Satz 2 DRiG). Sie sind in gleichem Maße wie ein Berufsrichter unabhängig (§ 45 Abs. 1 Satz 1 DRiG). Da sie nach § 95 Abs. 1 Satz 2 auch im übrigen die Stellung eines Berufsrichters haben, sind auch weitere Vorschriften des DRiG auf sie anwendbar (vgl. im einzelnen *Isele*, § 95 Anm. III).

2   Zur Festsetzung der Entschädigung nach Abs. 1 Satz 3 vgl. § 89 Rz. 6.

3   Die **Amtsenthebung** eines ehrenamtlichen Richters kommt in Betracht nach **Abs. 2**

– Nr. 1, wenn nachträglich ein Umstand bekannt wird, der nach § 94 Abs. 3 Satz 1 i. V. mit §§ 65, 66 oder Satz 2 von vornherein seiner Ernennung entgegenstand,
– Nr. 2, wenn ein solcher Umstand nachträglich eintritt (z. B. bei Wahl in den Kammervorstand),
– Nr. 3, wenn er seine Amtspflichten grob verletzt (z. B. den Richtereid nach § 45 Abs. 2–5, 7, 8 DRiG verweigert).

4   **Abs. 4** ermöglicht es, daß erfahrene Mitglieder des AnwG noch während ihrer Amtszeit (§ 94 Abs. 4) in ein Richteramt bei dem AnwGH oder dem Anwaltssenat des BGH berufen werden können.

§ 96   Besetzung der Kammern des Anwaltsgerichts

Die Kammern des Anwaltsgerichts entscheiden in der Besetzung von drei Mitgliedern einschließlich des Vorsitzenden.

1   Zur Besetzung des AnwG als solchen vgl. § 93.

2   Die Kammern des AnwG dürfen über die nach § 96 erforderliche Mindestzahl von drei Mitgliedern hinaus nur zwei weitere Mitglieder haben, da sie sonst in zwei personenverschiedenen Sitzgruppen verhandeln könnten (vgl. BVerfGE 18, 344; BGH, EGE XIV 199).

3   Einzelne Mitglieder des AnwG können gemäß § 99 Abs. 3 Rechtshilfeersuchen erledigen oder gemäß § 137 Satz 1 als beauftragte Richter Zeugen oder Sachverständige vernehmen.

§ 97 Geschäftsverteilung

Für die Geschäftsverteilung bei dem Anwaltsgericht gelten die Vorschriften des Zweiten Titels sowie § 70 Abs. 1 des Gerichtsverfassungsgesetzes entsprechend.

Der Zweite Titel des für die ordentliche streitige Gerichtsbarkeit geltenden GVG enthält allgemeine Vorschriften über das Präsidium und die Geschäftsverteilung (§§ 21 a–21 i GVG), § 70 GVG die Regelung der Vertretung eines verhinderten Richters durch einen Hilfsrichter. Bei der entsprechenden Anwendung dieser Vorschriften auf die Geschäftsverteilung des AnwG tritt anstelle des Präsidenten oder aufsichtsführenden Richters des Gerichts der streitigen ordentlichen Gerichtsbarkeit der (einzige) Vorsitzende oder der geschäftsleitende Vorsitzende des AnwG (vgl. § 93 Rz. 2). Die Wahlordnung nach § 21 b Abs. 5 g GVG ist abgedruckt bei *Baumbach/Lauterbach/Albers/Hartmann,* Anh. nach § 21 b GVG.

§ 98 Geschäftsstelle und Geschäftsordnung

(1) Bei dem Anwaltsgericht wird eine Geschäftsstelle eingerichtet.

(2) Die erforderlichen Bürokräfte, die Räume und die Mittel für den sonstigen sächlichen Bedarf stellt die Rechtsanwaltskammer zur Verfügung.

(3) Die Dienstaufsicht über die Geschäftsstelle führt der Vorsitzende des Anwaltsgerichts; im Falle des § 92 Abs. 2 obliegt die Aufsicht dem geschäftsleitenden Vorsitzenden.

(4) ¹Der Geschäftsgang bei dem Anwaltsgericht wird durch eine Geschäftsordnung geregelt, die von den Mitgliedern des Anwaltsgerichts beschlossen wird. ²Sie bedarf der Bestätigung durch die Landesjustizverwaltung.

Die nach Abs. 1 bei dem AnwG einzurichtende **Geschäftsstelle** darf nicht mit der Geschäftsstelle der RAK identisch sein (*Kalsbach,* § 98 Anm. 1; *Isele,* § 98 Anm. II B; *Feuerich,* § 98 Rz. 1).   1

Die Entscheidung über die **Mittel,** die die RAK gemäß Abs. 2 für die Einrichtung der Geschäftsstelle zur Verfügung zu stellen hat, trifft nach § 89 Abs. 2 Nr. 4 die Kammerversammlung.   2

Die **Dienstaufsicht** des (einzigen) Vorsitzenden oder geschäftsleitenden Vorsitzenden nach Abs. 3 beschränkt sich auf die Geschäftsstelle, während sie über das AnwG im übrigen gemäß § 92 Abs. 3 der LJV zusteht.   3

§ 99 Amts- und Rechtshilfe

(1) die Anwaltsgerichte haben sich gegenseitig Amts- und Rechtshilfe zu leisten.

(2) ¹Auf Ersuchen haben auch andere Gerichte und Verwaltungsbehörden dem Anwaltsgericht Amts- und Rechtshilfe zu leisten. ²Die gleiche Verpflichtung haben die Anwaltsgerichte gegenüber anderen Gerichten und Behörden.

(3) Bei den Anwaltsgerichten können die Rechtshilfeersuchen durch ein einzelnes Mitglied erledigt werden.

1   Die Unterscheidung der **Begriffe Amtshilfe und Rechtshilfe** ist rechtlich umstritten. Zutreffend erscheint folgende Ansicht: Besteht die Hilfeleistung in einer richterlichen Handlung, so handelt es sich um Rechtshilfe, unabhängig davon, ob die Unterstützung einem Gericht oder einer Verwaltungsbehörde geleistet wird; als Amtshilfe stellen sich dagegen die nichtrichterlichen Handlungen von Gerichten gegenüber Gerichten und Verwaltungsbehörden, die Unterstützungshandlungen von Verwaltungsbehörden gegenüber Gerichten sowie solche zwischen Verwaltungsbehörden dar (so *Stelkens/Bonk/Leonhardt*, § 4 Rz. 6 m. w. N.). Beispiel: Die Zeugenvernehmung durch einen Richter für eine fremde Behörde ist Rechtshilfe, die Bereitstellung eines Vernehmungsraums und einer Schreibkraft für eine Zeugenvernehmung durch den Richter einer fremden Behörde ist Amtshilfe.

2   Rechtshilfeersuchen des AnwG **(Ausgehende Ersuchen)** sind an ein anderes AnwG oder an das AG zu richten (vgl. § 137 Satz 2, § 143 Abs. 4). Im letzteren Fall ist nach dem hier anwendbaren § 157 GVG das AG örtlich zuständig, in dessen Bezirk die ersuchte Amtshandlung vorgenommen werden soll. Das ist bei Vernehmung von Zeugen und Sachverständigen in der Regel das für deren Wohnung zuständige AG. Aus Zweckmäßigkeitsgründen kann aber auch das Ersuchen an ein anderes AG in Betracht kommen, z. B. mit Rücksicht auf die Verkehrsbindungen oder die Arbeitsstelle des zu Vernehmenden. Vgl. zu alledem *Kissel*, GVG, 1981, § 156 Rz. 16, § 157 Rz. 4 m. w. N.

3   Bei dem AnwG **eingehende Rechtshilfeersuchen** können nach Abs. 3 durch ein einzelnes MIglied des AnwG erledigt werden. Hierzu ist ähnlich wie bei der kommissarischen Vernehmung durch einen beauftragten Richter im Strafverfahren nach § 223 StPO eine Anordnung des Gerichts, also ein Beschluß der nach dem Geschäftsverteilungsplan zuständigen Kammer des AnwG, erforderlich (*Isele*, § 99 Anm. IV B 2 b bb). Das einzelne Mitglied wird nach § 21 g GVG i. V. mit § 97 vom Vorsitzenden bestimmt (*Feuerich*, § 99 Rz. 4; a. A. *Isele*, a.a.O.: durch Kammerbeschluß).

Zweiter Abschnitt   Der Anwaltsgerichtshof

§ 100   Bildung des Anwaltsgerichtshofes

(1) [1]Der Anwaltsgerichtshof wird bei dem Oberlandesgericht errichtet. [2]§ 92 Abs. 3 ist entsprechend anzuwenden.

(2) [1]Bestehen in einem Land mehrere Oberlandesgerichte, so kann die Landesregierung durch Rechtsverordnung den Anwaltsgerichtshof für die Bezirke aller oder mehrerer Oberlandesgerichte bei einem oder einigen der Oberlandesgerichte oder bei dem obersten Landesgericht errichten, wenn eine solche Zusammenlegung der Rechtspflege in Anwaltssachen, insbesondere der Sicherung einer einheitlichen Rechtsprechung, dienlich ist. [2]Die Vorstände der beteiligten Rechtsanwaltskammern sind vorher zu hören.

(3) Durch Vereinbarung der beteiligten Länder können die Aufgaben, die in diesem Gesetz dem Anwaltsgerichtshof zugewiesen sind, dem hiernach zuständigen Anwaltsgerichtshof eines Landes auch für das Gebiet eines anderen Landes übertragen werden.

(4) Mehrere Länder können die Errichtung eines gemeinsamen Anwaltsgerichtshofes bei dem Oberlandesgericht oder dem obersten Landesgericht eines Landes vereinbaren.

Vgl. Vorbem. vor § 92.   1

Ein AnwGH für mehrere OLG-Bezirke ist gemäß Abs. 2 Satz 1 errichtet   2
worden in Baden-Württemberg beim OLG Stuttgart für die OLG-Bezirke
Karlsruhe und Stuttgart (VO vom 9. 11. 1959, GesBl. S. 168), in Bayern
beim OLG München für die OLG-Bezirke München, Nürnberg und Bamberg (VO vom 8. 10. 1959, GVBl. S. 241), in Niedersachsen beim OLG Celle
für die OLG-Bezirke Braunschweig, Celle und Oldenburg (VO vom
11. 9. 1959, GVBl. S. 103), in Nordrhein-Westfalen beim OLG Hamm für
die OLG-Bezirke Düsseldorf, Hamm und Köln (VO vom 16. 9. 1959, GVBl.
S. 144), in Rheinland-Pfalz beim OLG Koblenz für die OLG-Bezirke
Koblenz und Zweibrücken (VO vom 9. 12. 1959, GVBl. S. 235).

§ 101   Besetzung des Anwaltsgerichtshofes

(1) Der Anwaltsgerichtshof wird mit einem Präsidenten, der erforderlichen Anzahl von weiteren Vorsitzenden sowie mit Rechtsanwälten und Berufsrichtern als weiteren Mitgliedern besetzt. [2]Der Präsident und die weiteren Vorsitzenden müssen die Befähigung zum Richteramt haben.

(2) ¹Bei dem Anwaltsgerichtshof können nach Bedarf mehrere Senate gebildet werden. ²Die nähere Anordnung trifft die Landesjustizverwaltung. ³Der Vorstand der Rechtsanwaltskammer ist vorher zu hören.

(3) ¹Zum Präsidenten des Anwaltsgerichtshofes und zu Vorsitzenden der Senate sind anwaltliche Mitglieder des Anwaltsgerichtshofes zu bestellen. ²§ 93 Abs. 2 gilt sinngemäß.

1   Zu Abs. 1 Satz 2 vgl. § 93 Rz. 2.

2   Daß nach Abs. 3 Satz 1 anwaltliche Mitglieder des AnwGH zu Vorsitzenden der Senate zu bestellen sind, stellt eine nach § 123 DRiG zulässige Ausnahme von dem Grundsatz des § 28 Abs. 2 Satz 1 DRiG dar, wonach Vorsitzender eines Gerichts nur ein Berufsrichter sein darf.

§ 102   Bestellung von Berufsrichtern zu Mitgliedern des Anwaltsgerichtshofes

(1) ¹Die Mitglieder des Anwaltsgerichtshofes, die Berufsrichter sind, werden von der Landesjustizverwaltung aus der Zahl der ständigen Mitglieder des Oberlandesgerichts für die Dauer von vier Jahren bestellt. ²In den Fällen des § 100 Abs. 2 können die Berufsrichter auch aus der Zahl der ständigen Mitglieder der anderen Oberlandesgerichte oder des obersten Landesgerichts bestellt werden.

(2) Die Mitglieder eines gemeinsamen Anwaltsgerichtshofes, die Berufsrichter sind, werden aus der Zahl der ständigen Mitglieder der Oberlandesgerichte der beteiligten Länder nach Maßgabe der von den Ländern getroffenen Vereinbarung (§ 100 Abs. 4) bestellt.

1   Der Ansicht von *Isele,* (§ 102 Anm. VI A), daß nach dieser Vorschrift zu bestellende Berufsrichter in ihrer Eigenschaft als Mitglieder des AnwGH ehrenamtliche Richter seien, kann nicht zugestimmt werden. § 95 Abs. 1 Satz 1, wonach die Mitglieder des AnwG ehrenamtliche Richter sind, ist nur für die anwaltlichen Mitglieder des AnwGH für entsprechend anwendbar erklärt worden (§ 103 Abs. 2 Satz 1). Auf die Berufsrichter im AnwGH finden die Bestimmungen des DRiG unmittelbar Anwendung (so auch *Isele,* § 102 Anm. VI B).

2   Die Bestellung eines Berufsrichters zum Mitglied (Beisitzer) des AnwGH nach Abs. 1 Satz 1 ist ein Fall der Übertragung eines weiteren Richteramts auf einen Richter nach § 27 Abs. 2 DRiG. Der Richter ist nach § 42 DRiG

zur Übernahme eines solchen Nebenamts verpflichtet. Doch darf dieses die Wahrnehmung des Hauptamtes des Richters nicht unangemessen beeinträchtigen; dies ist vom Dienstherrn des Richters im Rahmen der Fürsorgepflicht zu beachten (vgl. BGH, NJW 1977, 248; *Schmidt-Räntsch*, DRiG, 4. Aufl. 1988, § 27 Rz. 19, § 42 Rz. 9).

§ 103   Ernennung von Rechtsanwälten zu Mitgliedern des Anwaltsgerichtshofs

(1) Diejenigen Mitglieder des Anwaltsgerichtshofes, die Rechtsanwälte sind, werden von der Landesjustizverwaltung für die Dauer von vier Jahren ernannt.

(2) ¹Für die Ernennung von Rechtsanwälten zu Mitgliedern des Anwaltsgerichtshofes und für die Stellung der anwaltlichen Mitglieder des Anwaltsgerichtshofes gelten §§ 94 und 95 Abs. 1 entsprechend. ²Die anwaltlichen Mitglieder dürfen nicht gleichzeitig dem Anwaltsgericht angehören. ³Das Amt eines anwaltlichen Mitglieds des Anwaltsgerichtshofes, das zum ehrenamtlichen Richter bei dem Gericht eines anderen Rechtszuges berufen wird, endet mit seiner Ernennung. ⁴Für die Amtsenthebung und die Entlassung aus dem Amt ist § 95 Abs. 2 und 3 mit der Maßgabe anzuwenden, daß über die Amtsenthebung ein Senat des Anwaltsgerichtshofes entscheidet, dem der ehrenamtliche Richter nicht angehört.

(3) ¹In den Fällen des § 61 und des § 100 Abs. 2 soll die jeweilige Zahl der anwaltlichen Mitglieder verhältnismäßig der Mitgliederzahl der einzelnen Rechtsanwaltskammern entsprechen. ²Die Mitglieder eines gemeinsamen Anwaltsgerichtshofes, die Rechtsanwälte sind, werden aus den Mitgliedern der in beteiligten Ländern bestehenden Rechtsanwaltskammern nach Maßgabe der von den Ländern getroffenen Vereinbarung (§ 100 Abs. 4) ernannt.

(4) ¹Die anwaltlichen Mitglieder erhalten aus der Staatskasse für den mit ihrer Tätigkeit verbundenen Aufwand eine Entschädigung, die sich auf das Eineinhalbfache des in § 28 Abs. 3 Satz 1 erster Halbsatz der Bundesgebührenordnung für Rechtsanwälte genannten höchsten Betrages beläuft. ²Außerdem haben die anwaltlichen Mitglieder Anspruch auf Ersatz ihrer Fahrt- und Übernachtungskosten nach Maßgabe des § 28 Abs. 2 und 3 der Bundesgebührenordnung für Rechtsanwälte.

Die Bestimmung der Zahl der anwaltlichen Mitglieder des AnwGH   1
erfolgt nach Anhörung des Vorstandes der RAK durch die LJV; diese hat auch die **anwaltlichen Mitglieder** nach einer Vorschlagsliste des Kammervorstandes, die mindestens die Hälfte mehr als die erforderliche Zahl von RAen

enthalten muß, auf die Dauer von vier Jahren **zu ernennen** (§ 103 Abs. 1, Abs. 2 Satz 1 i.·V. mit § 94 Abs. 2 Satz 2–4).

2   Ein Recht zur **Ablehnung der Ernennung** zum anwaltlichen Mitglied des AnwGH entsprechend dem Recht zur Ablehnung der Wahl zum Vorstandsmitglied nach § 67 ist in der BRAO nicht vorgesehen.

3   Bei der Vorschrift des **Abs. 2 Satz 3** hat der Gesetzgeber insbesondere an den Fall gedacht, daß ein Mitglied des AnwGH noch während der Dauer seiner Amtszeit zum Vorsitzenden eines AnwG berufen werden soll (vgl. BT-Drucks. 11/3253, S. 24).

4   Hinsichtlich der **Amtsenthebung** (Abs. 2 Satz 4) gelten die Ausführungen zu § 95 Rz. 3 entsprechend.

5   Zur Geltung des **DRiG** für die anwaltlichen Mitglieder des AnwGH, insbesondere der Pflicht zur Wahrung des Beratungsgeheimnisses und zur Leistung des Richtereides vgl. § 95 Rz. 1.

6   Während die **Entschädigung der Mitglieder** des AnwG aus Mitteln der RAK erfolgt (vgl. § 95 Rz. 2), erhalten die anwaltlichen Mitglieder des AnwGH eine Entschädigung aus der Staatskasse nach näherer Maßgabe des Abs. 4. Der hier in Bezug genommene § 28 Abs. 1 und Abs. 2 sowie Abs. 3 Satz 1 Halbsatz 1 BRAGO lautet:

§ 28   Geschäftsreisen

(1) Für Geschäftsreisen sind dem Rechtsanwalt als Reisekosten die Fahrtkosten und die Übernachtungskosten zu erstatten; ferner erhält er ein Tage- und Abwesenheitsgeld. Eine Geschäftsreise liegt vor, wenn das Reiseziel außerhalb der Gemeinde liegt, in der sich die Kanzlei oder die Wohnung des Rechtsanwalts befindet.

(2) Als Fahrtkosten sind zu erstatten

1. bei Benutzung eines eigenen Kraftfahrzeugs zur Abgeltung der Anschaffungs-, Unterhaltungs- und Betriebskosten sowie der Abnutzung des Kraftfahrzeugs 0,52 Deutsche Mark für jeden gefahrenen Kilometer zuzüglich der durch die Benutzung des Kraftfahrzeugs aus Anlaß der Geschäftsreise regelmäßig anfallenden baren Auslagen, insbesondere der Parkgebühren,

2. bei Benutzung anderer Verkehrsmittel die tatsächlichen Aufwendungen, soweit sie angemessen sind.

(3) Als Tage- und Abwesenheitsgeld erhält der Rechtsanwalt bei einer Geschäftsreise von nicht mehr als 4 Stunden 30 Deutsche Mark, von mehr als 4 bis 8 Stunden 60 Deutsche Mark und von mehr als 8 Stunden 110 Deutsche Mark; . . .

§ 104 Besetzung der Senate des Anwaltsgerichtshofes

[1]Die Senate des Anwaltsgerichtshofes entscheiden in der Besetzung von fünf Mitgliedern einschließlich des Vorsitzenden. [2]Als Beisitzer wirken zwei weitere anwaltliche Mitglieder und zwei Berufsrichter mit.

Zur Besetzung des AnwGH als solchen vgl. § 101.   1

Ein Senat des AnwGH, dem neben dem Vorsitzenden vier anwaltliche   2
und vier berufsrichterliche Mitglieder zugeteilt sind, ist nicht in verfassungs-
widriger Weise überbesetzt (BGH, EGE XIV 199). Vgl. auch BGH, Beschl.
vom 14. 3. 1994 – AnwZ (B) 27/93 – und § 106 Rz. 4.

§ 105 Geschäftsverteilung und Geschäftsordnung

(1) Für die Geschäftsverteilung bei dem Anwaltsgerichtshof gelten die Vorschriften des Zweiten Titels sowie § 70 Abs. 1 des Gerichtsverfassungsgesetzes
entsprechend.
(2) Der Geschäftsgang wird durch eine Geschäftsordnung geregelt, die von
den Mitgliedern des Anwaltsgerichtshofes zu beschließen ist; sie bedarf der
Bestätigung durch die Landesjustizverwaltung.

Zu Abs. 1 gelten die Ausführungen zu § 97 entsprechend mit der Maßgabe, daß beim AnwGH dessen Präsident an die Stelle des Präsidenten oder
aufsichtführenden Richters des Gerichts der ordentlichen Gerichtsbarkeit
tritt.

Dritter Abschnitt   Der Bundesgerichtshof in Anwaltsachen

§ 106 Besetzung des Senats für Anwaltssachen

(1) [1]Für Angelegenheiten, die in diesem Gesetz dem Bundesgerichtshof
zugewiesen sind, wird bei dem Bundesgerichtshof ein Senat für Anwaltssachen
gebildet. [2]Der Senat gilt, soweit auf das Verfahren die Vorschriften des Gesetzes über die Angelegenheiten der freiwilligen Gerichtsbarkeit entsprechend
anzuwenden sind, als Zivilsenat und, soweit für das Verfahren die Vorschriften
der Strafprozeßordnung entsprechend gelten, als Strafsenat i. S. der §§ 132
und 136 des Gerichtsverfassungsgesetzes.

(2) [1]Der Senat besteht aus dem Präsidenten des Bundesgerichtshofes sowie drei Mitgliedern des Bundesgerichtshofes und drei Rechtsanwälten als Beisitzern. [2]Den Vorsitz führt der Präsident des Bundesgerichtshofes oder in seiner Vertretung ein vom Präsidium des Bundesgerichtshofes bestimmter Vorsitzender Richter.

1 Der Senat für Anwaltssachen war bereits seit dem 3. 10. 1990 auch für den **Geltungsbereich des RAG** zuständig. Soweit nach dem für die neuen Länder geltenden RAG die Zuständigkeit des Senats für Anwaltssachen beim Obersten Gericht (§§ 103 ff. RAG) begründet ist (vgl. §§ 38 Abs. 5 und 6, 89 Abs. 6, 142, 143, 155 Abs. 3, 193 Abs. 3 RAG), trat an dessen Stelle der Senat für Anwaltssachen beim BGH (EinigungsV, Anlage II, Kapitel III, Sachgebiet A, Abschnitt III, Nr. 1 a und 1 c).

2 Der Senat für Anwaltsachen gilt nach **Abs. 1 Satz 2** als **Zivilsenat,** soweit auf das Verfahren die Vorschriften des FGG entsprechend anzuwenden sind. Das ist der Fall im Verwaltungsstreitverfahren vor dem BGH in der Beschwerdeinstanz in den Verfahren nach § 42 Abs. 1 bis 3 (vgl. § 42 Abs. 6 Satz 2) und nach § 91 (vgl. § 91 Abs. 7, § 40 Abs. 4) sowie in erster Instanz in Verfahren, die die Rechtsanwaltschaft bei dem BGH (§§ 162, 163, 223) und die BRAK (§ 191) betreffen. Der Senat gilt als **Strafsenat,** soweit auf das Verfahren die Vorschriften der StPO entsprechend anzuwenden sind. Das ist der Fall im anwaltsgerichtlichen Verfahren vor dem BGH in der Revisions- und Beschwerdeinstanz (vgl. § 146 Abs. 3 Satz 1, § 157 Abs. 3 Satz 2) sowie in erster Instanz bei Verfahren gegen RAe bei dem BGH (§ 162, § 163 Satz 2), ferner im Zwangsgeld- und im Rügeverfahren gegen RAe bei dem BGH (§ 57 Abs. 3 Satz 5 und § 74 a Abs. 2 Satz 2 jeweils i. V. mit §§ 162, 163).

3 Der praktische Zweck des Abs. 1 Satz 2 liegt darin, es zu ermöglichen, daß ein Großer Senat oder die Vereinigten Großen Senate des BGH (§ 132 GVG i. d. F. des Gesetzes vom 17. 12. 1990 – BGBl. I S. 2847 –) in einer Rechtsfrage entscheiden können (Amtl. Begr.). Die Verweisung auf § 136 GVG, der mit Wirkung vom 31. 12. 1991 aufgehoben wurde, ist von diesem Zeitpunkt an entfallen.

4 **Zu Abs. 2:** Mit 5 Mitgliedern des BGH und 8 RAen außer dem Präsidenten des BGH als Vorsitzenden und einem Vorsitzenden Richter am BGH als seinem Vertreter ist der Senat nicht verfassungswidrig überbesetzt (BGH, BRAK-Mitt. 1985, 228; BGH, Beschl. vom 14. 3. 1994 – AnwZ (B) 27/93); das Recht auf den gesetzlichen Richter im Senat für Anwaltssachen wird auch nicht dadurch verletzt, daß der Vorsitz aufgrund der vom Präsidenten des BGH aufgestellten Mitwirkungsgrundsätze zwischen ihm und einem vom Präsidium bestellten Vorsitzenden Richter am BGH wechselt (BGH BRAK-Mitt. 1994, 178). Zur Besetzung des Senats vgl. auch *Odersky*, S. 8, 9.

§ 107   Rechtsanwälte als Beisitzer

(1) ¹Die Beisitzer aus den Reihen der Rechtsanwälte werden von dem Bundesminister der Justiz auf die Dauer von vier Jahren berufen. ²Sie können nach Ablauf ihrer Amtszeit wieder berufen werden.

(2) ¹Die anwaltlichen Beisitzer werden der Vorschlagsliste entnommen, die das Präsidium der Bundesrechtsanwaltskammer auf Grund von Vorschlägen der Rechtsanwaltskammer dem Bundesminister der Justiz einreicht. ²Im übrigen gilt § 94 Abs. 2 Satz 3 entsprechend. ³Die Vorschlagsliste soll mindestens die doppelte Zahl von Rechtsanwälten enthalten.

(3) Scheidet ein anwaltlicher Beisitzer vorzeitig aus, so wird für den Rest seiner Amtszeit ein Nachfolger berufen.

Eine Beteiligung des Richterwahlausschusses (Art. 95 Abs. 2 GG i. V. mit Art. 95 Abs. 3 GG) bei der Berufung der anwaltlichen Beisitzer ist nicht vorgesehen. Das widerspricht nicht dem GG (BGH, NJW 1961, 220; BVerfG, EGE X 209, 218; vgl. auch *Lauffhütte*, DRiZ 1990, 431).

§ 108   Voraussetzungen für die Berufung zum Beisitzer und Recht
         zur Ablehnung

(1) Zum Beisitzer kann nur ein Rechtsanwalt berufen werden, der in den Vorstand der Rechtsanwaltskammer gewählt werden kann (§§ 65, 66).

(2) Die Beisitzer dürfen nicht gleichzeitig dem Vorstand der Rechtsanwaltskammer, dem Anwaltsgericht oder dem Anwaltsgerichtshof angehören oder bei der Rechtsanwaltskammer im Haupt- oder Nebenberuf tätig sein.

(3) Die Übernahme des Beisitzeramtes kann aus den in § 67 angeführten Gründen abgelehnt werden.

Aus Abs. 3 ergibt sich die Pflicht zur Übernahme des Beisitzeramtes, wenn keiner der in § 67 Nr. 1–3 abschließend aufgezählten Ablehnungsgründe vorliegt. Eine freiwillige Niederlegung des Beisitzeramtes entsprechend der für Vorstandsmitglieder geltenden Vorschriften des § 69 Abs. 1 Nr. 2 ist nicht vorgesehen.

§ 109   Enthebung vom Amt des Beisitzers

(1) Ein Rechtsanwalt ist auf Antrag des Bundesministeriums der Justiz seines Amtes als Beisitzer zu entheben,
1. wenn nachträglich bekannt wird, daß er nicht hätte zum Beisitzer berufen werden dürfen;

2. wenn nachträglich ein Umstand eintritt, welcher der Berufung zum Beisitzer entgegensteht;

3. wenn der Rechtsanwalt seine Amtspflicht als Beisitzer grob verletzt.

(2) [1]Über den Antrag entscheidet ein Zivilsenat des Bundesgerichtshofes. [2]Bei der Entscheidung dürfen die Mitglieder des Senats für Anwaltssachen nicht mitwirken.

(3) Vor der Entscheidung ist der Rechtsanwalt zu hören.

§ 110   Stellung der Rechtsanwälte als Beisitzer und Pflicht zur Verschwiegenheit

(1) [1]Die Rechtsanwälte sind ehrenamtliche Richter. [2]Sie haben in der Sitzung, zu der sie als Beisitzer herangezogen werden, die Stellung eines Berufsrichters.

(2) [1]Die Rechtsanwälte haben über Angelegenheiten, die ihnen bei ihrer Tätigkeit als Beisitzer bekannt werden, Verschwiegenheit gegen jedermann zu bewahren. [2]§ 76 ist entsprechend anzuwenden. [3]Die Genehmigung zur Aussage erteilt der Präsident des Bundesgerichtshofes.

Zur Geltung des **DRiG** für die anwaltlichen Beisitzer im Senat vgl. § 95 Rz. 1. Dabei ist jedoch zu beachten, daß sie nicht wie die Mitglieder des AnwG und die anwaltlichen Mitglieder des AnwGH (vgl. § 95 Abs. 1 Satz 2, § 103 Abs. 2 Satz 1) während der ganzen Dauer ihres Amtes, sondern nur in der Sitzung, zu der sie als Beisitzer herangezogen werden, die Stellung eines Berufsrichters haben (§ 110 Abs. 1).

§ 111   Reihenfolge der Teilnahme an den Sitzungen

Die zu Beisitzern berufenen Rechtsanwälte sind zu den einzelnen Sitzungen in der Reihenfolge einer Liste heranzuziehen, die der Vorsitzende des Senats nach Anhörung der beiden ältesten der zu Beisitzern berufenen Rechtsanwälte vor Beginn des Geschäftsjahres aufstellt.

§ 112   Entschädigung der anwaltlichen Beisitzer

Für die Aufwandsentschädigung der anwaltlichen Beisitzer und für den Ersatz ihrer Reisekosten gilt § 103 Abs. 4 entsprechend.

Vgl. die Erläuterungen zu § 103 Rz. 6.

Vorbemerkung zum Sechsten und Siebenten Teil

Der **Sechste Teil** (§§ 113–115 b) enthält die **materiellrechtlichen Vorschriften** über die Ahndung von Pflichtverletzungen, während der **Siebente Teil** (§§ 116–161 a) das **anwaltsgerichtliche Verfahren** regelt.   **1**

Für Anwälte aus anderen Mitgliedstaaten der Europäischen Gemeinschaften und dem EWR (EG/EWR-Anwälte) gilt folgendes: **2**
1. Soweit sie gem. §§ 7, 8, RADG der Anwaltsgerichtsbarkeit unterstehen, sind folgende Besonderheiten anzunehmen:
    a) das Verbot nach § 114 Abs. 1 Nr. 4 sowie die vorläufigen Maßnahmen nach § 150 Abs. 1 und § 161 a dürfen nur für den Geltungsbereich des RADG, also für das Gebiet der Bundesrepublik Deutschland, ausgesprochen werden;
    b) an die Stelle der Ausschließung aus der Rechtsanwaltschaft tritt in § 114 Abs. 1 Nr. 5, § 114 a Abs. 3 Satz 1, § 148 Abs. 1 Satz 1, § 149 Abs. 1 Satz 1, § 150 Abs. 1, § 153 Satz 1, § 156 Abs. 1 und § 158 Nr. 1 das Verbot, im Geltungsbereich des RADG Dienstleistungen zu erbringen;
    c) die Mitteilung nach § 160 Abs. 1, § 161 a Abs. 2 ist an alle Landesjustizverwaltungen zu richten;
    d) § 160 Abs. 2 und § 161 sind nicht anzuwenden.
2. Für EG/EWR-Anwälte mit voller Zulassung nach §§ 6 ff. gilt nichts anderes als für inländische Anwälte. Für Anwälte, die nach § 206 niedergelassen sind, können Vertretungsverbote gem. § 207 Abs. 2 Satz 2 nur für den Geltungsbereich der BRAO ausgesprochen werden. An die Stelle der Ausschließung aus der Anwaltschaft gem. § 114 Abs. 1 Nr. 5 tritt nach § 207 Abs. 1 Satz 3 das Verbot, im Geltungsbereich der BRAO fremde Rechtsangelegenheiten zu besorgen.

Zu den Mitteilungspflichten und Zustellungen im anwaltsgerichtlichen Verfahren gegen EG/EWR-Anwälte nach dem RADG vgl. § 9 RADG.   **3**

Berufsrechtliche Verfahren, seien es gerichtliche, staatsanwaltliche, Rüge- oder Verwaltungsverfahren, betr. die nach dem RAG zugelassenen RAe, werden im jeweiligen Stand des Verfahrens nach dem neuen Recht (Art. 21 Abs. 7 ÄndG) **fortgesetzt. Fristen,** die nach altem Recht in Gang gesetzt worden sind, laufen weiter. Da die Fristen des RAG mit denen der BRAO übereinstimmen, war eine besondere gesetzliche Regelung nicht erforderlich (BT-Drucks. 12/4993 S. 47).   **4**

Sechster Teil   Die anwaltsgerichtliche Ahndung von Pflichtverletzungen

§ 113   Ahndung einer Pflichtverletzung

(1) Gegen einen Rechtsanwalt, der schuldhaft gegen Pflichten verstößt, die in diesem Gesetz oder in der Berufsordnung bestimmt sind, wird eine anwaltsgerichtliche Maßnahme verhängt.

(2) Ein außerhalb des Berufes liegendes Verhalten eines Rechtsanwalts, das eine rechtswidrige Tat oder eine mit Geldbuße bedrohte Handlung darstellt, ist eine anwaltsgerichtlich zu ahndende Pflichtverletzung, wenn es nach den Umständen des Einzelfalls in besonderem Maße geeignet ist, Achtung und Vertrauen der Rechtsuchenden in einer für die Ausübung der Anwaltstätigkeit bedeutsamen Weise zu beeinträchtigen.

(3) Eine anwaltsgerichtliche Maßnahme kann nicht verhängt werden, wenn der Rechtsanwalt zur Zeit der Tat der Anwaltsgerichtsbarkeit nicht unterstand.

Nach der Neufassung des § 113 durch die Berufsrechtsnovelle 1994 soll   1 nicht weiter die schuldhafte Pflichtverletzung Grundlage für eine disziplinarische Ahndung sein, sondern ein **Verstoß gegen die im Gesetz oder in der Berufsordnung bestimmten Pflichten.** Damit ist eine weitreichende Konkretisierung der zu ahndenden Pflichtverstöße erreicht. Für den RA ist hierdurch insofern Rechtssicherheit hergestellt worden, als er sich Klarheit verschaffen kann, welche beruflichen Pflichten zu beachten sind. Bis zum Erlaß der Berufsordnung kann eine anwaltsgerichtliche Maßnahme nur auf Verstöße gegen die gesetzlich bestimmten Pflichten gestützt werden. Dabei wird die Praxis allerdings auf die im Katalog des **§ 59 b Abs. 2** genannten Pflichten zurückgreifen können. Nach der dort getroffenen Regelung delegiert der Gesetzgeber die Ausgestaltung der Einzelheiten an den Satzungsgeber. Daraus ist zu erkennen, daß es sich hier um **sanktionierbare Pflichten** handelt (BT-Drucks. 12/4993 S. 35). Schuldhafte Verletzung von Pflichten setzt Vorsatz oder Fahrlässigkeit voraus. Verfolgungsverjährung (§ 115 b) können der Verhängung einer anwaltsgerichtlichen Maßnahme entgegenstehen. Die strafrechtlichen Regeln hinsichtlich des Tatbestands- und Verbotsirrtums, der Schuldfähigkeit und der Schuldausschließungsgründe gelten entsprechend auch hier (vgl. *Kalsbach,* § 113 Anm. 3; *Isele,* § 114 Anm. VI; zur Einschränkung der Berücksichtigung des Verbotsirrtums bei einem RA *Isele,* § 114 Anm. VI E 2 b; BGH, EGE X 105, 107, EGE XI 87, 100; EGH Koblenz, BRAK-Mitt. 1983, 141, 142; EG Köln, Rbeistand 1985, 166, 167).

2   Bei geringer Schuld kommt statt der Einleitung eines anwaltsgerichtlichen Verfahrens die Erteilung einer **Rüge** durch den Vorstand der RAK nach § 74 Abs. 1 in Betracht. Vgl. jedoch § 74 Abs. 2 Halbs. 2 und § 115 a. Zur »mißbilligenden Belehrung« durch den Vorstand der RAK nach § 73 Abs. 2 Nr. 1 vgl. § 73 Rz. 6.

3   Die Grenze zwischen typischer **Berufsausübung** und einer Tätigkeit außerhalb dieser (Abs. 2) ist im Einzelfall schwer zu ziehen; verletzt ein RA Pflichten, die ihm die BRAO und die Berufsordnung (demnächst) auferlegen, so findet Abs. 1 Anwendung; nur dann, wenn das Verhalten nicht den Beruf betrifft, ist es, auch wenn es sich mit der Ausübung des Berufes zeitlich überschneidet, ein außerberufliches im Sinne des Abs. 2 (BGH, NJW 1979, 556 m. w. N.; vgl. auch   EGH Stuttgart, AnwBl. 1982, 126; EGH Baden-Württemberg, NJW 1982, 661). Die in **Abs. 2** eingefügte Einschränkung (Verhalten eines RA, das gegen straf- oder bußgeldbewehrte Vorschriften verstößt), macht deutlich, daß außerberufliches Fehlverhalten eines RA unter den weiteren Voraussetzungen des Abs. 2 nur dann ahndungswürdig ist, wenn dies auch im Allgemeininteresse liegt (BT-Drucks. 12/4993 S. 36). Die Voraussetzungen des Abs. 2 für die Ahndung außerberuflichen Verhaltens sind in der Regel bei nichtberufsbezogenen Vorgängen im Intimbereich und bei Fahrten unter Alkoholeinfluß nicht erfüllt (vgl. *Lehmann,* BRAK 25 J, S. 61; *Lingenberg/Hummel/Zuck/Eich,* § 1 Rz. 26; ihr Vorliegen wurde aber vom EGH Berlin und vom EG Hamburg in Fällen wiederholter Trunkenheitsfahrten bejaht (BRAK-Mitt. 1987, 97 und 98). Zu den Berufspflichten des RA bei eigener Steuererklärung vgl. EG Berlin Rbeistand 1989, 55; EGH Berlin BRAK-Mitt. 1992, 225. Zum Verhältnis von Abs. 2 zu § 115 b vgl. dort Rz. 4.

4   Hat der RA sich in mehreren Einzelfällen Verfehlungen zuschulden kommen lassen, so ist erst bei der Würdigung des **Gesamtverhaltens** zu prüfen, ob eine anwaltsgerichtliche Maßnahme erforderlich ist (BGH, NJW 1978, 836), da die Frage, ob der RA seine Pflichten schuldhaft verletzt hat, nur einheitlich beantwortet werden kann (BGH, EGE XIV 217).

5   Der RA untersteht der **Anwaltsgerichtsbarkeit von der Aushändigung der Urkunde** über die Zulassung zur Rechtsanwaltschaft an (§ 12 Abs. 2). Zufolge des Abs. 3 kann er sich der anwaltsgerichtlichen Ahndung von Pflichtverletzungen durch **Verzicht auf die Rechte aus der Zulassung,** die ein Ausscheiden aus der Rechtsanwaltschaft zu Folge hat (§ 14 Abs. 1 Nr. 5), entziehen. Nach späterer erneuter Zulassung kann er aber wegen der früheren Tat wieder anwaltsgerichtlich verfolgt werden (Amtl. Begr.; *Feuerich,* § 113 Rz. 3).

6   Zu Verfehlungen von **Anwaltsnotaren** vgl. § 118 a Abs. 5.

§ 114   Anwaltsgerichtliche Maßnahmen

(1) Anwaltsgerichtliche Maßnahmen sind
1. Warnung,
2. Verweis,
3. Geldbuße bis zu fünfzigtausend Deutsche Mark,
4. Verbot, auf bestimmten Rechtsgebieten als Vertreter und Beistand für die Dauer von einem Jahr bis zu fünf Jahren tätig zu werden,
5. Ausschließung aus der Rechtsanwaltschaft.
(2) Die anwaltsgerichtlichen Maßnahmen des Verweises und der Geldbuße können nebeneinander verhängt werden.

Zur **Abgrenzung** der anwaltsgerichtlichen Maßnahmen **von der Rüge** 1 durch den Vorstand der RAK vgl. § 113 Rz. 2.

Art und Höhe der anwaltsgerichtlichen Maßnahme zu ermitteln, ist dem 2 pflichtgemäßen Ermessen des Tatrichters (1. Instanz AnwG, Berufungsinstanz AnwGH) anvertraut; dabei braucht er im Urteil nur die Umstände mitzuteilen, die für die Zumessung entscheidend waren; das Revisionsgericht (BGH) kann lediglich prüfen, ob dem Tatrichter dabei Rechtsfehler unterlaufen sind; ein solcher Rechtsfehler kann auch die Verletzung des Grundsatzes der Verhältnismäßigkeit sein (BGH, BRAK-Mitt. 1986, 172, BGH, BRAK-Mitt. 1991, 229). Wird nach Begehung einer im anwaltsgerichtlichen Verfahren zu ahndenden Pflichtverletzung der Höchstbetrag der angedrohten Geldbuße angehoben, so verstößt die Verhängung einer höheren Geldbuße als zur Tatzeit zulässig dann nicht gegen das Verbot rückwirkender Maßnahmenverschärfung nach Art. 103 Abs. 2 GG, wenn sonst schwerere Maßnahmen des Vertretungsverbots in Betracht kämen, weil eine Geldbuße in der zur Tatzeit zulässigen Höhe nicht ausreicht (BGH, BRAK-Mitt. 1991, 53 zu EGH München, a.a.O., S. 54).

Zu **Abs. 1 Nr. 4**: Das gegenständlich und zeitlich begrenzte Vertretungs- 3 und Beistandsverbot darf nur für ganze, in sich geschlossene Rechtsgebiete (etwa für das Strafrecht) ausgesprochen werden (BGH AnwBl. 1983, 192; vgl. auch EG Hamburg EGE XIV 287, 293). Die Anordnung muß klar und eindeutig sein. Ein Vertretungsverbot »auf dem Gebiet des . . . Strafrechts und der damit zusammenhängenden Rechtsgebiete« ist nicht genügend eindeutig, um Zweifel, ob auch das Ordnungswidrigkeitenrecht mitumfaßt ist, zu beseitigen (BGH, BRAK-Mitt. 1992, 56). Das gilt auch bei außerberuflichem Fehlverhalten, z. B. fahrlässiger Straßenverkehrsgefährdung nach Einnahme von Betäubungsmitteln unter besonderen Umständen (BGH, BRAK-Mitt. 1983, 93). Welche Rechtsgebiete im Einzelfall für ein Verbot in Betracht kommen, hat das Anwaltsgericht wie auch sonst unter Berücksichtigung der Schuld des betroffenen Rechtsanwalts und des mit der anwaltsgerichtlichen Maßnahme verfolgten Zwecks, die Integrität der Anwaltschaft zu wahren, zu entscheiden. Erstreckt sich die Verfehlung auf mehrere Rechtsgebiete, so kann das Vertretungsverbot für das Rechtsgebiet ausgesprochen werden, auf dem der Schwerpunkt der Verfehlung liegt (BGH, BRAK-Mitt. 1989, 111). Zum Vertretungsverbot auf dem Gebiet des Strafrechts unter Verzicht auf die Einbeziehung von Bußgeldsachen vgl. EGH Frankfurt, EGE XIV 266. Unter Umständen kann der Grundsatz der Verhältnismäßigkeit verletzt sein (vgl. hierzu Rz. 2), wenn auf das Verbot nach Nr. 4 erkannt worden ist, ohne Feststellungen darüber zu treffen, wie es sich auf den Fortbestand der Praxis auswirken würde (BGH, BRAK-Mitt. 1986, 172). Von dem Verbot nach Nr. 4 ist eine nach außen nicht erkennbar hervortretende Beratung nicht mit erfaßt; soweit der Rechtsanwalt mit einer Beratung zugleich eine nach außen gewendete Tätigkeit als Vertreter und Beistand entfalten würde – etwa bei dem schriftlichen Verkehr mit dem in Haft befindlichen Beschuldigten, der zugleich ein Tätigwerden vor einer Behörde in sich schließt – greift jedoch das einschlägige Verbot Platz (vgl. BT-Drucks. 7/4005, S. 14 f.). Das für bestimmte Rechtsgebiete ausgesprochene Verbot nach Nr. 4 hat zur Folge, daß der betroffene RA insoweit auch nicht als amtlich bestellter Vertreter eines anderen RA handeln darf (BGH, BRAK-Mitt. 1983, 91; EGH Frankfurt, AnwBl. 1984, 629). Bei der Bemessung der Dauer des Verbots darf die Zeit eines gemäß § 150 oder § 161 a angeordneten vorläufigen Verbots nicht zugunsten des RA berücksichtigt werden, da diese Zeit gemäß § 204 Abs. 5 Satz 2 bei der Vollstreckung ohnehin voll eingerechnet wird; etwas anderes kann nur gelten, wenn der RA durch das vorläufige Verbot besondere, ungewöhnliche Nachteile erlitten hat.

4   Zur Eintragung von Maßnahmen nach Abs. 1 Nr. 4 in das Bundeszentralregister vgl. § 11 Rz. 6.

5   Zu **Abs. 1 Nr. 5**: Die **Ausschließung** aus der Rechtsanwaltschaft als äußerstes Mittel kommt in Betracht, wenn ein RA seine Pflicht so gröblich verletzt hat, daß er unwürdig oder ungeeignet ist, den Anwaltsberuf auszuüben (Amtl. Begr.). Das ist z. B. in der Regel der Fall, wenn ein RA sich der Untreue, insbesondere gegenüber einem Mandanten, schuldig gemacht hat (BGH, BRAK-Mitt. 1982, 25; 1986, 232; EGH München BRAK-Mitt. 1991, 105). Bei Verurteilung wegen Parteiverrats und Begünstigung kann nur ausnahmsweise wegen besonderer Umstände des Falles von der Ausschließung aus der Rechtsanwaltschaft abgesehen werden (EGH Hamm, BRAK-Mitt. 1984, 143). Der Schuldgehalt der Tat hat bei der Entscheidung der Frage, ob sie eine Ausschließung aus der Rechtsanwaltschaft rechtfertigt, nicht die gleiche überragende Bedeutung wie im allgemeinen Strafrecht (BGHSt 20, 73, 74; BGH, BRAK-Mitt. 1985, 232). Letztlich maßgebend ist immer die Gesamtwürdigung des Falles, bei der die äußeren Folgen der Tat ebenso zu

berücksichtigen sind wie die Persönlichkeit des Täters (BGHSt 28, 333, 335). Dabei verlangt der Grundsatz der Verhältnismäßigkeit auch die Prüfung, ob von dem RA noch eine Gefahr für die Rechtspflege ausgeht (BGH, BRAK-Mitt. 1985, 173; 1987, 96 und 159) und ob nicht die mildere Maßnahme nach Abs. 1 Nr. 4 zur Ahndung der Tat ausreicht (BGH, BRAK-Mitt. 1988, 150), z. B. bei wiederholter Untätigkeit des RA (BGH, BRAK-Mitt. 1989, 111). Zwölfjährige unbeanstandete Berufsausübung nach einer Pflichtverletzung kann der Ausschließung aus der Rechtsanwaltschaft entgegenstehen (EGH München, BRAK-Mitt. 1984, 40). Das **Berufsverbot im Strafverfahren** nach § 70 StGB hindert nicht die Ausschließung aus der Rechtsanwaltschaft im anwaltsgerichtlichen Verfahren (BGH, NJW 1975, 1712); zur Entscheidung, ob die Voraussetzungen des § 114 Abs. 1 Nr. 5 vorliegen, ist nur die Anwaltsgerichtsbarkeit berufen, während der Strafrichter auf die Auslegung und Anwendung des § 70 StGB beschränkt ist (BGH, BRAK-Mitt. 1991, 107); im anwaltsgerichtlichen Verfahren kann auch dann auf Ausschließung erkannt werden, wenn im Strafverfahren wegen derselben Tat die Anordnung eines Berufsverbots unterblieben ist (BGH, BRAK-Mitt. 1985, 173). Wer einem Berufsverbot nach § 70 StGB oder § 132 a StPO zuwiderhandelt, weil er annimmt, seine dagegen eingelegte Beschwerde habe aufschiebende Wirkung, handelt in einem den Vorsatz ausschließenden Tatbestandsirrtum (BGH, NJW 1989, 1939).

Hinsichtlich anwaltsgerichtlicher Maßnahmen nach Abs. 1 gegen Kammerrechtsbeistände vgl. § 209 Rz. 11. **6**

Zur Eintragung von Maßnahmen nach Abs. 1 Nr. 5 in das Bundeszentralregister vgl. § 11 Rz. 6. **7**

Wirkungen der Maßnahmen nach Abs. 1 Nr. 1–5: Die Warnung (Nr. 1) **8** hat keine weiteren Rechtsfolgen für den betroffenen RA. Die Rechtsfolgen der Maßnahmen nach Nrn. 2–4 sind aus § 66 Nr. 4, § 94 Abs. 3 Satz 1, § 103 Abs. 2 Satz 1, § 108 Abs. 1, § 114 a Abs. 1, 2, die der Ausschließung aus der Rechtsanwaltschaft (Nr. 5) aus §§ 13, 34, 36 und 66 Nr. 4 ersichtlich. Ein Anwaltsnotar, gegen den in den letzten 5 Jahren eine Maßnahme nach Nrn. 2–4 verhängt worden ist, kann nicht zum Notarbeisitzer im OLG-Senat für Notarsachen (Disziplinargericht) ernannt werden (§ 103 Abs. 5 BNotO). Zu den Folgen der Zuwiderhandlung gegen ein Vertretungsverbot nach Nr. 4 vgl. § 114 a Abs. 3.

Zu Abs. 2: Verweis und Geldbuße sind z. B. gerechtfertigt bei Verstößen **9** gegen das Verbot der Doppelverteidigung nach § 146 StPO (EGH Koblenz BRAK-Mitt. 1983, 96, 143).

Wegen der **Vollstreckung** der Maßnahmen vgl. § 204; wegen der Tilgung **10** von Eintragungen über Maßnahmen nach Abs. 1 Nr. 1 bis 3 in den über den RA geführten Akten vgl. § 205 a.

11   Für **EG-Anwälte** vgl. Vorbem. vor § 113 Rz. 2.

§ 114 a   Wirkungen des Vertretungsverbots, Zuwiderhandlungen

(1) [1]Der Rechtsanwalt, gegen den ein Vertretungsverbot (§ 114 Abs. 1 Nr. 4) verhängt ist, darf auf dem ihm untersagten Rechtsgebiet nicht als Vertreter und Beistand in Person oder im schriftlichen Verkehr vor einem Gericht, vor Behörden, vor einem Schiedsgericht oder gegenüber anderen Personen tätig werden oder Vollmachten oder Untervollmachten erteilen. [2]Er darf jedoch die Angelegenheiten seines Ehegatten und seiner minderjährigen Kinder wahrnehmen, soweit nicht eine Vertretung durch Anwälte geboten ist.

(2) [1]Die Wirksamkeit von Rechtshandlungen des Rechtsanwalts wird durch das Vertretungsverbot nicht berührt. [2]Das gleiche gilt für Rechtshandlungen, die ihm gegenüber vorgenommen werden.

(3) [1]Der Rechtsanwalt, der einem gegen ihn ergangenen Vertretungsverbot wissentlich zuwiderhandelt, wird aus der Rechtsanwaltschaft ausgeschlossen, sofern nicht wegen besonderer Umstände eine mildere anwaltsgerichtliche Maßnahme ausreichend erscheint. [2]Gerichte oder Behörden sollen einen Rechtsanwalt, der entgegen einem Vertretungsverbot vor ihnen auftritt, zurückweisen.

1   § 114 a spricht für das Vertretungsverbot nach § 114 Abs. 1 Nr. 4 die Wirkungen und Folgen von Zuwiderhandlungen aus, die nach § 155 Abs. 3–5 und § 156 auch für das Vertretungsverbot nach § 150 Abs. 1 gelten, jedoch mit der Beschränkung auf das »untersagte Rechtsgebiet«. Zur Selbstvertretung des RA in Strafsachen in eigener Sache vgl. § 155 Rz. 3.

2   Zu Abs. 3 Verstöße gegen das Vertretungsverbot führen nach **Abs. 3 Satz 1** regelmäßig zum Ausschluß aus der Anwaltschaft. Werden **besondere Umstände** für eine mildere Maßnahme verneint, verbleibt kein Raum für mildere Maßnahmen aus anderen Gründen, wie etwa der **Verhältnismäßigkeit.** Sämtliche Gesichtspunkt müssen in eine Gesamtwürdigung zur Prüfung der »besonderen Umstände« einfließen (BGH, BRAK-Mitt. 1993, 175).

3   Für **EG-Anwälte** vgl. Vorbem. vor § 113 Rz. 2.

§ 115   Verjährung der Verfolgung einer Pflichtverletzung

[1]Die Verfolgung einer Pflichtverletzung, die nicht eine Maßnahme gemäß § 114 Abs. 1 Nr. 4 oder 5 rechtfertigt, verjährt in fünf Jahren. [2]§ 78 Abs. 1,

§ 78 a Satz 1 sowie die §§ 78 b und 78 c Abs. 1 bis 4 des Strafgesetzbuches gelten entsprechend.

Nach § 78 Abs. 1 StGB schließt die Verjährung die Ahndung der Tat und **1** die Anordnung von Maßnahmen aus. Gemäß § 78 a Satz 1 StGB beginnt die Verjährung, sobald die Tat beendet ist. Die §§ 78 b und § 78 c Abs. 1 bis 4 StGB regeln das Ruhen und die Unterbrechung der Verjährung. Nach Satz 2 i. V. mit § 78 c Abs. 1 Nr. 2 unterbricht die Bestimmung des Termins für die richterliche Vernehmung des beschuldigten RA im anwaltsgerichtlichen Vorverfahren die Verjährung, auch wenn die Terminbestimmung später wieder aufgehoben wird (EGH Stuttgart, AnwBl. 1973, 54). Verfolgungsmaßnahmen im Rahmen eines Strafverfahrens sind jedoch nicht geeignet, die Verfolgungsverjährung in einem sachgleichen Ehrengerichtsverfahren zu unterbrechen (EGH München, NJW 1976, 816).

Bei einem komplexen Gesamtverhalten kommt es für die Errechnung der **2** Fünfjahresfrist darauf an, wann der Beschuldigte die letzte Teilhandlung dieser Berufsverfehlung gesetzt hat; von da ab läuft die Fünfjahresfrist; etwas anderes gilt, wenn es sich um mehrere völlig selbständige in keinerlei Zusammenhang stehende Verfehlungen handelt; dann ist der Zeitablauf für jeden selbständigen Tatkomplex besonders zu berechnen (BGH, NJW 1968, 2204; vgl. auch EGH München, BRAK-Mitt. 1984, 40).

Für die Verjährung von Berufspflichtverletzungen eines nach der BRAO **3** zugelassenen **RA aus dem ehemaligen Ostberlin** (vgl. § 3 Rz. 2), die vor dem 3. 10. 1990 begangen wurden, galt nach EinigungsV, Anl. I, Kapitel III, Sachgebiet A, Abschnitt IV, Nr. 1 a, cc, die Verjährungsregelung der Verordnung der DDR vom 22. 2. 1990 (GBl. I S. 147). Vgl. dazu *Feuerich*, § 115 Rz. 23.

Lit.: *Feuerich*, Die Verjährung der Verfolgung einer anwaltlichen Pflicht- **4** verletzung, AnwBl. 1988, 133.

§ 115 a Rüge und anwaltsgerichtliche Maßnahme

(1) [1]Der Einleitung eines anwaltsgerichtlichen Verfahrens gegen einen Rechtsanwalt steht es nicht entgegen, daß der Vorstand der Rechtsanwaltskammer ihm bereits wegen desselben Verhaltens eine Rüge erteilt hat (§ 74). [2]Hat das Anwaltsgericht den Rügebescheid aufgehoben (§ 74 a), weil es eine schuldhafte Pflichtverletzung nicht festgestellt hat, so kann ein anwaltsgerichtliches Verfahren wegen desselben Verhaltens nur aufgrund solcher Tatsachen oder Beweismittel eingeleitet werden, die dem Anwaltsgericht bei seiner Entscheidung nicht bekannt waren.

(2) ¹Die Rüge wird mit der Rechtskraft eines anwaltsgerichtlichen Urteils unwirksam, das wegen desselben Verhaltens gegen den Rechtsanwalt ergeht und auf Freispruch oder eine anwaltsgerichtliche Maßnahme lautet. ²Die Rüge wird auch unwirksam, wenn rechtskräftig die Eröffnung des Hauptverfahrens abgelehnt ist, weil eine schuldhafte Pflichtverletzung nicht festzustellen ist.

§ 115 b Anderweitige Ahndung

¹Ist durch ein Gericht oder eine Behörde eine Strafe, eine Disziplinarmaßnahme, eine berufsgerichtliche Maßnahme oder eine Ordnungsmaßnahme verhängt worden, so ist von einer anwaltsgerichtlichen Ahndung wegen desselben Verhaltens abzusehen, wenn nicht eine ehrengerichtliche Maßnahme zusätzlich erforderlich ist, um den Rechtsanwalt zur Erfüllung seiner Pflichten anzuhalten und das Ansehen der Rechtsanwaltschaft zu wahren. ²Einer Maßnahme gemäß § 114 Abs. 1 Nr. 4 oder 5 steht eine anderweitig verhängte Strafe oder Maßnahme nicht entgegen.

1   Die Vorschrift entspricht weitgehend § 14 BDO, der für die zusätzliche disziplinare Ahndung der Pflichtverletzungen von Beamten neben gerichtlich oder behördlich verhängten Strafen oder Ordnungsmaßnahmen gilt. Die umfangreiche Rspr., insbesondere des BVerwG, und die Lit. zu § 14 BDO können daher zur Auslegung und Anwendung des § 115 b weitgehend herangezogen werden (vgl. hierzu insbesondere *Claussen/Janzen*, Erl. zu § 14).

2   Eine »**Ordnungsmaßnahme**« i. S. von Satz 1 ist nur eine solche mit Strafcharakter, z. B. eine Geldbuße nach dem Ordnungswidrigkeitengesetz, jedoch nicht eine sitzungspolizeiliche Ordnungsmaßnahme nach § 176 GVG (BGH, EGE XIV 155). Auch die mit der Einstellung eines Strafverfahrens verbundene Auflage nach § 153 a StPO ist keine »anderweitige Ahndung« (BGH, NJW 1979, 770). Nicht hierunter fallen auch Maßnahmen der Einziehung im objektiven Verfahren nach der StPO, die Verfallerklärung nach § 73 ff. StGB bei Verfahrenseinstellungen, Beugemaßnahmen zur Zeugnis- und Eideserzwingung, gebührenpflichtige Verwarnungen, Eintragungen in die Verkehrssünderkartei oder sonstige Ermahnungen oder Belehrungen durch Gerichte oder Behörden (so *Claussen/Janzen* zu § 14 BDO, vgl. dort Rz. 3 b). Strafen und Ordnungsmaßnahmen durch ausländische Gerichte oder Behörden können berücksichtigt werden, sofern sie rechtsstaatlich zustande gekommen sind (BVerwGE 73, 252 zu § 14 BDO):

Satz 1 steht einer **Belehrung** durch den Vorstand der RAK nach § 73   **3**
Abs. 2 Nr. 1 nichts entgegen (vgl. zu § 14 BDO *Claussen/Janzen,* § 14 Rz. 7).
Eine **Rüge** nach § 74 sollte allerdings in den Fällen des Halbsatz 1 nur verhängt werden, wenn die Voraussetzungen des Halbsatz 2 erfüllt sind (wei-
tergehend für § 14 BDO *Claussen/Janzen,* a.a.O.).

Aus der bisherigen ehrengerichtlichen Rspr. zu § 115 b: **4**
Zu Satz 1: Selbst wenn die besonderen berufsrechtlichen Pflichten des RA
bei der Bemessung der Höhe der Strafe oder Geldbuße berücksichtigt worden sind, kann zusätzlich eine anwaltsgerichtliche Maßnahme erforderlich
sein (BGH, EGE XIV 252). Unfallflucht eines RA muß auch dann nicht
immer zu einer anwaltsgerichtlichen Ahndung führen, wenn der Betroffene
bereits vorher gegen Straßenverkehrsregeln verstoßen hat (EGH Hamm,
BRAK-Mitt. 1983, 96). Nach EG Hamburg BRAK-Mitt. 1987, 98, ist neben
der strafgerichtlichen Ahndung eine anwaltsgerichtliche Maßnahme erforderlich, wenn ein RA trotz zweier Verurteilungen wegen Trunkenheit im
Straßenverkehr erneut eine Trunkenheitsfahrt unternommen hat. Eine
zusätzliche Maßnahme ist nach Bay EGH BRAK-Mitt. 1992, 224 erforderlich, wenn ein Verteidiger, dem weitreichende Vorrechte bei der Kommuni-
kation mit seinem inhaftierten Mandanten eingeräumt sind, in Ausnutzung
seiner Bevorrechtigung bei der Erledigung sonstiger von seinem Mandanten
gewünschter Angelegenheiten tätig wird, weil er hierdurch das ihm als
Organ der Rechtspflege entgegengebrachte Vertrauen mißbraucht.
Zu Satz 2: Bei einer außerberuflichen Verfehlung eines RA (§ 113 Abs. 2)
– hier Trunkenheitsfahrt – steht eine anderweitig verhängte Strafe der Ausschließung aus der Rechtsanwaltschaft (§ 114 Abs. 1 Nr. 5) nur dann gemäß
Satz 2 nicht entgegen, wenn der RA seine Pflicht in einer so schwerwiegenden Weise verletzt hat, daß er für den Anwaltsstand nicht mehr tragbar
erscheint; ob diese Voraussetzung gegeben ist, haben die über die Tatfrage
entscheidenden Anwaltsgerichte – AnwG und AnwGH – in eigener Verantwortung zu prüfen; der BGH kann als Revisionsgericht auf die Sachrüge
hin die Entscheidung des AnwGH nur beanstanden, wenn der AnwGH
nicht in der vorbezeichneten Weise verfahren ist, gegen Denk- oder Verfahrensgesetze verstoßen hat, einen naheliegenden Umstand außer acht gelassen hat oder sonst einem Rechtsirrtum unterlegen ist (BGH, NJW 1976,
526).

Aus der Rspr. des BVerwG zu § 14 BDO (vgl. Rz. 1): Die zusätzliche Dis-   **5**
ziplinarmaßnahme neben sachgleicher Kriminalstrafe ist eine eng begrenzte
Ausnahme (BVerwGE 53, 346), für deren Rechtfertigung allgemeine Zumes-
sungsgründe in der Regel nicht ausreichen (BVerwGE 53, 230), auch nicht
die bloß abstrakte Möglichkeit künftiger Pflichtverletzungen (BVerwGE 73,
53, 257), sondern nur eng begrenzte und auf konkrete Umstände gestützte
Erwägungen (BVerwGE 33, 351). Ausschließlich generalpräventive Ge-

sichtspunkte rechtfertigen die zusätzliche disziplinare Ahndung nicht (BVerwG, Der Öffentliche Dienst 1973, 204). Zu beachten sind alle für die Gesamtpersönlichkeit bestimmenden Faktoren wie berufliche Leistungen, früheres Verhalten, Einsichtsvermögen, Strafempfindlichkeit, Pflichtgefühl, Wiederholungsneigung (vgl. BVerwG, Zeitschrift für Beamtenrecht 1968, 193). Setzt sich das Dienstvergehen aus mehreren Pflichtverletzungen zusammen, von denen mindestens eine nicht unter die Voraussetzungen des § 14 BDO fällt, dann ist die Vorschrift unanwendbar (BVerwG, Zeitschrift für Beamtenrecht 1969, 361). Vgl. im übrigen zur Rspr. des BVerwG hinsichtlich der Geltung des § 14 BDO für einzelne Deliktarten, insbesondere Verkehrsdelikte, *Claussen/Janzen*, § 14 Rz. 5 g.

6   Aus den gleichen überzeugenden Gründen, die nach BVerwG, NJW 1983, 1440 für die Anwendung des § 14 BDO gelten, kann die **Zugehörigkeit** eines RA zu einer **bestimmten Personengruppe** innerhalb des Anwaltsberufs, z. B. Fachanwalt für ein bestimmtes Rechtsgebiet oder Anwaltsnotar, zur Begründung der Notwendigkeit einer zusätzlichen anwaltsgerichtlichen Maßnahme in Fällen im Sinne von Satz 1 nicht herangezogen werden.

7   Wegen der **Einstellung des anwaltsgerichtlichen Verfahrens durch Urteil** in der Hauptverhandlung in den Fällen des Abs. 1 Satz 1 vgl. § 139 Abs. 3 Nr. 2.

Siebenter Teil   Das anwaltsgerichtliche Verfahren

Erster Abschnitt   Allgemeines

§ 116   Vorschriften für das Verfahren

¹Für das anwaltsgerichtliche Verfahren gelten die nachstehenden Vorschriften. ²Ergänzend sind das Gerichtsverfassungsgesetz und die Strafprozeßordnung sinngemäß anzuwenden.

Zu den hiernach sinngemäß anzuwendenden Vorschriften vgl. im einzelnen *Isele*, Anhang 1 und 2 zu § 116, wobei die Änderungen des GVG und der StPO seit dem 15. 9. 1975 zu berücksichtigen sind, und *Feuerich*, § 116 Rz. 5–84. **1**

Nachstehend sollen nur einige Vorschriften der StPO, vorwiegend solche, deren sinngemäße Anwendung zu bejahen ist, behandelt werden. **2**

§§ 22, 23 StPO (Ausschluß von Richtern) sind sinngemäß anwendbar. Ein **3** Richter ist aber nicht deswegen von der Mitwirkung im Anwaltsgerichtsverfahren ausgeschlossen, weil er im Strafverfahren (oder Bußgeldverfahren) wegen desselben Sachverhalts tätig wurde (BGHSt 15, 372). In solchen Fällen kann jedoch eine Ablehnung des betreffenden Richters wegen Befangenheit in Betracht kommen, wenn nicht Zweifel an der Richtigkeit der tatsächlichen Feststellung des Urteils im Straf- oder Bußgeldverfahren (§ 118 Abs. 3 Satz 2) nach Lage des Falles, z. B. bei vollem Geständnis, ausgeschlossen sind (vgl. *Rössler* in Festschrift für Karl Peters, 1984, S. 255 f.).

§§ 24–28 StPO (Ablehnung von Richtern) sind sinngemäß anwendbar. Die sofortige Beschwerde nach § 28 Abs. 1 Satz 1 StPO ist nach dem ebenfalls sinngemäß anwendbaren § 304 Abs. 4 StPO unzulässig, wenn der angefochtene Beschluß vom AnwGH stammt, da dieser bei sinngemäßer Anwendung des GVG und der StPO dem OLG entspricht (vgl. Vorbemerkung zu §§ 145–147). Zur Richterablehnung im Zulassungsverfahren vgl. § 40 Rz. 4.

§ 37 StPO (Zustellungen): Die sinngemäße Anwendung des § 37 Abs. 1 Satz 1 StPO ist zufolge der ausdrücklichen Vorschrift des § 229 entbehrlich. § 37 Abs. 1 Satz 2 und Abs. 2 sind sinngemäß anwendbar *Feuerich* BRAK-Mitt. 1993, 120.

§ 44 StPO (Wiedereinsetzung in den vorigen Stand): Vgl. § 143 Rz. 5.

§§ 71, 84 StPO (Entschädigung von Zeugen und Sachverständigen): Vgl. § 198 Rz. 3.

§§ 138 a ff. StPO (Ausschließung eines Verteidigers) sind anwendbar; zum Ausschluß wegen Verdachts der Tatbeteiligung vgl. BGH, BRAK-Mitt. 1991, 167 und 1993, 114.

§ 140 StPO (Notwendige Verteidigung): Vgl. § 117 a Rz. 1.

§ 147 StPO (Akteneinsicht des Verteidigers): Vgl. § 117 b Rz. 1.

§ 153 Abs. 1 Satz 1 StPO: In sinngemäßer Anwendung dieser Vorschrift auf das anwaltsgerichtliche Verfahren kann die StA bis zur Einreichung der Anschuldigungsschrift mit Zustimmung des für die Eröffnung des Hauptverfahrens zuständigen AnwG von der Verfolgung absehen, wenn die Schuld des betroffenen RA bei Bejahung der Verfehlung als gering anzusehen wäre und kein öffentliches Interesse an der Verfolgung besteht (*Isele*, S. 1474, 1477). Die Arbeitsgemeinschaft der Präsidenten der AnwGHe der Bundesländer hat sich in der 10. Jahreskonferenz am 21. 10. 1983 für die sinngemäße Anwendung der §§ 153, 153 a StPO im anwaltsgerichtlichen Verfahren ausgesprochen (BRAK-Mitt. 1984, 24); auch *Feuerich*, § 116 Rz. 34, erklärt beide Vorschriften für anwendbar.

§ 153 Abs. 1 Satz 2 StPO (Absehen von Verfolgung ohne Zustimmung des Gerichts) ist im anwaltsgerichtlichen Verfahren nicht entsprechend anwendbar, weil der hier verwendete Begriff eines gegen fremdes Vermögen gerichteten Vergehens kein Begriff des anwaltlichen Disziplinarrechts ist (*Isele*, S. 1470; vgl. auch *Feuerich*, BRAK-Mitt. 1993, 118).

§ 153 Abs. 2 Satz 1, 3, 4 StPO: In sinngemäßer Anwendung dieser Vorschrift kann das Gericht nach Einreichung der Anschuldigungsschrift bei dem AnwG in jeder Lage des anwaltsgerichtlichen Verfahrens durch unanfechtbaren Beschluß unter den Voraussetzungen des § 153 Abs. 1 Satz 1 StPO mit Zustimmung der StA und des betroffenen RA das Verfahren einstellen (*Isele*, S. 1477; BVerfG, EGE VIII 137, 142; BGH, EGE VII 171, 175; EGH Hamm, EGE VII 242 und oben Rz. 11 letzter Satz).

§ 153 Abs. 2 Satz 2, 4 StPO (Einstellung ohne Zustimmung des betroffenen RA) ist im anwaltsgerichtlichen Verfahren sinngemäß anwendbar (vgl. *Isele*, S. 1470, und oben Rz. 11 letzter Satz).

§ 153 a Abs. 1 StPO: In sinngemäßer Anwendung dieser Vorschrift dürfte es zulässig sein, daß die StA mit Zustimmung des für die Eröffnung des Hauptverfahrens zuständigen AnwG und des betroffenen RA unter Erteilung von Auflagen und Weisungen nach § 153 a Abs. 1 Satz 1 Nr. 1–3 StPO vorläufig von der Einreichung einer Anschuldigungsschrift absieht (vgl. EG Köln AnwBl. 1982, 40; *Feuerich*, BRAK-Mitt. 1993, 119; a. A. *Isele*, S. 1477; vgl. auch Rz. 11 letzter Satz).

§ 153 a Abs. 2 StPO: In sinngemäßer Anwendung dieser Vorschrift kann das Gericht nach Einreichung der Anschuldigungsschrift bei dem AnwG mit Zustimmung der StA und des betroffenen RA das anwaltsgerichtliche Verfahren bis zum Ende der Hauptverhandlung, in der die tatsächlichen Feststellungen letztmals geprüft werden können, durch unanfechtbaren

Beschluß vorläufig einstellen und zugleich dem betroffenen RA die in
§ 153 a Abs. 1 Satz 1 Nr. 1–3 StPO bezeichneten Auflagen und Weisungen
erteilen (EG Köln, AnwBl. 1982, 40; a. A. *Isele*, S. 1477; vgl. auch Rz. 11
letzter Satz).

§ 154 StPO (Absehen von der Verfolgung einer unwesentlichen Nebentat
durch die StA nach Abs. 1 und vorläufige Einstellung des Verfahrens durch
das Gericht nach Abs. 2) ist im anwaltsgerichtlichen Verfahren mit der Maßgabe sinngemäß anwendbar, daß in Abs. 1 Satz 1 anstelle der Worte »die
Strafe oder die Maßregel der Besserung und Sicherung« die Worte »die
anwaltsgerichtliche Maßnahme« treten (*Isele*, S. 1478; *Feuerich*, § 116
Rz. 35).

§ 154 a StPO (Beschränkung der Strafverfolgung) ist mit derselben Maßgabe wie § 154 sinngemäß anwendbar (so der Generalstaatsanwalt im Fall
BGHSt 24, 81, 83; ebenso *Isele*, S. 1478; *Feuerich*, § 116 Rz. 36).

§ 155 StPO (Umfang der Untersuchung) ist sinngemäß anwendbar (*Isele*,
S. 1479, *Feuerich*, § 116 Rz. 36).

§§ 172–175 StPO: Vgl. § 122 Abs. 4, 5, § 123 Abs. 3.

§§ 203, 204 StPO (Eröffnung des Hauptverfahrens, Nichteröffnung):
Vgl. § 131 Rz. 1.

§ 206 a Abs. 1 StPO (Einstellung bei Verfahrenshindernissen) ist sinngemäß anwendbar (vgl. BGH, EGE VI 115; BGH, Beschl. v. 27. 5. 1991 –
AnwSt (R) 6/91). Vgl. auch § 139 Rz. 3.

§ 206 a Abs. 2 StPO (Sofortige Beschwerde gegen den Einstellungsbe-
schluß). Ein das anwaltsgerichtliche Verfahren nach § 116 einstellender
Beschluß kann nicht mit der Beschwerde angefochten werden (BGH, EGE
VI 115).

§ 207 Abs. 2, 3 StPO: Vgl. § 131 Rz. 1, § 130 Satz 1.

§ 251 StPO (Urkundenbeweis mit Protokollen): Abs. 1 und 2 sind mit
Rücksicht auf die gesonderte und abschließende Regelung in § 138 nicht
anwendbar, ebenso Abs. 4, wohl aber Abs. 3 (*Feuerich*, § 138 Rz. 11, im
Anschluß an *Isele*).

§ 260 Abs. 3 StPO: Vgl. § 139 Rz. 4.

§ 301 StPO: Vgl. § 143 Rz. 2.

§§ 302, 303 StPO: Vgl. § 143 Rz. 4.

§§ 304–311 a StPO (Beschwerde): Vgl. Erl. zu § 142 und Vorbem. zu
§§ 145–157.

§§ 312 ff. StPO (Berufung): Vgl. § 143 Rz. 1, 2. Die §§ 313, 322 a StPO
sind jedoch nicht anwendbar (*Feuerich*, BRAK-Mitt. 1993, 120).

§ 357 StPO: Diese Vorschrift über die Revisionserstreckung auf Mitver-
urteilte ist im Beschwerdeverfahren wegen Nichtzulassung der Revision
gegen ein Urteil des AnwGH nicht analog anwendbar (BGH, BRAK-Mitt.
1992, 59).

§ 358 StPO (Bindung des Untergerichts; Verbot der Schlechterstellung) gilt mit Ausnahme von Abs. 2 Satz 2 (vgl. § 117 Satz 2). Zum Verschlechterungsverbot des Abs. 2 Satz 1 vgl. BGH, EGE VIII 49, 51; XII 73; EGH Stuttgart, EGE XI 157; für den Fall der Zurückweisung EGH Frankfurt, AnwBl. 1984, 629, 631.

§ 372 StPO (Sofortige Beschwerde) ist weitgehend anwendbar. Entscheidungen des AnwGH über die Zulässigkeit und Begründetheit eines Wiederaufnahmeantrags gegen ein rechtskräftiges anwaltsgerichtliches Urteil sind unanfechtbar, und zwar auch dann, wenn der RA durch das Urteil aus der Rechtsanwaltschaft ausgeschlossen worden ist (BGH, EGE X, 101; NJW 1991, 2916; BRAK-Mitt. 1992, 57).

§§ 464–467 StPO (Kosten des Verfahrens): Vgl. § 197 Rz. 2–4, § 198 Rz. 2, 3.

4   Für die Ausübung des **Gnadenrechts** gilt § 452 StPO entsprechend. Danach steht dem Bund das Begnadigungsrecht zu, soweit der Anwaltssenat des BGH nach § 163 Satz 2 als Gericht erster Instanz in anwaltsgerichtlichen Verfahren gegen einen RA bei dem BGH entschieden hat (vgl. *Bülow*, Anhang nach § 115, und die Anordnung des Bundespräsidenten über die Ausübung des Begnadigungsrechts des Bundes vom 5. 10. 1965 (BGBl. I S. 1573), geändert durch Anordnung vom 3. 11. 1970 (BGBl. I S. 1513), Art. 1 Nr. 5, Art. 2 Abs. 1 Nr. 2, Art. 3). In allen anderen Sachen steht das Begnadigungsrecht den Ländern zu.

5   Für das anwaltsgerichtliche Verfahren werden **keine Gebühren,** sondern nur Auslagen erhoben (§ 195).

§ 117   Keine Verhaftung des Rechtsanwalts

[1]Der Rechtsanwalt darf zur Durchführung des anwaltsgerichtlichen Verfahrens weder vorläufig festgenommen noch verhaftet oder vorgeführt werden. [2]Er kann nicht zur Vorbereitung eines Gutachtens über seinen psychischen Zustand in ein psychiatrisches Krankenhaus gebracht werden.

Die Vorschrift verbietet u. a. die Anwendung der §§ 81, 81 a und 81 b StPO gegen den RA im anwaltsgerichtlichen Verfahren (*Isele*, Anh. 2 zu § 116–§§ 81 StPO ff.; *Feuerich*, § 117 Rz. 1, 4).

§ 117 a   Verteidigung

Auf die Verteidigung im anwaltsgerichtlichen Verfahren ist § 140 Abs. 1 Nrn. 1 bis 3, 6 und 7 der Strafprozeßordnung nicht anzuwenden.

Nach dieser Vorschrift ist die Mitwirkung eines Verteidigers im anwalts-   1
gerichtlichen Verfahren nur notwendig in den Fällen des § 140 Abs. 1
Nrn. 4, 5 und 8 sowie Abs. 2 StPO. Für die Möglichkeit der Bestellung eines
Pflichtverteidigers nach § 140 Abs. 2 StPO hat sich die Arbeitsgemeinschaft
der Präsidenten der AnwGH der Bundesländer in ihrer 10. Jahreskonferenz
am 21. 11. 1983 ausdrücklich ausgesprochen (BRAK-Mitt. 1984, 24). Die
teilweise Abwesenheit des Pflichtverteidigers in der Berufungsverhandlung
des anwaltsgerichtlichen Verfahrens während der Verlesung des erstinstanzlichen Urteils ist kein Verfahrensfehler, wenn die Verlesung ohne wesentliche Bedeutung ist (BGH, BRAK-Mitt. 1987, 43).

Im Wiederaufnahmeverfahren (§ 116 Satz 2 i. V. mit §§ 359 ff. StPO)   2
kommt die Bestellung eines Verteidigers nach §§ 264 a und b StPO in
Betracht (*Feuerich*, § 117 a Rz. 13).

Soweit ein Fall der notwendigen Verteidigung nicht vorliegt, kann der   3
beschuldigte **RA sich selbst verteidigen.** Er erlangt aber dadurch nicht die
prozessuale Stellung eines Verteidigers mit ihren besonderen Rechten und
Pflichten (vgl. § 3 Rz. 25). Deshalb sind ihm auch nach der jetzt h. M. nicht
die Gebühren und Auslagen zu erstatten, die ein als Verteidiger bevollmächtigter RA erstattet verlangen könnte (EGH Stuttgart, AnwBl. 1983, 331
m. w. N.; *Feuerich*, § 197 Rz. 16; a. A. EGH Koblenz, AnwBl. 1981, 415).
Das ist verfassungsrechtlich unbedenklich (BVerfG, MDR 1988, 552).

§ 117 b   Akteneinsicht

[1]Der Vorstand der Rechtsanwaltskammer und der Rechtsanwalt, der einer
Verletzung seiner Pflichten beschuldigt wird, sind befugt, die Akten, die dem
Gericht vorliegen oder diesem im Falle der Einreichung einer Anschuldigungsschrift vorzulegen wären, einzusehen sowie amtlich verwahrte Beweisstücke zu
besichtigen. [2]Für die Akteneinsicht durch den Rechtsanwalt ist § 147 Abs. 2, 3,
5 und 6 der Strafprozeßordnung entsprechend anzuwenden.

Für das Recht des **Verteidigers** des im anwaltsgerichtlichen Verfahren   1
beschuldigten RA auf Akteneinsicht gilt gemäß § 116 die Vorschrift des
§ 147 StPO uneingeschränkt. § 117 b regelt das Recht auf Akteneinsicht, das
neben dem Vorstand der RAK dem **beschuldigten RA** selbst zusteht. Dieser
kann, da § 147 Abs. 4 StPO in § 117 b Satz 2 nicht für entsprechend
anwendbar erklärt worden ist, die Akten und die amtlich verwahrten
Beweismittel nur bei der StA oder dem zuständigen AnwG einsehen.

2   Für die **Akteneinsicht durch Dritte** fehlt eine gesetzliche Regelung. Solange diese nicht erfolgt ist, ist über entsprechende Anträge für die Übergangszeit unter Zugrundelegung des durch das BVerfG (NJW 1984, 419) aktualisierten Verfassungsverständnisses (»informationelles Selbstbestimmungsrecht«) zu entscheiden. Für das dabei einzuhaltende Verfahren können die Nrn. 182–189 der Richtlinien für das Straf- und Bußgeldverfahren (RiStBV) in der zur Zeit geltenden Fassung (vgl. JMBl. NW. 1988, 217) noch für eine Übergangszeit gewisse Anhaltspunkte geben. Vgl. hierzu OLG Hamm, MDR 1986, 516; OLG Bremen, BRAK-Mitt. 1989, 118.

3   Zum **Recht des RA auf Einsicht** in die über ihn geführten Personalakten und Vorgänge des Rügeverfahrens der RAK vgl. § 58.

§ 118   Verhältnis des anwaltsgerichtlichen Verfahrens zum Straf- oder Bußgeldverfahren

(1) [1]Ist gegen einen Rechtsanwalt, der einer Verletzung seiner Pflichten beschuldigt wird, wegen desselben Verhaltens die öffentliche Klage im strafgerichtlichen Verfahren erhoben, so kann gegen ihn ein anwaltsgerichtliches Verfahren zwar eingeleitet, es muß aber bis zur Beendigung des strafgerichtlichen Verfahrens ausgesetzt werden. [2]Ebenso muß ein bereits eingeleitetes anwaltsgerichtliches Verfahren ausgesetzt werden, wenn während seines Laufes die öffentliche Klage im strafgerichtlichen Verfahren erhoben wird. [3]Das anwaltsgerichtliche Verfahren ist fortzusetzen, wenn die Sachaufklärung so gesichert erscheint, daß sich widersprechende Entscheidungen nicht zu erwarten sind, oder wenn im strafgerichtlichen Verfahren aus Gründen nicht verhandelt werden kann, die in der Person des Rechtsanwalts liegen.

(2) Wird der Rechtsanwalt im gerichtlichen Verfahren wegen einer Straftat oder einer Ordnungswidrigkeit freigesprochen, so kann wegen der Tatsachen, die Gegenstand der gerichtlichen Entscheidung waren, ein anwaltsgerichtliches Verfahren nur dann eingeleitet oder fortgesetzt werden, wenn diese Tatsachen, ohne den Tatbestand einer Strafvorschrift oder einer Bußgeldvorschrift zu erfüllen, eine Verletzung der Pflichten des Rechtsanwaltes enthalten.

(3) [1]Für die Entscheidung im anwaltsgerichtlichen Verfahren sind die tatsächlichen Feststellungen des Urteils im Strafverfahren oder Bußgeldverfahren bindend, auf denen die Entscheidung des Gerichts beruht. [2]In dem anwaltsgerichtlichen Verfahren kann ein Gericht jedoch die nochmalige Prüfung solcher Feststellungen beschließen, deren Richtigkeit seine Mitglieder mit Stimmenmehrheit bezweifeln; dies ist in den Gründen der anwaltsgerichtlichen Entscheidung zum Ausdruck zu bringen.

(4) ¹Wird ein anwaltsgerichtliches Verfahren nach Abs. 1 Satz 3 fortgesetzt, ist die Wiederaufnahme des rechtskräftig abgeschlossenen anwaltsgerichtlichen Verfahrens auch zulässig, wenn die tatsächlichen Feststellungen, auf denen die Verurteilung oder der Freispruch im anwaltsgerichtlichen Verfahren beruht, den Feststellungen im strafgerichtlichen Verfahren widersprechen. ²Den Antrag auf Wiederaufnahme des Verfahrens kann die Staatsanwaltschaft oder der Rechtsanwalt binnen eines Monats nach Rechtskraft des Urteils im strafgerichtlichen Verfahren stellen.

Die **öffentliche Klage** im strafgerichtlichen Verfahren im Sinne des Abs. 1 **1** Satz 1 wird dadurch erhoben, daß die StA eine Anklageschrift bei dem zuständigen Gericht einreicht (§ 170 Abs. 1 StPO); besondere Arten der Klage sind der Strafbefehlsantrag (§ 407 StPO), die mündliche Klageerhebung im beschleunigten Verfahren (§ 212 a Abs. 2 Satz 2 StPO) und die mündliche Nachtragsklage (§ 266 Abs. 2 Satz 1 StPO). Öffentliche Klage kann von der StA gemäß § 376 StPO auch wegen der nach § 374 im Wege der Privatklage verfolgbaren Straftaten erhoben werden; die Privatklage als solche ist aber keine öffentliche Klage i. S. des Abs. 1 Satz 1.

Für die Beurteilung der Frage, ob es sich um »**dasselbe Verfahren**« i. S. des **2** Abs. 1 Satz 1 handelt, ist maßgebend das zur Aburteilung in beiden Verfahren stehende Lebensverhältnis, das einheitliche geschichtliche tatsächliche Ereignis, ohne Rücksicht auf die rechtliche Wertung der Verhaltensweise und auf die in den beiden Verfahren zu ziehenden oder gezogenen rechtlichen Folgerungen (BGH, NJW 1979, 1171). Unterschiede in der straf- und anwaltsgerichtlichen Würdigung des Geschehens stellen die Sachgleichheit nicht in Frage (vgl. OVG Münster, JMBl. NW. 1986, 251, m. w. N.).

Das **anwaltsgerichtliche Verfahren** wird dadurch **eingeleitet,** daß die StA **3** bei dem Anwaltsgericht eine Anschuldigungsschrift einreicht (§ 121).

Die **Sachaufklärung** (Abs. 3 Satz 3 Halbs. 1) ist z. B. genügend gesichert **4** bei rechtskräftigem Schuldspruch, aber fehlendem rechtskräftigen Strafausspruch im Strafverfahren und bei einem Geständnis des Betroffenen (*Feuerich*, § 118 Rz. 18). In der **Person des RA** liegende Gründe, aus denen im Strafverfahren nicht verhandelt werden kann (Abs. 1 Satz 3 Halbs. 2), sind insbesondere die des § 205 StPO (Abwesenheit oder Verhandlungsunfähigkeit des Angeschuldigten). Liegen die Voraussetzungen vor, so muß das anwaltsgerichtliche Verfahren fortgesetzt werden. Dieses ist auch fortzusetzen, wenn das Strafverfahren endet, ohne daß es zu einer Hauptverhandlung und einem Urteil kommt, z. B. bei Einstellung des Verfahrens nach §§ 153, 153 a StPO oder bei einer Amnestie (vgl. *Isele*, § 118 Anm. II B 3b bb m. w. N., und *Feuerich*, § 118 Rz. 21). Zur Frage, ob § 118 Abs. 1 Satz 3 immer zur Fortsetzung des Verfahrens zwingt, oder ob dies grundsätzlich nur bei Verfahren, in denen eine Maßnahme nach § 114 Abs. 1 Nr. 4 oder Nr. 5 zu erwarten ist, so zu handhaben ist, weil § 118 Abs. 1 Satz 3 im Kontext mit § 115 b Satz 1 (anderweitige Ahndung) und § 118 b (Aussetzung des Verfahrens) zu sehen ist, vgl. *Feuerich*, BRAK-Mitt. 1990, 62 ff.

5   Die Aussetzung des anwaltsgerichtlichen Verfahrens nach Abs. 1 Satz 1 oder 2 steht der Verhängung eines **Berufs- oder Vertretungsverbots** nach § 150 nicht entgegen (BVerfG, NJW 1977, 892).

6   **Zu Abs. 3** ist nach BGH, NJW 1985, 2037 und 2038, folgendes zu beachten: Das AnwG hat nicht von Gesetzes wegen die Aufgabe, die **Feststellungen des Urteils im Straf- oder Bußgeldverfahren** nachzuprüfen; die Bindung an diese Feststellungen ist vielmehr die Regel, das Festhalten an ihr bedarf keiner Begründung im Urteil; solange die Bindung besteht, ist dem AnwG eine Beweisaufnahme über die tragenden Feststellungen des Strafurteils verschlossen; darauf abzielende Beweisanträge sind unzulässig; nur die Beseitigung von Unklarheiten oder Widersprüchen im Strafurteil oder die Ermittlung zusätzlicher, ihm nicht zugrundeliegender Tatsachen darf Gegenstand einer Beweisaufnahme und damit eines zulässigen Beweisantrags sein; überhaupt keine Beweisaufnahme sieht das Gesetz darüber vor, ob Zweifel an der Richtigkeit des strafgerichtlichen Urteils angebracht sind und welches Gewicht ihnen zukommt; das AnwG hat diese Frage allein anhand des Urteils zu prüfen; Zweifel an der Richtigkeit einzelner Feststellungen nötigen nicht zur Nachprüfung des Urteils insgesamt; es können auch innerhalb desselben Vorgangs die Feststellungen zur äußeren und zur inneren Tatseite jeweils isoliert nachgeprüft werden (zu letzteren a. A. *Isele*, § 118 Anm. III E 2). Zu den vom Strafrichter bindend festgestellten Umständen gehören auch die Bestandteile der Sachverhaltsschilderung, die das Tatgeschehen im Sinne des geschichtlichen Vorgangs näher umschreiben (BGH, BRAK-Mitt. 1988, 53). Die Bindungswirkung gilt auch für Urteile, deren Gründe gemäß § 267 Abs. 4 StPO abgekürzt sind (BGH, BRAK-Mitt. 1988, 212), ferner für die Fälle des Abs. 2, so daß auch die tatsächlichen Feststellungen eines **freisprechenden Urteils** im Strafverfahren oder Bußgeldverfahren für die Entscheidung im anwaltsgerichtlichen Verfahren bindend sind (EGH Stuttgart, BRAK-Mitt. 1983, 195).

7   Entgegen einer in der Praxis verbreiteten Ansicht geht die **Bindungswirkung des Abs. 3** Satz 1 nur von Urteilen, nicht aber auch von Strafbefehlen, Bußgeldbescheiden und Steuerstrafbescheiden aus (*Feuerich*, NJW 1988, 181, 184).

8   Für den Fall, daß sich die Prognose hinsichtlich der »gesicherten Sachaufklärung« (Abs. 1 Satz 3 Halbs. 1) als unrichtig erweisen sollte, gewährt **Abs. 4** einen zusätzlichen Grund für die **Wiederaufnahme** des anwaltsge-

richtlichen Verfahrens zugunsten wie zuungunsten des RA. Auf dieses in Verbindung mit § 116 Satz 2 und §§ 359 ff. StPO durchzuführende Verfahren sind die Regeln der §§ 360 ff. StPO, 140 a GVG in Verbindung mit § 116 Satz 2 entsprechend anzuwenden (*Feuerich*, BRAK-Mitt. 1990, 62). In der erneuten Hauptverhandlung im anwaltsgerichtlichen Verfahren (und unter Anwendung der Abs. 2 und 3) kann sodann für die möglichst weitgehende Übereinstimmung der Entscheidungen gesorgt werden (vgl. BT-Drucks. 11/3253, S. 25).

§ 118 a Verhältnis des anwaltsgerichtlichen Verfahrens zu dem Verfahren anderer Berufsgerichtsbarkeiten

(1) [1]Über eine Pflichtverletzung eines Rechtsanwalts, der zugleich der Disziplinar-, Ehren- oder Berufsgerichtsbarkeit eines anderen Berufes untersteht, wird im anwaltsgerichtlichen Verfahren für Rechtsanwälte entschieden, es sei denn, daß die Pflichtverletzung überwiegend mit der Ausübung des anderen Berufs in Zusammenhang steht. [2]Dies gilt nicht für die Ausschließung oder für die Entfernung aus dem anderen Beruf.

(2) [1]Beabsichtigt die Staatsanwaltschaft, gegen einen solchen Rechtsanwalt das anwaltsgerichtliche Verfahren einzuleiten, so teilt sie dies der Staatsanwaltschaft oder Behörde mit, die für die Einleitung eines Verfahrens gegen ihn als Angehörigen des anderen Berufes zuständig wäre. [2]Hat die für den anderen Beruf zuständige Staatsanwaltschaft oder Einleitungsbehörde die Absicht, gegen den Rechtsanwalt ein Verfahren einzuleiten, so unterrichtet sie die Staatsanwaltschaft, die für die Einleitung des anwaltsgerichtlichen Verfahrens gegen den Rechtsanwalt zuständig wäre (§§ 120, 163 Satz 3).

(3) Hat das Gericht einer Disziplinar-, Ehren- oder Berufsgerichtsbarkeit sich zuvor rechtskräftig für zuständig oder unzuständig erklärt, über die Plichtverletzung eines Rechtsanwalts, der zugleich der Disziplinar-, Ehren- oder Berufsgerichtsbarkeit eines anderen Berufs untersteht, zu entscheiden, so sind die anderen Gerichte an diese Entscheidung gebunden.

(4) **Die Abs. 1 bis 3 sind auf Rechtsanwälte im öffentlichen Dienst, die ihren Beruf als Rechtsanwalt nicht ausüben dürfen (§ 47), nicht anzuwenden.**

(5) § 110 der Bundesnotarordnung bleibt unberührt.

§ 110 BNotO lautet wie folgt: 1

(1) Ob über eine Verfehlung eines Notars, der zugleich Rechtsanwalt ist, im Disziplinarverfahren oder im anwaltsgerichtlichen Verfahren zu entscheiden ist, bestimmt sich dadurch, ob die Verfehlung vorwiegend mit dem Amt als Notar oder der Tätigkeit als Rechtsanwalt im Zusammenhang steht. Ist dies zweifelhaft

oder besteht ein solcher Zusammenhang nicht, so ist, wenn es sich um einen Anwaltsnotar handelt, im anwaltsgerichtlichen Verfahren, andernfalls im Disziplinarverfahren zu entscheiden.

(2) Hat ein Anwaltsgericht oder ein Disziplinargericht sich zuvor rechtskräftig für zuständig oder unzuständig erklärt, so ist das andere Gericht an diese Entscheidung gebunden.

2 § 110 BNotO bestimmt nicht nur den Rechtsweg, sondern auch die anwendbare Verfahrensordnung; nach dieser Verfahrensordnung richtet sich dann auch, welche Wirkung ein Zeitablauf auf die Verfehlung hat und welche Strafen oder Sanktionen gegen den Beschuldigten zulässig sind; dabei bedeutet der Begriff »Verfehlung« so viel wie »Verfehlungen« und umfaßt den gesamten Sachverhalt sowie alle historischen Vorkommnisse, aufgrund deren der Vorwurf der Pflichtverletzung erhoben wird (BGH, NJW 1067, 894). Vgl. zu dieser Frage auch BGH, NJW 1968, 2204. Läßt sich ein Überwiegen nicht feststellen oder ist es zweifelhaft, dann wird gegen den Anwaltsnotar im anwaltsgerichtlichen Verfahren für RAe und gegen den Notaranwalt im Disziplinarverfahren nach der BNotO entschieden (*Arndt*, BNotO, 2. Aufl. 1982 unter Berufung auf BGH, DNotZ 1967, 701, 703. Nach Ansicht des BGH soll die Frage, ob eine Verfehlung i. S. des § 110 BNotO vorwiegend mit dem Amt des Notars oder der Tätigkeit als Rechtsanwalt im Zusammenhang steht, nach dem Zeitpunkt zu beantworten sein, in dem das gerichtliche Verfahren eingeleitet wird oder die Rechtshängigkeit beginnt. Das erscheint nicht zwingend und in den Fällen auch nicht sinnvoll, in denen sich zu einem späteren Zeitpunkt ergibt, daß der Schwerpunkt eindeutig im anwaltlichen Bereich liegt. Hier sollte der Vorgang an die zuständige anwaltliche Institution abgegeben werden können (vgl. *Weingärtner*, Rz. 490 c).

§ 118 b   Aussetzung des anwaltsgerichtlichen Verfahrens

Das anwaltsgerichtliche Verfahren kann ausgesetzt werden, wenn in einem anderen gesetzlich geordneten Verfahren über eine Frage zu entscheiden ist, deren Beurteilung für die Entscheidung im anwaltsgerichtlichen Verfahren von wesentlicher Bedeutung ist.

Zur Frage des Ruhens der anwaltsgerichtlichen Verfolgungsverjährung im Falle des § 118 b vgl. EGH München, NJW 1976, 816.

Zweiter Abschnitt   Das Verfahren im ersten Rechtszug

1. Allgemeine Vorschriften

§ 119   Zuständigkeit

(1) Für das anwaltsgerichtliche Verfahren ist im ersten Rechtszug das Anwaltsgericht zuständig.

(2) Die örtliche Zuständigkeit des Anwaltsgerichts bestimmt sich nach dem Sitz der Rechtsanwaltskammer, welcher der Rechtsanwalt zur Zeit der Einleitung des Verfahrens angehört.

Der Rechtsweg zu den **Verwaltungsgerichten** ist auch bei Klagen auf Feststellung der Rechtswidrigkeit der Erteilung von Fachanwaltsbezeichnungen über § 40 Abs. 1 Satz 1 VwGO nicht gegeben; zuständig ist vielmehr die Anwaltsgerichtsbarkeit (BVerwG, BRAK-Mitt. 1993, 112).   1

Die durch **Abs. 2** begründete **örtliche Zuständigkeit des AnwG** für den Bezirk der RAK, welcher der RA zur Zeit der Einleitung des anwaltsgerichtlichen Verfahrens angehört, bleibt für den gesamten Verlauf des Verfahrens erhalten, auch wenn der RA nach der Einleitung des Verfahrens durch einen Wechsel der Zulassung (§ 33) Mitglied einer anderen Kammer wird (Amtl. Begr.).   2

§ 120   Mitwirkung der Staatsanwaltschaft

Die Staatsanwaltschaft bei dem Oberlandesgericht, in dessen Bezirk das Anwaltsgericht seinen Sitz hat (§ 119 Abs. 2), nimmt in den Verfahren vor dem Anwaltsgericht die Aufgaben der Staatsanwaltschaft wahr.

§ 120 a   Gegenseitige Unterrichtung von Staatsanwaltschaft und Rechtsanwaltskammer

Die Staatsanwaltschaft und der Vorstand der Rechtsanwaltskammer unterrichten sich gegenseitig, sobald sie von einem Verhalten eines Rechtsanwalts Kenntnis erlangen, das den Verdacht einer schuldhaften Verletzung seiner Pflichten, die mit einer der anwaltsgerichtlichen Maßnahmen nach § 114 Abs. 1 Nr. 3 geahndet werden kann, begründet.

2. Die Einleitung des Verfahrens

§ 121   Einleitung des anwaltsgerichtlichen Verfahrens

Das anwaltsgerichtliche Verfahren wird dadurch eingeleitet, daß die Staatsanwaltschaft bei dem Anwaltsgericht eine Anschuldigungsschrift einreicht.

Die Einleitung eines anwaltsgerichtlichen Verfahrens nach dieser Vorschrift gegen einen **Notar, der zugleich RA ist,** hat zur Folge, daß er auch ohne Einleitung eines förmlichen Disziplinarverfahrens nach der BNotO durch das Disziplinargericht vorläufig seines Amtes als Notar enthoben werden kann (§ 54 Abs. 2 BNotO).

§ 122   Gerichtliche Entscheidung über die Einleitung des Verfahrens

(1) Gibt die Staatsanwaltschaft einem Antrag des Vorstandes der Rechtsanwaltskammer, gegen einen Rechtsanwalt das anwaltsgerichtliche Verfahren einzuleiten, keine Folge oder verfügt sie die Einstellung des Verfahrens, so hat sie ihre Entschließung dem Vorstand der Rechtsanwaltskammer unter Angabe der Gründe mitzuteilen.

(2) [1]Der Vorstand der Rechtsanwaltskammer kann gegen den Bescheid der Staatsanwaltschaft binnen eines Monats nach der Bekanntmachung bei dem Anwaltsgerichtshof die gerichtliche Entscheidung beantragen. [2]Der Antrag muß die Tatsachen, welche die Entscheidung des anwaltsgerichtlichen Verfahrens begründen sollen, und die Beweismittel angeben.

(3) [1]Trifft die Staatsanwaltschaft innerhalb eines Monats seit dem Antrag des Vorstandes der Rechtsanwaltskammer, gegen einen Rechtsanwalt das anwaltsgerichtliche Verfahren einzuleiten, keine Entschließung nach Abs. 1 und reicht sie auch innerhalb dieser Frist keine Anschuldigungsschrift ein, so gibt sie dem Vorstand der Rechtsanwaltskammer Gelegenheit zur Stellungnahme. [2]Hat der Vorstand der Rechtsanwaltskammer innerhalb von drei Wochen unter Darlegung der Gründe einen schleunigen Abschluß des Ermittlungsverfahrens als erforderlich und möglich bezeichnet, und trifft die Staatsanwaltschaft innerhalb zweier weiterer Monate keine der in Satz 1 genannten Entscheidungen, so kann der Vorstand der Rechtsanwaltskammer bei dem Anwaltsgerichtshof die gerichtliche Entscheidung über die Einleitung des anwaltsgerichtlichen Verfahrens beantragen. [3]Abs. 2 Satz 2 ist anzuwenden. [4]Der Antrag ist nur zulässig, wenn der Verdacht einer so schweren Pflichtverletzung begründet ist, daß die Verhängung einer der in § 114 Abs. 1 Nr. 3 bis 5 bezeichneten Maßnahme in Betracht kommt.

(4) Auf das Verfahren vor dem Anwaltsgerichtshof sind §§ 173 bis 175 der Strafprozeßordnung entsprechend anzuwenden.
(5) § 172 der Strafprozeßordnung ist nicht anzuwenden.

Die Vorschrift behandelt das **Klageerzwingungsverfahren** auf Antrag des 1 Vorstandes der RAK. Beschließt der AnwGH nach § 175 Satz 1 StPO i. V. mit Abs. 4 die Einleitung des anwaltsgerichtlichen Verfahrens, so hat die StA diesen Beschluß nach § 175 Satz 2 StPO gemäß § 121 auszuführen.

Der Antrag nach Abs. 2 Satz 1 ist unbegründet, wenn das Rügerecht des 2 Kammervorstandes ausreicht, um die Standeswidrigkeiten zu ahnden (EGH Berlin BRAK-Mitt. 1982, 134).

Da durch **Abs. 5** die Anwendung des § 172 StPO ausgeschlossen worden 3 ist, kann eine **Privatperson,** die sich durch das Verfahren eines RA verletzt fühlt, die Einleitung eines anwaltsgerichtlichen Verfahrens gegen den RA nicht erzwingen.

§ 123   Antrag des Rechtsanwalts auf Einleitung des anwaltsgerichtlichen Verfahrens

(1) [1]Der Rechtsanwalt kann bei der Staatsanwaltschaft beantragen, das anwaltsgerichtliche Verfahren gegen ihn einzuleiten, damit er sich von dem Verdacht einer Pflichtverletzung reinigen kann. [2]Wegen eines Verhaltens, wegen dessen Zwangsgeld angedroht oder festgesetzt worden ist (§ 57) oder das der Vorstand der Rechtsanwaltskammer gerügt hat (§ 74), kann der Rechtsanwalt den Antrag nicht stellen.
(2) [1]Gibt die Staatsanwaltschaft dem Antrag des Rechtsanwalts keine Folge oder verfügt sie die Einstellung des Verfahrens, so hat sie ihre Entschließung dem Rechtsanwalt unter Angabe der Gründe mitzuteilen. [2]Wird in den Gründen eine schuldhafte Pflichtverletzung festgestellt, das anwaltsgerichtliche Verfahren aber nicht eingeleitet, oder wird offengelassen, ob eine schuldhafte Pflichtverletzung vorliegt, kann der Rechtsanwalt bei dem Anwaltsgerichtshof die gerichtliche Entscheidung beantragen. [3]Der Antrag ist binnen eines Monats nach der Bekanntmachung der Entschließung der Staatsanwaltschaft zu stellen.
(3) [1]Auf das Verfahren vor dem Anwaltsgerichtshof ist § 173 Abs. 1 und 3 der Strafprozeßordnung entsprechend anzuwenden. [2]Der Anwaltsgerichtshof entscheidet durch Beschluß, ob eine schuldhafte Pflichtverletzung des Rechtsanwalts festzustellen ist. [3]Der Beschluß ist mit Gründen zu versehen. [4]Erachtet der Anwaltsgerichtshof den Rechtsanwalt einer anwaltsgerichtlich zu ahndenden Pflichtverletzung für hinreichend verdächtig, so beschließt er die Einleitung des anwaltsgerichtlichen Verfahrens. [5]Die Durchführung dieses Beschlusses obliegt der Staatsanwaltschaft.

(4) Erachtet der Anwaltsgerichtshof eine schuldhafte Pflichtverletzung nicht für gegeben, so kann nur aufgrund neuer Tatsachen oder Beweismittel wegen desselben Verhaltens ein Antrag auf Einleitung des anwaltsgerichtlichen Verfahrens gestellt oder eine Rüge durch den Vorstand der Rechtsanwaltskammer erteilt werden.

1   Zur Anhängigkeit des in § 123 geregelten **Selbstreinigungsverfahrens** und ihren Folgen vgl. § 74 Abs. 2 Satz 2 und dort die Erl. in Rz. 3.

2   Ein Umkehrschluß aus Abs 4 ergibt, daß die **Staatsanwaltschaft** nicht gehindert ist, das aufgrund einer Selbstanzeige des RA eingeleitete und zunächst von ihr eingestellte Verfahren – selbst bei unverändertem Sachstand – später wiederaufzunehmen (BGH, BRAK-Mitt. 1981, 36).

§§ 124–129   *(aufgehoben)*

§ 130   Inhalt der Anschuldigungsschrift

[1]In der Anschuldigungsschrift (§ 121 dieses Gesetzes sowie § 207 Abs. 3 der Strafprozeßordnung) ist die dem Rechtsanwalt zur Last gelegte Pflichtverletzung unter Anführung der sie begründenden Tatsachen zu bezeichnen (Anschuldigungssatz). [2]Ferner sind die Beweismittel anzugeben, wenn in der Hauptverhandlung Beweise erhoben werden sollen. [3]Die Anschuldigungsschrift enthält den Antrag, das Hauptverfahren vor dem Anwaltsgericht zu eröffnen.

Anders als § 200 Abs. 1 Satz 1 StPO für die Anklageschrift verlangt § 130 Satz 1 für die Anschuldigungsschrift im anwaltsgerichtlichen Verfahren nicht die Bezeichnung der »anzuwendenden Strafvorschriften«. Ob gleichwohl für die Anforderungen an die Anschuldigungsschrift § 200 Abs. 1 StPO ergänzend heranzuziehen ist (so *Isele*, § 130 Anm. III B 4 a), läßt BGHSt 29, 124 offen; auf § 114 braucht jedenfalls nicht hingewiesen zu werden, da er nur Straffolgen enthält und seine Anführung zum Verhandlungsgegenstand nichts aussagen könnte (BGH a.a.O.). Aus den von *Isele*, a. a. O. dargelegten Gründen ist die Angabe aller in Betracht kommenden gesetzlichen Vorschriften (vgl. § 113 Rz. 1, § 43 Rz. 1) zumindest dringend zu empfehlen; in der Praxis wird auch in aller Regel dementsprechend verfahren.

§ 131   Entscheidung über die Eröffnung des Hauptverfahrens vor dem Anwaltsgericht

(1) In dem Beschluß, durch den das Hauptverfahren eröffnet wird, läßt das Anwaltsgericht die Anschuldigungen zur Hauptverhandlung zu.

(2) Der Beschluß, durch den das Hauptverfahren eröffnet worden ist, kann von dem Rechtsanwalt nicht angefochten werden.

(3) ¹Der Beschluß, durch den die Eröffnung des Hauptverfahrens abgelehnt wird, ist zu begründen. ²Gegen den Beschluß steht der Staatsanwaltschaft die sofortige Beschwerde zu.

Nach § 116 Satz 2 sind sinngemäß anzuwenden 1

1. § 203 StPO, wonach die Eröffnung des Hauptverfahrens hinreichenden Tatverdacht voraussetzt,

2. § 204 Abs. 1 StPO, wonach aus dem Beschluß des Gerichts, das Hauptverfahren nicht zu eröffnen, hervorgehen muß, ob er auf tatsächlichen oder Rechtsgründen beruht,

3. § 207 Abs. 2 StPO, wonach die Anklage (im anwaltsgerichtlichen Verfahren die Anschuldigungen) mit Änderungen zugelassen werden kann (können). Vgl. zu 1.–3. Amtl. Begr.; *Feuerich,* § 116 Rz. 40, 43.

Nur der Sachverhalt, der dem RA im Eröffnungsbeschluß in Verbindung 2 mit der Anschuldigungsschrift vorgeworfen wird, ist Gegenstand des anwaltsgerichtlichen Verfahrens und damit einheitlich gemäß den §§ 113 ff. zu ahnden; etwas anderes gilt nicht etwa deshalb, weil im anwaltsgerichtlichen Verfahren gegen einen RA ein Sachverhalt, der sich aus mehreren Anschuldigungspunkten zusammensetzt, nur einheitlich beurteilt und die Frage, ob der RA seine Pflicht schuldhaft verletzt hat, nur einheitlich entschieden werden kann (vgl. BGHSt 16, 237); mehrere pflichtwidrige Handlungen werden nämlich zu einer einheitlich zu beurteilenden Pflichtverletzung erst durch die Anschuldigungsschrift und den Beschluß über die Eröffnung des Hauptverfahrens oder durch etwaige gerichtliche Beschlüsse, mehrere beim Gericht anhängige Verfahren miteinander zu verbinden, zusammengefaßt (BGH, NJW 1971, 1048; 1982, 1404). Die Rechtskraft eines im anwaltsgerichtlichen Verfahren ergangenen Urteils hindert grundsätzlich nicht, den Täter wegen einer vor dem Urteil begangenen Pflichtverletzung in einem neuen Verfahren zu verfolgen und abzuurteilen (BGHSt 19, 90 93).

§ 132   Rechtskraftwirkung eines ablehnenden Beschlusses

Ist die Eröffnung des Hauptverfahrens durch einen nicht mehr anfechtbaren Beschluß abgelehnt, so kann der Antrag auf Einleitung des anwaltsgerichtlichen Verfahrens nur aufgrund neuer Tatsachen oder Beweismittel und nur innerhalb von fünf Jahren, seitdem der Beschluß rechtskräftig geworden ist, erneut gestellt werden.

Es handelt sich um einen Fall der Wiederaufnahme (vgl. § 211 StPO). Ungeachtet des irreführenden Wortlauts dieser Vorschrift kann die StA auch ohne »Antrag« (des Vorstandes der RAK, vgl. § 122 Abs. 1) das Verfahren durch Einreichung einer Anschuldigungsschrift erneut einleiten (vgl. *Kalsbach*, § 132 Anm. 2 II; *Isele*, § 132 Anm. III C, *Feuerich*, § 132 Rz. 5). Die Frist von fünf Jahren beginnt mit der Rechtskraft des die Eröffnung des Hauptverfahrens ablehnenden Beschlusses und wird nur gewahrt durch Einreichung einer Anschuldigungsschrift bei dem AnwG (*Isele*, § 132 Anm. III D 1, 2; *Feuerich*, § 132 Rz. 2).

§ 133 Zustellung des Eröffnungsbeschlusses

[1]Der Beschluß über die Eröffnung des Hauptverfahrens ist dem Rechtsanwalt spätestens mit der Ladung zuzustellen. [2]Entsprechendes gilt in den Fällen des § 207 Abs. 3 der Strafprozeßordnung für die nachgereichte Anschuldigungsschrift.

Für das Zustellungsverfahren gelten nach § 229 die Vorschriften der ZPO entsprechend (vgl. Erl. zu § 229).

3. Die Hauptverhandlung vor dem Anwaltsgericht

§ 134 Hauptverhandlung trotz Ausbleibens des Rechtsanwalts

[1]Die Hauptverhandlung kann gegen einen Rechtsanwalt, der nicht erschienen ist, durchgeführt werden, wenn er ordnungsgemäß geladen und in der Ladung darauf hingewiesen ist, daß in seiner Abwesenheit verhandelt werden kann. [2]Eine öffentliche Ladung ist nicht zulässig.

Nach BGH, NJW 1978, 2403 (bestätigt durch BGH, BRAK-Mitt. 1983, 138) gelten **folgende Gründsätze:** Der RA kann zum Erscheinen im Hauptverhandlungstermin nicht gezwungen werden. Er hat aber grundsätzlich ein **Recht auf Anwesenheit.** Statt von diesem Recht Gebrauch zu machen, kann er auch eine **schriftliche Erklärung** zur Sache abgeben, die in der mündlichen Verhandlung zu beachten ist. Er kann sich auch eines **Verteidigers** bedienen.

Welche dieser verschiedenen Möglichkeiten er ausnutzen will, unterliegt seiner Entscheidung. Schon deshalb ist, wenn das Gericht die Hauptverhandlung gemäß § 134 in Abwesenheit des RA durchführt, in der Regel nur dann ein Verfahrensfehler gegeben, wenn nachgewiesen ist, daß der RA sich für die Teilnahme entschieden hat und tatsächlich an der Teilnahme verhindert war. Diese Umstände muß er dem Gericht unverzüglich nach Eintritt des Hinderungsgrundes unter Angabe von Einzelheiten so substantiiert mitteilen, daß das Gericht in der Lage ist, den angegebenen Hinderungsgrund nachzuprüfen. Im Falle einer Erkrankung gehört dazu sie nähere Angabe des körperlichen Zustandes (z. B. bettlägerig, Höhe des Fiebers usw.). Ob ein ärztliches Attest ausreicht, hängt von dessen Inhalt, der Art der Erkrankung und etwaigen sonstigen Umständen ab. Um dem Gericht seine Nachprüfung zu ermöglichen, kann es erforderlich sein, daß der RA den behandelnden Arzt von der Schweigepflicht entbindet; es empfiehlt sich, dies vorsorglich auf alle Fälle zu tun. Kommt der RA seiner Darlegungspflicht nicht nach, so kann in seiner Abwesenheit verhandelt werden. Ein Verfahrensfehler liegt allerdings dann vor, wenn der Hintergrund unmittelbar vor der Hauptversammlung, etwa durch einen Verkehrsunfall eingetreten ist und der RA nicht in der Lage war, das Gericht rechtzeitig zu benachrichtigen. Die vorstehenden Grundsätze gelten auch für die Hauptverhandlung vor dem AnwGH im Berufungsverfahren, da § 134 hier gemäß § 143 Abs. 4 sinngemäß anzuwenden ist. Entsprechende Verfahrensverstöße des AnwGH sind vom Revisionsgericht zu beachten. Zur prozessual einwandfreien Tatsachenfeststellung im Verfahren nach § 134 vgl. *Kohlhaas,* AnwBl. 1990, 91.

§ 135 Nichtöffentliche Hauptverhandlung

(1) [1]Die Hauptverhandlung vor dem Anwaltsgericht ist nicht öffentlich. [2]Auf Antrag der Staatsanwaltschaft kann, auf Antrag des Rechtsanwalts muß die Öffentlichkeit hergestellt werden; in diesem Fall sind die Vorschriften des Gerichtsverfassungsgesetzes über die Öffentlichkeit sinngemäß anzuwenden.

(2) [1]Zu nichtöffentlichen Verhandlungen ist Vertretern der Landesjustizverwaltung, dem Präsidenten des Oberlandesgerichts oder seinem Beauftragten, den Beamten der Staatsanwaltschaft bei dem Oberlandesgericht und den Rechtsanwälten im Bereich der Rechtsanwaltskammer der Zutritt gestattet. [2]Das Anwaltsgericht kann nach Anhörung der Beteiligten auch andere Personen als Zuhörer zulassen.

§ 135 gilt auch im Berufungs- und Revisionsverfahren (§ 143 Abs. 4, § 146 Abs. 3).

§ 136   *(aufgehoben)*

§ 137   Beweisaufnahme durch einen beauftragten oder ersuchten Richter

¹Das Anwaltsgericht kann eines seiner Mitglieder beauftragen, Zeugen oder Sachverständige zu vernehmen. ²Es kann auch ein anderes Anwaltsgericht oder das Amtsgericht um die Vernehmung ersuchen. ³Der Zeuge oder Sachverständige ist jedoch auf Antrag der Staatsanwaltschaft oder des Rechtsanwalts in der Hauptverhandlung zu vernehmen, es sei denn, daß er voraussichtlich am Erscheinen in der Hauptverhandlung verhindert ist oder ihm das Erscheinen wegen großer Entfernung nicht zugemutet werden kann.

1   Satz 1 erfordert einen **Gerichtsbeschluß**, der außerhalb oder in der Hauptverhandlung gefaßt werden kann (*Isele*, § 137 Anm. III F). Der Beschluß kann sich sowohl auf Zeugen oder Sachverständige beziehen, die in dem anwaltsgerichtlichen Verfahren bereits vernommen sind, als auch auf neue Zeugen und Sachverständige (Amtl. Begr.).

2   Vgl. zur Durchführung der ausgehenden und eingehenden Rechtshilfeersuchen und zur Verpflichtung zur Leistung von Amts- und Rechtshilfe die Erl. zu § 99.

3   Ist die Vernehmung eines Zeugen oder Sachverständigen nach Satz 1 oder 2 erfolgt, so beschließt das Gericht gemäß § 138 Abs. 1 die **Verlesung der Aussage** (*Kalsbach*, § 137 Anm. 1 c). Vgl. hierzu § 138 Abs. 3.

§ 138   Verlesen von Protokollen

(1) Das Anwaltsgericht beschließt nach pflichtgemäßem Ermessen, ob die Aussage eines Zeugen oder eines Sachverständigen, der bereits in den anwaltsgerichtlichen oder in einem anderen gesetzlich geordneten Verfahren vernommen worden ist, zu verlesen sei.

(2) ¹Bevor der Gerichtsbeschluß ergeht, kann der Staatsanwalt oder der Rechtsanwalt beantragen, den Zeugen oder Sachverständigen in der Hauptverhandlung zu vernehmen. ²Einem solchen Antrag ist zu entsprechen, es sei denn, daß der Zeuge oder Sachverständige voraussichtlich am Erscheinen in der Hauptverhandlung verhindert ist oder ihm das Erscheinen wegen großer Entfernung nicht zugemutet werden kann. ³Wird dem Antrag stattgegeben, so darf das Protokoll über die frühere Vernehmung nicht verlesen werden.

(3) ¹Ist ein Zeuge oder Sachverständiger durch einen beauftragten oder ersuchten Richter vernommen worden (§ 137), so kann der Verlesung des Protokolls nicht widersprochen werden. ²Der Staatsanwalt oder der Rechtsan-

walt kann jedoch der Verlesung widersprechen, wenn ein Antrag gemäß § 137 Satz 3 abgelehnt worden ist und Gründe für eine Ablehnung des Antrags jetzt nicht mehr bestehen.

Die Verlesung der Aussage eines Zeugen oder Sachverständigen nach Abs. 1 setzt voraus, daß die Beweisperson bereits in demselben anwaltsgerichtlichen oder einem anderen gesetzlich geordneten Verfahren vernommen worden ist. Die weite Auslegung des Begriffs »gesetzlich geordnetes Verfahren« bei *Isele,* § 138 Anm. III C 4, begegnet Bedenken. Der Begriff, der in einem gleichartigen Zusammenhang in § 17 der Bundesdisziplinarordnung verwendet wird, ist hier ebenso wie dort auszulegen. Danach ist »gesetzlich geordnet« jedes gerichtliche Verfahren, ferner sind es behördliche Verfahren, deren Gang durch Rechtsnormen im materiellen Sinn, wenn auch nicht durch formelles Gesetz, geregelt ist, wie z. B. das Bußgeldverfahren nach dem Ordnungswidrigkeitengesetz, ein Disziplinarverfahren oder ein anderes anwaltsgerichtliches Verfahren, ferner auch das staatsanwaltschaftliche, polizeiliche oder finanzamtliche Ermittlungsverfahren; nicht »gesetzlich geordnet« sind jedoch die Verwaltungsverfahren, deren Gang nicht durch Rechtsnormen geregelt ist, z.B. das Vorermittlungsverfahren nach der Bundesdisziplinarordnung (so mit näherer Begründung und weiteren Beispielen *Claussen/Janzen,* § 17 Rz. 5; der hier vertretenen Auffassung zustimmend *Feuerich,* § 138 Rz. 2, 3).

§ 139   Entscheidungen des Anwaltsgerichts

(1) Die Hauptverhandlung schließt mit der auf die Beratung folgenden Verkündigung des Urteils.

(2) Das Urteil lautet auf Freispruch, Verurteilung oder Einstellung des Verfahrens.

(3) Das Anwaltsgerichtliche Verfahren ist, abgesehen von dem Fall des § 260 Abs. 3 der Strafprozeßordnung, einzustellen,

1. wenn die Zulassung zur Rechtsanwaltschaft erloschen, zurückgenommen oder widerrufen ist (§§ 13 bis 16);
2. wenn nach § 115 b von einer anwaltsgerichtlichen Ahndung abzusehen ist.

Einen **Teilfreispruch** kennt das anwaltsgerichtliche Verfahren **nicht** (BGHSt 16, 237).   1

In der schriftlichen **Urteilsbegründung** kann das AnwG auf die Feststellung des Urteils im Straf- oder Bußgeldverfahren, an die es gemäß § 118 Abs. 3 Satz 1 gebunden ist, Bezug nehmen, doch muß dann der Umfang der in Bezug genommenen Tatsachen eindeutig und zweifelsfrei erkennbar sein (BGH, NJW 1985, 1089).   2

3   **Abs. 3** regelt die **Einstellung** des Verfahrens **durch Urteil**, das nach § 143 Abs. 4 auch in der Berufungs- und nach § 146 Abs. 3 Satz 1 auch in der Revisionsinstanz ergehen kann. In sinngemäßer Anwendung des § 206 a StPO kann die Einstellung auch durch Beschluß erfolgen (BGH, BRAK-Mitt. 1987, 44; ständige Rspr. – Beschl. v. 27. 5. 1991 – AnwSt (R) 6/91). Zur Einstellung durch Beschluß wegen Geringfügigkeit und bei Verfahrenshindernissen vgl. § 116, Rz. 11, 13, 14, 16, 17, 22. Die Einstellung des Verfahrens durch Urteil setzt die Feststellung voraus, daß der RA sich eine anwaltsgerichtlich zu ahnende Pflichtverletzung hat zuschulden kommen lassen, denn sonst hätte er freigesprochen werden müssen; der beschuldigte RA ist daher in diesem Fall durch das einstellende Urteil beschwert und kann dagegen Revision einlegen, falls sie gemäß § 145 zugelassen worden ist (BGH, NJW 1970, 1466).

4   Der in Abs. 3 erwähnte Fall des § 260 Abs. 3 StPO liegt vor, wenn ein Verfahrenshindernis besteht, z. B. weil die Verfolgung einer Pflichtverletzung nach § 115 wegen Verjährung nicht mehr zulässig ist.

5   In einem Einstellungsurteil nach Abs. 3 Nr. 1 kann zugleich auf Antrag der StA die **Sicherung der Beweise** angeordnet werden (§ 148).

6   Wegen der **Kostenentscheidung** vgl. §§ 197, 198, 199.

§ 140   Protokollführer

(1) ¹In der Hauptverhandlung vor dem Anwaltsgericht werden die Aufgaben des Protokollführers von einem Rechtsanwalt wahrgenommen. ²Der Protokollführer wird von dem Vorsitzenden oder, bei einem Anwaltsgericht mit mehreren Kammern, von dem geschäftsleitenden Vorsitzenden bestellt. ³Er ist verpflichtet, der Bestellung Folge zu leisten.

(2) Der Vorsitzende der Kammer des Anwaltsgerichts verpflichtet den Protokollführer vor der ersten Dienstleistung durch Handschlag auf die gewissenhafte Erfüllung der Obliegenheiten eines Protokollführers.

(3) ¹Der Protokollführer hat über die Angelegenheiten, die ihm bei seiner Tätigkeit bekannt werden, Verschwiegenheit gegen jedermann zu bewahren. ²§ 76 ist entsprechend anzuwenden. ³Die Genehmigung zur Aussage erteilt der Vorsitzende der Kammer des Anwaltsgerichts.

1   Die **Auswahl des Protokollführers** erfolgt aus dem Kreis der der jeweiligen RAK angehörenden RAe durch den Vorsitzenden des AnwG, unter Umständen unter Mitwirkung des Präsidenten der RAK (vgl. EG Kassel, EGE XIII 212; *Isele*, § 140 Anm. III A, B; *Feuerich*, § 140 Rz. 4).

Im Falle der **Verweigerung** der Übernahme der Protokollführung bleibt es 2
dem Ermessen des Vorsitzenden der betr. Kammer des AnwG vorbehalten,
ob er den geltend gemachten Hinderungsgrund anerkennt (EGH Berlin,
EGE XIV 265).

Zur Festsetzung der **Aufwandsentschädigung** und der Reisekostenvergü- 3
tung des Protokollführers vgl. § 89 Rz. 6.

§ 141 Ausfertigung der Entscheidung

**Ausfertigungen und Auszüge der Entscheidungen des Anwaltsgerichts wer-
den von dem Vorsitzenden der Kammer des Anwaltsgerichts erteilt.**

Es liegt eine Abweichung von § 275 Abs. 4 StPO vor. Die Ausfertigungen
und Auszüge der Entscheidungen des AnwG können daher nicht von der
Geschäftsstelle, sondern nur vom Vorsitzenden der Kammer des AnwG
erteilt werden.

Dritter Abschnitt   Die Rechtsmittel

1. Die Rechtsmittel gegen Entscheidungen des Anwaltsgerichts

§ 142 Beschwerde

**Soweit Beschlüsse des Anwaltsgerichts mit der Beschwerde angefochten
werden können, ist für die Verhandlung und Entscheidung über dieses Rechtsmittel der Anwaltsgerichtshof zuständig.**

Die Vorschrift behandelt nur die Beschwerde gegen Beschlüsse des
AnwG. Soweit diese Beschwerde nicht in der BRAO selbst für zulässig
erklärt worden ist (vgl. § 131 Abs. 3 Satz 2, § 157 Abs. 1 und 2, § 199 Abs. 2
Satz 3), richtet sich ihre Zuständigkeit nach den gemäß § 116 weitgehend
sinngemäß anzuwendenden §§ 304, 305 StPO; für das Beschwerdeverfahren
gelten die §§ 306–309, 311, 311 a StPO sinngemäß (vgl. *Feuerich,* § 116
Rz. 67). Eine weitere Beschwerde ist entsprechend der Vorschrift des § 310
Abs. 2 StPO weder allgemein noch im Falle der Verhängung eines Berufs-
oder Vertretungsverbots zugelassen (BGH, NJW 1963, 2038; 1964, 2119).

§ 143   Berufung

(1) Gegen das Urteil des Anwaltsgerichts ist die Berufung an den Anwaltsgerichtshof zulässig.

(2) ¹Die Berufung muß binnen einer Woche nach Verkündung des Urteils bei dem Anwaltsgericht schriftlich eingelegt werden. ²Ist das Urteil nicht in Anwesenheit des Rechtsanwalts verkündet worden, so beginnt für diesen die Frist mit der Zustellung.

(3) Die Berufung kann nur schriftlich gerechtfertigt werden.

(4) ¹Auf das Verfahren sind im übrigen neben den Vorschriften der Strafprozeßordnung über die Berufung §§ 134, 135, 137 bis 139 dieses Gesetzes sinngemäß anzuwenden. ²Hat der Rechtsanwalt die Berufung eingelegt, so ist bei seiner Abwesenheit in der Hauptverhandlung § 329 Abs. 1 Satz 1 und 2 und Abs. 3 Strafprozeßordnung entsprechend anzuwenden, falls der Rechtsanwalt ordnungsgemäß geladen und in der Ladung ausdrücklich auf die sich aus seiner Abwesenheit ergebende Rechtsfolge hingewiesen wurde; dies gilt nicht, wenn der Rechtsanwalt durch öffentliche Zustellung geladen worden ist.

1   Zur Erläuterung der Vorschrift diene der folgende Auszug aus der instruktiven **Amtl. Begr.**:

Gegen das Urteil des Ehrengerichts ist ebenso wie nach § 90 der Rechtsanwaltsordnung vom 1. Juli 1878 die Berufung vorgesehen. Zuständig ist der Ehrengerichtshof für Rechtsanwälte, der im zweiten Rechtszug entscheidet. Die Frist für die Einlegung der Berufung beträgt entsprechend § 314 StPO eine Woche. Der Lauf der Frist beginnt, wie es allgemeinen Verfassungsgrundsätzen entspricht (vgl. § 314 StPO), mit der Verkündung des Urteils. Ist das Urteil nicht in Anwesenheit des Beschuldigten verkündet worden, so beginnt für ihn die Frist erst mit der Zustellung, wie es in § 314 Abs. 2 StPO vorgesehen ist.

Die Berufung kann nur schriftlich eingelegt werden. Eine Erklärung zu Protokoll der Geschäftsstelle, die gemeinhin neben der schriftlichen Einlegung eines Rechtsmittels zugelassen wird (vgl. § 314 Abs. 1, § 341 Abs. 1 StPO), ist nicht vorgesehen. Ein Bedürfnis für eine solche zusätzliche Regelung ist in diesem Verfahren, an dem nur Rechtsanwälte beteiligt sind, nicht gegeben.

Die Berufung ist nach Absatz 2 bei dem Ehrengericht einzulegen. Sie ist nach Absatz 3 entsprechend § 317 StPO in einer Beschwerdeschrift zu rechtfertigen.

Auf das Verfahren vor dem Ehrengerichtshof sind in erster Linie die Vorschriften der Strafprozeßordnung über das Berufungsverfahren sinngemäß anzuwenden. Nachdem die §§ 312 bis 314 StPO durch die Sonderregelung der Absätze 1 und 2 ersetzt werden, kommen hier die §§ 315 ff. StPO in Betracht. Hervorzuheben ist, daß entsprechend § 322 StPO grundsätzlich eine Hauptverhandlung stattfinden muß. Zu bemerken ist jedoch, daß § 329 StPO, der beim unentschuldigten Ausbleiben des Angeklagten die Verwerfung des Rechtsmittels zuläßt, durch Absatz 4 in Verbindung mit § 134 des vorliegenden Entwurfs ersetzt wird.

Weiterhin tritt für die Verlesung von Protokollen an die Stelle des § 325 StPO die besondere Regelung, die im Absatz 4 in Verbindung mit § 138 enthalten ist. Infolge der Bezugnahme auf § 137 im Absatz 4 kann auch in dem Verfahren vor dem Ehrengerichtshof eine Beweisaufnahme durch einen beauftragten oder ersuchten Richter durchgeführt werden. Die Hauptverhandlung vor dem Ehrengerichtshof ist mit Rücksicht auf den besonderen Charakter des ehrengerichtlichen Verfahrens ebenso wie in dem Verfahren vor dem Ehrengerichtshof grundsätzlich nicht öffentlich (Absatz 4 in Verbindung mit § 135).

Die Berufung der StA wirkt nach § 301 StPO i. V. mit § 116 auch zugunsten des RA, und zwar ebenso, wie wenn er selbst Rechtsmittel eingelegt hätte (BGH, BRAK-Mitt. 1983, 93). **2**

Eine Berufung des betroffenen RA, die sich nur gegen den verurteilenden Teil des Urteils des AnwG wendet, zwingt den AnwGH dazu, das Urteil im ganzen zu überprüfen; das Verbot der Schlechterstellung (§ 331 StPO i. V. mit § 116) greift hier nicht ein, da es nur verwehrt, die vom Erstrichter ausgesprochene anwaltsgerichtliche Maßnahme in ihrer Art und Höhe zum Nachteil des RA zu ändern (BGHSt 16, 237, 241). **3**

Die **Berufung** kann grundsätzlich wirksam **auf den Rechtsfolgenausspruch beschränkt** werden; die nachträgliche Beschränkung durch den Verteidiger bedarf als Teilrücknahme gemäß § 302 Abs. 2 StPO i. V. mit Abs. 4 der entsprechenden Ermächtigung des Rechtsanwalts und nach dem Beginn der Hauptverhandlung der Zustimmung der Staatsanwaltschaft (§ 303 StPO); Voraussetzung einer wirksamen Rechtsmittelbeschränkung ist aber, daß die Feststellungen des erstinstanzlichen Urteils zum Schuldspruch eine taugliche Grundlage für die Entscheidung des Berufungsgerichts bilden (BGH BRAK-Mitt. 1984, 37). Die zunächst beschränkt eingelegte Berufung kann während der Berufungsfrist bis zur unbeschränkten erweitert werden, es sei denn, daß mit der Beschränkung der Wille zum Teilverzicht zum Ausdruck kam (*Kleinknecht/Meyer*, § 318 Rz. 1; vgl. auch BGH, BRAK-Mitt. 1986, 232). **4**

Gegen die **Versäumung der Berufungsfrist** kann nach §§ 116 Satz 2, 143 Abs. 4 i. V. mit § 44 StPO Wiedereinsetzung in den vorigen Stand nur gewährt werden, wenn der RA daran gehindert war, die Frist einzuhalten. Der RA, der während urlaubsbedingter Abwesenheit mit der Zustellung einer anwaltsgerichtlichen Entscheidung zu rechnen hat, muß geeignete Vorkehrungen (wie Anordnungen und Weisungen) treffen, daß er von der Zustellung Kenntnis erhält, um die Rechtsmittelfrist wahren zu können (EGH Stuttgart, BRAK-Mitt. 1985, 110). **5**

Abs. 4 Satz 2 ist durch die Berufsrechtsnovelle 1994 neu angefügt. Danach hat der AnwGH eine Berufung zu verwerfen, wenn der RA der Verhandlung trotz ordnungsgemäßer Ladung ohne genügende Entschuldigung fern- **6**

geblieben ist. Das gilt – wie im Strafverfahren – nicht bei erneuter Verhandlung der Sache nach Zurückweisung durch den BGH. Zur **Wiedereinsetzung** in den vorigen Stand vgl. § 329 Abs. 3 i. V. mit §§ 44, 45 StPO. Die hiermit vollzogene Angleichung an das Strafverfahren dient in wünschenswerter Weise der Entlastung der Anwaltsgerichtsbarkeit und der Verfahrensbeschleunigung, ohne die Rechtsgewährung unangemessen einzuschränken.

7   Für die **Zustellung des Berufungsurteils** sind nach § 116 die Vorschriften der §§ 35 Abs. 2, 343 Abs. 2 StPO sinngemäß anzuwenden. Darüber hinaus ist § 145 Abs. 3 Satz 1 dahin auszulegen, daß darin die Zustellung derjenigen Berufungsurteile, gegen die eine Nichtzulassungsbeschwerde in Betracht kommt, an den Beschuldigten und die Staatsanwaltschaft vorgeschrieben ist, da sonst diese Urteile nicht rechtskräftig würden (BGH, NJW 1962, 824; a. A. *Bülow*, § 145 Anm. 10).

§ 144   Mitwirkung der Staatsanwaltschaft vor dem Anwaltsgerichtshof

Die Aufgaben der Staatsanwaltschaft in den Verfahren vor dem Anwaltsgerichtshof werden von der Staatsanwaltschaft bei dem Oberlandesgericht oder dem obersten Landesgericht wahrgenommen, bei dem der Anwaltsgerichtshof errichtet ist.

2. Das Rechtsmittel gegen Entscheidungen des Anwaltsgerichtshofes

Vorbemerkung zu §§ 145–157

Gegen Entscheidungen des AnwGH im anwaltsgerichtlichen Verfahren ist außer der in §§ 145, 146 geregelten Revision auch die **Beschwerde** möglich, jedoch nur in den ausdrücklich geregelten Fällen der §§ 145 Abs. 3, 157. In anderen Fällen unterliegen die Beschlüsse des AnwGH gemäß § 304 Abs. 4 StPO i. V. mit § 116 nicht der Beschwerde, da Beschlüsse des AnwGH denen des OLG gleichstehen. Deshalb z. B. keine Beschwerde gegen Beschlüsse des AnwGH, durch die das Verfahren nach § 206 a StPO eingestellt worden ist (BGH, EGE VI 115), durch die ein Wiederaufnahmeantrag als unzulässig verworfen worden ist, jedenfalls wenn es nicht um die Ausschließung aus der Rechtsanwaltschaft geht (BGH, EGE X 101), oder durch die über Kosten und Auslagen entschieden worden ist (BGH, BRAK-Mitt. 1982, 35).

§ 145   Revision

(1) Gegen ein Urteil des Anwaltsgerichtshofes ist die Revision an den Bundesgerichtshof zulässig,

1. wenn das Urteil auf eine Maßnahme gemäß § 114 Abs. 1 Nr. 4 oder 5 lautet;

2. wenn der Anwaltsgerichtshof entgegen einem Antrag der Staatsanwaltschaft nicht auf eine Maßnahme gemäß § 114 Abs. 1 Nr. 4 oder 5 erkannt hat:

3. wenn der Anwaltsgerichtshof sie in dem Urteil zugelassen hat.

(2) Der Anwaltsgerichtshof darf die Revision nur zulassen, wenn er über Rechtsfragen oder Fragen der anwaltlichen Berufspflicht entschieden hat, die von grundsätzlicher Bedeutung sind.

(3) ¹Die Nichtzulassung der Revision kann selbständig durch Beschwerde innerhalb eines Monats nach Zustellung des Urteils angefochten werden. ²Die Beschwerde ist bei dem Anwaltsgerichtshof einzulegen. ³In der Beschwerdeschrift muß die grundsätzliche Rechtsfrage ausdrücklich bezeichnet werden.

(4) Die Beschwerde hemmt die Rechtskraft des Urteils.

(5) ¹Wird der Beschwerde nicht abgeholfen, so entscheidet der Bundesgerichtshof durch Beschluß. ²Der Beschluß bedarf keiner Begründung, wenn die Beschwerde einstimmig verworfen oder zurückgewiesen wird. ³Mit Ablehnung der Beschwerde durch den Bundesgerichtshof wird das Urteil rechtskräftig. ⁴Wird der Beschwerde stattgegeben, so beginnt mit Zustellung des Beschwerdebescheides die Revisionsfrist.

Die Voraussetzung des Abs. 1 Nr. 1 ist unabhängig davon erfüllt, ob es sich bei dem Urteil des AnwGH um die erstmalige Verhängung einer Maßnahme gemäß § 114 Abs. 1 Nr. 4 oder 5 oder um die Verwerfung einer Berufung gegen eine solche Maßnahme oder um ihre Bestätigung im Wiederaufnahmeverfahren handelt (vgl. BGH EGE VII 189).   1

Gemäß Abs. 1 Nr. 2 kann nur der Staatsanwalt, nicht auch der Beschuldigte Revision einlegen (vgl. BGH, NJW 1962, 824). Er kann dies auch, wenn er vor dem AnwGH beantragt hatte, die Berufung eines Beschuldigten, gegen den bereits vom AnwG eine Maßnahme gemäß § 114 Abs. 1 Nr. 4 oder 5 ausgesprochen worden war, zu verwerfen, falls der AnwGH die Berufung nicht verworfen, sondern die Maßnahme gemildert hat (vgl. BGH, Urteil vom 21. 11. 1960 – AnwSt (R) 5/60 –).   2

Zu Abs. 1 Nr. 3: In einem Verfahren, in dem die Zulassung eines Rechtsmittels nicht ausdrücklich vorgesehen ist, wird ein Rechtsmittel auch nicht dadurch zulässig, daß der AnwGH es zugelassen hat (BGH, BRAK-Mitt. 1992, 170).   3

4   Für die Zulassung der Revision wegen **grundsätzlicher Bedeutung** der vom AnwGH entschiedenen Rechtsfragen oder Fragen des anwaltlichen Berufsrechts nach **Abs.** 2 genügt es für sich allein nicht, wenn das Verfahren vor dem AnwGH irgendwie fehlerhaft gewesen sein sollte; es genügt auch nicht, daß die Entscheidung des AnwGH für den Beschwerdeführer schwerwiegende Folgen hat; Voraussetzung ist vielmehr, daß es im konkreten Fall auf eine grundsätzliche, abstrakt formulierbare und über den Einzelfall hinaus bedeutsame Rechtsfrage oder Frage anwaltlicher Berufspflichten ankommt, daß sich die Lösung dieser Frage nicht unmittelbar aus dem Gesetz ergibt, daß die Lösung nicht selbstverständlich und zweifelsfrei ist und daß die Frage nicht bereits in der höchstrichterlichen Rechtsprechung endgültig geklärt ist (BGH, EGE VIII 68; BGH, BRAK-Mitt. 1983, 93).

5   Im Falle der **Nichtzulassungsbeschwerde** nach **Abs.** 3 muß der Beschwerdeführer alle grundsätzlichen Fragen, auf die er das Rechtsmittel stützen will, innerhalb der Monatsfrist bezeichnen; hat der AnwGH die Verhängung eines Verweises und einer Geldbuße bestätigt, so steht dem RA die Beschwerde gegen die Nichtzulassung der Revision auch dann zu, wenn er auf Rechtsmittel gegen das Urteil des AnwGH verzichtet und die Staatsanwaltschaft ihre auf den Rechtsfolgeausspruch beschränkte Revision zu seinen Ungunsten eingelegt hatte (BGH, BRAK-Mitt. 1983, 93).

6   Der **verspätete Eingang** der schriftlichen **Urteilsgründe** i. S. von § 275 Abs. 1 und § 338 Nr. 7 StPO rechtfertigt im anwaltsgerichtlichen Verfahren nicht die Zulassung der Revision auf eine Nichtzulassungsbeschwerde hin (BGH, NJW 1977, 1406).

7   Auch wenn der AnwGH die Revision nach Abs. 3 zugelassen hat, kann sie nur von dem eingelegt werden, der durch die Entscheidung des AnwGH beschwert ist; eine solche Beschwer liegt vor, wenn der AnwGH nach § 115 b von einer anwaltsgerichtlichen Ahndung abgesehen hat, da hierin ein Schuldspruch liegt (BGHSt 23, 257).

8   Hat der AnwGH die Revision nur zur Prüfung einer **bestimmten Frage zugelassen,** so bedeutet dies nicht, daß sich das Revisionsgericht nur mit dieser Frage zu befassen hätte; die unbeschränkt eingelegte Revision verpflichtet den Senat vielmehr, die **gesamte Verurteilung** im Rahmen der Revisionsbegründung auf formelle und sachliche Fehler **zu überprüfen** (BGH, EGE VI 135; BRAK-Mitt. 1981, 36).

§ 146   Einlegung der Revision und Verfahren

(1) ¹Die Revision ist binnen einer Woche bei dem Anwaltsgerichtshof schriftlich einzulegen. ²Die Frist beginnt mit der Verkündung des Urteils.

³Ist das Urteil nicht in Anwesenheit des Rechtsanwalts verkündet worden, so beginnt für diesen die Frist mit der Zustellung.

(2) Seitens des Rechtsanwalts können die Revisionsanträge und deren Begründung nur schriftlich angebracht werden.

(3) ¹Auf das Verfahren vor dem Bundesgerichtshof sind im übrigen neben den Vorschriften der Strafprozeßordnung über die Revision §§ 135 und 139 Abs. 3 dieses Gesetzes sinngemäß anzuwenden. ²In den Fällen des § 354 Abs. 2 der Strafprozeßordnung kann die Sache auch an den Anwaltsgerichtshof eines anderen Landes zurückverwiesen werden.

Da die Revision nach Abs. 1 Satz 1 **schriftlich** einzulegen ist, kommt eine **1** Erklärung zu Protokoll, wie sie in § 342 Abs. 1 StPO vorgesehen ist, nicht in Betracht.

Als die für den Beginn der **Frist gemäß Abs. 1 Satz 3** maßgebenden Zustel- **2** lung kommt nicht die Zustellung an den Verteidiger, sondern nur diejenige an den beschuldigten RA selbst in Betracht; vgl. § 232 Abs. 4 StPO, § 145 a Abs. 2 StPO (BGH, EGE XI 107).

Abs. 2 hat eine selbständige Bedeutung und besagt nicht nur, daß die **3** Begründung der Revision zu Protokoll ausgeschlossen sein soll; § 345 Abs. 2 StPO bleibt demgegenüber außer Betracht; deshalb steht es der Wirksamkeit der Revisionsbegründung nicht entgegen, daß der RA, gegen den ein Berufsverbot verhängt worden ist, selbst die Revisionsbegründung schriftlich eingereicht hat (BGH, NJW 1971, 1373). Zur Revisionsbegründung in eigener Sache des RA im Strafverfahren vgl. § 155 Rz. 3.

Art und Höhe der anwaltsgerichtlichen Maßnahme zu ermitteln, ist dem **4** pflichtgemäßen Ermessen des Tatrichters überlassen; das Revisionsgericht kann lediglich prüfen, ob dem Tatrichter dabei Rechtsfehler unterlaufen sind (BGHSt 15, 372, 375). Dem Revisionsgericht ist es auch verwehrt, die **Beweiswürdigung** des Tatrichters durch eine eigene zu ersetzen oder dessen Beweisaufnahme ganz oder teilweise zu wiederholen; ob der Tatrichter den ihm vorliegenden Sachverhalt auch anders hätte würdigen können, als er es getan hat, ist deshalb vom Anwaltssenat des BGH nicht zu erörtern (BGH, BRAK-Mitt. 1985, 232 m. w. N.).

Der Umstand, daß das anwaltsgerichtliche Verfahren einen Teilfreispruch **5** nicht kennt (BGHSt 16, 237), führt nicht dazu, daß das Revisionsgericht das Urteil eines Anwaltsgerichtshofs, das hinsichtlich eines Anschuldigungspunktes der Aufhebung unterliegt, immer auch hinsichtlich anderer Anschuldigungspunkte aufheben muß, die der Anwaltsgerichtshof als nicht für eine Verurteilung ausreichend beurteilt hat (BGH, NJW 1982, 1404).

Stellt sich im berufsgerichtlichen Revisionsrechtszug heraus, daß in einem **6** von mehreren verbundenen Verfahren ein wirksamer Eröffnungs- und Verbindungsschluß fehlt, so ist das berufsgerichtliche Verfahren insoweit einzustellen. Der Grundsatz der Einheitlichkeit der Berufspflichtverletzung steht in diesem Fall der Teileinstellung nicht entgen (so Urteil des Senats für Steuerberater- und Steuerbevollmächtigtenangelegenheiten beim BGH vom 15. 12. 1986 – StbSt (R) 5/86 –).

§ 147 Mitwirkung der Staatsanwaltschaft vor dem Bundesgerichtshof

Die Aufgaben der Staatsanwaltschaft in den Verfahren vor dem Bundesgerichtshof werden von dem Generalbundesanwalt wahrgenommen.

Die Zuständigkeit des Generalbundesanwalts erstreckte sich nach dem EinigungsV auch auf die Fälle, in denen der Anwaltssenat des BGH an die Stelle des Anwaltssenats des Obersten Gerichts (§§ 103 ff. BAG) tritt (vgl. § 106 Rz. 1).

Vierter Abschnitt Die Sicherung von Beweisen

§ 148 Anordnung der Beweissicherung

(1) [1]Wird ein anwaltsgerichtliches Verfahren gegen den Rechtsanwalt eingestellt, weil seine Zulassung zur Rechtsanwaltschaft erloschen oder zurückgenommen ist, so kann in der Entscheidung zugleich auf Antrag der Staatsanwaltschaft die Sicherung der Beweise angeordnet werden, wenn zu erwarten ist, daß auf Ausschließung aus der Rechtsanwaltschaft erkannt worden wäre. [2]Die Anordnung kann nicht angefochten werden.

(2) [1]Die Beweise werden von dem Anwaltsgericht aufgenommen. [2]Das Anwaltsgericht kann eines seiner Mitglieder mit der Beweisaufnahme beauftragen.

1 Von einer Erläuterung der §§ 148, 149 wird abgesehen, da sie keinerlei praktische Bedeutung erlangt haben (*Isele*, § 148 Anm. VII B; *Feuerich*, § 148 Rz. 2).

2 Für **EG-Anwälte** vgl. Vorbem. vor § 113 Rz. 2.

§ 149 Verfahren

(1) [1]Das Anwaltsgericht hat von Amts wegen alle Beweise zu erheben, die eine Entscheidung darüber begründen können, ob das eingestellte Verfahren

zur Ausschließung aus der Rechtsanwaltschaft geführt hätte. ²Den Umfang des Verfahrens bestimmt das Anwaltsgericht nach pflichtmäßigem Ermessen, ohne an Anträge gebunden zu sein; seine Verfügungen können insoweit nicht angefochten werden.

(2) Zeugen sind, soweit nicht Ausnahmen vorgeschrieben oder zugelassen sind, eidlich zu vernehmen.

(3) ¹Die Staatsanwaltschaft und der frühere Rechtsanwalt sind an dem Verfahren zu beteiligen. ²Ein Anspruch auf Benachrichtigung von den Terminen, die zum Zwecke der Beweissicherung anberaumt werden, steht dem früheren Rechtsanwalt nur zu, wenn er sich im Inland aufhält und seine Anschrift dem Anwaltsgericht angezeigt hat.

Vgl. § 148 Rz. 1.   1

Für EG-Anwälte vgl. Vorbem. vor § 113 Rz. 2.   2

Fünfter Abschnitt   Das Berufs- und Vertretungsverbot als vorläufige Maßnahme

§ 150   Voraussetzung des Verbotes

(1) ¹Sind dringende Gründe für die Annahme vorhanden, daß gegen einen Rechtsanwalt auf Ausschließung aus der Rechtsanwaltschaft erkannt werden wird, kann gegen ihn durch Beschluß ein vorläufiges Berufs- oder Vertretungsverbot verhängt werden. ²§ 118 Abs. 1 Satz 1 und 2 ist nicht anzuwenden.

(2) ¹Die Staatsanwaltschaft kann vor Einleitung des anwaltsgerichtlichen Verfahrens den Antrag auf Verhängung eines Berufs- oder Vertretungsverbotes stellen. ²In dem Antrag ist die Pflichtverletzung, die dem Rechtsanwalt zur Last gelegt wird, sowie die Beweismittel anzugeben

(3) Für die Verhandlung und Entscheidung ist das Gericht zuständig, das über die Eröffnung des Hauptverfahrens gegen den Rechtsanwalt zu entscheiden hat oder vor dem das anwaltsgerichtliche Verfahren anhängig ist.

Für die Verhängung eines vorläufigen **Berufsverbots** genügt nicht die   1 Erfüllung der in Abs. 1 ausdrücklich vorgeschriebenen Voraussetzung, daß dringende Gründe für die Annahme vorhanden seien, gegen den RA werde auf Ausschließung aus der Anwaltschaft erkannt werden; eine **verfassungskonforme Auslegung** der rechtlichen Regelung setzt vielmehr die zusätzliche Feststellung voraus, daß das Berufsverbot schon vor Rechtskraft des Hauptverfahrens als Präventivmaßnahme **zur Abwehr konkreter Gefahren für** wichtige Gemeinschaftsgüter erforderlich ist (BVerfG, NJW 1977, 892; EGH, BRAK-Mitt. 1987, 98). Entsprechendes gilt auch für die mildere Maßnahme des vorläufigen **Vertretungsverbots,** sofern dessen Verhängung die gleichen folgenschweren und irreparablen Wirkungen hat wie ein vorläufiges Berufsverbot (EGH Hamm, BRAK-Mitt. 1982, 37).

2   Die vorstehenden Ausführungen gelten auch für den Fall, daß gemäß § 153 ein Berufsverbot im unmittelbaren Anschluß an die Hauptverhandlung ergeht, in der auf Ausschließung aus der Rechtsanwaltschaft erkannt worden ist (so BVerfG, NJW 1978, 1479; EGH Stuttgart, BRAK-Mitt. 1987, 98). Das gilt selbst dann, wenn zwei auf Ausschließung aus der Rechtsanwaltschaft lautende Urteile vorliegen (EG Kassel, EGE XIV 277).

3   Das Berufs- oder Vertretungsverbot kann schon vor Einleitung eines anwaltsgerichtlichen Verfahrens nicht nur nach **Abs. 2** beantragt, sondern auch verhängt werden (BVerfG, NJW 1977, 892). Die Aussetzung eines nach § 171 eingeleiteten anwaltsgerichtlichen Verfahrens steht der Verhängung eines Berufs- oder Vertretungsverbots nicht entgegen, da durch Abs. 1 die Anwendung des § 118 Abs. 1 und 2 ausdrücklich ausgeschlossen worden ist.

4   Zuständig für die Verhandlung und Entscheidung ist nach **Abs. 3** bis zum Urteil erster Instanz im anwaltsgerichtlichen Verfahren das AnwG, im Berufungsverfahren der AnwGH, im Revisionsverfahren der BGH.

5   Die **Wirkungen** des **Berufsverbots** sind aus § 155 Abs. 2, 4 und 5, die des **Vertretungsverbots** aus § 155 Abs. 3–5 ersichtlich.

6   Die Möglichkeit der Verhängung eines Berufsverbots nach Abs. 1 steht einem vorläufigen Berufsverbot gegen einen RA nach **§ 132 a StPO** nicht entgegen (BGHSt 28, 84; *Görl,* BRAK-Mitt. 1987, 54).

7   Zu Abs. 1 vgl. für **EG-Anwälte** Vorbem. vor § 113 Rz. 2.

8   Wird ein **Notar, der zugleich RA ist,** nach Einleitung eines Disziplinarverfahrens vorläufig seines Amtes als Notar enthoben, so kann das Disziplinargericht nach § 54 Abs. 3 BNotO gegen ihn ein Berufs- oder Vertretungsverbot (§ 150 BRAO) verhängen, wenn zu erwarten ist, daß im Disziplinarverfahren gegen ihn auf Entfernung aus dem Dienst (§ 97 Abs. 1 BNotO) erkannt werden wird. Vgl. hierzu Näheres bei *Seybold/Hornig,* Bundesnotarordnung, 5. Aufl. 1976, § 54 Rz. 16–20.

9   Zur Eintragung der Maßnahme nach § 150 in das Bundeszentralregister vgl. § 11 Rz. 6.

§ 150 a   Verfahren zur Erzwingung des Antrags der Staatsanwaltschaft

[1]Hat der Vorstand der Rechtsanwaltskammer gegenüber der Staatsanwalt-schaft beantragt, daß diese den Antrag auf Verhängung eines Berufs- oder Vertretungsverbotes stellen solle, so ist § 122 entsprechend anzuwenden. [2]Jedoch beträgt die in § 122 Abs. 3 Satz 1 bezeichnete Frist zwei Wochen, die in § 122 Abs. 3 Satz 2 für die weitere Tätigkeit der Staatsanwaltschaft bezeichnete Frist einen Monat.

§ 151   Mündliche Verhandlung

(1) Der Beschluß, durch den ein Berufs- oder Vertretungsverbot verhängt wird, kann nur aufgrund mündlicher Verhandlung ergehen.

(2) Auf die Ladung und die mündliche Verhandlung sind die Vorschriften entsprechend anzuwenden, die für die Hauptverhandlung vor dem erkennen-den Gericht maßgebend sind, soweit sich nicht aus den folgenden Vorschriften etwas anderes ergibt.

(3) [1]In der ersten Ladung ist die dem Rechtsanwalt zur Last gelegte Pflicht-verletzung durch Anführung der sie begründenden Tatsachen zu bezeichnen; ferner sind die Beweismittel anzugeben. [2]Dies ist jedoch nicht erforderlich, wenn dem Rechtsanwalt die Anschuldigungsschrift bereits mitgeteilt worden ist.

(4) Den Umfang der Beweisaufnahme bestimmt das Gericht nach pflicht-mäßigem Ermessen, ohne an Anträge der Staatsanwaltschaft oder des Rechts-anwalts gebunden zu sein.

Die **mündliche Verhandlung** ist nach Abs. 1 nur erforderlich, falls tatsäch-lich ein Berufs- oder Vertretungsverbot verhängt wird (EGH Stuttgart, EGE XIV 249, 250; *Feuerich*, § 151 Rz. 2; a. A. *Isele*, § 151 Anm. III E). Auch zur Verwerfung einer im Gesetz gar nicht vorgesehenen weiteren Beschwerde im Verfahren gemäß §§ 150 ff. bedarf es keiner mündlichen Verhandlung (BGH, NJW 1963, 2038).   1

Zu beachten sind   2
1. für die **Ladung** die nach Abs. 2 entsprechend geltenden Vorschriften der §§ 134 Satz 1 und 2, 143 Abs. 4 und die ergänzende Vorschrift des Abs. 3,
2. für die **mündliche Verhandlung** die nach Abs. 2 entsprechend geltenden Vorschriften der §§ 135, 143 Abs. 4, 146 Abs. 3 und die ergänzende Vor-schrift des Abs. 4.

§ 152   Abstimmung über das Verbot

Zur Verhängung des Berufs- oder Vertretungsverbots ist eine Mehrheit von zwei Dritteln der Stimmen erforderlich.

§ 153   Verbot im Anschluß an die Hauptverhandlung

[1]Hat das Gericht auf Ausschließung aus der Rechtsanwaltschaft erkannt, so kann es im unmittelbaren Anschluß an die Hauptverhandlung über die Verhängung des Berufs- oder Vertretungsverbotes verhandeln und entscheiden. [2]Dies gilt auch dann, wenn der Rechtsanwalt zu der Hauptverhandlung nicht erschienen ist.

1   Zu den auch für diesen besonderen Fall geltenden Voraussetzungen des Berufs- oder Vertretungsverbots vgl. § 150 Abs. 3.

2   Für EG-Anwälte vgl. Vorbem. vor § 113 Rz. 2.

§ 154   Zustellung des Beschlusses

[1]Der Beschluß ist mit Gründen zu versehen. [2]Er ist dem Rechtsanwalt zuzustellen. [3]War der Rechtsanwalt bei der Verkündigung des Beschlusses nicht anwesend, ist ihm zusätzlich der Beschluß ohne Gründe unverzüglich nach der Verkündung zuzustellen.

Durch Satz 3 wird sichergestellt, daß möglichst bald die Voraussetzungen des § 156 Abs. 1 nachgewiesen werden können. Für die Zustellung nach Satz 2 und 3 vgl. § 229.

§ 155   Wirkung des Verbotes

(1) Der Beschluß wird mit der Verkündung wirksam.
(2) Der Rechtsanwalt, gegen den ein Berufsverbot verhängt ist, darf seinen Beruf nicht ausüben.
(3) Der Rechtsanwalt, gegen den ein Vertretungsverbot (§ 150 Abs. 1) verhängt ist, darf nicht als Vertreter und Beistand in Person oder im schriftlichen Verkehr vor einem Gericht, vor Behörden, vor einem Schiedsgericht oder gegenüber anderen Personen tätig werden oder Vollmachten oder Untervollmachten erteilen.

(4) Der Rechtsanwalt, gegen den ein Berufs- oder Vertretungsverbot verhängt ist, darf jedoch seine eigenen Angelegenheiten, die Angelegenheiten seines Ehegatten und seiner minderjährigen Kinder wahrnehmen, soweit nicht eine Vertretung durch Anwälte geboten ist.

(5) ¹Die Wirksamkeit von Rechtshandlungen des Rechtsanwalts wird durch das Berufs- oder Vertretungsverbot nicht berührt. ²Das gleiche gilt für Rechtshandlungen, die ihm gegenüber vorgenommen werden.

Nach **Abs.** 1 wird der **Beschluß,** durch den ein Berufs- oder Vertretungsverbot verhängt worden ist, ungeachtet der Notwendigkeit seiner Zustellung an den RA (§ 154 Satz 2 und 3) bereits **mit seiner Verkündung wirksam,** auch wenn der RA bei der Verkündung nicht anwesend ist (vgl. § 134 Satz 1 i. V. mit § 151 Abs. 2).   **1**

Der RA, gegen den ein Berufsverbot verhängt ist, behält zwar die Eigenschaft eines RA; er ist aber nicht mehr befugt, den Beruf auszuüben **(Abs. 2);** das **Berufsverbot** schließt das **Vertretungsverbot,** dessen Wirkungen aus Abs. 3 ersichtlich sind, mit ein; es geht aber noch darüber hinaus; während das Vertretungsverbot einer nicht nach außen hin hervortretenden Beratung nicht entgegensteht, ist es dem von einem Berufsverbot Betroffenen daher auch verboten, Sprechstunden abzuhalten oder sonst beratend tätig zu sein (Amtl. Begr.; vgl. auch BT-Drucks. 7/4005, S. 15).   **2**

An sich kann ein RA als Angeklagter im Strafverfahren eine Revisionsbegründungsschrift selbst unterzeichnen (vgl. *Kleinknecht/Meyer,* § 345 Rz. 13 m. w. N.). Ein RA, gegen den ein Berufs- oder Vertretungsverbot verhängt ist, darf jedoch als Angeklagter oder Verurteilter eines Strafverfahrens (anders im anwaltsgerichtlichen Verfahren, vgl. § 146 Rz. 3) nach Abs. 2, 3, 4 **in eigener Sache** weder eine Revisionsbegründungsschrift (§ 345 StPO) noch einen Wiederaufnahmeantrag (§ 366 StPO) selbst unterzeichnen und einreichen, da, soweit diese Rechtsbehelfe nicht zu Protokoll der Geschäftsstelle, sondern schriftlich erklärt werden, eine Vertretung durch Anwälte geboten ist (§ 345 Abs. 2, 366 Abs. 2 StPO; vgl. OLG Oldenburg, Nds Rpfl. 1963, 117). Solche Rechtshandlungen sind aber zufolge der Vorschrift des Abs. 5 nicht unwirksam, da diese Vorschrift der allgemeinen Rechtssicherheit und nicht nur dem Schutz gutgläubiger Mandanten dient (so OLG Oldenburg, a. a. O. für Berufsverbot; *Müller/Sax/Paulus,* StPO, 7. Aufl. 1980, § 345 Rz. 13 für Berufsverbot; RGSt 69, 377, gemäß § 91 b Abs. 2 Satz 3 der früheren Rechtsanwaltsordnung für Vertretungsverbot; vgl. auch *Isele,* der bei § 155 Anm. III A 3 hinsichtlich beider Verbote auf die Parallele zu § 32 Abs. 2 verweist und hierzu in Anm. III A 1, 2 die Ansicht vertritt, daß diese Vorschrift nicht nur dem Schutz der Rechtsuchenden, sondern auch dem des RA diene; a. A. KG, NJW 1969, 338 für Berufsverbot, dahingestellt gelassen bei Vertretungsverbot; OLG Karlsruhe, MDR 1971, 320 –   **3** mehr beiläufig – für Berufsverbot; *Kleinknecht/Meyer,* § 345 Rz. 13, für Berufsverbot; *Löwe/Rosenberg,* StPO, 24. Aufl. 1985, § 345 Rz. 19 für Berufsverbot; *Feuerich,* § 155 Rz. 14 für Berufs- und Vertretungsverbot; vgl. auch *Feuerich,* NStZ 1989, 338 f.). Der hier vertretenen Ansicht ist offenbar auch der Anwaltssenat beim BGH, der jedenfalls für das anwaltsgerichtliche Verfahren nach der BRAO entschieden hat, daß die Wirksamkeit der von einem RA in eigener Sache selbst schriftlich eingereichten Revisionsbegründung »schon gemäß § 155 Abs. 5 Satz 1« von dem gegen diesen RA verhängten Berufsverbot nicht berührt werde (BGH, NJW 1971, 1373); diese Entscheidung ist allerdings zusätzlich (»im übrigen«) mit einem Hinweis auf § 146 Abs. 2 begründet worden. Mit der hier vertretenen Ansicht stimmt auch BayObLG, MDR 1969, 153, überein, wonach gemäß § 155 Abs. 5 Satz 1 die Wirksamkeit einer von einem RA in eigener Sache eingelegte weitere Beschwerde nach § 29 Abs. 2 FGG durch ein gegen diesen RA verhängtes Berufs- oder Vertretungsverbot nicht berührt wird. Die vorstehenden Ausführungen können jedoch nur gelten und einen vernünftigen Sinn haben, wenn man mit der auch insoweit sorgfältig und überzeugend begründeten Entscheidung OLG Oldenburg Nds. Rpfl. 1963, 117, die Ansicht vertritt, daß eine Zurückweisung schriftlicher Eingaben eines von einem Berufs- oder Vertretungsverbot betroffenen RA nach § 156 Abs. 2 nicht möglich sei, weil eine Einbeziehung schriftlicher Eingaben in den Begriff »Auftreten vor Gericht« weder mit dem allgemeinen Sprachgebrauch noch mit § 155 Abs. 5 zu vereinbaren ist. Insoweit sind aber Auslegungszweifel dadurch entstanden, daß nach der amtlichen Begründung zu Abs. 3 Satz 2 des nachträglich in das Gesetz eingefügten § 114 a, dessen Wortlaut dem des § 156 Abs. 2 entspricht, die Zurückweisung des RA erfolgen soll, wenn er »entgegen dem Verbot im schriftlichen oder mündlichen Verkehr auftritt«. Bei so viel Rechtsunsicherheit kann RAen, gegen die ein Berufs- oder Vertretungsverbot verhängt ist, nur empfohlen werden, sich bei der Revisionsbegründung oder dem Stellen eines Wiederaufnahmeantrags im Strafverfahren in eigener Sache der Hilfe eines anderen RA zu bedienen oder diese Rechtsbehelfe zu Protokoll der Geschäftsstelle zu erklären (§§ 345 Abs. 2, 366 Abs. 2 StPO). Im anwaltsgerichtlichen Verfahren kann die Revisionsbegründung allerdings nicht zu Protokoll erklärt werden (vgl. § 146 Rz. 1). **Keine wirksame Zustellung** liegt jedoch gem. §§ 155 Abs. 4 und Abs. 5 vor, wenn gegen einen RA, der sich im Zivilprozeß vor dem LG selbst vertritt, nach Verkündung, aber vor Zustellung des Urteils ein strafgerichtliches Berufsverbot wirksam wird (BGH, NJW 1990, 1854).

4   Wird ein Berufs- oder Vertretungsverbot nach § 150 gegen einen **Notar** verhängt, **der zugleich RA ist,** so treten für dessen Dauer kraft Gesetz die Wirkungen der vorläufigen Amtsenthebung ein (§ 54 Abs. 4 Nr. 2 BNotO).

§ 156   Zuwiderhandlungen gegen das Verbot

(1) Der Rechtsanwalt, der einem gegen ihn ergangenen Berufs- oder Vertretungsverbot wissentlich zuwiderhandelt, wird aus der Rechtsanwaltschaft ausgeschlossen, sofern nicht wegen besonderer Umstände eine mildere anwaltsgerichtliche Maßnahme ausreichend erscheint.

(2) Gerichte oder Behörden sollen einen Rechtsanwalt, der entgegen einem Berufs- oder Vertretungsverbot vor ihnen auftritt, zurückweisen.

Zu **Abs. 1**: Da »wissentliche« Zuwiderhandlung vorausgesetzt wird,   1
genügt Fahrlässigkeit nicht (BGH, BRAK-Mitt. 1983, 91, 92; BGH, BRAK-Mitt. 1992, 56). Doch kann eine fahrlässige Zuwiderhandlung einen Verstoß gegen die anwaltlichen Berufspflichten (§ 43 ff.) darstellen (EGH München, EGE XIV 248).

Zu **Abs. 2**: Zum Begriff »Auftreten« vgl. § 155 Rz. 3.   2

Für **EG-Anwälte** vgl. Vorbem. vor § 113 Rz. 2.   3

§ 157   Beschwerde

(1) ¹Gegen den Beschluß, durch den das Anwaltsgericht oder der Anwaltsgerichtshof ein Berufs- oder Vertretungsverbot verhängt, ist die sofortige Beschwerde zulässig. ²Die Beschwerde hat keine aufschiebende Wirkung.

(2) Gegen den Beschluß, durch den das Anwaltsgericht oder der Anwaltsgerichtshof es ablehnt, ein Berufs- oder Vertretungsverbot zu verhängen, steht der Staatsanwaltschaft die sofortige Beschwerde zu.

(3) ¹Über die sofortige Beschwerde entscheidet, sofern der angefochtene Beschluß von dem Anwaltsgericht erlassen ist, der Anwaltsgerichtshof und sofern er vor dem Anwaltsgerichtshof ergangen ist, der Bundesgerichtshof. ²Für das Verfahren gelten neben den Vorschriften der Strafprozeßordnung über die Beschwerde § 151 Abs. 1, 2 und 4 sowie §§ 152 und 154 dieses Gesetzes entsprechend.

Zur Notwendigkeit einer **mündlichen Verhandlung** nach Abs. 3 Satz 2 i. V.   1
mit § 151 Abs. 1 gilt das zu § 151 Rz. 1 Gesagte entsprechend (EGH Stuttgart, EGE XIV 249, 250; *Feuerich*, § 157 Rz. 16, 17; a. A. *Isele*, § 157 Anm. VII A).

Die sofortige Beschwerde hat zwar nach Abs. 1 Satz 2 **keine aufschiebende**   2
Wirkung. Doch kann das Beschwerdegericht (Abs. 3 Satz 1) die **Vollziehung** des Beschlusses, durch den ein Berufs- oder Vertretungsverbot verhängt worden ist, nach Abs. 3 Satz 2 i. V. mit § 307 Abs. 2 StPO **aussetzen** (EGH Schleswig, BRAK-Mitt. 1983, 143; *Feuerich*, § 157 Rz. 11; a. A. EGH Schles-

wig, EGE IX 230; *Isele,* § 157 Anm. VB; vgl. auch *Görl,* BRAK-Mitt. 1987, 54, 57). Zum strafbefreienden Irrtum bei Annahme einer aufschiebenden Wirkung der Beschwerde gegen ein strafgerichtliches Berufsverbot nach § 145 c StGB oder § 132 a StPO vgl. BGH, NJW 1989, 1939.

3   Da für das Beschwerdeverfahren der Grundsatz des Verbots der reformatio in peius keine Anwendung findet, kann auf die sofortige Beschwerde des RA gegen ein Vertretungsverbot ein Berufsverbot verhängt werden (EGH Stuttgart, EGE VII 239; *Feuerich,* § 157 Rz. 10).

4   Eine **weitere Beschwerde** gegen eine Beschwerdeentscheidung des AnwGH ist weder allgemein noch im Falle der Verhängung eines Berufsverbots (BGH, NJW 1963, 2038) noch dem eines Vertretungsverbots (BGH, NJW 1964, 2119) zulässig.

§ 158   Außerkrafttreten des Verbotes

Das Berufs- oder Vertretungsverbot tritt außer Kraft,
1. wenn ein nicht auf Ausschließung lautendes Urteil ergeht;
2. wenn die Eröffnung des Hauptverfahrens vor dem Anwaltsgericht abgelehnt wird.

Für **EG-Anwälte** vgl. Vorbem. vor § 113 Rz. 2.

§ 159   Aufhebung des Verbotes

(1) Das Berufs- oder Vertretungsverbot wird aufgehoben, wenn sich ergibt, daß die Voraussetzungen für seine Verhängung nicht oder nicht mehr vorliegen.

(2) Über die Aufhebung entscheidet das nach § 150 Abs. 3 zuständige Gericht.

(3) ¹Beantragt der Rechtsanwalt, das Verbot aufzuheben, so kann eine erneute mündliche Verhandlung angeordnet werden. ²Der Antrag kann nicht gestellt werden, solange über eine sofortige Beschwerde des Rechtsanwalts nach § 157 Abs. 1 noch nicht entschieden ist. ³Gegen den Beschluß durch den der Antrag abgelehnt wird, ist eine Beschwerde nicht zulässig.

1   Der Ausschluß der Beschwerdemöglichkeit durch **Abs. 3 Satz 3** ist mit dem GG vereinbar (BVerfG, NJW 1978, 1795).

2   Zur Mitteilung der Aufhebung des Verbots an das Bundeszentralregister vgl. § 11 Rz. 6.

§ 159 a   Dreimonatsfrist

(1) Solange das anwaltsgerichtliche Verfahren noch nicht eingeleitet ist, darf ein Berufs- oder Vertretungsverbot über drei Monate hinaus nur aufrechterhalten werden, wenn die besondere Schwierigkeit oder der besondere Umfang der Ermittlungen oder ein anderer wichtiger Grund die Einleitung des anwaltsgerichtlichen Verfahrens noch nicht zuläßt und die Fortdauer des Verbots rechtfertigt.

(2) In den Fällen des Abs. 1 ist das Verbot nach Ablauf der drei Monate aufzuheben, wenn der Anwaltsgerichtshof nicht dessen Fortdauer anordnet.

(3) Werden die Akten dem Anwaltsgerichtshof vor Ablauf der in Abs. 2 bezeichneten Frist vorgelegt, so ruht der Fristenlauf bis zu dessen Entscheidung.

§ 159 b   Prüfung der Fortdauer des Verbotes

(1) In den Fällen des § 159 a legt das Anwaltsgericht die Akten durch Vermittlung der Staatsanwaltschaft dem Anwaltsgerichtshof zur Entscheidung vor, wenn es die Fortdauer des Verbots für erforderlich hält oder die Staatsanwaltschaft es beantragt.

(2) Vor der Entscheidung des Anwaltsgerichtshofs ist der Rechtsanwalt zu hören.

(3) Die Prüfung der Fortdauer des Verbots muß jeweils spätestens nach drei Monaten von dem Anwaltsgerichtshof wiederholt werden, solange das anwaltsgerichtliche Verfahren noch nicht eingeleitet ist.

§ 160   Mitteilung des Verbots

(1) Der Beschluß, durch den ein Berufs- oder Vertretungsverbot verhängt wird, ist alsbald der Landesjustizverwaltung und dem Präsidenten der Rechtsanwaltskammer in beglaubigter Abschrift mitzuteilen.

(2) ¹Eine beglaubigte Abschrift der Formel dieses Beschlusses ist ferner dem Gericht, bei dem der Rechtsanwalt zugelassen ist, und dem Amtsgericht am Wohnsitz des Rechtsanwalts mitzuteilen. ²Gehört der Rechtsanwalt zugleich einer Notarskammer an, so ist eine beglaubigte Abschrift auch dem Vorstand der Notarkammer zu übersenden.

(3) Tritt das Berufs- oder Vertretungsverbot außer Kraft oder wird es aufgehoben oder abgeändert, so sind die Abs. 1 und 2 entsprechend anzuwenden.

Die Mitteilung des Verbots nach Abs. 1 und seines Außerkrafttretens, seiner Aufhebung oder Abänderung nach Abs. 3 dienen der **Kontrolle**, insbe-   1 sondere der Einleitung und Beendigung von Maßnahmen nach § 156 Abs. 2.

2   Die Unterrichtung der **Notarkammer** nach Abs. 2 Satz 2 ist im Hinblick auf § 54 Abs. 4 Nr. 2 BNotO erforderlich (vgl. § 155 Rz. 4).

3   Zu Abs. 1 und 2 vgl. für **EG-Anwälte** Vorbem. vor § 113 Rz. 2.

§ 161   Bestellung eines Vertreters

(1) ¹Für den Rechtsanwalt, gegen den ein Berufs- oder Vertretungsverbot verhängt ist, wird im Fall des Bedürfnisses von der Landesjustizverwaltung ein Vertreter bestellt. ²Vor der Bestellung sind der Vorstand der Rechtsanwaltskammer und der Rechtsanwalt zu hören. ³Der Rechtsanwalt kann einen geeigneten Vertreter vorschlagen.

(2) § 53 Abs. 4, Abs. 5 Satz 3 und 4, Abs. 7 bis 10 ist entsprechend anzuwenden.

1   Für den Antrag auf gerichtliche Entscheidung durch den AnwGH gegen nach § 161 ergehende Verwaltungsakte der LJV und des Vorstandes der RAK sowie im Falle ihrer Untätigkeit gilt folgendes:

2   1. Der von dem Berufs- oder Vertretungsverbot **betroffene RA** kann den **Antrag auf gerichtliche Entscheidung nach § 223 Abs. 1 oder 2** stellen,
   a) wenn die LJV entgegen seinem an sich nicht erforderlichen, aber gestellten Antrag auf Vertreterbestellung ein Bedürfnis hierfür verneint (*Isele, § 161* Anm. III B 2 a) aa),
   b) wenn sein Antrag auf Vertreterbestellung ohne ausreichenden Grund innerhalb von drei Monaten nicht beschieden wird (*Isele, § 161* Anm. III B 2 a, bb, mit Hinweis auf eine abweichende Entscheidung des EGH Berlin I 6/70 vom 30. 11. 1970),
   c) wenn die LJV die Bedürfnisfrage entgegen einer verneinenden Stellungnahme bei der Anhörung nach Abs. 1 Satz 2 bejaht (*Isele, § 161* Anm. III B 2 b, aa)
   d) wenn er Einwendungen gegen die Auswahl des von der LJV bestellten Vertreters geltend machen will, insbesondere wenn diese nicht seinem Vorschlag nach Abs. 1 Satz 3 entspricht (vgl. *Isele, § 161* Anm. IV C 1 a, b).

3   2. Der von der LJV **bestellte Vertreter kann den Antrag auf gerichtliche Entscheidung nach § 223 Abs. 1** stellen, wenn die LJV zu seinen Ungunsten über die von ihm nach Abs. 2 i.V. mit § 53 Abs. 5 Satz 3 erklärte Ablehnung entscheidet (*Bülow, § 161* Anm. 6; *Kalsbach, § 161* Anm. 2 VI; *Isele, § 161* Anm. IV C 2 d). Er hat jedoch bis zur Herbeiführung einer ihm

günstigen Entscheidung die Pflichten und Rechte eines Vertreters (*Isele,* § 161 Anm. IV C 2 e).

3. Gegen den Beschluß, durch den der Vorstand der RAK nach Abs. 2 i. V. **4**
mit § 53 Abs. 10 Satz 5 auf Antrag des Vertretenen oder des Vertreters
die vom Vertretenen an den Vertreter zu zahlende **Vergütung** festsetzt,
können sowohl der **Vertretene** wie auch der **Vertreter** den **Antrag auf
gerichtliche Entscheidung nach § 223 Abs.** 1 stellen (*Isele,* § 161 Anm. IV E
4 a). Wird ein gemäß Abs. 2 i. V. mit § 53 Abs. 5 Satz 3 vom Vertretenen
oder Vertreter gestellter Antrag ohne zureichenden Grund innerhalb von
drei Monaten nicht beschieden, so kann jeder von ihnen den Antrag auf
gerichtliche Entscheidung nach **§ 223 Abs. 2** stellen.

Zur Gebühr für die Vertreterbestellung vgl. § 193 Abs. 1, § 194. **5**

Für **EG-Anwälte** vgl. Vorbem. vor § 113 Rz. 2. **6**

§ 161 a   Gegenständlich beschränktes Vertretungsverbot

**(1) Sind dringende Gründe für die Annahme vorhanden, daß gegen einen
Rechtsanwalt auf eine Maßnahme gemäß § 114 Abs. 1 Nr. 4 erkannt werden
wird, so kann gegen ihn durch Beschluß ein vorläufiges Verbot, auf bestimmten Rechtsgebieten als Vertreter und Beistand tätig zu werden, angeordnet
werden.
(2) § 150 Abs. 1 Satz 2. Abs. 2, 3, §§ 150 a bis 154, § 155 Abs. 1, 3 bis 5,
§§ 156 bis 160 sind entsprechend anzuwenden.**

Wenn das gegenständliche Vertretungsverbot ausnahmsweise die gleichen **1**
schweren und irreparablen Wirkungen für den Betroffenen hat wie ein vorläufiges Berufsverbot, darf auch das gegenständlich beschränkte Vertretungsverbot entsprechend den vom BVerfG aufgestellten Grundsätzen nur
angeordnet werden, wenn dies **zur Abwehr konkreter,** von dem betroffenen
RA ausgehender **Gefahren** für wichtige Gemeinschaftsgüter geboten ist (vgl.
§ 150 Rz. 1; EGH Stuttgart, EGE XIV 256; kritisch hierzu *Heym,* BRAK 25
J, S. 70 f.).

Die gegenständliche Beschränkung des Vertretungsverbots kann sich nur **2**
auf »**bestimmte Rechtsgebiete**« beziehen; deshalb ist z. B. das Verbot der
Vertretung weiblicher Personen in Unterbringungssachen unzulässig (EGH
Schleswig, BRAK-Mitt. 1982, 177). Vgl. § 114 Rz. 3.
Das vorläufige Verbot nach Abs. 1 und die Ausschließung des Verteidi-
gers nach § 138 a StPO können nebeneinander verhängt und auf denselben
Sachverhalt gestützt werden (*Jeschek,* in Festschrift für Eduard Kern, 1977,
S. 788).

3   Der RA, gegen den das Verbot für bestimmte Rechtsgebiete verhängt worden ist, darf insofern auch nicht als amtlich bestellter Vertreter eines anderen RA handeln (BGH, BRAK-Mitt. 1983, 91; EGH Frankfurt, AnwBl. 1984, 629). Von der Möglichkeit, einen Vertreter zu bestellen (vgl. § 161), hat der Gesetzgeber in § 161 a bewußt abgesehen, weil ein Vertreter nur für einzelne Rechtsgebiete, welche von dem Verbot betroffen sind, nicht als eine zweckmäßige Lösung angesehen wurde (vgl. BT-Drucks. 7/4005, S. 15).

4   Für **EG-Anwälte** vgl. Vorbem. vor § 113 Rz. 2.

5   Zur Eintragung einer Maßnahme nach § 116 a in das Bundeszentralregister vgl. § 11 Rz. 6.

Achter Teil Die Rechtsanwaltschaft bei dem Bundesgerichtshof

Erster Abschnitt Allgemeines

§ 162 Entsprechende Anwendung von Vorschriften

Für die Rechtsanwaltschaft bei dem Bundesgerichtshof gelten der Erste bis Siebente Teil dieses Gesetzes, soweit sich nicht aus den nachstehenden Vorschriften etwas Besonderes ergibt.

Wie durch § 169 Abs. 2 bestätigt wird, ist Voraussetzung für die Bestellung zum RA bei dem BGH ein entsprechender Antrag des Bewerbers.

§ 163 Zuständigkeit des Bundesministeriums der Justiz und des Bundesgerichtshofes

[1]Soweit nach den Vorschriften des Ersten bis Siebenten Teils dieses Gesetzes der Landesjustizverwaltung Aufgaben zugewiesen sind, tritt an deren Stelle das Bundesministerium der Justiz. [2]An die Stelle des Anwaltsgerichts und des Anwaltsgerichtshofes tritt der Bundesgerichtshof. [3]Der Generalbundesanwalt beim Bundesgerichtshof nimmt die Aufgaben der Staatsanwaltschaft wahr.

Als Folge von **Satz 1** i. V. mit § 224 tritt für die Angelegenheiten der Rechtsanwaltschaft bei dem BGH **an die Stelle der LJV** im Sinne der Begriffsbestimmung nach der Vorbem. zum Zweiten bis Siebenten Teil vor § 4 das **BJM** oder die Stelle, auf die es seine Befugnisse nach der BRAO übertragen hat (vgl. § 224 Rz. 2).   1

Aus **Satz 2** ergibt sich, daß der **BGH,** bei dem gemäß § 106 ein **Senat für Anwaltssachen** gebildet ist, für Zulassungs- und sonstige Verwaltungssachen sowie anwaltsgerichtliche Verfahren betreffend die Rechtsanwaltschaft bei dem BGH die **erste und letzte Instanz** ist.   2

Zweiter Abschnitt   Die Zulassung als Rechtsanwalt bei dem
Bundesgerichtshof

§ 164   Besondere Voraussetzung für die Zulassung

Bei dem Bundesgerichtshof kann als Rechtsanwalt nur zugelassen werden,
wer durch den Wahlausschuß für Rechtsanwälte bei dem Bundesgerichtshof
benannt wird.

Wer seine Zulassung bei dem BGH anstrebt, muß bereits im Besitz der
Zulassung zur Rechtsanwaltschaft sein; die Zulassung bei dem BGH macht
also nicht eine neue Zulassung zur Rechtsanwaltschaft erforderlich, sie stellt
sich rechtlich als ein besonderer Fall des Wechsels der Zulassung (vgl. § 33)
dar (Amtl. Begr.), so daß die Versagungsgründe des § 20 Abs. 1 Nr. 2 und 3
zu berücksichtigen sind (BGH, EGE XIV 57; *Isele*, § 166 Anm. II D; *Feuerich*, § 166 Rz. 2).

§ 165   Wahlausschuß für Rechtsanwälte bei dem Bundesgerichtshof

(1) Der Wahlausschuß besteht aus dem Präsidenten und den Senatspräsi-
denten der Zivilsenate des Bundesgerichtshofes sowie aus den Mitgliedern des
Präsidiums der Bundesrechtsanwaltskammer und des Präsidiums der Rechtsanwaltskammer bei dem Bundesgerichtshof.
(2) ¹Den Vorsitz in dem Wahlausschuß führt der Präsident des Bundesgerichtshofes. ²Er beruft den Wahlausschuß ein.
(3) Die Einladung muß die Tagesordnung für die Sitzung des Wahlausschusses enthalten und den Mitgliedern mindestens eine Woche vor der Sitzung zugehen.
(4) Die Sitzungen sind nicht öffentlich.
(5) Über jede Sitzung wird ein Protokoll aufgenommen.

Die in **Abs. 3** vorgeschriebene **Tagesordnung** muß die einzelnen Vorschläge enthalten, über die beraten und durch die Wahl entschieden werden
soll (Amtl. Begr.).

§ 166   Vorschlagslisten für die Wahl

(1) Die Wahl findet auf Grund von Vorschlagslisten statt.
(2) Vorschlagslisten können einreichen
1. die Bundesrechtsanwaltskammer aufgrund von Vorschlägen der Rechtsanwaltskammern,
2. die Rechtsanwaltskammer bei dem Bundesgerichtshof.

(3) In die Vorschlagslisten kann nur aufgenommen werden, wer das fünfunddreißigste Lebensjahr vollendet hat und den Beruf des Rechtsanwalts seit mindestens fünf Jahren ohne Unterbrechung ausübt.

Die Aufnahme in die Vorschlagsliste kann schon abgelehnt werden, wenn gegen den Bewerber nur der Verdacht einer schwerwiegenden Standesverfehlung besteht; die Vermutung der Unschuld bis zur rechtskräftigen Feststellung einer Berufspflichtwidrigkeit steht dem nicht entgegen (EGH Stuttgart BRAK-Mitt. 1983, 139). Vgl. auch § 164 Rz. 1.   1

Zur Voraussetzung der mindestens fünfjährigen ununterbrochenen Berufsausübung nach Abs. 3 vgl. § 65 Rz. 2.   2

Aus den Gründen des Beschlusses des BGH vom 28. 2. 1983 zu § 166   3
(BRAK-Mitt. 1983, 135) ergibt sich folgendes: Die Ausgestaltung des Zulassungsverfahrens nach Abs. 1 und 2 hat zur Folge, daß ein Bewerber, der nicht in die Vorschlagslisten aufgenommen wird, endgültig gescheitert ist. Zu einer förmlichen Ablehnung seines Zulassungsgesuches durch das an sich nach § 170 Abs. 1 zuständigen BJM kommt es dann nicht mehr. Da andererseits die BRAK nach Abs. 2 Nr. 1 bei der Erstellung ihrer Vorschlagsliste an die Vorschläge der örtlichen RAKn gebunden ist und kein eigenes Vorschlagsrecht besitzt, wirkt sich die Entscheidung, durch die die RAK es endgültig ablehnt, einen RA der BRAK zur Aufnahme in die Vorschlagsliste gemäß Abs. 2 Nr. 1 vorzuschlagen, im Ergebnis für den betroffenen RA wie eine vorzeitige Zurückweisung seines Zulassungsbegehrens aus. Eine solche Entscheidung der RAK kann nach § 223 durch einen **Antrag auf gerichtliche Entscheidung** an den AnwGH angefochten werden. Zu der Frage, ob gegen dessen Entscheidung die sofortige Beschwerde zulässig ist, vgl. § 223 Rz. 8. Die **RAKn,** die an der Vorbereitung der Vorschlagslisten beteiligt sind, haben im Rahmen ihrer Prüfungskompetenz einen **Beurteilungsspielraum,** der sich im Kern gerichtlicher Kontrolle entzieht. Nach BGH, BRAK-Mitt. 1984, 36, fehlt nach Abschluß des Wahlverfahrens das Rechtsschutzinteresse für Verpflichtungs- und Feststellungsanträge.

§ 167   Prüfung des Wahlausschusses

(1) Der Wahlausschuß prüft, ob der Vorgeschlagene die sachlichen und persönlichen Voraussetzungen für die Tätigkeit als Rechtsanwalt bei dem Bundesgerichtshof besitzt.
(2) Zur Vorbereitung der Wahl bestellt der Wahlausschuß zwei seiner Mitglieder als Berichterstatter.

§ 167 a   Akteneinsicht

(1) Der Rechtsanwalt, der in die Vorschlagsliste aufgenommen wurde, hat das Recht, die Protokolle des Wahlausschusses einzusehen.

(2) Die persönlichen, beruflichen und wirtschaftlichen Verhältnisse des Rechtsanwalts werden in einem gesonderten Bericht dargestellt, den der Rechtsanwalt einsehen kann.

(3) § 58 Abs. 2 und 3 ist entsprechend anzuwenden.

§ 168   Entscheidung des Wahlausschusses

(1) ¹Der Wahlausschuß ist beschlußfähig, wenn die Mehrzahl sowohl der dem Bundesgerichtshof angehörenden Mitglieder als auch der Mitglieder der Präsidien der Bundesrechtsanwaltskammer und der Rechtsanwaltskammer bei dem Bundesgerichtshof anwesend ist. ²Er entscheidet mit einfacher Stimmenmehrheit. ³Die Abstimmung ist geheim.

(2) Der Wahlausschuß benennt aus den Vorschlagslisten die doppelte Zahl von Rechtsanwälten, die er für die Zulassung bei dem Bundesgerichtshof für angemessen hält.

(3) Durch die Benennung wird für den Bewerber ein Anspruch auf Zulassung als Rechtsanwalt bei dem Bundesgerichtshof nicht begründet.

1   Der Wahlausschuß entscheidet mit einfacher Mehrheit (Abs. 1 Satz 2) in geheimer Abstimmung (Abs. 1 Satz 3) gemäß **Abs. 2** über die angemessene Zahl der Zulassungen und darüber, welche Anwälte – in doppelter als der angemessenen Zahl – benannt werden sollen. Der BMJ ist bei seiner Entscheidung über den Zulassungsantrag nach § 170 Abs. 1 an die vom Wahlausschuß beschlossene »angemessene Zahl« gebunden (*Bülow,* § 170 Anm. 1; *Isele,* § 170 Anm. II A) und kann ausnahmslos nur einen solchen Bewerber zulassen, den der Wahlausschuß benannt hat (*Feuerich,* § 168 Rz. 6, 7). Nach Ansicht von *Hartung* (JZ 1994, 117 und 403) ist die »Bedürfnisprüfung« des Abs. 2 verfassungswidrig; er will sie durch eine Regelung ersetzt wissen, die nach dem Vorbild der Fachanwaltsvorschriften den Anspruch auf Zulassung gesetzlich festlegt. Vgl. zum Thema ferner *Krämer,* JZ 1994, 400 und *Tilman,* BRAK-Mitt. 1994, 118.

2   Die **Ablehnung eines Mitglieds des Wahlausschusses** wegen Befangenheit ist zulässig; **Entscheidungen des Wahlausschusses** können nach § 223 **angefochten** werden; doch ist dem nach § 163 Satz 2 dafür zuständigen BGH eine sachliche Überprüfung des Abstimmungsergebnisses verwehrt, während die Entscheidung des Wahlausschusses dahin überprüfbar ist, ob das vorgeschriebene Verfahren eingehalten worden ist; die so ausgestaltete Regelung

ist mit dem GG vereinbar (BGH, Beschluß vom 14. 5. 1975 – AnwZ 7/75 –). In sachlicher Hinsicht können allenfalls offensichtliche Ermessensfehler des Wahlausschusses überprüft werden (BGH, BRAK-Mitt. 1983, 135).

§ 169 Mitteilung des Wahlergebnisses

(1) Der Vorsitzende des Wahlausschusses teilt das Ergebnis der Wahlen dem Bundesministerium der Justiz mit.

(2) Die Anträge der vom Wahlausschuß benannten Rechtsanwälte, sie beim Bundesgerichtshof zuzulassen, sind der Mitteilung beizufügen.

§ 170 Entscheidung über den Antrag auf Zulassung

(1) Über den Antrag auf Zulassung als Rechtsanwalt bei dem Bundesgerichtshof entscheidet das Bundesministerium der Justiz.

(2) Die Entscheidung über den Antrag auf Zulassung kann ausgesetzt werden, wenn einer der in § 33 Abs. 2 bezeichneten Gründe vorliegt.

(3) Der Vorstand der Rechtsanwaltskammer bei dem Bundesgerichtshof ist nur dann zu hören, wenn gegen die Zulassung Bedenken bestehen.

(4) Für die Zulassung gelten § 20 Abs. 1 Nr. 2 und 3 und § 166 Abs. 3 entsprechend.

Über die zweifache Bindung des BJM an die nach § 168 Abs. 2 getroffene **1** Entscheidung des Wahlausschusses vgl. die Erl. zu § 168.

Entscheidet sich das BJM für die Zulassung bestimmter in der Vor- **2** schlagsliste des Wahlausschusses aufgeführter RAe, so liegt darin zugleich die Ablehnung der Zulassung der übrigen in der Vorschlagsliste Aufgeführten. Diese können hiergegen nach §§ 162, 163 i. V. mit § 21 Abs. 2 die Entscheidung des Senats für Anwaltssachen bei dem BGH beantragen, was jedoch nur Erfolg haben kann, wenn die Voraussetzungen des § 39 Abs. 3 erfüllt sind (vgl. *Bülow*, § 170 Anm. 1; *Kalsbach*, § 170 Anm. V; *Isele*, § 170 Anm. V B 2; *Feuerich*, § 170 Rz. 11).

§ 171 Ausschließlichkeit der Zulassung

Ein Rechtsanwalt bei dem Bundesgerichtshof darf nicht zugleich bei einem anderen Gericht zugelassen sein.

Ein RA bei dem BGH darf jedoch in beschränktem Umfang nach näherer Maßgabe des § 172 vor anderen Gerichten auftreten.

Dritter Abschnitt   Die besonderen Rechte und Pflichten der Rechtsanwälte bei dem Bundesgerichtshof

§ 172   Beschränkung des Auftretens vor anderen Gerichten

(1) ¹Die bei dem Bundesgerichtshof zugelassenen Rechtsanwälte dürfen nur vor dem Bundesgerichtshof, den anderen obersten Gerichtshöfen des Bundes, dem Gemeinsamen Senat der obersten Gerichtshöfe und dem Bundesverfassungsgericht auftreten. ²Das Recht, vor internationalen oder gemeinsamen zwischenstaatlichen Gerichten aufzutreten, wird hierdurch nicht berührt.

(2) Sie dürfen vor einem obersten Landesgericht auftreten, soweit § 8 Abs. 1 des Einführungsgesetzes zur Zivilprozeßordnung eine Vertretung durch sie vorsieht.

(3) In dem Verfahren vor dem ersuchten Richter dürfen sie auch vor einem anderen Gericht auftreten, wenn das Ersuchen von einem der in Abs. 1 genannten Gerichte ausgeht.

1   **Andere Oberste Gerichtshöfe** i. S. von Abs. 1 Satz 1 sind das Bundesverwaltungsgericht, der Bundesfinanzhof, das Bundesarbeitsgericht und das Bundessozialgericht (vgl. Art. 95 Abs. 1 GG).

2   Vor **internationalen oder gemeinsamen zwischenstaatlichen Gerichten** darf der bei dem BGH zugelassene RA nach Abs. 1 Satz 2 auftreten, soweit dies einem deutschen RA nach den internationalen Verträgen überhaupt gestattet ist (*Feuerich*, § 172 Rz. 14).

§ 172 a   Sozietät

¹Rechtsanwälte, die beim Bundesgerichtshof zugelassen sind, dürfen nur untereinander eine Sozietät eingehen. ²Eine solche Sozietät darf nur zwei Rechtsanwälte umfassen.

Die Vorschrift entspricht der schon bisher herrschenden Meinung (vgl. BGH, NJW 1984, 1042; BVerfGE 54, 237). Die Ermöglichung der Zweiersozietät stellt einerseits das Berufsbild des Revisionsrechtsanwalts, der seine

Mandate persönlich wissenschaftlich bearbeitet, nicht in Frage, eröffnet aber für Vertretungsfälle und Kanzleiübergaben in jüngere Hände erhebliche Erleichterungen (BT-Drucks. 12/4993 S. 36).

§ 173   Bestellung eines Vertreters und eines Abwicklers der Kanzlei

(1) Kann der Rechtsanwalt in den Fällen, in denen seine Vertretung nach § 53 Abs. 1 erforderlich wird, sie nicht selbst regeln, so wird der Vertreter von dem Bundesministerium der Justiz bestellt.

(2) Das Bundesministerium der Justiz kann zum Vertreter nur einen Rechtsanwalt bestellen, der das fünfunddreißigste Lebensjahr vollendet hat und den Beruf des Rechtsanwalts seit mindestens fünf Jahren ohne Unterbrechung ausübt.

(3) ¹Abs. 2 gilt entsprechend für die Bestellung eines Abwicklers der Kanzlei(§ 55). ²Weist die Rechtsanwaltskammer bei dem Bundesgerichtshof nach, daß für die Erledigung der laufenden Aufträge in einer Weise gesorgt ist, die den Rechtsuchenden nicht schlechter stellt als die Anwendung des § 55, unterbleibt die Bestellung eines Abwicklers.

Zu Abs. 1 und 2: Die **Vertretung des RA bei dem BGH** wird nach § 53 **1** Abs. 1 i. V. mit § 162 erforderlich, wenn er länger als eine Woche gehindert ist, seinen Beruf auszuüben oder wenn er sich länger als eine Woche von seiner Kanzlei entfernen will. Der RA kann nach § 53 Abs. 1 Satz 2 i. V. mit § 162 den Vertreter selbst bestellen, wenn die Vertretung die Dauer eines Monats nicht überschreitet und wenn sie von einem anderen RA bei dem BGH übernommen wird. Das BJM kann nach Abs. 1 auch für eine längere Zeit als einen Monat einen Vertreter bestellen, der RA sein und die weiteren Voraussetzungen des Abs. 2 erfüllen muß, aber nicht bei dem BGH zugelassen zu sein braucht.

Zu Abs. 3: Zum **Abwickler der Kanzlei eines RA bei dem BGH,** der ver- **2** storben oder dessen Zulassung zur Rechtsanwaltschaft erloschen oder zurückgenommen ist, kann das BJM gemäß § 55 i. V. mit §§ 162, 163 nach Anhörung der RAK bei dem BGH einen RA bestellen, der nach Abs. 3 Satz 1 die Voraussetzungen des Abs. 2 erfüllen muß.

Das **BJM** hat seine **Befugnisse** nach Abs. 1 und 3 sowie seine Befugnis **3** nach § 53 Abs. 3 i. V. mit § 163 Satz 1 (Bestellung eines ständigen Vertreters für alle Behinderungsfälle) auf den Präsidenten des BGH **übertragen** (vgl. § 224 Rz. 2 und § 53 Rz. 2).

Zur **Gebühr** für die Vertreterbestellung vgl. § 193 Abs. 1, § 194. Die **4** Bestellung des Abwicklers der Kanzlei ist gebührenfrei (§ 193 Abs. 2).

Vierter Abschnitt   Die Rechtsanwaltskammer bei dem Bundesgerichtshof

§ 174   Zusammensetzung und Vorstand

(1) Die Rechtsanwälte, die bei dem Bundesgerichtshof zugelassen sind, bilden die Rechsanwaltskammer bei dem Bundesgerichtshof.

(2) ¹Die Zahl der Mitglieder des Vorstandes wird durch die Geschäftsordnung der Kammer festgestzt. ²§ 63 Abs. 2 ist nicht anzuwenden.

Die RAK bei dem BGH ist nach § 174, § 62 Abs. 1 eine Körperschaft des öffentlichen Rechts; die Aufsicht wird vom BJM geführt (§ 163 Satz 1 i. V. mit § 62 Abs. 2); nach § 162 gelten für die RAK bei dem BGH die Vorschriften über die RAKn (§§ 60 ff.) mit den Abweichungen, die sich aus § 163 und § 174 Abs. 2 ergeben (Amtl. Begr.).

Neunter Teil   Die Bundesrechtsanwaltskammer

Erster Abschnitt   Allgemeines

§ 175   Zusammensetzung und Sitz der Bundesrechtsanwaltskammer

(1) Die Rechtsanwaltskammern werden zu einer Bundesrechtsanwaltskammer zusammengeschlossen.

(2) Der Sitz der Bundesrechtsanwaltskammer wird durch ihre Satzung bestimmt.

Die in den Ländern bestehenden **RAKn** (vgl. §§ 60, 61 mit Erl.) und die RAK bei dem BGH (§ 174) sind nach Abs. 1 kraft Gesetzes **korporative Mitglieder der BRAK.** Diese ist die Dachorganisation der RAe in ihrer Eigenschaft als unabhängige Organe der Rechtspflege (BGH, NJW 1961, 220, 221). Die nach dem Berufsrecht der DDR (§ 60 ff., 188 RAG) errichteten Rechtsanwaltskammern gehörten seit dem 3. 10. 1990 der BRAK an (EinigungsV, Anlage II, Kapitel III, Sachgebiet A, Abschnitt III, Nr. 1 c). Das RAG ist durch die Berufsrechtsnovelle 1994 aufgehoben worden. Für die RAe aus den neuen Bundesländern gilt jetzt die BRAO. **1**

Zum **Sitz der BRAK** ist gemäß Abs. 2 durch deren Satzung die Hauptstadt der Bundesrepublik Deutschland bestimmt worden. Die gegenwärtige **Anschrift** lautet: 53113 Bonn, Joachimstraße 1. **2**

§ 176   Stellung der Bundesrechtsanwaltskammer

(1) Die Bundesrechtsanwaltskammer ist eine Körperschaft des öffentlichen Rechts.

(2) ¹Das Bundesministerium der Justiz führt die Staatsaufsicht über die Bundesrechtsanwaltskammer. ²Die Aufsicht beschränkt sich darauf, daß Gesetz und Satzung beachtet, insbesondere die der Bundesrechtsanwaltskammer übertragenen Aufgaben erfüllt werden.

Vgl. hierzu die Erl. zu § 62, die dahin zu ergänzen sind, daß dem § 81 Abs. 1 und 2 der § 185 Abs. 4 und dem § 90 der § 191 entspricht.

§ 177   Aufgaben der Bundesrechtsanwaltskammer

(1) Die Bundesrechtsanwaltskammer hat die ihr durch Gesetz zugewiesenen Aufgaben zu erfüllen.

(2) Der Kammer obliegt insbesondere,

1. in Fragen, welche die Gesamtheit der Rechtsanwaltskammern angehen, die Auffassung der einzelnen Kammern zu ermitteln und im Wege gemeinschaftlicher Aussprache die Auffassung der Mehrheit festzustellen;
2. Richtlinien für die Fürsorgeeinrichtungen der Rechtsanwaltskammern (§ 89 Abs. 2 Nr. 3) aufzustellen;
3. in allen die Gesamtheit der Rechtsanwaltskammern berührenden Angelegenheiten die Auffassung der Bundesrechtsanwaltskammer den zuständigen Gerichten und Behörden gegenüber zur Geltung zu bringen;
4. die Gesamtheit der Rechtsanwaltskammern gegenüber Behörden und Organisationen zu vertreten;
5. Gutachten zu erstatten, die eine an der Gesetzgebung beteiligte Behörde oder Körperschaft des Bundes oder ein Bundesgericht anfordert;
6. die berufliche Fortbildung der Rechtsanwälte zu fördern.

1   Nach **Abs.** 1 hat die BRAK die ihr durch Gesetz zugewiesenen Aufgaben zu erfüllen, »insbesondere« die in Abs. 2 Nrn. 1–6 aufgeführten, daneben aber auch die aus §§ 107 Abs. 2, 165 Abs. 1, 166 Abs. 2 Nr. 1, 178 Abs. 1 und 2, 186 Abs. 2 ersichtlichen Aufgaben. Doch beschränkt sich der Funktionsbereich der BRAK ebensowenig wie der der RAKn (vgl. § 73 Rz. 1) auf die Aufgaben, die sich unmittelbar unter eine der im Gesetz, insbesondere die in § 177 Abs. 2 aufgezählten Aufgaben, subsummieren lassen. Grundlegend hierzu *Tettinger*, Zum Tätigkeitsfeld der Bundesrechtsanwaltskammer, 1985; vgl. auch *Feuerich*, § 177 Rz. 3 ff.

2   Zu **Abs. 2 Nrn. 1, 3, 4:** Diese Aufgabenbereiche betreffen nach dem ausdrücklichen Gesetzeswortlaut nur Fragen, die die **Gesamtheit** der RAKn angehen, also nicht solche, die nur für einzelne RAe oder solche in einem bestimmten Land Bedeutung haben; das gilt aber auch für die übrigen Nrn. des Abs. 1 (vgl. Amtl. Begr. zu Nr. 1).

3   Die frühere Vorschrift in Abs. 2 Nr. 2 ist durch die Berufsrechtsnovelle 1994 aufgehoben worden, nachdem die Kompetenz der BRAK zur Feststellung der Standesrichtlinien nach den Entscheidungen des BVerfG vom 14. 7. 1987 (vgl. § 43 Rz. 1) bereits weggefallen war (BGH, AnwBl. 1989, 45). Zur Neuregelung vgl. § 43 Rz. 2.

4   Zu **Abs. 2 Nr. 2:** Die Richtlinien für die Gewährung von Unterstützungen aus Fürsorgeeinrichtungen der RAKn in der von der BRAK am 4./5. 5. 1964 fesgelegten Fassung (abgedruckt bei *Feuerich*, § 177 Rz. 26) haben keine große praktische Bedeutung mehr (vgl. § 89 Rz. 5).

Zu **Abs. 2 Nr. 3**: Zu den Behörden in diesem Sinne gehört auch die für   5
Gesetzesvorlagen zuständige Bundesregierung (BGHZ 35, 292, 295).

Zu **Abs. 2 Nr. 5**: Durch die Erstattung der **Gutachten** für die an der   6
Gesetzgebung beteiligten Behörden oder Körperschaften des Bundes übt die
BRAK einen bedeutenden Einfluß auf die Bundesgesetzgebung aus. Die
Gutachten sind nicht auf Angelegenheiten der Rechtsanwaltschaft be-
schränkt (vgl. BT-Drucks. III/778, S. 10 zu § 191).

Zu **Abs. 2 Nr. 6**: Die Aufgabe der **beruflichen Fortbildung der RAe** ist der   7
BRAK weitgehend vom Deutschen Anwaltverein abgenommen worden (vgl.
Isele, § 177 Anm. III G 2). Besondere Erwähnung verdient jedoch das aus
dem Institut für Steuerrecht der Rechtsanwaltschaft e. V. hervorgegangene von
der BRAK und den RAKn eingerichtete und getragene **Deutsche Anwaltsinstitut** e. V., das über Fachinstitute für Steuerrecht, Arbeitsrecht, Verwaltungsrecht, Sozialrecht, Notare sowie für Europäisches Gemeinschaftsrecht
und Internationales Recht verfügt (vgl. BRAK-Mitt. 1990, 16 f., 37 ff).

Vgl. auch § 43 a Abs. 6.

§ 178 Beiträge zur Bundesrechtsanwaltskammer

**(1) Die Bundesrechtsanwaltskammer erhebt von den Rechtsanwaltskam-
mern Beiträge, die zur Deckung des persönlichen und sächlichen Bedarfs
bestimmt sind.**

(2) Die Höhe der Beiträge wird von der Hauptversammlung festgesetzt.

**(3) Die Hauptversammlung kann einzelnen wirtschaftlich schwächeren
Kammern Erleichterungen gewähren.**

Zweiter Abschnitt   Die Organe der Bundesrechtsanwaltskammer

1. Das Präsidium

§ 179 Zusammensetzung des Präsidiums

(1) Die Bundesrechtsanwaltskammer hat ein Präsidium.

(2) Das Präsidium besteht aus
1. dem Präsidenten,
2. mindestens drei Vizepräsidenten,
3. dem Schatzmeister,
(3) Das Präsidium gibt sich eine Geschäftsordnung.
(4) Die Hauptversammlung kann weitere Vizepräsidenten bestimmen.

1   Nach der Amtl. Begr. zu § 179 entspricht das Präsidium der BRAK dem Vorstand der RAK. Wie dort weiter ausgeführt ist, sollte der Schwerpunkt des Aufgabenbereichs der BRAK bei der Hauptversammlung (§§ 187 ff.) liegen. In der praktischen Entwicklung ist jedoch das nur aus fünf Personen bestehende **Präsidium** wegen seiner größeren Beweglichkeit die **maßgebliche Institution der BRAK** geworden (*Isele*, § 179 Anm. IV D).

2   Die Einfügung der Worte »mindestens drei Vizepräsidenten« in **Abs. 2 Nr. 2** soll angesichts des durch die deutsche Einheit angewachsenen Aufgabenkatalogs die Möglichkeit eröffnen, die Zahl der Präsidiumsmitglieder zu erhöhen. Die Entscheidung hierüber erfolgt durch Beschluß der Hauptversammlung (Abs. 4). Vgl. BT-Drucks. 12/4993 S. 36.

§ 180   Wahlen zum Präsidium

(1) ¹Das Präsidium der Bundesrechtsanwaltskammer wird von der Hauptversammlung aus ihrer Mitte gewählt. ²Als Präsident kann wiedergewählt werden, wer Mitglied des Vorstandes einer Rechtsanwaltskammer ist.
(2) Das Nähere bestimmt die Satzung der Kammer.

1   Aus Abs. 1 i. V. mit § 188 Abs. 1 ergibt sich, daß nur Präsidenten einer RAK zu **Mitgliedern des Präsidiums** der BRAK gewählt werden können, dagegen nicht ein anderes Mitglied des Vorstandes einer RAK, das den Präsidenten der RAK gemäß § 188 Abs. 2 in der Hauptversammlung vertritt (*Bülow*, § 180 Anm. 1; *Kalsbach*, § 180 Anm. 1 II; *Feuerich*, § 180 Rz. 1).

2   Die **Wiederwahl des Präsidenten** ist nach Abs. 1 Satz 2 zulässig, wenn er zwar nicht mehr Präsident einer RAK ist, aber deren Vorstand angehört. Vgl. auch § 182 Abs. 3 Nr. 1. Macht der Präsident der BRAK von der in §§ 180, 182 eröffneten Möglichkeit seiner Entlastung Gebrauch, so kann er in der Hauptversammlung nicht mehr als geborener Vertreter seiner RAK mitstimmen (BT-Drucks. 10/3854, S. 33 zu Nr. 48).

3   Maßgebend für das **Verfahren der Wahl** des Präsidiums und des Präsidenten ist Art. III der Satzung der BRAK vom 1. 10. 1959 i. d. F. vom 13. 5. 1988.

§ 181   Recht zur Ablehnung der Wahl

Die Wahl zum Mitglied des Präsidiums kann ablehnen,
1. wer das fünfundsechzigste Lebensjahr vollendet hat;
2. wer in den letzten vier Jahren Mitglied des Präsidiums gewesen ist.

Die Vorschrift entspricht der des § 67 Nr. 1 und 2. Eine dem § 67 Nr. 3 entsprechende Bestimmung (Ablehnung wegen Behinderung durch Krankheit oder Gebrechen) erschien dem Gesetzgeber entbehrlich, weil davon ausgegangen werden könne, daß die Voraussetzungen nicht vorliegen, wenn der Gewählte das Amt im Vorstand der RAK angenommen und beibehalten habe (Amtl. Begr.).

§ 182 Wahlperiode und vorzeitiges Ausscheiden

(1) Die Mitglieder des Präsidiums werden auf vier Jahre gewählt.

(2) Scheidet ein Mitglied vorzeitig aus, so wird für den Rest seiner Amtszeit ein neues Mitglied gewählt.

(3) ¹Ein Rechtsanwalt scheidet als Mitglied des Präsidiums vorzeitig aus,
1. wenn er aus dem Amt des Präsidenten einer Rechtsanwaltskammer ausscheidet; der Präsident der Bundesrechtsanwaltskammer scheidet aus diesem Amt jedoch nur aus, wenn er nicht mehr Mitglied des Vorstandes einer Rechtsanwaltskammer ist;
2. wenn er sein Amt niederlegt.
²Der Rechtsanwalt hat die Erklärung, daß er das Amt niederlege, dem Präsidium gegenüber schriftlich abzugeben. ³Die Erklärung kann nicht widerrufen werden.

§ 183 Ehrenamtliche Tätigkeit des Präsidiums

¹Die Mitglieder des Präsidiums üben ihre Tätigkeit unentgeltlich aus. ²Sie erhalten jedoch eine angemessene Entschädigung für den mit ihrer Tätigkeit verbundenen Aufwand sowie eine Reisekostenvergütung.

Die Höhe der den Mitgliedern nach Satz 2 zustehenden Aufwandsentschädigung und der Reisekostenvergütung wird nach § 190 Abs. 4 Satz 2 durch Beschluß der Hauptversammlung mit einfacher Stimmenmehrheit festgesetzt.

§ 184 Pflicht zur Verschwiegenheit

Für die Pflicht der Mitglieder des Präsidiums und der Angestellten der Bundesrechtsanwaltskammer zur Verschwiegenheit ist § 76 entsprechend anzuwenden.

Die Genehmigung zur Aussage erteilt nach pflichtgemäßem Ermessen das Präsidium der BRAK in entsprechender Anwendung des § 76 Abs. 3 Satz 1, da es dem Vorstand der RAK entspricht (*Kalsbach*, § 184 Anm. 2 II; *Isele*, § 184 Anm. V B; *Feuerich*, § 184 Rz. 2; a. A. *Bülow*, § 184 Anm. 2: der Präsident der BRAK).

§ 185 Aufgaben des Präsidenten

(1) Der Präsident vertritt die Bundesrechtsanwaltskammer gerichtlich und außergerichtlich.

(2) ¹Der Präsident vermittelt den geschäftlichen Verkehr der Bundesrechtsanwaltskammer und des Präsidiums. ²Er führt die Beschlüsse des Präsidiums und der Hauptversammlung der Kammer aus.

(3) Der Präsident führt in den Sitzungen des Präsidiums und in der Hauptversammlung den Vorsitz.

(4) ¹Der Präsident erstattet dem Bundesministerium der Justiz jährlich einen schriftlichen Bericht über die Tätigkeit der Bundesrechtsanwaltskammer und des Präsidiums. ²Er zeigt ihm ferner das Ergebnis der Wahlen zum Präsidium an.

(5) Durch die Satzung der Kammer können dem Präsidenten weitere Aufgaben übertragen werden.

Die gesetzlichen Aufgaben des Präsidenten ergeben sich aus Abs. 1–4 sowie § 189 Abs. 1 und 4. Nach Abs. 5 können ihm durch die Satzung der BRAK weitere Aufgaben übertragen werden. Die Ansicht von *Bülow* (§ 185 Anm. 4), daß dies nur im Rahmen des gesetzlichen Aufgabenkreises der BRAK (§ 177) zulässig sei, erscheint zu eng, da der Funktionsbereich der RAKn und der BRAK sich nicht auf die ihnen durch Gesetz zugewiesenen Aufgaben beschränkt (vgl. §§ 73 Rz. 1, 89 Rz. 1).

§ 186 Aufgaben des Schatzmeisters

(1) ¹Der Schatzmeister verwaltet das Vermögen der Bundesrechtsanwaltskammer nach den Weisungen des Präsidiums. ²Er ist berechtigt, Geld in Empfang zu nehmen.

(2) Über die Einnahmen und Ausgaben sowie über die Verwaltung des Vermögens hat er jährlich der Hauptversammlung Rechnung zu legen.

2. Die Hauptversammlung

§ 187 Versammlung der Mitglieder

Die Bundesrechtsanwaltskammer faßt ihre Beschlüsse regelmäßig auf Hauptversammlungen.

Vgl. Anm. zu § 179. 1

Die Geschäftsordnung der Hauptversammlung in der Fassung vom 2
23. 1. 1988 ist abgedruckt in BRAK-Mitt. 1988, 252.

Zu den Aufgaben der Hauptversammlung gehört u. a. die Entlastung des 3
Präsidiums und der Geschäftsführung; dem Entlastungsbeschluß kommt die
Wirkung eines Verzichts auf mögliche Schadensersatzansprüche nicht zu
(BGH, AnwBl. 1989, 288).

§ 188 Vertreter der Rechtsanwaltskammern in der Hauptversammlung

(1) Die Rechtsanwaltskammern werden in der Hauptversammlung durch
ihre Präsidenten vertreten.

(2) Der Präsident einer Rechtsanwaltskammer kann durch ein anderes
Vorstandsmitglied vertreten werden.

Zu Abs. 2: Die Möglichkeit der Vertretung des Präsidenten einer RAK
durch ein anderes Vorstandsmitglied ist nicht auf Fälle der Verhinderung
des Präsidenten beschränkt, sondern allgemein zulässig (Amtl. Begr.: *Bülow,*
§ 188 Anm. 2; *Kalsbach,* § 188 Anm. 2; *Feuerich,* § 188 Rz. 2). Die nähere
Entschließung über die Bestellung des Vertreters steht dem Vorstand der
RAK zu (Amtl. Begr.; *Isele,* § 188 Anm. III A 2; a. A. *Kalsbach,* § 188 Anm. 2:
dem Präsidenten der RAK).

§ 189 Einberufung der Hauptversammlung

(1) ¹Die Hauptversammlung wird durch den Präsidenten schriftlich einberufen. ²Der Präsident muß die Hauptversammlung einberufen, wenn mindestens drei Rechtsanwaltskammern es schriftlich beantragen und hierbei den
Gegenstand angeben, der in der Hauptversammlung behandelt werden soll.

(2) Bei der Einberufung ist der Gegenstand, über den in der Hauptversammlung Beschluß gefaßt werden soll, anzugeben.

(3) ¹Die Hauptversammlung ist mindestens drei Wochen vor dem Tage, an dem sie zusammentreten soll, einzuberufen. ²Der Tag, an dem die Einberufung abgesandt ist, und der Tag der Hauptversammlung sind hierbei nicht mitzurechnen.

(4) ¹In dringenden Fällen kann der Präsident die Hauptversammlung mit kürzerer Frist einberufen. ²Die Vorschrift des Abs. 2 braucht hierbei nicht eingehalten zu werden.

1   Zu dem nach **Abs.** 2 bei der Einberufung der Hauptversammlung anzugebenden Gegenstand der **Tagesordnung** vgl. § 87 Rz. 1–3.

2   Beschlüsse, die unter Verletzung der Vorschriften des § 189 zustande kommen, können nach § 191 angefochten werden.

§ 190   Beschlüsse der Hauptversammlung

(1) Jede Rechtsanwaltskammer hat eine Stimme.

(2) Die Voraussetzungen, unter denen die Hauptversammlung beschlußfähig ist, werden durch die Satzung geregelt.

(3) ¹Die Beschlüsse der Hauptversammlung werden, soweit nicht die Satzung etwas anderes vorschreibt, mit einfacher Stimmenmehrheit gefaßt. ²Das gleiche gilt für die von der Hauptversammlung vorzunehmenden Wahlen. ³Bei Wahlen entscheidet bei Stimmengleichheit das Los.

(4) ¹Beschlüsse, welche die einzelnen Rechtsanwaltskammern wirtschaftlich belasten, kann die Hauptversammlung nur einstimmig fassen. ²Dies gilt jedoch nicht für die Beschlüsse, durch welche die Höhe der Beiträge der Rechtsanwaltskammern sowie die Höhe der Aufwandsentschädigung und der Reisekostenvergütung für die Mitglieder des Präsidiums festgesetzt werden.

(5) Über die Beschlüsse der Hauptversammlung und über die Ergebnisse von Wahlen ist ein Protokoll aufzunehmen, das von dem Vorsitzenden und von einem Vizepräsidenten als Schriftführer zu unterzeichnen ist.

1   Die Regelung des **Abs. 1,** wonach **jede RAK** in der Hauptversammlung **eine Stimme** hat, ist nach Ansicht des Anwaltssenats des BGH verfassungsrechtlich unbedenklich (BGH, AnwBl. 1989, 45). Sie ist aber **problematisch** insbesondere im Hinblick darauf, daß die Mitgliederzahlen der RAKn in der Bundesrepublik Deutschland höchst unterschiedlich sind. *Kirchhof* hat in BRAK-Mitt. 1984, 6, die gegenwärtige gesetzliche Regelung mit überzeugenden Argumenten kritisiert und sich unter Nachweis abweichender Handhabungen bei anderen Standesorganisationen für eine Stimmgewichtung

ausgesprochen (zustimmend *Hartstang*, RA, S. 167 f.; *Kleine-Cosack*, AnwBl. 1986, 505, 509, 512; *Papier*, NJW 1987, 1308; *Feuerich*, § 190 Rz. 3–10; *Cramer*, AnwBl. 1989, 140; dagegen *Haas*, BRAK-Mitt. 1984, 7; kritisch auch *Heyl*, BRAK 25J, S. 34 f.). Soweit im vorstehend angeführten Schrifttum die Stimmgleichheit jeder Kammer als Verstoß gegen das Demokratieprinzip des GG angesehen wurde, wurde dies allerdings in erster Linie mit dem der BRAK in § 177 Abs. 2 Nr. 2 a. F. übertragenen Kompetenz zur Feststellung der allgemeinen Standesauffassungen begründet, die weggefallen ist (vgl. § 177 Rz. 3). Der Empfehlung, im Hinblick auf die Satzungskompetenz der BRAK (Satzungsversammlung) eine »Stimmgewichtung« anzuordnen, hat der Gesetzgeber mit § 191 b Abs. 1 Rechnung getragen (vgl. *Kleine-Cosack*, NJW 1988, 164, 170; *Pietzcker*, NJW 1988, 513, 516 f.; *Jahn*, AnwBl. 1988, 430, 431; *Cramer*, AnwBl. 1989, 140, 143; a. A. *Wagner*, AnwBl. 1989, 269; *Jakobs*, NJW 1989, 3205).

Für das **Abstimmungsverhältnis** in der Hauptversammlung gilt folgendes: **2** Für Beschlüsse und Wahlen genügt die einfache Mehrheit, soweit nicht die Satzung der BRAK etwas anderes vorschreibt. Nach Art. VII Abs. 4 dieser Satzung können Beschlüsse der Hauptversammlung, die auf Änderung der Satzung oder auf Feststellung von Berufsrecht gerichtet sind, nur mit einer Mehrheit von drei Vierteln der Mitglieder der BRAK gefaßt werden; allerdings genügt die einfache Mehrheit bei der Beschlußfassung über einen Antrag, der nur auf erneute Erörterung einer berufsrechtlichen Frage gerichtet ist. Bei Wahlen entscheidet bei Stimmengleichheit das Los. Beschlüsse, welche die einzelnen RAKn wirtschaftlich belasten, kann die Hauptversammlung nur einstimmig fassen, soweit nicht Abs. 4 Satz 2 Platz greift. Eine wirtschaftliche Belastung einer oder einzelner RAKn (Abs. 4 Satz 1) würde z. B. vorliegen bei einem Beschluß, eine RAK solle die Kosten einer in ihrem Bezirk abzuhaltenden Tagung allein tragen, oder bei einem Beschluß, die RAKn müßten bestimmtes hauptamtliches Personal anstellen oder Bibliotheken mit bestimmtem Bestand unterhalten (vgl. BGH, NJW 1961, 220, 221). Beschlüsse über Ausgaben, die aus dem Beitragsaufkommen gedeckt werden dürfen, bedürfen jedoch zufolge der Vorschrift des Abs. 4 Satz 2 nur der einfachen Stimmenmehrheit; aus den Beiträgen können alle Kosten gedeckt werden, die der BRAK durch die Wahrnehmung ihrer legitimen Aufgaben entstehen (BGH, a.a.O.).

Die Verfassungsbeschwerde einer RAK oder ihres Präsidenten gegen die **3** Entscheidung des BGH über die Rechtmäßigkeit von Beschlüssen der Hauptversammlung der BRAK ist mangels Grundrechtsinhaberschaft der Beschwerdeführer unzulässig (BVerfG, AnwBl. 1989, 572).

3. Die Nichtigkeit von Wahlen und Beschlüssen

§ 191 Voraussetzungen der Nichtigkeit und Verfahren vor dem
Bundesgerichtshof

(1) Wahlen oder Beschlüsse des Präsidiums oder der Hauptversammlung kann der Bundesgerichtshof auf Antrag des Bundesministeriums der Justiz für ungültig oder nichtig erklären, wenn sie unter Verletzung des Gesetzes oder der Satzung zustande gekommen oder wenn sie ihrem Inhalt nach mit dem Gesetz oder der Satzung nicht vereinbar sind.

(2) Den Antrag kann auch eine Rechtsanwaltskammer stellen, hinsichtlich eines Beschlusses jedoch nur dann, wenn sie durch den Beschluß in ihren Rechten verletzt ist.

(3) Im übrigen ist § 91 entsprechend anzuwenden.

1   Der Antrag des BMJ nach Abs. 1 ist unbefristet. Die RAK kann jedoch den Antrag nach Abs. 2 gemäß Abs. 3 i. V. mit § 91 Abs. 3 nur innerhalb eines Monats nach der Wahl oder Beschlußfassung stellen (*Isele*, § 191 Anm. VII; *Feuerich*, § 191 Rz. 2).

2   Hinsichtlich der **Kosten** des Verfahrens vgl. §§ 200–202. Über Einwendungen und Erinnerungen gegen den Ansatz von Kosten hat hier abweichend von § 203 der BGH zu entscheiden (*Bülow*, § 191 Anm. 4).

4. Die Satzungsversammlung

§ 191 a Einrichtung und Aufgabe

(1) Bei der Bundesrechtsanwaltskammer wird eine Satzungsversammlung eingerichtet.

(2) Die Satzungsversammlung erläßt als Satzung eine Berufsordnung für die Ausübung des Rechtsanwaltsberufes unter Berücksichtigung der beruflichen Pflichten und nach Maßgabe des § 59 b.

(3) Die Satzungsversammlung gibt sich eine Geschäftsordnung.

(4) Der Satzungsversammlung gehören an ohne Stimmrecht der Präsident der Bundesrechtsanwaltskammer, die Präsidenten der Rechtsanwaltskammern, mit Stimmrecht die von der Versammlung der Kammern nach Maßgabe des § 191 b zu wählenden Mitglieder.

1   Das BVerfG geht in seinen Entscheidungen vom 14. 7. 1987 davon aus, daß das neue Berufsrecht der RAe in seinen statusbildenen Normen durch den Gesetzgeber geregelt wird – was in §§ 43 ff. geschehen ist (vgl. § 43

Rz. 2) –, während eine darauf basierende Berufsordnung als Satzung gestaltet werden kann. Satzungen sind Rechtsvorschriften, die von einer juristischen Person des öffentlichen Rechts mit Wirksamkeit für die ihr angehörenden Personen erlassen werden. Da zum Erlassen einer Satzung nur ein demokratisch legitimiertes Organ befugt ist, dessen Mitglieder durch eine Wahlentscheidung der RAe in ihr Amt berufen worden sind, ist in § 191 a Abs. 1 ein neues Beschlußorgan der BRAK, die **Satzungsversammlung** eingerichtet worden (BT-Drucks. 12/4993 S. 36).

Der Satzungsversammlung ist in **Abs. 2** die Kompetenz zum Erlaß der Berufsordnung (§ 59 b) übertragen.   2

Nach **Abs. 3** hat die Satzungsversammlung, soweit das Verfahren nicht in anderen Vorschriften geregelt ist (vgl. z. B. § 191 d), eine Geschäftsordnung aufzustellen.   3

Nach **Abs. 4** ist für die Zusammensetzung der Satzungsversammlung vorgesehen, daß ihr neben dem Präsidenten der BRAK die Präsidenten der Rechtsanwaltskammern (§§ 64 Abs. 1, 78) beide **ohne Stimmrecht** und die nach § 191 b Abs. 1 von den Versammlungen der Rechtsanwaltskammern zu wählenden Mitglieder angehören (vgl. BT- Drucks. 12/4993 S. 36). Der Präsident der BRAK und die Präsidenten der RAKen besitzen natürlich Stimmrecht, wenn sie als Mitglieder der Satzungsversammlung gem. § 191 b gewählt worden sind.   4

§ 191 b   Wahl der stimmberechtigten Mitglieder der Satzungsversammlung

(1) [1]Die Zahl der stimmberechtigten Mitglieder der Satzungsversammlung bemißt sich nach der Zahl der Kammermitglieder. [2]Es sind zu wählen für je angefangene 1000 Kammermitglieder ein Mitglied der Satzungsversammlung. Maßgebend ist die Zahl der Kammermitglieder am 1. Januar des Jahres, in dem die Wahl erfolgt.

(2) [1]Die stimmberechtigten Mitglieder der Satzungsversammlung werden von den Mitgliedern der Kammer aus dem Kreis der vorgeschlagenen Mitglieder in geheimer und unmittelbarer Wahl durch Briefwahl gewählt. [2]Die Wahlvorschläge müssen von mindestens zehn Kammermitgliedern unterzeichnet sein, Wahlvorschläge bezüglich der Mitglieder der Rechtsanwaltskammer bei dem Bundesgerichtshof von mindestens drei Kammermitgliedern. [3]Gewählt sind die Bewerber, die die meisten Stimmen auf sich vereinigen.

(3) [1]§ 65 Nr. 1 und 3, §§ 66, 67, 68 Abs. 1, § 69 Abs. 1, 2 und 4, §§ 75, 76 gelten entsprechend. [2]Scheidet ein stimmberechtigtes Mitglied der Satzungsversammlung aus, so tritt das nicht gewählte Kammermitglied mit der nächsthöheren Stimmenzahl in die Satzungsversammlung ein.

1   Die Regelung in **Abs.** 1 daß für je angefangene 1000 Mitglieder einer
RAK ein Mitglied in die Satzungsversammlung gewählt werden kann, ent-
spricht dem demokratischen Erfordernis, daß die Anzahl der Stimmen im
Satzungsgremium mit der Mitgliederzahl der RAK korrespondieren muß
(BT-Drucks. 12/4993 S. 37).

2   **Zu Abs. 2:** Um die Akzeptanz der Beschlüsse der Satzungsversammlung
zu erhöhen, soll die Wahl nach den Grundsätzen der Persönlichkeitswahl
und nicht in einer Kammerversammlung erfolgen. Für zulässig wird erachtet, daß im Rahmen einer Kammerversammlung den Teilnehmern Gelegenheit gegeben wird, ihren Stimmbrief abzugeben, sofern auch für die nichter-
schienenen Kammermitglieder diese Möglichkeit auf dem Postweg besteht
(BT-Drucks. 12/7656 S. 51). Vgl. im übrigen § 191 a Rz. 4.

§ 191 c   Einberufung und Stimmrecht

(1) **Die Satzungsversammlung wird durch den Präsidenten der Bundesrechtsanwaltskammer schriftlich einberufen.**

(2) [1]**Der Präsident der Bundesrechtsanwaltskammer muß die Satzungsversammlung einberufen, wenn mindestens fünf Rechtsanwaltskammern oder ein
Viertel der Mitglieder der Satzungsversammlung es schriftlich beantragen und
hierbei den Gegenstand angeben, der in der Satzungsversammlung behandelt
werden soll.** [2]**Für das weitere Verfahren gilt § 189 entsprechend.**

Abs. 1 regelt die Einberufung der Satzungsversammlung durch den Präsidenten der BRAK. **Abs.** 2 nennt die Voraussetzungen, unter denen die
Rechtsanwaltskammern oder die Mitglieder der Satzungsversammlung ein
Zusammentreten der Satzungsversammlung fordern können (BT-Drucks.
12/4993 S. 37).

§ 191 d   Leitung der Versammlung, Beschlußfassung

(1) **Den Vorsitz der Satzungsversammlung führt der Präsident der Bundesrechtsanwaltskammer. Der Vorsitzende bestimmt den Schriftführer aus der
Mitte der Versammlung.**

(2) **Die Satzungsversammlung ist beschlußfähig, wenn drei Fünftel ihrer
stimmberechtigten Mitglieder anwesend sind.**

(3) [1]**Die Beschlüsse zur Berufsordnung werden mit der Mehrheit aller
stimmberechtigten Mitglieder gefaßt, sonstige Beschlüsse mit der Mehrheit
der anwesenden stimmberechtigten Mitglieder.** [2]**Jedes Mitglied hat eine**

Stimme, ist an Weisungen nicht gebunden und kann seine Stimme nur persönlich abgeben. ³Eine Vertretung findet nicht statt.

(4) Der Wortlaut der von der Satzungsversammlung gefaßten Beschlüsse ist in einer Niederschrift festzuhalten, die vom Vorsitzenden und vom Schriftführer zu unterzeichnen und bei der Geschäftsstelle der Bundesrechtsanwaltskammer zu verwahren ist.

(5) Die von der Satzungsversammlung gefaßten Beschlüsse treten mit dem ersten Tag des dritten Monats in Kraft, der auf die Veröffentlichung in den für Verlautbarungen der Bundesrechtsanwaltskammer betimmten Presseorganen folgt.

In dieser Bestimmung finden sich Vorschriften über den Vorsitz in der Versammlung (Abs. 1), die Beschlußfähigkeit (Abs. 2) und zum Verfahren der Satzungsversammlung (Abs. 4). Das vorgesehene Quorum stellt die Arbeitsfähigkeit der Satzungsversammlung sicher. Beschlüsse über den Erlaß und die Änderung der Berufsordnung müssen wegen ihrer weitreichenden Bedeutung mit der Mehrheit der Stimmen aller stimmberechtigten Mitglieder der Satzungsversammlung gefaßt werden (Abs. 3). Die Mitglieder der Satzungsversammlung sind in ihrer Stellung unabhängig. Die ursprünglich in einem Satz 3 zu Abs. 3 vorgesehene Vertretung der der Satzungsversammlung angehörenden Präsidenten durch ihre Vertreter im Amt ist entfallen, weil die Satzungsversammlung in ihrer der Wahl entsprechenden ursprünglichen Zusammensetzung entscheiden soll, um die Bedeutung der Beschlüsse der Satzungsversammlung für das Berufsrecht zu unterstreichen (BT-Drucks. 12/7656 S. 51). Das Inkrafttreten der Beschlüsse der Satzungsversammlung regelt Abs. 5 (vgl. BT-Drucks. 12/4993 S. 37).

§ 191 e Prüfung von Beschlüssen der Satzungsversammlung durch die Aufsichtsbehörde

Die Satzung tritt drei Monate nach Übermittlung an das Bundesministerium der Justiz in Kraft, soweit nicht das Bundesministerium der Justiz die Satzung oder Teile derselben aufhebt.

Zehnter Teil   Die Kosten in Anwaltssachen

Erster Abschnitt   Die Gebühren der Justizverwaltung

§ 192   Gebühren für die Zulassung zur Rechtsanwaltschaft und die Zulassung bei einem Gericht

(1) Für die Zulassung zur Rechtsanwaltschaft (§§ 6, 12) und die erste Zulassung bei einem Gericht (§ 18 Abs. 2, § 19) wird eine Gebühr von 120 Deutsche Mark erhoben, gleichviel ob der Rechtsanwalt bei einem oder zugleich bei mehreren Gerichten zugelassen wird,

(2) Für jede weitere Zulassung bei einem Gericht wird eine Gebühr von 60 Deutsche Mark besonders erhoben.

(3) ¹Wird die Zulassung zur Rechtsanwaltschaft oder die Zulassung bei einem Gericht versagt oder wird der Antrag (§§ 6, 19) zurückgenommen, so beträgt die Gebühr 35 Deutsche Mark. ²Das gleiche gilt in den Fällen des § 8 a Abs. 3, § 9 Abs. 3 und 4.

Zu **Abs. 1**: Die Gebühr für die Zulassung zur Rechtsanwaltschaft umfaßt   1 auch die Gebühr für die erste lokale Zulassung, selbst wenn diese gleichzeitig bei mehreren Gerichten erfolgt (Amtl. Begr.).

Abs. 2 gilt für Anträge auf Zulassung bei einem weiteren Gericht, die erst   2 nach der ersten Zulassung gestellt werden, somit auch für den Fall des Wechsels der Zulassung nach § 33 (Amtl. Begr.).

Dadurch, daß in **Abs. 3 Satz 2** der § 8 a Abs. 3 durch die Berufsrechtsno-   3 velle 1994 eingefügt worden ist, ist klargestellt, daß die Gebühr des Abs. 3 auch erhoben werden soll, wenn die Zulassung zur Rechtsanwaltschaft daran scheitert, daß das von der LJV angeforderte ärztliche Gutachten ohne zureichenden Grund nicht vorgelegt wird (BT-Drucks. 12/4993 S. 37).

Für die Zurücknahme oder den Widerruf der Zulassung (§§ 14–16, 35)   4 wird keine Gebühr erhoben (*Isele*, § 192 Anm. VI; *Feuerich*, § 192 Rz. 2).

Die **Beitreibung der Gebühren** erfolgt nach der Justizbeitreibungsord-   5 nung. Einwendungen gegen die Festsetzung und den Ansatz von Gebühren können nach § 14 JVKostO geltend gemacht werden (*Isele*, § 192 Anm. VII, VIII; *Feuerich*, § 192 Rz. 3).

6 Auslagen werden nicht erhoben, da § 192 nur von Gebühren spricht, die BRAO aber zwischen Gebühren und Auslagen unterscheidet (vgl. § 195). Vgl. auch *Isele,* § 192 Anm. II; *Feuerich,* § 192 Rz. 1.

§ 193 Gebühr für die Bestellung eines Vertreters

(1) Für die Bestellung eines Vertreters (§§ 47, 53 Abs. 2 Satz 2, Abs. 3 und 5, §§ 161, 173 Abs. 1) wird eine Gebühr von 25 Deutsche Mark erhoben.

(2) Für die Bestellung eines Abwicklers einer Kanzlei (§§ 55, 173 Abs. 3) wird eine Gebühr nicht erhoben.

§ 194 Fälligkeit, Ermäßigung oder Erlaß der Gebühren

(1) [1]Die Gebühren nach §§ 192 und 193 werden mit der Beendigung der gebührenpflichtigen Amtshandlung fällig. [2]Sie können schon vorher eingefordert werden.

(2) Aus Billigkeitsgründen kann von der Erhebung der Gebühren ganz oder teilweise abgesehen werden.

Zu **Abs. 2**: Eine bundeseinheitliche Regelung für die Behandlung von Gesuchen um Erlaß oder Ermäßigung der Gebühr fehlt. Es gelten die einschlägigen Ländervorschriften (vgl. im einzelnen *Hartmann,* VII D). In der Praxis wird in der Regel zumindest eine glaubhafte Darlegung der wirtschaftlichen Verhältnisse des Gesuchstellers erwartet.

Zweiter Abschnitt Die Kosten in dem anwaltsgerichtlichen Verfahren und in dem Verfahren bei Anträgen auf anwaltsgerichtliche Entscheidung gegen die Androhung oder die Festsetzung des Zwangsgeldes oder über die Rüge

§ 195 Gebührenfreiheit, Auslagen

Für das anwaltsgerichtliche Verfahren und das Verfahren bei einem Antrag auf anwaltsgerichtliche Entscheidung gegen die Androhung oder die Festsetzung des Zwangsgeldes (§ 57 Abs. 3) oder über die Rüge (§ 74 a Abs. 1) werden keine Gebühren, sondern nur die Auslagen nach den Vorschriften des Gerichtskostengesetzes erhoben.

Nach der Legaldefinition des § 1 Abs. 1 des Gerichtskostengesetzes umfaßt der Begriff Kosten im Sinne dieses Gesetzes sowohl Gebühren als auch Auslagen. Da jedoch nach § 195 in den darin aufgeführten Verfahren **keine Gebühren, sondern nur Auslagen** erhoben werden, sind unter Kosten im Sinne der nachfolgenden §§ 196–199 jeweils nur die Auslagen zu verstehen. 1

Die **Vorschriften des Gerichtskostengesetzes für Auslagen** sind in Nr. 9000 ff. des Kostenverzeichnisses der Anlage 1 zu diesem Gesetz enthalten. Danach sind nicht zu erheben die den Anwaltsrichtern nach § 95 Abs. 1 Satz 3, § 103 Abs. 4, § 112 gewährten allgemeinen Entschädigungen (*Bülow*, § 195 Anm. 2; *Isele*, § 195 Anm. III B; a. A. *Kalsbach*, § 195 Anm. 2), wohl aber nach Nr. 9006 des Kostenverzeichnisses die Vergütung (Reisekostenvergütung und Auslagenersatz), die ihnen zusätzlich bei Geschäften außerhalb der Gerichtsstelle gewährt worden ist, ferner nach Nr. 9005 des Kostenverzeichnisses Entschädigungen von Zeugen und Sachverständigen und nach Nr. 9002 des Kostenverzeichnisses Postgebühren für Postzustellungen mit Zustellungsurkunde (EGH München, BRAK-Mitt. 1984, 93). 2

§ 196 Kosten bei Anträgen auf Einleitung des anwaltsgerichtlichen Verfahrens

(1) Einem Rechtsanwalt, der einen Antrag auf gerichtliche Entscheidung über die Entschließung der Staatsanwaltschaft (§ 123 Abs. 2) zurücknimmt, sind die durch dieses Verfahren entstandenen Kosten aufzuerlegen.

(2) Wird ein Antrag des Vorstandes der Rechtsanwaltskammer auf gerichtliche Entscheidung in den Fällen des § 122 Abs. 2, 3, des § 150 a oder des § 161 a Abs. 2 verworfen, so sind die durch das Verfahren über den Antrag veranlaßten Kosten der Rechtsanwaltskammer aufzuerlegen.

Zum Begriff der Kosten im Sinne dieser Vorschrift vgl. § 195 Rz. 1.

§ 197 Kostenpflicht des Verurteilten

(1) [1]Dem Rechtsanwalt, der in dem anwaltsgerichtlichen Verfahren verurteilt wird, sind zugleich die in dem Verfahren entstandenen Kosten ganz oder teilweise aufzuerlegen. [2]Dasselbe gilt, wenn das anwaltsgerichtliche Verfahren

wegen Erlöschens, Rücknahme oder Widerrufs der Zulassung zur Rechtsanwaltschaft eingestellt wird und nach dem Ergebnis des bisherigen Verfahrens die Verhängung einer anwaltsgerichtlichen Maßnahme gerechtfertigt gewesen wäre; zu den Kosten des anwaltsgerichtlichen Verfahrens gehören in diesem Fall auch diejenigen, die in einem anschließenden Verfahren zum Zwecke der Beweissicherung (§§ 148, 149) entstehen. ³Wird das Verfahren nach § 139 Abs. 3 Nr. 2 eingestellt, kann das Gericht dem Rechtsanwalt die in dem Verfahren entstandenen Kosten ganz oder teilweise auferlegen, wenn es dies für angemessen erachtet.

(2) ¹Dem Rechtsanwalt, der in dem anwaltsgerichtlichen Verfahren ein Rechtsmittel zurückgenommen oder ohne Erfolg eingelegt hat, sind zugleich die durch dieses Verfahren entstandenen Kosten aufzuerlegen. ²Hatte das Rechtsmittel teilweise Erfolg, so kann dem Rechtsanwalt ein angemessener Teil dieser Kosten auferlegt werden.

(3) Für die Kosten, die durch einen Antrag auf Wiederaufnahme des durch ein rechtskräftiges Urteil abgeschlossenen Verfahrens verursacht worden sind, ist Abs. 2 entsprechend anzuwenden.

1   Zum Begriff der Kosten im Sinne dieser Vorschrift vgl. § 195 Rz. 1.

2   Nach Abs. 1 Satz 1 sind dem **verurteilten RA** die **Kosten ganz oder teilweise** aufzuerlegen. Aus dieser Vorschrift und sinngemäßer Anwendung des § 465 Abs. 2 StPO i. V. mit § 116 ergibt sich: Ist der RA nur wegen eines Teils der ihm im Hauptverfahren gemachten Vorwürfe für überführt angesehen worden, hinsichtlich des anderen Teils aber nicht, so dürfen ihm nicht die durch die Verfolgung in diesem anderen Teil entstandenen Kosten auferlegt werden; das gilt sowohl für abtrennbare Teile einer Tat wie auch für eine von mehreren vorgeworfenen Gesetzesverletzungen; die auf diese Weise ausscheidbaren Kosten und notwendig entstandenen Auslagen des betroffenen RA hat nach § 198 die RAK zu tragen (BGH, NJW 1971, 1048).

3   Wird der **RA freigesprochen,** so fallen die **Kosten** und die notwendigen Auslagen des RA nach § 467 Abs. 1 StPO i. V. mit § 116 der **RAK** zur Last, soweit nicht die sinngemäße Anwendung des § 467 Abs. 2 bis 5 StPO in Betracht kommt (vgl. *Isele,* §§ 196–197 a, Anm. IX B; vgl. auch BGH, NJW 1967, 894). Zu den notwendigen Auslagen des freigesprochenen RA gehören auch die Kosten für seinen Verteidiger, soweit diese sich in dem Gebührenrahmen halten (*Isele,* § 199 Anm. VI A). Jedoch stehen dem freigesprochenen RA, der sich im anwaltsgerichtlichen Verfahren in eigener Sache selbst verteidigt hat, nach der h. M. keine Verteidigergebühren zu (vgl. § 117 a Rz. 3).

4   **Sofortige Beschwerde** gegen die Kostenentscheidung im anwaltsgerichtlichen Verfahren ist zulässig bei Entscheidung des AnwG (§ 464 Abs. 3 StPO

i. V. mit § 116), jedoch unzulässig bei Entscheidung des AnwGH (BGH, BRAK-Mitt. 1982, 35).

§ 197 a   **Kostenpflicht in dem Verfahren bei Anträgen auf anwaltsgerichtliche Entscheidung gegen die Androhung oder die Festsetzung
des Zwangsgelds oder über die Rüge**

(1) [1]Wird der Antrag auf anwaltsgerichtliche Entscheidung gegen die Androhung oder die Festsetzung des Zwangsgelds oder über die Rüge als unbegründet zurückgewiesen, so ist § 197 Abs. 1 Satz 1 entsprechend anzuwenden. [2]Stellt das Anwaltsgericht fest, daß die Rüge wegen der Verhängung einer anwaltsgerichtlichen Maßnahme unwirksam ist (§ 74 a Abs. 5 Satz 2) oder hebt es den Rügebescheid gemäß § 74 a Abs. 3 Satz 2 auf, so kann es dem Rechtsanwalt die in dem Verfahren entstandenen Kosten ganz oder teilweise auferlegen, wenn es dies für angemessen erachtet.

(2) Nimmt der Rechtsanwalt den Antrag auf anwaltsgerichtliche Entscheidung zurück oder wird der Antrag als unzulässig verworfen, so gilt § 197 Abs. 2 Satz 1 entsprechend.

(3) [1]Wird die Androhung oder die Festsetzung des Zwangsgelds aufgehoben, so sind die notwendigen Auslagen des Rechtsanwalts der Rechtsanwaltskammer aufzuerlegen. [2]Das gleiche gilt, wenn der Rügebescheid, den Fall des § 74 a Abs. 3 Satz 2 ausgenommen, aufgehoben wird oder wenn die Unwirksamkeit der Rüge wegen eines Freispruchs des Rechtsanwalts im anwaltsgerichtlichen Verfahren oder aus den Gründen des § 115 a Abs. 2 Satz 2 festgestellt wird (§ 74 a Abs. 5 Satz 2).

Da nach **Abs. 1 Satz 1** § 197 Abs. 1 Satz 1 entsprechend anzuwenden ist, **1** kommt eine **teilweise Auferlegung der Kosten** in Betracht, wenn das AnwG zwar den Antrag auf anwaltsgerichtliche Entscheidung über die Rüge zurückweist, aber nur einen Teil der in den Gründen des Rügebescheids angeführten Verfehlungen des RA als erwiesen ansieht (*Feuerich*, § 197 a Rz. 1; vgl. § 197 Rz. 2).

In den Fällen des **Abs. 1 Satz 2** sowohl der ersten Alternative (§ 74 a Abs. 5 **2** Satz 2) als auch der zweiten Alternative (§ 74 a Abs. 3 Satz 2) steht es nach dem eindeutigen Wortlaut des Gesetzes im pflichtgemäßen **Ermessen des Gerichts,** ob es dem RA die Kosten ganz oder teilweise oder gar nicht auferlegt (a. A. *Isele*, §§ 196–197 a Anm. IV D 2, 3).

Bei **Aufhebung des Rügebescheides** durch das AnwG gilt Abs. 3 Satz 2 **3** auch dann, wenn der betroffene RA sich nicht zur Sache eingelassen hat (EGH Berlin, BRAK-Mitt. 1984, 93).

§ 198   Haftung der Rechtsanwaltskammer

(1) Kosten, die weder dem Rechtsanwalt noch einem Dritten auferlegt oder von dem Rechtsanwalt nicht eingezogen werden können, fallen der Rechtsanwaltskammer zur Last, welcher der Rechtsanwalt angehört.

(2) ¹In dem Verfahren vor dem Anwaltsgericht haftet die Rechtsanwaltskammer den Zeugen und Sachverständigen für die ihnen zustehende Entschädigung in dem gleichen Umfang, in dem die Haftung der Staatskasse nach der Strafprozeßordnung begründet ist. ²Bei weiterer Entfernung des Aufenthaltsorts der geladenen Personen ist ihnen auf Antrag ein Vorschuß zu bewilligen.

1   Zum Begriff der Kosten im Sinne dieser Vorschrift vgl. § 195 Rz. 1.

2   Abs. 1 gilt für das anwaltsgerichtliche Verfahren in allen Instanzen. Dritter im Sinne dieser Vorschrift ist z. B. ein nicht erschienener ordnungsgemäß geladener Zeuge (vgl. § 51 Abs. 1 Satz 1 StPO i. V. mit § 116 Satz 2).

3   Abs. 2 gilt nur für das anwaltsgerichtliche Verfahren erster Instanz. Hier haftet die RAK den **Zeugen und Sachverständigen** in dem durch §§ 71, 84 StPO i. V. mit § 116 Satz 2 begründeten Umfang, also nach den Vorschriften des Gesetzes über die Entschädigung von Zeugen und Sachverständigen. Im Verfahren vor dem AnwGH und dem BGH haftet gemäß § 71 StPO i. V. mit § 116 Satz 2 die Staatskasse (*Feuerich*, § 198 Rz. 3).

§ 199   Festsetzung der Kosten des Verfahrens vor dem Anwaltsgericht

(1) Die Kosten, die der Rechtsanwalt in dem Verfahren vor dem Anwaltsgericht zu tragen hat, werden von dem Vorsitzenden der Kammer des Anwaltsgerichts durch Beschluß festgesetzt.

(2) ¹Gegen den Festsetzungsbeschluß kann der Rechtsanwalt binnen einer Notfrist von zwei Wochen, die mit der Zustellung des Beschlusses beginnt, Erinnerung einlegen. ²Über die Erinnerung entscheidet das Anwaltsgericht, dessen Vorsitzender den Beschluß erlassen hat. ³Gegen die Entscheidung des Anwaltsgerichts kann der Rechtsanwalt sofortige Beschwerde einlegen.

1   Diese Vorschrift kommt erst zur Anwendung, wenn einem RA gemäß § 464 Abs. 3 StPO i. V. mit § 116 Satz 2 durch rechtskräftige Entscheidung (Urteil oder Beschluß) nach §§ 196–197 a die Kosten des Verfahrens ganz oder teilweise auferlegt worden sind. Sie gilt nur für das Verfahren vor dem AnwG; die Kosten des Verfahrens vor dem AnwGH und dem BGH werden wie die Kosten im Strafverfahren festgesetzt (vgl. § 4 GKG, § 464 b StPO; *Bülow*, § 199 Anm. 2; *Isele*, § 199 Anm. V; *Feuerich*, § 199 Rz. 1) und gemäß § 205 Abs. 2 nach den Bestimmungen der Justizbeitreibungsordnung eingezogen (EGH München, BRAK-Mitt. 1984, 93).

Der **Kostenfestsetzungebeschluß des Vorsitzenden** der Kammer des AnwG **2**
nach Abs. 1 und der auf die Erinnerung hiergegen ergehende **Beschluß des
AnwG (Kammer)** müssen **begründet** und dem RA **zugestellt** werden. Der
Begründungszwang für den Beschluß des AnwG (Kammer) folgt aus § 34
StPO i. V. mit § 116 Satz 2. Für den Beschluß des Vorsitzenden gilt § 34
StPO nicht unmittelbar, da die gegen ihn statthafte Erinnerung kein Rechtsmittel im Sinne des § 34 StPO ist (vgl. *Kleinknecht/Meyer,* Vorbem. vor § 296
Anm. 1); jedoch ergibt sich hier der Begründungszwang, jedenfalls in Fällen,
in denen den gestellten Anträgen nicht oder nicht vollständig entsprochen
wird, aus einer analogen Anwendung des § 34 StPO und dem Rechtsstaats-
prinzip (vgl. OLG Düsseldorf Juristisches Büro 1981, 1540, m. w. N. für den
Kostenfestsetzungsbeschluß des Rechtspflegers im Strafverfahren). Die Notwendigkeit der Zustellung nach Maßgabe des § 229 ergibt sich sowohl für
den Beschluß des Vorsitzenden als auch für den des AnwG (Kammer) aus
§ 35 Abs. 2 StPO i. V. mit § 116 Satz 2. Der Vorsitzende kann der Erinnerung
gegen seinen Kostenfestsetzungsbeschluß stets **abhelfen** (vgl. § 464 b Satz 3
StPO i. V. mit § 104 Abs. 3 Satz 2 ZPO, § 21 Abs. 2 Satz 2 des Rechtspflege-
gesetzes; *Kalsbach,* § 199 Anm. 2 II; *Isele,* § 199 Anm. II C 1 c; **Feuerich,** § 199
Rz. 3); das AnwG kann jedoch der sofortigen Beschwerde gegen seinen die
Erinnerung zurückweisenden Beschluß nur unter den Voraussetzungen des
§ 311 Abs. 3 StPO i. V. mit § 116 Satz 2 abhelfen.

In den Fällen, in denen der RA entweder **freigesprochen** worden ist und **3**
Anspruch auf Erstattung seiner notwendigen Auslagen hat oder ihm die
Kosten nur teilweise auferlegt worden sind (vgl. § 197 Rz. 2, 3), sind über
§ 464 b StPO i. V. mit § 116 Satz 2 die dem RA zu erstattenden Auslagen im
Verfahren vor dem AnwG ebenfalls nach § 199 festzusetzen (*Isele,* § 199
Anm. III; *Feuerich,* § 199 Rz. 4).

Zu **Abs. 2 Satz 3:** Bei fehlender Rechtsmittelbelehrung ist gegen die Ver- **4**
säumung der Beschwerdefrist auch ohne ausdrücklichen Antrag Wiedereinsetzung in den vorigen Stand zu gewähren (EGH München, BRAK-Mitt.
1984, 93).

Dritter Abschnitt   **Die Kosten des Verfahrens bei Anträgen auf gerichtliche
Entscheidung in Zulassungssachen und über Wahlen und
Beschlüsse**

Vorbemerkung zum Dritten Abschnitt

Die §§ 200–203 betreffen die **Gerichtskosten** der in § 200 aufgeführten
Verfahren; sie gelten nach § 223 Abs. 4 entsprechend für gerichtliche Ver-

fahren nach § 223 Abs. 1–3. Für die **außergerichtlichen Kosten** gilt nach § 40 Abs. 4 die Vorschrift des § 13 a FGG, wonach das Gericht anordnen kann, daß diese Kosten einem am Verfahren Beteiligten ganz oder teilweise zu erstatten sind, wenn sie zur zweckentsprechenden Erledigung der Angelegenheit notwendig waren und die Anordnung der Billigkeit entspricht. Fehlt eine solche Anordnung des Gerichts, so ist nach den Bestimmungen des FGG von dem Grundsatz auszugehen, daß jeder Verfahrensbeteiligte seine außergerichtlichen Kosten selbst zu tragen hat (EGH Stuttgart, EGE X 128; EGH Hamm, Beschluß vom 22. 10. 1984 – 1 ZU 17/83 –). Die **Anwaltsgebühren** werden im ersten Rechtszug (AnwGH) gemäß § 110 Abs. 2 BRAGO nach § 114 BRAGO berechnet; im Beschwerdeverfahren nach §§ 40, 42 vor dem BGH entsteht die $^{13}/_{10}$ Gebühr nach §§ 31, 11 Abs. 1 Satz 4 BRAGO (*Hartmann*, § 110 BRAGO Anm. 3 B; *Gerold/Schmidt/von Eicken/Madert*, BRAGO, 10. Aufl. 1989, § 110 Anm. 9; *Schumann/Greißinger*, BRAGO, 2. Aufl. 1974, § 110 Anm. 18; *Lappe*, Justizverwaltungsblatt 1960, 6; a. A. – nur die $^5/_{10}$ Gebühr nach § 61 Abs. 1 Nr. 1 BRAGO – EGH Frankfurt, EGE X 123; EGH Stuttgart, AnwBl. 1972, 171; *Feuerich*, § 202 Rz. 21). Der im Zulassungsverfahren **sich selbst vertretende RA** kann nach der h. M. nicht die Gebühren und Auslagen verlangen, die ihm für einen bevollmächtigten RA zu erstatten wären, weil § 13 a FGG nur auf § 91 Abs. 1 Satz 2 ZPO, nicht aber auch auf § 91 Abs. 2 Satz 4 ZPO verweist (OLG Köln, DNotZ 1971, 763; OLG Bamberg, Juristisches Büro 1980, 1722; EGH Stuttgart, Beschluß vom 10. 6. 1979 – EGH 41/77 (1); *Schumann/Greißinger*, BRAGO, 2. Aufl. 1974, § 1 Rz. 18; *Riedel/Süßbauer*, BRAGO, 6. Aufl. 1988, § 1 Rz. 30; *Schumann*, NJW 1959, 1761; *Tschischgale*, Rechtspfleger 1961, 97, 104; a. A. EGH Hamm, EGE XIV 225; EGH Frankfurt, BRAK-Mitt. 1989, 52).

§ 200 Anwendung der Kostenordnung

[1]In den Verfahren, die bei Anträgen auf gerichtliche Entscheidung in Zulassungssachen und bei Anträgen, Wahlen für ungültig oder Beschlüsse für nichtig zu erklären, stattfinden (§§ 37 bis 42, 91, 191), werden Gebühren und Auslagen nach der Kostenordnung erhoben. [2]Jedoch ist § 8 Abs. 2 und 3 der Kostenordnung nicht anzuwenden.

1   Zu **Satz 1** vgl. § 202 Rz. 1.

2   Gemäß **Satz 2** darf die Vornahme eines beantragten Geschäfts in den in Satz 1 bezeichneten Verfahren nicht von der Zahlung eines Vorschusses nach § 8 Abs. 2 Satz 1 KostO abhängig gemacht werden.

§ 201   Kostenpflicht des Antragstellers und der Rechtsanwaltskammer

(1) Wird ein Antrag auf gerichtliche Entscheidung zurückgenommen, zurückgewiesen oder als unzulässig verworfen, so sind die Kosten des Verfahrens dem Antragsteller aufzuerlegen.

(2) Wird einem Antrag auf gerichtliche Entscheidung stattgegeben, so sind im Fall des § 38 die Kosten des Verfahrens der Rechtsanwaltskammer aufzuerlegen; im Fall des § 39 werden Gebühren und Auslagen nicht erhoben.

(3) Wird einem Antrag, eine Wahl für ungültig oder einen Beschluß für nichtig zu erklären (§§ 91, 191), stattgegeben, so sind die Kosten des Verfahrens der Rechtsanwaltskammer aufzuerlegen.

Bei **Erledigung der Hauptsache** im Verwaltungsstreitverfahren nach der   1
BRAO ist § 91 a ZPO entsprechend anzuwenden (BGH, BRAK-Mitt. 1989, 158 und 1990, 248). Eine Erledigung der Hauptsache in der Rechtsmittelinstanz setzt die Zulässigkeit des Rechtsmittels voraus (BGH, NJW 1968, 1725). Vgl. auch § 41 Rz. 1.

Zu Abs. 2 Halbsatz 1: Nach EGH München, EGH XI 121, und *Feuerich,*   2
§ 201 Rz. 3, soll es der Billigkeit entsprechen, dem Antragsteller nach § 13a Abs. 1 Satz 2 FGG die Kosten aufzuerlegen, wenn sich in der mündlichen Verhandlung eine neue Lage ergibt und es ihm möglich gewesen wäre, durch eine rechtzeitige Klarstellung des neuen Sachverhalts das ablehnende Gutachten der RAK zu verhindern. Vgl. auch § 41 Rz. 1.

Zu Abs. 2 Halbsatz 2: Hier ist ebenso wie im ersten Halbsatz nur der Fall   3
gemeint, daß dem Antrag auf gerichtliche Entscheidung stattgegeben ist (Amtl. Begr.; *Bülow,* § 201 Anm. 3; *Feuerich,* § 201 Rz. 3).

§ 202   Gebühr für das Verfahren

(1) Für das gerichtliche Verfahren des ersten Rechtszuges wird die volle Gebühr erhoben.

(2) [1]Der Geschäftswert bestimmt sich nach § 30 Abs. 2 der Kostenordnung. [2]Er wird von Amts wegen festgesetzt.

(3) Für das Beschwerdeverfahren wird die gleiche Gebühr wie im ersten Rechtszug erhoben.

(4) [1]Wird ein Antrag oder eine Beschwerde zurückgenommen, bevor das Gericht entschieden hat, so ermäßigt sich die Gebühr auf die Hälfte der vollen Gebühr. [2]Das gleiche gilt, wenn der Antrag oder eine Beschwerde als unzulässig zurückgewiesen wird.

1   Die nach § 202 zu erhebende Gebühr bestimmt sich nicht nach der zur
Zeit geltenden Kostentabelle der Anlage zu § 32 KostO. Nach § 200 werden
nämlich Gebühren nach der Kostenordnung in der Fassung der Anlage 2 zu
dem Art. XI § 7 des Gesetzes zur Änderung und Ergänzung kostenrechtlicher Vorschriften vom 26. 7. 1957 (BGBl. I, 861, 960) erhoben; eine Anpassung des § 200 an spätere Kostenänderungen ist nicht erfolgt; die Gebühr
des § 202 Abs. 1 bestimmt sich daher **nach der im BGBl. § 1957, 991 abgedruckten Tabelle** (EGH Hamm, EGE XIV 234; *Isele,* § 200 Anm. III C;
Feuerich, § 200 Rz. 4).

2   Der nach Abs. 2 von Amts wegen gemäß § 30 Abs. 2 KostO festzusetzende **Geschäftswert** ist maßgebend für die Berechnung nicht nur der
gerichtlichen Gebühren, sondern gemäß § 8 Abs. 1 BRAGO auch der
Anwaltsgebühren. Ein gesondertes **Rechtsmittel** ist weder gegen die Wertfestsetzung durch den AnwGH noch gegen die des BGH gegeben, da die
Festsetzung des Geschäftswerts in § 42 nicht erwähnt ist (vgl. EGH Hessen,
BRAK-Mitt. 1993, 107). Diese kann aber von Amts wegen überprüft werden
(vgl. *Zuck,* BRAK-Mitt. 1990, 190, 192 m. w. N); eine Abänderung von
Amts wegen ist gemäß § 31 Abs. 1 Sätze 2, 3 KostO nur innerhalb von sechs
Monaten zulässig, nachdem die Entscheidung in der Hauptsache Rechtskraft erlangt oder das Verfahren sich anderweitig erledigt hat; diese Frist
muß auch bei Gegenvorstellungen gegen die Wertfestsetzung beachtet werden (vgl. BGH, BRAK-Mitt. 1987, 39 und 154, zur Gegenvorstellung auch
Zuck, BRAK-Mitt. 1988, 163, 164 Fußnote 20).

3   Der Regelwert des § 30 Abs. 2 KostO von 5000,– DM wird in den hier in
Betracht kommenden Verfahren bei Anträgen auf gerichtliche Entscheidung
in Zulassungssachen und über Wahlen und Beschlüsse in der Regel überschritten. Hierzu einige **Beispiele aus der Praxis des Anwaltssenats des BGH,**
der den Geschäftswert in Zulassungssachen wie folgt festgesetzt hat:
1. in Verfahren betr. die **Zulassung zur Rechtsanwaltschaft** oder deren **Rücknahme** nach den in BGHZ 39, 110, 115 f. aufgestellten Grundsätzen in
   der Regel auf 100 000,– DM (vgl. BGH, EGE XIII 22, 27; 81, 85; EGH
   Hessen BRAK-Mitt. 1993, 107), wobei Ausnahmen insbesondere bei über
   60 Jahre alten Bewerbern teils bewilligt (EGE IX 34, 38: 50 000,– DM;
   EGE XIII 3: 30 000,– DM), teils abgelehnt (EGE XIV 66, 68) wurden;
   abgelehnt auch, wenn der Zulassungsbewerber nur im Nebenberuf als
   RA tätig werden will (BGH, BRAK-Mitt. 1987, 154); kritisch zur Höhe
   des Regelgeschäftswerts von 100 000,– DM *Zuck,* BRAK-Mitt. 1988, 163,
   164 Fußnote 19;
2. in Verfahren betr. die **gleichzeitige Zulassung** bei einem benachbarten LG
   nach **§ 24 Abs. 1** »stets« auf 20 000,– DM (vgl. EGE IX 53, 57; 57, 62;
   EGE XI 59, 64);

3. in einem Verfahren betr. eine nach § 223 angefochtene **Aussetzungsverfügung** gemäß § 9 Abs. 1 Satz 1 auf 10 000,– DM (EGE X 10, 14);
4. in Verfahren betr. **Rücknahme der Zweitzulassung nach § 227 a** unter Ablehnung der Verlängerung (§ 227 a Abs. 5) in der Regel auf 50 000,– DM (vgl. z. B. Beschluß vom 9. 12. 1985 – AnwZ (B) 46/85);
5. in Verfahren betr. die **Aufnahme eines Rechtsbeistands in die RAK** in einer Entscheidung vom 27. 9. 1982 (BRAK-Mitt. 1983, 37) auf 50 000,– DM und in einer Entscheidung vom 8. 10. 1982 (BRAK-Mitt. 1983, 38) auf 20 000,– DM.

Für **Verfahren bei Anträgen, Wahlen für ungültig oder Beschlüsse für nichtig zu erklären** (§§ 91, 191) lassen sich allgemeine Regeln für die Festsetzung des Geschäftswerts nicht aufstellen. In der teilweise in NJW 1986, 992, abgedruckten Entscheidung in einem Verfahren wegen der Anfechtung von mehreren Beschlüssen einer RAK hat der Anwaltssenat des BGH den Geschäftswert für die Anfechtung des Beschlusses zu Tagesordnungspunkt 9 auf 50 000,– DM und für die Anfechtung des Beschlusses zu Tagesordnungspunkt 10 auf 20 000,– DM festgesetzt. **4**

Der Geschäftswert des Verfahrens wegen der Genehmigung einer Fachanwaltsbezeichnung ist vom EGH Frankfurt (BRAK-Mitt. 1988, 148) und vom EGH Hamm (Beschluß vom 15. 7. 1988 – 1 ZU 20/88) auf 25 000,– DM, vom EGH München (BRAK-Mitt. 1988, 209) auf 20 000,– DM festgesetzt worden. **5**

§ 203   Entscheidung über Erinnerungen

(1) Über Einwendungen und Erinnerungen gegen den Ansatz von Kosten entscheidet stets der Anwaltsgerichtshof.
(2) Die Entscheidung des Anwaltsgerichtshofs kann nicht angefochten werden.

Nach Abs. 1 entscheidet abweichend von § 14 Abs. 2 der an sich nach § 200 anzuwendenden Kostenordnung der AnwGH auch dann, wenn die Kosten bei dem BGH angesetzt worden sind; das dürfte auch dann gelten (»stets«), wenn der BGH in erster und letzter Instanz nach §§ 191, 163, 91 entschieden hat (a. A. *Bülow*, § 203 Anm. 2; *Kalsbach*, § 203 Anm. 17; vgl. auch BGH, BRAK- Mitt. 1987, 209).

Elfter Teil   Die Vollstreckung der anwaltsgerichtlichen Maßnahmen und der Kosten. Die Tilgung

§ 204   Vollstreckung der anwaltsgerichtlichen Maßnahmen

(1) [1]Die Ausschließung aus der Rechtsanwaltschaft (§ 114 Abs. 1 Nr. 5) wird mit der Rechtskraft des Urteils wirksam. [2]Der Verurteilte wird aufgrund einer beglaubigten Abschrift der Urteilsformel, die mit der Bescheinigung der Rechtskraft versehen ist, in der Liste der Rechtsanwälte gelöscht.

(2) Warnung und Verweis (§ 114 Abs. 1 Nr. 2) gelten mit der Rechtskraft des Urteils als vollstreckt.

(3) Die Geldbuße (§ 114 Abs. 1 Nr. 3) wird aufgrund einer von dem Vorsitzenden der Kammer des Anwaltsgerichts erteilten, mit der Bescheinigung der Rechtskraft versehenen beglaubigten Abschrift der Entscheidungsformel nach den Vorschriften vollstreckt, die für die Vollstreckung von Urteilen in bürgerlichen Rechtsstreitigkeiten gelten. [2]Sie fließt der Rechtsanwaltskammer zu. [3]Die Vollstreckung wird von der Rechtsanwaltskammer betrieben.

(4) Die Beitreibung der Geldbuße wird nicht dadurch gehindert, daß der Rechtsanwalt nach rechtskräftigem Abschluß des Verfahrens aus der Rechtsanwaltschaft ausgeschieden ist.

(5) [1]Das Verbot, als Vertreter und Beistand auf bestimmten Rechtsgebieten tätig zu werden (§ 114 Abs. 1 Nr. 4), wird mit der Rechtskraft des Urteils wirksam. [2]In die Verbotsfrist wird die Zeit eines gemäß § 150 oder § 161a angeordneten vorläufigen Verbots eingerechnet.

Zu Abs. 1 Satz 1: Mit der Rechtskraft des Ausschließungsurteils erlöschen   1
die Zulassung zur Rechtsanwaltschaft und die Zulassung bei einem Gericht (§ 13, § 34 Nr. 1).

Zu Abs. 1 Satz 2: Vgl. § 36 Abs. 1 Nr. 1. Die beglaubigte Abschrift der   2
Urteilsformel erteilt der Vorsitzende der Kammer des AnwG (*Bülow*, § 141 Anm. 1; *Kalsbach*, § 204 Anm. 1 I), und zwar ohne Rücksicht darauf, welche Instanz der Anwaltsgerichtsbarkeit das auf Ausschließung lautende rechtskräftig gewordene Urteil erlassen hat (*Isele*, § 204 Anm. III D 2; *Feuerich*, § 204 Rz. 2).

Zu Abs. 4: Scheidet der RA schon vor Abschluß des Verfahrens aus der   3
Rechtsanwaltschaft aus, so wird das anwaltsgerichtliche Verfahren nach § 139 Abs. 3 Nr. 1 eingestellt mit der Kostenfolge des § 197 Abs. 1 Satz 2.

§ 205   Beitreibung der Kosten

(1) Die Kosten, die in dem Verfahren vor dem Anwaltsgericht entstanden sind, werden aufgrund des Festsetzungsbeschlusses (§ 199) entsprechend § 204 Abs. 3 beigetrieben.

(2) ¹Die Kosten, die vor dem Anwaltsgerichtshof oder dem Bundesgerichtshof entstanden sind, werden nach den Vorschriften eingezogen, die für die Beitreibung der Gerichtskosten gelten. ²Die vor dem Anwaltsgerichtshof entstandenen Kosten hat die für das Oberlandesgericht zuständige Vollstreckungsbehörde beizutreiben, bei dem der Anwaltsgerichtshof errichtet ist.

(3) § 204 Abs. 4 ist entsprechend anzuwenden.

1   Die **Beitreibung der Kosten** erfolgt, wenn diese entstanden sind in dem Verfahren

2   1. **vor dem AnwG,** nach Abs. 1 i. V. mit § 204 Abs. 3 Satz 3 durch die RAK aufgrund des Festsetzungsbeschlusses (§ 199) entsprechend der Vorschrift des § 204 Abs. 3 Satz 1,

3   2. **vor dem AnwGH,** nach Abs. 2 durch die für das OLG, bei dem der AnwGH errichtet ist, zuständige Vollstreckungsbehörde nach den Vorschriften der Justizbeitreibungsordnung,

4   3. **vor dem BGH,** durch dessen Beitreibungsstelle nach den Vorschriften der Justizbeitreibungsordnung (einer Zuständigkeitsregelung entsprechend Abs. 2 Satz 2 bedurfte es hier nicht, da der Anwaltssenat des BGH im Gegensatz zum AnwGH kein besonderes Gericht, sondern dem BGH eingegliedert ist; vgl. Vorbem. vor § 92 Rz. 1).

5   Zu Abs. 3 vgl. § 204 Rz. 3.

§ 205 a   Tilgung

(1) ¹Eintragungen in den über den Rechtsanwalt geführten Akten über eine Warnung sind nach fünf, über einen Verweis oder eine Geldbuße nach zehn Jahren zu tilgen. ²Die über diese anwaltsgerichtlichen Maßnahmen entstandenen Vorgänge sind aus den über den Rechtsanwalt geführten Akten zu entfernen und zu vernichten. ³Nach Ablauf der Frist dürfen diese Maßnahmen bei weiteren anwaltsgerichtlichen Maßnahmen nicht mehr berücksichtigt werden.

(2) Die Frist beginnt mit dem Tage, an dem die anwaltsgerichtliche Maßnahme unanfechtbar geworden ist.

(3) Die Frist endet nicht, solange gegen den Rechtsanwalt ein Strafverfahren, ein anwaltsgerichtliches oder ein berufsgerichtliches Verfahren oder ein

Disziplinarverfahren schwebt, eine andere berufsgerichtliche Maßnahme oder bei Anwaltsnotaren eine Disziplinarmaßnahme berücksichtigt werden darf oder ein auf Geldbuße lautendes Urteil noch nicht vollstreckt worden ist.

(4) Nach Ablauf der Frist gilt der Rechtsanwalt als von anwaltsgerichtlichen Maßnahmen nicht betroffen.

(5) ¹Die Abs. 1 bis 4 gelten für Rügen des Vorstandes der Rechtsanwaltskammer entsprechend. ²Die Frist beträgt fünf Jahre.

(6) ¹Eintragungen über strafgerichtliche Verurteilungen oder über andere Entscheidungen in Verfahren wegen Straftaten, Ordnungswidrigkeiten oder der Verletzung von Berufspflichten, die nicht zu einer anwaltsgerichtlichen Maßnahme oder Rüge geführt haben, sowie über Belehrungen der Rechtsanwaltskammer sind auf Antrag des Rechtsanwalts nach fünf Jahren zu tilgen. ²Absatz 1 Satz 2 sowie die Absätze 2 und 3 gelten entsprechend.

Die Tilgung nach Abs. 1 Satz 1 ist durchzuführen bei den in § 114 Abs. 1 Nr. 1–3 aufgeführten anwaltsgerichtlichen Maßnahmen der **Warnung,** des **Verweises** »oder« der **Geldbuße,** ferner nach Abs. 5 bei **Rügen** des Vorstandes der RAK. Das sollte nach der Absicht des Gesetzgebers (vgl. BT-Drucks. V/2848, S. 32) auch dann gelten, wenn nach § 114 Abs. 2 Verweis und Geldbuße nebeneinander verhängt worden sind. Das ist aber – entgegen der noch in der 2.–4. Auflage vertretenen Ansicht – nicht der Fall. Die Maßnahmen des Verweises »und« einer Geldbuße ist nämlich, wie *Feuerich* (§ 205 a Rz. 4) unter Hinweis auf BGH, NJW 1962, 1118, überzeugend dargelegt hat, nicht nur eine Verbindung von zwei der in § 114 Abs. 1 ausgeführten Maßnahmen sondern eine selbständige Maßnahme, die schwerer wiegt als Warnung, Verweis »oder« Geldbuße (vgl. auch *Isele,* § 205 a Anm. II A, V B 1 b aa). 1

Zu den **über den RA geführten Akten** i. S. des **Abs. 1 Satz 1** vgl. die Erl. zu § 58. § 205 a bezieht sich auf die bei den Behörden der **Justizverwaltung** und die bei den **RAKn** geführten Personalakten; die staatsanwaltlichen oder anwaltsgerichtlichen Akten selbst fallen dagegen nicht unter die Bestimmung des § 205 a, so daß für ihre Vernichtung die allgemeinen Vorschriften gelten; von der sinngemäßen Anwendung der Tilgungsvorschriften auf Vermerke über sonstige nicht auf Verurteilung lautende Entscheidungen, die das anwaltsgerichtliche Verfahren abschließen (z. B. ein freisprechendes Urteil) entsprechend der Vorschrift des § 119 Abs. 5 BDO hat der Gesetzgeber bewußt abgesehen (vgl. zu alledem BT-Drucks. V/2848, S. 32 f.). 2

Abs. 1 Satz 3 gilt, wie aus seinem Wortlaut hervorgeht, nur für weitere anwaltsgerichtliche, nicht jedoch für das Zulassungsverfahren (BGH, NJW 1971, 1041; Beschl. vom 23. 3. 1991 – Anw.Z [B] 1/91. 3

4   Die Erstreckung auf **Anwaltsnotare** in **Abs. 3** basiert auf der Berufsrechtsnovelle 1994. Sie ist geboten, weil in der Praxis häufig unter dem Gesichtspunkt der Einheit des Dienstvergehens standesrechtliche Verstöße von
Anwaltsnotaren im Disziplinarverfahren nach § 110 BNotO und notarielle
Amtspflichtverletzungen in ihrem Gerichtsverfahren (Anwaltsgerichtsverfahren) nach § 118 a verfolgt werden. Die Tilgungsvorschriften der berufsrechtlichen Gesetze (§ 110 a BNotO und 205 a Abs. 3 BRAO) tragen dem
nicht hinreichend Rechnung (BT-Drucks. 12/7656 S. 51).

5   Löschungen nach **Abs. 6** erfolgen nur auf Antrag, weil der RA, insbesondere zur Abwehr von zivilrechtlichen Ansprüchen, ein Interesse daran haben
kann, daß die entsprechenden Vorgänge bei seinen Akten bleiben (BT-
Drucks. 11/3253, S. 27). Er hat nach § 58 die Möglichkeit, die über ihn
geführten Akten auf solche Eintragungen zu überwachen.

Zwölfter Teil   Anwälte aus anderen Staaten

§ 206   Niederlassung

(1) Ein Staatsangehöriger eines Mitgliedstaates der Europäischen Gemeinschaften oder eines anderen Vertragsstaates des Abkommens über den Europäischen Wirtschaftsraum, der seine berufliche Tätigkeit unter einer der in § 1 des Rechtsanwaltsdienstleistungsgesetzes genannten Berufsbezeichnungen ausübt, ist berechtigt, sich unter dieser Berufsbezeichnung zur Rechtsbesorgung auf dem Gebiet ausländischen und internationalen Rechts im Geltungsbereich dieses Gesetzes niederzulassen, wenn er auf Antrag in die für den Ort seiner Niederlassung zuständige Rechtsanwaltskammer aufgenommen ist.

(2) ¹Für die Angehörigen anderer Staaten, die einen in der Ausbildung und den Befugnissen dem Beruf des Rechtsanwalts nach diesem Gesetz entsprechenden Beruf ausüben, gilt Absatz 1 mit der Maßgabe, daß die Befugnis zur Rechtsprechung auf das Recht des Herkunftsstaates beschränkt ist, entsprechend, wenn die Gegenseitigkeit mit dem Herkunftsstaat verbürgt ist. ²Das Bundesministerium der Justiz wird ermächtigt, durch Rechtsversorgung mit Zustimmung des Bundesrates die Staaten, für deren Angehörige dies gilt, und die Berufe zu bestimmen.

1   In **Abs.** 1 wird dem Anwalt aus einem anderen EG-Staat und dem Bereich des EWR die Möglichkeit eröffnet, in eine deutsche RAK aufgenommen zu werden, um sich unter seiner heimischen Berufsbezeichnung in der Bundesrepublik Deutschland niederzulassen; der Anwalt aus einem anderen Staat wird damit in seiner beruflichen Stellung weitgehend wie ein deutscher RA behandelt; seine Befugnisse zur Rechtsberatung beschränken sich, seiner Ausbildung entsprechend, auf das Gebiet ausländischen und internationalen Rechts. § 1 des hier einschlägigen Rechtsanwaltsdienstleistungsgesetzes ist abgedruckt in Anhang III. Zur künftigen **EG-Niederlassungsrichtlinie** vgl. § 5 Rz. 3.

2   Zum Erwerb der vollen Zulassung eines EG- oder EWR-Anwalts vgl. § 4 Rz. 2.

3   **Abs.** 2 gilt für Angehörige von Staaten, die nicht Mitglied der EG oder des EWR sind. Die Bestimmung galt auch für DDR-Anwälte; denn nach § 2 der »ersten Verordnung zur Durchführung des § 206 Abs. 2 der Bundesrechtsanwaltsordnung« vom 6. 8. 1990 (BGBl. I, S. 1512) war § 206 Abs. 2

Satz 1 auch »auf Rechtsanwälte, die in der Deutschen Demokratischen Republik zugelassen sind, anzuwenden«. Diese beschränkte Rechtsbesorgungsbefugnis war durch die unbeschränkte Rechtsbesorgungsbefugnis (Gleichstellungsregelung) nach dem EinigungsV (vgl. § 3 Rz. 2) »aufgestockt« worden. Jetzt gilt die BRAO für alle deutschen Länder (vgl. § 4 Rz. 4).

4   Zum Stand der Rechtsverordnungen des BMJ zur Frage der Gegenseitigkeit nach § 206 Abs. 2 Satz 2 vgl. BRAK-Mitt. 1991, 132; 1992, 87 und 129.

§ 207   Verfahren, berufliche Stellung

(1) ¹Über den Antrag auf Aufnahme in die Rechtsanwaltskammer entscheidet die Landesjustizverwaltung. ²Dem Antrag ist eine Bescheinigung der im Herkunftsland zuständigen Behörde über die Zugehörigkeit zu dem Beruf beizufügen. ³Diese Bescheinigung ist der Landesjustizverwaltung jährlich neu vorzulegen. ⁴Kommt das Mitglied der Rechtsanwaltskammer dieser Pflicht nicht nach oder fallen die Voraussetzungen des § 206 Abs. 2 weg, ist die Aufnahme in die Rechtsanwaltskammer zu widerrufen.

(2) ¹Für die Entscheidung über den Antrag, die Rechtsstellung nach Aufnahme in die Rechtsanwaltskammer sowie die Rücknahme und den Widerruf der Aufnahme in die Rechtsanwaltskammer gelten sinngemäß der Zweite Teil mit Ausnahme der §§ 4 bis 6, 12, 18 bis 27 und 29 bis 36, der Dritte, Vierte, Sechste, Siebente, Zehnte, Elfte und Dreizehnte Teil dieses Gesetzes. ²Vertretungsverbote nach §§ 114 Abs. 1 Nr. 4 sowie den §§ 150 und 161 a sind für den Geltungsbereich dieses Gesetzes auszusprechen. ³An die Stelle der Ausschließung aus der Rechtsanwaltschaft (§ 114 Abs. 1 Nr. 5) tritt das Verbot, im Geltungsbereich dieses Gesetzes fremde Rechtsangelegenheiten zu besorgen; mit der Rechtskraft dieser Entscheidung verliert der Verurteilte die Mitgliedschaft in der Rechtsanwaltskammer.

(3) ¹Der Anwalt muß in dem Bezirk der Rechtsanwaltskammer, in die er aufgenommen ist, die Kanzlei einrichten. ²Kommt der Anwalt dieser Pflicht nicht binnen drei Monaten nach Aufnahme in die Rechtsanwaltskammer nach, oder gibt er die Kanzlei auf, ist die Aufnahme in die Rechtsanwaltskammer zu widerrufen.

(4) ¹Der Anwalt hat bei der Führung seiner Berufsbezeichnung den Herkunftsstaat anzugeben. ²Er ist berechtigt, im beruflichen Verkehr zugleich die Bezeichnung »Mitglied der Rechtsanwaltskammer« zu verwenden.

1   § 207 regelt das Verfahren für die Aufnahme in die RAK und die berufliche Stellung des Anwalts, die weitgehend der des deutschen RA entspricht (BT-Drucks. 11/3253, S. 27). § 207 geht davon aus, daß der EG-Anwalt

unter einer der in § 1 RDAG (Anhang III) genannten Berufsbezeichnungen tätig ist.

Abs. 1 Satz 1 entspricht § 8 Abs. 1. 2

Abs. 1 Satz 3 und 4 sind durch die Berufsrechtsnovelle 1994 angefügt worden. Hiermit ist eine Regelungslücke geschlossen. Bisher fehlte eine Regelung, die sicherstellte, daß die LJV über die Berechtigung unterrichtet blieb und von einem eventuellen Wegfall Kenntnis erhielt. Mit der Pflicht, der LJV jährlich eine neue Bescheinigung über die Zugehörigkeit zu seinem Beruf vorzulegen – **Satz 3** –, hat die Verwaltung die erforderliche Überprüfungsmöglichkeit.

Eine Verletzung dieser Pflicht oder der Wegfall der Voraussetzungen des § 206 Abs. 2 hat den Widerruf der Aufnahme in die RAK zur Folge – **Satz 4** –. Damit kann verhindert werden, daß in Deutschland ausländische RAe tätig sind, die in ihrem Heimatland die Berechtigung zu anwaltlicher Tätigkeit nicht mehr besitzen. Zugleich ist sichergestellt, daß nicht RAe aus Staaten, die der EG oder dem EWR nicht angehören, Mitglieder der RAK bleiben, wenn das Recht ihres Heimatstaates entsprechende Möglichkeiten für deutsche RAe im Wege der Gegenseitigkeit nicht – mehr – bietet (BT-Drucks. 12/4993 S. 37).

Zu Abs. 2: Die Versagungsgründe des § 7 gelten entsprechend. Es gilt das 3 Zweigstellenverbot des § 28. Der RA untersteht der Standesaufsicht der RAK und der Anwaltsgerichtsbarkeit. Auch für ihn gelten die allgemeinen Berufspflichten des RA (§§ 43 ff.). Vertretungsverbote und vorläufiges Berufsverbot können allerdings nur für den Geltungsbereich der BRAO ausgesprochen werden. Vgl. auch vor § 113 Rz. 2.

Die Dreimonatsfrist des Abs. 3, binnen deren die Kanzlei eingerichtet sein 4 muß, entspricht der für deutsche Anwälte nach §§ 27 Abs. 2 Satz 1 i. V. mit § 35 Abs. 1 Nr. 2 geltenden Regelung.

Die Pflicht nach Abs. 4, der Berufsbezeichnung das Herkunftsland anzu- 5 fügen, soll der Verwechslung insbesondere dann vorbeugen, wenn der RA in seinem Heimatland die Berufsbezeichnung »Rechtsanwalt« führt (vgl. *Vetter,* BRAK-Mitt. 1990, 3, 4).

Dreizehnter Teil   Übergangs- und Schlußvorschriften

Erster Abschnitt   Übergangsvorschriften

§ 208   Bewerber mit Befähigung zum höheren Verwaltungsdienst

Bewerbern, die bei Inkrafttreten dieses Gesetzes berechtigt sind, aufgrund der vorgeschriebenen Prüfungen hauptamtlich ein Richteramt an einem Gericht der allgemeinen Verwaltungsgerichtsbarkeit zu bekleiden, kann die Zulassung zur Rechtsanwaltschaft nicht deshalb versagt werden, weil die Voraussetzung des § 4 nicht gegeben ist.

Diese Übergangsvorschrift, deren Sinn aus ihrem Zusammenhang mit § 209 in der ursprünglichen Fassung nebst Amtl. Begr. ersichtlich ist, hat keine besondere praktische Bedeutung mehr, da Fälle ihrer Anwendung kaum noch eintreten werden.

§ 209   Kammermitgliedschaft von Inhabern einer Erlaubnis nach dem Rechtsberatungsgesetz

(1) ¹Natürliche Personen, die im Besitz einer uneingeschränkt oder unter Ausnahme lediglich des Sozial- und Sozialversicherungsrechts erteilten Erlaubnis zur geschäftsmäßigen Rechtsbesorgung sind, sind auf Antrag in die für den Ort ihrer Niederlassung zuständige Rechtsanwaltskammer aufzunehmen. ²Sie dürfen im beruflichen Verkehr zugleich die Bezeichnung »Mitglied der Rechtsanwaltskammer« führen. ³Für die Entscheidung über den Antrag, die Rechtsstellung nach Aufnahme in die Rechtsanwaltskammer sowie die Aufhebung oder das Erlöschen der Erlaubnis gelten sinngemäß der Zweite Teil mit Ausnahme der §§ 4 bis 6, 12, 18 bis 27 und 29 bis 36, der Dritte, Vierte, Sechste, Siebente, Zehnte, Elfte und Dreizehnte Teil dieses Gesetzes. ⁴Der Erlaubnisinhaber kann auf besondere Kenntnisse in einem der in § 43c Abs. 1 Satz 2 genannten Gebiete durch den Zusatz »Fachgebiet« mit höchstens zwei der in § 43c Abs. 1 Satz 2 geregelten Gebiete hinweisen.

(2) ¹Die Aufnahme in die Rechtsanwaltskammer wird auf Antrag des Erlaubnisinhabers widerrufen. ²Der Widerruf läßt die Erlaubnis zur geschäfts-

mäßigen Rechtsbesorgung unberührt. [3]Die Entscheidung über den Widerruf wird ausgesetzt, solange gegen den Erlaubnisinhaber ein anwaltsgerichtliches Verfahren schwebt.

(3) [1]Bei einem Wechsel des Ortes der Niederlassung ist auf Antrag des Erlaubnisinhabers nur der in der Erlaubnis bestimmte Ort zu ändern. [2]Die Änderung wird von der Justizverwaltung des Landes verfügt, in dem der neugewählte Ort der Niederlassung liegt; § 33 Abs. 2 ist sinngemäß anzuwenden. [3]Mit der Änderung wird der Erlaubnisinhaber Mitglied der nunmehr zuständigen Rechtsanwaltskammer.

(4) [1]Erlaubnisse für Zweigstellen oder auswärtige Sprechtage, die nach § 1 Abs. 1 Satz 2 der Verordnung zur Ausführung des Rechtsberatungsgesetzes vom 13. Dezember 1935 (RGBl. I S. 1481) erteilt worden sind, bleiben unberührt. [2]Die Landesjustizverwaltung kann diese Erlaubnis widerrufen, wenn dies im Interesse der Rechtspflege geboten ist.

(5) Die Landesjustizverwaltung kann die Erlaubnis zur geschäftsmäßigen Rechtsbesorgung widerrufen, wenn der Erlaubnisinhaber seit mehr als drei Monaten an dem Ort seiner Niederlassung keine Tätigkeit ausgeübt hat und sein Aufenthaltsort unbekannt ist.

1 Nach dem **Rechtsberatungsgesetz** in der zur Zeit geltenden Fassung gibt es **folgende Arten von Trägern einer Erlaubnis zur geschäftsmäßigen Besorgung fremder Rechtsangelegenheiten** (Erlaubnisträger):

I. Rechtsbeistände, die im Besitz einer **nach altem Recht** uneingeschränkt oder unter Ausnahme lediglich des Sozial- und Sozialversicherungsrechts erteilten (**Voll-)Erlaubnis** zur geschäftsmäßigen Rechtsbesorgung sind (vgl. hierzu Rz. 2).

II. Rechtsbeistände, die im Besitz einer **nach altem Recht** erteilten auf bestimmte Rechtsgebiete beschränkten (**Teil-)Erlaubnis** zur geschäftsmäßigen Rechtsbesorgung sind.

III. Folgende Erlaubnisträger, denen nach § 1 Abs. 1 RBerG **neuer Fassung** eine (Teil-)Erlaubnis erteilt worden ist, die nach Art. 1 § 1 Abs. 2 des RBerG nur unter der der Erlaubnis entsprechenden Berufsbezeichnung ausgeübt werden darf:

1. **Rentenberater,**
2. **Versicherungsberater** für die Beratung und außergerichtliche Vertretung gegenüber Versicherern bei der Vereinbarung, Änderung oder Prüfung von Versicherungsträgern sowie bei der Wahrnehmung von Ansprüchen aus dem Versicherungsvertrag im Versicherungsfall,
3. **Frachtprüfer** für die Prüfung von Frachtrechnungen und die Verfolgung der sich hierbei ergebenden Frachterstattungsansprüche,
4. **vereidigte Versteigerer,** soweit es für die Wahrnehmung der Aufgaben als Versteigerer erforderlich ist,

5. **Inkassounternehmen** für die außergerichtlche Einziehung von Forderungen (Inkassobüros),
6. **Rechtskundige in einem ausländischen Recht** für die Rechtsbesorgung auf dem Gebiet dieses Rechts und des Rechts der Europäischen Gemeinschaften. Im **Land Bremen** sind Erlaubnisse, die in § 209 Satz 1 angesprochen sind, aufgrund von § 3 der Dritten Durchführungsverordnung zum Übergangsgestz zur Regelung der Gewerbefreiheit vom 3. 3. 1949 (SaBremR 303-b-1) erteilt worden. § 209 ist danach auch im Land Bremen anzuwenden. Zur Anwendbarkeit des RBerG in Bremen vgl. *Hoechstetter*, Rbeistand 1985, 39; EGH Bremen, BRAK-Mitt. 1983, 43; VG Bremen, Rbeistand 1985, 52; OVG Bremen, Rbeistand 1988, 74.

Natürliche Personen, die im Besitz einer nach altem Recht uneingeschränkt oder unter Ausnahme lediglich des Sozial- und Sozialversicherungsrechts erteilten (Voll-)Erlaubnis sind (oben zu I), sind gemäß § 209 Satz 1 auf Antrag in die für den Ort ihrer Niederlassung zuständige RAK aufzunehmen. Sie werden dann nach dem nunmehr gefestigten Sprachgebrauch als **Kammerrechtsbeistände** bezeichnet. 2

Eine Rechtsberatungserlaubnis, die sich auf die Angelegenheiten beschränkt, mit denen der Erlaubnisträger sich als **Steuerberater** befaßt, ist nicht uneingeschränkt im Sinne von § 209 (EGH Bremen, Rbeistand 1983, 167). 3

Für die Entscheidung über einen Antrag nach § 209 Abs. 1 Satz 1, die Rechtsstellung nach Aufnahme in die RAK sowie die Aufhebung oder das Erlöschen der Erlaubnis gelten nach § 209 Abs. 1 Satz 3 sinngemäß die dort aufgeführten Vorschriften der BRAO. 4

Zuständig für die Aufnahme in die RAK sind in sinngemäßer Anwendung des § 8 Abs. 1 die LJVen. Für das Aufnahmeverfahren gelten sinngemäß § 8 Abs. 2–4 und § 9 (EGH Hamm, BRAK-Mitt. 1982, 32). 5

Materiellrechtlich gelten die **Versagungsgründe des § 7,** die der Zulassung zum RA entgegenstehen, sinngemäß auch bei der Prüfung der Frage, ob natürliche Personen, die die formellen Voraussetzungen des Antrags nach § 209 Satz 1 erfüllen, in die RAK aufzunehmen sind. Daher kann hier auf die Erl. zu § 7, insbesondere die dort zitierte Rspr., weitgehend Bezug genommen werden. In sinngemäßer Anwendung des § 7 Nr. 5 ist ein Antrag nach § 209 Satz 1 abzulehnen, wenn der Rechtsbeistand sich eines Verhaltens schuldig gemacht hat, das ihn unwürdig erscheinen läßt, Mitglied der RAK zu sein (BGH, BRAK-Mitt. 1982, 128); allerdings müssen vereinzelte Fälle des Fehlverhaltens eines Rechtsbeistandes nicht zur Unwürdigkeit für die Aufnahme in die RAK führen (EGH Hamm, BRAK-Mitt. 1982, 77). In sinngemäßer Anwendung des § 7 Nr. 8 ist ein Antrag nach § 209 Abs. 1 6 abzulehnen, wenn der Bewerber eine Tätigkeit ausübt, die mit dem Beruf des RA, insbesondere seiner Stellung als Organ der Rechtspflege, nicht vereinbar ist (BGH, AnwBl. 1983, 143); die Ansicht, daß es darauf ankomme, ob die Tätigkeit mit dem Beruf des Rechtsbeistands vereinbar sei (so EGH München Rbeistand 1981, 221, und AnwBl. 1982, 446; *Hoechstetter,* Rbeistand 1981, 135), ist aus den bei *Rennen/Caliebe,* Anh. 2 Rz. 12 a, angeführten Gründen abzulehnen. Die nach der Neufassung des § 7 Nr. 8 durch die Berufsrechtsnovelle 1994 entwickelten Grundsätze (vgl. § 7 Rz. 16 ff.) gelten für eine Ablehnung der Aufnahme in die RAK entsprechend. Auch nach neuem Recht kann die Aufnahme in die RAK einem Rechtsbeistand nicht deshalb versagt werden, weil er zugleich als Steuerberater tätig (Bayer. EGH, BRAK-Mitt. 1982, 31) oder Geschäftsführer einer Steuerberatungsgesellschaft (BGH, BRAK-Mitt. 1990, 51) ist oder weil er eine genehmigte Zweigstelle unterhält (BGH, BRAK-Mitt. 1983, 37). Ein in einer Anwaltskanzlei angestellter Bürovorsteher, der als Rechtsbeistand zugelassen ist, ist auf Antrag in die RAK aufzunehmen, wenn seine Arbeitgeber ihm verbindlich zusagen, ihn nach seiner Aufnahme in die RAK in ihrer Kanzlei als angestellten Rechtsbeistand mit der Möglichkeit freier Arbeitszeitgestaltung eigenverantwortlich tätig werden zu lassen (BGH, AnwBl. 1983, 479).

7   Die Aufnahme von Rechtsbeiständen in eine RAK hat für deren Rechtsstellung nach Abs. 1 Satz 2 zur Folge, daß sie dann nicht mehr wie bisher der Aufsicht des für ihre Zulassung zuständigen Präsidenten des LG oder AG, sondern der **Aufsicht des Vorstandes der RAK** und der Anwaltsgerichtsbarkeit unterliegen; zur Rechtsposition des Kammerrechtsbeistands im Vergleich zu der des RA vgl. *Zuck,* BRAK-Mitt. 1990, 190, 194; als Mitglieder der RAK dürfen sie als Bevollmächtigte vor dem Amtsgericht auftreten und der weitere Vortrag darf ihnen dort nicht mit der Begründung versagt werden, ihnen fehle die Fähigkeit zum geeigneten Vortrag (§ 157 Abs. 1 und 2 ZPO); vgl. BT-Drucks. 8/4277, S. 22; BGH, NJW 1982, 1880. Vgl. jedoch wegen der Nichtanwendbarkeit des § 52 Abs. 2 (Überlassung der Ausführung der Parteirechte durch Prozeßbevollmächtigte im Anwaltsprozeß) § 52 Rz. 8. Der Kammerrechtsbeistand kann nicht einer Partei gemäß § 121 Abs. 2 ZPO im Wege der **Prozeßkostenhilfe** beigeordnet werden, da insoweit, wie sich aus der Entstehungsgeschichte des § 121 ZPO ergibt, ein eindeutiges Anwaltsprivileg besteht (Landessozialgerichte Mainz und Celle, Rbeistand 1985, 105 und 107, jeweils m. w. N.; a. A: *Rennen/Caliebe,* Anh. 2 Rz. 17, und hinsichtlich § 121 Abs. 2, 1. Alternative, ZPO Sozialgericht Duisburg, Rbeistand 1985, 167). Zur **Beratungshilfe** vgl. § 49 a Rz. 2. Als **Verteidiger** im Strafverfahren kann der Kammerrechtsbeistand mit Genehmigung des Gerichts auch im Fall der notwendigen Verteidigung gewählt werden (BGHSt 32, 326; *Kleinknecht/Meyer,* § 138 Rz. 8). Wenn er im Fall einer notwendigen Verteidigung nach § 138 Abs. 2 StPO nur in Gemein-

schaft mit einem bei einem deutschen Gericht zugelassenen RA oder einem Rechtslehrer an einer deutschen Hochschule als Wahlverteidiger zugelassen worden ist, kann er die schriftliche Revisionsbegründung (§ 345 StPO) nicht wirksam allein unterzeichnen (BGH, a.a.O.).

Unzulässig ist die Bezeichnung »Rechtsanwalt« durch einen Kammer- **8** rechtsbeistand (BGH, BRAK-Mitt. 1983, 38, 39). Zur Verwendung der Berufsbezeichnung »Architekt und Rechtsbeistand« im Briefkopf eines Kammerrechtsbeistands vgl. BGH, BRAK-Mitt. 1987, 157, und Stellungnahme des Verfassungsausschusses der BRAK hierzu in BRAK- Mitt. 1988, 180, und dazu wiederum *Rieke*, Rbeistand 1988, 207. Zur Frage der Gestattung des Führens einer Fachgebietsbezeichnung für Kammerrechtsbeistände entsprechend der Regelung für Fachanwälte vgl. § 43 c Rz. 1; EGH München, BRAK-Mitt. 1987, 93; EGH Frankfurt, Rbeistand 1988, 109; *Hoechstetter*, Rbeistand 1987, 111; *Feuerich*, Rbeistand 1988, 82. Zur Zulässigkeit von **Sozietäten und Bürogemeinschaften** zwischen Kammerrechtsbeiständen und RAen vgl. § 59 a Abs. 1 und 4. § 28 (betr. Zweigstelle und Sprechtag) gilt nach der jetzigen Fassung des § 209 Abs. 1 auch für Kammerrechtsbeistände.

Der durch Gesetz vom 29. 1. 1991 (BGBl. I, S. 154) eingefügte Satz 4 zu **9** Abs. 1 soll es Rechtsbeiständen, die auf den von ihnen zulässigerweise betriebenen Rechtsgebieten besondere Kenntnisse erworben haben, ermöglichen, hierauf durch eine **Fachgebietsbezeichnung** entsprechend § 43 c Abs. 1 hinzuweisen. Für die Einzelheiten und die notwendigen Ermächtigungen enthält Abs. 1 Satz 3 die erforderliche Bezugnahme (BT-Drucks. 11/8307, S. 20; vgl. auch *Hoechstetter*, Rbeistand 1991, 4 ff.). Das Gesetz vom 27. 2. 1992 (BGBl. I S. 369) – **RAFachBezG** – (vgl. Anhang VI) regelt vorerst noch in § 11 i. V. mit §§ 1, 2, 3, 5–10, wie der Nachweis der besonderen theoretischen Kenntnisse zu erbringen ist (vgl. hierzu § 43 c Rz. 2).

Für die **Aufhebung der Erlaubnis,** womit nach dem Sachzusammenhang **10** nur die bereits in Abs. 1 Satz 1 erwähnte Erlaubnis zur Geschäftsbesorgung gemeint sein kann, gelten nach Abs. 1 Satz 3 sinngemäß die §§ **14–16.** Nach **Abs. 2** kann ein Kammerrechtsbeistand auf seinen Wunsch von der Kammerzugehörigkeit befreit werden, ohne seine (Voll-)Rechtsberatungserlaubnis zu verlieren. Nicht im Gesetz geregelt ist der Fall, daß ein Kammerrechtsbeistand eine Tätigkeit ausübt, die mit dem Beruf des Rechtsbeistands, jedoch nicht mit dem des RA vereinbar ist, aber nicht den Antrag nach Abs. 2 Satz 1 stellt. In einem solchen Fall ist der Rechtsbeistand durch Verfügung der LJV in einem Verfahren entsprechend § 16 lediglich aus der RAK auszuschließen, wodurch die Erlaubnis zur geschäftsmäßigen Rechtsbesorgung nicht berührt wird. Das entspricht einer sinngemäßen Anwendung des § 209 Abs. 2 (vgl. *Rennen/Caliebe,* Anh. 2 Rz. 40; *Feuerich,* Rbeistand 1988, 79, 82).

11   **Pflichtverletzungen** des Kammerrechtsbeistands sind gemäß Abs. 1 Satz 3 nach dem Sechsten Teil der BRAO (§§ 113 ff.) in dem im Siebenten Teil (§§ 116 ff.) vorgesehenen anwaltsgerichtlichen Verfahren zu ahnden. Wiegt eine Pflichtverletzung so schwer, daß eine der Maßnahmen des § 114 Abs. 1 Nr. 1–4 nicht in Betracht kommt (z. B. bei der Veruntreuung von Mandantengeldern in beträchtlicher Höhe), so ist in sinngemäßer Anwendung des § 114 Abs. 1 Nr. 5 im anwaltsgerichtlichen Verfahren die Erlaubnis zur Besorgung fremder Rechtsangelegenheiten zu entziehen. Diese erlischt in sinngemäßer Anwendung des § 13 mit der Rechtskraft des Urteils.

12   Die LJVen haben die ihnen nach § 209 Satz 2 zustehenden Befugnisse teilweise gemäß § 224 auf nachgeordnete Behörden übertragen. Vgl. im einzelnen Rbeistand 1980, 123 ff.

§ 210   Frühere Erlaubnisse zum Führen einer Fachanwaltsbezeichnung

Rechtsanwälte, denen bei Inkrafttreten des Gesetzes zur Änderung des Berufsrechts der Notare und der Rechtsanwälte vom 29. Januar 1991 (BGBl. I S. 150) durch die Rechtsanwaltskammer gestattet war, sich als Fachanwalt für Verwaltungsrecht, Steuerrecht, Arbeitsrecht oder Sozialrecht zu bezeichnen, bedürfen keines weiteren Nachweises für die erforderlichen Kenntnisse auf diesen Gebieten.

Frühere, erteilte Erlaubnisse zur Führung von Fachanwaltsbezeichnungen (z. B. auf Grund der Fachanwalts-Richtlinien) werden von Amts wegen (ohne weitere Prüfung) erteilt (vgl. Informationen der RAK Hamm 1991 Nr. 1 S. 5). Die bisher verliehenen Fachanwaltsbezeichnungen durften weiter geführt werden (LG Aachen, AnwBl. 1991, 50). Entsprechendes gilt für RAe, die nach dem RAG Fachanwaltsbezeichnungen führen dürfen (§ 12 RAFachBezG).

§ 211   Unbeachtliche Verurteilungen

Bei der Entscheidung über einen Antrag auf Zulassung zur Rechtsanwaltschaft darf eine Verurteilung als Versagungsgrund (§ 7 Nr. 2 bis 4) nicht berücksichtigt werden, wenn sie in der Zeit vom 30. Januar 1933 bis zum 8. Mai 1945 ergangen ist und ausschließlich oder überwiegend auf rassischen, politischen oder religiösen Gründen beruht.

§ 212 Nachholen der Zulassung bei einem Gericht

(1) ¹Ist ein Rechtsanwalt, der bei Inkrafttreten dieses Gesetzes in dessen Geltungsbereich seinen Wohnsitz oder ständigen Aufenthalt hat und hier weiter anwaltlich tätig sein will, noch nicht bei einem Gericht im Geltungsbereich dieses Gesetzes zugelassen, so hat er diese Zulassung (§ 18 Abs. 1) innerhalb von drei Monaten nach Inkrafttreten dieses Gesetzes zu beantragen. ²Wenn er sie innerhalb eines Jahres nicht erwirkt, erlischt die Zulassung zur Rechtsanwaltschaft; ist jedoch in diesem Zeitpunkt ein Verfahren nach §§ 40 ff. anhängig, so erlischt die Zulassung zur Rechtsanwaltschaft erst mit der rechtskräftigen Ablehnung des Antrags auf Zulassung bei einem Gericht.

(2) ¹Abs. 1 gilt entsprechend, wenn ein Rechtsanwalt erst nach Inkrafttreten dieses Gesetzes seinen Wohnsitz oder ständigen Aufenthalt in dessen Geltungsbereich nimmt. ²Der Lauf der in Abs. 1 bezeichneten Fristen beginnt mit dem Zeitpunkt, in dem er den Wohnsitz begründet oder den ständigen Aufenthalt nimmt.

(3) ¹Ein Rechtsanwalt, der im Geltungsbereich dieses Gesetzes seinen Wohnsitz oder ständigen Aufenthalt hat und dort noch nicht bei einem Gericht zugelassen ist, gehört, solange er die Zulassung bei einem Gericht noch nicht erwirkt hat oder seine Zulassung zur Rechtsanwaltschaft gemäß Abs. 1 oder Abs. 2 noch nicht erloschen ist, der Rechtsanwaltskammer an, in deren Bezirk er seinen Wohnsitz oder ständigen Aufenthalt hat. ²Er ist jedoch nicht verpflichtet, während dieser Zeit Beiträge an die Rechtsanwaltskammer zu zahlen.

Die unmittelbare Anwendung des Abs. 1 kommt infolge allgemeinen Ablaufs der darin gesetzten Fristen nicht mehr in Betracht, wohl aber seine entsprechende Anwendung gemäß Abs. 2 in den Fällen, in denen Flüchtlinge oder Vertriebene, die Rechtsanwälte mit Zulassung bei einem bestimmten Gericht gewesen sind, erst neuerdings im Geltungsbereich der BRAO ihren Wohnsitz und ständigen Aufenthalt genommen haben. Vgl. Näheres hierzu, insbesondere hinsichtlich der zu wahrenden Fristen, bei *Kalsbach*, § 212 Anm. 2; *Isele*, § 212 Anm. II.

§ 213 Befreiung von der Residenzpflicht

(1) Rechtsanwälte oder Bewerber, die sich in der Zeit vom 30. Januar 1933 bis zum 8. Mai 1945 aus rassischen, politischen oder religiösen Gründen in das Ausland begeben mußten und dort noch ansässig sind, werden von den Pflichten des § 27 befreit.

(2) ¹Ist einem Bewerber in den Fällen des Abs. 1 nicht zuzumuten, daß er nach der Zulassung zur Rechtsanwaltschaft alsbald zur Verteidigung vor dem Gericht erscheint, bei dem er zugelassen ist, so kann er den Eid (§ 26) auch vor einem deutschen Konsul leisten, der zur Abnahme von Eiden befugt ist. ²Um die Vereidigung hat das Gericht den Konsul zu ersuchen. ³Im übrigen ist § 26 entsprechend anzuwenden.

Vgl. zu Abs. 1 die Erl. zu § 27, zu Abs. 2 die Erl. zu § 26, ferner § 30 Rz. 1.

§ 214   *(aufgehoben)*

§ 215   Bestehenbleiben von Rechtsanwaltskammern

Die im Zeitpunkt des Inkrafttretens der Bundesrechtsanwaltsordnung bestehenden Rechtsanwaltskammern, deren Sitz sich nicht am Sitz eines Oberlandesgerichts befindet, bleiben bestehen, insoweit nicht eine dieser Kammern innerhalb von sechs Monaten nach Inkrafttreten dieses Gesetzes ihre Auflösung beschließt.

Vgl. die Erl. zu § 61.

§§ 216–220   *(aufgehoben)*

§ 221   Bundesrechtsanwaltskammer als Aufnahmeeinrichtung

¹Die Bundesrechtsanwaltskammer ist »entsprechende Einrichtung« i. S. des § 61 des Gesetzes zur Regelung der Rechtsverhältnisse der unter Artikel 131 des Grundgesetzes fallenden Personen in der Fassung vom 11. September 1957 (BGBl. I, 1297) gegenüber der Reichs- Rechtsanwaltskammer (Nr. 54 der Anlage A zu § 2 Abs. 1 des vorbezeichneten Gesetzes). ²Oberste Dienstbehörde ist das Bundesministerium der Justiz.

Vgl. hierzu § 233 Abs. 1.

§ 222   *(aufgehoben)*

Zweiter Abschnitt   Schlußvorschriften

§ 223   Ergänzende Vorschriften über den Rechtsschutz

(1) [1]Verwaltungsakte, die nach diesem Gesetz oder nach einer auf Grund dieses Gesetzes erlassenen Rechtsverordnung ergehen, können durch einen Antrag auf gerichtliche Entscheidung, über den der Anwaltsgerichtshof entscheidet, auch dann angefochten werden, wenn es nicht ausdrücklich bestimmt ist. [2]Der Antrag ist innerhalb eines Monats nach der Zustellung des Verwaltungsakts zu stellen. [3]Er kann nur darauf gestützt werden, daß der Verwaltungsakt den Antragsteller in seinen Rechten beeinträchtige, weil er rechtswidrig sei. [4]§ 39 Abs. 3 ist entsprechend anzuwenden.

(2) [1]Der Antrag auf gerichtliche Entscheidung ist auch zulässig, wenn ein Antrag auf Vornahme eines Verwaltungsakts ohne zureichenden Grund innerhalb von drei Monaten nicht beschieden worden ist. [2]Der Antrag ist unbefristet zulässig.

(3) [1]Gegen die Entscheidung des Anwaltsgerichtshofes ist die sofortige Beschwerde an den Bundesgerichtshof zulässig, wenn der Anwaltsgerichtshof sie in der Entscheidung zugelassen hat. [2]Der Anwaltsgerichtshof darf die sofortige Beschwerde nur zulassen, wenn er über Rechtsfragen von grundsätzlicher Bedeutung entschieden hat.

(4) Für das Verfahren vor dem Anwaltsgerichtshof gelten die §§ 37 und 39 bis 41, für das Verfahren vor dem Bundesgerichtshof § 42 Abs. 4 bis 6, für die Kosten die §§ 200 bis 203 entsprechend.

Zur Gewährung eines umfassenden Rechtsschutzes enthält § 223 eine lückenausfüllende **Generalklausel,** die die Möglichkeit des Antrags auf Entscheidung durch den AnwGH gegen Verwaltungsakte, die nach der BRAO oder einer aufgrund dieses Gesetzes erlassenen Rechtsverordnung ergehen, auch für die Fälle schafft, in denen ein solcher Antrag nicht ausdrücklich vorgesehen ist. Eine zusammenfassende Darstellung über den Umfang des Rechtsschutzes nach § 223 gibt *Feuerich* in BRAK-Mitt. 1993, 77). Nach Abs. 1 Satz 4 können **Ermessensentscheidungen** der LJV auch nach § 223 in entsprechender Anwendung des **§ 39 Abs. 3** nur in den dort gezogenen Grenzen angefochten werden. Nach Auffassung des EGH Schleswig-Holstein ist der Erlaß einer **einstweiligen Anordnung** zulässig (AnwBl. 1993, 135). 1

Zur Abgrenzung des Rechtsschutzes nach dieser Vorschrift zu dem Rechtsschutz nach §§ 90, 91 vgl. § 90 Rz. 2. 2

3   Als **Antragsgegner** im Verfahren nach § 223 kommen vor allem die LJV und die RAK in Betracht.

4   **Antragsteller** können RAe oder Anwaltsbewerber, unter Umständen auch frühere RAe sein, die in den Listen der RAe gelöscht sind (vgl. zu letzteren BGH, EGE VII 95). Bürgern, die nicht zu diesem Kreis gehören, ist, auch soweit sie Mandanten von RAen sind, der Rechtsweg nach § 223 nicht eröffnet, selbst wenn sie ihren Klageanspruch aus den Vorschriften der BRAO herleiten; für sie kommt der Verwaltungsrechtsweg in Betracht (VG Freiburg, NJW 1978, 967; VGH Mannheim, NJW 1982, 2011; vgl. auch EGH Hamm, AnwBl. 1977, 82). Auch der Vorstand der RAK kann in Ausnahmefällen Antragsteller sein (*Isele*, § 223 Anm. IV, und *Feuerich*, § 223 Rz. 29).

5   Der **Begriff des Verwaltungsaktes** ist hier nicht in seinem herkömmlichen rechtstechnischen Sinne wie in § 35 VwVfG, § 42 Abs. 1 VwGO zu verstehen. Vielmehr gibt § 223 über seinen engen Wortlaut hinaus einem RA die Möglichkeit, ihn betreffende hoheitliche Maßnahmen einer RAK, auch wenn sie keinen Verwaltungsakt im vorgenannten Sinne darstellen, einer gerichtlichen Überprüfung durch den AnwGH unterziehen zu lassen, jedenfalls dann, wenn die hoheitlichen Maßnahmen in Rechte des Betroffenen eingreifen oder diese einschränken (BVerfG, NJW 1979, 1159 = (ausführlicher) EGE XIV 322 zur mißbilligenden Belehrung (vgl. § 73 Rz. 6); EGH Stuttgart, BRAK-Mitt. 1985, 56). Deshalb kann z. B. ein RA gegen die Herausgabe sog. »Vortrittslisten« durch eine RAK, die ihren in der Standesorganisation tätigen Mitgliedern den Vortritt bei sog. Sammelterminen ermöglichen sollen, den Antrag auf gerichtliche Entscheidung durch den AnwGH nach § 223 stellen, obwohl es sich hier nicht um die Anfechtung eines Verwaltungsakts im herkömmlichen Sinne handelt, während der Verwaltungsrechtsweg hier nicht gegeben ist (BVerwG, BRAK-Mitt. 1983, 199). Nach EGH Hamburg, BRAK-Mitt. 1984, 89, soll in entsprechender Anwendung des § 223 auch eine Anfechtung von Äußerungen der RAK zu Rechtsfragen (vgl. § 177 Abs. 2 Nr. 1) möglich sein, wenn die Berücksichtigung des in der Äußerung vertretenen Standpunktes für den anfragenden RA erhebliche künftige Nachteile mit sich bringen würde; diese Entscheidung ist aus den Gründen der Anm. *Gerkan*, a.a.O., nicht zu billigen; vgl. auch BayEGH, BRAK-Mitt. 1993, 224.

6   Einen verwaltungsgerichtlichen **Feststellungsantrag** kennt das Verfahren nach § 223 nicht; Ausnahmen sind nur zuzulassen, wenn anderenfalls die Rechtsweggarantie des Art. 19 Abs. 4 GG leerlaufen würde (BGH, NJW 1961, 922; BGH, EGE XIV 123, 124 und 126, 128; BGH, BRAK-Mitt. 1983, 135; 1989, 209; BGH, Beschl. vom 27. 5. 1991 – AnwZ (B) 7/91; vgl. auch VG Arnsberg, BRAK-Mitt. 1989, 117).

Der Antrag nach Abs. 1 ist an eine **Frist** von einem Monat gebunden, während der Antrag nach Abs. 2 unbefristet zulässig ist. **7**

Die **sofortige Beschwerde nach Abs. 3** gegen die Entscheidung des **8** AnwGH ist nur zulässig, wenn dieser sie wegen **grundsätzlicher Bedeutung** der entschiedenen Rechtsfrage zugelassen hat (vgl. hierzu § 145 Rz. 3 und *Zuck*, NJW 1990, 1025, 1027). Der BGH ist an die Entscheidung des AnwGH, die sofortige Beschwerde nicht zuzulassen, gebunden (BGH, Beschl. vom 17. 12. 1990 – AnwZ (B) 69/90 –). In einem Verfahren, in dem die Zulassung eines Rechtsmittels nicht ausdrücklich vorgesehen ist, wird ein Rechtsmittel auch nicht dadurch zulässig, daß der AnwGH es zugelassen hat (BGH, BRAK-Mitt. 1992, 170). Die Nichtzulassung der sofortigen Beschwerde kann anders als in den Fällen des § 145 Abs. 3 nicht angefochten werden (vgl. BGH, BRAK-Mitt. 1986, 104, zu § 91 Abs. 6, Beschl. vom 14. 5. 1990 – AnwZ (B) 16/90).

Beschreitet ein RA den Verwaltungsrechtsweg in einer Angelegenheit, die **9** nach den vorstehenden Ausführungen nur mit dem Antrag auf Entscheidung durch den AnwGH nach § 223 angefochten werden kann, so erhebt sich die Frage, ob das angerufene VG den **Rechtsstreit** auf entsprechenden Antrag an den zuständigen AnwGH **verweisen** kann. Diese Frage ist vom VG Kassel (BRAK-Mitt. 1983, 200) und vom OVG Berlin (BRAK-Mitt. 1983, 156) jeweils mit Begründung verneint, jedoch vom BVerwG (BRAK-Mitt. 1983, 199) beiläufig und ohne Begründung bejaht worden (VGH habe »den Rechtsstreit mit Recht an den AnwGH verwiesen«); für Zulässigkeit der Verweisung auch VG Arnsberg, BRAK-Mitt. 1989, 117 m. w. N., und *Kopp*, VwGO, § 41 Rz. 9.

§ 223 findet gemäß § 10 RADG auch Anwendung auf Verwaltungsakte **10** nach diesem Gesetz.

§ 224   Übertragung von Befugnissen auf nachgeordnete Behörden

Das Bundesministerium der Justiz und die Landesjustizverwaltungen können Befugnisse, die ihnen nach diesem Gesetz zustehen, auf nachgeordnete Behörden übertragen.

Weder verstößt die Vorschrift gegen das GG noch die Übertragung von **1** Aufgaben der Justizverwaltung auf Richter der ordentlichen Gerichtsbarkeit gegen das DRiG (BGH, EGE XIV 123).

Der **BJM** hat sich darauf beschränkt, durch einen Erlaß vom 10. 8. 1959 **2** (Bundesanzeiger Nr. 162) aufgrund des § 224 seine Befugnisse nach § 53

Abs. 3 i. V. mit § 163 Satz 1 sowie nach § 173 Abs. 1 und 3 auf den Präsidenten des BGH zu übertragen.

3   Die **LJVen** haben hingegen zum Teil sehr weitgehend Gebrauch von § 224 gemacht; im einzelnen sind die landesrechtlichen Regelungen recht unterschiedlich ausgefallen. In der 4. Auflage sind sie bei § 224 Rz. 3 nach dem Stande vom 1. 4. 1985 abgedruckt. In der 5. und 6. Auflage ist von einem solchen Abdruck abgesehen worden, da mit einer Änderung der landesrechtlichen Regelungen aus Datenschutzgründen und zur Anpassung an die Änderungen der BRAO zu rechnen ist, soweit dies nicht sogar bereits geschehen ist. Es empfiehlt sich, den jeweils neuesten Stand einer interessierenden Landesregelung bei einer Justizbehörde dieses Landes oder bei der zuständigen RAK zu erfragen, zumal diese Regelungen zum Teil ausführliche Einzelbestimmungen für die Bearbeitung der Angelegenheiten der RAe enthalten, die auch von allen Anwälten und Anwaltsbewerbern im Verkehr mit den Justizbehörden und den RAKn beachtet werden sollten.

4   Zu den landesrechtlichen Vorschriften betr. die Bildung von AnwGHen vgl. § 100 Rz. 2.

§ 225   Auftreten der Rechtsanwälte vor Gerichten und Behörden der Länder

(1) [1]Die Befugnis der Landesgesetzgebung, im Verfahren vor dem Schiedsmann oder vor anderen Güte- oder Sühnestellen den Ausschluß von Bevollmächtigten und Beiständen vorzusehen, bleibt unberührt. [2]Soweit nach landesrechtlichen Vorschriften Bevollmächtigte oder Beistände zurückgewiesen werden können, gilt dies nicht für Rechtsanwälte.

(2) Soweit bisherige Vorschriften des Landesrechts das Auftreten vor Gerichten oder Behörden eines Landes nur solchen Rechtsanwälten gestatten, die bei den Gerichten dieses Landes zugelassen sind, können auch bei den Gerichten eines anderen deutschen Landes zugelassene Rechtsanwälte auftreten.

1   Durch **Abs. 1 Satz 1** wird dem Landesgesetzgeber die Befugnis eingeräumt, für die dort aufgeführten Verfahren den in § 3 Abs. 2 normierten Grundsatz zu durchbrechen und jede Parteivertretung, also auch die Vertretung durch einen RA, auszuschließen; soweit allerdings nach landesrechtlichen Vorschriften kein Ausschluß von Bevollmächtigten oder Beiständen vorgesehen ist, sondern solche nur zurückgewiesen werden können, gilt dies nach **Abs. 1 Satz 2** nicht für RAe (vgl. *Bülow,* § 3 Anm. 2; BVerwG MDR 1963, 439; a. A. *Kalsbach,* § 225 Rz. 1, und *Isele,* § 225, Anm. I, die nicht zwi-

schen Ausschluß und Zurückweisung unterscheiden). Dementsprechend bestimmen § 19 der Schiedsmannsordnung für das Land Nordrhein-Westfalen und die gleichlautenden Vorschriften der Schiedsmannsordnungen einiger anderer Bundesländer, daß der Schiedsmann Rechtsanwälte nicht zurückweisen darf.

Abs. 2 bestätigt lediglich aus den aus der Amtl. Begr. ersichtlichen Gründen das schon aus § 3 Abs. 2 herzuleitende Ergebnis (*Kalsbach*, § 225 Rz. 2). **2**

§ 226 Gleichzeitige Zulassung bei dem Land- und Oberlandesgericht

(1) Wer im Zeitpunkt des Inkrafttretens dieses Gesetzes bei einem Oberlandesgericht und einem Landgericht zugelassen ist oder bei einem Landgericht zugelassen und bei einem Oberlandesgericht aufzutreten berechtigt ist, behält diese Zulassung oder Befugnis.

(2) Die bei den Landgerichten in den Ländern Baden-Württemberg, Bayern, Berlin, Bremen, Hamburg, Saarland, Sachsen, Sachsen-Anhalt, Thüringen zugelassenen Rechtsanwälte können auf Antrag zugleich bei dem übergeordneten Oberlandesgericht zugelassen werden, wenn sie fünf Jahre lang bei einem Gericht des Ersten Rechtszuges zugelassen waren.

Der Gesetzgeber hat sich im Grundsatz für die Singularzulassung beim **1** OLG entschieden (§ 25); die Ausnahmen von diesem Grundsatz sind in § 226 abschließend geregelt; sie lassen keine erweiternde Auslegung auf Tatbestände zu, die nach Wortlaut und Sinn nicht unter die dort ausgesprochenen Vorbehalte fallen; die §§ 25, 226 verstoßen nicht gegen das GG (BGH EGE X 7, 8 m. w. N.; BRAK-Mitt. 1989, 156). Von den neuen Ländern haben mit Ausnahme der Länder Mecklenburg-Vorpommern und Brandenburg die übrigen Länder von der ihnen durch § 26 RAG n. F. eröffneten Möglichkeit Gebrauch gemacht und sich für die Simultanzulassung beim LG und OLG entschieden. Für nur beim AG zugelassene RAe vgl. Rz. 6.

Aus **Abs. 1** kann nicht aus einer früheren Simultanzulassung, die durch **2** Verzicht des RA erloschen ist, ein Anspruch auf abermalige Simultanzulassung an einem anderen Ort innerhalb der Bundesrepublik hergeleitet werden (BGH EGE VI 107; VIII 35; vgl. auch BGH EGE X 73).

Abs. 2 normiert für neun Bundesländer, in denen die Simultanzulassung **3** gilt, eine generelle Ausnahme von § 25. Es handelt es sich nicht um eine Kannvorschrift in dem Sinne, daß die Zulassung bei einem OLG vom Ermessen der LJV abhinge. Dem Ausdruck »können« in Abs. 2 kommt lediglich die Bedeutung zu, auf die gesetzlichen Ablehnungsgründe des § 20 Abs. 1 Nr. 1 bis 3 hinzuweisen (BGH NJW 1985, 3082).

4   Die Fünfjahresfrist des Abs. 2, deren Ablauf unabdingbare Voraussetzung der Simultanzulassung ist (BGH NJW 1982, 1399), bemißt sich unabhängig von den Besonderheiten des Einzelfalls nur nach der Dauer der Zulassung des Bewerbers bei einem untergeordneten Gericht; es kommt also im Gegensatz zu § 20 Abs. 1 Nr. 4 nicht darauf an, ob der Bewerber fünf Jahre lang bei einem Gericht des ersten Rechtszuges »tätig gewesen« ist; die fünfjährige Zulassung braucht auch nicht ununterbrochen bestanden zu haben (BGH NJW 1985, 3082). Die Frist muß auch dann eingehalten werden, wenn der Bewerber um eine Zulassung beim OLG auf seine Rechte aus der Zulassung beim LG verzichtet (BGH NJW 1982, 1399).

5   Die in einem der in Abs. 2 aufgeführten Länder bei einem OLG singular zugelassenen RAe können auch ohne Erfüllung der fünfjährigen Wartezeit simultan bei den untergeordneten Gerichten zugelassen werden (BGHZ 62, 160).

6   Die Grundidee des **Abs. 2** meint die bei einem Gericht des ersten Rechtszuges zugelassenen Anwälte. Deshalb ermöglicht diese Bestimmung nach Einführung des Rechtsmittelzuges vom AG zum OLG in Familiensachen – trotz des entgegenstehenden Wortlauts – auch Anwälten, die (nur) beim AG zugelassen sind, die gleichzeitige Zulassung beim OLG (BGH BRAK-Mitt. 1990, 51; vgl. auch *Zuck,* BRAK-Mitt. 1990, 190, 194).

7   Nach Abs. 2 kann ein RA, der gemäß § 24 Abs. 1 bei einem weiteren LG zugelassen ist, in Gebieten der Simultanzulassung zugleich bei dem OLG zugelassen werden, welches dem Gericht der Zweitzulassung übergeordnet ist (BGH BRAK-Mitt. 1989, 105).

§ 227   Gleichzeitige Zulassung bei dem obersten Landesgericht

(1) Ist in einem Land aufgrund des § 8 des Einführungsgesetzes zum Gerichtsverfassungsgesetz ein oberstes Landesgericht errichtet, so gelten die bei den Oberlandesgerichten dieses Landes zugelassenen Rechtsanwälte als bei dem obersten Landesgericht zugleich zugelassen.

(2) Bei dem obersten Landesgericht wird eine Liste der Rechtsanwälte (§ 31 Abs. 1) nicht geführt.

Ein oberstes Landesgericht wurde durch Gesetz vom 11. 5. 1948 (GVBl. S. 83) in Bayern errichtet. Vgl. hierzu §§ 7, 8 EGZPO und Art. 10, 11 Bayer. AGGVG.

§§ 227 a   Übergangsvorschriften für Rechtsanwälte an den Amtsgerichten
bei Änderung des Gerichtsbezirks

(1) ¹Wird der Bezirk eines Amtsgerichts ganz oder teilweise einem anderen
als dem bisherigen Landgerichtsbezirk zugelegt oder wird er auf mehrere
Landgerichtsbezirke aufgeteilt, so ist ein bei diesem Amtsgericht und dem
übergeordneten Landgericht zugelassener Rechtsanwalt, der seine Kanzlei in
dem früheren Bezirk des Amtsgerichts beibehält und bei dem für den Ort seiner Kanzlei nunmehr zuständigen Amtsgericht und Landgericht zugelassen ist,
auf Antrag zugleich bei einem weiteren Landgericht zuzulassen, das vor der
Änderung der Gerichtsbezirke dem Amtsgericht übergeordnet war oder dem
Teile des Amtsgerichtsbezirks zugelegt worden sind. ²Eine Zulassung bei
einem weiteren Oberlandesgericht ist nicht zulässig.

(2) ¹Dem Antrag nach Abs. 1 darf nur stattgegeben werden, wenn die Landesjustizverwaltung nach gutachtlicher Anhörung der Vorstände der beteiligten Rechtsanwaltskammern allgemein festgestellt hat, daß die gleichzeitige
Zulassung unter Berücksichtigung der örtlichen Verhältnisse zur Vermeidung
von Härten für die Rechtsanwälte geboten ist, die bei dem von der Änderung
der Gerichtsbezirke betroffenen Amtsgericht zugelassen sind. ²Die Feststellung kann für einen Teilbereich des früheren Amtsgerichtsbezirks getroffen
werden.

(3) ¹Die Feststellung wird für die Dauer von zehn Jahren getroffen. ²Mit
dem Ablauf der Frist ist die gleichzeitige Zulassung bei dem Landgericht, in
dessen Bezirk der Rechtsanwalt seine Kanzlei nicht eingerichtet hat, zu widerrufen. ³Weist der Rechtsanwalt nach, daß ihm bei dem Widerruf der Zulassung der Auftrag in einer Rechtssache erteilt war, ist er befugt, in dieser Sache
die Vertretung bei dem Landgericht, bei dem er gleichzeitig zugelassen war,
vor einem Familiengericht im Bezirk dieses Landgerichts oder vor einem
Landgericht, dem anstelle dieses Landgerichts die Zuständigkeit übertragen
ist, zu führen, solange er bei einem anderen Gericht zugelassen ist.

(4) Die gleichzeitige Zulassung ist vor Ablauf der Frist nach Abs. 3 zurückzunehmen, wenn der Rechtsanwalt seine Kanzlei an einen Ort außerhalb des
früheren Bezirks des Amtsgerichts verlegt.

(5) ¹Die Landesjustizverwaltung kann nach gutachtlicher Anhörung der
Vorstände der beteiligten Rechtsanwaltskammern im Einzelfall die gleichzeitige Zulassung auf Antrag verlängern, wenn deren Fortfall für den Rechtsanwalt eine besondere Härte bedeuten würde. ²Der Antrag ist spätestens sechs
Monate vor Ablauf der Frist zu stellen.

(6) ¹Verzichtet ein nach Abs. 1 oder 5 bei einem weiteren Landgericht
zugelassener Rechtsanwalt wegen hohen Alters oder aus gesundheitlichen
Gründen auf die Rechte aus der Zulassung zur Rechtsanwaltschaft oder scheidet er durch den Tod aus und wird seine Kanzlei von einem anderen Rechts-

anwalt übernommen, so ist dieser ebenfalls bis zu dem Ablauf der Frist bei dem betreffenden Landgericht zuzulassen. [2]Diese Zulassung kann in entsprechender Anwendung des Abs. 5 verlängert werden.

(7) Der Rechtsanwalt gehört nur derjenigen Rechtsanwaltskammer an, die für den Ort, an dem er seine Kanzlei unterhält, zuständig ist.

(8) §§ 21, 35 Abs. 2, §§ 37, 39 bis 42 sind entsprechend anzuwenden, doch ist zuständig der Anwaltsgerichtshof für den Bezirk der Rechtsanwaltskammer, welcher der Rechtsanwalt angehört.

Anmerkung

Die Vorschrift wird zusammen mit den §§ 22, 24, 227 b in den alten Bundesländern mit Wirkung vom 1. 1. 2000 und in den neuen Bundesländern mit Wirkung vom 1. 1. 2005 außer Kraft treten, da zu diesen Zeitpunkten die Beschränkung der **Postulationsfähigkeit** in Zivilsachen auf das LG der Zulassung und in Familiensachen auf den LG-Bezirk der Zulassung (§ 78 ZPO a. F.) wegfällt (Art. 1 Nr. 5, 38; Art. 3 und Art. 22 Abs. 2 ÄndG; vgl. auch § 22 Anm. Rz. 2).

1   Die §§ 277 a, 227 b dienen der zeitlich befristeten Aufrechterhaltung des Besitzstandes der RAe, die durch die **Auflösung von Amtsgerichtsbezirken** (§ 227 a) oder durch die teilweise oder völlige **Auflösung von Landgerichtsbezirken** (§ 227 b) betroffen werden. Beide Vorschriften sind mit dem GG vereinbar (BGH NJW 1976, 520; EGE XIV 35; ständige Rspr., Beschl. v. 27. 5. 1991 – AnwZ (B) 10/91; Beschl. v. 7. 10. 1991 – AnwZ (B) 23/91). Vgl. auch zur Vereinbarkeit des § 227 a mit dem GG BVerfG, Beschl. vom 16. 11. 1989 – 1 BvR 1173/89, und mit dem Europäischen Gemeinschaftsrecht BGH, Beschl. vom 18. 9. 1989 – AnwZ (B) 66/88; Beschl. v. 27. 5. 1991 – AnwZ (B) 10/91 und v. 7. 10. 1991 – AnwZ (B) 23/91.

2   Nach **Abs. 1 Satz 1** kann ein RA jedenfalls dann bei mehr als einem LG zugelassen werden, wenn der Bezirk des AG, bei dem er zugelassen ist, mehrmals nacheinander verändert worden ist (BGHZ 67, 339).

3   **Abs. 1 Satz 2,** wonach eine Zulassung bei einem weiteren OLG nicht zulässig ist, entspricht einer überlegten Willensentscheidung des Gesetzgebers und ist nicht umdeutbar (EGH Hamm BRAK-Mitt. 1982, 34).

4   **Zu Abs. 2 Satz 1:** Die »**allgemeine Feststellung**« entspricht der des § 24 Abs. 1 (vgl. dort Rz. 1; hinsichtlich der uneingeschränkten richterlichen Nachprüfung auch EGH Hamm AnwBl. 1976, 141); sie kann auch dahin gehen, daß es den betroffenen RAen überlassen wird zu wählen, bei welchem von mehreren LGen sie zusätzlich zugelassen werden wollen (BGH AnwBl. 1979, 83). Zu den Voraussetzungen für die Bejahung einer »Härte« vgl. BGH EGE XIV 42; 53; 58; 139; 140; NJW 1976, 1542; BRAK-Mitt. 1982, 75; EGH Hamm BRAK-Mitt. 1982, 35.

Zur Abgrenzung des **Teilbereichs** i. S. des **Abs. 2 Satz 2** vgl. BGH EGE   5
XIV 28 und 33.

Die Frist von 10 Jahren des **Abs. 3** ist von der Gebietsumänderung an zu   6
berechnen (BGHZ 66, 288, 291). Zur Verfassungskonformität der Fristbe-
stimmung vgl. BGH, Beschl. v. 7. 10. 1991 – AnwZ (B) 22/91.

Für die Auslegung des Begriffs »**besondere Härte**« in **Abs. 5 Satz 1** gilt   7
nach der Rspr. des BGH (vgl. BGHZ 89, 173, 177; BGH BRAK-Mitt. 1986,
225; 1989, 106; BGH, Beschl. v. 7. 10. 1991 – AnwZ (B) 27/91) im wesentlichen folgendes: Es handelt sich um einen unbestimmten Rechtsbegriff, dessen Inhalt im Wege der Auslegung näher zu ermitteln ist, wobei dem
AnwGH und – auf sofortige Beschwerde – dem BGH die volle gerichtliche
Überprüfung obliegt (BGH, Beschl. v. 27. 5. 1991 – AnwZ (B) 5/91); es
kommt dabei auf eine Prüfung gerade des Einzelfalles bei Ablauf der zehn
Jahre und damit auf die konkreten Auswirkungen an, die der Wegfall der
Doppelzulassung voraussichtlich für den betroffenen RA haben würde;
dabei sind neben zu erwartenden wirtschaftlichen Einbußen auch das Alter
und der Gesundheitszustand des RA zu berücksichtigen; ob die Grenze zur
besonderen Härte bei 10 %, 15 % oder 20 % des erwarteten Verlustes an
Umsatz oder Gewinn oder sogar noch darüber liegt, kann auch von dem
Umfang der Praxis abhängen. Im Vordergrund stehen die wirtschaftlichen
Einbußen, die dem RA durch den Verlust von Mandaten drohen, die aus
den durch die Gebietsänderung abgetrennten Teilen des Bezirks der Erstzu-
lassung stammen und für deren Wahrnehmung die Doppelzulassung Voraussetzung ist (st. Rspr. des BGH; vgl. Beschl. vom 2. 12. 1991 – AnwZ (B)
36/91 und Beschl. vom 30. 11. 1992 – AnwZ (B) 33/92). Ein in diesem Rahmen drohender Umsatzverlust in Höhe von 2 bis 4 % stellt jedenfalls keine
besondere Härte dar (BGH BRAK-Mitt. 1994, 105). Wenn auch die »besondere Härte« mehr voraussetzt als die »Härten« des Abs. 2 Satz 1, so darf sie
doch nicht nur unter der Voraussetzung angenommen werden, daß der
Fortbestand der Kanzlei und damit die Lebensgrundlage des RA nachhaltig
gefährdet würden; die Entstehungsgeschichte des Gesetzes bestätigt, daß
die Anforderungen für die Annahme einer besonderen Härte nicht zu hoch
angesetzt werden dürfen; allerdings muß sich ein RA, der zugleich bei 2
Landgerichten zugelassen ist, innerhalb der Zehn-Jahres-Frist bemühen,
seine Praxis auf den geänderten Zulassungsbereich auszurichten; weitet er
statt dessen seinen Betreuungsbereich auf den gesamten Bezirk seiner Zweitzulassung aus, weil dieser wirtschaftlich attraktiver ist, so ist der Wegfall
dieser Ausweitung durch Widerruf der Zweitzulassung nicht zur Begründung einer besonderen Härte heranzuziehen (BGH BRAK-Mitt. 1992, 173).
Nach BGH AnwBl. 1989, 570, ist zu berücksichtigen, daß § 227 a keine
Wettbewerbsvorteile eines RA aus einer Zweitzulassung schützt, die nicht
zur Vermeidung von Umsatzeinbußen notwendig gewesen ist. **Abs. 5** ist mit

dem GG vereinbar; das europäische Gemeinschaftsrecht ist nicht anwendbar (*Zuck*, BRAK-Mitt. 1990, 190, 194 m. w. N.).

8   Der **Verlängerungsantrag** nach Abs. 5 Satz 1 ist nach Abs. 5 Satz 2 spätestens sechs Monate vor Ablauf der Zehnjahresfrist des Abs. 3 Satz 1 zu stellen; eine Wiedereinsetzung in den vorigen Stand gegen die Versäumung dieser Sechsmonatsfrist kommt nicht in Betracht, da es sich um eine Ausschlußfrist handelt (BGH BRAK-Mitt. 1984, 141; 1984, 109; BGH, Beschl. v. 7. 10. 1991 – AnwZ (B) 22/91).

9   Bei der Anwendung des § 227 a handelt es sich um die Verwendung **unbestimmter Rechtsbegriffe,** so daß die Entscheidungen der LJVen von den Gerichten nicht nur im Rahmen des § 39 Abs. 3 auf etwaige Ermessensfehler zu überprüfen sind (BGHZ 66, 288, 290). Über die Dauer der Verlängerung der Zweitzulassung nach Abs. 5 entscheidet jedoch die LJV nach pflichtgemäßem Ermessen; insoweit ist eine Überprüfung ihrer Entscheidung nur im Rahmen des § 39 Abs. 3 zulässig (BGH BRAK-Mitt. 1987, 39).

10   Die Anfechtung der Zweitzulassung von RAen nach § 227 a durch örtlich bereits zugelassene RAe nach § 223 ist unzulässig (so EGH Frankfurt in einem Fall, in dem der BGH die sofortige Beschwerde gegen die betr. Entscheidung des EGH durch Beschluß vom 15. 12. 1980 – AnwZ (B) 20/80 – (auszugsweise abgedruckt in BRAK-Mitt 1981, 29) als unzulässig verworfen hat). Entsprechendes gilt für die Verlängerung der Zweitzulassung.

§ 227 b   Übergangsvorschriften für Rechtsanwälte an den Landgerichten bei Änderungen des Gerichtsbezirks

(1) [1]Wird der Bezirk eines Landgerichts teilweise einem oder mehreren anderen Landgerichtsbezirken zugelegt oder wird er auf mehrere Landgerichtsbezirke aufgeteilt, so ist ein bei diesem Landgericht zugelassener Rechtsanwalt, der bei dem für den Ort seiner Kanzlei nunmehr zuständigen Landgericht zugelassen ist und bei dem die Voraussetzungen für eine doppelte Zulassung gemäß § 227 a nicht vorliegen, auf Antrag zugleich bei einem weiteren Landgericht zuzulassen, dem Teile des Landgerichtsbezirks zugelegt worden sind. [2]§ 227 a Abs. 1 Satz 2 bis 8 ist entsprechend anzuwenden.

(2) **Der Rechtsanwalt darf in dem Bezirk des Landgerichts, für das die weitere Zulassung erteilt ist, die Vertretung in Anwaltsprozessen nur übernehmen, wenn ein für die Zuständigkeit maßgebender Gerichtsstand in einem Teil des früheren Landgeichtsbezirks begründet ist.**

Anmerkung

Die Vorschrift wird zusammen mit den §§ 22, 24, 227 a in den alten Bundesländern mit Wirkung vom 1. 1. 2000 und in den neuen Bundesländern mit Wirkung vom 1. 1. 2005 außer Kraft treten, da zu diesen Zeitpunkten die Beschränkung der **Postulationsfähigkeit** in Zivilsachen auf das LG der Zulassung und in Familiensachen auf den LG-Bezirk der Zulassung (§ 78 ZPO a. F.) wegfällt (Art. 1 Nr. 5, 38; Art. 3 und Art. 22 Abs. 2 ÄndG; vgl. auch § 22 Anm. Rz. 2).

Vgl. zunächst § 227 a Rz. 1.   1

Verlegt ein Rechtsanwalt seine Kanzlei in einen anderen Amtsgerichtsbe-   2
zirk desselben Landgerichtsbezirks erst nach Inkrafttreten einer Gebietsänderung, so muß er nicht deswegen bei einem weiteren LG zugelassen werden, weil die übrigen an seinem neuen Kanzleiort ansässigen und dort
bereits vor der Gebietsänderung ansässig gewesenen Rechtsanwälte die
Doppelzulassung erhalten haben (BGH NJW 1977, 902).

Da gemäß Abs. 1 Satz 2 § 227 a Abs. 1 Satz 2, Abs. 2 bis 8 entsprechend   3
anzuwenden ist, kann insoweit auf die Erläuterungen zu § 227 a Rz. 3–10
verwiesen werden.

Ein Verstoß gegen Abs. 2 berührt die Postulationsfähigkeit des RA nicht   4
(OLG Köln Anw.Bl. 1989, 227; vgl. auch BGH NJW 1977, 902).

§ 228 Bestimmung des zuständigen Anwaltsgerichts oder des zuständigen Anwaltsgerichtshofes durch das oberste Landesgericht

(1) ¹Ist in einem Land ein oberstes Landesgericht errichtet, so bestimmt es an Stelle des Bundesgerichtshofes das zuständige Anwaltsgericht, wenn zwischen mehreren Anwaltsgerichten Streit über die Zuständigkeit besteht oder das an sich zuständige Anwaltsgericht in einem einzelnen Fall an der Ausübung seiner Tätigkeit rechtlich oder tatsächlich verhindert ist. ²Dies gilt jedoch nur dann, wenn die an dem Streit über die Zuständigkeit beteiligten Anwaltsgerichte oder das an der Ausübung seiner Tätigkeit verhinderte Anwaltsgericht innerhalb des Landes gebildet sind.

(2) Für die Bestimmung des zuständigen Anwaltsgerichtshof ist Abs. 1 entsprechend anzuwenden.

Besteht zwischen mehrere AnwGen oder mehreren AnwGHen Streit über die Zuständigkeit oder ist das an sich zuständige Gericht (AnwG oder AnwGH) in einem einzelnen Fall an der Ausübung seiner Tätigkeit rechtlich oder tatsächlich gehindert, so bestimmt nach §§ 14, 15 StPO i. V. mit § 116 das gemeinschaftliche obere Gericht, je nach Lage des Falles ein AnwGH oder der BGH, das zuständige Gericht. Die Ausnahmeregelung des § 228 ist **zur Zeit ohne praktische Bedeutung,** da im Land Bayern, das als einziges einen obersten Gerichtshof gebildet hat, nur ein AnwGH gebildet worden ist. Letzterer bestimmt erforderlichenfalls nach §§ 14, 15 StPO von mehreren AnwGen innerhalb des Landes Bayern das zuständige Gericht. Ist aber eins der mehreren AnwGe außerhalb Bayerns gebildet, so ist die Zuständigkeit des BayObLG nach Abs. 1 Satz 2 ausgeschlossen.

§ 229 Verfahren bei Zustellungen

Für das Verfahren bei Zustellungen gelten die Vorschriften der Zivilprozeßordnung entsprechend.

1   Für die nach der BRAO zu bewirkenden Zustellungen (vgl. z. B. § 9 Abs. 1 Satz 1, § 11 Abs. 1 Satz 2, § 16 Abs. 3 Satz 2, § 21 Abs. 1 Satz 2, § 28 Abs. 3 Satz 2, § 29 Abs. 4 Satz 2, § 35 Abs. 2 Satz 4), gelten die Vorschriften der §§ 208–213 a ZPO sowie der §§ 166–207 ZPO. Diese Bestimmungen gelten auch für die Zustellungen in Verfahren, die sich nach dem Gesetz über die Angelegenheiten der freiwilligen Gerichtsbarkeit (vgl. § 40 Abs. 4, § 42 Abs. 6, § 91 Abs. 7, § 191) oder nach der Strafprozeßordnung (vgl. § 57 Abs. 3 Satz 5, § 116 Abs. 1 Satz 2) richten (§ 16 Abs. 2 FGG, § 37 StPO).

2   Die Zustellung eines Schriftstücks an den RA nach **§ 212 a ZPO** ist nicht mit dem Eingang in der Kanzlei, sondern erst erfolgt, wenn der RA es mit Zustellungswillen angenommen hat. Die den allgemeinen Anweisungen des RA entsprechende Bearbeitung durch das Büro reicht nicht aus (BGH NJW 1991, 42). Das mit Datum versehene unterschriebene **Empfangsbekenntnis** erbringt Beweis für die Entgegennahme als zugestellt für den Zeitpunkt der Entgegennahme. Der **Gegenbeweis der Unrichtigkeit** der im Empfangsbekenntnis enthaltenen Angaben ist zulässig. Das Gericht hat aber von sich aus keine Ermittlungen über die Richtigkeit zu führen (BGH, BRAK-Mitt. 1990, 178).

3   Bei einer **Ersatzzustellung** nach §§ 181, 182 ZPO ist folgendes zu berücksichtigen: Die Beweiskraft einer Zustellungsurkunde gem. § 418 ZPO erstreckt sich nicht auf die Tatsache, daß der Zustellungsadressat unter der Zustellungsanschrift wohnt. Die Erklärung des Zustellungsbeamten, er habe den Zustellungsadressaten in seiner Wohnung nicht angetroffen, ist ein beweiskräftiges Indiz dafür, daß der Adressat unter der Zustellungsanschrift wohnt. Die indizielle Wirkung dieser Erklärung kann der Zustellungsadressat jedoch entkräften (BGH, BRAK-Mitt. 1992, 109).

§ 230 *(nicht abgedruckt)*

Durch diese Vorschrift wurde die ZPO ergänzt und teilweise geändert.

§ 231   Änderung des Gesetzes gegen Wettbewerbsbeschränkungen

§ 67 Abs. 1 Satz 1 des Gesetzes gegen Wettbewerbsbeschränkungen vom
27. Juli 1957 (Bundesgesetzbl. I S. 1081) wird wie folgt geändert:
»Vor dem Beschwerdegericht müssen die Beteiligten sich durch einen bei
einem deutschen Gericht zugelassenen Rechtsanwalt als Bevollmächtigten vertreten lassen.«

Vgl. hierzu § 52 Rz. 6 (II 6).

§ 232   *(nicht abgedruckt)*

Durch diese Vorschrift sind zahlreiche Gesetze, Verordnungen und
Bekanntmachungen, die bis zum Inkrafttreten der BRAO das Anwaltsrecht
regelten, aufgehoben worden.
Zur Fortgeltung von Verweisungen auf die durch § 232 aufgehobenen
Vorschriften in anderen Gesetzen und Verordnungen vgl. § 235.

§ 233   Rechtsnachfolge der ehemaligen Reichs-Rechtsanwaltskammer

(1) Die Bundesrechtsanwaltskammer ist Rechtsnachfolger der früheren
Reichs-Rechtsanwaltskammer.

(2) [1]Sie tritt, soweit bisher gesetzlich nichts Abweichendes bestimmt wor-
den ist, in alle vermögensrechtlichen Pflichten und Rechte der früheren
Reichs-Rechtsanwaltskammer ein, haftet jedoch nur mit dem übernommenen
Vermögen. [2]Die Vorschriften des Bürgerlichen Gesetzbuches über eine dem
Fiskus als gesetzlichen Erben anfallende Erbschaft sind entsprechend anzu-
wenden.

(3) [1]Die durch die Berliner Kommission für Ansprüche auf Vermögenswerte laut Kontrollratsdirektive Nr. 50 treuhänderisch auf die Rechtsanwaltskammer Berlin übertragenen Vermögenswerte der früheren Reichs-Rechtsanwaltskammer gehen auf die Bundesrechtsanwaltskammer über. [2]Die
Rechtsanwaltskammer Berlin wird von der ihr nach Artikel IV der Kontrollratsdirektive Nr. 50 auferlegten Haftung befreit. [3]Die Übertragung von
Vermögen auf das Land Berlin und die damit verbundene Haftung bleiben
unberührt.

(4) Aus Anlaß und in Durchführung des Rechtsübergangs entstehende
Gerichtskosten werden nicht erhoben.

§ 234 Besondere landesrechtliche Beschränkungen für den Zugang zur Rechtsanwaltschaft

[1]Beschränkungen für den Zugang zur Rechtsanwaltschaft, die sich aus landesrechtlichen Vorschriften über den Abschluß der politischen Befreiung ergeben, bleiben unberührt. [2]Sie gelten auch für den Wechsel der Zulassung.

Der Vorschrift wurde schon von *Bülow* (1959) keine praktische Bedeutung mehr beigemessen. Als Beispiel für einen Fall ihrer Anwendung vgl. *Kalsbach*, § 234 Anm. 1.

§ 235 Verweisungen in anderen Vorschriften

Soweit in anderen Gesetzen und Verordnungen auf die durch dieses Gesetz aufgehobenen oder abgeänderten Vorschriften verwiesen ist, treten die entsprechenden Vorschriften dieses Gesetzes an ihre Stelle.

§ 236 Geltung in Berlin *(gegenstandslos)*

§ 237 Inkrafttreten

(1) Dieses Gesetz tritt am 1. Oktober 1959 in Kraft.

(2) *(gegenstandslos)*

1   Der Abs. 1 betrifft das Inkrafttreten in der ursprünglichen Fassung vom 1. 8. 1959.

2   Nach Art. 22 Abs. 1 ÄndG ist die Berufsrechtsnovelle 1994 am 9. September 1994 in Kraft getreten. Nach Art. 22 Abs. 2 ÄndG tritt die Aufhebung der §§ 22, 24, 227 a, 227 b (vgl. § 22 Anmerkung) sowie der Wegfall von § 34 Nr. 3 letzter Halbsatz (vgl. § 34 Anmerkung) in den alten Bundesländern am 1. 1. 2000 und in den neuen Bundesländern am 1. 1. 2005 in Kraft.

Anhang I

Grundsätze des anwaltlichen Standesrechts

Richtlinien gemäß § 177 Abs. 2 Nr. 2 BRAO a. F.
– RichtlRA –

Vermerk:

Die RichtlRA haben jetzt ihre Bedeutung verloren, da der Gesetzgeber in Ergänzung der Genralklausel des § 43 die den Beruf prägenden Grundsätze in den §§ 43 a ff. ausdrücklich geregelt hat und die Einzelheiten demnächst in der Berufsordnung bestimmt werden (§§ 59 b, 191 a ff.). Vgl. § 43 Rz. 2.

Von einem Abdruck wird daher in der Neuauflage abgesehen.

Anhang II

Standesregeln der Rechtsanwälte der Europäischen Gemeinschaft (CCBE)

Vom 28. 10. 1988 – vgl. § 43 Rz. 3 sowie S. IX, X –

1. Vorspruch

1.1 Der Rechtsanwalt in der Gesellschaft

In einer auf die Achtung des Rechts gegründeten Gesellschaft hat der Rechtsanwalt eine besonders wichtige Funktion. Seine Aufgabe beschränkt sich nicht auf die gewissenhafte Ausführung eines Auftrages im Rahmen des Gesetzes. Der Rechtsanwalt ist in einem Rechtsstaat sowohl für die Justiz als auch für den Rechtsuchenden, dessen Rechte und Freiheiten er zu wahren hat, unentbehrlich; der Rechtsanwalt ist nicht nur der Vertreter, sondern auch der Berater seines Mandanten.

Bei der Ausführung seines Auftrages unterliegt der Rechtsanwalt zahlreichen gesetzlichen und standesrechtlichen Pflichten, die zum Teil zueinander in Widerspruch zu stehen scheinen. Es handelt sich dabei um Pflichten gegenüber

– dem Mandanten,
– Gerichten und Behörden, denen gegenüber der Rechtsanwalt seinem Mandanten beisteht und ihn vertritt,
– seinem Berufsstand im allgemeinen und jedem Kollegen im besonderen,
– der Gesellschaft, für die ein freier, unabhängiger und durch sich selbst auferlegte Regeln integrer Berufsstand ein wesentliches Mittel zur Verteidigung der Rechte des einzelnen gegenüber dem Staat und gegenüber Interessengruppen ist.

1.2 Gegenstand des Standesrechtes

1.2.1 Die freiwillige Unterwerfung unter die Standesregeln dient dem Zweck, die ordnungsgemäße Wahrnehmung seiner für die Gemeinschaft unerläßlichen Aufgaben durch den Rechtsanwalt sicherzustellen. Beachtet der Rechtsanwalt die Standesregeln nicht, so führt dies schließlich zu einer Disziplinarmaßnahme.

1.2.2. Jede Anwaltschaft hat eigene auf ihre besonderen Traditionen beruhende Regeln. Diese entsprechen der Organisation des Berufsstandes und dem anwaltlichen Tätigkeitsbereich, dem Verfahren vor den Gerichten und Behörden sowie den Gesetzen des betreffenden Mitgliedstaates. Es ist weder möglich noch wünschenswert, sie aus diesem Zusammenhang herauszureißen oder Regeln zu verallgemeinern, die dafür nicht geeignet sind.

Die einzelnen Standesregeln jeder Anwaltschaft beruhen jedoch auf den gleichen Grundwerten und sind ganz überwiegend Ausdruck einer gemeinsamen Grundüberzeugung.

1.3. Ziel und Zweck der Europäischen Standesregeln

1.3.1. Durch die Entwicklung der Europäischen Gemeinschaft und die im Rahmen dieser Gemeinschaft immer stärker werdenden grenzüberschreitende Tätigkeit des Rechtsanwaltes ist es im Interesse der Rechtsuchenden notwendig geworden, für diese grenzüberschreitende Tätigkeit einheitliche, auf jeden Rechtsanwalt der Gemeinschaft anwendbare Regeln festzulegen, unabhängig davon, welcher Anwaltschaft der Rechtsanwalt angehört. Die Aufstellung solcher Standesregeln hat insbesondere zum Ziel, die sich aus der konkurrierenden Anwendung mehrerer Standesrechte – die in Artikel 4 der Richtlinie Nr. 77/249 vom 22. März 1977 vorgesehen ist – ergebenden Schwierigkeiten zu verringern.

1.3.2. Die im CCBE zusammengeschlossenen, den anwaltlichen Berufsstand repräsentierenden Organisationen sprechen den Wunsch aus, daß die nachstehenden Standesregeln
– bereits jetzt als Ausdruck der gemeinsamen Überzeugung aller Anwaltschaften der Europäischen Gemeinschaft anerkannt werden,
– in kürzester Zeit durch nationales und/oder Gemeinschaftsrecht für die grenzüberschreitende Tätigkeit des Rechtsanwaltes in der Europäischen Gemeinschaft verbindlich erklärt werden,
– bei jeder Reform des nationalen Standesrechtes im Hinblick auf dessen allmähliche Harmonisierung berücksichtigt werden.
Sie verbinden damit weiter den Wunsch, daß die nationalen Standesregeln soweit wie möglich in einer Weise ausgelegt und angewendet werden, die mit dem Europäischen Standesregeln in Einklang steht.

Wenn die Europäischen Standesregeln hinsichtlich der grenzüberschreitenden anwaltlichen Tätigkeit verbindlich geworden sind, untersteht der Rechtsanwalt weiter den Standesregeln der Anwaltschaft, der er angehört, soweit diese zu den Europäischen Standesregeln nicht in Widerspruch stehen.

1.4. Persönlicher Anwendungsbereich

Die nachstehenden Standesregeln sind auf alle Rechtsanwälte der Europäischen Gemeinschaft im Sinne der Richtlinie Nr. 77/249 vom 22. März 1977 anwendbar.

1.5. Sachliche Anwendungsbereich

Unbeschadet des Zieles einer allmählichen Vereinheitlichung des innerstaatlich geltenden Standesrechtes sind die nachstehenden Standesregeln auf die grenzüberschreitende Tätigkeit des Rechtsanwaltes innerhalb der Europäischen Gemeinschaft anwendbar. Als grenzüberschreitende Tätigkeit gilt:
a) jede Tätigkeit gegenüber Rechtsanwälten anderer Mitgliedstaaten anläßlich anwaltlicher Berufsausübung,
b) die berufliche Tätigkeit eines Rechtsanwaltes in einem anderen Mitgliedstaat, gleichgültig ob er dort anwesend ist oder nicht.

1.6. Definitionen

Für die nachstehenden Standesregeln haben folgende Ausdrücke folgende Bedeutung:
»Herkunftsstaat« bezeichnet den Mitgliedstaat, zu dessen Anwaltschaft der Rechtsanwalt gehört.
»Aufnahmestaat« bezeichnet den Mitgliedstaat, in dem der Rechtsanwalt eine grenzüberschreitende Tätigkeit verrichtet.
»Zuständige Stelle« bezeichnet die berufsspezifische Organisationen oder Behörden der Mitgliedstaaten, die für die Erlassung von Standesregeln und Disziplinaraufsicht zuständig sind.

2. Allgemeine Grundsätze

2.1. Unabhängigkeit

2.1.1. Die Vielfältigkeit der dem Rechtsanwalt obliegenden Pflichten setzt seine Unabhängigkeit von sachfremden Einflüssen voraus; dies gilt insbesondere für die eigenen Interessen des Rechtsanwaltes und die Einflußnahme Dritter. Diese Unabhängigkeit ist für das Vertrauen in die Justiz ebenso wichtig wie die Unparteilichkeit des Richters. Der Rechtsanwalt hat daher Beeinträchtigungen seiner Unabhängigkeit zu vermeiden und darf nicht aus Gefälligkeit gegenüber seinem Mandanten, dem Richter oder einem Dritten das Standesrecht außer acht lassen.

2.1.2. Die Wahrung der Unabhängigkeit ist für die außergerichtliche Tätigkeit ebenso wichtig wie für die Tätigkeit vor Gericht, denn der anwaltliche Rat verliert für den Mandanten an Wert, wenn er aus Gefälligkeit, aus persönlichem Ineresse oder unter dem Druck dritter Personen erteilt wird.

2.2. Vertrauen und Würde

Das Vertrauensverhältnis setzt voraus, daß keine Zweifel über die Ehrenhaftigkeit, die Unbescholtenheit und die Rechtschaffenheit des Rechtsanwaltes bestehen. Diese traditionellen Werte des Anwaltsstandes sind für den Rechtsanwalt gleichzeitig Standespflicht.

2.3. Berufsgeheimnis

2.3.1. Es gehört zum Wesen der Berufstätigkeit des Rechtsanwaltes, daß sein Mandant ihm Geheimnisse anvertraut und er sonstige vertrauliche Mitteilungen erhält. Ist die Vertraulichkeit nicht gewährleistet, kann kein Vertrauen entstehen. Aus diesem Grund ist das Berufsgeheimnis gleichzeitig ein Grundrecht und eine Grundpflicht des Rechtsanwaltes von besonderer Bedeutung.

2.3.2. Der Rechtsanwalt hat die Vertraulichkeit aller Informationen zu wahren, die ihm von seinem Mandanten gegeben werden, die sich auf seinen Mandanten beziehen oder die er im Rahmen der Wahrnehmung der Interessen seines Mandanten erhält.

2.3.3. Die Pflicht zur Wahrung des Berufsgeheimnisses ist zeitlich unbegrenzt.

2.3.4. Der Rechtsanwalt achtet auf die Wahrung der Vertraulichkeit durch seine Mitarbeiter und alle Personen, die bei seiner beruflichen Tätigkeit mitwirken.

2.4. Achtung des Standesrechtes anderer Anwaltschaften

Der Rechtsanwalt kann aufgrund Gemeinschaftsrechtes (insbesondere der Richtlinie Nr. 77/249 vom 22. März 1977) verpflichtet sein, das Standesrecht eines Aufnahmestaates zu beachten. Der Rechtsanwalt hat die Pflicht, sich über die bei Ausübung einer bestimmten Tätigkeit anwendbaren standesrechtlichen Regeln zu informieren.

2.5. Unvereinbare Tätigkeiten

2.5.1. Der Beruf des Rechtsanwaltes ist mit bestimmten Berufen und Tätigkeiten unvereinbar, damit die Unabhängigkeit des Rechtsanwaltes und seine Pflicht zur Mitwirkung bei der Rechtspflege nicht beeinträchtigt werden.

2.5.2. Bei der Vertretung oder Verteidigung eines Mandanten vor den Gerichten oder Behörden eines Aufnahmestaates beachtet der Rechtsanwalt die für Rechtsanwälte dieses Staates geltenden Regeln über die Unvereinbarkeit des Berufes des Rechtsanwaltes mit anderen Berufen oder Tätigkeiten.

2.5.3. Beabsichtigt der in einem Aufnahmestaat niedergelassene Rechtsanwalt, dort eine kaufmännische oder sonstige vom Beruf des Rechtsanwaltes verschiedene Tätigkeit auszuüben, so ist er dabei auch verpflichtet, die für die Rechtsanwälte dieses Staates geltenden Regeln über die Unvereinbarkeit des Berufes des Rechtsanwaltes mit anderen Berufen oder Tätigkeiten zu beachten.

2.6. Persönliche Werbung

2.6.1. Der Rechtsanwalt darf nicht persönlich werben oder für sich werben lassen, wo dies unzulässig ist.

In anderen Fällen darf der Rechtsanwalt nur insoweit persönlich werben oder für sich werben lassen, wie dies durch die Regeln der Standesorganisation, der er angehört, gestattet wird.

2.6.2. Persönliche Werbung, insbesondere Werbung in den Medien, gilt als an einem Ort vorgenommen, wo sie zulässig ist, wenn der Rechtsanwalt nachweist, daß sie mit dem Ziel erfolgte, Mandanten oder potentielle Mandanten an diesem Ort zu erreichen und die Kenntnisnahme an einem anderen Ort unbeabsichtigt erfolgt.

2.7. Interesse der Mandanten

Vorbehaltlich der gesetzlichen und standesrechtlichen Vorschriften ist der Rechtsanwalt verpflichtet, seinen Mandanten in solcher Weise zu vertreten und/oder zu verteidigen, daß das Mandanteninteresse dem Interesse des Rechtsanwaltes, eines Kollegen oder der Kollegenschaft insgesamt vorgeht.

3. Das Verhalten gegenüber den Mandanten

3.1. Beginn und Ende des Mandats

3.1.1. Der Rechtsanwalt darf nur im Auftrag seines Mandanten tätig werden, es sei denn, er wird von einem anderen den Mandanten vertretenden Rechtsanwalt beauftragt oder der Fall wird ihm durch eine sachlich zuständige Stelle übertragen.

3.1.2. Der Rechtsanwalt berät und vertritt seinen Mandanten unverzüglich, gewissenhaft und sorgfältig. Er ist für die Ausführung des ihm erteilten Mandats persönlich verantwortlich. Er unterrichtet seinen Mandanten vom Fortgang der ihm übertragenen Angelegenheit.

3.1.3. Der Rechtsanwalt hat ein Mandat abzulehnen, wenn er weiß oder wissen muß, daß es ihm an den erforderlichen Kenntnissen fehlt, es sei denn, er arbeitet mit einem Rechtsanwalt zusammen, der diese Kenntnisse besitzt.
Der Rechtsanwalt darf ein Mandat nur annehmen, wenn er die Sache im Hinblick auf seine sonstigen Verpflichtungen unverzüglich bearbeiten kann.

3.1.4. Der Rechtsanwalt darf sein Recht zur Mandatsniederlassung nur derart ausüben, daß der Mandant in der Lage ist, ohne Schaden den Beistand eines anderen Kollegen in Anspruch zu nehmen.

3.2. Interessenkonflikt

3.2.1. Der Rechtsanwalt darf mehr als einen Mandanten in der gleichen Sache nicht beraten, vertreten oder verteidigen, wenn ein Interessenkonflikt zwischen den Mandanten oder die ernsthafte Gefahr eines solchen Konfliktes besteht.

3.2.2. Der Rechtsanwalt muß das Mandat gegenüber allen betroffenen Mandanten niederlegen, wenn es zu einem Interessenkonflikt kommt, wenn die Gefahr der Verletzung der Berufsschweigepflicht besteht oder die Unabhängigkeit des Rechtsanwaltes beeinträchtigt zu werden droht.

3.2.3. Der Rechtsanwalt darf ein neues Mandat dann nicht übernehmen, wenn die Gefahr der Verletzung der Verschwiegenheitspflicht bezüglich der von einem früheren Mandanten anvertrauten Information besteht oder die Kenntnis der Angelegenheit eines früheren Mandanten dem neuen Mandanten zu einem ungerechtfertigten Vorteil gereichen würde.

3.2.4. Üben Rechtsanwälte ihren Beruf gemeinsam aus, so sind die Bestimmungen der Artikel 3. 2. 1. bis 3. 2. 3. auf die Sozietät und alle ihre Mitarbeiter anzuwenden.

3.3. Quota-litis-Vereinbarung

3.3.1. Der Rechtsanwalt darf hinsichtlich seines Honorars keine quota-litis-Vereinbarung abschließen.

3.3.2. Quota-litis-Vereinbarung im Sinne dieser Bestimmung ist ein vor Abschluß der Rechtssache geschlossener Vertrag des Anwalts mit dem Mandanten, in dem der Mandant sich verpflichtet, dem Anwalt einen Teil des Ergebnisses der Angelegenheit zu zahlen, unabhängig davon, ob es sich um einen Geldbetrag oder einen sonstigen Vorteil handelt.

3.3.3. Eine quota-litis-Vereinbarung liegt dann nicht vor, wenn die Vereinbarung die Berechnung des Honorars aufgrund des Streitwertes vorsieht und einen amtlichen oder von der für den Rechtsanwalt zuständigen Stelle genehmigten Tarif entspricht.

3.4. Honorarabrechnung

3.4.1. Der Rechtsanwalt hat seinem Mandanten die Grundlagen seiner gesamten Honorarforderung offenzulegen; der Betrag des Honorars muß angemessen sein.

3.4.2. Vorbehaltlich einer abweichenden, gesetzlich zulässigen Vereinbarung des Rechtsanwaltes mit seinem Mandanten ist das Honorar entsprechend den Regeln der Standesorganisation zu berechnen, der der Rechtsanwalt angehört. Gehört der Rechtsanwalt mehreren Standesorganisationen an, so sind die Regeln der Standesorganisation maßgebend, mit der das Mandatsverhältnis die engste Verbindung hat.

3.5. Vorschuß auf Honorar und Kosten

Verlangt der Rechtsanwalt einen Vorschuß auf seine Kosten und/oder sein Honorar, darf dieser nicht über einen unter Berücksichtigung der voraussichtlichen Höhe des Honorars und der Kosten angemessenen Betrag hinausgehen. Wird der Vorschuß nicht gezahlt, kann der Rechtsanwalt das Mandat niederlegen oder ablehnen, unbeschadet der Vorschrift des Artikel 3. 1. 4.

3.6. Honorarteilung mit anderen Personen als Anwälten

3.6.1. Vorbehaltlich der nachstehenden Regel ist es dem Rechtsanwalt verboten, sein Honorar mit einer Person zu teilen, die nicht selbst Rechtsanwalt ist.

3.6.2. Artikel 3.6.1. gilt nicht für Zahlungen oder Leistungen eines Anwaltes an die Erben eines verstorbenen Kollegen oder an einen früheren Rechtsanwalt als Vergütung für die Übernahme einer Praxis.

3.7. Prozeß- und Beratungskostenhilfe

Hat der Mandant Anspruch auf Prozeß- oder Beratungskostenhilfe, so hat der Rechtsanwalt ihn darauf hinzuweisen.

3.8. Mandantengelder

3.8.1. Werden dem Rechtsanwalt zu irgendeinem Zeitpunkt Gelder anvertraut, die für seine Mandanten oder Dritte bestimmt sind (nachstehend »Mandantengelder«), so hat er folgende Vorschriften zu beachten:

3.8.1.1. Mandantengelder sollen immer auf ein Konto bei einem Kreditinstitut, das öffentlicher Aufsicht unterliegt, eingezahlt werden. Alle von einem Rechtsanwalt empfangenen Mandantengelder sind auf ein solches Konto einzuzahlen, es sei denn, der Mandant hat ausdrücklich oder stillschweigend eine andere Verwendung genehmigt.

3.8.1.2. Für jedes auf den Namen des Rechtsanwaltes lautende Konto auf das Mandantengelder eingezahlt wurden, ist durch Kontobezeichnung ersichtlich zu machen, daß es sich bei den eingezahlten Beträgen um Mandantengelder handelt.

3.8.1.3. Die Konten des Rechtsanwaltes, auf die Mandantengelder eingezahlt wurden, müssen immer ein Guthaben ausweisen, daß mindestens der Summe der dem Rechtsanwalt anvertrauten Mandantengelder entspricht.

3.8.1.4. Mandantengelder sind an den Mandanten auf erstes Anfordern oder gemäß den Bedingungen auszuzahlen, die mit dem Mandanten vereinbart wurden.

3.8.1.5. Vorbehaltlich entgegenstehender gesetzlicher Vorschriften oder der ausdrücklichen oder stillschweigenden Einwilligung des Mandanten, für den die Zahlung vorgenommen wird, ist die Auszahlung von Mandantengeldern an eine dritte Person unzulässig; dies gilt auch für

a) Zahlungen an einen Mandanten oder für einen Mandanten mit Geldern eines anderen Mandanten;

b) den Ausgleich der Honorarforderungen des Rechtsanwaltes.

3.8.1.6. Der Rechtsanwalt hat über alle die Mandantengelder betreffenden Vorgänge vollständig und genau Buch zu führen, wobei Mandantengelder von sonstigen Guthaben zu trennen sind; der Rechtsanwalt übergibt dem Mandanten auf Ersuchen die Kontoauszüge.

3.8.1.7. Die zuständigen Stellen der Mitgliedstaaten sind berechtigt, die auf Mandantengelder bezüglichen Unterlagen unter Wahrung der Berufsverschwiegenheit einzusehen und zu überprüfen, um die Einhaltung der von ihnen aufgestellten Regeln zu überwachen und Verstöße zu ahnden.

3.8.2. Vorbehaltlich der nachstehenden Bestimmung und des Artikel 3. 8. 1. hat der Rechtsanwalt, dem Mandantengelder im Rahmen einer Tätigkeit in einem anderen Mitgliedstaat anvertraut werden, die auf Mandantengelder anwendbaren Regeln der Standesorganisation zu beachten, der er angehört.

3.8.3. Übt der Rechtsanwalt seine Tätigkeit in einem Aufnahmestaat aus, so kann er mit Genehmigung der zuständigen Stellen des Herkunfts- und des Aufnahmestaates ausschließlich die Regeln des Aufnahmestaates beachten, ohne an die Einhaltung der Regeln des Herkunftsstaates gebunden zu sein. In diesem Fall hat er das Erforderliche zu veranlassen, um seinen Mandanten davon zu informieren, daß auf ihn die Regeln des Aufnahmestaates Anwendung finden.

3.9. Berufshaftpflichtversicherung

3.9.1. Der Rechtsanwalt muß gegen Berufshaftpflicht ständig in einer Weise versichert sein, die nach Art und Umfang den durch rechtsanwaltlich Tätigkeit entstehenden Risiken angemessen ist.

3.9.2.1. Vorbehaltlich nachstehender Bestimmungen hat der seine Tätigkeit in einem anderen Mitgliedstaat ausübende Rechtsanwalt die Vorschriften zu befolgen, die bezüglich der Versicherungspflicht in seinem Herkunftsstaat gelten.

3.9.2.2. Ist der Rechtsanwalt in seinem Herkunftsstaat verpflichtet, eine Berufshaftpflichtversicherung abzuschließen und übt er eine Tätigkeit in einem anderen Mitgliedstaat aus, so hat er sich um die Ausdehnung des Versicherungsschutzes auf seine Tätigkeit im Aufnahmestaat auf der Basis des Versicherungsschutzes in seinem Herkunftsstaat zu bemühen.

3.9.2.3. Ist der Rechtsanwalt nach den Vorschriften des Herkunftsstaates nicht zum Abschluß einer Berufshaftpflichtversicherung verpflichtet oder ist die in Artikel 3. 9. 2. 2. vorgesehene Ausdehnung des Versicherungsschutzes unmöglich, so ist der Rechtsanwalt dennoch verpflichtet, sich für die in einem Aufnahmestaat zugunsten von Mandanten des Aufnahmestaates erbrachte Tätigkeit zumindest im gleichen Umfang wie die Rechtsanwälte des Aufnahmestaates zu versichern, es sei denn, die Erlangung eines solchen Versicherungsschutzes erweist sich als unmöglich.

3.9.2.4. Ist es dem Rechtsanwalt nicht möglich, einen den vorstehenden Bestimmungen entsprechenden Versicherungsschutz zu erhalten, hat er alle zumutbaren Schritte zu unternehmen, um die Mandanten zu unterrichten, die wegen des fehlenden Versicherungsschutzes Schaden erleiden könnten.

3.9.2.5. Übt der Rechtsanwalt seine Tätigkeit in einem Aufnahmestaat aus, so kann er mit Genehmigung der zuständigen Stellen des Herkunfts- und des Aufnahmestaates ausschließlich die für die Berufshaftpflichtversicherung in den Aufnahmestaat geltenden Vorschriften beachten. In diesem Fall hat der Rechtsanwalt alle zumutbaren Schritte zu unternehmen, um seine Mandanten davon zu informieren, daß sein Versicherungsschutz den in dem Aufnahmestaat geltenden Regeln entspricht.

4. Das Verhalten gegenüber den Gerichten

4.1. Auf die Prozeßtätigkeit anwendbares Standesrecht

Der vor einem Gericht eines Mitgliedstaates auftretende oder an einem vor einem solchen Gericht anhängigen Verfahren beteiligte Rechtsanwalt hat die vor diesem Gericht geltenden Standesregeln zu beachten.

4.2. Wahrung der Chancengleichheit im Prozeß

Der Rechtsanwalt hat jederzeit auf eine faire Verfahrensführung zu achten. Er darf unter anderem mit einem Richter in einer Rechtssache keine Verbindung aufnehmen, außer er informiert zuvor den Gegenanwalt, und er darf einem Richter keine Unterlagen, Notizen oder andere Schriftstücke übergeben, außer diese würden rechtzeitig dem Gegenanwalt übermittelt, es sei denn, das Verfahrensrecht gestattet dies.

4.3. Achtung des Gerichtes

Im Rahmen der dem Richteramt gebührenden Achtung und Höflichkeit hat der Rechtsanwalt seinen Mandanten gewissenhaft und unter Beachtung des Gesetzes in der ihm zur Verteidigung der Interessen des Mandanten am zweckmäßigsten erscheinenden Weise zu vertreten.

4.4. Mitteilung falscher oder irreführender Tatsachen

Der Rechtsanwalt darf dem Gericht niemals unwahre oder irreführende Angaben machen.

4.5. Anwendung auf Schiedsrichter und Personen mit ähnlichen Aufgaben

Die Vorschriften über das Verhältnis des Rechtsanwaltes zum Richter gelten auch für sein Verhältnis zu Schiedsrichtern oder sonstigen Personen, die dauernd oder gelegentlich oder quasi-richterliche Funktionen ausüben.

5. Das Verhalten gegenüber den Kollegen

5.1. Kollegialität

5.1.1. Im Interesse des Mandanten und zur Vermeidung unnötiger Streitigkeiten setzt Kollegialität ein Vertrauensverhältnis und Bereitschaft zur Zusammenarbeit zwischen Rechtsanwälten voraus. Kollegialität darf unter keinen Umständen dazu führen, die Interessen der Anwälte denen der Justiz und der Rechtsuchenden entgegenzustellen.

5.1.2. Jeder Rechtsanwalt hat Rechtsanwälte eines anderen Mitgliedstaates als Kollegen anzuerkennen und ihnen gegenüber fair und höflich aufzutreten.

5.2. Zusammenarbeit von Anwälten aus verschiedenen Mitgliedstaaten

5.2.1. Der Rechtsanwalt, an den sich ein Kollege aus einem anderen Mitgliedstaat wendet, ist verpflichtet, in einer Sache nicht tätig zu werden, wenn er nicht hinreichend qualifiziert ist; er hat dann seinem Kollegen dabei behilflich zu sein, einen Rechtsanwalt zu finden, der in der Lage ist, die erwartete Leistung zu erbringen.

5.2.2. Arbeiten Rechtsanwälte aus verschiedenen Mitgliedstaaten zusammen, haben beide die sich möglicherweise aus den verschiedenen Rechtssystemen, Standesorganisationen, Zuständigkeiten und Berufspflichten ergebenden Unterschiede zu berücksichtigen.

5.3. Korrespondenz unter Rechtsanwälten

5.3.1. Der Rechtsanwalt, der an einen Kollegen aus einem anderen Mitgliedstaat eine Mitteilung sendet, die vertraulich oder »ohne Präjudiz« sein soll, muß diesem seinen Willen bei Absendung klar zum Ausdruck bringen.

5.3.2. Ist der Empfänger der Mitteilung nicht in der Lage, diese als vertraulich oder »ohne Präjudiz« im vorstehenden Sinne zu behandeln, so hat er diese an den Absender zurückzusenden, ohne ihren Inhalt bekanntzumachen.

5.4. Vermittlungshonorar

5.4.1. Es ist dem Rechtsanwalt untersagt, für die Namhaftmachung oder Empfehlung eines Mandanten von einem anderen Rechtsanwalt oder einem sonstigen Dritten ein Honorar, eine Provision oder jede andere Gegenleistung zu verlangen oder anzunehmen.

5.4.2. Der Rechtsanwalt darf niemand für die Vermittlung eines Mandanten ein Honorar, eine Provision oder eine sonstige Gegenleistung gewähren.

5.5. Umgehung des Gegenanwalts

Es ist dem Rechtsanwalt untersagt, sich bezüglich einer bestimmten Sache mit einer Person in Verbindung zu setzen, von der er weiß, daß sie einen Rechtsanwalt mit ihrer Vertretung beauftragt oder seinen Beistand in Anspruch genommen hat, es sei denn, dieser Rechtsanwalt hat zugestimmt und er hält ihn unterrichtet.

5.6. Anwaltswechsel

5.6.1. Ein Rechtsanwalt darf die Nachfolge eines Kollegen in der Vertretung der Interessen eines Mandanten in einer bestimmten Angelegenheit nur antreten, wenn er den Kollegen davon unterrichtet und sich vergewissert hat, daß Maßnahmen zum Ausgleich des Honorars und der Auslagen dieses Kollegen getroffen wurden, sofern sich aus Artikel 5.6.2. nichts anderes ergibt. Diese Standespflicht führt jedoch nicht zur persönlichen Haftung des Rechtsanwaltes für Honorar und Kosten seines Vorgängers.

5.6.2. Sind eilige Maßnahmen im Interesse des Mandanten zu treffen, bevor die in Artikel 5.6.1. aufgestellten Bedingungen erfüllt werden können, so kann der Rechtsanwalt diese Maßnahmen treffen, wenn er seinen Vorgänger davon sofort unterrichtet.

5.7. Haftung für Honorarforderungen unter Kollegen

Im beruflichen Verkehr zwischen Rechtsanwälten verschiedener Mitgliedstaaten ist der Rechtsanwalt, der sich nicht darauf beschränkt, seinem Mandanten einen ausländischen Kollegen zu benennen oder das Mandat zu vermitteln, sondern eine Angelegenheit einem ausländischen Kollegen überträgt oder diesen um Rat bittet, persönlich dann zur Zahlung des Honorars, der Kosten und der Auslagen des ausländischen Kollegen verpflichtet, wenn Zahlungen von dem Mandanten nicht erlangt werden kann. Die betreffenden Rechtsanwälte können jedoch zu Beginn ihrer Zusammenarbeit anderweitige Vereinbarungen treffen. Der beauftragende Rechtsanwalt kann ferner zu jeder Zeit eine persönliche Verpflichtung auf das Honorar und die Kosten und Auslagen beschränken, die bis zu dem Zeitpunkt angefallen sind, in welchem er seinem ausländischen Kollegen mitteilt, daß er nicht mehr haften werde.

5.8. Ausbildung junger Anwälte

Im wohlverstandenen Interesse der Mandanten sowie zur Verstärkung des Vertrauens und der Zusammenarbeit zwischen den Rechtsanwälten der Mitgliedstaaten ist es erforderlich, eine bessere Kenntnis der materiellen Gesetze und der Verfahrensgesetze der einzelnen Mitgliedstaaten zu fördern. Zu diesem Zweck soll der Rechtsanwalt – eingedenk des beruflichen Bedürfnisses zur guten Ausbildung des Nachwuchses – die Notwendigkeit der Ausbildung junger Kollegen aus anderen Mitgliedstaaten gebührend berücksichtigen.

5.9. Streitschlichtung zwischen Kollegen aus verschiedenen Mitgliedstaaten

5.9.1. Ist ein Rechtsanwalt der Auffassung, daß ein Kollege aus einem anderen Mitgliedstaat gegen das Standesrecht verstoßen hat, hat er diesen darauf hinzuweisen.

5.9.2. Kommt es zwischen Rechtsanwälten aus verschiedenen Mitgliedstaaten zum Streit in Fragen der Berufsausübung, haben sie sich zunächst um eine gültige Regelung zu bemühen.

5.9.3. Der Rechtsanwalt, der beabsichtigt, gegen einen Kollegen aus einem anderen Mitgliedstaat wegen Angelegenheiten, auf die Artikel 5. 9. 1. oder 5. 9. 2. Bezug nehmen, ein Verfahren einzuleiten, hat davon zuvor seine und seines Kollegen Standesorganisationen zu benachrichtigen, damit diese sich um eine gütliche Regelung bemühen können.

Anhang III

Gesetz zur Durchführung der Richtlinie des Rates der Europäischen Gemeinschaften vom 22. März 1977 zur Erleichterung der tatsächlichen Ausübung des freien Dienstleistungsverkehrs der Rechtsanwälte (Rechtsanwaltsdienstleistungsgesetz-RADG) vom 16. August 1980, geändert durch Gesetz vom 14. März 1990 (BGBl. I, S. 479) und durch Gesetz vom 27. 4. 1993 (BGBl. I S. 512)

Erster Abschnitt   Vorschriften für das Erbringen anwaltlicher
                    Dienstleistungen

§ 1   Anwendungsbereich

(1) Staatsangehörige eines Mitgliedstaates der Europäischen Gemeinschaften oder eines anderen Vertragsstaates des Abkommens über den Europäischen Wirtschaftsraum, die berechtigt sind, unter einer der folgenden Bezeichnungen

– in Begien:	Avocat/Advocaat –
– in Dänemark:	Advokat –
– in Finnland:	Asianajaja/Advokat –
– in Frankreich:	Avocat –
– in Griechenland:	δικηγόρος –
– in Irland:	Barrister,
	Solicitor –
– in Island:	Lögmaur –
– in Italien:	Avvocato –
– in Liechtenstein:	Rechtsanwalt –
– in Luxemburg:	Avocat-avou –
– in den Niederlanden:	Advocaat –
– in Norwegen:	Advokat –
– in Österreich:	Rechtsanwalt –
– in Portugal:	Advogado –
– in Schweden:	Advokat –
– in der Schweiz:	Avokat / Avvocato / Advokat /
	Rechtsanwalt / Anwalt / Fürsprecher / Fürsprech –

– in Spanien:	Abogado –
– im Vereinigten Königreich:	Advocate,
	Barrister,
	Solicitor –

beruflich tätig zu werden, dürfen, sofern sie Dienstleistungen im Sinne des Artikels 60 des Vertrages zur Gründung der Europäischen Wirtschaftsgemeinschaft erbringen, im Geltungsbereich dieses Gesetzes vorübergehend die Tätigkeit eines Rechtsanwaltes nach den folgenden Vorschriften ausüben.

(2) Absatz 1 gilt nicht für Personen, die den Beruf des Rechtsanwaltes nicht ausüben dürfen, weil

a) sie aus einem der in § 7 Nr. 1, 2, 4 bis 6 der Bundesrechtsanwaltsordnung aufgeführten Grund in nicht mehr anfechtbarer Weise zur Rechtsanwaltschaft nicht zugelassen worden sind oder ihre Zulassung aus einem dieser Gründe nach § 14 Abs. 1 Nr. 1 der Bundesrechtsanwaltsordnung in nicht mehr anfechtbarer Weise zurückgenommen worden ist, solange der Grund für die Nichtzulassung oder die Rücknahme der Zulassung besteht,

b) ihre Zulassung nach § 14 Abs. 1 Nr. 1 und 3 der Bundesrechtsanwaltsordnung in nicht mehr anfechtbarer Weise zurückgenommen worden ist,

c) gegen sie die Maßnahme der Ausschließung aus der Rechtsanwaltschaft nach § 114 Abs. 1 Nr. 5 der Bundesrechtsanwaltsordnung rechtskräftig verhängt worden ist.

Ist einer Person nach § 70 des Strafgesetzbuches, § 132 a der Strafprozeßordnung oder § 150 der Bundesrechtsanwaltsordnung die Ausübung des Anwaltsberufs verboten, so ist Absatz 1 für die Dauer des Verbots nicht anzuwenden. Ist gegen eine Person nach § 114 Abs. 1 Nr. 4, §§ 150 oder 161 a der Bundesrechtsanwaltsordnung ein Vertretungsverbot verhängt worden, so ist Absatz 1 in dem Umfang nicht anzuwenden, in dem das Vertretungsverbot besteht.

§ 2 Berufsbezeichnung, Nachweis der Anwaltseigenschaft

(1) Wer nach § 1 Abs. 1 im Geltungsbereich dieses Gesetzes die Tätigkeiten eines Rechtsanwalts ausübt, hat hierbei die Berufsbezeichnung, die er im Staat seiner Niederlassung (Herkunftsstaat) nach dem dort geltenden Recht zu führen berechtigt ist, zu verwenden oder entweder das Gericht, bei dem er nach dem Recht des Herkunftsstaats zugelassen ist, oder die Berufsorganisation, der er angehört, anzugeben. Wer gemäß § 1 Abs. 1 berechtigt ist, die Berufsbezeichnung »Rechtsanwalt« zu führen, hat hierbei den Her-

kunftsstaat anzugeben; im übrigen darf die Berufsbezeichnung »Rechtsanwalt« oder eine von den in § 1 Abs. 1 aufgeführten Berufsbezeichnungen abweichende Bezeichnung nicht geführt werden.

(2) Wer nach § 1 Abs. 1 im Geltungsbereich dieses Gesetzes Dienstleistungen erbringen will, hat der nach § 6 zuständigen Rechtsanwaltskammer, dem Gericht oder der Behörde, vor der er auftritt, auf Verlangen seine Berechtigung nach § 1 Abs. 1 nachzuweisen. Wird dieses Verlangen gestellt, darf er die Tätigkeiten nach diesem Gesetz erst ausüben, wenn der Nachweis erbracht ist.

§ 3   Rechte und Pflichten

(1) Die in § 1 Abs. 1 bezeichneten Personen haben bei Ausübung der Tätigkeiten, die mit der Vertretung oder Verteidigung eines Mandanten im Bereich der Rechtspflege oder vor Behörden zusammenhängen, die Stellung eines Rechtsanwalts, insbesondere dessen Rechte und Pflichten, soweit diese nicht sie Zugehörigkeit zu einer Rechtsanwaltskammer, den Wohnsitz sowie die Kanzlei betreffen. Beschränkungen der Vertretungsbefugnis, die sich aus dem Erfordernis der Zulassung bei einem Gericht ergeben, gelten für sie nur für die Vertretung vor dem Bundesgerichtshof. Die in § 1 Abs. 1 bezeichneten Personen dürfen in Berufungssachen vor den Zivilsenaten der Oberlandesgerichte, für die der Grundsatz der ausschließlichen Zulassung (§ 25 der Bundesrechtsanwaltsordnung) gilt, nur vertreten, wenn sie nicht im ersten Rechtszug Prozeßbevollmächtigte waren.

(2) Bei der Ausübung sonstiger Tätigkeiten halten sie die für einen Rechtsanwalt geltenden Regeln ein; hierbei sind insbesondere die sich aus §§ 43, 45 Nr. 1 bis 3 der Bundesrechtsanwaltsordnung ergebenden beruflichen Pflichten zu befolgen. Diese Regeln gelten nur insoweit, als sie nicht mit der Niederlassung im Geltungsbereich dieses Gesetzes untrennbar verbunden sind, sie wegen ihrer allgemeinen Bedeutung von den in § 1 Abs. 1 bezeichneten Personen beachtet werden können und das Verlangen, sie einzuhalten, gerechtfertigt ist, um eine ordnungsgemäße Ausübung der Tätigkeiten des Rechtsanwalts sowie die Wahrung des Ansehens und des Vertrauens, welche die Stellung des Rechtsanwalts erfordert, zu gewährleisten.

§ 4   Vertretung und Verteidigung im Bereich der Rechtspflege

(1) Die in § 1 Abs. 1 bezeichneten Personen dürfen in gerichtlichen Verfahren sowie in behördlichen Verfahren wegen Straftaten, Ordnungswidrigkeiten, Dienstvergehen oder Berufspflichtverletzungen, in denen der Mandant nicht selbst den Rechtsstreit führen oder sich verteidigen kann, als

Vertreter oder Verteidiger eines Mandanten nur im Einvernehmen mit einem Rechtsanwalt handeln, der zur Vertretung oder Verteidigung bei dem Gericht oder der Behörde befugt ist. Dem Rechtsanwalt obliegt es, gegenüber den in § 1 Abs. 1 bezeichneten Personen darauf hinzuwirken, daß die bei der Vertretung oder Verteidigung die Erfordernisse einer geordneten Rechtspflege beachten. Zwischen dem Rechtsanwalt und dem Mandanten kommt kein Vertragsverhältnis zustande, sofern die Beteiligten nicht ein anderes bestimmt haben.

(2) Das Einvernehmen ist bei der ersten Handlung gegenüber dem Gericht oder der Behörde schriftlich nachzuweisen. Ein Widerruf des Einvernehmens ist schriftlich gegenüber dem Gericht oder der Behörde zu erklären. Er hat Wirkung nur für die Zukunft. Handlungen, für die der Nachweis des Einvernehmens im Zeitpunkt ihrer Vornahme nicht vorliegt, sind unwirksam.

(3) Die in § 1 Abs. 1 bezeichneten Personen dürfen einen Mandanten, den in einem Strafverfahren die Freiheit aufgrund gerichtlicher oder behördlicher Anordnung entzogen ist, nur in Begleitung eines Rechtsanwalts besuchen und mit ihm über einen Rechtsanwalt schriftlich verkehren; mit dem Rechtsanwalt ist das Einvernehmen über die Ausübung des Verkehrs herzustellen. Das Gericht oder die Behörde kann den Besuch ohne Begleitung oder den unmittelbaren schriftlichen Verkehr gestatten, wenn eine Gefährdung der Sicherheit nicht zu besorgen ist. Die §§ 138 a bis 138 d, 146, 146 a und 148 der Strafprozeßordnung sind auf den Rechtsanwalt, der, ohne Verteidiger zu sein, das Einvernehmen erklärt hat, entsprechend anzuwenden.

(4) § 52 Abs. 2 der Bundesrechtsanwaltsordnung ist auf die in § 1 Abs. 1 bezeichneten Personen entsprechend anzuwenden.

§ 5 Zustellungen in behördlichen und gerichtlichen Verfahren

Für Zustellungen in behördlichen und gerichtlichen Verfahren haben die in § 1 Ans. 1 bezeichneten Personen, sobald sie in Verfahren vor Gerichten oder Behörden tätig werden, einen Rechtsanwalt als Zustellungsbevollmächtigten zu benennen; die Benennung erfolgt gegenüber der Behörde oder dem Gericht. Zustellungen, die für die in § 1 Abs. 1 bezeichneten Personen bestimmt sind, sind an den Zustellungsbevollmächtigten zu bewirken. Ist ein Zustellungsbevollmächtigter nicht benannt, so gilt in den in § 4 Abs. 1 aufgeführten Verfahren der Rechtsanwalt, mit dem einvernehmlich gehandelt wird, als Zustellungsbevollmächtigter; kann nicht an einen im Geltungsbereich dieses Gesetzes wohnhaften Rechtsanwalt zugestellt werden, erfolgen Zustellungen an die Partei.

§ 6 Aufsicht, zuständige Rechtsanwaltskammer

(1) Die Ausübung der nach diesem Gesetz zulässigen Tätigkeiten der in § 1 Abs. 1 bezeichneten Personen wird durch die nach Absatz 4 zuständigen Rechtsanwaltskammern beaufsichtigt. Dem Vorstand der Rechtsanwaltskammer obliegt es insbesondere,

1. diese Personen in Fragen der Berufspflichten eines Rechtsanwalts zu beraten und zu belehren;
2. die Erfüllung der diesen Personen obliegenden Pflichten zu überwachen und das Recht der Rüge zu handhaben;
3. die zuständige Stelle des Herkunftsstaats über Entscheidungen zu unterrichten, die hinsichtlich dieser Personen getroffen worden sind;
4. die erforderlichen Auskünfte beruflicher Art über diese Personen einzuholen;
5. auf Antrag bei Streitigkeiten zwischen diesen Personen und Rechtsanwälten zu vermitteln.

(2) Der Vorstand kann die in Absatz 1 Nr. 1, 3 bis 5 bezeichneten Aufgaben einzelnen Mitgliedern des Vorstandes übertragen,

(3) Die §§ 56, 57, 74, 74 a der Bundesrechtsanwaltsordnung gelten entsprechend.

(4) Die Zuständigkeit der Rechtsanwaltskammer für die Aufsicht nach Absatz 1 richtet sich nach dem Herkunftsstaat der in § 1 Abs. 1 bezeichneten Personen. Sie wird ausgeübt durch:

a) die Rechtsanwaltskammer Düsseldorf in Düsseldorf für die Personen aus Belgien und den Niederlanden,
b) die Rechtsanwaltskammer Koblenz in Koblenz für die Personen aus Frankreich und Luxemburg,
c) die Hanseatische Rechtsanwaltskammer in Hamburg für die Personen aus dem Vereinigten Königreich, Irland, Finnland und Schweden,
d) die Rechtsanwaltskammer für den Oberlandesgerichtsbezirk München in München für die Personen aus Italien und Österreich,
e) die Schleswig-Holsteinische Rechtsanwaltskammer in Schleswig für die Personen aus Dänemark, Norwegen und Island,
f) die Rechtsanwaltskammer in Freiburg für die Personen aus der Schweiz und Liechtenstein,
g) die Rechtsanwaltskammer in Celle für die Personen aus Griechenland,
h) die Rechtsanwaltskammer Stuttgart in Stuttgart für die Personen aus Spanien,
i) die Rechtsanwaltskammer Oldenburg in Oldenburg für die Personen aus Portugal.

§ 7   Ehrengerichtsbarkeit

Die in § 1 Abs. 1 bezeichneten Personen unterstehen hinsichtlich der Erfüllung ihrer Berufspflicht der Anwaltsgerichtsbarkeit. Die örtliche Zuständigkeit des Anwaltsgerichts bestimmt sich nach dem Sitz der Rechtsanwaltskammer, welche die Aufsicht nach § 6 ausübt.

§ 8   Anwaltsgerichtliche Ahndung von Pflichtverletzungen, vorläufige anwaltsgerichtliche Maßnahmen

Für die anwaltsgerichtliche Ahndung von Pflichtverletzungen der in § 1 Abs. 1 bezeichneten Personen und die Verhängung vorläufiger anwaltsgerichtlicher Maßnahmen gelten die Vorschriften des sechsten und siebenten Teils der Bundesrechtsanwaltsordnung mit folgender Maßgabe:
1. das Verbot nach § 114 Abs. 1 Nr. 4 sowie die vorläufige Maßnahme nach § 150 Abs. 1 und § 161 a dürfen nur für den Geltungsbereich dieses Gesetzes ausgesprochen werden;
2. an die Stelle der Ausschließung aus der Rechtsanwaltschaft tritt in § 114 Abs. 1 Nr. 5, § 114 a Abs. 3 Satz 1, § 148 Abs. 1 Satz 1, § 149 Abs. 1 Satz 1, § 150 Abs. 1, § 153 Satz 1, § 156 Abs. 1 und § 158 Nr. 1 das Verbot, im Geltungsbereich dieses Gesetzes Dienstleistungen zu erbringen;
3. die Mitteilung nach § 160 Abs. 1, § 161 a Abs. 2 ist an alle Landesjustizverwaltungen zu richten;
4. § 160 Abs. 2 und § 161 sind nicht anzuwenden.

§ 9   Mitteilungspflichten, Zustellungen in anwaltsgerichtlichen Verfahren

(1) In anwaltsgerichtlichen Verfahren gegen die in § 1 Abs. 1 bezeichneten Personen sind der zuständigen Stelle des Herkunftsstaats mitzuteilen
1. die Entscheidung über die Eröffnung des Hauptverfahrens,
2. die Urteile,
3. die Verhängung vorläufiger anwaltsgerichtlicher Maßnahmen, deren Außerkrafttreten und deren Aufhebung.
(2) Mitteilungspflichtig ist das Anwaltsgericht, das die mitzuteilende Entscheidung gefällt hat.
(3) Die Mitteilung wird durch Übersendung einer Abschrift der mitzuteilenden Entscheidung bewirkt.
(4) Die Mitteilungen werden der zuständigen Stelle des Herkunftsstaats unmittelbar übersandt.
(5) Kann in Verfahren der Anwaltsgerichtsbarkeit und in Verfahren nach §§ 56, 57, 74, 74 a der Bundesrechtsanwaltsordnung gegen eine in § 1 Abs. 1 bezeichnete Person eine Zustellung an diese Person nicht in der vorgeschriebenen Weise im Geltungsbereich dieses Gesetzes bewirkt werden und

erscheint die Befolgung der für Zustellungen außerhalb des Geltungsbereichs dieses Gesetzes bestehenden Vorschriften unausführbar oder voraussichtlich erfolglos, so gilt die Zustellung als erfolgt, wenn eine Abschrift des zuzustellenden Schriftstücks der zuständigen Stelle des Herkunftsstaats übersandt ist und seit der Aufgabe zur Post vier Wochen verflossen sind.

§ 10 Anfechtung von Verwaltungsakten

Verwaltungsakte, die nach diesem Gesetz ergehen, können nach § 223 der Bundesrechtsanwaltsordnung angefochten werden. Wird ein Antrag auf Vornahme eines Verwaltungsaktes nach diesem Gesetz ohne zureichenden Grund nicht innerhalb von drei Monaten beschieden, ist § 223 Abs. 2 der Bundesrechtsanwaltsordnung anzuwenden.

Zweiter Abschnitt   Anwendung von Bundesgesetzen

1. Für die Anwendung der Vorschriften des Strafgesetzbuches über
   Straflosigkeit der Nichtanzeige geplanter Straftaten (§ 139 Abs. 33
   Satz 2), Verletzung von Privatgeheimnissen (§ 203 Abs. 1 Nr. 3, Abs. 3
   bis 5, §§ 204, 205), Gebührenüberhebung (§ 352) und
   Parteiverrat (§ 356)
   stehen die in § 1 Abs. 1 dieses Gesetzes bezeichneten Personen den Rechtsanwälten und Anwälten gleich.
2. Zum Schutz der in § 1 Abs. 1 dieses Gesetzes genannten Berufsbezeichnungen ist die Vorschrift des § 132 a Abs. 1 Nr. 2, 4 des Strafgesetzbuches über den Schutz der Berufsbezeichnung Rechtsanwalt entsprechend anzuwenden.

Dritter Abschnitt   Schlußvorschriften

Artikel 1

Dieses Gesetz gilt nach Maßgabe des § 13 Abs. 1 des Dritten Überleitungsgesetzes auch in Land Berlin.

Artikel 2

Dieses Gesetz tritt am Tage nach der Verkündigung in Kraft.
Artikel 2 betrifft das Gesetz in der ursprünglichen Fassung vom 16. 8. 1980.
Das letzte Änderungsgesetz vom 14. 3. 1990 ist nach seinem Art. 4 am
22. 3. 1990 in Kraft getreten.

§ 24 a Bundesrechtsanwaltsgebührenordnung

(eingefügt durch Gesetz vom 14. 3. 1990 – BGBl. I S. 479 –)

§ 24 a Einvernehmen

(1) Wird der Rechtsanwalt zur Herstellung des Einvernehmens nach § 4 des Rechtsanwaltsdienstleistungsgesetzes tätig, erhält er eine Gebühr in Höhe der Prozeßgebühr oder der Geschäftsgebühr, die ihm zustünde, wenn er selbst Bevollmächtigter wäre. Die Gebühr ist auf eine entsprechende Gebühr für die Tätigkeit als Bevollmächtigter anzurechnen.

(2) Bezieht sich die Tätigkeit auf eine Angelegenheit, in der die Gebühren nicht nach dem Gegenstandswert berechnet werden, erhält der Rechtsanwalt die Hälfte der Gebühren, die ihm zustünden, wenn er als Bevollmächtigter oder Verteidiger beauftragt wäre; § 83 Abs. 2, § 85 Abs. 2, § 86 Abs. 2, § 106 Abs. 2 Satz 2, § 109 Abs. 3, Abs. 5 Satz 2, § 109 a Abs. 2 gelten nicht. Die Gebühren werden auf entsprechende Gebühren für die Tätigkeit als Bevollmächtigter oder Verteidiger angerechnet.

(3) Der Rechtsanwalt erhält für die Prüfung des Auftrags, das Einvernehmen herzustellen, eine Gebühr in Höhe von einem Zehntel bis fünf Zehntel der vollen Gebühr, wenn er nach Prüfung der Sach- und Rechtslage das Einvernehmen nicht herstellt. In den Fällen des Absatzes 2 erhält er den sich nach Absatz 2 Satz 1 ergebenden Mindestbetrag.

Anhang IV

Gesetz über die Eignungsprüfung für die Zulassung zur Rechtsanwaltschaft vom 6. 7. 1990 (BGBl. I S. 1349), geändert durch Gesetz vom 27. 4. 1993 (BGBl. I S. 512) – vgl. § 4 Rz. 2 –

§ 1 Eignungsprüfung

(1) Ein Staatsangehöriger eines Mitgliedstaates der Europäischen Gemeinschaften oder eines anderen Vertragsstaates des Abkommens über den Europäischen Wirtschaftsraum, der ein Diplom erlangt hat, aus dem hervorgeht, daß er Inhaber über die beruflichen Voraussetzungen verfügt, die für den unmittelbaren Zugang zu einem der in der Anlage zu dieser Vorschrift aufgeführten Berufe erforderlich sind, hat vor der Zulassung zur Rechtsanwaltschaft eine Eignungsprüfung abzulegen.

(2) Diplome im Sinne dieses Gesetzes sind Diplome, Prüfungszeugnisse oder sonstige Befähigungsnachweise im Sinne des Artikels 1 Buchstabe a der Richtlinie des Rates vom 21. Dezember 1988 über eine allgemeine Regelung zur Anerkennung der Hochschuldiplome, die eine mindestens dreijährige Berufsausbildung abschließen (89/48/EWG) – ABl. EG Nr. L 19 (1989), S. 16. Ein Diplom aufgrund einer Ausbildung, die nicht überwiegend in den Mitgliedstaaten der Europäischen Gemeinschaften oder anderen Vertragsstaaten des Abkommens über den Europäischen Wirtschaftsraum stattgefunden hat, berechtigt zur Ablehnung der Eignungsprüfung, wenn der Inhaber einen in der Anlage zu dieser Vorschrift aufgeführten Beruf tatsächlich und rechtmäßig mindestens drei Jahre ausgeübt hat und dies von dem Mitgliedstaat oder Vertragsstaat bescheinigt wird, der das Diplom ausgestellt oder anerkannt hat.

§ 2 Zweck der Eignungsprüfung

Die Eignungsprüfung ist eine ausschließlich die beruflichen Kenntnisse des Antragstellers betreffende staatliche Prüfung, mit der seine Fähigkeiten, den Beruf eines Rechtsanwalts in der Bundesrepublik Deutschland auszuüben, beurteilt werden soll. Die Eignungsprüfung muß dem Umstand Rechnung tragen, daß der Antragsteller in einem Mitgliedstaat der Europäischen

Gemeinschaften oder der anderen Vertragsstaaten des Abkommens über den Europäischen Wirtschaftsraum über eine berufliche Qualifikation zur Ausübung eines Anwaltsberufes verfügt.

§ 3   Prüfungsamt

(1) Prüfungsamt für die Eignungsprüfung ist das für die zweite juristische Staatsprüfung zuständige Prüfungsamt.

(2) Mehrere Länder können durch Vereinbarung ein gemeinsames Prüfungsamt bilden. Die Zuständigkeit eines Prüfungsamts kann durch Vereinbarung auf die Eignungsprüfung von Antragstellern aus einzelnen Herkunftsmitgliedstaaten beschränkt werden.

(3) Die Prüfung wird von einer Kommission mit mindestens drei Prüfern abgenommen. Bei Stimmgleichheit entscheidet die Stimme des Vorsitzenden. Das Landesrecht kann vorsehen, daß die schriftlichen Leistungen statt von der Kommission auch von zwei Prüfern, die der Kommission nicht angehören müssen, bewertet werden. Können die beiden Prüfer sich nicht einigen, ob eine Aufsichtsarbeit den Anforderungen genügt, so entscheidet ein dritter Prüfer, der vom Prüfungsamt bestimmt wird.

(4) Die Prüfer sind in Ausübung ihres Amtes unabhängig.

§ 4   Zulassung zur Prüfung

(1) Über die Zulassung zur Prüfung entscheidet das Prüfungsamt.

(2) Die Zulassung zur Prüfung wird versagt, wenn der Antragsteller die gesetzlichen Voraussetzungen nicht erfüllt oder die durch Rechtsverordnung zu bestimmenden Unterlagen oder Erklärungen nicht vorlegt oder nicht abgibt.

§ 5   Prüfungsfächer

(1) Prüfungsfächer sind das Pflichtfach Zivilrecht, zwei Wahlfächer und das Recht für das berufliche Verhalten der Rechtsanwälte. Der Antragsteller bestimmt je ein Wahlfach aus den beiden Wahlfachgruppen.

1. das Öffentliche Recht oder das Strafrecht,
2. durch das Pflichtfach nicht abgedeckte Bereiche des Zivilrechts, das Handelsrecht, das Arbeitsrecht, das Öffentliche Recht oder das Strafrecht.

Der Antragsteller darf nicht dasselbe Wahlfach in beiden Wahlfachgruppen bestimmen.

(2) Prüfungsinhalte sind durch Rechtsverordnung näher zu bestimmende Bereiche des Pflichtfaches und der beiden Wahlfächer sowie das dazugehörige Verfahrensrecht einschließlich der Grundlagen in Gerichtsverfassungsrecht und die Grundzüge des Zwangsvollstreckungsrechts und des Insolvenzrechts.

§ 6 Prüfungsleistungen

(1) Die Prüfung besteht aus einem schriftlichen und einem mündlichen Teil. Sie wird in deutscher Sprache abgelegt.

(2) Die schriftliche Prüfung umfaßt zwei Aufsichtsarbeiten. Eine Aufsichtsarbeit bezieht sich auf das Pflichtfach, die andere auf das vom Antragsteller bestimmte Wahlfach.

(3) Der Antragsteller wird zur mündlichen Prüfung nur zugelassen, wenn mindestens eine Aufsichtsarbeit den Anforderungen genügt; andernfalls gilt die Prüfung als nicht bestanden.

(4) Die mündliche Prüfung besteht aus einem Kurzvortrag und einem Prüfungsgespräch. Sie hat zum Gegenstand das Recht für das berufliche Verhalten der Rechtsanwälte, das Wahlfach, in dem der Antragsteller keine Aufsichtsarbeit geschrieben hat, und, falls eine Aufsichtsarbeit den Anforderungen nicht genügt, zusätzlich das Fach dieser Arbeit.

§ 7 Prüfungsentscheidung

Die Prüfungskommission entscheidet aufgrund des Gesamteindrucks der in der schriftlichen und mündlichen Prüfung erbrachten Leistungen mit Stimmenmehrheit, ob der Antragsteller über die nach § 2 erforderlichen Kenntnisse verfügt.

§ 8 Wiederholung der Prüfung

Die Prüfung kann wiederholt werden.

§ 9 Verfahren

Gegen Entscheidungen des Prüfungsamtes und der Prüfungskommission findet ein Widerspruchsverfahren nicht statt.

§ 10 Ermächtigungen

Der Bundesminister der Justiz wird ermächtigt,

1. durch Rechtsverordnung, die nicht der Zustimmung des Bundesrates bedarf, die Anlage zu § 1 anzupassen, wenn sich der Kreis oder die Bezeichnungen der aufgeführten Berufe oder der Kreis der Mitgliedstaaten der Europäischen Gemeinschaften oder der anderen Vertragsstaaten des Abkommens über den Europäischen Wirtschaftsraum ändern,
2. durch Rechtsverordnung mit Zustimmung des Bundesrates die Einzelheiten der Eignungsprüfung zu regeln, insbesondere
   a) die Bereiche des Pflichtfaches und der Wahlfächer,
   b) die Zulassung zur Prüfung,
   c) das Prüfungsverfahren,
   d) die Prüfungsleistungen,
   e) die Folgen eines ordnungswidrigen Verhaltens,
   f) den Erlaß von Prüfungsleistungen,
   g) die Wiederholung der Prüfung und die Zahl der Wiederholungsmöglichkeiten,
   h) die Erhebung einer Gebühr.

§ 11 Bescheinigung des Heimats- oder Herkunftsmitgliedstaates

Soweit es für die Entscheidung über die Zulassung zur Rechtsanwaltschaft der Vorlage oder Anforderung von
1. Bescheinigungen oder Urkunden darüber, daß keine schwerwiegenden beruflichen Verfehlungen, Straftaten oder sonstige, die Eignung des Antragstellers für den Beruf des Rechtsanwalts in Frage stellenden Umstände bekannt sind,
2. Bescheinigungen oder Urkunden darüber, daß sich der Bewerber nicht im Konkurs befindet,
3. Bescheinigungen über die körperliche oder geistige Gesundheit,
4. Führungszeugnissen
des Heimat- oder Herkunftsmitgliedstaates bedarf, genügt eine Bescheinigung oder Urkunde im Sinne des Artikels 6 der Richtlinie des Rates vom 21. Dezember 1988 (§ 1 Abs. 2 Satz 1).

§ 12 Berlin-Klausel

Dieses Gesetz gilt nach Maßgabe des § 13 Abs. 1 des Dritten Überleitungsgesetzes auch im Land Berlin. Rechtsverordnungen, die aufgrund dieses Gesetzes erlassen werden, gelten im Land Berlin nach § 14 des Dritten Überleitungsgesetzes.

Anlage (zu § 1)

Anwaltsberufe in Mitgliedstaaten der Europäischen Gemeinschaften oder der anderen Vertragsstaaten des Abkommens über den Europäischen Wirtschaftsraum

– in Belgien:	Avocat/Advocaat
– in Dänemark:	Advokat
– in Finnland:	Asianajaja/Advokat
– in Frankreich:	Avocat
– in Griechenland:	Dikigoros
– in Irland:	Barrister, Solicitor
– in Island:	Lögmaur
– in Italien:	Avvocato
– in Liechtenstein:	Rechtsanwalt
– in Luxemburg:	Avocat-avoué
– in den Niederlanden:	Advocaat
– in Norwegen:	Advokat
– in Österreich:	Rechtsanwalt
– in Portugal:	Advogado
– in Schweden:	Advokat
– in der Schweiz:	Avokat / Avvocato / Advokat/ Rechtsanwalt / Anwalt / Fürsprecher / Fürsprech
– in Spanien:	Abogado
– im Vereinigten Königreich:	Advocate, Barrister, Solicitor.

Anhang V

Verordnung über die Eignungsprüfung für die Zulassung zur Rechtsanwalschaft vom 18. Dezember 1990 (BGBl. I S. 2881)

Aufgrund des § 10 Nr. 2 des Gesetzes über die Eignungsprüfung für die Zulassung zur Rechtsanwaltschaft vom 6. Juli 1990 (BGBl. I S. 1349) verordnet der Bundesminister der Justiz:

§ 1 Prüfungsamt

Für das Prüfungsamt, seine Organe und deren Zuständigkeiten gelten die Vorschriften über das für die zweite juristische Staatsprüfung zuständigen Prüfungsamt des Landes, in dem das Prüfungsamt oder ein gemeinsames Prüfungsamt eingerichtet ist, soweit diese Verordnung nichts anderes bestimmt.

§ 2 Prüfer

(1) Prüfer sind der Präsident des für die zweite juristische Staatsprüfung zuständigen Prüfungsamtes, seine Vertreter und die hauptamtlichen Prüfer sowie die zu Prüfern berufenen Rechtsanwälte. Im übrigen kann zum Prüfer berufen werden, wer die Voraussetzungen eines Prüfers für die zweite juristische Staatsprüfung erfüllt.

(2) Für das Verfahren der Berufung, die Amtsdauer und die einstweilige Heranziehung von Prüfern gelten die Vorschriften für die Prüfer der zweiten juristischen Staatsprüfung des Landes entsprechend, in dem das Prüfungsamt oder ein gemeinsames Prüfungsamt eingerichtet ist. Bei Errichtung eines gemeinsamen Prüfungsamts können Prüfer der beteiligten Länder berufen werden.

§ 3 Zulassung zur Eignungsprüfung

(1) Der Antragsteller kann bei jedem nach § 3 des Gesetzes über die Eignungsprüfung für die Zulassung zur Rechtsanwaltschaft zuständigen Prü-

fungsamt im Geltungsbereich dieser Verordnung die Zulassung zur Eignungsprüfung beantragen.

(2) Dem Antrag sind beizufügen:

1. ein eigenhändig geschriebener Lebenslauf,
2. die Diplome, Prüfungszeugnisse oder Befähigungsnachweise nach § 1 Abs. 2 des Gesetzes über die Eignungsprüfung für die Zulassung zur Rechtsanwaltschaft,
3. ein Nachweis, daß der Antragsteller mehr als die Hälfte der Mindestausbildungszeit in Mitgliedstaaten oder in anderen Vertragsstaaten des Abkommens über den Europäischen Wirtschaftsraum abgeleistet hat, oder eine Bescheinigung über eine mindestens dreijährige Berufsausübung in einem Mitgliedstaat oder Vertragsstaat,
4. ein Nachweis der Staatsangehörigkeit eines Mitgliedstaates der Europäischen Gemeinschaften oder eines anderen Vertragsstaates des Abkommens über den Europäischen Wirtschaftsraum,
5. die Bestimmung je eines Wahlfaches aus den beiden Wahlfachgruppen und des Faches für die zweite Aufsichtsarbeit,
6. die Versicherung, daß der Antragsteller die Zulassung zur Eignungsprüfung bei keinem anderen Prüfungsamt beantragt hat,
7. eine Erklärung darüber, ob und bei welchen Prüfungsämtern sich der Antragsteller ohne Erfolg Eignungsprüfungen unterzogen hat.

(3) Der Antrag und die beizufügenden Unterlagen, soweit sie vom Antragsteller stammen, sind in deutscher Sprache einzureichen; sonstige Unterlagen sind mit einer beglaubigten Übersetzung vorzulegen.

§ 4 Rücktritt von der Prüfung

Der Antragsteller kann nach der Zulassung nur aus wichtigen Gründen von der Prüfung zurücktreten. Liegt kein wichtiger Grund vor, so gilt die Prüfung als nicht bestanden.

§ 5 Erlaß von Prüfungsleistungen

Das Prüfungsamt erläßt dem Antragsteller auf Antrag schriftliche Prüfungsleistungen, wenn er durch ein Prüfungszeugnis nachweist, daß er in seiner bisherigen Ausbildung in einem Pflichtfach oder einem Wahlfach die für die Ausübung des Rechtsanwaltsberufs in der Bundesrepublik Deutschland erforderlichen materiellrechtlichen und verfahrensrechtlichen Kenntnisse im deutschen Recht erworben hat.

§ 6 Prüfungsgebiete

(1) Die Eignungsprüfung erstreckt sich im Pflichtfach Zivilrecht auf
1. den Allgemeinen Teil des Bürgerlichen Gesetzbuchs,
2. das Schuldrecht und das Sachenrecht jeweils einschließlich besonderer Ausprägungen außerhalb des Bürgerlichen Gesetzbuches,
3. das dazugehörende Verfahrensrecht einschließlich der Grundlage im Gerichtsverfassungsrecht und der Grundzüge des Zwangsvollstreckungs- und Insolvenzrechts.

(2) Die Eignungsprüfung erstreckt sich in dem Wahlfach
1. Öffentliches Recht auf
   a) die Grundrechte,
   b) das allgemeine Verwaltungsrecht und das allgemeine Verwaltungsverfahrensrecht,
   c) die Grundzüge des Baurechts und des Rechts der öffentlichen Sicherheit und Ordnung,
   d) das Verwaltungsprozeßrecht einschließlich der Grundlagen im Gerichtsverfassungsrecht,
2. Strafrecht auf
   a) die allgemeinen Lehren des Strafrechts,
   b) den Besonderen Teil des Strafgesetzbuchs,
   c) das Strafprozeßrecht einschließlich der Grundlagen im Gerichtsverfassungsrecht,
3. Zivilrecht auf
   a) die Grundzüge des Familienrechts und des Erbrechts,
   b) das dazugehörende Verfahrensrecht einschließlich der Grundlagen im Gerichtsverfassungsrecht,
4. Handelsrecht
   a) die Grundzüge des Handelsrechts und des Gesellschaftsrechts,
   b) die Grundzüge des Wertpapierrechts ohne das Wechsel- und Scheckrecht,
   c) das dazugehörende Verfahrensrecht einschließlich der Grundlagen im Gerichtsverfassungsrecht,
5. Arbeitsrecht auf
   a) die Grundzüge des Individualarbeitsrechts und des kollektiven Arbeitsrechts,
   b) das dazugehörende Prozeßrecht einschließlich der Grundlagen im Gerichtsverfassungsrecht.

§ 7   Prüfungsleistungen

(1) Die Aufsichtsarbeiten haben Aufgaben aus der beruflichen Praxis eines Rechtsanwalts zum Gegenstand. Die Bearbeitungszeit für eine Aufsichtsarbeit beträgt fünf Stunden.

(2) Die Gegenstände des Kurzvortrags und des Prüfungsgesprächs sind der beruflichen Praxis eines Rechtsanwalts zu entnehmen. Die Vorbereitungszeit für den Kurzvortrag beträgt zwei Stunden. Für jeden Prüfungsteilnehmer beträgt die Dauer des Prüfungsgesprächs etwa fünfundvierzig, die Dauer des Kurzvortrags etwa fünfzehn Minuten.

§ 8   Prüfungskommission

(1) Vorsitzender der Prüfungskommission ist der Präsident des für die zweite juristische Staatsprüfung zuständigen Prüfungsamtes oder ein von ihm bestimmter Prüfer. Zwei Mitglieder der Prüfungskommission sollen Rechtsanwälte sein.

(2) Aufsichtsarbeiten werden von jedem Prüfer selbständig bewertet. Der Prüfer hat als Ergebnis festzustellen, ob die Aufsichtsarbeit den Anforderungen genügt. Die von einem Prüfer abgegebene Bewertung wird mit der Aufsichtsarbeit den anderen Prüfern zugeleitet.

(3) Die Mitglieder der Prüfungskommission müssen während der mündlichen Prüfung ständig anwesend sein.

§ 9   Versäumnis von Prüfungsterminen und Nichtabgabe von Aufsichtsarbeiten

(1) Folgt der Antragsteller ohne ausreichende Entschuldigung einer Ladung zur Anfertigung einer Aufsichtsarbeit nicht oder gibt er eine Arbeit nicht oder nicht fristgemäß ab, ist die Prüfungsleistung als mißlungen zu bewerten.

(2) Erscheint der Antragsteller ohne ausreichende Entschuldigung nicht oder nicht rechtzeitig zu dem Termin für die mündliche Prüfung oder nimmt er den Termin nicht bis zum Ende wahr, gilt die Prüfung als nicht bestanden.

§ 10   Ordnungswidriges Verhalten

(1) Über die Folgen eines ordnungswidrigen Verhaltens des Antragstellers, namentlich eines Täuschungsversuchs, entscheidet das Prüfungsamt.

(2) Versucht der Antragsteller, das Ergebnis einer Aufsichtsarbeit durch Täuschung zu beeinflussen, ist die Arbeit als mißlungen zu bewerten. In schweren Fällen wird die Prüfung für nicht bestanden erklärt.

(3) Versucht der Antragsteller, das Ergebnis einer mündlichen Prüfung durch Täuschung zu beeinflussen, ist die mündliche Prüfung zu wiederholen. In schweren Fällen wird die Prüfung für nicht bestanden erklärt.

(4) Die Prüfung kann nur innerhalb einer Frist von fünf Jahren seit dem Tag der mündlichen Prüfung für nicht bestanden erklärt werden.

§ 11 Entscheidung über das Ergebnis der Eignungsprüfung

(1) Im Anschluß an die mündliche Prüfung berät die Prüfungskommission über das Ergebnis und stellt aufgrund des Gesamteindrucks der in der schriftlichen und mündlichen Prüfung erbrachten Leistungen mit Mehrheit fest, ob der Antragsteller die für die Ausübung eines Rechtsanwalts in der Bundesrepublik Deutschland erforderlichen Kenntnisse hat.

(2) Im Anschluß an die Beratung ist die Entscheidung der Prüfungskommission über das Ergebnis der Prüfung bekanntzugeben. Das Prüfungsamt erteilt hierüber eine schriftliche Bestätigung.

§ 12 Wiederholung der Eignungsprüfung

(1) Hat der Antragsteller die Eignungsprüfung nicht bestanden, so darf er sie zweimal wiederholen.

(2) Die Prüfungskommission kann bestimmen, daß die Eignungsprüfung nicht vor Ablauf einer Frist, die nicht mehr als ein Jahr betragen darf, wiederholt werden kann.

§ 13 Entsprechende Anwendung landesrechtlicher Vorschriften

Für die Auswahl der Aufsichtsarbeiten und des Kurzvortrags, die Bestimmungen von Zeit und Ort der Prüfung, die Verwendung von Kennziffern, die Zulassung von Hilfsmitteln, die Höchstzahl der Teilnehmer einer mündlichen Prüfung, die Prüfungsaufsicht und ihre Befugnisse, die Gewährung von Prüfungserleichterungen für Behinderte, die Geltendmachung und den Nachweis eines Rücktritts- und Entschuldigungsgrundes, die Geltendmachung und die Folgen von Beeinträchtigungen des Prüfungsverfahrens und die Einsicht in Prüfungsakten gelten die Vorschriften für die zweite juristische Staatsprüfung des Landes entsprechend, in dem das Prüfungsamt oder ein gemeinsames Prüfungsamt eingerichtet ist.

§ 14   Inkrafttreten

Diese Verordnung tritt am 1. Januar 1991 in Kraft.

Anhang VI

Gesetz über Fachanwaltsbezeichnungen nach der Bundesrechtsanwaltsordnung und zur Änderung der Bundesrechtsanwaltsordnung vom 27. 2. 1992 (BGBl. I S. 369) – RAFachBezG

Wichtige Vorbemerkung:

Das nachstehend abgedruckte Gesetz ist ebenso wie die Verordnung über Fachanwaltsbezeichnungen vom 23. 2. 1992 (BGBl. I S. 379), die für die neuen Länder ergangen war, aufgehoben worden (. . .). Da die Vorschriften des RAFachBezG jedoch bis zur Regelung der Berufssatzung der BRAK (vgl. § 59 b Abs. 2 Nr. 2) – und zwar jetzt auch in den neuen Ländern – anzuwenden sind (. . .), ist es sinnvoll, den Gesetzestext auch in diese Auflage aufzunehmen. Vgl. § 43 c Rz. 2.

§ 1

Dieses Gesetz regelt die im Interesse der Rechtspflege für die Führung einer Fachanwaltsbezeichnung notwendigen Anforderungen an den Nachweis der besonderen Kenntnisse und Erfahrungen.

§ 2

(1) Besondere Kenntnisse (§ 42 a Abs. 1 Satz 1 der Bundesrechtsanwaltsordnung) hat der Rechtsanwalt, wenn seine Kenntnisse auf dem Fachgebiet erheblich das Maß der Kenntnisse übersteigt, das üblicherweise durch die berufliche Ausbildung und praktische Erfahrung im Beruf vermittelt wird.

(2) Die nach Absatz 1 erforderlichen Kenntnisse müssen Kenntnisse des Verfassungsrechts, soweit sie für das Fachgebiet wesentlich sind, einschließen.

§ 3

Für das Fachgebiet Verwaltungsrecht sind nachzuweisen
1. besondere Kenntnisse in den Bereichen
   a) allgemeines Verwaltungsrecht einschließlich Verwaltungsverfahren und Verwaltungszwangsverfahren,

b) Staatshaftungsrecht (Amtshaft, Enteignung, enteignender Eingriff, enteignungsgleicher Eingriff, Aufopferung, Folgenbeseitigung),

c) Verfahren vor den Gerichten der Verwaltungsgerichtsbarkeit;

2. besondere Kenntnisse in zwei der folgenden Bereiche, von denen einer zu den in Buchstabe a bis d genannten gehören muß,

a) öffentlichen Baurecht (Bauplanungs- und Bauordnungsrecht, Recht der Raumordnung und Landesplanung, Denkmalschutzrecht, Kataster- und Vermessungsrecht),

b) Wirtschaftsverwaltungsrecht (Gewerberecht, Handwerksrecht, Personen- und Güterverkehrsrecht, Wirtschaftsförderungsrecht, Gaststättenrecht, Berg- und Energierecht),

c) Umweltrecht (Immissionsschutzrecht, Atomrecht, Abfallrecht, Wasserrecht, Natur- und Landschaftsschutzrecht, Forstrecht),

d) Abgabenrecht, soweit die Gerichte der Verwaltungsgerichtsbarkeit zuständig sind,

e) Kommunalrecht (mit Ausnahme des kommunalen Haushaltsrechts),

f) Straßen- und Straßenverkehrsrecht,

g) Luft- und Luftverkehrsrecht, Eisenbahn- und Wasserstraßenrecht,

h) Recht des öffentlichen Dienstes, Disziplinar- und Personalvertretungsrecht,

i) allgemeines Polizei- und Ordnungsrecht, Versammlungsrecht, Personenordnungsrecht, Waffenrecht,

j) öffentliches Gesundheitsrecht, Lebensmittel- und Arzneimittelrecht,

k) Ausländerrecht, Asylrecht, Staatsangehörigkeitsrecht,

l) Schul- und Hochschulrecht einschließlich des Zulassungs- und Prüfungsrechts,

m) Sozialhilferecht, Ausbildungsförderungsrecht, Schwerbehindertenrecht,

n) Datenschutzrecht, Recht der Statistik,

o) Wehrrecht, Recht der Kriegsdienstverweigerung und des Zivildienstes,

p) Medienrecht, Post- und Fernmelderecht,

q) Kriegsfolgen- und Wiedergutmachungsrecht,

r) Recht der offenen Vermögensfragen, Rehabilitierungsrecht,

s) öffentliches Landwirtschaftsrecht (Marktordnungsrecht, Recht der landwirtschaftlichen Erzeugung).

§ 4

Für das Fachgebiet Steuerrecht sind besondere Kenntnisse nachzuweisen in den Bereichen

1. allgemeines Abgabenrecht einschließlich Verfahren der Finanzbehörden, Bewertungsrecht,

2. besonderes Steuer- und Abgabenrecht (Einkommenssteuer, Körperschafts- und Gewerbesteuer, Vermögenssteuer, Erbschafts- und Schenkungssteuer, Grundsteuer, Umsatzsteuer, Grunderwerbssteuer und sonstige Verkehrssteuern, Grundzüge der Verbrauchssteuern und der Zölle),

3. Buchführung und Bilanzwesen einschließlich des Rechts der Buchführung und des Jahresabschlusses, steuerliches Revisionswesen, Aufstellung und steuerliche Behandlung von Bilanzen,

4. Verfahren vor den Gerichten der Finanzgerichtsbarkeit.

§ 5

Für das Fachgebiet Arbeitsrecht sind besondere Kenntnisse nachzuweisen in den Bereichen

1. Recht des Arbeits- und des Berufsbildungsverhältnisses (Abschluß und Änderung des Arbeits- und Berufsbildungsvertrages, Inhalt des Arbeits- und Berufsbildungsverhältnisses einschließlich Kündigungsschutz, Grundzüge des Arbeitsförderungsgesetzes, Recht der betrieblichen Altersversorgung, Schutz besonderer Personengruppen, insbesondere Schwangeren und Mütter, der Schwerbehinderten und Jugendlichen),

2. kollektives Arbeitsrecht (Tarifvertrags-, Arbeitskampf- und Betriebsverfassungsrecht),

3. Verfahren vor den Gerichten der Arbeitsgerichtsbarkeit.

§ 6

Für das Fachgebiet Sozialrecht sind besondere Kenntnisse nachzuweisen in den Bereichen

1. allgemeines Sozialrecht einschließlich Verwaltungsverfahren (Erstes und Zehntes Buch Sozialgesetzbuch),

2. Arbeitsförderungs- und Sozialversicherungsrecht (Krankenversicherung, Unfallversicherung, Rentenversicherung), Recht der sozialen Entschädigung bei Gesundheitsschäden und Recht des Familienlastenausgleichs, Recht der Eingliederung Behinderter, Sozialhilferecht, Ausbildungsförderungsrecht,

3. Verfahren vor den Gerichten der Sozialgerichtsbarkeit und der Verwaltungsgerichtsbarkeit.

§ 7

(1) Zum Nachweis der besonderen theoretischen Kenntnisse und praktischen Erfahrungen sind Zeugnisse, Bescheinigungen oder andere geeignete Unterlagen vorzulegen.

(2) Bei Antragstellung muß der Bewerber in der Regel mindestens zwei Jahre als Rechtsanwalt tätig gewesen sein.

§ 8

(1) Der Nachweis der besonderen theoretischen Kenntnisse wird in der Regel erbracht durch die Teilnahme an einem auf den Erwerb der jeweiligen Fachanwaltsbezeichnung vorbereitenden Lehrgang, der die gesamten relevanten Teilbereiche des Fachgebiets umfaßt und dessen Erfolg durch mehrere Klausuren bestätigt wird. Die Gesamtdauer des Lehrgangs muß mindestens drei Wochen betragen.

(2) Die Lehrgangsteilnahme soll regelmäßig nicht länger als 2 Jahre vor der Antragstellung liegen. Liegt sie länger als 2 Jahre zurück, ist eine angemessene zwischenzeitliche Fortbildung – in der Regel durch Teilnahme an Fortbildungskursen – nachzuweisen. Dies gilt nicht für Anträge, die vor dem 1. Januar 1992 gestellt worden sind.

(3) Ausnahmsweise kann der Nachweis anderweitig erworbener besonderer theoretischer Kenntnisse im Fachgebiet genügen, wenn diese mindestens das im jeweiligen Lehrgang vermittelte Wissen umfassen.

§ 9

(1) Der Nachweis besonderer praktischer Erfahrungen ist in der Regel erbracht, wenn der Bewerber im Fachgebiet
a) Verwaltungsrecht aus den in § 3 bestimmten Bereichen 80 Fälle, davon mindestens ein Drittel gerichtliche Verfahren,
b) Steuerrecht 50 Fälle aus mehreren, in § 4 bestimmten Bereichen, davon mindestens ein Zehntel gerichtliche Verfahren,
c) Arbeitsrecht 80 Fälle aus mehreren, in § 5 bestimmten Bereichen, davon mindestens ein Drittel gerichtliche Verfahren,
d) Sozialrecht 40 Fälle aus mehreren, in § 6 bestimmten Bereichen, davon mindestens ein Drittel gerichtliche Verfahren
als Rechtsanwalt selbständig bearbeitet hat. Die Bedeutung einzelner Fälle (Beratungen, außergerichtliche und gerichtliche Tätigkeit) kann zu einer anderen Gewichtung führen.

(2) Ausnahmsweise können die besonderen praktischen Erfahrungen durch eine andere fachgebietsbezogene Tätigkeit nachgewiesen werden, wenn diese nach Umfang, Dauer und Inhalt dem in Absatz 1 verlangten Maßstab entspricht.

§ 10

(1) Kann der Ausschuß der Rechtsanwaltskammer seine Stellungnahme gegenüber dem Vorstand nicht allein aufgrund der vom Rechtsanwalt vorgelegten schriftlichen Unterlagen abgeben, lädt er diesen zu einem Fachgespräch.

(2) Bei dem Fachgespräch sind an den Rechtsanwalt Fragen aus dem Fachgebiet zu richten. Die auf den einzelnen Rechtsanwalt entfallende Befragungszeit soll nicht weniger als 45 und nicht mehr als 60 Minuten betragen.

(3) Versäumt der Rechtsanwalt das Fachgespräch ohne ausreichende Entschuldigung, ist der Nachweis der erforderlichen Kenntnisse als nicht erbracht anzusehen.

§ 11

Für andere Personen, die Mitglied einer Rechtsanwaltskammer sind, gelten die §§ 1, 2, 3, 5 bis 10 entsprechend; soweit § 11 des Steuerberatungsgesetzes anzuwenden ist, gilt auch § 4 entsprechend.

§ 12

Rechtsanwälte, die nach den Bestimmungen des Rechtsanwaltsgesetzes vom 13. September 1990 (GBl. I Nr. 61 S. 1504) berechtigt sind, sich als Fachanwalt für Verwaltungsrecht, Steuerrecht, Arbeitsrecht oder Sozialrecht zu bezeichnen, bedürfen keines weiteren Nachweises für die erforderlichen Kenntnisse auf diesen Gebieten.

Anhang VII

Gesetz zur Prüfung von Rechtsanwaltszulassungen, Notarbestellungen und Berufungen ehrenamtlicher Richter (RAZPrG)

Vom 24. Juli 1992

– Auszug –

Erster Abschnitt   Rechtsanwälte

§ 1

(1) Vor dem 15. September 1990 durch Aufnahme in das Kollegium oder durch den Minister der Justiz der Deutschen Demokratischen Republik ausgesprochene Zulassungen zur Rechtsanwaltschaft werden widerrufen, wenn sich der Rechtsanwalt nach seiner Zulassung, aber vor dem 15. September 1990, eines Verhaltens schuldig gemacht hat, das ihn unwürdig erscheinen läßt, den Beruf des Rechtsanwalts auszuüben, weil er gegen die Grundsätze der Menschlichkeit oder der Rechtsstaatlichkeit insbesondere im Zusammenhang mit einer Tätigkeit als hauptamtlicher oder inoffizieller Mitarbeiter des Staatssicherheitsdienstes verstoßen hat.

(2) Vor dem 15. September 1990 durch Aufnahme in das Kollegium oder durch den Minister der Justiz der Deutschen Demokratischen Republik ausgesprochene Zulassungen zur Rechtsanwaltschaft werden mit Wirkung für die Zukunft zurückgenommen, wenn sich der Rechtsanwalt vor seiner Zulassung eines Verhaltens schuldig gemacht hat, das ihn unwürdig erscheinen läßt, den Beruf des Rechtsanwalts auszuüben, weil er gegen Grundsätze der Menschlichkeit oder der Rechtsstaatlichkeit insbesondere im Zusammenhang mit einer Tätigkeit als hauptamtlicher oder inoffizieller Mitarbeiter des Staatssicherheitsdienstes verstoßen hat.

§ 2

Nach dem 14. September 1990 aber vor dem 3. Oktober 1990 durch den Minister der Justiz der Deutschen Demokratischen Republik ausgesprochene Zulassungen zur Rechtsanwaltschaft werden mit Wirkung für die Zukunft zurückgenommen, wenn die Zulassung nach dem im Zeitpunkt der Entscheidung geltenden Recht zu versagen war, weil der Bewerber sich eines Verhaltens schuldig gemacht hat, das ihn wegen Verstoßes gegen die Grundsätze der Menschlichkeit oder Rechtsstaatlichkeit insbesondere im Zusammenhang mit einer Tätigkeit als hauptamtlicher oder inoffizieller Mitarbeiter des Staatssicherheitsdienstes unwürdig erscheinen ließ, den Beruf eines Rechtsanwalts auszuüben.

§ 3

Kenntnis im Sinne des § 14 Abs. 1 der Bundesrechtsanwaltsordnung und des § 16 Abs. 1 des Rechtsanwaltsgesetzes besteht nicht über Tatsachen, die bei der Zulassung zur Rechtsanwaltschaft in der Annahme rechtlicher Hinderungsgründe nicht verwertet worden sind.

§ 4

Die Landesjustizverwaltungen sind berechtigt, die Unterlagen des Staatssicherheitsdienstes im Rahmen der Vorschriften des Stasi-Unterlagen-Gesetzes zu verwenden zur Prüfung, ob Rechtsanwaltszulassungen zu widerrufen oder zurückzunehmen sind, weil sich der Rechtsanwalt eines Verhaltens schuldig gemacht hat, das ihn wegen Verstoßes gegen die Grundsätze der Menschlichkeit oder der Rechtsstaatlichkeit im Zusammenhang mit einer Tätigkeit als hauptamtlicher oder inoffizieller Mitarbeiter des Staatssicherheitsdienstes unwürdig erscheinen läßt, den Beruf des Rechtsanwalts auszuüben.

. . .

Dritter Abschnitt   Ehrenamtliche Richter

§ 9

(1) Zu dem Amt eines ehrenamtlichen Richters soll nicht berufen werden, wer

1. gegen die Grundsätze der Menschlichkeit oder der Rechtsstaatlichkeit verstoßen hat oder
2. wegen einer Tätigkeit als hauptamtlicher oder inoffizieller Mitarbeiter des Staatssicherheitsdienstes der ehemaligen Deutschen Demokratischen Republik im Sinne des § 6 Abs. 4 des Stasi-Unterlagen-Gesetzes vom 20. Dezember 1991 (BGBl. I S. 2272) oder als diesen Mitarbeitern nach § 6 Abs. 5 des Stasi-Unterlagen-Gesetzes gleichgestellte Person für das Amt eines ehrenamtlichen Richters nicht geeignet ist.

(2) Die für die Berufung zuständige Stelle kann zu diesem Zweck von dem Vorgeschlagenen eine schriftliche Erklärung verlangen, daß bei ihm die Voraussetzungen des Absatz 1 nicht vorliegen.

§ 10

(1) Ein ehrenamtlicher Richter ist von seinem Amt abzuberufen, wenn nachträglich in § 9 Abs. 1 bezeichnete Umstände bekannt werden.

(2) Das Verfahren richtet sich nach den Vorschriften, die im übrigen für die Abberufung eines ehrenamtlichen Richters der jeweiligen Art gelten, soweit in den Absätzen 3 und 4 nichts anderes bestimmt ist.

(3) Wenn ein Antrag auf Abberufung gestellt oder ein Abberufungsverfahren von Amts wegen eingeleitet worden ist und der dringende Verdacht besteht, daß die Voraussetzungen des § 9 Abs. 1 vorliegen, kann das für die Abberufung zuständige Gericht anordnen, daß der ehrenamtliche Richter bis zur Entscheidung über die Abberufung das Amt nicht ausüben darf. Die Anordnung ist unanfechtbar.

(4) Die Entscheidung über die Abberufung ist unanfechtbar. Der abberufene ehrenamtliche Richter kann binnen eines Jahres nach Wirksamwerden der Entscheidung die Feststellung beantragen, daß die Voraussetzungen des § 9 Abs. 1 nicht vorgelegen haben. Über den Antrag entscheidet das nächsthöhere Gericht durch unanfechtbaren Beschluß. Ist das nächsthöhere Gericht ein oberstes Bundesgericht oder ist die Entscheidung von einem obersten Bundesgericht getroffen worden, entscheidet ein anderer Spruchkörper des Gerichts, das die Entscheidung getroffen hat. Ergibt sich nach den Sätzen 3 und 4 kein zuständiges Gericht, so entscheidet das Oberlan-

desgericht, in dessen Bezirk die Entscheidung getroffen worden ist; in den Ländern Brandenburg, Mecklenburg-Vorpommern, Sachsen, Sachsen-Anhalt und Thüringen tritt an die Stelle des Oberlandesgerichts der besondere Senat des Bezirksgerichts, soweit noch kein Oberlandesgericht besteht.

§ 11

Die §§ 9 und 10 gelten auch für ehrenamtliche Richter, die gewählt oder berufen werden oder worden sind nach der Ordnung zur Wahl und Berufung ehrenamtlicher Richter vom 1. September 1990 (GBl. I Nr. 62 S. 1553), die nach Anlage II Kapitel III Sachgebiet A Abschnitt I Nr. 8 des Einigungsvertrages vom 31. August 1990 (BGBl. 1990 II S. 885, 1153) fortgilt, in Verbindung mit Anlage I Kapitel III Sachgebiet A Abschnitt III Nr. 1 Buchstabe p des Einigungsvertrages vom 31. August 1990 (BGBl. 1990 II S. 885, 925) und § 37 des Richtergesetzes der Deutschen Demokratischen Republik vom 5. Juli 1990 (GBl. I Nr. 42 S. 637).

. . .

§ 13

(1) Dieses Gesetz tritt am Tage nach der Verkündigung in Kraft.
(2) Die Landesjustizverwaltungen dürfen den Widerruf oder die Rücknahme der Zulassung zur Rechtsanwaltschaft nur für die Dauer von sechs Jahren nach Inkrafttreten dieses Gesetzes auf die §§ 1 und 2 stützen.

Sachregister

Fettgedruckte Zahlen ohne Zusatz bezeichnen die Paragraphen der BRAO, dazugehörige Zahlen in Kursivdruck die Randziffer der Erläuterungen (Beispiel: **8** *3* = § 8 BRAO Rz. 3). Fettgedruckte Zahlen mit Zusatz R bezeichnen die Paragraphen der »Grundsätze des anwaltlichen Standesrechts« – RichtlRA – (Beispiel: **8 R** = § 8 RichtlRA).

Abgeordneter, Vereinbarkeit der Tätigkeit als – mit Anwaltsberuf **7** *27;* Ruhen der Rechte und Pflichten als Richter oder Beamter bei einem – **7** *33*

Ablehnung, – von Richtern **40** *4*, **116** *4;* – eines Auftrags durch den RA **44;** – der Wahl zum Mitglied des Vorstandes **67, 181;** Anfechtung der – von Anträgen im Verwaltungsverfahren, siehe Antrag auf gerichtliche Entscheidung

Absehen von Verfolgung bei Pflichtverletzungen wegen Geringfügigkeit **116** *11, 14;* siehe auch Einstellung des anwaltsgerichtlichen Verfahrens

Abteilungen des Vorstandes der RAK, Bildung von – **77**

Abwickler der Kanzlei, Bestellung eines – **55,** für RA bei dem BGH **173** *2;* dem zustehende Gebühren und Auslagen **55** *9;* keine Gebühr für die Bestellung eines – **193 Abs. 2**

Akten, Aushändigung von – und -auszügen **50** *7, 8;* siehe auch Akteneinsicht, Handakten

Akteneinsicht, – im Verwaltungsverfahren vor **4** *6;* – in die Akten des AnwGH im Zulassungsverfahren **40** *6;* – in die über den RA geführten Personalakten **58** *3;* **74** *4* – in die Protokolle des Wahlausschusses **167 a** – in die dem Gericht im anwaltsgerichtlichen Verfahren vorliegenden und vorzulegenden Akten **117 b;** Recht des RA auf – **58** *2, 3*

Allgemeine Geschäftsbedingungen, Ausschluß des Rechts zur Vertretung durch RA durch – **3** *23*

Allgemeiner Vertreter, siehe Vertreter

Amtsärztliche Gutachten im Zulassungsverfahren **8 a**

Amtshilfe für und durch AnwGe **99**

Amtstracht, Pflicht zum Tragen der – **43** *1,* **59 b Abs. 2 Nr. 6 c**

Anderkonto, Einzahlung fremder Gelder auf – **43 a Abs. 5**

Anderweitige Zulassung 33, bei Änderung der Gerichtseinteilung **33 a**

Angestellte eines RA, Rechtsbesorgung durch – **3** *5,* **59 a** *19*

Angestellte eines Rechtsbeistands, Rechtsbesorgung durch **3** *5*

Angestellter im öffentlichen Dienst, Problematik des – im Zulassungsverfahren **7** *17, 18, 24, 25–30;* Ausübung der Berufstätigkeit als RA bei vorübergehender Anstellung **47** *2, 3*

Angestellter RA 59 a *19*

Anhörungsgespräch bei Prüfung der Verfassungstreue, Zuziehung eines RA bei – **3** *13*

Anschuldigungsschrift im anwaltsgerichtlichen Verfahren, Einleitung des anwaltsgerichtlichen Verfahrens durch – **121;** Inhalt der – **130;** nachgereichte – **133**

Antrag auf Einleitung eines gerichtlichen Verfahrens durch RA (Selbstreinigungsverfahren) **123** *1*

Antrag auf gerichtliche Entscheidung – im

Zulassungsverfahren 9 Abs. 2, 11 Abs. 2, 16 Abs. 5, 21 Abs. 2, 28 Abs. 3, 29 Abs. 3, 35 Abs. 2; Verfahren bei – in Zulassungssachen vor 37, 37–42; – bei Rüge 74 a; zur Erzwingung der Einleitung eines anwaltsgerichtlichen Verfahrens 122 *1;* – nach der Generalklausel 223, im Zusammenhang mit Bestellung eines Vertreters bei Berufs- oder Vertretungsverbot 161 *2–4;* siehe auch Verwaltungsakte

Antrag auf Zulassung, – zur Rechtsanwaltschaft 6; – bei einem Gericht 11; – bei Wechsel der Zulassung 33

Anwaltsbewerber, Berufsaussichten für – 1 *1;* Hinweise für Stellung des Antrags auf Zulassung 6 *1*

Anwaltsgebühren, – des im Zulassungsverfahren sich selbst vertretenden RA vor 200; – des Abwicklers der Kanzlei 55 *9;* keine – bei Selbstverteidigung im ehrengerichtlichen Verfahren 197 *3*

Anwaltsgericht, Allgemeines, Gliederung, Zuständigkeiten vor 92; Bildung des – 92; Besetzung des – 93; Ernennung der Mitglieder des – 94; Rechtsstellung der Mitglieder des – 95; Besetzung der Kammern des – 96; Geschäftsverteilung 97; Geschäftsstelle und Geschäftsordnung 98; Amts- und Rechtshilfe 99

Anwaltsgerichtliche Maßnahmen 114; Wirkung der – 114 *8;* Vollstreckung der – 204; Tilgung der – 205 a

Anwaltsgerichtliches Verfahren 116 ff. Aussetzung der Entscheidung über Antrag auf anderweitige Zulassung bei Schweben eines – 33 *3;* Ausschluß von der Wählbarkeit zum Mitglied des Vorstandes der RAK bei – 66 *2;* Ruhen der Mitgliedschaft im Vorstand der RAK bei – 69 Abs. 4; Verhältnis des – zum Straf- oder Bußgeldverfahren 118, zu dem Verfahren anderer Berufsgerichtsbarkeiten 118 a; – gegen Notar, der zugleich RA ist, 118 a Abs. 5; Aussetzung des – 118 b; Gebührenfreiheit, Auslagen 195

Anwaltsgerichtshof, Allgemeines, Gliederung, Zuständigkeiten vor 92; – als Instanz im Zulassungsverfahren vor 37; Verfahren vor dem – in Zulassungssachen 40, nach der Generalklausel 223 Abs. 3; Entscheidung des – in Zulassungssachen 41, nach der Generalklausel 223 Abs. 4; Errichtung des – bei dem OLG 100; Besetzung des – 101; Bestellung von Berufsrichtern zu Mitgliedern des – 102; Geschäftsverteilung und Geschäftsordnung 105

Anwaltsinstitut 177 *7*

Anwaltsnotar, Fragen zur Berufsbezeichnung 17 *8;* Begriff 17 *9;* Amtsschild 27 *7;* Genehmigung von auswärtigen Sprechtagen und deren Widerruf 28 *3;* Zusammenarbeit mit Angehörigen anderer Berufe 59 a *6;* Versagung der Berufstätigkeit als RA bei Pflichtenkollision 45 Abs. 1 Nr. 1, 2; anwaltsgerichtliches Verfahren gegen – 118 a Abs. 5; mögliche Folge der Einleitung eines anwaltsgerichtlichen Verfahrens gegen – Erl. zu 121; siehe auch Notar

Anwaltsprozeß 52 *3*

Anwaltsschwemme 1 *1*

Anwaltssenat, siehe Bundesgerichtshof

Anwaltverein, der Deutsche – und die örtlichen –e als Organisationsformen der Rechtsanwaltschaft vor 60

Anwaltszwang 52 *1;* 22 Vorbem.

Anzeigepflichten des RA gegenüber dem Vorstand der RAK 56 *6*

Aufsichtssachen des Vorstandes der RAK 56 *1*

Auftrag, siehe Mandat

Auftraggeber, siehe Mandant

Aufwandsentschädigung und Reisekosten; – für Mitglieder des Vorstandes der RAK 75, des Anwaltsgerichts 95 *2,* Richtlinien für deren Festsetzung 89 Abs. 1 Nr. 5; – für die anwaltlichen Mitglieder des AnwGH 103 *6;* – für die anwaltlichen Beisitzer des Anwaltssenats bei dem BGH 112; für Protokollführer des Anwgerichts 140 *3;* – für die Mitglieder des Präsidiums der BRAK 183, deren Festsetzung 190 Abs. 4

Ausbildung von Referendaren 59

Ausbildung zum Rechtsanwaltsgehilfen, Regelung der – durch die Versammlung der Kammer 89 *8;* Pflicht des RA zur –, insoweit Überwachung durch den Vorstand der RAK 73 *9*

Ausfertigungen der Entscheidungen des AnwG 141

Auskunftserteilung, Pflicht des RA zur – an den Vorstand der RAK 56 *3;* auch für Sozius 56 *4*

Aushändigung der Zulassungsurkunde 12 *2*

Auslagen, – der Justizverwaltung als Teil der Kosten des anwaltsgerichtlichen Verfahrens 195 *1, 2;* kein Abhängigmachen der Vornahme eines Geschäfts von Vorschuß für – 200 *2;* siehe auch Aufwandsentschädigung und Reisekosten

Ausland, Anwaltstätigkeit im – 43 *3,* 29 a *1–3*

Ausländischer Anwalt, Niederlassung, Zulassung und Tätigkeit in der BRD, EG/ EWR-Angehöriger 4 *2;* 5 *3;* 206 Abs. 1, Nicht-EG-Angehöriger 206 Abs. 2

Ausländisches Recht, Rechtsbesorgung auf dem Gebiet des – 206 Abs. 1, 2, 209 *1*

Aussagegenehmigung bei Verschwiegenheitspflicht, – für Mitglieder des Vorstandes der RAK, deren Mitarbeiter und Angestellte 76 *2, 3;* – für anwaltliche Beisitzer des Anwaltssenats bei dem BGH 110 Abs. 2; – für Protokollführer im anwaltsgerichtlichen Verfahren 140 Abs. 3; – für Mitglieder des Präsidiums und der Angestellten der BRAK 184

Ausschließung aus der Rechtsanwaltschaft, vorherige – als Grund zur Versagung der Zulassung zur Rechtsanwaltschaft 7 *4;* – als Grund für Erlöschen der Zulassung zur Rechtsanwaltschaft 13; – als anwaltsgerichtliche Maßnahme 114 *5*

Außerberufliches Verhalten als Pflichtverletzung 113 *3*

Aussetzung, – des Zulassungsverfahrens 10; – der Entscheidung über den Antrag auf anderweitige Zulassung 33 *2;* – des ehrengerichtlichen Verfahrens 118 **b**

Auswärtige Sprechtage, siehe Sprechtage

Bayerisches Oberstes Landesgericht 227

Beamter, Stellung als – als Grund zur Versagung der Zulassung zur Rechtsanwaltschaft 7 *33;* Ernennung zum – als Grund zum Widerruf der Zulassung 14 *8;* frühere Anstellung als – als Grund zur Versagung der Zulassung bei einem Gericht 20 *2;* – Ausübung des Berufs als RA durch – ohne Ernennung auf Lebenszeit 47 *2*

Bedürfnis, keine Voraussetzung für Zulassung 7 *1,* 20 Abs. 2

Begnadigung, bei anwaltsgerichtlichen Maßnahmen 116 *33*

Begrenzung von Ersatzansprüchen 51 a

Behörden, Rechtsberatung durch – 3 *3*

Beistand, – in einer Scheidungssache 48 *3;* Ausführung der Parteirechte im – eines RA 52 *4*

Beistandschaft, Pflicht zur Übernahme der – 48

Beiträge zur BRAK 178

Beiträge zur RAK, Einziehung rückständiger – 84; Bestimmung der Höhe und Fälligkeit der – 89 *4*

Belehrung der Kammermitglieder durch den Vorstand der RAK 73 *3–6;* Verhältnis der – zur Rüge 73 *6;* mißbilligende – 73 *6;* deren Anfechtung 73 *6*

Beratung, Recht des RA zur – 3 *1,* sonstiger Personen 3 *5;* keine Pflicht des RA zur Übernahme der – 44 *1,* Ausnahme 49 a; Recht des Bürgers auf – durch RA 3 *11–17;* – der Kammermitglieder durch Vorstand der RAK 73 *3;* siehe auch Rechtsberatungsgesetz

Beratungshilfe 3 *18;* Pflicht zur Übernahme der – 49 a; Berufspflichten bei –

Beruf des RA 2

Berufsaussichten im Anwaltsberuf 1 *1*

Berufsbezeichnung, Recht zum Führen der – RA 12 Abs. 3; ausländische – 12 *4;* unbefugtes Führen der – RA 12 *8;* – als Fachanwalt 43 c Abs. 1, 12 *5;* – der EG-Anwälte 12 *4,* 207 *5;* Erlöschen der Befugnis zum Führen der – RA 17

Berufshaftpflichtversicherung 51

Berufsordnung, Rechte und Pflichten des RA in – 59 b Abs. 1; Punkte, die in der – zu regeln sind 59 b Abs. 2; Regelung der – durch Satzungsversammlung 191 a Abs. 2

Berufsrecht, Neuordnung – 43 *2;* – durch Berufsordnung 59 b, 191 a Abs. 2; siehe auch Informationswerbung, Lokalisierung, Rechtsanwaltsgesellschaft, Sachlichkeitsgebot, Singular-/Simultanzulassung, Standesregeln, überörtliche Sozietät, Standesregeln der RAe der Europäischen Gemeinschaft 43 *3;* **Anhang II;** Werbung

Berufs- oder Vertretungsverbot als vorläufige Maßnahme im ehrengerichtlichen Verfahren, Voraussetzungen des – 150; – gegen Notar, der zugleich RA ist, 150 *8;* Erzwingungsverfahren 150 a; mündliche Verhandlung bei – 151; Abstimmung über – 152; – im Anschluß an die Hauptverhandlung 153; Begründung und Zustellung des Beschlusses 154; Wirkung des – 155; Wirksamwerden des – 155 *1;* Verhältnis des Berufs- zum Vertretungsverbot 155 *2;* Zuwiderhandlungen gegen – 156; sofortige Beschwerde gegen – 157; Außerkrafttreten des – 158; Dreimonatsfrist bei – 159 a; Prüfung der Fortdauer des – 159 b; Mitteilung des – 160; Bestellung eines Vertreters bei – 161; gegenständlich beschränktes Vertretungsverbot 161 a

Berufspflichten, allgemeine – des RA 43, *1,* 2; Begründung der – durch Aushändigung der Zulassungsurkunde 12 *1, 2;* Versagung der Berufstätigkeit, falls – verletzt würden 45, 46 Abs. 2; besonde-

re – gegenüber dem Vorstand der RAK 56; Zwangsgeld bei Verletzung der – 57; Beratung und Belehrung in Fragen der – durch den Vorstand der RAK 73 *3;* Überwachung der Erfüllung der – durch den Vorstand der RAK 73 *9;* Ahndung von Verletzungen der – durch Rüge 74, durch anwaltsgerichtliche Maßnahmen 113 ff.

Berufsrechtliche Verfahren nach dem RAG, Wirksamkeit der Entscheidungen in – Vorbem. vor 92 *3;* Fortsetzung von – Vorbem. vor 113 *4*

Berufsverbot nach § 70 StGB, 132 a StPO 114 *5*

Berufung gegen Urteile des AnwG 143

Beschlüsse – des Vorstandes der RAK, Begriff 72 *2,* Zustandekommen 72 Abs. 1, 2, Protokoll 72 *3, 4;* – der Versammlung der Kammer 88, Zustandekommen 88 Abs. 1–4, Protokoll 88 *4;* Nichtigkeit der – des Vorstandes, des Präsidiums oder der Kammerversammlung der RAK 90, 91; – der Hauptversammlung der BRAK, Zustandekommen 190 Abs. 1–4, Protokoll 190 Abs. 5, Nichtigkeit 191

Beschwerde, – gegen RA 56 *1;* sofortige – im Zulassungsverfahren 42; sofortige – der LJV 42 Abs. 2, der RAK 42 Abs. 3; – im anwaltsgerichtlichen Verfahren gegen Entscheidungen des AnwG 142, des AnwGH Vorbem. zu 145–157; – gegen Nichtzulassung der Revision 145 *4, 5;* sofortige – gegen Berufs- oder Vertretungsverbot oder dessen Ablehnung 157, gegen Kostenentscheidung im anwaltsgerichtlichen Verfahren 197 *4*

Beschwerdesachen des Vorstandes der RAK 56 *1*

Besorgung fremder Rechtsangelegenheiten, siehe Beratung, Vertretung, Rechtsberatungsgesetz, Kammerrechtsbeistand

Beweissicherung im anwaltsgerichtlichen Verfahren, Anordnung der – 148; Verfahren bei der – 149

Blindheit, kein Versagungsgrund im Zulassungsverfahren **7** *11*

Buchprüfer, vereidigter, Vereinbarkeit des Berufs des – mit dem des RA **7** *25*

Bundesfinanzhof, Vertretung vor dem **52** *6*

Bundesgerichtshof, Senat für Anwaltssachen bei dem –, Allgemeines, Gliederung, Zuständigkeiten **vor** 92; Besetzung des Senats **106**; RAe als Beisitzer des Senats **107–112,** deren Stellung und Pflicht zur Verschwiegenheit **110,** deren Heranziehung zu den Sitzungen **111,** deren Entschädigung **112;** Zuständigkeit in Angelegenheiten der RAe bei dem – **163;** RA bei dem – **164 ff.;** RAK bei dem – **174**

Bundesministerium der Justiz, Zuständigkeiten **107 Abs. 1, 109 Abs. 1, 163, 170 Abs. 1, 173, 176 Abs. 2, 191 Abs. 1 221,** Übertragung von Befugnissen des – auf den Präsidenten des BGH **173** *3;* **224** *2*

Bundesrechtsanwaltskammer, als Organisationsform der Rechtsanwaltschaft **vor 60;** Zusammensetzung und Sitz der – **175;** Anschriften der – **175** *2;*Stellung der – **176;** Aufgaben der – **73** *1,* **177;** Beiträge zur – **178;** Organe der – **vor 60, 179 ff.;** Präsidium **179 ff.;** Hauptversammlung **187 ff.;** – als Aufnahmeeinrichtung und Rechtsnachfolger der Reichs – RAK **221, 233**

Bundessozialgericht, Prozeßvertretung vor dem – **52** *6*

Bundesverfassungsgericht, Vertretungsrecht vor dem – **3** *22;* Ruhen der Rechte aus der Zulassung zur Rechtsanwaltschaft bei Richter am – **47** *11;*Prozeßvertretung vor dem – **52** *6*

Bundesverwaltungsgericht, Prozeßvertretung vor dem – **52** *6*

Bundeszentralregister, Mitteilung an das – und Auskunft aus dem – **8** *19,***11** *6*

Bürogemeinschaft, zwischen OLG- und LG-Anwälten **25** *4;* Begriff der – **59 a** *18;* – mit Angehörigen anderer Berufe **59 a Abs. 4, 209** *6*

Bußgeldverfahren, kein kommunales Vertretungsverbot im – **3** *4;* Verhältnis des – zum ehrengerichtlichen Verfahren **118**

Dauerangestellte im öffentlichen Dienst, Probleme der – im Zulassungsverfahren **7** *24*

DDR-Anwälte, Berlin (Sonderregelung) **4** *7;* Gleichstellungsregelung **3** *2;* Niederlassung **206** *3;* Rücknahme der Zulassung (»Ostberlin«) **14** *2; Überörtliche Sozietät mit* – **59 a** *16;* Zulassung nach der BRAO **4** *4–6,* **18** *6;* Zuständigkeit des BGH anstelle des »Obersten Gerichts« **106** *1;* – und Postulationsfähigkeit **4** *1*

Deutscher Anwaltstag vor 60

Deutscher Anwaltverein, siehe Anwaltverein

Dienstgespräch, Recht des Beamten auf Zuziehung eines RA bei – **3** *13*

Dienstleistung, anwaltliche – in EG/EWR **5** *3*

EG/EWR-Anwälte, Eignungsprüfung (siehe auch dort) und Zulassung **4** *2, 3;* Dienstleistung nach RADG **5** *3;* Berufsbezeichnung **12** *3,* **207** *5;* überörtliche Sozietät mit – **59 a** *12, 13;* allgemeine Berufspflicht und Standesregeln der – **43** *3;* für – untersagte Tätigkeiten **45** *13;* Überlassung der Ausführung der Parteirechte in der mündlichen Verhandlung an – **52** *7;* besondere Pflichten der – gegenüber dem Vorstand der RAK **56** *8;* Beaufsichtigung der – durch den Vorstand der RAK **73** *2;* Rügerecht des Vorstandes der RAK gegenüber – und Rechtsmittel insoweit **74** *9;* Mitwirkung der – bei Anwaltsgerichtsbarkeit **93** *2;* Anwaltsgerichtsbarkeit nach BRAO für – **vor 113** *2;* Niederlassung in Deutschland **206** *1;* Anfechtung von Verwaltungsakten durch – **223** *10*

Eid, siehe Vereidigung

Eigene Sache, Vertretung des RA in –, Allgemeines 3 *25,* in Zulassungssachen **vor** 200; Verteidigung des RA in – im Rüge- oder Ehrengerichtsverfahren **74 a** *6,* **117 a** *3;* Selbstvertretung bei Berufs- oder Vertretungsverbot 155 *3*

Eignungsprüfung für EG/EWR-Anwälte, – als Zulassungsvoraussetzung 4 *2;* Ge- setz und Verordnung über die – Text: **Anhang IV und V;** siehe auch Hoch- schuldiplome

Einstellung des anwaltsgerichtlichen Ver- fahrens, – durch Beschluß wegen Ge- ringfügigkeit 116 *10, 12, 13, 15, 16;* – durch die StA 122 **Abs. 1;** – durch Urteil 139 *3–5,* 143 **Abs. 4,** 146 **Abs. 3;** Anord- nung der Beweissicherung bei – 148; Kostenentscheidung bei – **197 Abs. 1;** siehe auch Absehen von Verfolgung

Einstellungsgespräch einer Behörde mit Beamtenbewerbern, Hinzuziehung ei- nes RA bei – 3 *13*

Einstufige Juristenausbildung, Befähigung zum Richteramt durch – 4 *1*

Einstweilige Anordnung, Zulässigkeit der – **223** *1,* – bei Widerruf der Zulassung 14 *13*

Eintragung in die Liste der RAe 31; – als Voraussetzung für Aufnahme der Tä- tigkeit als RA **32 Abs. 1**

Entfernung aus dem Dienst in der Rechts- pflege als Grund zur Versagung der Zu- lassung zur Rechtsanwaltschaft 7 *5*

Entschädigung, siehe Aufwandsentschädi- gung

Entscheidung, – über den Antrag auf Zu- lassung zur Rechtsanwaltschaft 8 **Abs. 1, 9 Abs. 4;** – über den Antrag auf gerichtliche Entscheidung 41, 223 **Abs. 4;** im Beschwerdeverfahren 42 **Abs. 5;** im anwaltsgerichtlichen Verfah- ren – des AnwG 139, **des AnwGH 143 Abs. 4,** des BGH 146 **Abs. 3;** – des Wahlausschusses 168

Erfolgshonorar 49 b Abs. 2

Erinnerung, – gegen den Kostenfestset- zungsbeschluß des Vorsitzenden des AnwG **199** *2;* Entscheidung des AnwGH über Einwendungen und –en gegen den Ansatz von Kosten 203

Erledigung der Hauptsache im Verwal- tungsstreitverfahren 41 *1;* 201 *1*

Erlöschen, – der Zulassung zur Rechtsan- waltschaft 13, seine Folgen 13 *2–4;* – der Befugnis zum Führen der Berufsbe- zeichnung »Rechtsanwalt« 17; – der Zulassung bei einem Gericht 34, seine Folgen 34 *4*

Eröffnung des Hauptverfahrens vor dem AnwG 131

Eröffnungsbeschluß im anwaltsgerichtli- chen Verfahren 131; Zustellung des – 133

Europäische Gemeinschaften, Zulassung als RA 4 *2,* Rechtsbesorgung auf dem Gebiet des Rechts der – 209 *1;* Freizü- gigkeit des RA in – 5 *3;* siehe auch EG/ EWR-Anwälte

Europäische wirtschaftliche Interessenver- einigung (EWIV), 59 a *15*

Europäischer Wirtschaftsraum (EWR), Zulassung als RA 4 *2;* Freizügigkeit des RA im – 5 *3;* Niederlassung von Ange- hörigen aus dem – 206; siehe auch EG/ EWR-Anwälte

Fachanwalt, Bezeichnung als – 43 c **Abs. 1;** Verleihung der Bezeichnung als – 43 c **Abs. 2;** Rücknahme/Widerruf der Erlaubnis 43 c **Abs. 4;** Bezeichnung als – nach altem Recht auf Grund der Fachanwalts-Richtlinien 210

Fachanwaltsgesetz – Text: **Anhang VI** – Nachweise über den Erwerb besonde- rer Kenntnisse nach dem – 43 c **Abs. 2**

Fachgebietsbezeichnung, Erlaubnis für Kammerbeiständе 209 *9*

Fähigkeit zur Bekleidung öffentlicher Äm- ter, Verlust der – als Grund zur Versa- gung der Zulassung zur Rechtsanwalt- schaft 7 *3,* zum Widerruf der Zulassung 14 *5*

Familiensachen, Prozeßvertretung in – 52 *3*

Feststellungsantrag, kein – im Verfahren nach 223 *6*

Flüchtlinge, Anerkennung von Prüfungen 4 *1*

Fortbildung 43 a Abs. 6 177 *7*

Freier Beruf des RA 2

Freier Mitarbeiter des RA 59 a *19*

Freiheitliche demokratische Grundordnung, Bekämpfung der – als Grund zur Versagung der Zulassung zur Rechtsanwaltschaft 7 *9*

Freispruch im ehrengerichtlichen Verfahren, Kostenentscheidung bei – 197 *3;* keine Verteidigergebühren bei Selbstverteidigung 197 *3;* Festsetzung der dem RA zu erstattenden Auslagen 199 *3*

Freiwillige Gerichtsbarkeit, siehe Gesetz über Angelegenheiten der –

Freizügigkeit bei Zulassung zur Rechtsanwaltschaft 5

Fürsorgeeinrichtungen der RAKn 89 Abs. 2 Nr. 3, 177 *4*

Gebrechen, siehe körperliches –

Gebühren der Justizverwaltung, – im Zulassungsverfahren 192; Beitreibung der – 192 *4;* – für die Bestellung eines Vertreters 193; keine – für die Bestellung eines Abwicklers der Kanzlei 193 Abs. 2; Fälligkeit, Ermäßigung, Erlaß der – 194; – im anwaltsgerichtlichen Verfahren und im Verfahren bei Antrag auf anwaltsgerichtliche Entscheidung gegen Androhung oder Festsetzung des Zwangsgeldes oder über die Rüge (keine Gebühren, nur Auslagen) 195; – in den gerichtlichen Verwaltungsverfahren 202; siehe auch Auslagen, Anwaltsgebühren

Gehörlosigkeit als Grund zur Versagung der Zulassung zur Rechtsanwaltschaft 7 *11,* zum Widerruf der Zulassung 14 *6*

Geisteskrankheit und Geistesschwäche als Grund zur Versagung der Zulassung zur Rechtsanwaltschaft 7 *12,* zum Widerruf der Zulassung 14 *6*

Geldbuße, als anwaltsgerichtliche Maßnahme 113; Vollstreckung der – 204 Abs. 3; Tilgung 205 a *1*

Geldverkehr 43 a Abs. 5

Generalbundesanwalt, Mitwirkung des – im Revisionsverfahren vor dem BGH 147

Generalstaatsanwalt, im Verfahren vor dem Anwaltsgerichtshof 144

Generalsubstitut, siehe Vertreter

Gericht, Auftreten und Verhalten des RA gegenüber – 59 b Abs. 2 Nr. 6

Gerichtskostengesetz, Auslagen nach den Vorschriften des – 195

Gerichtsverfassungsgesetz, Anwendung des – bei Geschäftsverteilung des AnwG 97; des AnwGH 105 Abs. 1; Anwaltssenat bei dem BGH als Zivilsenat oder Strafsenat im Sinne des – 106 Abs. 1; Anwendung des – im anwaltsgerichtlichen Verfahren 116, 135 Abs. 1

Geschäftsleitender Vorsitzender des AnwG 93 Abs. 1; Dienstaufsicht des – über die Geschäftsstelle des AnwG 98 *3*

Geschäftsordnung, – des Vorstandes der RAK 63 *4* (70 Abs. 3, 80 Abs. 4); – der Kammer 89 *6* (64 Abs. 2, 77 Abs. 1, 80 Abs. 4, 85 Abs. 3, 86 Abs. 1, 88 Abs. 1); – der RAK bei dem BGH 174 Abs. 2; – des Präsidiums der BRAK 179 Abs. 3

Geschäftsstelle des AnwG 98 *1;* Aufbringung der Mittel für die – 98 *2;* Dienstaufsicht über die – 98 *3*

Geschäftsverteilung, – unter den Abteilungen des Vorstandes der RAK 77 *3;* – bei dem AnwG 97; – bei dem AnwGH Erl. zu 105

Geschäftswert in den gerichtlichen Verwaltungsverfahren 202 *2–5*

Gesetz über Angelegenheiten der freiwilligen Gerichtsbarkeit, Anwendung des – im Verfahren vor dem AnwGH in Zulassungssachen 40 *2,* im Beschwerdeverfahren vor dem BGH in Zulassungssachen 42 Abs. 6, nach der Generalklausel 223 Abs. 3

Gleichstellungsregelung, 3 *2*

Gleichzeitige Zulassung, Allgemeines 23 *1;* – bei dem AG und LG 23; – bei einem anderen LG 24; Kanzleipflicht bei – 27

3; keine – des RA bei dem BGH 171; – bei dem LG und OLG **226**; bei dem AG und OLG **226** *6* – bei dem obersten Landesgericht **227**; – bei Änderung der Gerichtsbezirke **227 a, b**

Gnadenrecht, siehe Begnadigung

Grundrechtsverwirkung als Grund zur Versagung der Zulassung zur Rechtsanwaltschaft 7 *2*, zum Widerruf der Zulassung 14 *4*

Grundsätze des anwaltlichen Standesrechts (RichtlRA) vgl. Anhang I

Gutachten, des Vorstandes RAK im Zulassungsverfahren 8 *2–8;* ärztliches – im Zulassungsverfahren **8 a**; ablehnendes – der RAK 9; Antrag bei ablehnendem – des Vorstandes der RAK im Zulassungsverfahren 38; – des Vorstandes der RAK für LJVen, Gerichte, Verwaltungsbehörden 73 *10;* – der BRAK 177 *6*

Gütestellen, Auftreten des RA vor – **225**

Haftpflichtversicherung siehe Berufshaftpflichtversicherung

Haftung – der RAK **198**; – für amtlich bestellten Vertreter 53 *15*

Haftungsbegrenzung 51 a

Handakten des RA, Begriff der – 50 *1;* – und elektronische Datenverarbeitung **50 Abs. 5**; Pflicht zur Führung der – **50 Abs. 1**; Zurückbehaltungsrecht an den – **50 Abs. 3**; Pflicht zur Aufbewahrung der – **50 Abs. 2**; Vernichtung der – 50 *5;* Herausgabe der – an einen anderen RA 50 *8;* Beschlagnahme der – 50 *7;* Pflicht zur Vorlage der – an den Vorstand der RAK 56 *3*

Hauptverfahren vor dem AnwG, Eröffnung des – 131

Hauptverhandlung, – vor dem AnwG 134 ff.; – vor dem EGH **143 Abs. 4**; – vor dem Anwaltssenat bei dem BGH **146 Abs. 3**; – trotz Ausbleibens des RA 134, **143 Abs. 4**; Nichtöffentlichkeit der – 135, **143 Abs. 4, 146 Abs. 3**; Verlesen von Protokollen in der – 138, 143

Abs. 4; Entscheidung in der – 139, 143 **Abs. 4, 146 Abs. 3**

Hauptversammlung der BRAK, – als Organ der BRAK 187; Vertretung der RAKn in der – 188; Einberufung der – 189; Tagesordnung der – 189 *1;* Beschlüsse der – 190, Stimmgewichtung 190 *1,* Abstimmungsverhältnis 190 *2;* Nichtigkeit von Wahlen und Beschlüssen der – 191

Hochschuldiplome, Anerkennung der – innerhalb der EG 4 *2;* siehe auch Eignungsprüfung

Hochschullehrer, s. Professor

Hülfskasse Deutscher Rechtsanwälte 89 *5*

Informationswerbung, Begriff der – **43 b** *1;* Rspr. **43 b** *7–9;* – und Fachanwaltsbezeichnungen **43 c** *4;* – und überörtliche Sozietät **59 a** *9*

Instanzenzüge im Zulassungsverfahren Vorbem. **vor 37**

Interessenkollision 45, **46 Abs. 2 und 3**

Interessenschwerpunkte, Begriff der – **43 b** *2*

Internationale Gerichte 172 *2*

Irrtum; Tatbestands– und Verbots– bei Pflichtverletzungen des RA 113 *1*

Jahresbericht, – des Präsidenten der RAK **81 Abs. 1,** – des Präsidenten der BRAK **185 Abs. 4**

Justizministerien, Anschriften der – Vorbem. zum Zweiten bis Siebenten Teil **vor 4**; siehe auch Landesjustizverwaltung

Justizverwaltung, Vertretung der – im Zulassungsverfahren 38 *4;* siehe auch Landesjustizverwaltung

Justizwachtmeister als Zustellungsbevollmächtigter 30 *1*

Kammerbeitrag, siehe Beiträge zur RAK

Kammern des AnwG 92 Abs. 2, Besetzung der – 96

Kammern für Handelssachen, Erstreckung der Zulassung bei einem LG auf auswärtige – 22

Kammerrechtsbeistand, – als Mitglied des Vorstandes der RAK 65 *2;* Wechsel des Orts der Niederlassung 209 **Abs. 3,** Aufnahme in die RAK 209 *2–6,* ihre Folgen 209 *7;* Gründe zur Versagung der Aufnahme 209 *6;* Rechtsstellung des – 209 *7;* Aufsicht des Vorstandes der RAK über – 209 *7;* Anwaltsgerichtsbarkeit für – 209 *7;* Sozietät und Bürogemeinschaft des – **59 a Abs. 2 und 4,** 209 *8;* Zweigstelle des – 209 *8;* Fachgebietsbezeichnung 209 *9;* Aufhebung der Erlaubnis des – 209 *10;* anwaltsgerichtliches Verfahren gegen – bei Pflichtverletzung 209 *11;* Übertragung der Befugnisse der LJV nach 209 **Satz 2** auf nachgeordnete Behörden 209 *12*

Kammerversammlung, siehe Versammlung der Kammer

Kanzlei, Mindestausstattung einer ordnungsgemäßen – 27 *2;* – des Syndikusanwalts 27 *4;* Ort der – bei Simultanzulassung 27 *3;* – eines angestellten RA (unechte Sozietät) 27 *4;* – in anderen Staaten 29 a; gemeinsame – bei Sozietät 59 a Abs. 2

Kaufmännische Tätigkeit 7 *26*

Kirchliche Verwaltungsbehörden, Vertretungsrecht vor – 3 *1*

Klageerzwingungsverfahren zur Einleitung des ehrengerichtlichen Verfahrens 122 *1–3*

Kollegialitätspflichten 59 b Abs. 2 Nr. 8

Komunalrechtliches Vertretungsverbot 3 *4*

Kontaktsperregesetz 3 *12,* 49 *3*

Körperliches Gebrechen als Grund zur Versagung der Zulassung zur Rechtsanwaltschaft 7 *10, 11, 14, 16,* zum Widerruf der Zulassung 14 *6;* – als Grund für die Ablehnung der Wahl zum Mitglied des Vorstandes der RAK 67 **Nr. 3**

Körperschaft des öffentlichen Rechts, Rechtsberatung durch – 3 *5;* – geeignete Organisationsform der Anwaltschaft **vor 60 1 I;** RAK als – **62;** BRAK als – **176**

Kostenberechnung, persönliche Verantwortung des RA für die – 59 b Abs. 2 **Nr. 7**

Kosten des gerichtlichen Verwaltungsverfahrens 200 ff.; Anwendung der Kostenordnung 200; kein Abhängigmachen der Vornahme eines Geschäfts von Vorschußzahlung 200 *2;* Kostenpflicht des Antragstellers und der RAK 201

Kostenfestsetzung im anwaltsgerichtlichen Verfahren, – für das Verfahren vor dem AnwG 199, vor dem AnwGH und BGH 199 *1*

Kostenfestsetzungsbeschluß im anwaltsgerichtlichen Verfahren erster Instanz 199 *2;* Erinnerung gegen den – 199 *2*

Kostenforderungen des RA, Abtretung von – 49 b Abs. 4

Kosten im anwaltsgerichtlichen Verfahren und im Verfahren bei Anträgen auf anwaltsgerichtliche Entscheidung gegen Anordnung des Zwangsgeldes oder die Festsetzung des Zwangsgeldes oder über die Rüge 195 ff.; Kosten bei Anträgen auf Einleitung des anwaltsgerichtlichen Verfahrens 196; Kostenpflicht des Verurteilten 197; Kostenpflicht im Verfahren betr. Zwangsgeld oder Rüge 197 a; Haftung der RAK 198; Festsetzung der – 199; Beitreibung der – 205 *1–4*

Kostenordnung, Anwendung der – 200

Landesjustizbehörden, oberste, Anschriften Vorbem. zum Zweiten bis Siebenten Teil **vor § 4**

Landesjustizverwaltung, Anschriften der –en der einzelnen Länder und Verwendung des Begriffs – in diesem Buch **vor 4** (Vorbem. zum Zweiten bis Siebenten Teil); Vertretung der – in Zulassungssachen 38 *4;* Zuständigkeiten 8 Abs. 1, 16 Abs. 1, 17 Abs. 2, 3, 19 Abs. 2, 24 Abs. 1, 27 Abs. 1, 28 Abs. 1, 2, 33, 38 Abs. 3, 39 Abs. 1, 42 Abs. 2, 47 Abs. 1, 2, 53 Abs. 2–5, 55 Abs. 1, 61, 90 Abs. 1, 92

Abs. 2, 3, 93 Abs. 2, 94 Abs. 2, 95 Abs. 2, 3, 98 Abs. 4, 100 Abs. 1, 101 Abs. 2, 3, 102 Abs. 1, 105 Abs. 2, 209, 267 a Abs. 2, 5, 227 b Abs. 1; Übertragung von Befugnissen der – auf nachgeordnete Behörden und weitere landesrechtliche Vorschriften zum Berufsrecht der RAe 224 *3*
Landesrechtliche Vorschriften, – zum Auftreten der RAe vor Gerichten und Behörden der Länder 225; – für den Zugang zur Rechtsanwaltschaft 234
Lehrauftrag, Ausübung der Berufstätigkeit als RA bei – 47 *4*
Liste der RAe, Eintragung in die – 31, als Voraussetzung für Aufnahme der Tätigkeit als RA 32; Löschung in der – 36
Lokalisierung, Grundsatz der – 18, 52 *3*
Löschung in der Anwaltsliste 36 *1–4, 6,* 204 Abs. 1

Makler, Beruf des – nicht mit Anwaltsberuf vereinbar 7 *26*
Mandantenschutzklauseln 59 a *19*
Mandat, Annahme, Ablehnung, Beendigung des – 44
Merkblätter für Anwaltsbewerber 6 *1*
Minderbemittelte, Recht auf Beratung usw. durch RA 3 *18, 19;* Gebührenermäßigung für – 49 b Abs. 1
Minister, Bestellung eines Vertreters als RA für – 47 *8*
MiStra 73 *9*
Mißbilligende Belehrung durch den Vorstand der RAK 73 *6*
Mitarbeiter des RA 59 a *19*
Mitteilungen in Strafsachen 73 *9*
Mitwirkungspflicht der Beteiligten, im Verwaltungsverfahren 36 a, im Antragsverfahren 40 *2*

Nichtigkeit von Wahlen und Beschlüssen, – des Vorstandes, des Präsidiums oder der Kammerversammlung der RAK 90, 91; – des Präsidiums oder der Hauptversammlung der BRAK 191
Nichtöffentlichkeit, – der Verhandlung vor dem AnwGH in Zulassungs- und Verwaltungssachen 40 **Abs. 3 Satz 1,** 223 Abs. 4, Ausnahmen 40 **Abs. 3** Satz 2–4; – der Hauptverhandlung vor dem AnwG, AnwGH, BGH im anwaltsgerichtlichen Verfahren 135 **Abs. 1** Satz 1, 143 Abs. 4, 146 Abs. 3, Ausnahmen 135 **Abs. 1** Satz 2, Abs. 2, 143 Abs. 4, 146 Abs. 3
Nichtzulassungsbeschwerde bei Revision im anwaltsgerichtlichen Verfahren 145 *4, 5*
Niederlassung, – von EG/EWR-Anwälten 206 *1,* – von Anwälten aus anderen Staaten 206 *3*
Notanwalt 48 *2*
Notar, Rechtsberatung durch – 3 *5;* frühere Urkundstätigkeit als – 45 Abs. 1
Notaranwalt 17 *9*
Notwendige Verteidigung, s. Pflichtverteidiger

Oberlandesgericht, Zulassung bei einem – 20 *7;* Ausschließlichkeit der Zulassung 25; gleichzeitige Zulassung bei LG und – 226
Oberste Landesjustizbehörde vor 4 (Vorbem. zum Zweiten bis Siebenten Teil)
Oberstes Landesgericht, AnwGH bei dem – 100 Abs. 2, 103 Abs. 3; Mitwirkung der StA bei dem – im Verfahren vor dem AnwGH 144; Simultanzulassung bei dem – 227 Abs. 1; keine Anwaltsliste bei dem – 227 Abs. 2; Bestimmung des zuständigen AnwG oder AnwGH durch – 228
Öffentlicher Dienst, Verwendung eines RA im – 47; siehe auch Beamter, Richter, Soldat
Öffentlichkeit, siehe Nichtöffentlichkeit
Opferschutzgesetz, Prozeßkostenhilfe nach dem – 3 *19*
Ordnungsmittel wegen Ungehorsams und Ungebühr in der Gerichtsverhandlung gegen RA unzulässig 1 *2*
Ordnungswidrigkeit, bei Rechtsbesorgung ohne Erlaubnis 3 *7*

Organ der Rechtspflege, RA als – 1 *1;* 7 Nr. 8; 209 *6*

Organisationsformen der Rechtsanwaltschaft vor 60

Parteiverrat 45 *2*

Partnerschaftsgesellschaft 59 a *2, 19*

Patentanwalt, Rechtsberatung durch – 3 *5, 8;* Zusammenarbeit mit – 59 a Abs. 2 Nr. 3

Pauschalvergütung 49 b Abs. 1

Personalakten des RA, Allgemeines 58 *1;* Recht des RA zur Einsicht in die – 58 *2;* zu Aufzeichnungen oder Abschriften aus den – 58 Abs. 3; Tilgung von Eintragungen in den – 58 *4;* 205 a *2*

Pflichten des RA, siehe Berufspflichten

Pflichtverteidiger, RA als – 3 *18;* Pflicht zur Übernahme der Pflichtverteidigung 49 *1;* – im anwaltsgerichtlichen Verfahren 117 a; Rücknahme der Bestellung zum – 49 *2*

Postulationsbefugnis/-fähigkeit; Begriff der – 52 *3,* 18 *1;* beschränkte, unbeschränkte – 22 Anm. – im Bereich des RAG 4 *4,* 59 a *16*

Präsident der BRAK, – als Mitglied des Präsidiums 179 Abs. 2; Aufgaben des – 185, 189 Abs. 1, 4

Präsident der RAK, Wahl des – 78 Abs. 2; Aufgaben des – 80, 81, 85; – als Vertreter der RAK in der Hauptversammlung der BRAK 188

Präsidium der BRAK, Bedeutung des – 179 *1;* Wahlen zum – 180–182; vorzeitiges Ausscheiden aus dem – 182 Abs. 3; ehrenamtliche Tätigkeit des – 183; Verschwiegenheitspflicht der Mitglieder des – 184; Nichtigkeit von Wahlen und Beschlüssen des – 191

Präsidium der RAK, Zusammensetzung und Wahl 78; Aufgaben des – 79; Nichtgkeit von Wahlen und Beschlüssen 90, 91

Praxis, siehe Kanzlei

Praxisschild, – im Rahmen der Kanzleipflicht 27 *2, 4;* – bei Sozietät 59 a *19*

Praxisverkauf 2 *3*

Präzedenzfälle im Zulassungsverfahren 41 *4*

Primäranspruch, Verjährun g des – 51 *2*

Professor, Prozeßvertretungsrecht des – 3 *6;* Befähigung zum Richteramt 4; Zulassung eines entpflichteten – zur Rechtsanwaltschaft 7 *33*

Protokoll, – über die Vereidigung des RA 26 Abs. 5; – über die Beschlüsse des Vorstandes der RAK und die Ergebnisse von Wahlen 72 Abs. 3; – über die Sitzungen des Vorstandes der RAK und die Versammlung der Kammer 82, 88 Abs. 5; Verlesung von –en in der Hauptverhandlung des AnwG 138, des AnwGH 143 Abs. 4; – über die Beschlüsse der Hauptversammlung der BRAK und die Ergebnisse von Wahlen 190 Abs. 5

Protokollführer, Vorsitzender (Präsident) und Schriftführer der RAK als – bei Beschlüssen und Wahlen des Vorstandes der RAK 72 Abs. 3; Richtlinien für Entschädigung 89 Abs. 2 Nr. 5; Schriftführer als – bei Sitzungen des Vorstands der RAK 82; RA als – in der Hauptverhandlung des AnwG 140

Prozeßagenten, Vertretungsrecht der – 3 *5*

Prozeßkostenhilfe 3 *18;* 48 *1*

Prüfungen, Hinzuziehung eines RA bei – 3 *13*

Psychiatrisches Krankenhaus, keine Einweisung des RA in – 117

Quota litis 49 b Abs. 2

Rechtliches Gehör, – durch Gewährung von Akteneinsicht 40 *6*

Rechtsanwalt, Stellung des – in der Rechtspflege 1; – als unabhängiges Organ der Rechtspflege 1; Beruf des – 2; Recht des – zur Beratung und Vertretung 3; Berechtigung zum Führen der Berufsbezeichnung – 12 *3, 8;* ihr Erlöschen 17; Rechte und Pflichten des – 43 ff.

Rechtsanwaltschaft bei dem BGH 162 ff.

Rechtsanwaltsdienstleistungsgesetz (RADG), Text: Anh. III; Freizügigkeit nach dem – 5 *3, 4*

Rechtsanwaltsgesellschaft, 59 a *2*

Rechtsanwaltsgesetz der DDR (RAG) 4 *4–6;* Weitergeltung von § 4 – 4 *5*

Rechtsanwaltskammer, – als Organisationsform der Rechtsanwaltschaft **vor** 60; Zusammensetzung und Sitz der – 60; Mitgliedschaft kraft Gesetzes 60 *1;* Bildung einer weiteren – 61; Stellung der – und Staatsaufsicht 62; Gesamtaufgaben des – 73 *1;* – bei dem BGH 174; Haftung der – für Kosten pp 198; Mitgliedschaft von Rechtsbeiständen 209; Aufnahme von ausländischen Anwälten in die – 207; Pflichten des RA gegenüber der – 56, 59 b **Abs. 2 Nr. 8;** siehe auch Vorstand der –, Präsidium der –, Versammlung der –

Rechtsbeistand, siehe Rechtsberatungsgesetz, Kammerrechtsbeistand

Rechtsberatung, siehe Beratung, Rechtsberatungsgesetz

Rechtsberatungsgesetz, Erlaubnis zur Besorgung fremder Rechtsangelegenheiten nach dem – 3 *5,* 209 *1;* Verstoß gegen – durch RA 3 *7;* keine Erlaubniserteilung nach dem – nach Ausscheiden aus der Rechtsanwaltschaft aus unehrenhaften Gründen 13 *4,* 16 *13;* siehe auch Kammerrechtsbeistand

Rechtsbesorgung, siehe Rechtsberatungsgesetz

Rechtshilfe für und durch AnwGe 99 *1–3*

Rechtskraft, – der gerichtlichen Entscheidung im Zulassungsverfahren 41 *6;* keine –wirkung der Rüge 115 a **Abs. 1;** – Unwirksamwerden der Rüge mit – eines anwaltsgerichtlichen Urteils 115 a **Abs. 2;** –wirkung eines die Eröffnung des Hauptverfahrens vor dem AnwG ablehnenden Beschlusses 132

Rechtsmittel, – gegen Entscheidungen des AnwG 142 ff.; – des AnwGH 145 f.; siehe auch Beschwerde, Berufung, Revision

Referendar, Bestellung eines – zum allgemeinen Vertreter eines RA 53 **Abs. 4,** zum Vertreter für alle Behinderungsfälle 53 *7;* Pflicht des RA zur Ausbildung von –en 59; kein Rechtsanspruch des RA auf Zuweisung eines – 59 *2;* Umfang der Ausbildungspflicht des RA 59 *3;* Mitwirkung des Vorstandes der RAK bei der Ausbildung von –en 73 **Abs. 2 Nr. 9**

Reisekostenvergütung, siehe Aufwandsentschädigung

Revision gegen Urteile des AnwGH 145; Einlegung der – und Verfahren 146; Mitwirkung der StA im Verfahren vor dem BGH 147; siehe auch Nichtzulassungsbeschwerde

Richter, Stellung als – als Grund zur Versagung der Zulassung als RA 7 *33;* Ernennung zum – als Grund zum Widerruf der Zulassung 14 *8;* frühere Tätigkeit des Bewerbers oder Tätigkeit seines Ehegatten oder Verwandten als – als Grund zur Versagung der Zulassung bei einem Gericht 20 *1–6;* Ablehnung des – im Zulassungsverfahren 40 *4;* Versagung der Berufstätigkeit als RA bei früherer Tätigkeit als – in derselben Rechtssache 45 **Abs. 1 Nr. 1;** – des AnwG 93–95; – des AnwGH 101–103; – des Anwaltssenats bei dem BGH 106–110

Richteramt, Befähigung zum – als Voraussetzung der Zulassung zur Rechtsanwaltschaft 4

Robe, Pflicht zum Tragen der – 59 b **Abs. 2 Nr. 6 c**

Rücknahme, – der Zulassung zur Rechtsanwaltschaft, Begriff 14 *1,* Fälle der – 14 *2,* Verfahren 16

Rüge, Abgrenzung der – zur Belehrung 73 *6;* – und anwaltsgerichtliches Verfahren 115 a; Tilgung der – 205 a *1*

Rügerecht des Vorstandes der RAK 74; –

auch gegenüber EG/EWR-Anwälten
74 *9*

Sachlichkeitsgebot, 43 a Abs. 3
Sachverständigengutachten, siehe Gutachten
Sachverständiger, Recht des – auf Zuziehung eines RA 3 *15;* Haftung des RAK für Entschädigung des – im Verfahren vor dem AnwG 198 Abs. 2
Satzung, Überwachung der Einhaltung der – der RAK 62 Abs. 2, der – der BRAK 176 Abs. 2; Verletzung der – der RAK 90 Abs. 1, der – der BRAK 191 Abs. 1
Satzungsversammlung, Einrichtung und Aufgabe der – 191 a; Wahl der stimmberechtigten Mitglieder der – 191 b; Einberufung der – und Stimmrecht in der – 191 c; Leitung der – und Beschlußfassung in der – 191 d; Nichtigkeit und Anfechtung von Beschlüssen der – 191 e
Schadensersatz, Pflicht des RA zum – bei Nichterklärung der Ablehnung eines Mandats 44 *2;* Verjährung des Anspruchs auf – gegen den RA 52 b
Schatzmeister der BRAK, – als Mitglied des Präsidiums 179 Abs. 2; Aufgaben des – 186
Schatzmeister der RAK, als Mitglied des Präsidiums 78 Abs. 2; Aufgaben des – 57 Abs. 4, Erl. zu 75, 83, 84; Bescheide des – und ihre Anfechtung 84 *2*
Scheidungsanwalt, gemeinsamer 45 *2*
Schiedsgericht, Tätigwerden des Syndikusanwalts vor – 46 *1, 2*
Schiedsmann, Auftreten vor – 225 *1*
Schiffahrtsobergericht, Prozeßvertretung vor dem – 52 *6*
Schild, siehe Praxisschild
Schlichtungsverfahren, Rechtsbeistand im – 3 *14*
Schriftführer der RAK, – als Mitglied des Präsidiums 78 Abs. 2; Aufgaben des – 72 Abs. 3, 82
Schuldausschließungsgründe bei Pflichtverletzungen des RA 113 *1*

Schwäche der geistigen Kräfte als Grund zur Versagung der Zulassung zur Rechtsanwaltschaft 7 *12–15,* zum Widerruf der Zulassung 14 *6*
Schwägerschaft mit einem Richter als Grund zur Versagung der Zulassung bei einem Gericht 20 *5*
Schweigepflicht, siehe Verschwiegenheitspflicht
Schwerhörigkeit als Grund zur Versagung der Zulassung zur Rechtsanwaltschaft 7 *11,* zum Widerruf der Zulassung 14 *6*
Sekundäranspruch, Allgemeines 51 b *3–5;* Verjährung des – 51 *6*
Selbständiger Beruf als Versagungsgrund im Zulassungsverfahren 7 Nr. 8, *17, 18, 25–29*
Selbstbindung eines Anwaltsbewerbers 20 *8*
Selbstreinigungsverfahren, ehrengerichtliches 123 *1*
Selbstvertretung, Selbstverteidigung, siehe eigene Sache
Simultanzulassung, siehe gleichzeitige Zulassung
Singularzulassung, 23 *1, 2;* 25 *4*
Sofortige Beschwerde, siehe Beschwerde
Sofortige Vollziehung, Anordnung der – der Rücknahme- oder Widerrufsverfügung 16 *8,* 35 *2*
Soldat, Stellung als – als Grund zur Versagung der Zulassung zur Rechtsanwaltschaft 7 *33,* zum Widerruf der Zulassung 14 *8*
Sozietät, Kriterien der – 59 a *3;* gemischte – 25 *4;* überörtliche – 59 a *7–9;* grenzüberschreitende – 59 a *12;* interprofessionelle – 59 a *4;* grenzüberschreitende interprofessionelle – 59 a *13;* mit DDR-Anwälten 59 a *16;* – mit Syndikusanwalt 46 *5;* allgemeine Berufspflichten bei – 59 b Abs. 2 *8;* – bei BGH-Anwälten 172 a
Spezialistenkartei, 12 *6*
Sprechtage, Genehmigung zur Abhaltung auswärtiger – 28 *1;* Widerruf der Ge-

nehmigung 28 2; Genehmigung und Widerruf bei Anwaltsnotar 28 3

Staatsangehörigkeit, deutsche – nicht Voraussetzung für Zulassung zur Rechtsanwaltschaft 4

Staatsanwaltschaft, Mitteilung an – im Rügeverfahren 74 a 4; Mitwirkung der – im anwaltsgerichtlichen Verfahren 121–123, 144, 147, 150 a

Staatsaufsicht über die RAK 62 Abs. 2, über die BRAK 176 Abs. 2

Standesregeln der Rechtsanwälte der Europäischen Gemeinschaft, Bedeutung der – 43 3; Text: **Anhang II**

Ständiges Dienstverhältnis, RA in einem – 46

Steuerberater, Rechtsberatung durch – 3 5; Beruf des – mit Anwaltsberuf vereinbar 7 25; Aufnahme eines –, der zugleich Rechtsbeistand ist, in die RAK 209 6; Zusammenarbeit mit – 59 a 4

Steuerbevollmächtigter, zur Vereinbarkeit des Berufs des – mit Anwaltsberuf 7 25; mit Kammerzugehörigkeit eines Rechtsbeistands 209 6

Strafprozeßordnung, Anwendung der – im Rügeverfahren 74 a 1, im anwaltsgerichtlichen Verfahren 116 1–32, insbesondere der §§ 81, 81 a und b StPO 117; des § 140 Abs. 1 Nr. 1–3, 6 und 7 StPO 117 a, des § 147 Abs. 2, 3, 5 und 6 StPO 117 b, des § 207 Abs. 3 StPO, 130

Strafverfahren, Verhältnis zum anwaltsgerichtlichen Verfahren 118

Streitigkeiten, Vermittlung des Vorstandes der RAK bei – unter Kammermitgliedern 73 Abs. 2 Nr. 2, bei – mit Mandant 73 Abs. 2 Nr. 3

Sucht, als Grund zur Versagung der Zulassung 7 10, 13, 14, zum Widerruf der Zulassung 14 6

Sühnestellen, Auftreten vor – 225

Syndikusanwalt, Problematik des – im Zulassungsverfahren 7 17–23; 27–30; Kanzlei des – 27 5; Praxisschild des – 27 2; Tätigwerden vor Gerichten in der Ei-

genschaft als RA 46; Wahrung der Unabhängigkeit des – 46 1

Tagesordnung für die Kammerversammlung 87

Tätigkeitsgebietsliste, bundesweite – 43 b 5

Tätigkeitsschwerpunkte, Werbung durch – 43 b 3

Tätigkeitsverbote 45, 46

Tilgung von Eintragungen in den über den RA geführten Akten 205 a

Titel, Führen eines – durch den RA 12 5

Tod des RA, Rechtshandlungen des Vertreters nach dem – 54

Treuhändertätigkeit des RA 2 2, 3 1

Trunkenheitsfahrt, – kein zwingender Grund zur Versagung der Zulassung zur Rechtsanwaltschaft 7 6; zusätzliche anwaltsgerichtliche Andung bei – 115 b 4

Überfüllung des Anwaltsberufs, Bedrohung der Unabhängigkeit des RA durch – 1 2; – kein Versagungsgrund bei Zulassung 7 1

Überörtliche Sozietät, siehe Sozietät

Übertragung der Befugnisse, – der LJVen auf nachgeordnete Behörden 224 3; – des BMJ auf den Präsidenten des BGH 173 3; 224 2

Umlaufverfahren bei Beschlußfassung 72 5

Umzulassung 33, bei Änderung der Gerichtseinteilung 33 a

Unabhängigkeit des RA 1 2; 2 1; Gefährdung der – 43 a Abs. 1, 7 Nr. 8, 7 16, 14 Abs. 2 Nr. 9; – bei Erfolgshonorar 49 b 3

Unerlaubte Rechtsbesorgung, siehe Rechtsberatungsgesetz

Unfallflucht, zusätzliche anwaltsgerichtliche Ahndung bei – 115 b 4

Ungültigkeit von Wahlen, siehe Nichtigkeit

Untätigkeit im Zulassungsverfahren, – des Vorstandes der RAK 8 18; – des

AnwGH 40 *8;* – der LJV 11 *5,* 21 **Abs. 3,**
29 Abs. 4, 223 Abs. 2

Untersuchungsgrundsatz, vor 4 *5;* 36 **a**

Unvereinbarkeit einer Tätigkeit mit Anwaltsberuf als Grund zur Versagung
der Zulassung zur Rechtsanwaltschaft
7 *16–29;* als Widerrufsgrund 14 *12*

Unwürdiges Verhalten als Grund zur Versagung der Zulassung zur Rechtsanwaltschaft 7 *6, 7*

Urkunde, – über die Zulassung zur
Rechtsanwaltschaft 12 *1;* Versagung
der Berufstätigkeit bei Streit um –, die
RA oder Sozius als Notar aufgenommen hat 45 *5, 12*

Urteil des AnwG 139, des AnwGH 143
Abs. 4, des Anwaltsenats bei dem BGH
146 **Abs. 3**

Urteilsgründe, verspäteter Eingang der –
145 *5*

Verbandsklage nach UWG 73 *1*

Vereidigung, – des RA 26, im Ausland vor
deutschem Konsul 213 **Abs. 2,** – der
Mitglieder des AnwG 95 *1;* – der anwaltlichen Mitglieder des AnwGH 103
5, 95 *1;* – der anwaltlichen Beisitzer des
Anwaltsenats bei dem BGH 110, 95 *1*

Verein, Recht des betroffenen Mitglieds
auf Zuziehung eines RA im Verfahren
vor der Mitgliederversammlung 3 *17*

Vereinbarkeit anderweitiger Tätigkeiten
mit Anwaltsberuf, siehe Unvereinbarkeit

**Verfahren bei Anträgen auf gerichtliche
Entscheidung,** – in Zulassungssachen
37–42, – nach der Generalklausel **223
Abs. 4**

Verfassungstreue, Zuziehung eines RA bei
Prüfung der – 3 *13*

Verfolgte, aus rassischen, politischen oder
religiösen Gründen –, Befreiung von
der Residenzpflicht 213 **Abs. 1;** Vereidigung vor deutschem Konsul **213
Abs. 2**

Verhaftung, keine – im ehrengerichtlichen
Verfahren 117

Verjährung, – von Schadensersatzansprü-
chen gegen den RA 44 *2,* 51 **b;** – der
Verfolgung von Pflichtverletzungen
des RA 115

Vermittlung des Vorstandes der RAK, siehe Streitigkeiten

Vermögen, Beschränkung der Verfügung
über das – als Grund zur Versagung der
Zulassung zur Rechtsanwaltschaft 7 *32;*
als Widerrufsgrund 14 *10;* als Grund
zur Nichtwählbarkeit in den Kammervorstand 66 *1*

Vermögensverfall als Grund zur Versagung der Zulassung zur Rechtsanwaltschaft 7 *31;* als Widerrufsgrund 14 *11*

Vermögensverfügungsrecht, gerichtliche
Beschränkung des – als Grund zur Versagung der Zulassung zur Rechtsanwaltschaft 7 *10,* zum Widerruf der Zulassung 14 *10*

Versagung der Berufstätigkeit als RA,
Pflicht zur – 45, 46

Versagung der Zulassung, – zur Rechtsanwaltschaft 7; – bei einem Gericht 20

Versammlung der Kammer, Vorsitz 80
Abs. 3; Einberufung der – 85, 86; Antrag auf Einberufung der – 85 **Abs. 2;**
Ort der – 85 **Abs. 3;** Tagesordnung 87;
Wahlen und Beschlüsse der – 88; Aufgaben der – 89; Nichtigkeit von Wahlen
und Beschlüssen der – 90, 91

Verschwiegenheitspflicht, Allgemeines zur
– 43 **a Abs. 2;** keine Pflicht zur Auskunft des RA an den Vorstand der RAK
bei Verletzung der – 56 *3;* – der Mitglieder des Vorstandes der RAK, ihrer Mitarbeiter und Angestellten 76 *1–4;* – der
Mitglieder des AnwG 95 *1;* – der anwaltlichen Mitglieder des AnwGH 103
5; – der anwaltlichen Beisitzer im An-
waltsenat des BGH 110; – der Mitglieder des Präsidiums und der Angestellten der BRAK 184

Versäumnisurteil, im Anwaltsprozeß, Antrag auf Erlaß eines – 59 **b** *12*

Versorgungswerke, anwaltliche 89 *5*

Verteidiger, Ausschließung des – 3 *12;*

Recht des Beschuldigten auf – 3 *12;* Syndikusanwalt als – 46 *2;* – im anwaltsgerichtlichen Verfahren 117 a; siehe auch Pflichtverteidiger

Verteidigung im anwaltsgerichtlichen Verfahren, notwendige – 117 a

Vertreter, Bestellung eines – für RA im öffentlichen Dienst 47; Bestellung als – im Einzelfall 52; Bestellung eines allgemeinen – 53, für RA bei dem BGH 173 *1;* Bestellung eines – bei Berufs- oder Vertretungsverbot 161; Gebühr für die Bestellung eines – 193

Vertretung, Recht des RA zur – 3 *1–4;* des RA bei dem BGH 172; keine Pflicht des RA zu Übernahme der – 44 *1;* Ausnahmen 48, 49; Recht des Bürgers auf – durch RA 3 *11–20,* kein Ausschluß dieses Rechts durch Vereinbarung (allgemeine Geschäftsbedingungen) 3 *23;* – der LJV in Zulassungssachen 38 *4;* – des Prozeßbevollmächtigten 52

Vertretungsverbot, kommunalrechtliches – 3 *4;* siehe auch Berufs- oder –

Verwaltungsakte, Generalklausel für die Anfechtung der – 223; Begriffe der – 223 *5;* sofortige Beschwerde gegen Entscheidungen des AnwGH bei Anfechtung der – 42, 223 *8;* Verweisung von VG an AnwGH bei Anfechtung der – 223 *9;* siehe auch Antrag auf gerichtliche Entscheidung

Verwaltungsverfahren, allgemeine Vorschriften für das – 36 a

Verwandtschaft mit einem Richter als Grund zur Versagung der Zulassung bei einem Gericht 20 *4–6*

Verweis, als anwaltsgerichtliche Maßnahme 114 *8, 9;* Vollstreckung des –es 204 Abs. 2; Tilgung des –es 205 a *1*

Verweisung eines Rechtsstreits von einem Verwaltungsgericht an den AnwGH 223 *9*

Verzicht, – auf die Rechte aus der Zulassung zur Rechtsanwaltschaft 14 *7;* – auf die Rechte aus der Zulassung bei einem Gericht 18 *5,* beim Wechsel der Zulassung 33 *1, 4*

Vizepräsident, – der RAK als Mitglied des Präsidiums 78 **Abs. 2;** – der BRAK als Mitglied des Präsidiums 179 **Abs. 2**

Vollstreckung der gerichtlichen Maßnahmen und der Kosten 204 f.

Vorführung, keine – des RA im ehrengerichtlichen Verfahren 117

Vorläufige Festnahme, keine – im ehrengerichtlichen Verfahren 117

Vorschlagslisten für die Wahl zum RA bei dem BGH 166; Vorschläge des Vorstandes der RAK für die – 73 **Abs. 2 Nr. 6,** 166 **Abs. 2 Nr. 1,** deren Anfechtung 166 *3*

Vorsitzender des AnwG 93 **Abs. 1,** Dienstaufsicht des – über die Geschäftsstelle des AnwG 98 *3*

Vorstand der RAK, Pflichten des RA gegenüber – 56, auch für EG/EWR-Anwälte 56 *8;* Zusammensetzung des – 63; Abteilungen des – 63 *3,* 77; Geschäftsordnung des – 63 *4;* Wahlen zum – 64–68; Ausscheiden aus dem – 69; Sitzungen der – 70; Beschlußfähigkeit 71; Beschlüsse des – 72; Aufgaben des – 73; Rügerecht des – 74; ehrenamtliche Tätigkeit des – 75; Verschwiegenheitspflicht der Mitglieder des – 76; weitere Zuständigkeiten 8 **Abs. 2–4,** 24 **Abs. 1,** 53 **Abs. 10,** 55 **Abs. 1, 3,** 57, 122

Wahlausschuß für RAe bei dem BGH 165; Prüfung des – 167; Entscheidung des – 168; Mitteilung des Wahlergebnisses 169

Wahrheitpflicht des RA, allgemeines 43 a *3;* – in Aufsichts- und Beschwerdesachen 56 *3;* – als Verteidiger 43 a *3*

Warnung, als ehrengerichtliche Maßnahme 114 *8;* Vollstreckung der – 204 **Abs. 2;** Tilgung der – 205 a *1*

Wechsel der Zulassung 33, bei Änderung der Gerichtseinteilung 33 a

Werbung 43 b; Regelung der – in Berufsordnung 59 b **Abs. 2 Nr. 3;** – mit Interessenschwerpunkten **43 b** *2;* – mit Tätigkeitsschwerpunkten **43 b** *3;* – mit Fachanwalts- und weiteren Berufsbezeichnungen **43 c** *4;* – bei der überörtlichen Sozietät **59 a** *9*

Wettbewerbsbeschränkungsgesetz, Prozeßvertretung vor OLG und BGH im Verfahren nach dem – **52** *6*

Widerruf, – der Zulassung zur Rechtsanwaltschaft **14** *1, 3–13,* – der Zulassung bei einem Gericht **35**

Wiederaufnahme des anwaltsgerichtlichen Verfahrens, – durch StA **123** *2;* Kosten bei – **197 Abs. 3**

Wiedereinsetzung in den vorigen Stand, – im Verfahren vor dem AnwGH in Zulassungssachen **40** *5;* – gegen Versäumung der Beschwerdefrist **42** *9*

Wiederzulassung, – zur Rechtsanwaltschaft **7** *4*

Wirtschaftsprüfer, Rechtsberatung durch – **3** *5;* Vereinbarkeit mit Anwaltsberuf **7** *25;* Zusammenarbeit mit – **59 a Abs. 3 Nr. 2**

Wohlverhalten, Berücksichtigung von – nach vorangegangenen Verfehlungen im Zulassungsverfahren **7** *6*

Zahlungsaufforderung bei rückständigen Beiträgen zur RAK, Anfechtung der – **84** *2*

Zeuge, Recht des – auf Zuziehung eines RA **3** *15;* Haftung der RAK für Entschädigung des – im Verfahren vor dem AnwG **198 Abs. 2**

Zulassung bei einem Gericht, Allgemeines **vor 4;** Lokalisierung **18;** Antrag auf – **19;** Versagung der – **20;** Wechsel der – **33;** schematische Darstellung des Instanzenzuges bei – **vor 37;** Zulassung als RA bei dem BGH **164 ff.;** Nachholen der – für Flüchtlinge und Vertriebene **212**

Zulassung der Revision durch den AnwGH **145 Abs. 1 Nr. 3;** siehe auch Nichtzulassungsbeschwerde

Zulassung der sofortigen Beschwerde durch den AnwGH **223 Abs. 3**

Zulassung zur Rechtsanwaltschaft, Allgemeines **vor 4;** Antrag auf – **6;** Versagung der – **7;** Erlöschen der – **13;** Rücknahme und Widerruf der – **14;** schematische Darstellung des Instanzenzuges bei – **vor 37**

Zurückbehaltungsrecht an Handakten des RA **50 Abs. 3**

Zusammenarbeit mit Angehörigen anderer Berufe **59 a Abs. 3 Nr. 2**

Zustellung, – von Anwalt zu Anwalt **30** *6;* – an RA von Amts wegen **30** *6;* Verfahren bei – **229**

Zustellungsbevollmächtigter bei Befreiung von der Kanzleipflicht **29 a** *4;* **30**

Zwangsgeld bei Verletzung der besonderen Pflichten der RA gegenüber Vorstand der RAK **57**

Zweigstelle, Genehmigung zur Einrichtung einer – **28** *1;* Widerruf der Genehmigung **28** *2*

Zweitberuf, – des RA **7** *16*